中国社会科学院
老年学者文库

郭沫若学术述论

谢保成 著

社会科学文献出版社
SOCIAL SCIENCES ACADEMIC PRESS (CHINA)

目录
CONTENTS

引 子 ··· 1

总 论

郭沫若与 20 世纪学术文化
　　——创造民族新文化、填写世界文化史白页 ····················· 7

第一编　思想体系

吞吐中西的世界文化观 ·· 29
　　附：挣脱昔日的桎梏，不断注射青年化的血清
吸收异民族优秀文化，创造中华民族新文化
　　——立足于郭沫若译著的考察 ······································· 45
"接受科学"，走"科学的中国化"之路的思想与实践 ············· 62
追求艺术与社会双重价值的美学思想
　　——关于郭沫若美学通信三札及补记 ···························· 72

第二编　学术研究

创建唯物史观中国古代文化体系
　　——从20世纪思想文化趋势认识《中国古代社会研究》 ………… 87
"依余所怀抱之系统"，"打开"卜辞之"秘密" ………………………… 106
凿破彝铭之"浑沌"，条理金文成大系 …………………………………… 117
　　附：几组刻石考释与一部沉埋的遗稿
构筑研究诸子方法体系，探究儒、法、道思想源流
　　——"十批"原是好文章 ……………………………………………… 138
　　附：关于《十批判书》版本的一些问题（潘素龙）
"苏活"古书生命的特色与成就 …………………………………………… 178
贯彻"人民本位"的历史人物研究 ………………………………………… 196
在研究与创作中探索史学与史剧的关系 ………………………………… 224
主编《中国史稿》 …………………………………………………………… 256
创刊五十年，文坛忆盛事
　　——追踪郭沫若在《光明日报》掀起的学术研讨热 ………………… 269

第三编　学界交往

郭沫若与胡适：由认识东西文化的差异，到走哪条道路的敌对 ……… 285
郭沫若与20世纪三大历史考据家 ……………………………………… 298
从"神交"到"握手言欢"：郭沫若与历史语言研究所二十年 ………… 312
郭沫若与容庚：从"未知友"到"文字交" …………………………… 328
郭沫若与田中庆太郎："亲若一家人" …………………………………… 349
郭沫若与陈寅恪："龙虎斗"与"马牛风" ……………………………… 358

第四编　辨诬纠谬

还其本来面目
　　——重读《甲申三百年祭》…… 393
《甲申三百年祭》写作的前前后后…… 408
从社会历史的发展演变审视"李杜并称"与"扬杜抑李"
　　两种文化思潮
　　——兼论郭沫若的李杜研究…… 416
推荐郭沫若《李白与杜甫》手稿影印本出版…… 445
《李白出生于中亚碎叶》文中的资料并非从冯家昇那里得来…… 447
李白《下途归石门旧居》"赠别的对象"不是吴筠
　　——郭沫若认识偏失及原因分析…… 452
"照着我写"与"替曹操翻案"的纠结
　　——看程派名剧《文姬归汉》想到郭沫若写《蔡文姬》…… 463
对兰亭论辩的认识与思考…… 475
更正《郭沫若书信集》、《再生缘》校订本注释的几则失误…… 489

附编　研究历程

"真了解法"治郭学
　　——谢保成先生谈郭沫若研究…… 495
《郭沫若学术思想评传》前言、一校校后记…… 507
　　附：《郭沫若评传》后记
郭沫若史学研究三十年…… 515
在四川"郭沫若与新世纪"学术研讨会的发言…… 528

"郭沫若与中国知识分子在民族解放战争中的文化选择"
　　国际学术讨论会总结发言……………………………………… 538
雅俗共赏郭沫若书法
　　——《中国书法家全集·郭沫若卷》评介 ……………………… 543
《抱箭集》小考……………………………………………………… 546

后　　记……………………………………………………………… 551
后记之后……………………………………………………………… 554

引 子

郭沫若政治、学术兼而为之，既从事研究，又从事创作，由于诸多方面的原因，研究郭沫若存在不平衡的现象。专谈其人生、政治、创作、逸闻等的论著多，专论其学术成就和贡献的论著少，给人造成郭沫若没有多少学问的印象，甚至不少人以为郭沫若不学无术，有一点学问也是来自抄袭。

1947年10月17日，中央研究院评议会审查院士提名名单。关于郭沫若提名一事，有以其参加内乱，与汉奸等罪，不宜列入；有以恐刺激政府，对于将来经费有影响；有恐其将来以院士身份在外面乱发言论；有认为不应以政党关系影响其学术贡献，若以政府意志为标准，不如请政府指派；胡适、傅斯年的代表夏鼐认为应以学术为主。最后无记名投票，以14票对7票通过郭沫若列入候选名单。11月15日，150人的候选名单在北平、天津、上海各大报和《国民政府公报》刊出，并明确规定："经公告四个月后，再当由评议会举行第一次院士选举，于此候选人一百五十人中选举八十至一百人，每人必须有全体出席人数五分之四投同意票者，方可当选为院士。""对公告名单中任何候选人之资格有批评意见者，尚可将具体意见函筹备会审阅后，提交评议会，于选举时，作为讨论之参考资料。"1948年3月25—27日，评议会在中央研究院院部正式投票选举。经普选、补选，前后五次投票，选出81名院士，4月1日正式公告。郭沫若在整个评选过程中，始终名列人文组考古学，最终当选院士。

提名郭沫若的是胡适、傅斯年。胡适填写的《国立中央研究院院士候选人提名表》，以郭沫若的"专习学科"为"中国古铭识学"，在被提名人资格说明第一项填写："合于第一项资格。他把卜辞分类研究和把铜器铭文分时代地域研究，都有重要发明。"在被提名人资格说明第二项填写："《卜辞通纂》《两周金文辞大系》《古代铭识汇考》等。"傅斯年填写的《国立中央研究院院士候选人提名表》，以郭沫若的"专习学科"为"考古学"，在被提名人资格说明第一项填写："郭君研究两周金文以年代与国别为条贯，一扫过去'以六国之文窜入商周，一人之器分载数卷之病'，诚有'创通条例开拓阃奥之功'；其于殷商卜辞，分别排比，尤能自成体系，其所创获，更不限于一字一词之考订，殆现代治考古学之最能以新资料征史者，合于第一项规定。"在被提名人资格说明第二项填写："（一）《两周金文辞大系》，《图录》：民国廿四年出版，日本东京文求堂。《考释》：民国廿四年出版，日本东京文求堂。此书集两周青铜器铭文有年代及国别可征者三百余器详加考释，附以图录，创为南北二系之说，为研究古金文者一大进程。（二）《金文丛考》，民国三十一年出版，日本东京文求堂。此为大系之姊妹篇，以青铜器铭文为资料释其文辞并讨论其含意与经史记录比较互证，尤多卓见，为研究古代思想及社会史最注意原史资料之作。（三）《卜辞通纂》，民国二十一年出版，文求堂发行。此书选传世卜辞之菁粹者凡八百片，分类排列，比事释词，创建极多，为研究殷虚卜辞一最有系统之作。"

同年，顾颉刚在新出版的《当代中国史学》中这样评说郭沫若的成就："郭先生应用马克思、莫尔甘等的学说，考索中国古代社会的真实情状，成《中国古代社会研究》一书，这是一部极有价值的伟著，书中虽不免有些宣传的意味，但富有精深独到的见解。"

1950年12月，董作宾在海峡另一侧对郭沫若的学术贡献这样评论："唯物史观派是郭沫若的《中国古代社会研究》领导起来的……他把《诗》《书》《易》里面的纸上史料，把甲骨卜辞、周金文里面的地下材料，熔冶于一炉，制造出来一个唯物史观的中国古代文化体系……郭书所用的旧史料与新史料，材料都是极可信任的。"

陈寅恪1953年在《对科学院的答复》中表示："郭沫若是甲骨文专家，是'四堂'之一。"后来又说："郭沫若最好的著作是《青铜时代》。"

了解和认识郭沫若的学术成就和贡献，是相信中央研究院院士评议会的评议结果，相信胡适、傅斯年、顾颉刚、陈寅恪等20世纪20—40年代学术领军人物的评价，还是相信其他什么人的人云亦云？

本书想通过自己的研究，来检验一下中央研究院院士评议会的评选结果，印证一下胡适、傅斯年、顾颉刚、董作宾、陈寅恪等学术大家对郭沫若学术的评价，同时告知读者：郭沫若在从政、创作的同时，形成贯穿他整个人生和全部文化历程的学术思想体系，因而具有独特的学术研究体系，取得多方面有重要影响的研究成果，是谈20世纪学术文化不可或缺的一位学术大家。

总 论

不断引进外来思想，以中国的传统考验其适应度，吸吮其科学的甘乳，促进民族新文化的创造，再"走出去"，填写世界文化史上的白页，是郭沫若自1919年至1978年的60年间所走学术文化之路。这一历程使郭沫若在人文社会科学诸多领域取得巨大成就、做出重要建树，成为引领20世纪学术文化潮流的一面旗帜。

在中华民族进一步同世界各个国家、各个民族深入交往的今天，在"异民族的文化"弥漫中华大地的时候，对于郭沫若的这一学术文化实践经验，我们应当进一步发扬光大，在不断求新中创造民族新文化，用我们的话语书写新的世界文化史！

郭沫若与20世纪学术文化

——创造民族新文化、填写世界文化史白页

20世纪是中国社会不断发生巨变的100年，中国文化也随之而不断更新、不断创新、不断求新。从世纪初的思想解放运动（新文化运动）登上文坛，到世纪下半叶的另一次思想解放运动（呼唤科学的春天），整整60个年头，郭沫若始终站在文化大潮的潮头，肩负着"弄潮儿"的历史使命，成为一位与时俱进，不断创造民族新文化、填写世界文化史白页的巨人。

一

文化"更新"，面对的是众多外来的"新"思想、"新"学说，这些思想、学说也都纷纷在中华大地寻找传布的土壤。然而，这众多的"新"思想、"新"学说，哪些属于先进，哪些在国人看来可能是"新"而在产生它的本土则已过时，整个文化界都在不断探寻中。

郭沫若步入文坛不久，即已形成他的以中国文化为基点的世界文化观和跳出"国学"范围的中国文化体系，并长期贯穿他的学术文化活动，推动和影响着半个多世纪以来中国学术文化的发展。

从童年和学生时代可以看出，郭沫若对于传统文化的接受基本上是从感情的喜好出发的。当由感情的喜好逐渐进展到理性的追求时，郭沫若的心路告诉人们，他与新文化运动的代表人物有两个最大的不同之处：一是

他没有像多数人那样直接接受国外关于改造社会的思想学说，而是在寻求国外文化与本土文化的相通之处；二是他身居日本这样一个既有东方传统又善于吸收西方科学的国度，既表现出对西方文化的狂热崇拜和追求，又能够冷静地对待中国"固有的文化"，形成影响他日后思想认识和学术研究的独特的世界文化观——唤醒我们"固有的文化精神"，"吸吮欧西的纯粹科学的甘乳"。

如何认识和"吸吮欧西的纯粹科学的甘乳"，郭沫若有过两次重大的选择。第一次选择如果说是凭着感情的喜好，创作了白话诗《女神》，展示出新文学的发展路径，那么当他进展到理性的追求时，瞩目"欧西的纯粹科学的甘乳"的目光便集中在了马克思、恩格斯的社会学说上，注意到辩证唯物论的"阐发与高扬"正在成为"中国思想界的主流"，并以中国的国情、中国的传统来考验辩证唯物论、历史唯物论的适应度，写下又一具有开拓意义的著作《中国古代社会研究》，代表着新史学发展的方向。

郭沫若的学术文化研究呈球形发展态势，表现在诸多领域当中。郭沫若的学术文化活动，在时间上大体可以做如下划分：20世纪20年代初至30年代，在不间断地翻译国外理论著作与进步文艺作品的同时，创作欲主要集中在新诗上；20年代末至30年代，以甲骨文和青铜器等古文字、古器物为基础，进行中国古代社会研究；30年代后期至40年代，一面配合历史剧创作进行历史人物研究，一面纵论先秦诸子思想学说；50年代将主要精力放在古代社会分期问题和古籍整理方面；60年代以历史人物研究与历史剧创作影响着当时的社会科学和文学艺术领域；50—70年代，没有间断过对古文字、古器物的考释和研究。

在这同时，形成关于"科学的中国化"的思想，认为："今天要接受科学，主要的途径应该是科学的中国化。"① 这一思想既融汇在他的世界文化观之中，又包含着"以大众化为其目标，以文学化为其手段"② 和以"政治

---

① 《"五四"课题的重提》，郭沫若著作编辑出版委员会编《郭沫若全集·文学编》第19卷，人民文学出版社，1992，第544—545页。
② 《〈生命之科学〉译者弁言》，上海图书馆文献资料室、四川大学郭沫若研究室编《郭沫若集外序跋集》，四川人民出版社，1983，第315页。

的民主化以为前提"的完整内容。直至逝世，他的最后心声依然是："我们一定要打破陈规，披荆斩棘，开拓我们科学发展的道路。"①

在以中国国情考验外来思想文化之际，郭沫若即已明确提出：中国人应该自己起来"写满"世界文化史上的白页。50 年代以后，他的世界文化观进一步理论化。如果对他的整个学术道路做一概括性总结的话，就是：自 1919 年至 1978 年的 60 年间，不断引进外来思想，以中国的传统考验其适应度，吸吮其科学的甘乳，促进民族新文化的创造，再"走出去"，填写世界文化史上的白页。这在中华民族进一步同世界各个国家、各个民族深入交往的今天，在"异民族的文化"弥漫中华大地的时候，郭沫若的这一世界文化观仍然有着十分重要的现实意义，需要我们进一步发扬，在不断求新中创造出我们自己的新文化！

郭沫若的美学思想，与他的吞吐中西的世界文化观、"科学的中国化"思想，彼此交织，融为一体，贯穿他的全部人生和整个学术文化。有关这一方面的系统发掘和研究，虽然还显得薄弱，但已有专门论著。②

二

由个人本位的"自我表现"的创作主张到"革命文学"的文艺主张，再到以人民为本位的文艺观，既标志着郭沫若所走过的文学创作道路，又反映其文艺思想的不断成熟。

"不断的毁坏，不断的创造"，是进入 20 世纪的中华民族迫切需要的时代精神。20 世纪最初的一二十年，旧体制被推翻，经过复辟与反复辟的较量，新文化运动被引发出来，推动着文化的更新：形式上以白话文替代文言文，内容上以科学与民主替代腐朽与专制。郭沫若异军突起，在以创造者的姿态努力创造光明的世界的同时，更以创造者的姿态努力创造新文化。他最早的新诗集《女神》，站在时代创造精神的高度，以新的表达形式、新

---

① 《科学的春天》，《人民日报》1978 年 4 月 1 日。
② 见本书《追求艺术与社会双重价值的美学思想——关于郭沫若美学通信三札及补记》一文。

的文化内涵,吹响时代号角,树起一面旗帜。

"革命文学"新潮涌起,郭沫若从理性上开始接受马克思主义,明确表示:"在大众未得发展个性、未得享受个性自由之时,少数先觉者倒应该牺牲自己的个性,牺牲自己的自由,以为大众人请命,以争回大众人的个性与自由!"① 诗集《恢复》反映了郭沫若对于"革命文学"的主张,实现了诗风向现实主义的转变,为其现实主义创作的初步尝试。

自30年代后期起,郭沫若逐渐确立起"人民本位"的思想,并贯穿他此后的文艺创作和学术研究。时至40年代中期,他正式提出"以人民利益为本位的文艺",并对"人民本位"文艺观做出完整论述。② 同时,反复强调从事研究、从事创作的标准,"一句话归宗:人民本位!"③

在这当中,折射着他对中国传统文化的认识:孔孟以人民为本位,墨子以帝王为本位,老庄以个人为本位。这样的认识,长期贯穿郭沫若的学术研究和文艺创作。把握这一点,也就比较容易理解他对历史人物的种种评论了。

三

19世纪末20世纪初,中国的考古发掘取得重大成果,一是史前遗址的陆续发现,二是殷墟甲骨文的整理与研究,三是青铜器的大量出土与著录,推动着中国传统学术的变革。

1921年秋发现仰韶文化遗址,1922年发现"河套人",随后在甘肃、山西等地陆续有新石器时代遗址被发掘,1927年在北京周口店龙骨山洞穴首次发现"北京猿人"遗骸,1928年起在山东、河南等地发现"龙山文化"遗址。这些史前遗址的发现,改变着整个文化界对中国上古史的认识。

---

① 《〈文艺论集〉序》,《郭沫若全集·文学编》第15卷,第146页。
② 参见《序〈不朽的人民〉》《人民的文艺》,《郭沫若全集·文学编》第19卷,第443—446、542—543页。
③ 《〈历史人物〉序》,《沫若文集》第12卷,第334页。

顾颉刚提出"层累地造成的中国古史"说,认为传统的"中国古史"完全是后人一代一代垒造起来的,并非客观真实的历史。王国维以"地下之新材料","补正纸上之材料",提出"二重证据法",将甲骨卜辞与殷周史研究相结合,完成《殷卜辞中所见先公先王考》及《续考》、《殷周制度论》等关于上古史的名著。

1928年3月郭沫若流亡日本,在从事国外理论与进步文艺的翻译过程中,逐渐意识到只简单地把历史唯物论作为纯粹的方法来介绍,生硬地玩弄一些不容易理解的译名和语法,反而会使其在接受与运用上增加障碍,便采用了围绕"国学"介绍"国学"的做法。同时,发现恩格斯《家庭、私有制和国家的起源》中"没有一句说到中国社会的范围",决心以这部名著为"向导"来撰写"续篇",提供出恩格斯"未曾提及一字的中国的古代"。

1928年7月底8月初,郭沫若与古史辨派"不期而同",从"文籍考订"入手打开"层累地造成"的《周易》这座神秘的殿堂,写出《周易的时代背景与精神生产》,紧接着推出《诗书时代的社会变革与其思想上的反映》,反映对中国古代社会变革的最初认识。在写作过程中,他感到《易》《诗》《书》中有"后人的虚伪的粉饰",必须找寻没有经过后世影响而"确确实实足以代表古代的那种东西"。于是,他迈出"考古证史"的步履,踏进甲骨卜辞的研究领域,完成《卜辞中的古代社会》这一长篇论文。观点是从恩格斯《家庭、私有制和国家的起源》一书"摘录"的,材料以罗振玉、王国维的甲骨文研究为出发点,综合考察了殷商社会的生产状况和组织结构。随后以摩尔根《古代社会》和恩格斯《家庭、私有制和国家的起源》为"必须知道的准备知识",将《卜辞中的古代社会》的基本观点浓缩出来,写成《中国社会之历史的发展阶段》。在结集之际赶写了《周代彝铭中的社会史观》,以青铜器铭文论证西周社会。1930年1月,上述文章集为《中国古代社会研究》,随后由上海联合书店出版。

《中国古代社会研究》一书针对当时的"国故"之争,在认识上和方法上有三大重要突破。其一,"跳出"以经史子集为"国故"的范围,将其拓展到地下出土实物。其二,"国故"既包含"后人的虚伪的粉饰",又包含"古代的真实的情形",强调"要从古物中去观察古代的真实的情形,以破除后人的虚伪的粉饰"。其三,"跳出"传统观念的范围,引进外来的辩证唯物论观念。由此确立起一个全新的"中国古代文化体系"——跳出"国学"的范围,认清国学的真相。在"风雨如晦"的年代,传出"鸡鸣不已"的信息。整整半个世纪过后,英国享有国际声誉的著名历史学家杰弗里·巴勒克拉夫(G. Barraclough)受联合国教科文组织委托,在考察世界范围内历史学发展趋势时,非常清楚地看到:兰克学派虽然影响到"辛亥革命后和国民党统治时期的中国",但"20 世纪 20 年代以后,这种影响才逐渐地被马克思主义和历史唯物主义的影响所取代"。[①] 这是一个已被历史发展证明了的趋势!

尽管书中有"错误",但具体的错误却无法掩盖这样一个事实,即它是以当时最新的思想观念——唯物史观为指导,创造性地把古文字、古器物研究与古代社会研究结合起来,开辟出唯物史观历史学研究的新路径,成为日后中国文化新潮流的主流。

四

甲骨文、金文研究是郭沫若研究中国古代社会不可分割的组成部分,他曾经把《中国古代社会研究》与《甲骨文字研究》、《殷周青铜器铭文研究》作为古代研究的"三部曲"。前面说到,他对传统经典《易》《诗》《书》产生怀疑,因"疑经"转而对地下出土的实物——甲骨文、青铜器进行研究,很快就在这两大领域取得举世瞩目的巨大成就。

19 世纪末,河南安阳小屯偶然发现刻有字符的甲骨,经古文字学家王襄、王懿荣辨认,确定为殷商文字。罗振玉在此基础上一面购求、探采,一面整理、拓印、编录。王国维从罗振玉的著录出发,开始对卜辞进行综合比较研究,写下"超越时间、地域"的著名篇章。自 1928 年至 1937 年,中央研究院历史语言研究所考古组先后 15 次对殷墟进行大规模发掘,总共

---

① 〔英〕杰弗里·巴勒克拉夫:《当代史学主要趋势》,杨豫译,上海译文出版社,1987,第 151—153 页。

得甲骨 24830 余片。1929—1930 年，河南博物馆有两次发掘，得甲骨 3650 余片。正当安阳进行大规模发掘期间，郭沫若在日本独自完成了他关于甲骨文的系统研究，走出一条"读破它、利用它、打开它的秘密"的路径，形成"甲骨四堂"——罗雪堂（振玉）、王观堂（国维）、董彦堂（作宾）、郭鼎堂（沫若）——各展其长的研究格局。

1928 年开始写作、1931 年出版的《甲骨文字研究》，反映郭沫若对于甲骨文"读破它、利用它"的初始阶段的水平。"识字"是一切探讨的第一步，文字本身也是社会文化的一个重要象征。郭沫若对甲骨文字的考释，大多根据字的原始形义，结合文献中对字的解释，再参照相关的民俗学资料，纳入他对古代社会的基本认识。虽然有些考释尚有不同看法，但就其本身而论，大都能成为一家之言。

在对甲骨文自身特点进行考察之际，郭沫若发现自己先前的"读破它、利用它"存在某些"错误的看法"，并逐步做出纠正，终于"打开它的秘密"。这一转变，集中体现在 1933 年出版的《卜辞通纂》中。通过传世的甲骨精品，确立起认识甲骨文的"系统"，将甲骨文按照干支、数字、世系、天象、食货、征伐、畋游、杂纂八类编排。这不仅把甲骨卜辞各项内容的内在联系交代得一清二楚，而且为初涉这一领域者指明了入门的路径，即先从判读卜辞的干支、数字、世系入手，进而探寻其所显示的社会内容。

这一"系统"的建立，既使其得以纠正罗振玉、王国维的错误考释，认识罗振玉、王国维未认识的字句，更使其洞悉甲骨卜辞本身的诸多奥秘。改变殷代产业以"牧畜最盛"的看法，也是与其建立卜辞"系统"紧紧联系在一起的。关于殷人产业"以农艺牧畜为主"的说法，就是在总结了"食货"类的卜辞之后得出的论断。由此，他先前关于商代是"金石并用时代"和"氏族社会末期"的看法也开始有所改变。

郭沫若对于甲骨卜辞本身奥秘的探索，大致表现在两个方面：一是当时如何占卜记事（包括占卜、刻写、用辞、行文等），二是后人如何科学利用（包括区分时代、断片缀合、残辞互足以及校对去重等）。

对于当时如何占卜记事，郭沫若没有亲身发掘甲骨的经历，只是凭着对传世甲骨的细心观察和认真研究，即获得了与董作宾差不多是殊途同归的巨大成就。关于占卜的次数即"兆序"、占卜用骨和卜后刻写的问题,他都提出了带规律性的概括和有预见性的合理探索。特别是甲骨文的刻写部位、行款顺序,即所谓甲骨文例,《卜辞通纂》阐发尤多,纠正了前人不少错读。书中约有一小半是按甲骨原大摹画片形,在相应位置做出隶定(即用今天的文字标识),不仅给初学者提供了方便,对研究者也有助于减少失误。

在科学利用卜辞方面,郭沫若虽然没有将其断代分期的探索系统化,他的断片缀合和残辞互足却是重大创获。断片缀合,是将两片乃至三四片残破、分散的甲骨片经过缀合而基本恢复原貌,使片断记事得以完整。由于一事多卜,记录同一事的残损严重的卜辞可以相互补足,成为比较完整的史料,这就是所谓的"残辞互足"。通过缀合和互补,还发现著录重复的甲骨片。《卜辞通纂》中校出重片18片;《甲骨文合集》中校出重片6000余片,成为著录甲骨以来的一次总清理。

在甲骨学发展近80年的历史中,有50年取得的成就与郭沫若的创造性探索密不可分。他的甲骨文研究使甲骨学由草创迈向成熟,并预示了后来推进的基本趋势。郭沫若虽然未来得及为《甲骨文合集》写出"前言"就离世了,但他作为主编是当之无愧的。

在青铜器研究领域,自北宋以来著录的殷周青铜器多达三四千件,但多数年代和来历不明。1923年,河南新郑、山西浑源等处发现春秋时期的铜器群。河南洛阳、浚县、汲县以及安徽寿县、山东滕县等地,也都陆续有铜器发现。殷墟发掘的商代铜器数量很多,但被盗出售的也不少。这些铜器中罕见的大器,多铸有铭文,是研究铸造时期社会状况极有价值的史料。当时,著录青铜器的名家有罗振玉、刘体智、容庚、孙海波等。

1929年,为了考古学上有所借鉴,郭沫若翻译出版了德国学者米海里斯《美术考古发现史》(后改译名为《美术考古一世纪》),把考古学纳入"美术的视野"。《殷周青铜器铭文研究》一书是最初的实践,16篇考释、韵读、综合研究的思路和编次,一年以后被《两周金文辞大系》吸收和扩展。

《两周金文辞大系》以及增订成的《两周金文辞大系图录考释》,改变了以往"以器为类"的著录方法和孤立考释器铭的传统,理出两周青铜器的历史系统和地域分布,首次建立起认识两周青铜器的科学体系。

郭沫若"颇有创获"的做法,首先,从古今中外的43种著录中选取324器,分作上、下编。上编为西周金文162器,仿效《尚书》体例,以列王为序,自武王至幽王,仅缺共和一代。下编为列国金文162器,仿效《国风》体例,以国别为序,共30余国。其《图编》专辑形象,依器类形制和年代排比。《录编》专辑铭文,多为数百字,长铭重器有达数千言者。其次,严格选定"自身表明了年代的标准器",以"标准器"为中心推证其他器物。所谓"标准器",是指铭文中有周王名号或著名人物、事迹的铜器,即郭沫若所说"自身表明了年代的"器物。"标准器"之外的器铭年代判定,一是根据"标准器"铭文中的人名和史事,联系与之相关的年代不明的器物,借以推断其所属王世;二是根据文辞字体和年月日辰,联系比较"标准器",推定其所属王世。最后,以花纹、形式作为考定器物时代的重要手段。每一时代的器物有每一时代的花纹与形式,花纹与形式在决定器物的时代上占有极重要的位置,尤其对于无铭文的器物,可以作为考定时代的唯一线索。在增订《图编》时,专门写有一篇"序说"——《彝器形象学试探》,概括论述了不同时期器物形制、纹饰的主要特征,将中国青铜器时代(自殷周前期至战国末年)划分为四期——滥觞期、勃古期、开放期、新式期,为中外学术界所接受和沿用。上述举世公认的巨大成就,体现了郭沫若形象思维与逻辑思维的完美结合。

释读周代彝铭,确立断代体系,为的是探讨两周社会,进而发掘出若干重要史实,为研究两周社会开出新局面,这是郭沫若超出其他古文字学家、古器物学家的地方。

五

学术思想的研究,20世纪初以梁启超为代表。1920年春,梁启超最先草成《清代学术概论》,强调乾嘉考据学和晚清今文经学"影响及于全思想界者"是"以复古为解放"。四年以后出版《中国近三百年学术史》,在论述清初各个学术流派的产生及影响的同时，沿着"复古为解放"的思路步入"复先秦之古"的做法。1922年出版的《中国政治思想史》对先秦各家政治学说进行了深入考察，将其政治思想与哲学思想、经济思想以及当时的政治、律法联系在一起，并注意与希腊、罗马的古代政治思想进行比较，从中寻出中国古代思想的特点。关于儒、墨、道、法四家显学的政治思想的归纳，以及各家相互吸收、彼此渗透的认识，对于后来的研究均有启发。梁启超之后，关于政治思想史、古代思想学说史、近代思想学说史的研究和论著接踵而出，俨然学术研究的一个重要分支。

郭沫若考察周秦诸子思想，是与其对中国古代社会的认识紧紧联系在一起的。初涉周秦诸子是1921年发表的《我国思想史上之澎湃城》，勾画了中国远古历史的轮廓，设想的"各家学术之评述"，包括老子、孔子、墨子、庄子、惠施等。他以唯物史观为指导确立起新的中国古代文化体系之后，1935年底写成《先秦天道观之进展》，不仅注意各派的承传，更留意相互间的影响和趋同。至20世纪40年代，对于秦以前的社会和思想做出系统研究，呈献出考察周秦之际学术高潮的"姊妹篇"——"偏于考证"的《青铜时代》和"偏于批评"的《十批判书》，成为其贯通子部诸家学说的代表作。

由于不满意于"游离了社会背景"而专谈周秦诸子的做法，他强调注意诸子思想的"社会属性"，从中寻得其基本立场或用意，归纳自己的方法说："我尽可能搜集了材料，先求时代与社会的一般的阐发，于此寻出某种学说所发生的社会基础，学说与学说彼此间的关系和影响，学说对于社会进展的相应之或顺或逆。"① 自1944年7月至1945年2月，郭沫若实践这一研究方法，使他的先秦诸子思想研究形成一个独特的系统。

对于儒家的研究，郭沫若一生中有过三次既相区别又有联系的认识，除了他本人思想上的变化而外，还清楚地表明他对于孔子及儒家两重性的揭发。其一，孔子的思想，主观努力上抱定一个"仁"字，客观世运中认定一个"命"字。二者相调适则顺应之，不相调适则固守自己。作为一种

---

① 《〈青铜时代〉后记》，《沫若文集》第16卷，第327页。

人生哲学，表现了入世与出世、进取与隐退、杀身成仁与保全天年的两重性。其二，秦以后的"儒"作为"百家的总汇"，实即人们通常所说的"儒学"或"儒家文化"，成为中国传统文化的一个代名词。其所蕴含的两重性，是毋庸赘言的。其三，郭沫若再三论证秦以前的"儒"与秦以后的"儒"不能"完全混淆"，但历史上"站在支配阶级立场"者却必定要"完全混淆"之。当支配权尚未转移之时，打出孔子的"仁"来，以"同情人民解放"的面孔号召推翻支配阶级；当新的支配权一固定，便又举起秦以后的儒家理论，用其为"今日的武器"。"尊孔"者故意树起一个"歪斜了的影象"，"反孔"者自然反对的是这一"歪斜了的影象"。本来面目与"歪斜了的影象"间，又成为一种两重性。

  郭沫若关于老子、庄子的设想，经过30年代的"古史"辩论，至40年代才完成系统研究。首先指出道家的名称虽然不古，但其思想很有渊源，肯定其为先秦诸子中渊源最长的一家。依据《庄子·天下》的分析，知道当时道家主要分为三派，即宋钘、尹文为一派，田骈、慎到为一派，关尹（环渊）为一派。他们兴起的学术意义在于使先秦思想更加多样化、深邃化，儒家、墨家都因而发生质变，阴阳、名、法诸家更是在三派的直接感召下派生出来。宋、尹一派，是站在黄老的立场"以调和儒墨"，在学术发展中却有着"连锁作用"。慎、田一派，把道家的理论"向法理一方面发展"了。关尹一派，"很露骨地"主张"愚民政策"，是向"新时代的统治者效忠"。对于这一派演变为术家大加挞伐：老聃之术传于世者两千余年，在中国形成一种特殊的"权变法门"，养出了大大小小、不计其数的"权谋诡诈的好汉"。宋、尹一派演变为名家，慎、田一派演变为法家，关尹一派演变为术家。庄子的出现，从三派吸收精华，吸取关尹、老聃清静无为的一面，而把他们关于权变的主张扬弃了，从而维系了"老聃的正统"，形成与儒、墨两家"鼎足而三"的局面。对庄子及其后学的批判，有两段精彩的论述。一是挖出了中国两千多年来滑头主义处世哲学的老根——由庄子的消极厌世思想"培植出来的"。二是揭出庄子后学流为"卑污"乃至堕为骗子的原因：一种思想一旦失掉了它的反抗性而转为御用品，都要起这样的质变。

批判法家是郭沫若40年代提出来的,断断续续经历了三个年头。清算了社会机构的变革之后,看到社会有了变革才有新的法制产生,有了新的法制产生才有运用这种新法制的法家思想出现。前期法家如商鞅"行法而不用术",主张公正严明,一切秉公执法,以法为权衡尺度,不许执法者有一毫的私智私慧以玩弄权柄。这些"纯粹的法家",以富国强兵为目标,所采取的是"国家本位",而不一定是"王家本位"。倡导于老聃、关尹,发展于申不害的"术家",则把"法"放在无足轻重的地位,使其逐渐演变为"帝王南面之术"。到了韩非,则将申、商"二人综合"了,应该称为"法术家"。在韩非的"法治"思想中,"一切自由都是禁绝了的",包括行动自由、集会结社自由、言论自由,乃至思想的自由也当禁,是"专为帝王"的。

六

苏活古书生命是郭沫若一生整理古籍的最基本态度。这一方面,在他的学术生涯中占据着重要地位,从不同领域、不同侧面展示出他在古籍整理方面的认识与特色、成就和贡献。

选译《国风》中40首抒情诗给它们"换上一套容易看懂的文字",结集为《卷耳集》出版,使得许多年轻人对古代文学渐渐产生了研究的兴趣。郭沫若认为,不论对于传统文化还是外来文化,都要"向作品本身去求生命",弄懂原著。而弄懂原著的关键在于使原先颇具生命力的作品通过今译,能够"苏活转来"。他特意写了一篇《古书今译的问题》,强调整理国故的最大目标是"使有用的古书普及,使多数的人得以接近",并满怀自信地预言:"我觉得古文今译一事也不可忽略。这在不远的将来是必然盛行的一种方法。"① 后来更进一步指出,传统的注释方法总嫌寻章摘句,伤于破碎,没有整个翻译来得直截了当,并把古书今译问题提到关系继承文化遗

---

① 《郭沫若全集·文学编》第15卷,第163页。

产的高度。

如果说对于《屈原赋》各篇时代性的考定主要是为了编排次序，那么对于《易》《诗》《书》《考工记》《管子》等典籍的时代性的考定、真伪的辨别，则成为郭沫若对待古代文献的鲜明特点。在做古代研究"自我批判"时，他首先"检讨"的是"处理材料"的问题，强调材料的真伪或时代性如未考定清楚，"比缺乏材料还要更加危险"。在那前后，他对秦以前的主要文献的时代不断做出考定。关于《周易》，专门写有《周易之制作时代》一书。至于《诗》三百篇的时代，则认为"尤其混沌"，前人的说法"差不多全不可靠"。《由周代农事诗论到周代社会》一文，是一篇融汇古籍整理（包括年代考定、古文今译、内容分析）与历史研究的文字。

校勘和诠释，历来是整理古籍最为基本、最见功力之处。《管子集校》一书，集中显示出郭沫若在这方面的独特风格和所取得的巨大成就。首先是在版本搜集、对勘上下大功夫，总共得17种版本和稿本，从中发现不同的版本系统，为前所未闻的创见。同时，尽可能无遗地网罗以往校释《管子》的诸家著述，达42种。征引古今学者之说，不下110家。全书写有2000余条"沫若案"，总字数不下20万字。其独特之处大致可以归纳为：以校为主，校注一体；不仅校字校句，而且校节校篇；校释与辨伪、校释与断代结合；运用甲骨文、金文、隶书、草书等新旧文字做校释；将现代经济学等学科的思想注入校释。这种带有研究性质的校释，将《管子》一书的整理推向了新的高度，被认为是"前所未曾有"的第一部博大精深的、批判继承祖国遗产的巨大著作。

古籍整理与学术研究紧密结合，是郭沫若自《离骚》今译与屈原研究、农事诗考察与周代社会研究起即形成的一大治学风格。围绕集校《管子》展开研究者，一是从比较语句入手，即获创见；二是由某篇校释出发，进行简要研究，得出重要结论；三是从校释出发，写出相关时代或人物的长篇研究论文，《〈侈靡篇〉的研究》是最具代表性的一篇，成为"二千多年来第一次"对《侈靡》篇所做的全面的和深入的探讨。

郭沫若的《〈屈原赋〉今译》、《管子集校》、《〈盐铁论〉读本》、《再生缘》前十七卷校订和《崖州志》校勘等，在古籍整理方面形成系统认识、鲜明特色，在学术领域独树一帜。

七

郭沫若是一位兼具诗人气质和学者博识的文化巨人，因而形成他独特的思维特点和学术风格。在他庞大的文化体系中往往贯穿着热爱诗人的美、崇尚哲人的真的双重追求，即如他本人所说"以理智为父以感情为母"。这一特点反映在他的学术文化研究领域，差不多决定着他的论题选择、研究路数和所做评价。由感情喜好出发，生出选题兴致，求得多种表现形式，或诗，或剧，或文。一旦进入研究境界，在论辩的推动下，定要尽一切努力去寻求证据，非得弄清真相不可，以求得理智的归宿。这些特点主要表现在两个方面，并都引起学术文化界的研讨热潮，依然不失带领大家一道前进的旗手的风采。

第一，关于古典文学的论述，近百万言，主要写成于20世纪40年代至60年代。虽然这在他的全部学术论著中只占较小的一席之地，却有着其他绝大部分论著难以产生的社会效应。其中，以考释屈赋、辨胡笳诗、考陈端生、评李说杜，最能展示其学识渊博、思路敏锐、勇于创新的治学特点和研究成果的长久学术价值。

屈原与屈赋，在20世纪20—40年代引起过激烈争论。郭沫若一生推崇屈原，疑古思潮的中坚人物胡适却怀疑屈原的存在。1935年初，青铜器研究刚刚告一段落，郭沫若立即转入《离骚》今译和屈原研究。从作品入手考察屈原的时代及其生卒年，学者与诗人、逻辑思维与形象思维的交织，使他揭开了这个两千多年来的奥秘。由《离骚》开头的两句"摄提贞于孟陬兮，惟庚寅吾以降"，联想到《尔雅·释天》中的"太岁在寅曰摄提格"，再联系自己考释过的甲骨文字，认为那两句说的就是屈原的生庚年月。结合《吕氏春秋·序意》，推算出屈原生于周显王二十九年（公元前340年）正月初七。又由《九章·哀郢》的内容推断公元前278年郢都被攻破，屈原涉江怀沙而自沉。在确认屈原其人的存在不可动摇之后，进而讨论屈原的作品，将历史文献与地下出土卜辞相结合，发掘屈原各篇作品的内证以及读音声韵、文风文体特点。值得注意的一点是，1936 年发表《屈原时代》一文，虽然还维持"殷代为氏族社会的末期"的认识，但已经非常明确地提出屈原的时代是"奴隶制与身份制的交换枢纽"的看法。仔细寻味起来，郭沫若在 40 年代对于先秦社会的再认识、对于周秦诸子学术的考察，大体都可以从他 30 年代的屈原研究中找到源头。一面进行研究，一面从事创作，五幕历史剧《屈原》的推出，取得了更大的社会效应。正是由于郭沫若的研究和创作，中华民族的这一优秀文化遗产才得以维护和发扬，屈原才得以跻身世界文化名人之列。

20 世纪 60 年代，郭沫若几度在《光明日报》上掀起学术研讨热潮。其中，有关古典文学研究方面的研讨，一是大谈《胡笳十八拍》，力辩蔡文姬著作权；一是核校弹词《再生缘》，详考作者陈端生。

1959 年前后，郭沫若研究蔡文姬与《胡笳十八拍》出现高潮。早在 1921 年，在他的第一篇论述古典文学论文《〈西厢记〉艺术上的批判与其作者的性格》中即把《胡笳十八拍》与《离骚》相提并论。自 1958 年底至 1960 年初，一连写出 10 篇文章，创作了一部历史剧《蔡文姬》，提出"替曹操翻案"，引起评价曹操的学术热潮。郭沫若的研究重点却在对《胡笳十八拍》的艺术价值和蔡文姬著作权的考证方面。凡涉蔡文姬或《胡笳十八拍》的文字、绘画、书法等，他都仔细过目，详加考证，从中发掘有力的证据或线索，坚信《胡笳十八拍》"一定是蔡文姬作的，没有那种切身经历的人，写不出那样的文字来"。[①] 征引资料，包括"正史"、野史、笔记、金石铭文、敦煌文书、文集别集、诗词歌赋、琴谱画卷、书法字帖、佛教典籍，以及文学史、语言学、语音学著作。尽管研究中还有"令人怀疑之处"，郭沫若的看法也仅仅是"一家之言"，但要推倒他的一系列论证，也是所有持"伪作"说的学者无能为力的。

蔡文姬著作权的论辩刚刚冷下来不到一年，又掀起《再生缘》及其作者陈端生的研讨热。1960 年末，郭沫若读完陈寅恪的《论再生缘》一文后，

---

① 郭沫若：《谈蔡文姬的〈胡笳十八拍〉》，《文史论集》，人民出版社，1961，第 201 页。

以"补课"和"检验"陈寅恪的评价是否正确的双重心理，开始了《再生缘》一书的阅读。自1961年1月至1962年1月，反复通读四遍，得见三种版本，发表七篇文章，两次拜访陈寅恪，成就一副流传至今的对联："壬水庚金龙虎斗，郭聋陈瞽马牛风。"①这副对联，成为郭、陈二人交往从有误会到开始了解的真实记录。郭沫若校订的《再生缘》是陈端生所作十七卷，这是郭沫若校订本与其他校本的最大区别。七篇文章讨论的问题主要有三个。一是第十七卷的写作地点。陈寅恪认为"端生似随父玉敦赴云南"，郭沫若认为"写在浙江，陈端生并未随父到云南"。二是陈端生的丈夫。陈寅恪猜测为浙江秀水范璨之子范菼，郭沫若认为是会稽范菼。三是陈云贞是否陈端生。郭沫若始终坚持"陈云贞就是陈端生"，争论最为激烈，陈寅恪虽然读到了郭沫若的这一系列文章，却没有参加论辩，只默默地写成《论再生缘校补记》，不同意"陈云贞即陈端生"之说。

郭沫若四五岁受"诗教的第一课"是母亲口授唐诗，去世前六七年的最后一部著作《李白与杜甫》说的还是唐诗。对于唐代诗人，郭沫若有专门评述的是王维、李白、杜甫、白居易4人。评述王维、白居易，主要从诗歌创作的角度谈其诗的特点及影响。另一种情况是由诗入史，从诗作中发掘史实，以定其人物的评价。李白与杜甫的研究，表现的是郭沫若由前一种情况向第二种情况的转变以及两种情况的交织。诗人、学者兼而为之，性情、理智交相融汇，使他写出了《李白与杜甫》这本书。此外，还应看到当时历史环境下暗含的某种"苦心孤诣"。②

从学术研究的角度来审视这本著作，至少有这样几点是超越前人的。其一，透过李、杜尤其是李白的遭遇，展现了唐代社会由盛转衰的历史画卷。"关于李白"这一部分用了两个副标题点出李白政治活动的两次"大失败"，足以使人联想到"开元盛世"的歌舞升平和天宝后期的战乱流离。第

---

① 关于这副对联，社会上有不同的传说。1961年11月15日郭沫若访问陈寅恪后，日记记录了二人谈论《再生缘》的情况，最后写道："'壬水庚金龙虎斗，郭聋陈瞽马牛风。'渠闻此联解颐，约谈一小时，看来彼颇惬意。"详见本书《郭沫若与陈寅恪："龙虎斗"与"马牛风"》一文。

② 详见拙作《写〈李白与杜甫〉的"苦心孤诣"》，《郭沫若学刊》2012年第2期；郭沫若研究年鉴编委会编《郭沫若研究年鉴（2012卷）》，人民出版社，2013。

三部分"李白杜甫年表"单独开列"史事札记"一栏,自李白出生至杜甫中毒身亡,逐年记述主要史事,显然是想通过李、杜的经历反映唐玄宗前后整整70年间的社会变动。其二,以诗证史,把李白身世、李杜宗教生活等项研究推进到一个新的层次。不仅在前两部分注意"唐代思潮"对他二人的影响,而且在年表部分同样表现出对三教转移的留意,尤其是佛教的传入。其三,突破了杜诗研究的旧框子,推动着杜诗研究的新进展。由于杜甫戴有"诗圣"或"人民诗人"的桂冠,新、旧研究家大都回避杜诗中的一些问题。"关于杜甫"这一部分,比较系统地清理了历来回避的主要问题,并逐一做出剖析。

至于对李、杜的评价,自中唐以来就是一个争论不休的问题。郭沫若自幼"喜欢李白"而"不甚喜欢杜甫",面对"千家注杜,一家注李"的状况,内心的不平衡是可想而知的。出于学者的理智,他明确表示要翻"抑李而扬杜"的旧案,恢复"李杜并称"的平衡局面。但当展开论述时,一进入诗的意境,诗人郭沫若便渐渐淹没了学者郭沫若,感情的"好恶"时不时地战胜着学者的理智,加之那特殊年代引发的内心潜流,明显地流露出"扬李抑杜"的倾向。可以说,《李白与杜甫》是特殊年代中,学者郭沫若与诗人郭沫若"相混合"的产物。

第二,从事研究,也从事创作,把"运动、变化"的中国历史"大舞台"的若干片断(细节)"复制"出来,以艺术的形式再现于戏剧小舞台,历史学与历史剧的关系被提到科学与艺术关系的高度。因此,郭沫若的历史剧作在其全部著作中占有非常特殊的位置。

从30年代后期到40年代前期,郭沫若的历史剧作进入成熟阶段。五幕历史剧《屈原》为其成熟阶段的杰出代表,蕴含着他研究屈原的重要成果。五幕历史剧《虎符》在把握"历史的精神"方面,使其历史研究与历史剧作关系的理论得到新的充实:史学家发掘历史的精神,史剧家发展历史的精神。当他的历史剧作进入一个新的探索时期之后,形成"入情入理地去体会人物的心理和时代的心理"的认识,并把"人物的心理和时代的心理"看成比单纯的"史料的分析"更为重要的因素。《蔡文姬》《武则天》两剧的完成,使郭沫若更加注意历史研究作为一门科学与艺术的关系,明确提出历史学与历史剧的关系实为"科学与艺术"的关系,并希望在一定程度上将二者结合起来。

在科学研究逐步深入的今天看来,郭沫若当年提出"科学与艺术"的结合,不失为一个颇具预见性的认识。郭沫若的科学思维与艺术思维相结合,确实是进行科学研究的一种重要方法,应当充分认识而加以继承。

八

正式出版的郭沫若译著30种(诗歌8种、小说9种、戏剧5种、艺术2种、科学1种、理论4种、其他1种),涉及10个国家的60多位作者的作品,总页码超过《郭沫若全集·文学编》。这对郭沫若的人生道路、对他的整个学术文化走向,都产生了重要影响。

阅读、翻译、出版理论著作和文艺作品,对他的人生道路有过两次决定性的影响:一次是使他从立志学医转而弃医从文,一次是引导他登上时代的"宝筏",成为"马克思主义的信徒"。第二次转折,从翻译方面来讲,翻译《新时代》对郭沫若思想转换所产生的重要影响并不亚于翻译《社会组织与社会革命》。《孤鸿——致成仿吾的一封信》倾诉的就是翻译《社会组织与社会革命》《新时代》两部书的心得。

翻译激发郭沫若的文学创作,主要集中在"诗的觉醒"和"向戏剧的发展"两个方面。1921年8月新诗集《女神》出版之前,泰戈尔、惠特曼、歌德的诗歌对他影响最大。但郭沫若都没有简单模仿和照搬,而是把他们的作品作为一种营养吸收和消化,使之变成自己的"血肉"。《女神》结集的过程,反映的也正是郭沫若在20世纪初期吸取、融汇东西方有代表性的诗歌创作的过程。"向戏剧的发展",如果说诗剧的尝试主要受歌德的影响,那么史剧的创作并取得瞩目的成就则更多地应当考虑莎士比亚的影响。

翻译影响郭沫若的古代社会研究,一是对他研究古代社会的"向导"作用,二是对他研究古文字、古器物的启发作用。翻译、出版马克思《政治经济学批判》,马克思、恩格斯《德意志意识形态》以及米海里斯《美术考古学发现史》，包括阅读恩格斯《家庭、私有制和国家的起源》以及摩尔根《古代社会》等，使他以当时最新的观念——唯物史观为指导研究中国古代社会，创造性地把古文字、古器物研究与古代社会研究结合，确立起唯物史观的中国古代文化体系。

翻译推进郭沫若科学思想的形成与系统化，集中体现在翻译出版英国著名学者威尔士（H. G. Wells）等著《生命之科学》（包括《人类展望》）上。郭沫若关于"科学综合化、科学大众化、科学文艺化"思想的形成与系统化，与翻译出版该书有密不可分的重要关系。

从翻译对郭沫若人生道路和学术文化的影响，可以充分认识郭沫若吸收异民族优秀文化的目的——创造中华民族新文化：一是借鉴异民族文化的优秀成分，使之成为自己文化"创建力的触媒"；二是将其融合进来，使之成为"自己的血肉"，保持中华民族文化一贯的进化体系。

毋庸讳言，作为新民主主义文化和新中国文化的代表，郭沫若必然带有时代的烙印。尽管他也有作为普通人的一面，也有作为"纯"诗人、学者的一面，但都无法摆脱政治上的、社会上的、身份上的种种印记。无论人们做何种评价，肯定也好，否定也罢，在1919—1978年这60个年头里，郭沫若始终与中国学术文化的走势紧密相关联，并成为不同时期学术潮流的代表人物。不管他的著述是否"粗率"，也不管他的观点如何"多变"，舍其人或抹去他的成就，则中国现代学术文化史必将出现明显的断档和空白。相反，唯有通过郭沫若及其交往，才能看清20世纪学术文化发展所走过的曲折历程及其利弊得失。

进入21世纪来谈"郭沫若与20世纪中国学术文化"，一方面需要进一步总结郭沫若与20世纪学术文化发展的利弊得失，另一方面则应当考虑如何继承郭沫若留下的学术文化遗产，从中汲取推进21世纪学术文化出新的营养元素。

[本文原载《郭沫若学刊》2002年第1期，2002年11月做过添改，并加副标题]

第一编
思想体系

创造民族新文化，填写世界文化史白页，是郭沫若一生的文化追求，贯穿他的整个人生和全部文化历程，由此形成他吞吐中西的世界文化观、科学的中国化的思想、追求艺术与社会双重价值的美学思想，三者彼此交织，融为一体。在这一思想体系下，形成其独特的研究体系、创作体系，取得多方面的研究成果和艺术成就。

这一编4篇，分述其世界文化观（2篇）、科学思想（1篇）、美学思想（1篇）。

吞吐中西的世界文化观

郭沫若作为世界文化名人，对 20 世纪中国文化与世界文化的交流和发展做出了重要贡献。同时，他也形成以中国文化为基点的世界文化观。

一 吞吐中外学说，瞩目异族优秀文化

以文化教养而论，郭沫若是浸染于儒家经典，寝馈于传统文化的。但浪漫、叛逆的个性，又使他对旧学中的消极面产生极大的反感。从他童年、学生时代的历程可以看出，他对传统文化和外来文化的接受，基本上是从感情的喜好出发的。

郭沫若 4 岁开始跟母亲口诵唐诗，8 岁由塾师教读唐诗和《诗品》，自称"顶喜欢"《诗品》，后来一直承认"关于诗的见解大体上还是受着它的影响的"。[①] 9 岁开始，白天读经，晚上读诗，逐渐产生"有点奇怪的现象"："喜欢李白、柳宗元，而不甚喜欢杜甫，更有点痛恨韩退之。" 13 周岁到乐山高等小学寄读，又对今文经学"发生兴趣"。同时，把《史记》读了一遍，"很喜欢太史公的笔调"，《项羽本纪》《屈原列传》《信陵君列传》《刺客列传》等是其"最喜欢读的文章"。这些古人的生活，引起他"无上的同情"。升入嘉定府中学以后，得到经学教员黄经华的"护惜"，以至 20 年代末郭沫若仍然不忘称道黄经华关于"《六艺》都是孔子的创作，就是所

---

① 《序我的诗》，《郭沫若全集·文学编》第 19 卷，第 404 页。

谓托古改制"的见解"在当时是很新鲜的"。另一方面，梁启超的《意大利建国三杰传》所描写的"亡命的志士、建国的英雄"，也令郭沫若心驰神往。林琴南的翻译小说更是其"嗜好的一种读物"，甚至对其"后来的文学倾向上有决定性的影响"。① 假期在家，则多读古籍，对于"庄列之书尤感嗜好"。② 他曾在多处回忆说：在家度假期间，"喜欢读的书是《庄子》、《楚辞》、《文选》、《史记》、严几道译的《天演论》、《群学肄言》"，"特别喜欢《庄子》"，"觉得是古今无两"。③

当他考入日本东京第一高等学校预备班医科，成为中国的官费留学生后，"紧张的日语学习，并未影响其国学嗜好"。④ 升入冈山第六高等学校第三部医科后，除基础课外，必须学德文、英文和拉丁文。教员以文学士居多，喜欢采用德国的文学作品为教材。于是，郭沫若由歌德进一步熟悉了斯宾诺莎，由泰戈尔认识了印度古诗人伽毕尔，接触到印度古代《奥义书》的思想。因为喜欢歌德、泰戈尔，"便和哲学上的泛神论（Pantheism）的思想接近了"。"和国外的泛神论思想一接近，便又把少年时分所喜欢的《庄子》再发现了。"同时，他对儒、道的理解，"待到一和国外的思想参证起来，便真是到了'一旦豁然而贯通'的程度"。⑤ 庄子与泰戈尔、斯宾诺莎、歌德的思想是否都很接近，另当别论，但郭沫若早年的认识，的确如此。

由此，我们可以看出，当郭沫若开始进展到理性的追求时，他的心路告诉人们，他与新文化运动的代表人物有两个最大的不同之处：一是他没有像李大钊、胡适那样，直接接受国外关于改造社会的思想学说，只是在寻求国外文化与传统文化的相通之处；二是在"五四""打倒孔家店"的高潮时期，他正身居日本这样一个既有着东方传统又善于吸收西方科学的国度中，一面表现出对西方文化的狂热崇拜和追求，一面又能够以"旁观者"的态度冷静地对待中国"固有的文化"。在中外文化对比当中，郭沫若形成

---

① 上引俱见《我的童年》，《郭沫若全集·文学编》第 11 卷，第 41、92、120—123 页。
② 《五十年简谱》，《郭沫若全集·文学编》第 14 卷，第 543 页。
③ 《黑猫》，《郭沫若全集·文学编》第 11 卷，第 293 页。
④ 钱潮口述，盛巽昌记录整理《回忆郭沫若早年在日本的学习生活》，《中国现代文艺资料丛刊》第 4 辑，上海文艺出版社，1979。
⑤ 《创造十年》，《郭沫若全集·文学编》第 12 卷，第 66—67 页。

自己独特的世界文化观,并影响着他日后的认识。1923年5月20日,他在给宗白华的信中这样写道:

> 如容许我们在便宜上或在一般常习上把世界旧有文化粗略划分时,我们可以得四种派别:(一)中国,(二)印度,(三)希伯来,(四)希腊。……印度思想与希伯来思想同为出世的,而中国的固有精神与希腊思想则同为入世的。假使静指出世而言,动指入世而言,则中国的固有精神当为动态而非静观。
>
> 我国的古代精神表现得最真切、最纯粹的总当得在周秦之际。那时我国的文化如在旷野中独自标出的一株大木,没有受些儿外来的影响。自汉以后佛教传来,我国的文化已非纯粹。①

至于什么是我国"固有文化"的主流,他接着写道:"我国的儒家思想是以个性为中心,而发展自我之全圆于国于世界,所谓'修身、齐家、治国、平天下',这不待言是动的,是进取的。"

郭沫若肯定中国传统文化的"入世"精神,并且十分推崇孔子和儒家思想,但他并不像梁启超、梁漱溟那样,认为西方文明需要中国文明去拯救、中国固有的文明将取代西方未来的文明。② 同时,也有别于胡适只承认文化的时代性而忽视或不承认文化的民族性。③ 他的结论是:

> 我国自佛教思想传来以后,固有的文化久受蒙蔽,民族的精神已经沉潜了几千年,要救我们几千年来贪懒好闲的沉痼,以及目前利欲熏蒸的混沌,我们要唤醒我们固有的文化精神,而吸吮欧西的纯粹科学的甘乳。

---

① 《论中德文化书——致宗白华兄》,《郭沫若全集·文学编》第15卷,第149页。
② 分见梁启超《欧游心影录节录》(《饮冰室合集》本)、梁漱溟《东西文化及其哲学》(商务印书馆,1935)。
③ 详见胡适《读梁漱溟先生的〈东西文化及其哲学〉》,《读书杂志》第8号,1923年4月1日。

在对待中国传统文化与西方近代文化问题上,郭沫若的这一主张自始至终贯穿他的思想认识和学术研究,既吸收传统文化的精华,恢复民族固有的精神,又要引入西方近代科学和文化,以弥补传统文化的缺陷。成仿吾在翻译和介绍郭沫若《中国文化之传统精神》时,对他的这一主张做了更加明白的概括:

> 我觉得今后思想界的活动,当从吞吐西方学说进而应用于我们古来的思想,求为更确的观察与更新的解释。①

不用传统的观念解释中国的传统,而以外来的思想学说观察与解释固有的文化,这就决定了郭沫若长期瞩目于世界文化的发展,注意"异民族的文化之优秀成分"。

在这同时,他还看到世界上各民族的文化大都"有兴有替""有盛有衰",唯独中国文化"五千年中永远保持着了它的一贯的进化体系","看着便要达到老境了,立地便有一针青年化的血清注射"。而这"青年化的血清"便是"异民族的文化之优秀成分",我们吸收来"使之成为自己的血肉,或成为自己文化创建力的触媒"。②

郭沫若始终是这样认识和对待中国文化与世界文化的。③

二 以国情为基点,考验外来文化适应度

如何认识和吸收"异民族的文化之优秀成分",郭沫若有过两次重大的选择,都做出了榜样,并取得了划时代的成就。

第一次的选择是泛神论。世界历史的发展确实开了一个很大的玩笑:

---

① 《中国文化之传统精神》译后附识,《郭沫若全集·历史编》第3卷,第263页。
② 《青年化,永远青年化》,《郭沫若全集·文学编》第18卷,第323—324页。
③ 郭沫若在发掘固有文化积极、进取"精神"的同时,深深感到中国传统文化另一个方面的存在,详见文末附录。

西方先前进步、后来没落的文化，在中国传统文化要达到"老境"的时候，仍然被当作先进的思想"引进"来了，竟成为具有开拓意义的东西。被闻一多称为"薄于东方文化"而"十分欧化"的《女神》，在内容和形式方面都突破传统的圈子，展示出新文学的道路，为一划时代作品。泛神论思想还影响着郭沫若对中国古代神话传说的认识，影响着他对先秦诸子的认识。这些集中在1921—1923年发表的《我国思想史上之澎湃城》《伟大的精神生活者王阳明》《中国文化之传统精神》《读梁启超〈墨子新社会之组织法〉》《惠施的性格与思想》等论文里。其中，关于老子、孔子、墨子的某些基本认识，一直维持到40年代写《十批判书》的时候。

然而，泛神论毕竟太陈腐了。20年代前后，国外较有影响的各种思想学说纷纷被引了进来，马克思列宁主义也传入中国，互相碰撞，形成"学说纷纭，莫衷一是，大有处士横议、百家争鸣之概"。① 但终究缺乏融会贯通，不能建立新的思想文化体系。对此，郭沫若明确指出：

> 我们要宣传民众艺术，要建设新文化，不先以国民情调为基点，只图介绍些外人言论，或发表些小己底玄思，终竟是凿柄[枘]不相容的。②

于是，他对"异民族的文化"又开始了新一轮的选择。

在当时，代表世界思想文化趋势的马克思学说虽已传到中国，郭沫若也有所了解，但最初他"没有感觉着有怎样的必要"去进行研究。③ 1924年翻译河上肇《社会组织与社会革命》一书后，郭沫若瞩目"异民族的文化"的目光便集中在马克思的科学社会主义学说上了。

> 我在王阳明学说中与近世欧西的社会主义寻出了一致点。王阳明主张"去人欲而存天理"，这从社会方面说来，便是废去私有制度而一

---

① 何炳松：《〈通史新义〉序》，《通史新义》，商务印书馆，1933，第11页。
② 《郭沫若致宗白华》（1920年1月18日），《郭沫若全集·文学编》第15卷，第20页。
③ 《创造十年》，《郭沫若全集·文学编》第12卷，第108页。

秉大公了。在这儿西方文化与东方文化才可以握手，在这儿西方文化才能生出眼睛，东方文化也才能魂归正宅。所以在我自己是肯定孔子，肯定王阳明，而同时更是信仰社会主义的。①

从传统文化的主导思想——孔子学说当中去发现与马克思学说的"一致点"，决定了他选择和接受外来文化的取向。

1928年3月流亡日本，使郭沫若置身于一种"旁观"的境遇，得以比较客观地潜心于对中国"固有的文化"的考察。在从事国外理论与学术、文艺等著作的翻译过程中，他首先注意到辩证唯物论的阐发和高扬"已经成为了中国思想界的主流"，使他的认识最接近于世界思想文化发展的大趋势。同时，他也意识到简单地把辩证唯物论、历史唯物论"只作为纯粹的方法来介绍，而且生硬地玩弄着一些不容易消化的译名和语法，反而会在这个方法的接受和运用上增加阻碍"。为了使"这种新思想真正地得到广泛的接受"，他采取了围绕传统文化介绍外来文化的做法，这就是：

> 必须熟练地善于使用这种方法，而使它中国化。使得一般的，尤其有成见的中国人，要感觉着这并不是外来的异物，而是泛应曲当的真理，在中国的传统思想中已经有着它的根蒂，中国历史的发展也正是循着那样的规律而来。

这是讲让外来的思想和方法植根于中国"固有的文化"当中，为国人所接受。能否植根而被国人接受，这就要看其适不适应中国的国情了，郭沫若明确表示：

> 我也正是想就中国的思想，中国的社会，中国的历史，来考验辩证唯物论的适应度。②

---

① 《王阳明礼赞》附论一《精神文明与物质文明》，《郭沫若全集·历史编》第3卷，第299页。
② 上引俱见《海涛集·跨着东海》，《郭沫若全集·文学编》第13卷，第330—331页。

就是说，要以中国的实际作为检验外来文化真理性的标准，这是郭沫若在接受外来文化方面超越同时代其他许多思想家的过人之处。他通过"清算中国的社会"，使当时的广大青年看到中国的国情、中国的传统，与辩证唯物论、历史唯物论这一"外来的异物"所说，并没有什么两样。

上述认识和做法，无论从认识论还是方法论的角度加以考察，都决定着郭沫若必然以 20 世纪 20 年代世界思想文化发展的最新观念去认识中国的传统文化和传统社会，因而产生出引领思想文化潮流的《中国古代社会研究》，成为唯物史观历史学的开拓之作。

当社会比较普遍地认为"中国旧文化不适宜于现代的环境"之际，郭沫若"用国外的思想参证"传统的思想，使其对中国"固有的文化"的理解达到"豁然而贯通"，为现代文学展示出新途。

当社会上一部分舆论认为辩证唯物论、历史唯物论是"外来的异物"、"不合中国国情"之际，郭沫若却注意到这"异民族的文化之优秀成分"正在逐渐成为"中国思想界的主流"，便以中国的国情来检验它的适应度，写出又一具有开拓意义的著作，代表着历史学的方向。

这两次最富开创性的成就都是以吸收外来文化为前提的。没有外来文化，没有"异民族的文化之优秀成分"，就不可能有这两大成就。然而，它们又都是以中国"固有的文化"为基点的。其成功的关键，在于准确认识和把握外来文化在中国的适应度！

三　吸吮外来的甘乳，填写世界文化史白页

从历史研究出发，促进中华民族新文化的创造，填写世界文化史上的白页，是郭沫若世界文化观的重要内容，也是他长期坚持的一贯思想。

早在以中国国情考验外来思想文化适应度的时候，他就明确地提出：

> 世界文化史的关于中国方面的纪载，正还是一片白纸。恩格斯的《家庭、私有制和国家的起源》上没有一句说到中国社会的范围。

>   在这时中国人是应该自己起来，写满这半部世界文化史上的白页。①

尽管当时避居海外，环境异常险恶，生活十分艰苦，资料极端缺乏，郭沫若仍然抱定决心要在世界文化史中填写上连恩格斯也"未曾提及一字的中国的古代"。但他又不是以当时"整理国故"的办法来认识中国古代社会的，而是采取了"跳出'国学'范围，认清国学真相"的做法，最具突破性的有两点：一是"跳出"传统的经史子集的"国学"范围，引用地下出土实物来认识"古代的真实的情形"；二是以外来的思想文化"观察与解释"中国的古代，这就是郭沫若所说"中国的古人只知道有那种生活的现象而没有人详细地去研究过那种原始社会的各种结构，在这儿我们仍然不能不多谢恩格斯（Engels）和美国近代学者摩尔根（Morgan）了"，即以恩格斯的《家庭、私有制和国家的起源》及摩尔根的《古代社会》两部书作为"必须知道的准备知识"。这两个具有突破性的认识和做法，在郭沫若那里形成一个全新的"国学"体系，《中国古代社会研究》一书确实在恩格斯"所知道了的美洲的印第安人、欧洲的古代希腊、罗马之外，提供出来了他未曾提及一字的中国的古代"。因此，郭沫若自认为这本书具有"恩格斯的《家庭、私有制和国家的起源》的续篇"的性质。②

在接受唯物史观的同时，郭沫若并不排斥其他外国文化。1929 年 7 月，翻译的德国亚尔多夫·米海里斯《美术考古发现史》由上海乐群书店出版。翻译的目的，是在考古学上尽快地"把先进者的最新的方法采用过来"，从中得到"关于考古学上的智识"，"把殷墟卜辞和殷周青铜器整理得出一个头绪来"。③

自北宋以来，见于著录的殷周青铜器多达三四千件，但大都年代不明、

---

① 《〈中国古代社会研究〉自序》，《沫若文集》第 14 卷，第 9 页。
② 《〈中国古代社会研究〉自序》，《沫若文集》第 14 卷，第 9—10、13 页。
③ 郭沫若：《〈美术考古一世纪〉译者前言》，《美术考古一世纪》，群益出版社，1948，第 3 页。

来历不明。王国维慨叹"于创通条例，开拓阃奥，慨乎其未有闻也"。① 郭沫若对这处于"老境"的青铜器研究"注射"了"一针青年化的血清"，"让这些青铜器来说出它们所创生的时代"，为中国青铜器研究开了一个新纪元。

当我们品味这本译著时便会发现：书中针对古代希腊、罗马雕塑群像不断出现，文献记载不全，有些记载不确等情况，指出要分别"表明其本来的位置时，须有独立的批判和与既知既定的别种遗品比较研究的必要，所以有时使传统的分类法动摇"。对照郭沫若整理殷周青铜器的方法，可以清楚地看到他所受到的启示。其一，文献记载缺乏证据的器物，要判明其时代性，则用比较研究的方法与既知既定的器物进行类比，确定其时代和属性。其二，将经过比定整理的器物重新分类，确立新的体系，动摇传统的分类法。至于辨识古器物年代的具体方法，书中提出"各种陶器的形式上与装饰纹样上的发展，在我们辨别文化之时代的相异及其类似时，给与我们以最贵重的帮助"。利用器物细部纹饰、形制的归类辨识，既可明其时代，又能辨其真伪。有了这种年代可据的真器群，也即米海里斯所说"我们算得到了一个确立点，可以考定出以前所没有的陶器的年代"。② 郭沫若正是循着这样的一个新思路，寻出已经确知年代的器物，谓之"标准器"，与其他尚难确定年代的器物进行铭文、形制、纹饰等多方面的对照，重新区分类例，理出年代系统。自 1931 年 6 月出版第一部关于青铜器的著述《殷周青铜器铭文研究》上、下卷，至 1934 年 11 月增订完成《两周金文辞大系图录》、1935 年 4 月完成《两周金文辞大系考释》，将那"难于驾驭"的青铜器条理出历史系统和演变之迹，建立起认识两周金文的学术体系。同时，从彝器形象出发，勾画出中国青铜器发展的基本轮廓。这一切，标志着郭沫若用外来的考古学的科学方法研究传统的金石之学，取得巨大成功。

如果说郭沫若起先是要"利用"殷墟卜辞"探讨中国社会之起源"，主要以恩格斯和摩尔根的著作为"必须知道的准备知识"，写出《甲骨文字研究》（两卷），在考释文字方面"多所创获"，但用来"探讨中国社会"则

---

① 《观堂集林》卷 23《殷虚书契考释序》，《海宁王静安先生遗书》。
② 上引分见《美术考古一世纪》，第 336、254、266 页。

往往出现偏差，几次改变对商代社会的基本认识的话，那么当他将殷周青铜器整理得出头绪之后再来整理甲骨卜辞，便又取得为迄今中外学界瞩目的巨大成就。

1933年5月东京文求堂书店据手迹影印出版了《卜辞通纂》，郭沫若在序中这样写道：

> 本书之目的，在选辑传世卜辞之菁粹者，依余所怀抱之系统而排比之，并一一加以考释，以便观览。

通过传世的精品，确立起认识甲骨的"系统"，再加以考释，从而将甲骨文研究推进到一个新的阶段。

自1903年第一部甲骨著录之后的20余年间，出版的甲骨著录10余种，都是随手编排，不按内容分类。1925年以后，虽然各家著录有所分类，但都显得随意性较大，也缺乏对甲骨文内在联系的认识，多是按卜辞事类相从而已。郭沫若"吸吮外来的甘乳"，从逻辑发展之必然"洞察到内面潜在着的事物之真性与历史的关系，以这样的材料竟建出了一座有多年生命的殿堂"。①《卜辞通纂》的"系统"是将甲骨卜辞按干支、数字、世系、天象、食货、征伐、畋游、杂纂八类编排，郭沫若解释说："卜辞每卜几均有日辰"，故首推出干支表；数字"同为判读卜辞之基础智识，故以数字次于干支"；世系"在定夺卜辞之年代与历史性"，其"排比即由文丁以至于夔，倒溯而上以入于神话（諔）之域"，"故以天象次于世系"；而"天时之风雨晦冥与牧畜种植有关，故以食货次之"；"殷时已驱使奴隶从事生产事业，奴隶得自俘虏，故以征伐次之"；而"征伐与畋游每相因，卜辞中尤多不别，故以畋游次之"；杂纂"殿于后，大抵以属于抽象事项者为多"。② 这一"系统"的建立，不仅使郭沫若得以纠罗（振玉）、王（国维）所误释，识罗、王所未识，更使其得以洞悉甲骨卜辞本身的诸多奥秘：一是当时如何占卜记事（包括占卜、刻写、用辞、行文等），二是后人如何科学利用（包

---

① 《美术考古一世纪》，第8页。
② 《〈卜辞通纂〉述例》，《郭沫若全集·考古编》第2卷，第33—34页。

括区分时代、断片缀合、残辞互足以及校对去重等)。郭沫若对甲骨卜辞这一"固有"文化的发掘,一直延续到《甲骨文合集》的编纂,成为举世瞩目的一大科学工程,将世界文化史上的这一白页写得满满的。

新中国成立以后,郭沫若把他的世界文化观进一步理论化了。这就是他在《历史研究》发刊词中所说:

> 我们需要从历史发展中来体会辩证唯物主义与历史唯物主义。我们需要从历史发展中来进行爱国主义教育、提高民族自信心、促进民族新文化的创造。……然而在世界史中关于中国方面的研究却差不多还是一片白页。这责任是落在我们的肩头上的,我们须得满足内外人民的需要,把世界史上的白页写满……①

这可以说是郭沫若对自己学术道路的一个概括性总结,同时又为新中国的学术文化发展指出方向、提出要求。郭沫若正是这样,引进外来思想,以中国的传统考验其适应度,吸吮其科学的甘乳,促进民族新文化的创造,再"走出去",填写世界文化史上的白页。尽管五六十年代我们处在比较封闭的状态,吸收外来文化有限,但郭沫若仍然不忘创造民族新文化,走向世界。1956 年 2 月下旬,由中国科学院和文化部联合召开第一次全国考古工作会议,他作为两个部门的最高负责人,在开幕式讲话中强调:

> 中国的考古事业具有世界性的深刻意义。人类史和世界史还有很大一片空白,急切需要由地下埋藏极其丰富的中国来加以补填。②

吸收异民族文化的优秀成分,创造中华民族新文化,填写世界文化史上的白页,这就是郭沫若的世界文化观。

今天,已经进入开放的时代。回顾近 20 年来学术文化发展的历程,我

---

① 《开展历史研究,迎接文化建设高潮》,《郭沫若全集·历史编》第 3 卷,第 443 页。
② 《交流经验,提高考古工作的水平——在考古工作会议上的讲话》,《郭沫若全集·考古编》第 10 卷,第 56 页。

们仍然是循着以郭沫若为代表的学术大师们走过的路在继续前进。

  [原题《简述郭沫若的世界文化观》，载《郭沫若与东西方文化》，当代中国出版社，1998]

附：

挣脱昔日的桎梏，不断注射青年化的血清

  郭沫若在发掘固有文化积极的、进取的"精神"的同时，又深深地感到中国传统文化的另一个方面的存在：

  在每个阶段推移的时候，新旧虽然略有冲突，但到支配权的转移对象一固定，在旧的里面所发现的昔日的桎梏，会发着很庄严的辉光而成为今日的武器。

  对于"儒家理论体系"作用的这一分析，确确实实抓住了它是"立在支配阶级上的理论"的实质。[①] 这不也正是 20 世纪以来，所有在新文化运动、五四运动直至 40 年代产生的伟大诗人、学者、思想家等，由开放型、开拓型逐渐转变为封闭型、因循型，慢慢失去马克思主义那种宽广的、前瞻的、生机勃勃的拓展精神，在思想文化方面的原因吗？
  郭沫若的学术文化实践，恰恰证明了他对"儒家理论体系"的这一深刻分析。40 年代以后，他便开始为"昔日的桎梏"所"桎梏"，开拓勇气渐渐磨灭，创新精神日益减失。他的这一变化，大致表现在如下三个方面。
  首先谈对传统文化认识的变化。
  "五四"文化论战中，以梁启超、梁漱溟为代表，认为未来文化是"中

---

  ① 《中国古代社会研究》第一篇《周易时代的社会生活》，《沫若文集》第 14 卷，第 90 页。

国文化之复兴"。① 以胡适、吴稚晖为代表,认为中国应当走西方文化的道路,并指责梁漱溟把东方文明称为"精神文明"、西方文明称为"物质文明"的说法是错误的。② 鲁迅采取的是与传统文化不可调和的态度。郭沫若则做了区分,认为"我国的古代精神表现得最真切、最纯粹的总当得在周秦之际",自汉以后"我国的文化已非纯粹"。③ 就在人们都醉心于文化形态的论战时,鲁迅、郭沫若却站在了改造民族灵魂的高度关注中华民族文化。"中国人向来就没有争过'人'的价格,至多不过是奴隶",④ 鲁迅对于国民精神的这一批判,确实抓住了传统文化的致命弱点。同样,郭沫若也形成这样的一个观点:"我们中国人在文化上的表现能力几乎是减弱到了零小数点以下的第好几位了","我们已经到了这步田地,难道还能够甘心堕落,一点也不想自行拯救吗?"⑤ 如果说这一时期郭沫若所要发掘的是先秦的那种真正代表中华民族文化传统的"中国固有的文化"的话,那么当他开始运用马克思主义剖析中国古代社会之后,便对中国传统文化做出了这样的评论:

> 中国固有文化的负担太重了。资本主义以前的文化,年代太久,至少有三千年,所以对过去的文化怀着一种憧憬,对新的文化发生抵触,往往视欧美为夷狄之邦。资本主义以前的中国文化诚然是很有光辉的,但就因为太有光辉,在变革时期便不免是一个很大的负担了。……因为历史太久,光辉太灿烂,动不动就往后看,而不往前看。……这是接受西欧文化不能成功的一大原因。⑥

在这同时,他也看到了世界各种民族的文化都"有兴有替""有盛有衰",唯独"中国民族和中国文化,五千年中永远保持着了它的一贯的进化体

---

① 参见梁漱溟《东西文化及其哲学》,商务印书馆,1935。
② 参见胡适《读梁漱溟先生的〈东西文化及其哲学〉》,《读书杂志》第8号,1923年4月1日。
③ 《论中德文化书——致宗白华兄》,《郭沫若全集·文学编》第15卷,第149页。
④ 《坟·灯下漫笔》,《鲁迅全集》第1卷,人民文学出版社,2005,第224页。
⑤ 《写在〈三个叛逆的女性〉后面》,《郭沫若全集·文学编》第6卷,第137页。
⑥ 《中日文化的交流》,《郭沫若全集·文学编》第18卷,第86—87页。

系","看着便要达到老境了,立地便有一针青年化的血清注射"。① 50年代以后,就再也见不到郭沫若有这样的言论了,只是一味地表示,"中国有长远的、内容丰富的历史,是值得我们夸耀的"。② 对传统文化认识的这种变化,使他更多的是继承,而缺少开拓!

其次看对儒学认识的反复。

"五四"时期,郭沫若既没有把孔子奉为神明,要求尊孔教为国教,写入宪法,也没有对孔子和儒家学说全盘否定。他以"五四"的时代精神,将孔子从"神坛"上还原为"人",认为"孔子也不过是个'人'",称其为"人中的至人",比给他奉上"大成至圣先师"之类的徽号要"更妥当着实些"。③ 同时指出,"我国的儒家思想是以个性为中心,而发展自我之全圆于国于世界,所谓'修身、齐家、治国、平天下',这不待言是动的,是进取的"。④ 进而,区分了孔子思想与汉武帝以后的儒,认为后儒"以帝王之利便为本位以解释儒书,以官家解释为楷模而禁人思索",⑤ 使得"我们自由独创之传统精神亦遂永遭埋没于后儒训诂伪托之下而泯其真相"。⑥ 如果说要"唤醒我们固有的文化精神"的话,郭沫若是要从孔子身上发掘出"以个人为本位"的"自由独创""进取"等精神,以"唤醒"国人。十年以后,在运用马克思主义剖析中国古代社会的"过往来程"时,郭沫若深刻地指出:

> 儒家理论的系统,全体就是这样的一个骗局。它是封建制度的极完整的支配理论。我们中国人受它的支配两千多年,把中国的国民性差不多完全养成了一个折衷改良的机会主义的国民性。一直到现在都还有人改头换面地表彰着儒家的理想,想来革新中国的社会,有意识

---

① 《青年化,永远青年化》,《郭沫若全集·文学编》第18卷,第323—324页。
② 《开展历史研究,迎接文化建设高潮》,《郭沫若全集·历史编》第3卷,第439页。
③ 《郭沫若致宗白华》(1920年1月18日),《郭沫若全集·文学编》第15卷,第22页。
④ 《论中德文化书——致宗白华兄》,《郭沫若全集·文学编》第15卷,第149—150页。
⑤ 《王阳明礼赞》,《郭沫若全集·历史编》第3卷,第293页。
⑥ 《我国思想史上之澎湃城》,《学艺》(上海)第3卷第1号,1921年5月30日。

地执行着它的"絜矩之道",有意识地在"执其两端而用其中于民"。①

其后,历史小说《孔夫子吃饭》《孟夫子出妻》对孔、孟的描画,同鲁迅对孔夫子的批评与嘲讽取着同一步履。对孔孟之道的否定,鲁迅至死不渝。但郭沫若到40年代又有所变化,孔子的立场不再是"以个人为本位",而是"顺乎时代的潮流,同情人民解放的",就是孔子思想体系的核心——"仁",也是顺应奴隶解放潮流的。② 这在当时,或许是要从中国固有文化中找出于现实有利的抗暴政的武器,体现着他"发掘历史的精神"的一面,但同时又表明他对儒学认识的反复,无形中开始接受"昔日的桎梏"了。

最后便是他的"人民本位"思想的转变。

郭沫若的"人民本位"思想,最初明显地带着调和人文主义思想的色彩。"五四"前后,他从庄子思想出发去认识人文主义,发掘出"物我一体"的主体意识在哲学上与人文主义的相通之处,这便是泛神论思想。在当时,他较好地求得两种文化的相互"适应度"。然而,现实又不能不使他回到儒家思想的圈子中,正视小我与大我的关系、个人与社稷的关系。人文主义以个人为本位,民本主义以社稷为本位。用儒家思想去了解人文主义,便将个人主体转换为复合概念的"民",表现出的即是民本思想。郭沫若正是基于这种状况,形成他的"人民本位"思想的。迄至40年代,在郭沫若看来,"人民本位"与"人民才是创造世界历史的动力"的论断又是相通的,因而把"人民本位"作为"批判古人"的"依据"和标准。这可以从其关于孔子"同情人民解放"、具有"相当高度的人道主义"的论断中得到证明。③ 由此出发,在肯定具有民族思想的人的同时,他更肯定具有人民思想的人。譬如他认为李岩是人民思想、民族思想兼而有之的,较之"只富于民族气节而贫于人民思想"的顾炎武、王船山"更令人向往"。④ 但就是这样的思想,也没有能够坚持下来。50年代以后,他的历史人物研究不

---

① 《中国古代社会研究》第一篇《周易时代的社会生活》,《沫若文集》第14卷,第90页。
② 《孔墨的批判》,《郭沫若全集·历史编》第2卷,第87、91页。
③ 《孔墨的批判》,《郭沫若全集·历史编》第2卷,第89页。
④ 《〈历史人物〉序》,《郭沫若全集·历史编》第4卷,第6页。

再提"人民本位"的标准,还解释说,"从新的历史观点出发,固然应该着重写劳动人民的活动,但以往的社会既是阶级社会,统治阶级的活动也就不能不写"。① 从此,他的历史人物研究也就围着帝王将相打转了。如果大体勾画一个线索,郭沫若的学术文化走着从"个人本位"到"人民本位"再到"帝王本位"的研究路线。这正表明他自己所说,"愈老的文化,惰性也愈大","固有文化优越于一切的观念依然为主持杼轴者之一大方针。而所谓固有文化要不外帝王时代所钦定之体系而已"。②

通过以上简略考察,从郭沫若的学术研究中至少可以总结出这样几点。

第一,每当他在学术文化上取得开拓性成就时,都必然借助外来文化(包括马克思主义和非马克思主义)冲击"固有文化"的"惰性",或者说以外来文化"刺激"本国文化质变,或者说给"要达到老境"的固有文化"注射青年化的血清"。非此,则不可能有所创新。

第二,他在学术文化上具有开拓性成就的取得,又都是以传统文化为前提的。首先是对中外文化"认同",寻找出外来文化与中国固有文化的"一致点",发掘"固有文化的精神",进而检验外来文化对中国国情的"适应度",使之"中国化"。

第三,一旦失去对"固有文化"的"惰性"的警惕,沾沾于"固有文化优越",或者为"帝王时代所钦定之体系"所"桎梏",使之成为"今日之武器",在学术文化上便再难以有所创新了。

[节选自《吸收、开拓与继承——关于郭沫若学术特点的考察》,原载《郭沫若学刊》1990 年第 4 期]

---

① 《关于目前历史研究中的几个问题》,《郭沫若全集·历史编》第 3 卷,第 482 页。
② 《为革命的民权而呼吁》,《郭沫若全集·文学编》第 19 卷,第 462 页。

吸收异民族优秀文化，创造中华民族新文化

——立足于郭沫若译著的考察

1928年2月，郭沫若计划写《我的著作生活的回顾》，提纲中将自己的写作生涯分为六方面：一"诗的修养时代"，谈古典文学的影响和本人的喜好；二"诗的觉醒期"，提到泰戈尔和海涅；三"诗的爆发"，提到惠特曼和雪莱；四"向戏剧的发展"，提到歌德和瓦格纳；五"向小说的发展"，提到福楼拜、屠格涅夫等五位作家；六"思想的转换"。① 仅此提纲，就足以导引我们考察异民族文化对郭沫若的影响以及郭沫若如何吸收其优秀成分，创造中华民族新文化。

一　翻译著作初版目录

自1917年8月辑《太戈尔诗选》英汉对照、1918年夏译《海涅诗选》始，至晚年《英译诗稿》，郭沫若翻译了大量的文艺作品和理论著作。根据郭沫若纪念馆提供的资料，郭沫若正式出版的译著30种，涉及10个国家的60多位作者的作品，总页码超过《郭沫若全集·文学编》。现将郭沫若译著

---

① 《离沪之前》，《郭沫若全集·文学编》第13卷，第299—300页。

初版目录列出如下。①

1. 诗歌（8种）

鲁拜集　〔波斯〕莪默·伽亚谟　上海泰东图书局　1924年1月

雪莱诗选　〔英〕雪莱　上海泰东图书局　1926年3月

德国诗选（与成仿吾合译）　〔英〕歌德等　上海创造社出版部　1927年10月

浮士德　〔德〕歌德

　　第一部　上海创造社出版部　1928年2月

　　全译本　上海群益出版社　1947年11月

沫若译诗集　多国诗人　上海创造社出版部　1928年5月

新俄诗选（与李一氓合译）②　〔俄〕勃洛克等　上海光华书局　1929年10月

赫曼与窦绿苔　〔德〕歌德　重庆文林出版社　1942年4月

英译诗稿　〔英〕罗伯特等　上海译文出版社　1981年5月

2. 小说（9种）

茵梦湖（与钱君胥合译）　〔德〕史托姆　上海泰东图书局　1921年7月

少年维特之烦恼　〔德〕歌德　上海泰东图书局　1922年4月

　　增订本　上海创造社出版部　1926年6月

新时代（署郭鼎堂译）　〔俄〕屠格涅甫　上海商务印书馆　1925年6月

异端（署郭鼎堂译）　〔德〕霍普特曼　上海商务印书馆　1926年5月

石炭王（署坎人译）　〔美〕辛克莱　上海乐群书店　1928年11月

---

① 此目系据郭沫若纪念馆郭平英、钟作英提供的两份目录整理而成。各类译著，依出版时间先后为序。译名有变化或译本有变化的新版书，在初版名下退两格列出。至于《浮士德百三十图》，是在郭沫若《浮士德》全译本出版同时，用 Staffen 的绘图、郭沫若的译文出版的普及读物，故不列为郭沫若译著。其他诸如《夏枕》等，则非郭沫若所译。

② 《新俄诗选》原系李一氓所译，郭沫若"把来和英译本细细的对读过，有些地方且加了很严格的改润"。泰东图书馆1927年版《新俄诗选》署"L. 郭沫若译"，有以"L."为李霖者，郭沫若1963年明确指出："一九二七年的泰东版是假冒的。"郭沫若在《新俄诗选》的《小序》中说，这本译诗选自英文版《俄国诗选》。按：《俄国诗选》原名为 *Russian Poetry*，1928年在美国出版，更加证明1927年"泰东版是假冒的"。

屠场（署易坎人译）　〔美〕辛克莱　上海南强书局　1929年8月
　　血路　上海南强书局　1932年2月
煤油（署易坎人译）　〔美〕辛克莱　上海光华书局　1930年6月
战争与和平① 　〔俄〕托尔斯泰
　　第一分册（上）　上海文艺书局　1931年8月
　　第一分册（下）　上海文艺书局　1932年1月
　　第二分册　上海文艺书局　1932年9月
　　第三分册　上海文艺书局　1933年3月
日本短篇小说集（署高汝鸿选译）　〔日〕芥川龙之介等　上海商务印书馆　1935年3月

3. 戏剧（5种）

约翰沁孤的戏曲集（署郭鼎堂译述）　〔爱尔兰〕约翰·沁孤　上海商务印书馆　1926年2月
争斗　〔英〕高尔斯华绥　上海商务印书馆　1926年6月
法网　〔英〕高尔斯华绥　上海联合书店　1927年7月
　　　　　　　　　　　　上海创造社出版部　1927年8月
银匣　〔英〕高尔斯华绥　上海联合书店　1927年7月
　　　　　　　　　　　　上海创造社出版部　1927年7月
华伦斯太　〔德〕席勒　上海生活书店　1936年9月

4. 艺术（2种）

美术考古发现史　〔德〕米海里斯　上海乐群书店　1929年7月
　　美术考古学发现史　上海湖风书局　1931年9月
　　美术考古一世纪　上海群益出版社　1948年8月
隋唐燕乐调研究　〔日〕林谦三　上海商务印书馆　1936年11月

5. 科学（1种）

生命之科学（署石沱译）　〔英〕威尔士（H. G. Wells）等
　　第一册　上海商务印书馆　1934年10月

---

① 郭沫若所译《战争与和平》三个分册并非全译本，全面抗战期间，高地致函郭沫若，愿意译完，郭沫若同意。全译本由重庆五十年代出版社出版，署郭沫若、高地合译。

第二册　　上海商务印书馆　　1935 年 11 月
　　　第三册（上、下）　　上海商务印书馆　　1949 年 11 月
　　　　人类展望①　　〔英〕威尔士等　　上海开明书店　　1937 年 3 月
6. 理论（4 种）
社会组织与社会革命　　〔日〕河上肇　　上海商务印书馆　　1925 年 5 月
政治经济学批判　　〔德〕马克思　　上海神州国光社　　1931 年 12 月
艺术作品之真实性　　〔德〕马克思　　东京质文社　　1936 年 5 月
　　　艺术的真实　　上海群益出版社　　1949 年 7 月
德意志意识形态　　〔德〕马克思 恩格斯　　言行出版社　　1938 年 11 月
7. 其他（1 种）
　　　查拉图司屈拉钞　　〔德〕尼采　　上海创造社出版部　　1928 年 6 月

　　从上列可以看出，郭沫若译著主要是在 20 世纪二三十年代翻译出版。"顾计生活"之外，他从事翻译可以分作四个方面进行考察：第一，引导人生道路转换；第二，激发诗歌、戏剧创作；第三，启发古代社会研究；第四，推进科学思想形成。

二　引导人生道路转换

　　郭沫若阅读、翻译理论著作和文艺作品，对他的人生道路有过两次决定性的影响：一次是使他从立志学医转而弃医从文，一次是引导他登上时代的"宝筏"，成为"马克思主义的信徒"。
　　20 世纪 20 年代，稍有志向的青年都希望通过学习实际的学问，使国家强盛起来，时代的口号是"实业救国""富国强兵"。郭沫若就是在这种潮流之下"逼着出了乡关，出了国门"，虽然有倾向于文学的素质，却存心要

---

① 《人类展望》为《生命之科学》第九篇，原题 Biology of the Human Race（《人种之生物学》）。郭沫若因题目过硬、行文笔调不相符，改名为《人类展望》，并认为这篇可以说是《生命之科学》的"结穴"，作者的人生观、世界观"由他自己撮要地提示了在这儿"。

克服它。① 初到日本，郭沫若在写给父母的信中表示："男来东留学，志向在实业及医学两途。"考取东京第一高等学校预备班医科后，他给父母的信中谈道："男现立志学医，无复他顾，以医学一道，近日颇为重要。"②

然而，"无心之间"接触到印度诗人泰戈尔的英文油印诗，郭沫若感到自己"一跃便年青了二十年"。③ 准备学医，第一外国语是德语。学习德语，产生的"副作用"是把"用力克服的文学倾向助长了起来"，郭沫若自述这一过程说：

> 我和德国文学，特别是歌德和海涅等的诗歌接近了，便是在这个时期。因为喜欢太戈尔，又因为喜欢歌德，便和哲学上的泛神论（Pantheism）的思想接近了……待到一和国外的思想参证起来，便真是到了"一旦豁然而贯通"的程度。④

五四运动过后，《浮士德》投了他的嗜好，郭沫若"深深感觉着我自己的学医是走错了路"，写信给宗白华，提出翻译歌德著作：

> 我想歌德底著作，我们宜尽量地多多地介绍，研究，因为他处的时代——"胁迫时代"——同我们的时代很相近！我们应该受他的教训的地方很多呢！

郭沫若在翻译中逐渐认识到歌德"是德国文化上的大支柱，他是近代文艺的先河"，并推崇歌德与孔子为"人中的至人"，在"灵肉两方都发展到了完满的地位"。⑤

---

① 《创造十年》，《沫若文集》第7卷，第57页。
② 《樱花书简》之五（1914年3月）、之十一（1914年9月），四川人民出版社，1981，第19、33页。
③ 《我的作诗的经过》，《郭沫若全集·文学编》第16卷，第212页。
④ 《创造十年》，《沫若文集》第7卷，第58页。
⑤ 《郭沫若全集·文学编》第15卷，第21—24、26页。"胁迫时代"，《沫若文集》作"狂飙时代"。

随着诗的觉醒、创作欲的爆发，在《三叶集》最后一封写给宗白华的信中，他明确表白："我很想弃了医学，专究文学。"1921年初，他"就像成为了狂人的一样，呆在家里几个月不进学校"，"一天到晚踞在楼上只是读文学和哲学一类的书"，"愈和这些书接近，便愈见厌弃医学"，以至安娜也只好同意他"把医学抛掉，回国去另外寻出路"。① 只是在"友人劝勉，家函率督"下，不得不继续完成学业。在"旺盛的创作欲"与"繁重的医学课程"的"痛苦"煎熬中终于毕业，获医学学士学位。虽然接有国内邀请，欲以每月3000元的薪金聘请他为医生，但他拒绝了，并对朋友刘明电说："医生至多不过是医治少数患者的肉体上的疾病。要使祖国早日觉醒，站起来斗争，无论如何，必须创立新文学。"②

关于郭沫若人生道路的第二次转折，通常都将他转向马克思主义主要归于翻译河上肇《社会组织与社会革命》一书，这种看法并不全面。

《创造十年续篇》中，郭沫若回忆翻译河上肇《社会组织与社会革命》的经过，两次引用自己当时写给成仿吾的"第二封信"，即1924年8月9日所写，《创造月刊》1926年第1卷第1期发表的《孤鸿——给芳坞的一封信》③。在这封信中，郭沫若主要谈论自己人生的转折和文学主张的改变。信开头的第二段说得非常清楚："我此次到日本来的时候只带了三部书来，一部是《歌德全集》，一部是河上肇的《社会组织与社会革命》，还有一部便是屠格涅甫的《新的一代》④ 了。"对于翻译《社会组织与社会革命》，信中这样写：

> 这书的移译本是你所不十分赞成的，我对于这书的内容并不十分满意……但我译完此书所得的教益殊觉不鲜呢！……这书的译出在我一生中形成了一个转换时期，把我从半眠状态里唤醒了的是它，把我从歧路的彷徨里引出了的是它，把我从死的暗影里救出了的是它，我

---

① 《创造十年》，《沫若文集》第7卷，第74—75页。
② 《郭沫若逃出日本，六十年朋友谈秘史》，《日本文学情况与研究》1978年第1期。
③ 收《沫若文集》时改题为《孤鸿——致成仿吾的一封信》，《郭沫若全集·文学编》第16卷，第6—21页。下引该信，不再出注。
④ 郭沫若原注："《新的一代》系根据德文译名 'Die Neue Generation'。俄文原名为《处女地》。"

对于作者非常感谢，我对于马克思、列宁非常感谢。

同时，郭沫若还谈到翻译《新的一代》的感受：

《新的一代》这书，我现在所深受的印象，不是它情文的流丽……也不是其中主要人物的性格，却是这里面所流动着的社会革命的思潮。社会革命的两个主要条件：政治条件和物质（经济）条件；屠格涅甫认得比较鲜明。……

……我们所当仿效的是屠格涅甫所不曾知道的"匿名的俄罗斯"，是我们现在所已经明了的"列宁的俄罗斯"。

由此，郭沫若不仅"对于文艺的见解也全盘变了"，而且坚定地表示："我要回中国去了，在革命途上中国是最当要冲。我这后半截的生涯要望有意义地送去。"

翻译《新的一代》在当时对郭沫若思想转换所产生的重要影响，并不亚于翻译《社会组织与社会革命》。《新的一代》出版在1925年6月，正式译名为《新时代》。应该说，这封写给成仿吾的信集中倾诉了郭沫若翻译《社会组织与社会革命》《新时代》两部书的心得：

芳坞哟，我们是生在最有意义的时代的！人类的大革命时代！人文史上的大革命时代！我现在成了个彻底的马克思主义的信徒了！马克思主义在我们所处的这个时代是唯一的宝筏。

翻译辛克莱的小说《石炭王》《屠场》《煤油》等，也是因为辛克莱"坚决地站立在反资本主义的立场，反帝国主义的立场"，"大体上是在暴露资本主义的丑恶"。①

《文艺论集》的"序"（1925年11月）中，郭沫若关于大众未得发展

---

① 郭沫若：《写在〈煤油〉前面》，《煤油》，上海光华书局，1930。

个性、自由之时,少数先觉者应该牺牲自己的个性、自由的一段论述,显然与他当时阅读《共产党宣言》有直接关联。在前引致成仿吾信(1924年8月)中,有这样一段文字:"'个人之自由发展为万人自由发展之条件的一个共同团体',我相信是可以成立的。""个人之自由发展为万人自由发展之条件的一个共同团体"一句,应是郭沫若对《共产党宣言》中"代替那存在着阶级和阶级对立的资产阶级旧社会的,将是这样一个联合体,在那里,每个人的自由发展是一切人的自由发展的条件"后半段的译读。①

郭沫若人生道路的第二次转换,从翻译角度考察,不能仅仅归于翻译《社会组织与社会革命》,应当综合这一时期他所阅读、翻译的理论著作和文艺作品,进行全面分析、考察。

三 激发诗歌、戏剧创作

翻译激发郭沫若文学创作,主要集中在"诗的觉醒"和"向戏剧的发展"两个方面。至于对其文艺理论的影响,则需长篇分析对比,这里暂不涉及。

郭沫若"受诗教的第一课"是母亲口头诵读古诗,入家塾读书读的是《诗品》《唐诗三百首》《千家诗》等,开始做对句和五言、七言试帖诗,打下日后做旧体诗的坚实基础。直至民国初年,进入成都高等学校理科学习,始就原文读美国诗人朗费罗的《箭与歌》"悟到了诗歌的真实精神",认为自己进入"诗的觉醒期"。②考入东京第一高等学校预备班医科后,随着在日本流行的"太戈尔热",郭沫若在泰戈尔的诗里面"陶醉过两三年"。进入冈山第六高等学校第三部医科,学习德语,读到海涅、屠格涅夫等人的作品,并试译了海涅《归乡集》第16首,这是他最早的译诗。③译泰戈尔诗、海涅诗,激发了郭沫若的"诗的觉醒"。他后来回忆说:"在那时做

---

① 郭沫若的译读与中共中央马克思恩格斯列宁斯大林著作编译局译文不尽相同,参见《马克思恩格斯选集》第1卷,人民出版社,1972,第273页。
② 《我的作诗的经过》,《郭沫若全集·文学编》第16卷,第210页。
③ 录入《三叶集》中给宗白华的最后一封信,后收入《沫若译诗集》。《郭沫若全集·文学编》第15卷,第116—119页。

的《鹭鸶》《新月与晴海》《春愁》等诗明白地还在太戈尔与海涅的影响之下。"①

升入九州帝国大学医科后,一个偶然的机会郭沫若购读了有岛武郎的《叛逆者》,接触到英国诗人惠特曼的《草叶集》,他深深感受到:

> 他那豪放的自由诗使我开了闸的作诗欲又受了一阵暴风般的煽动。我的《凤凰涅槃》、《晨安》、《地球,我的母亲!》、《匪徒颂》等,便是在他的影响之下做成的。②

早在1919年暑假,郭沫若即译出《浮士德》第一部中《夜》在书斋中的那一场独白,成为他翻译《浮士德》最初阶段的成果。1920年3月,发表译诗《风光明媚的地方——〈浮士德〉悲壮剧中第二部之第一幕》。当年7月,着手全译《浮士德》,连回国的计划也暂时中止了。《浮士德》第一部费时四周译出,又用一个暑假修改、誊写完成。③

1921年8月新诗集《女神》出版之前,泰戈尔、惠特曼、歌德的诗歌对郭沫若影响最大,他有过带总结性的回忆:

> 我的短短的做诗的经过,本有三四段的变化。第一段是太戈尔式,这一段时期在"五四"以前,做的诗是崇尚清淡、简短,所留下的成绩极少。第二段是惠特曼式,这一段时期正在"五四"的高潮中,做的诗是崇尚豪放、粗暴,要算是我最可纪念的一段时期。第三段便是歌德式了……④

不论对于泰戈尔、惠特曼、歌德,还是其他诸如海涅、雪莱,郭沫若

---

① 《我的作诗的经过》,《郭沫若全集·文学编》第16卷,第214页。
② 《创造十年》,《沫若文集》第7卷,第58页。
③ 《浮士德》第一部译出后,直至1928年2月才由创造社出版部出版。延绵将近20年,至1947年11月,全译本才最后完成、出版。如果从1919年夏翻译第一部算起,差不多是将近30年的时间,所以郭沫若说"把我自己三十年来的体验融汇了进去"。
④ 《创造十年》,《沫若文集》第7卷,第68页。

都没有简单模仿和照搬,而是把他们的作品作为一种营养吸收和消化,使之变成自己的"血肉"。在给宗白华的一封信中,他这样写道:"海涅底诗丽而不雄。惠特曼底诗雄而不丽。两者我都喜欢。两者都还不足令我满足。"① 就是歌德,郭沫若也没有一味推崇,而是认为自己在"歌德式"的第三阶段,反而"把第二期的情热失掉了,而成为韵文的游戏者"。新诗集《女神》结集的过程,反映的也正是郭沫若在20世纪初期吸取、融汇东西方有代表性的诗歌创作的过程。

"向戏剧的发展",虽然郭沫若在《我的著作生活的回顾》中只提到歌德和瓦格纳②,但他的历史剧作同样是融汇了多方影响的。翻译《浮士德》对于郭沫若的诗剧创作有着重要和直接的影响:

> 我开始做诗剧便是受了歌德的影响。在翻译了《浮士德》第一部之后,不久我便做了一部《棠棣之花》。……就是后来收在《女神》里面的那一幕……《女神之再生》和《湘累》以及后来的《孤竹君之二子》,都是在那个影响之下写成的。③

《棠棣之花》中盲瞍父女演唱豫让故事的情节,不论在二幕剧《聂嫈》第一幕《濮阳桥畔》,还是在五幕剧《棠棣之花》第四幕《濮阳桥畔》、五幕六场剧本《棠棣之花》第四幕《濮阳桥畔》中都保留着,郭沫若特别写道:

> 《聂嫈》的写出自己很得意,而尤其得意的是那第一幕里面的盲瞍。那盲目的流浪艺人所吐露出的情绪是我的心理之最深奥处的表白。但那种心理之得以具体化,却是受了爱尔兰作家约翰沁孤的影响。④

---

① 《郭沫若全集·文学编》第15卷,第125页。
② 瓦格纳(Richard Wagner, 1813 – 1883),德国文学家,主要作品有歌剧《尼伯龙根指环》《帕西法尔》,论著《歌剧与戏剧》等。就目前有关材料和研究状况,找不出郭沫若历史剧作受其影响的根据。
③ 《创造十年》,《沫若文集》第7卷,第68页。
④ 《创造十年续篇》,《沫若文集》第7卷,第212页。

郭沫若翻译出版《约翰沁孤的戏曲集》在1926年，正是他改写二幕剧《聂嫈》之时。《棠棣之花》从1920年到1941年最后定稿，前后"绵亘了二十二年的岁月，中间费过了好些次的删改"，郭沫若认为它表示着自己"在创作过程中的一些苦心的痕迹"。[①] 从这一创作过程我们的确可以看出，《棠棣之花》绝不仅仅受了歌德、约翰·沁孤的影响，更是郭沫若融汇了他所能接触到的西方优秀戏剧创作成就，"苦心"创作出来的。

翻译高尔斯华绥剧本《争斗》，郭沫若在"序"中说高尔斯华绥的"戏曲可以说都是社会剧，他不满意于现实社会之组织，替弱者表示极深厚的同情"；又说"我国的社会剧之创作正在萌芽期中，我以为象戈氏[②]的作风很足供我们的效法"。这对郭沫若的历史剧创作，同样是有影响和启发的。

郭沫若从事研究，也从事创作。如果说他创作《屈原》《虎符》《蔡文姬》等历史剧标志着中国现代史剧创作走向成熟，并在探索历史研究与艺术表现的关系方面为中国现代文化发展留下宝贵财富的话，那我们更应该注意他的这段叙述：

> 我读过了些希腊悲剧家和莎士比亚、歌德等的创作，不消说是在他们的影响之下想来从事史剧或诗剧的尝试的。[③]

诗剧的尝试可以说主要受歌德的影响，而史剧的创作并取得瞩目的成就则更多地应考虑莎士比亚的影响。

四 启发古代社会研究

翻译影响郭沫若的古代社会研究，一是对他研究古代社会的"向导"作用，二是对他研究古文字、古器物的启发作用。

[①]《由"墓地"走向"十字街头"》，《郭沫若全集·文学编》第19卷，第98页。
[②] 高尔斯华绥又被译作"戈斯华绥"，故郭沫若称其"戈氏"。
[③]《我怎样写〈棠棣之花〉》，《沫若文集》第6卷，第272—273页。

在日本的"沫若文库"中，有郭沫若读过的德、英、日、中等文版的马克思、恩格斯、列宁的著作，有好几种是1928年他流亡日本以后买的，并有"沫若"署名。

离沪之前，郭沫若已读完《资本论》第1卷，逐渐转向唯物史观的考察。1928年1月17日日记中记录："读唯物史观公式：——。"其下抄录的是他本人所译马克思《政治经济学批判·导言》中关于唯物史观基本原理的一段论述。①

1928年8月，郭沫若写成《中国古代社会研究》的第二篇《诗书时代的社会变革与其思想上的反映》，引录了马克思书中的这段话："亚细亚的、古典的、封建的和近代资产阶级的生产方法，大体上可以作为经济的社会形成之发展的阶段。"紧接着便推论说"这样的进化的阶段在中国的历史上也是很正确的存在着的"，形成他最初关于中国历史阶段划分的认识。差不多同时，郭沫若通过一批已识和未识的甲骨文字考释，阐述殷代的生产方式、社会结构和意识形态，显然是在自觉运用唯物史观研究殷代社会。《卜辞中的古代社会》一文尚未定稿，又以恩格斯《家庭、私有制和国家的起源》以及摩尔根《古代社会》作为"必须知道的准备知识"，②写成《中国社会之历史的发展阶段》发表，对中国历史发展做出"概览"，作为《中国古代社会研究》全书的"导论"。

1930年2月《中国古代社会研究》出版，为第一部以唯物史观考察中国社会历史的专著，开辟了认识中国"古代的真实"的唯物史观的研究路径。同年5月，译出马克思《政治经济学批判》的节译本——《经济学方法论》，收在6月出版的《社会科学讲座》第1卷。至12月，翻译马克思《政治经济学批判》定稿，一年后由上海神州国光社正式出版。翻译马克思《政治经济学批判》，对于郭沫若运用唯物史观研究中国社会历史的指导作用，是非常明显和突出的。

---

① 《离沪之前》，《郭沫若全集·文学编》第13卷，第275—276页。郭沫若译文与中共中央马克思恩格斯列宁斯大林著作编译局译文不尽相同，参见《马克思恩格斯选集》第2卷，第82—83页。

② 《中国社会之历史的发展阶段》，《郭沫若全集·历史编》第1卷，第14页。

郭沫若在《中国古代社会研究·自序》中强调自己的研究方法是以恩格斯《家庭、私有制和国家的起源》为"向导",并视《中国古代社会研究》为其"续篇",显然郭沫若认真阅读并仔细研究过恩格斯的这部名著。在《中国古代社会研究》第一篇中,我们发现有"'自然是辩证法的证明'('Die Natur ist die Probe auf die Dialektik')(恩格斯)"这样一段叙述。① 这是恩格斯《自然辩证法》中的话,证明郭沫若写作过程中还阅读过恩格斯的这部论著,并用以认识《周易》思想中的辩证法因素。

翻译对郭沫若研究古器物的启示作用,则主要集中在借鉴德国"美术考古"的成就方面。

为了在考古学上尽快地"把先进者的最新的方法采用过来",1929 年 7 月郭沫若由日译本转译出版了德国学者米海里斯著《美术考古发现史》。两个月后,收到成仿吾从柏林寄来的德文原著,重新校订,名为《美术考古学发现史》,1931 年 9 月再版。1946 年 12 月,《美术考古学发现史》改版为《美术考古一世纪》,郭沫若发表《关于〈美术考古一世纪〉》,回顾翻译出版这部书的经历:

> 为了要想弄清楚中国社会的史的发展,我开始了古代社会的研究,除了要把先秦的典籍作为资料之外,不能不涉历到殷墟卜辞和殷、周两代的青铜器铭刻。就这样我就感觉了有关于考古学上的智识的必要。因此我便选择了这部书来阅读。②

重新校订《美术考古学发现史》之日,正是郭沫若系统研究青铜器铭文之时。中国的青铜器自北宋以来,见于著录的多达三四千件,同古代希腊、罗马的雕塑群像的情况很相似,有的记载全缺,有的记载很不确切。米海里斯书中明确指出:"各种陶器的形式上与装饰纹样上的发展,在我们

---

① 《〈周易〉时代的社会生活》,《郭沫若全集·历史编》第 1 卷,第 64 页。
② 郭沫若:《〈美术考古一世纪〉译者前言》,《美术考古一世纪》,第 1 页。最初发表在《惟民》1947 年 1 月 1 日,编入《沫若文集》第 13 卷时改名《序〈美术考古一世纪〉》。

辨别文化之时代的相异及其类似时，给我们以最贵重的帮助。"① 郭沫若循着这样的一个新思路，寻找已经确知年代的器物，称之为"标准器"，然后与其他尚难确定年代的器物进行铭文、形制、纹饰等多方面的对照，重新区分类例，理出年代系统，推出《两周金文辞大系》，建立起认识中国青铜器的科学体系。

在将殷周青铜器"整理得出一个头绪"的同时，郭沫若又打开甲骨文的"秘密"，独自完成他关于甲骨文的系统研究。郭沫若没有像罗振玉、王国维那样仅仅做甲骨文字的考释，他的《卜辞通纂》"选辑传世卜辞之菁粹者，依余所怀抱之系统而排比之，并一一加以考释"。② 建立"体系"，显然是受西方近代学术进展的影响。郭沫若在《〈美术考古一世纪〉译者前言》中还强调："原作者（按：指米海里斯）谆谆告诫我们的，是要我们注重整个的历史的发展，自然要注意到的客观的分析，然而不要忘记了全体。研究任何学问都应该这样。"同时引用席勒的话："总得向全体努力，即使你自己不能成为全体，当得作为有用的肢体与全体联系。"③

《美术考古一世纪》对于郭沫若研究古文字、古器物的启示作用之所以让他久久"不能忘情"，主要是因为郭沫若自认为从这部书"得的教益太深"：

> 我的关于殷墟卜辞和青铜器铭文的研究，主要是这部书把方法告诉了我，因而我的关于古代社会的研究，如果多少有些成绩的话，也多是本书赐给我的。……我自己要坦白地承认：假如我没有译读这本书，我一定没有本领把殷墟卜辞和殷、周青铜器整理得出一个头绪来，因而我的古代社会研究也就会成为沙上楼台的。④

郭沫若翻译《政治经济学批判》、《德意志意识形态》以及《美术考古学发现史》，包括阅读《家庭、私有制和国家的起源》、《自然辩证法》以及

---

① 郭沫若：《美术考古一世纪》，第254页。
② 《〈卜辞通纂〉序》，《郭沫若全集·考古编》第2卷，第8页。
③ 郭沫若：《〈美术考古一世纪〉译者前言》，《美术考古一世纪》，第5—6页。
④ 郭沫若：《〈美术考古一世纪〉译者前言》，《美术考古一世纪》，第2—3页。

《古代社会》等,使他以当时最新的观念——唯物史观为指导研究中国古代社会,创造性地把古文字、古器物研究与古代社会研究结合起来,成为中国唯物史观历史学的开拓者。

五 推进科学思想形成

"接受科学",走"科学的中国化"之路,是郭沫若科学思想的核心。翻译、出版推进郭沫若科学思想的形成与系统化,集中体现在翻译、出版英国著名学者威尔士等著 The Science of Life(《生命之科学》)包括《人类展望》上。

《生命之科学》一书在英国是1929年3月开始出版的,起初以期刊形式每隔一周出版一期,到1930年5月全部出完,然后汇集成三大册。郭沫若翻译出版这部巨著,其着眼点在于书中的"科学之综合化,大众化,与文艺化"。

> 原作者之志趣是想把生物学和与生物学有关联的各种近代的智识作一综合化。但这个综合化是以大众化为其目标,以文学化为其手段的。
>
> 这部书在科学智识上的渊博与正确,在文字构成上的流丽与巧妙,是从来以大众为对象的科学书籍所罕见。译者自己是专门研究过近代医学的人,同时对于文学也有莫大的嗜好,所以便起了这个野心,以一人的力量来移译这部巨制。①

自1931年3月开始,郭沫若着手翻译,断断续续,至1936年9月完成。翻译过程中,郭沫若"对于作者之原旨,科学之综合化,大众化,与文艺化,是想十分忠实地体贴着的"。第三册译完,郭沫若强调书中"所奉仕的精神是

---

① 《〈生命之科学〉译者弁言》,《郭沫若集外序跋集》,第315—316页。

生命之合理的解释，宇宙进化观之推阐，人类向大一统之综合"。①

第九篇，也即最后一篇，原题为 Biology of the Human Race（《人种之生物学》），郭沫若认为这既是全书的"结穴"，又是威尔士"另一巨制"Outline of History（《历史纲要》）的"绪论"，特别指出：威尔士"对于人类社会的展望，主张传统主义的废止，全人类向整一的集体而综合，人类要统制自己的命运并统制一切生命之运命——这见解也是很正确的"。② 因此，将第九篇单独译出，名为《人类展望》。我们也由此看到：郭沫若十分重视书中对于生命科学知识的综合，更注重人生与社会的关系——在更大范围上的综合。

1945 年，郭沫若在谈到"接受科学并发展民主"时特别指出：

> 今天要接受科学，主要的途径应该是科学的中国化。要使科学在中国的土壤里生根，从那儿发育出来，开花结实。科学的理论和实践要能和中国的现实生活配合起来，要使它不再是借来的衣裳，而是很合身的剪裁，或甚至是自己的血肉。③

"接受科学"，走"科学的中国化"之路，就要使科学的理论和实践与中国的现实生活结合，为中国大众所接受。

翻译《生命之科学》的另一个重要原因是：郭沫若看到威尔士提出的"第三化"，即"科学的文学化"，认为"原著实可以称为科学的文艺作品"，特别是威尔士"在科学智识上的渊博与正确，在文字构成上的流丽与巧妙"——科学与艺术相结合。郭沫若在这方面的成功实践，一是把青铜器研究纳入"美术的视野"，体现出他的形象思维与逻辑思维、艺术思维与科学思维的完美结合；二是把历史学与历史剧的关系看作"科学与艺术"的关系："想把科学和艺术在一定程度上结合起来，想把历史的真实和艺术的真实在一定程度上结合起来。""史剧创作要以艺术为主、科学为辅；史

---

① 郭沫若：《生命之科学》第 3 册《译后》，商务印书馆，1949，第 2205—2206 页。
② 《〈人类展望〉书后》，《郭沫若集外序跋集》，第 319—320 页。
③ 《"五四"课题的重提》，《郭沫若全集·文学编》第 19 卷，第 544—545 页。

学研究要以科学为主、艺术为辅。"①

郭沫若关于"科学综合化、科学大众化、科学文艺化"思想的形成与系统化,与他翻译出版《生命之科学》有密不可分的重要关系。

郭沫若关于翻译的诸多见解和主张,本文不再详述。这里再强调一遍,通盘考察郭沫若的译著,不仅仅为了弄清翻译出版对其人生道路和学术文化的影响,而且为着充分认识郭沫若吸收异民族优秀文化,目的在于创造中华民族新文化:一是借鉴异民族文化的优秀成分,使之成为自己文化"创建力的触媒";二是将其融合进来,使之成为"自己的血肉",保持中华民族文化的一贯的进化体系。让我们用郭沫若在 20 世纪 30 年代末的一段论述作为本文的结语:

> 我们中国民族和中国文化,五千年中永远保持着了它的一贯的进化体系。……我们因以创建与时俱进的优秀的文化,并吸收异民族的文化之优秀成分使之成为自己的血肉,或成为自己文化创建力的触媒。②

[本文原提交"郭沫若与百年中国文化国际学术论坛",后载《郭沫若学刊》2003 年第 1 期,名《郭沫若译著考》。又编入《郭沫若与百年中国学术文化回望》,四川人民出版社,2005]

---

① 《〈武则天〉序》,《郭沫若全集·文学编》第 8 卷,第 125 页。
② 《青年化,永远青年化》,《郭沫若全集·文学编》第 18 卷,第 323—324 页。

"接受科学",走"科学的中国化"之路的思想与实践

五四运动过去整整 80 年了,我们缅怀"五四"先驱们的业绩时,深感郭沫若关于"科学的中国化"的思想与实践很值得重视和发扬。

1945 年 4 月,郭沫若写过一篇《"五四"课题的重提》,说:"要继续'五四'运动精神,加紧解决我们的悬案:接受科学并发展民主。"他特别指出:

> 今天要接受科学,主要的途径应该是科学的中国化。要使科学在中国的土壤里生根,从那儿发育出来,开花结实。科学的理论和实践要能和中国的现实生活配合起来,要使它不再是借来的衣裳,而是很合身的剪裁,或甚至是自己的血肉。①

"接受科学",走"科学的中国化"之路,是郭沫若科学思想的核心。这一思想,既有完整的体系(包括科学综合化、科学大众化、科学文艺化以及政治民主化等内容),又融汇在郭沫若的世界文化观之中。

一

"接受科学",走"科学的中国化"之路,郭沫若为此努力奋斗了一生。

---

① 《郭沫若全集·文学编》第 19 卷,第 544—545 页。

五四运动前后，郭沫若与当时新文化运动的代表人物有两个最大的不同之处。一是他没有像多数人那样直接接受国外关于改造社会的思想学说，而是在寻求国外文化与传统文化的相通之处。二是在"打倒孔家店"的高潮时期，他身居日本这样一个既有东方传统又善于吸收西方科学的国度，一面表现出对西方文化的狂热崇拜和追求，一面又能够以"旁观者"的态度冷静地对待中国"固有的文化"，形成影响他日后思想认识和学术研究的科学的世界文化观。他既不主张"全盘西化"，又不固守"文化本位"，而是强调中外文化的"合璧"。1923年5月20日，他在给宗白华的信中这样写道：

> 我们要唤醒我们固有的文化精神，而吸吮欧西的纯粹科学的甘乳。①

在如何认识和"吸吮欧西的纯粹科学的甘乳"方面，郭沫若有过两次重大的选择。如果说第一次选择是凭着感情的喜好，创作了白话诗《女神》，开辟出新文学的发展路径，那么当他进展到理性的追求时，瞩目"欧西的纯粹科学的甘乳"的目光便集中在了马克思、恩格斯的社会主义学说上，并且注意到辩证唯物论的阐发与高扬已经"成为了中国思想界的主流"。但他并没有生搬硬套，而是强调"必须熟练地善于使用这种方法，而使它中国化"。② 运用这一科学思想研究中国的历史，以中国的国情、中国的传统来考验辩证唯物论、历史唯物论的适应度，使他写下又一部具有开拓意义的著作《中国古代社会研究》，代表着新史学发展的方向。在此同时，他明确提出：世界文化史上关于中国的记载还是一片白纸，"中国人是应该自己起来，写满这半部世界文化史上的白页"。③

此后，郭沫若便在马克思主义这一科学思想指导下，为发展中国科学文化事业不断攀登一个个的高峰，成为中国科学文化领域的一面光辉的旗帜。

---

① 《论中德文化书——致宗白华兄》，《郭沫若全集·文学编》第15卷，第157页。
② 《海涛集·跨着东海》，《郭沫若全集·文学编》第13卷，第330页。
③ 《〈中国古代社会研究〉自序》，《沫若文集》第14卷，第9页。

30 年代，郭沫若翻译出版威尔士等著 *The Science of Life*（《生命之科学》），着眼点在书中的"科学之综合化，大众化，与文艺化"，并强调了三者的关系："综合化是以大众化为其目标，以文学化为其手段的。"① 郭沫若致力于"科学的中国化"，很大程度上正是"以大众化为其目标，以文学化为其手段的"。

新中国成立以后，他将其科学的世界文化观进一步理论化：

> 我们需要从历史发展中来体会辩证唯物主义与历史唯物主义。我们需要从历史发展中来进行爱国主义教育、提高民族自信心、促进民族新文化的创造。……然而在世界史中关于中国方面的研究却差不多还是一片白页。这责任是落在我们的肩头上的，我们须得满足内外人民的需要，把世界史上的白页写满……②

这可以说是郭沫若对自己所走科学文化道路的一个概括性总结，同时又为新中国的科学文化发展指明方向、提出要求。自 1919 年至 1978 年的 60 年间，他正是这样，引进外来思想，以中国的传统考验其适应度，吸吮其科学的甘乳，促进民族新文化的创造，再"走出去"，填写世界文化史上的白页。郭沫若开辟的这一路径，在进入开放时代的今天，仍然为我们的科学文化发展所遵循。

直到逝世之前，他的最后心声依然是：

> 我们一定要打破陈规，披荆斩棘，开拓我们科学发展的道路。③

今天，我们缅怀郭沫若和"五四"的先驱们，正是要继承他们开拓的科学发展道路，把我们的科学文化事业推向前进。

---

① 《〈生命之科学〉译者弁言》，《郭沫若集外序跋集》，第 315—316 页。
② 《开展历史研究，迎接文化建设高潮》，《沫若文集》第 17 卷，第 423 页。
③ 《科学的春天》，《人民日报》1978 年 4 月 1 日。

二

虽然郭沫若的主要成就在哲学社会科学领域，包括文学、艺术、哲学、历史学、考古学，以及马克思主义理论著作和外国进步文艺的翻译介绍等方面，但他对科学的认识和理解却并不局限于哲学社会科学方面。

早在尚未转向马克思主义时，他在发掘我国"固有的文化"时便注意到古代的自然科学。20 年代初，郭沫若即把惠施这一很少有人提起的古代人物与老子、孔子、墨子、庄子相提并论，对惠施做出专门的评述，说"周秦之际的末年，大部分的学者都带有几分自然科学家的色彩，便是他们研究的对象已渐渐移到物质界上来，他们研究的方法已渐渐知道利用观察、经验与逻辑；而就中以惠施为尤杰出"，特别强调惠施"是个科学的思想家，倡道原子说与地圆说"。①

差不多同时，"整理国故"成为"流风"。胡适把"发明一个字的古义"与"发现一颗恒星"相提并论，认为"都是一大功绩"。而郭沫若则提出："研究的方法要合乎科学精神……这种整理事业的评价我们也不可估之过高。国学的范围如果扩大到农艺、工艺、医药等，那情况又不同。"② 尽管这后一句话是后来加进去的，但仍然表明郭沫若所强调的是要有"科学精神"，后来把整理国学的范围扩大到自然科学领域，恰恰证实他已注意到科学的"综合化"问题。

他世界观"彻底转变"之后，首先认识到"辩证唯物论是人类的思维对于自然观察上所获得的最高成就"，③ 即以马克思主义为唯一的科学思想。随后，就连"整理国故"他也强调"应该知道还有马克思、恩格斯的著作"，说"没有辩证唯物论的观念，连'国故'都不好让你们轻谈"。④

---

① 《郭沫若全集·历史编》第 3 卷，第 281、287 页。
② 《整理国故的评价》，《郭沫若全集·文学编》第 15 卷，第 159—161 页。
③ 《海涛集·跨着东海》，《郭沫若全集·文学编》第 13 卷，第 330 页。
④ 《〈中国古代社会研究〉自序》，《沫若文集》第 14 卷，第 10 页。

这时，他一方面以恩格斯《家庭、私有制和国家的起源》为"向导"，研究中国的古代社会，揭示出许多"古代的真实"；一方面继承中国近代学术大师王国维"古史新证"的科学方法，同时又吸收德国近代学者米海里斯"美术考古"的科学方法并使之"中国化"，打开了认识甲骨文的"秘密"，建立起考察中国青铜器铭文的科学体系。科学的思想与科学的方法紧密结合，使郭沫若确立起一个"唯物史观的中国古代文化体系"，领导了中国思想文化发展的潮流。

自 1931 年 3 月至 1936 年 9 月，郭沫若在日本生活"屡屡使人窒气"，可他却断断续续地翻译了英国著名学者威尔士等人 150 万言的巨著《生命之科学》，为什么呢？其着眼点在于书中不仅把有关生命科学的各种知识大体"网罗尽致"，而且使这些知识系统化。最后一篇《人种之生物学》既是全书的"结穴"，又被郭沫若认为是威尔士"另一巨制"Outline of History（《历史纲要》）的"绪论"。郭沫若反复强调：书中"所奉仕的精神是生命之合理的解释，宇宙进化观之推阐，人类向大一统之综合"；①"对于人类社会的展望，主张传统主义的废止，全人类向整一的集体而综合，人类要统制自己的命运并统制一切生命之运命"。②非常明显，郭沫若重视书中对于生命科学知识的综合，更注重人生与社会的关系——在更大范围上的综合。

1947 年 5 月，上海天下图书公司编辑出版"大众科学丛书"，郭沫若为丛书写了一篇序。首先指出一般人对科学存在两种肤浅的认识，一是认为科学是科学家的事，与一般人没有什么关系；二是认为科学是物质文明，与精神文明无关。然后指出：

> 科学在今天是我们的思维方式，也是我们的生活方式，是我们人类精神所发展到的最高阶段。③

这是科学在最高层次上的综合，即人文科学、社会科学与自然科学的全方

---

① 郭沫若：《生命之科学》第 3 册《译后》，第 2205—2206 页。
② 《〈人类展望〉书后》，《郭沫若集外序跋集》，第 319—320 页。
③ 《〈大众科学丛书〉序》，《郭沫若集外序跋集》，第 121 页。

位的综合!

三

郭沫若"科学的中国化"认识,与他反对愚昧迷信、主张科学大众化的思想是紧紧联系在一起的。

1943年2月15日重庆《新华日报》刊登一则消息,说福建省立医学院教授汤肇虞"因欲作科学上的实际研究",将福州城外的一处公墓发掘,地方法院对汤教授提起公诉,评论认为"这是'科学'与'道德'的搏战"。看到这一消息后,郭沫若立即写了《死的拖着活的》发表在2月19日的《新华日报》。

文章认为,这"不是'科学与道德的搏战',而是迷信与科学的搏战,罪恶与科学的搏战",强调:"为维持科学的尊严起见,我们对于这项'搏战'不能够轻易看过。"接着,郭沫若分析了中国落后的原因,说"主要的就是由于科学不发达,一切不合理的累赘太多"。同时,不厌其烦地论述"埋葬的方式已经早就到了应该改革的时候了",感叹"中国人厚葬成风,衣衾棺椁,风水堪舆,为保存一副尸首可以使人倾家破产。坟山和义冢之多,真是惊人,简直可以说死人在和活人争夺世界"。他建议国家"应该用明文来奖励火葬,应该在各乡镇城市普遍地建立火葬场,而且由上层人士实行提倡"。对于土葬的旧习则施行埋葬税,坟茔也和家屋田亩一样"每年均施以更重的税征"。不仅如此认识,郭沫若还为自己"预行定下遗言":

> 将来我如果死在故乡,
> 我绝对不愿意我的家属或朋友把我土葬。
> 烧成灰,多干脆!起码还可以替中国的国土施肥。
> 再不然送到医科大学去解剖,
> 还可以让亲爱的学生们朝夕摩挲。

因为郭沫若学过医学，所以对于医学的科学化更为关心。他在文章中提出"现在已经不是读一部《医学三字经》便可以治病的时代了"，"为要使中国医学发达，为要使中国人民增进健康，为要使中国的国防真正得到科学化，决不能再让死的老是把活的拖着！"① 1944年10月，他更进一步提出"中医科学化"的拟议，强调"这里包含着郎中大夫的科学化，中国旧医术的科学化，中国药的科学化，中国医业的科学化等等"。其中，认为大夫最应该"先行科学化"，"所有一切的大夫无论新旧中西，都要先甄别考验，要受过科学化过程的，国家才准许行医，不然便一律禁止"。②直至1945年3月，他始终不忘"中医科学化的问题"，表示"极端憎恨，极端反对"旧医术中阴阳五行和巫神梦呓的理论。③

1947年5月，在上面提到的《〈大众科学丛书〉序》中，郭沫若还写道：

不仅要使科学知识大众化，而且要使科学精神大众化。

真正做到"科学知识大众化""科学精神大众化"，愚昧迷信自然而然就无存身之地了。这正是"科学的中国化"所要达到的目的！

四

在郭沫若的科学意识当中，有一很特殊的地方长期以来未能被人们所深刻了解，这就是"科学文学化"，也即他关于科学与艺术的关系的实践和认识。郭沫若的整个学术生涯始终饱含着科学思维与艺术思维的交相融汇，用他自己的说法叫作"以理智为父以感情为母"。④

---

① 《郭沫若全集·文学编》第19卷，第357—359、361—362页。
② 《"中医科学化"的拟议》，《郭沫若全集·文学编》第19卷，第478页。
③ 详见《申述关于中医科学化的问题》，《郭沫若全集·文学编》第19卷，第492页。
④ 《郭沫若致宗白华》（1920年1月18日），《郭沫若全集·文学编》第15卷，第23页。

30年代翻译《生命之科学》一书，另一重要因素是看到威尔士等将科学与艺术相结合——"在科学智识上的渊博与正确，在文字构成上的流丽与巧妙"。

郭沫若自己的成功实践则是把青铜器研究纳入"美术的视野"，从器物的形制、花纹入手进行考察。以青铜器的形象，求得其历史系统；以历史系统与地域分布，建立起认识中国青铜器的科学体系。这一举世公认的巨大成就，体现出他的形象思维与逻辑思维、艺术思维与科学思维的完美结合。

郭沫若40年代的历史剧创作，既注意史学家与史剧家的任务不同是"科学与艺术之区别"，又较多地强调了两者的内在联系，把剧作依赖研究、科学需要艺术的意思已经表达得十分清楚了。① 到60年代，他非常明确地把历史学与历史剧的关系看作"科学与艺术"的关系：

> 我是想把科学和艺术在一定程度上结合起来，想把历史的真实和艺术的真实在一定程度上结合起来。
> 说得更明显一点，那就是史剧创作要以艺术为主、科学为辅；史学研究要以科学为主、艺术为辅。②

1978年3月，在全国科学大会闭幕式上，郭沫若的书面发言《科学的春天》仍然充满着科学思维和艺术思维的结合：

> 既异想天开，又实事求是，这是科学工作者特有的风格，让我们在无穷长河中去探索无穷的真理吧！

80年代以来，海内外一些著名学者都提出科学与艺术的融通问题。钱学森认为："文学艺术在整个现代科学技术体系中，虽有其特点和特殊的地位，但其内容、思维方式与科学技术是互相贯通、互相促进、融为一体

---

① 详见本书《在研究与创作中探索史学与史剧的关系》一文。
② 《〈武则天〉序》，《郭沫若全集·文学编》第8卷，第125页。

的。"李政道则用形象的语言表述:"艺术与科学事实上是一个硬币的两面。它们源于人类活动最高尚的部分,都追求着深刻性、普遍性、永恒和富有意义。"1993年和1995年,海内外的部分科学家和艺术家两次在北京聚会研讨科学与艺术的关系,并借用法国福楼拜"科学与艺术在山脚分手,在山顶会合"的说法,认为21世纪是"科学与艺术在山顶会合"的"顶峰"。① 随着科学研究的发展,科学与艺术将进一步融通,科学思维与艺术思维必定会在更多、更大的领域完美结合。此时此刻,我们怎么能够不佩服郭沫若在认识和处理"科学与艺术"关系上是一位成功的先行者呢!

五

郭沫若的科学思想,又是与民主思想联系在一起的,特别强调反对"科学的恶用"。

《"五四"课题的重提》一文提出:

> 要做到这一层(按:指科学的中国化),总要有政治的民主化以为前提,学术研究得到自由,科学者的生活得到保障,一切都以人民为对象,科学才能够脱掉买办性质,而不致遭受恶用。科学精神也才能得到鼓励而发扬起来。

这里,科学与民主的关系已经说得很清楚:科学的中国化,以中国的民主化为前提。后来,在讨论中医科学化问题时,郭沫若对于科学与民主的关系说得更加明确:

> 科学化事业决不容易,而且非限于医药界一局部之事,必须整个社会机构同时积极进行,则许多问题可不费唇舌而自解。此必期待于

---

① 转引自《奥林匹斯山上的聚会——科学与艺术的对话》,《科技日报》1995年10月16日。

政治之民主化，有民主化政治以领导一切，则事半而功倍，万事均能曲达其宜。①

重温郭沫若关于科学与民主关系的这些论述，对于我们今天加强民主与法制建设、大兴科教兴国战略不无现实意义。

《"五四"课题的重提》一文中的另一重要观点是，以国际民主来遏制"科学的恶用"。郭沫若说："科学的恶用，在这次大战中，落在法西斯手里，已经是到了登峰造极的地步。要救济人类，就须救济科学。救济科学的要径也就是国际民主。在这种国际民主精神的保障之下，科学的利用厚生之道必然会使人类更加幸福而安全的。"在《〈大众科学丛书〉序》中，郭沫若进一步对科学做出区分：

> 科学虽然随资本主义的发达而昌明，但被资本主义的国度恶用于为少数个人服务……因而活人的科学便成为杀人的科学。在今天科学的分野里确实是起了这样的分化的。
>
> 我们今天需要真正的科学，要使科学回复到为人民服务的本位上来，使它成为不折不扣的人民科学。

这在今天仍不失其重要的现实意义，更有着世界范围内的深远意义。

郭沫若留下的关于"科学的中国化"的遗产非常丰富，应当进一步发掘，推进我们的民主化建设进程和科学事业的持续发展。

[本文原载《郭沫若学刊》1999年第2期，根据1999年4月20日在中国科学技术协会纪念五四运动80周年学术研讨会的发言稿《郭沫若与"科学的中国化"》改写而成]

---

① 《复颜公辰》，《郭沫若全集·文学编》第19卷，第482页。

追求艺术与社会双重价值的美学思想
——关于郭沫若美学通信三札及补记

郭沫若美学思想研究，在郭沫若研究领域长期是一个空白。2001年9月，受林林会长委托，由我和郭平英代表中国郭沫若研究会，出席在四川乐山召开的"郭沫若与新世纪"学术研讨会暨四川省郭沫若研究会年会。会议期间，得知四川省社会科学院文学研究所魏红珊的博士论文题目是《郭沫若美学思想研究》，非常高兴地希望她能够承担起填补郭沫若研究这一重要空白的使命。自乐山返回成都的途中，与四川省社会科学院前院长廖永祥谈到郭沫若研究人才培养问题，廖永祥院长希望我收魏红珊做"私淑弟子"。于是，便有了与魏红珊关于郭沫若美学的网上通信。

一

美学思想属文学、哲学研究范畴，我对其基本理论、研究内容等没有准确把握。

我那本《学术思想评传》（以下简称《评传》）写作前后，特别是在交稿后的一段时间内，逐渐意识到：吞吐中西的世界文化观、科学的中国化思想以及美学思想，是贯穿郭沫若全部人生和整个学术文化的，而且彼此交织、融为一体。

"吞吐中西的世界文化观"，是1996年下半年访问韩国的半年时间内想到的，回国后不到半年，正好符合 1997 年在川大开会的主题，所以写成论文发言，后来收在会议论文集中。

1999 年写《评传》时，将"世界文化观"作为综合编中的一章。交稿后，国家科委举办纪念五四运动 80 周年学术研讨会，中科、工程、社科三院专家赴会，我赶写了"科学的中国化"一文在大会发言，随即将修改稿寄《学刊》，发表在当年第 2 期。但当时书稿已经看过一校样，来不及补进书中，只好在看三校样时摘其要点作为"三校校后补"放在书后。近两年来再也没有深入郭沫若研究，美学思想问题成为《评传》中最大的缺憾，更不要说融三者为一体了。

除了在川大开会同你有一面之识外，就是前不久在《学刊》上见到你的一篇关于屈原的文章。此次入川，原本只是代表中国郭沫若研究会祝贺四川省郭沫若研究会换届、看望马老。当得知你的博士论文题目是美学思想时，希望你能够尽快为郭沫若研究这一薄弱环节增添有分量的成果，这也就成为我此次入川的最大收获！

郭沫若的美学思想渊源，是否应该考虑作为论文的一个组成部分？

从郭沫若自述中可以知道，《诗品》对郭沫若的影响很大。国外作品翻译，自 1915 年开始发表第一首译诗，前后 20 余年，翻译了包括德、英、美、苏俄（联）、印、日等国的诗歌、小说、戏剧和理论论著。我已协助平英初步编辑成 18 卷，作为《郭沫若全集》译著编，但不知何年才能出版。其中对郭沫若产生重要影响的有哪些、有多少，也是郭沫若研究的一个空白。这方面恐怕你还得下点功夫，主要摸清楚对郭沫若美学思想有重要影响的译著。

郭沫若翻译著作中有一本名叫《美术考古学发现史》的书，德国米海里斯著。译本 1931 年上海湖风书局出版，1948 年上海群益出版社改版，改名为《美术考古一世纪》。郭沫若自认为翻译该书对他研究殷周青铜器铭文有很大帮助，不过此书很难找到。最近好像有再版，我设法找一本寄给你。

在郭沫若与历史有关的研究中，涉及美学思想的主要集中在金文研究中。《郭沫若全集·考古编》，金文六卷（第 3—8 卷）尚未出齐。《殷周青铜器铭文研究》只有五六十年代的单行本，《沫若文集》第 14 卷收有《殷周青铜器铭文研究》《金文丛考》等书中的部分篇章。《两周金文辞大系图录考释》1957 年科学出版社出版过一次，此次《郭沫若全集·考古编》修订较多。《彝器形象学试探》作为《两周金文辞大系图录考释》图编序说，收在《沫若文集》第 16 卷《青铜时代》附录。

《殷周青铜器铭文研究》是主要发掘对象，《莲鹤方壶》的研究也在此书中。《彝器形象学试探》文字不长，不妨看一看。《沫若文集》都是五六十年代出版的，一般比较容易找到。

其他一些单篇，诸如关于帛画、壁画之类的考释文章，绝大多数收在《郭沫若全集·考古编》第 10 卷，前几年出版的，在川大应该能够找得到。

至于科学文学化等问题，材料不多，也在翻译著作中。主要是英国（大）威尔士等著《生命之科学》，郭沫若在三四十年代翻译出版了三个分册，现在几乎找不到。但郭沫若翻译该书的序、跋等，收在四川大学出版社 80 年代出版的《郭沫若集外序跋集》一书中。我的那篇"科学的中国化"的文章，主要凭借的就是《郭沫若集外序跋集》所收郭沫若的序、跋，当然翻看过三个分册的"唯一"译本，但很快就归还平英了，没有注意美学思想问题。你先找《郭沫若集外序跋集》看看其中关于科学文艺化（或文学化）的内容是否与美学思想有关。

2001 年 11 月 24 日

二

你大前天的邮件提出借书问题后，我将郭沫若有关论著大致梳理了一遍，用附件发给你，不知对你能否有用？

郭沫若将"审美意识"引入历史、考古领域，为中国古代（特别是先秦）美学史研究开出新天地。其代表性的文字（依写作时间先后，所收版本都是容易找到的版本）如下：

《新郑古器之一二考核》（1930 年 4 月）
　　　　　——《殷周青铜器铭文研究》，收入《沫若文集》第 14 卷
《"毛公鼎"之年代》（1930 年 11 月，1931 年 3 月修改）
　　　　　　　——《金文丛考》，收入《沫若文集》第 14 卷
《〈两周金文辞大系〉序》（1931 年 9 月）
《周代彝铭进化观》（1931 年 9 月）
《彝器形象学试探》（1934 年 11 月）
　　　　　——以上 3 篇均收入《沫若文集》第 16 卷，
　　　　　　　作为《青铜时代》一书的附录
《青铜器时代》（1945 年 2 月）
　　　　　——《青铜时代》一书的最后一篇，收入《沫若文集》
　　　　　第 16 卷，又收入《郭沫若全集·历史编》第 1 卷
另有一篇佚文《青铜器的波动》（作于 1946 年前后）
　　　　　——收《郭沫若佚文集》下册，四川大学出版社，1988

如果列一个时间表，大致线索如下：

1929 年 7 月

译著《美术考古发现史》出版，受其影响，开始将青铜器研究纳入"美术的视野来观照"。

1930 年 4 月

阅《新郑古器图录》，草成《新郑古器之一二考核》。同时，在致容庚函（4 月 6 日）中非常明确地提出："余意花纹形式之研究最为切要，近世考古学即注意于此。如在铜器时代以前之新旧石器时代之古物，即由形式或花纹以定其时期。……如将时代已定之器作为标准，就其器之花纹形式比汇而统系之，以按其余之时代不明者，余意必大有创获也。"（《郭沫若书信集》上册，中国社会科学出版社，1992，第 321—322 页）

1930 年 7 月

修改完成《新郑古器之一二考核》。文中提到"印度艺术"的影响。

这中间非常重要的一环是时代审美理想和时代精神。把握着时代审美理想和时代精神，美学现象和美学精神就有了总体格调和趋向。

对于殷周青铜器，扣住花纹图案这一感性对象，即使器物上没有铭文，其"花纹图案"也能"显示其时代性"。

1930 年 11 月

始作《"毛公鼎"之年代》，至 1931 年 3 月定稿。对上述思想做了更为系统的发挥：(1)"时代性是具体的"；(2)"大凡一时代之器必有一时代之花纹与形式"，"故花纹形式在决定器物之时代上占有极重要之位置"，"凡今后研究殷、周彝器，当以求出花纹形式之历史系统为其最主要之事业"。(3)"殷末周初之器有纹者……稍晚则多用简单之几何图案以为环带……更晚则几何图案之花纹复返诸工笔而极其规整细致……"，以具体的花纹图案的感性特征来界定不同时期的文化、审美特征，由此划分美学史、文化史阶段，成为真正意义上的美学史研究。

1931 年 7 月

致函容庚（7 月 17 日）："花纹定名弟尚未尝试，惟于花纹研究之方针早有腹案，惜无资料耳。定时分类为要，定名次之，分类已成，即名之为甲乙丙丁，或 ABCD 均无不可。定时乃花纹研究之吃紧事。此与陶瓷研究及古新旧石器之研究同。此事最难，须就铭文之时代性已明者作为标准，逐次以推求之也。花纹之时代性已定，则将来无铭之器物或有铭而不详者，其时代之辨别将有如探囊取物矣。"（《郭沫若书信集》上册，第 334 页）

1931 年 9 月

《两周金文辞大系》全书录成，并作"序"及"解题"。从传世的数千件青铜器中选择了有重要史料价值的金文辞，进行系统整理。"其目的在求周代彝铭之历史系统与地方分类。"上编，为"宗周文"，"仿《尚书》体例，以列王为次"；下编，为"列国文"，"仿国风体例，以国别为次"。所录为青铜器铭文及释文，上编条理出"宗周"的历史系统，下编条理出"列国"的地域系统，反映郭沫若的系统研究方法和思维方式。

《两周金文辞大系·序》指出："彝铭之可贵在足以征史"，"就其文字之体例，文辞之格调，及器物之花纹形式以参验之，一时代之器大抵可以踪迹"。

同日，将《两周金文辞大系·序》原稿中的一节改为《周代彝铭进化观》，论述"彝铭进化之四阶段，以岁时喻之当于春夏秋冬，以人生喻之当于幼壮老死"，"整个青铜器时代之进化亦复如此"。这不仅是青铜器研究，同时也是文化史、美学史研究，而且杂采了当时一度流行的"生物史观"的观念。

"东周而后，书史之性质变而为文饰。如钟镈之铭多韵语，以规整之款式镂刻于器表，其字体亦多作波磔而有意求工。……凡此均于审美意识之下所施之文饰也，其效用与花纹同。中国以文字为艺术品之习尚当自此始。"

使用"审美意识"这一概念，青铜器研究被自觉纳入美学史研究范畴。
还应注意：郭沫若视文字图饰（文饰）与花纹效用同，是对汉字特征的最根本揭示。汉字为象形字，是与拉丁文字的本质区别。"象"表模仿、拟构、象征等功能，作为记录符号，当其走出"结绳记事"的原始阶段，在审美意识支配下，出现曲直、构架、意兴，便进入审美，成为美的艺术。"审美意识之下所施之文饰"一句，特别值得思索！

"中国以文字为艺术品之习尚当自此始"，是郭沫若通过对青铜器铭文研究，对汉字作为艺术品的最基本的确定。书法艺术美学史，由此迈出第一步。

"铸器之意本在服用，其或施以文镂，巧其形制，以求美观，在作器者庸或于潜意识之下，自发挥其爱美之本能。"

彝器初起之时，在增强"服用"即实用功能时，巧作形制，施用文饰，以求美观。于是，审美的表层线条、色彩特征便孕育出来。从"作器者"来考察，他们的潜意识中有"发挥其爱美之本能"。从心理分析，为青铜器装饰美的形成找到原因。

"彝器之象纹,率经幻想化而非写实。"这句话值得特别注意!"象纹"是一种抽象性的线条,抽象是艺术家的幻想产物,显示着审美的抽象力。图案、花纹是那个时代美的表征,传递出的美的信息,被郭沫若感应、理解、把握住了。

1934 年 11 月

在编录《两周金文辞大系》的进程中,郭沫若给容庚写信表示:"至花纹研究一事,当综合群书另作一系统之研究。"(《郭沫若书信集》上册,第 337 页)

录成《两周金文辞大系图录》。《图编》专辑形象,《录编》专辑铭文。为《图编》作"序说"——《彝器形象学试探》,将中国青铜器的发展分为"滥觞期""勃古期""开放期""新式期"四个时期。

1945 年 2 月

作《青铜器时代》,带有总结性。进一步将青铜器的发展概括为"鼎盛期""颓败期""中兴期""衰落期"四个时期。"一种花纹形式的演变经过了怎样的过程,花纹的社会背景和寓意,都同样可以追求,在这一方面便可以丰富美术史的内容。"这涉及美术史的层面。

上述分期,描述青铜时代历程,包含着美学史历程。1946 年的《青铜器的波动》,进一步明确"四个时期"的具体阶段和时限。"四个时期"的变化、演进,是在花纹、模样、铭文等无一例外地出现变化的情况下发生的。花纹是殷周青铜器最显著、最外在的感性表征,具有浓厚的美学情味。它的变化显示出审美特征的变化,进而显示出审美理想的变化。

《甲骨文字研究》《殷周青铜器铭文研究》《两周金文辞大系》《石鼓文研究》等,基本上都是解读(考释)其中古文字的,由此进入古代社会研究。读起来费时费力,你的时间又很紧。作为学习,在你的推动下的学习,我依据上述的篇章(以《沫若文集》第 14 卷、第 16 卷所收为主),写了以上片片断断的想法,算是一个基本线索。你没有必要细读那么多难读的考释论著，先从上述各篇入手，走点"捷径"。我的这些想法，不知是否"开黄腔"？你若觉得有参考之处，就全数奉送，节省一点你的时间。

2002 年 7 月 8 日

三

除了前次所述将"审美意识"引入历史、考古领域外，还有几点考虑。

第一，"人民本位"，既是郭沫若的文艺观，又是他审美的标准："一切应该以人民为本位，合乎这个本位的便是善，便是美，便是真，不合乎这个本位的便是恶，便是丑，便是伪。"（《走向人民文艺》，《郭沫若全集·文学编》第 20 卷）

第二，郭沫若运用文化人类学研究中国古代文化现象，破译一些古文字。如对《诗》"天命玄鸟，降而生商"中"鸟"的解释。特别是《甲骨文字研究》中的《释祖妣》（收在《沫若文集》第 14 卷），生殖崇拜文化是文化人类学的内容，引入文化人类学，为中国古代美学史研究另辟一通道。

第三，神话问题。"神话是艺术品，是诗。""诗人的表象作用，我们不能在抽象的美学中去寻找，应该在这种具体的世界中学习。"（《神话的世界》，《沫若文集》第 10 卷）文中对于神话的美学功用有富于感性色彩的描述。这，你比我认识更深刻、准确，就不多说了。

屈原及《楚辞》中这方面的精彩论述不可遗忘，你写过关于屈原的文章，找起来比较方便，也不多说。

第四，郭沫若的古典文学研究应当注意。上海古籍出版社 1985 年出版过一本《郭沫若古典文学论文集》（约 66 万字），找来看一看，会有所发现的。

第五，郭沫若涉及较多并深受其影响的中国古代美学家，除了老、庄而外，至少还应关注：

（1）司空图（《给郁达夫》，《沫若书信选》；《题画记》，《沫若文集》第 12 卷）

(2)袁枚(《读随园诗话札记》,《郭沫若全集·文学编》第 16 卷)

第六,郭沫若关于绘画、书法方面的论述,除前次提到的《郭沫若全集·考古编》第 10 卷中的单篇论文外,还有《题画记》(《沫若文集》第 12 卷)、《关良艺术论》(《郭沫若研究》第 1 辑)等。

郭沫若题李可染《村景》的诗,不知你注意到没有,抄录如下:

> 作诗与作画,难得是清新。
> 有品方含韵,无私始入神。
> 悠悠随白鹭,淡淡泛芳醇。
> 美在蹄筌外,庶几善与真。

这首五律可谓概括了中国美学的最基本特征,也是郭沫若对美学特征表述的一种"美学化"——论文诗歌化。

"有品方含韵,无私始入神"两句,巧妙地嵌进中国美学最具特色的几个概念——"韵"和"神"、"含"与"入"、"有品"与"无私",而且对仗极工。"美在蹄筌外,庶几善与真"两句,完整地提出真、善、美相结合的美学命题。《庄子·外物》:"筌者所以在鱼,得鱼而忘筌;蹄者所以在兔,得兔而忘蹄;言者所以在意,得意而忘言。"魏晋时期王弼、陆机,南朝刘勰引入美学,形成"情在词外"的命题。晚唐司空图、北宋苏轼、南宋严羽等又进一步发挥。"美在蹄筌外",可谓对中国美学思想的精彩概括,最得中国美学神髓。

2002 年 7 月 12 日

四

魏红珊著《郭沫若美学思想研究》,巴蜀书社 2005 年 8 月出版,接到寄来新书甚感欣慰,郭沫若研究中这一方面的空白终于有了专门的研究成果。

拜读过后，除通信中已谈到的为李可染《村景》作题画诗，既概括了中国美学的最基本特征，又将其"美学化"（诗歌化）；将"审美意识"引入历史、考古领域，使其取得巨大成就，做出划时代的贡献；把握时代审美意识和时代精神，开辟出先秦美学史研究的新天地三点之外，对郭沫若美学思想形成如下一些看法。

郭沫若的美学思想，可以概括为追求艺术与社会双重价值的美学思想，是在广泛吸收西方近代美学思想精华的基础上，从个人审美需要、民族审美风尚和时代审美要求出发熔铸形成的，具有鲜明的民族特色和强烈的时代性。

早在1924年9月，郭沫若即已明确提出：

> 我们是革命家，同时也是艺术家。我们要做自己的艺术的殉教者，同时也正是人类社会的改造者。前进！前进！高举起美化的大旗，向着自由前进！①

表现在文艺创作方面，将浪漫主义与现实主义紧密结合，以两种同中有异、异中有同的艺术体系互用互补，表现"自我"、时代、民族的情绪和灵魂，以及美学追求。女神、凤凰、地球——母亲、屈原等形象的创造，都是紧紧抓住"再现的大魂"（时代精神），突入历史时代的核心，从总体上对时代、人生做哲理性的概括和象征性的表现，构建起一种推崇创造、具有"动的精神"的新的文艺美学。

运用文化人类学破译一些古文字，如在考察晚周帛画时对《诗》"天命玄鸟，降而生商"中"鸟"的解释，特别是甲骨文研究中的《释祖妣》，②引入文化人类学的"生殖神崇拜"，表明其美学思想受到生命哲学的某种影响。

在汉墓壁画、郑成功大元以及书法、字画鉴别中，随处可见其"历史

---

① 《艺术家与革命家》，《郭沫若全集·文学编》第15卷，第193页。
② 《沫若文集》第14卷，第321—347页。

美学"的娴熟运用。

"科学文艺化"、"科学与艺术"结合，是郭沫若将其科学思想与美学思想融通的结果，形成学问家与诗人"兼而为之"的诸多特点。

1920年1月，在致宗白华的信中这样比较诗人与哲学家的异同：

> 诗人与哲学家底共通点是在同以宇宙全体为对象，以透视万事万物底核心为天职；只是诗人底利器只有纯粹的直观，哲学家底利器更多一种精密的推理。诗人是感情底宠儿，哲学家是理智底干家子。诗人是"美"底化身，哲学家是"真"底具体。

同时表示："哲学中的 Pantheism 确是以理智为父以感情为母的宁馨儿。"①

"以理智为父以感情为母"，追求宇宙间之"真"与"美"，是贯穿郭沫若一生的突出特点。

"从事研究，也从事创作"，缜密研究以求"真"，抒情创作以求"美"，集中体现其不同于其他学者的独特之处。

研究屈原与创作屈原，是郭沫若"从事研究，也从事创作"的最具代表性的成就。考证屈原，认识屈原的时代，不仅确认屈原其人的存在，更运用以诗证史即从诗词中寻找"内证"的手法，考证其生卒年。进而，从《离骚》《天问》《招魂》《哀郢》等品味其性格、内心、思想、精神，做到"关于人物的性格、心理、习惯，时代的风俗、制度、精神，总是尽可能的收集材料，务求其无瑕可击"。② 在研究的基础上创作出史剧《屈原》，极大地抒发出"在国家临到了相当危险的关头"，"对于国族的忠烈"和"抗拒强暴的优秀精神"的强烈情感，将历史的真实与艺术的真实完美地结合在一起。

50年代末，一年时间发表七八篇关于《胡笳十八拍》的文章，创作出史剧《蔡文姬》，更能看清其"从事研究，也从事创作"的特点。研究文章力辩《胡笳十八拍》为蔡文姬所作，疾呼"那是用整个的灵魂吐诉出来的

---

① 《郭沫若致宗白华》（1920年1月18日），《郭沫若全集·文学编》第15卷，第22—23页。
② 《历史·史剧·现实》，《沫若文集》第13卷，第17页。

绝叫","没有那种亲身经历的人，写不出那样的文字来"。① 剧作帷幕拉开，蔡文姬置身于第十二拍"喜得生还呵逢圣君"与"去住两情呵具难陈"②的矛盾中。当随着情节进入那"胡与汉呵异域殊风！天与地呵子西母东。苦我怨气呵浩于长空，六合虽广呵受之应不容"的意境时，似乎感受到抗战全面爆发初期郭沫若自日本"别妇抛雏"回国，与安娜及子女离别时"断藕丝"的情景。由此，不难想象他为什么会发出"蔡文姬就是我！——是照着我写的"的心声。

由于太倾注"自我"情感，在《谈蔡文姬的〈胡笳十八拍〉》一文中，认为杜甫与之相比"有小巫见大巫的感觉"，就连李白"也还没有那样的气魄"，"拟不出"那样的作品。但当理智归位之后，他并没有以情感去干扰理智，在看《中国史稿》二改二印稿时，关于建安文学的一段文字，没有把蔡文姬与李白、杜甫相比，也没有提《胡笳十八拍》，只说到蔡文姬的《悲愤诗》。

这一特点，往往导致费力不讨好的结果。为创作做准备进行的研究，虽然颇费功力进行考证，取得许多重要成果，但被其中一些充满情感、失却理智的论述给淹没掉了，这不能不说是一个莫大的遗憾。

2005 年 11 月

[本文前三节以《关于郭沫若美学的通信》为题，收入拙著《龙虎斗与马牛风——论中国现代史学与史家》，三联书店，2012]

---

① 郭沫若：《谈蔡文姬的〈胡笳十八拍〉》，《文史论集》，第 201 页。
② 郭沫若以《胡笳十八拍》中的"兮"字古本读"呵"音，在剧本中一律改为"呵"字。本书以下引用郭沫若有关文字，均从剧本所改。

第二编
学术研究

在第一编所论思想体系下，郭沫若形成其独特的研究体系、创作体系，因而取得多方面的研究成果和创作成就。

这一编9个篇章，分述其创建唯物史观的中国古代文化体系、确立释读卜辞之系统、凿破彝铭"混沌"成大系、构筑研究诸子方法体系、"苏活"古书生命的认识和实践、历史人物研究的有机整体、集研究与创作于一身的创作体系、主编《中国史稿》、在《光明日报》掀起的学术研讨，以及在这诸多方面形成的特色和取得的成就。

创建唯物史观中国古代文化体系

——从 20 世纪思想文化趋势认识《中国古代社会研究》

《中国古代社会研究》一书出版以来，对于它的认识，一是未能置于 20 世纪 20 年代思想文化（包括思想观念和学术成就）的发展中考察，二是没有真正深入考察书中各篇的具体内容，大多人云亦云。其实，它的真正价值，中外学者早有共识，都是以思想文化的发展为出发点的。书中反映的是郭沫若 20 年代末的思想观念和学术水平，只有从当时思想文化发展趋势入手，认真地对书中各篇文字进行具体考察，才是获得共识的基础。

一　20 年代的中国思想文化

20 世纪最初的一二十年间，"民主与科学"作为世界潮流以不可阻挡之势冲击着中国的旧传统、旧观念，在中华大地掀起一场规模空前的新文化运动，使中国的思想文化领域发生两项重大变化：一是国外各种"民主"思潮的引进，改变着国人的观念；二是众多本土文化遗存的重见天日，拓展着中国学术文化的范围。两者相辅相成，造就出一些颇具影响的学术代表人物。

20 年代前后，国外较有影响的各种学说，诸如孔德的实证主义、李凯尔特的新康德主义、柏格森的生命哲学、杜里舒的新生机主义、杜威的实用主义、罗素的社会改良主义，以及赫尔德的历史哲学、朗普勒西特的"文化史观"、鲁滨逊的"多元史观"等，纷纷被引进中国的思想文化界。

马克思、恩格斯创立的思想学说同时传入中国,开始广泛传播。

在国外各种思想学说纷纷传入之际,关于学术理论和学术方法的探讨成为热门课题。整整十年间,差不多年年都有这方面的论著推出。① 大量的译著以及用各种"新理论""新方法"所写"新论著",呈现出众流争渡、相互碰撞的局面,使得传统的学术文化遭受到前所未有的冲击。"对于西洋史学原理的接受,正与一般政治学家、经济学家、新文学家同,一时顿呈饥不择食、活剥生吞之现象。"② 这种取其皮毛或生搬硬套的状况,虽然使人有"学说纷纭,莫衷一是"之感,但终究缺乏融会贯通,不能建立新的学说体系。就世界范围内历史学发展而言,"20世纪上半叶,历史学家在方法论和理论观点方面仍然严重地依赖19世纪末的老一辈历史学家,从而保持着连续的传统"。③ 就是说,西方原先进步、至20世纪前期已逐渐衰微的史学研究方法和观点,却被当作先进的东西引进中国。

在国外各种思想学说和学术方法纷呈的同时,数量众多的中国本土古代文化遗存陆续被发现,并开始了系统的整理。王国维称之为:"今日之时代,可谓之发见时代,自来未有能比此者也。"④ 当时的新发现,主要集中在以下几个方面。其一,史前遗址的陆续发现。主要有直立人化石、旧石器时代遗址、新石器时代遗址。20世纪20年代末,发现的旧石器时代文化为周口店猿人文化、无定河与水洞沟河套文化、海拉尔达赖文化,发现的新石器时代文化为昂昂溪文化、仰韶文化、龙山文化。至30年代,旧石器时代遗址发现周口店山顶洞人文化。其二,殷墟甲骨发掘、整理与研究。19世纪末,河南安阳小屯发现甲骨,罗振玉在王襄、王懿荣等基础上一面购求,一面探采,整理著录。王国维从罗振玉著录出发,对卜辞进行综合比较研究。1928—1937年,中央研究院历史语言研究所考古组先后15次对殷墟进行大规模科学发掘,得甲骨24830余片。河南博物馆两次发掘,得甲骨3650余片。其三,青铜器出土与著录。1923年,山西浑源、河南新郑等处

---

① 参见《八十年来史学书目》所列此类书目,中国社会科学出版社,1984。
② 何炳松:《〈通史新义〉序》,《通史新义》,第13页。
③ 〔英〕杰弗里·巴勒克拉夫:《当代史学主要趋势》,第6页。
④ 《最近二三十年中国新发见之学问》,《学衡》第45期,1925年9月。

陆续发现春秋时期铜器群。其后，河南洛阳、浚县、汲县以及安徽寿县、山东滕县等地，陆续有铜器发现。罗振玉、刘体智、容庚等有多种著录。其四，汉晋简牍和敦煌文书的著录。虽然大多数文书为英、法、德、俄、日等国的所谓"探险家"或考古者劫掠，但劫余残存部分经罗振玉、王国维、陈垣、劳榦等陆续著录出版。其五，明清档案的发现与整理。明清两代内阁档案均存于内阁大库，几经转手为中央研究院所得并成立明清史料编刊会，陆续编成《明清史料》四编。军机处档案，故宫博物院自1924年起选编为《文献丛编》陆续出版。

众多本土文化遗存的发现，不仅拓展了国人的眼界，更改变了国人对于国学传统的认识。新材料的发现与整理，在很大程度上决定着学术研究的发展趋势，即所谓"一时代之学术，必有其新材料与新问题。取用此材料以研究问题，则为此时代学术之新潮流"。① 国外的思想学说和学术方法，运用于新发现的本土古代文化遗存，不仅使学术研究呈现出更新的局面，而且使不少有作为的学术大师以其巨大的学术成就影响着时代的学术风气。

首先是继清末"国粹"与"国学"之争后，再次出现的"国故"与"国学"之争。自1919年5月，傅斯年、胡适、梁启超、鲁迅、郭沫若、顾颉刚等陆续发表各自不同的见解。胡适在《新青年》第7卷第1号发表《新思潮的意义》，提出"研究问题，输入学理，整理国故，再造文明"，"整理国故"被赋予新的意义，成为新文化运动的重要组成部分。关于"国故"与"国学"的论辩，从一开始就与"科学的精神"紧紧联系在一起。由此出发，运用科学的"分析综合比较的方法，以求事物的秩序关系"，就是对"国故"进行条理或系统整理，以发展即历史的眼光观察其沿革、流变。科学家的"无信不征"，要求对"国故"首先具有破除迷信及种种附会的怀疑精神，亦即疑古的态度。概括而言，"科学"的观念，使"整理国故"或国学研究范围史学化；"科学"的方法，赋予"整理国故"或国学研究史学方法。由此，"整理国故"或国学研究朝着史学化方向大步推进。由"科学"观念生出的疑古精神，引发了长达数十年的古史论辩，推动了对中

---

① 陈寅恪：《陈垣敦煌劫余录序》，《金明馆丛稿二编》，上海古籍出版社，1980，第236页。

国上古社会的重新认识;由"科学"观念生出的缜密精神,形成"古史新证"的科学方法,为中国古代研究"另辟一新纪元"。

紧随其后,便是"古史辨"的兴起。1923年2月,顾颉刚在胡适主办的《读书杂志》上发表《与钱玄同先生论古史书》,提出"层累地造成的中国古史"说,认为传统的"中国古史"完全是后人一代一代垒造起来的,并非客观真实的历史。胡适、钱玄同、傅斯年、周予同、罗根泽等纷纷表示支持,刘掞藜、胡堇人、柳诒徵等进行反驳,形成古史论战。顾颉刚在《答刘胡两先生》的论战文章中补充了"四个必须打破",即打破民族出于一元的观念,打破地域向来一统的观念,打破古史人化的观念,打破古代为黄金世界的观念。有关古史论争的文章和信函编辑成《古史辨》出版,前后共7册,收文约350篇。根据上述思路,顾颉刚等"用了文籍考订学的工具冲进圣道王功的秘密窟里",① 对历来迷信的经典《易经》《诗经》《尚书》等进行了清理,"剥除它的尊严",使得中国古史研究从儒家粉饰的迷雾中挣脱出来。古史资料的批判利用,因此起了重大变化。

差不多同时,王国维提出考证史事的新观点和新方法:"吾辈生于今日,幸得纸上之材料外,更得地下之新材料。由此种材料,我辈固得据以补正纸上之材料,亦得证明古书之某部分全为实录。……此二重证据法,唯在今日始得为之。"② 他运用这一方法在甲骨文字、殷周金文、汉晋简牍研究方面做了"划时代的工作",在西北地理、蒙古史研究方面取得"惊人的成绩",成为生前声誉远不及梁启超显赫,死后却为学界"新旧、左右各派"共同推崇、信服的学术大师。这一"古史新证"之法,使长期以来从文献到文献、在神话传说中兜圈子的研究格局得以改观,将学术研究推进到一个新境界,诚如王国华为《海宁王静安先生遗书》作序中所说:"虽有类于乾嘉诸老,而实非乾嘉诸老所能范围。其疑古也,不仅抉其理之所难符,而必寻其伪之所自出;其创新也,不仅罗其证之所应有,而必通其类例之所在。此有得于西欧学术精湛绵密之助也。"③

---

① 《古史辨》第2册,北京朴社,1930,"自序",第7页。
② 《古史新证》第1章"总论",《古史新证》,清华学校研究院,1925,第1页。
③ 《海宁王静安先生遗书》第1册,商务印书馆,1940,"序三"。

傅斯年领导的中央研究院历史语言研究所贯彻其"使用最近代的手段""因行动扩充材料，因时代扩充工具"三项办所基本宗旨，集中体现的就是王国维所代表的以史学与新史料相结合的路向，推动了中国史的基础研究向纵深发展，取得诸多举世瞩目的显著成就。

学术思想史研究，以梁启超为代表。1920年春，梁启超自欧洲回国，最先草成《清代学术概论》，论述乾嘉考据学和晚清今文经学的发展变化。四年以后出版《中国近三百年学术史》，论述清初各个学术流派的产生及影响，有关清代学者整理旧学的成就最见搜讨功力。1922年出版《先秦政治思想史》，在对先秦各家政治学说深入考察的同时，又以发展的眼光剖析了各家思想，将其政治思想与哲学思想、经济思想以及当时的政治、律法联系在一起，并注意与希腊、罗马古代政治思想进行比较，从中寻出中国古代思想的特点。有关儒、墨、道、法四家显学政治思想的归纳，以及各家相互吸收、彼此渗透的认识，对于后来的学术思想史研究均有启发。

胡适的《中国哲学史大纲》（卷上）是其"整理国故"的一个组成部分，更是其"整理国故"的一项成功的实践。继此之后，他陆续发表一系列关于方法论的文章。1930年自编自选《胡适文选》，称《国学季刊发刊宣言》是"整理国故的方法总论"，《古史讨论的读后感》是《胡适文选》前三集中"最精彩的方法论"，《红楼梦考证》是其"考证方法的一个实例"以及"杜威的思想方法的实际应用"，《治学的方法与材料》是其由注重方法转向方法与材料并重的标志。虽然胡适本人视《中国哲学史大纲》一书为哲学史的"开山"之作，但在学术领域的实际影响，远不如其在重方法的取向上所引起的反响。郭沫若称其在"中国的新学界上也支配了几年"，正是从这一点上肯定的。

二　认识中国历史的最新观念

面对剧烈的社会变革与思想文化变革，每一个人都在承受冲撞、迎接挑战，进行各自的选择。谁能够"独具慧眼"，识别哪种思想学说最能反映时代特点、最能体现历史发展进程,谁就最有可能领导思想文化潮流,成为开学术新风的文化巨人。

郭沫若是在经历了几代人探索中西文化关系之后崛起的新一代,早在"五四""打倒孔家店"的高潮时,他一面表现出对西方思想文化的狂热崇拜和追求,一面又能够冷静地对待中国"固有的文化",明确提出:

> 我想我们要宣传民众艺术,要建设新文化,不先以国民情调为基点,只图介绍些外人言论,或发表些小己底玄思,终竟是凿柄[枘]不相容的。①

在对待相互碰撞的东西方文化,在"饥不择食、活剥生吞"的盲目中,这一认识恰恰表现出郭沫若的过人之处。在随后发表的一系列有关思想文化的论著中,郭沫若大体都遵循着这一基本认识。

时至20世纪20年代末,再谈东西文化结合,究竟应当选择、吸收国外思想学说中的哪一种或哪几种呢?

如果眼光仅仅局限于中国思想文化的狭隘圈子,很难看清世界潮流。一旦将眼界放宽到整个人类思想文化进程中,答案就很容易找到。享有国际声誉的英国著名历史学家杰弗里·巴勒克拉夫受联合国教科文组织委托,在考察世界范围内历史学发展趋势时指出:19世纪以后,兰克学派力图"如实地"发掘历史事实,马克思主义历史学则"深入到历史的辩证发展进程中",两个学派反映了欧洲历史学出现的"重大变化"。兰克学派虽然影响到"辛亥革命后和国民党统治时期的中国",但"20世纪20年代以后,这种影响才逐渐地被马克思主义和历史唯物主义的影响所取代",②这是一个已被历史发展证实的趋势。郭沫若恰恰由于没有将中国"固有的文化"与西方的思想学说人为地对立起来,而是从一开始便采取"中西合璧"的态度,因此比同时代多数人先看到这一趋势——辩证唯物论的阐发与高扬,正在"成为了中国思想界的主流",使其认识最接近于世界思想文化发展的

---

① 《郭沫若致宗白华》(1920年1月18日),《郭沫若全集·文学编》第15卷,第20页。
② 〔英〕杰弗里·巴勒克拉夫:《当代史学主要趋势》,第151—153页。

大趋势。

从客观上讲，1928年2月流亡日本，又使其置身于一种"旁观"的位置，能够再次比较客观地潜心于中国历史与中国社会的考察。在从事国外理论与学术文化著作的翻译过程中，郭沫若逐渐认识到，简单地把历史唯物论当作纯粹的方法来介绍，生硬地玩弄一些不容易理解的译名和语法，反而会在其接受和运用上"增加障碍"，便采取了围绕"国学"介绍"西学"的做法，以"国学"研究的内容——"中国的思想、中国的社会、中国的历史"——来"考验辩证唯物论的适应度"。①

书中关于原始婚姻、家庭形式以及"私有财产制的成立……帝王和国家的出现"的论述，是国内最早关于"文明起源"问题的思考，应当引起注意。

上述认识与做法，无论从认识论还是方法论的角度考察，都决定着郭沫若必然以20世纪20年代世界思想文化发展的最新观念去认识中国的历史与中国的社会，因而使《中国古代社会研究》产生出引领思想文化新潮流的社会效应。

这里澄清一些说法，即郭沫若有鉴于中国共产党第六次全国代表大会所指明的中国的社会性质和反帝反封建的任务遭到各种"反动势力"的反对，才对中国历史进行"清算"，写出《中国古代社会研究》；更有论著说"党中央对郭沫若寄予委托和期望"；等等。这些说法，都缺乏历史根据。

其一，从各相关记载与回忆看，当时郭沫若与中国共产党没有组织上的直接联系。周恩来出席中共六大从莫斯科回到上海是1928年11月上旬，② 郭沫若早已写成书中的前三篇，包括作为"导论"的《中国社会之历史的发展阶段》。1941年周恩来对郭沫若在日本十年的"贡献"，只说他"正确地走了他应该走的唯物主义的研究道路"，③ 根本没有涉及与中共六大决议的关系。抗战结束后，郭沫若本人的说法也只是"我的向中国古代文献和历史方面的发展"，"虽然由于我的教养和所处的环境有以促成，但确

---

① 《海涛集·跨着东海》，《郭沫若全集·文学编》第13卷，第331页。
② 中共中央文献研究室编《周恩来传》，人民出版社、中央文献出版社，1989，第179页。
③ 周恩来：《我要说的话》，《新华日报》（重庆）1941年11月16日。

实是经过后期创造社的朋友们的'挤'"才被"挤"出来的,①也没有提及中共六大决议。客观地说,不论中共六大是否形成关于中国社会性质的决议,郭沫若此时都会走他的"唯物主义的研究道路",也会写出《中国古代社会研究》来。

其二,作为"导论"的那篇文章把近代中国说成"资本制",表明郭沫若当时并不知道中共六大的决议。决议指明的是,近代中国社会属于半殖民地半封建社会。在"李一氓兄督促斡旋"下由上海联合书店出版,同样不能作为郭沫若了解中共六大决议的证据。这正像当年写《请看今日之蒋介石》并非"奉命",却为中共中央起草《迅速出师讨伐蒋介石》的决议提供了重要依据一样,只能证明郭沫若有着明辨历史趋势的远见!

其三,"导论——中国社会之历史的发展阶段",似乎预见到会有人拿这篇文章说事,便在结集时所写《解题》中强调:"作时的目的原无心作为本书之导论,以其性质相近,故收于此。"显然,这篇文章并非作为全书的"纲"而写作,不容夸大。

其四,一个无须回避的问题。1930年1月20日《新思潮》刊出《读〈中国封建社会史〉》,评陶希圣的《中国封建社会史》,从批判"中国国情特殊"论入手,强调"除用唯物辩证法的方法以外是没有第二种可以采用的",认为殷代为氏族社会,周代"正和希腊、罗马之古代相同,是奴隶制",用的是郭沫若后来并不承认的"杜荃"之名,并没有引起任何社会反响。而《中国古代社会研究》丝毫没有针对陶希圣的意思,却直指"在中国的新学界上也支配了几年"、并未参加社会史论战的胡适。

三　考察古代社会的最新成果

《中国古代社会研究》1954年"新版引言"强调:"不依照写作先后排列,便看不出研究路径的进展。"下面,依照"写作先后"看其"研究路

---

① 《海涛集·跨着东海》,《郭沫若全集·文学编》第13卷,第331页。

径",即写作路径。

1928年1月"读唯物史观公式：——",抄录了他本人所译马克思《政治经济学批判·导言》中关于唯物史观基本原理的一段论述。① 至写《诗书时代的社会变革与其思想上的反映》一文时，正式引录了马克思书中的这段话："亚细亚的、古典的、封建的和近代资产阶级的生产方法，大体上可以作为经济的社会形成之发展的阶段。"《卜辞中的古代社会》一文尚未定稿，又以恩格斯《家庭、私有制和国家的起源》以及摩尔根《古代社会》作为"必须知道的准备知识"，写成《中国社会之历史的发展阶段》发表。1930年2月《中国古代社会研究》出版，5月郭沫若译马克思《政治经济学批判》的节译本——《经济学方法论》发表。② 12月郭沫若译马克思《政治经济学批判》定稿，1931年上海神州国光社正式出版。《中国古代社会研究》第一篇《周易的时代背景与精神生产》中，有"'自然是辩证法的证明'（'Die Natur ist die Probe auf die Dialektik'）（恩格斯）"的一段文字，这是恩格斯《自然辩证法》中的话，表明郭沫若写作过程中阅读过恩格斯的这部论著，用以认识《周易》思想中的辩证法因素。"自序"又强调其书以恩格斯《家庭、私有制和国家的起源》为"向导"，要作为《家庭、私有制和国家的起源》的"续篇"。从整部书的"写作先后"考察，首先看到的是郭沫若系统接受唯物史观并将其运用于认识中国古代社会的研究"路径"。

同时，从"写作先后"还能够看出郭沫若是如何最大限度地综合当时学术文化领域最有影响的几家的最新成果的。

1. 与"古史辨"的"不期而同"

顾颉刚提出"层累地造成的中国古史"这一著名论断，对中国古代文献的真伪进行重新考察。郭沫若也从这里入手，首先打开《周易》这座神秘的殿堂，1928年7月31日写出《周易的时代背景与精神生产》（后定名为《〈周易〉时代的社会生活》），11月发表在上海《东方杂志》第25卷第

---

① 《离沪之前》，《郭沫若全集·文学编》第13卷，第275—276页。郭沫若译文与中共中央马克思恩格斯列宁斯大林著作编译局译文不尽相同，参见《马克思恩格斯选集》第2卷，第82—83页。

② 《社会科学讲座》第1卷，1930年6月。

21、22号，署名"杜衎"。"发端"之后，分作两章：《周易》时代的社会生活、《易传》中辩证的观念之展开。

《周易》是"一些神秘的砖块——八卦——所砌成，同时又加以后人的三圣四圣的几尊偶像的塑造，于是这座殿堂一直到二十世纪的现代都还发着神秘的幽光"。写于文章"发端"的这段话，与第一章中"后人要使儒教增加神秘性，要使儒教的典籍增加神秘性，要使典籍中已经神秘的《易经》更增加神秘性，所以不能不更抬些偶像来装饰"等论述，不也在告诉读者：《周易》这座殿堂是"层累地"砌成的吗？至于诸多具体的考辨，如"八卦的根柢我们很鲜明地可以看出是古代生殖器崇拜的孑遗，画一以象男根，分而为二以象女阴，所以由此而演出男女、父母、阴阳、刚柔、天地的观念"，与钱玄同所说"原始的《易》卦，是生殖器崇拜时代的东西。'乾''坤'二卦即是两性底生殖器底记号"[①] 等，不也是"不期而同"吗？这位以"疑古玄同"自诩的先生，曾经宣称要对圣人和圣经"裂冠毁冕""撕袍子"，郭沫若剖析《易传》的折中主义，尖锐地指出：

> 儒家理论的系统，全体就是这样的一个骗局。它是封建制度的极完整的支配理论。我们中国人受它的支配两千多年，把中国的国民性差不多完全养成了一个折衷改良的机会主义的国民性。一直到现在都还有人改头换面地表彰着儒家的理想，想来革新中国的社会，有意识地执行着它的"絜矩之道"，有意识地在"执其两端而用其中于民"。

这不也是对圣人、儒家理论的"裂冠毁冕"吗！

"让《易经》自己来讲《易经》，揭去后人所加上的一切神秘的衣裳"，使郭沫若成为以《周易》打开认识"古代真实"大门的第一人。

第二篇《诗书时代的社会变革与其思想上的反映》（后定名为《〈诗〉〈书〉时代的社会变革与其思想上之反映》），1928年8月25日初稿完成，10月25日改作，1929年4—6月发表在上海《东方杂志》第26卷第8、9、

---

① 《古史辨》第1册中编，北京朴社，1926，第77页。

11、12号，署名"杜衎"。"序说"之后，分为两章：由原始公社制向奴隶制的推移、由奴隶制向封建制的推移。

与"古史辨"殊途同归，用"文籍考订学的工具冲进圣道王功的秘密窟里"，对28篇今文《尚书》进行全面考辨，从七个方面论证今文《尚书》28篇"仍然包含着一个很大的问题"。特别指出《禹贡》的夸张，整个就是"大一统理想的表现"，"《帝典》《皋陶谟》《禹贡》三篇，完全是儒家的创作"，在研究儒家的哲理上是"必要的资料"，但"作为古代的信史，那是断断乎不可！"《甘誓》以下25篇都经过殷周太史及后世儒者的粉饰，"可靠性只能依据时代的远近而递减"。

系统考察中国古代社会，郭沫若迈出的第一步具有疑古辨伪的鲜明特色。在书出第2版时，他已认识到与"古史辨"的"不期而同"，写了附录中的《夏禹的问题》，说当"东鳞西爪的检点过"《古史辨》第1册后，"发现了好些自以为新颖的见解，却早已在此书中由别人道破了"，包括胡适的古史"也有些比较新颖的见解"，不再是"几曾摸着一些儿边际"了，特别强调："顾颉刚的'层累地造成的古史'，的确是个卓识。……在前曾哄传一时，我当时耳食之余，还曾加以讥笑。到现在自己研究了一番过来，觉得他的识见是有先见之明。在现在新的史料尚未充足之前，他的论辨自然并未能成为定论，不过在旧史料中凡作伪之点大体是被他道破了。"①

同时，更有着与"古史辨"异趣的差异。顾颉刚的一段话正好道出其间的异趣："我感觉到研究古史年代，人物事迹，书籍真伪，需用于唯物史观的甚少"，而"研究古代思想及制度时，则我们不该不取唯物史观为其基本观念"，"等到我们把古书和古史的真伪弄清楚，这一层的根柢又打好了，将来从事唯物史观的人要搜取材料时就更方便了，不会得错用了"。② "古史辨"迈出了第一步——疑古辨伪，却没有深入古代思想及制度，因而对古代社会的考察，成就不如郭沫若。郭沫若较之"古史辨"，迈出的是后面的一步，对于古代社会的认识取得了当时最新的成就，却因在古史年代、书籍真伪的考辨上不如"古史辨"缜密，因而如他后来一再总结的教训那样，

---

① 《沫若文集》第14卷，第308—310页。
② 《顾序》，《古史辨》第4册，北京朴社，1933，第22—23页。

"由于材料的时代性未能划分清楚,却轻率地提出了好些错误的结论",以致"自己的看法已经改变了好几次"。①

2. 以罗、王业绩为出发点

在第一、二两篇文章写作之际,郭沫若已深感文献中有"后人的虚伪的粉饰",必须找寻"没有经过后世的影响,而确确实实足以代表古代的那种东西",于是超越"古史辨"的"文籍考订"的做法,踏进甲骨文、金文研究领域,朝着"古史新证"的方向迈出了坚实的步履。自1928年8月底始,在两个月的时间内读完日本东洋文库中"所藏的一切甲骨文字和金文的著作,也读完了王国维的《观堂集林》","对于中国古代的认识算得到了一个比较可以自信的把握"。随后依据恩格斯《家庭、私有制和国家的起源》以及摩尔根《古代社会》,"基本完成"《卜辞中的古代社会》一文,分三个基本部分:"序说""社会基础的生产状况""上层建筑的社会组织"。"序说"追述卜辞出土之历史,明确表示:

> 我们是要从古物中去观察古代的真实的情形,以破除后人的虚伪的粉饰……得见甲骨文字以后,《诗》《书》《易》中的各种社会机构和意识才得到了它们的泉源,其为后人所粉饰或伪托者,都如拨云雾而见青天。……所以我现在即就诸家所已拓印之卜辞,以新兴科学的观点来研究中国社会的古代。

这既表现出郭沫若的"疑古辨伪"精神,又展示出他要用"二重证据法"以证古史的态度。

"社会基础的生产状况"一章,主要依据罗振玉、王国维的甲骨文字考释,结合"新兴科学的观点",得出商代是"金石并用时代",开始进入农业时期,商业尚在"实物交易与货币交易之推移中"等几项主要结论。

"上层建筑的社会组织"一章,主要根据恩格斯《家庭、私有制和国家的起源》"摘录"写成,认为"恩格斯这部书是根据摩尔根的研究及马克思

---

① 《中国古代社会研究》1954年"新版引言",《沫若文集》第14卷,第3—4页。

的评注在严密的唯物史观的观点之下综合起来的,所以事实上可以说是摩尔根氏研究的完成者"。对于"彭那鲁亚制"亚血族婚姻状况的考察,即依据恩格斯和摩尔根的论述,借助罗振玉、王国维的成果展开。由卜辞中祖先帝俊即帝喾,羲和、常羲即娥皇、女英,郭沫若得出:"帝喾之二妃姜嫄、简狄,亦当即娥皇、女英之变。"再参以古代文献,进一步证明:"递降如二女传说则表明社会已进展到亚血族群婚的阶段。娥皇、女英为姊妹而以舜为公夫。舜与象为兄弟而兄弟'并淫'。这正表明娥皇、女英互为彭那鲁亚,舜与象亦互为彭那鲁亚。"王国维《殷周制度论》关于"中国政治与文化变革莫剧于殷周之际"的论断,成为郭沫若以"殷周之际当即所谓'突变'之时期"的出发点和依据。

《卜辞中的古代社会》尚未定稿,又写成《中国社会之历史的发展阶段》一文,1928年10月28日脱稿,发表在上海《思想》月刊第4期,署名"杜顽庶"。以摩尔根《古代社会》和恩格斯《家庭、私有制和国家的起源》为"必须知道的准备知识",摘录其中相关论述,作为第一部分"社会发展之一般"。将《卜辞中的古代社会》的基本观点浓缩,作为第二部分"殷代——中国历史之开幕时期"。第三部分,"周代——铁的出现时期——奴隶制"。第四部分,"周代以来至最近时代之概观",概述周室东迁以后中国才"由奴隶制逐渐转入了真正的封建制"。其中,对封建社会有颇为深刻的揭发:"革命一次便受欺骗一次。奴隶革命成功,狡黠者立刻又变成新的支配阶级。尽管一部二十四史成为流血革命的惨史,然而封建制度的经济组织和政治组织依然无恙。"第五部分,"中国社会之概览",把中国历史列成一个表式:西周以前,原始公社制;西周时代,奴隶制;春秋以后,封建制;最近百年,资本制。最初发表和收入《中国古代社会研究》时,都没有标题,仅分作五个部分而已。

1929年9月20日"自序",第一句便是"对于未来社会的待望逼迫着我们不能不生出清算过往社会的要求。古人说:'前事不忘,后事之师。'认清楚过往的来程也正好决定我们未来的去向"。这是"述往事,思来者"史学传统在20世纪20年代末的新发展。同时,对胡适"整理"过的一些"过程"重加"批判":"整理"的究极目标是"实事求是",而"批判"精神是要在"实事中求其所以是";"整理"的方法所能做到的是"知其然",而"批判"精神是要"知其所以然";"整理"自是"批判"所必经的一步,但不能成为所应该局限的一步。进而,认为世界文化史关于中国"还是一片白纸",中国人应该自己起来"写满这半部世界文化史上的白页",并以《中国古代社会研究》提供出来了恩格斯"未曾提及一字的中国的古代",性质可视为《家庭、私有制和国家的起源》的"续篇"。

随后,为让"青铜器来说出它们所创生的时代",他赶写了《周金中的社会史观》,署1929年11月10日夜完稿,分七个部分:序说、周代是青铜器时代、周金中的奴隶制度、周金中无井田制的痕迹、周金中无五服五等之制、古金中殷周的时代性、余论。关于"周金中无五服五等之制"的问题,几乎同时,傅斯年在《中央研究院历史语言研究所集刊》第2本第1分上发表《论所谓五等爵》,亦以文献中习称的公侯伯子男五等爵与金文不合,指出"五等爵之本由后人拼凑而成,古无此整齐之制"。两人的观点均反映早期研究金文的局限,后来被证明不确。

四 创建出一个唯物史观的中国古代文化体系

通过以上考察,大体可以了解到:在20世纪20年代中国思想文化领域内,郭沫若对当时颇具影响的几家最具代表性的学术成就,大都有程度不同的吸收和发展,间或也有所批评。以思想方法而论,选择的是当时最新的观念和方法——辩证唯物论和历史唯物论,并证明其与中国"固有的文化"没有什么两样,把握住当时思想发展的大趋势;以疑古辨伪而言,有着与"古史辨"诸多"不期而同"之处;以考古证史而言,更有着对罗(振玉)、王(国维)业绩的推进。

在20世纪20年代末30年代初,能够如此集思想、学术之大成,从观念、学术两个方面引领思想文化潮流者,无论从哪个方面说,都绕不过《中国古代社会研究》。

具体来讲,其成就主要表现在三个"突破"上。其一,突破以历史文献为"国故"的局限,将其拓展到地下出土实物。以"中国之旧学自甲骨之出而另辟一新纪元,自有罗、王二氏考释甲骨之业而另辟一新纪元,决非过论。言'整理国故',言'批判国故'而不知甲骨文字之学者,盲人摸象者之流亚而已"。其二,"国故"既包含"后人的虚伪的粉饰",又包含"古代的真实的情形",书中反复强调:"我们是要从古物中去观察古代的真实的情形,以破除后人的虚伪的粉饰","得见甲骨文字以后,古代社会之真情实况灿然如在目前"。其三,虽然摩尔根《古代社会》和恩格斯《家庭、私有制和国家的起源》没有一句说到中国古代的范围,但其"在'国故'的了解上,都是有莫大的帮助",并大声疾呼:"谈'国故'的夫子们哟!你们除饱读戴东原、王念孙、章学诚之外,也应该知道还有马克思、恩格斯的著作,没有辩证唯物论的观念,连'国故'都不好让你们轻谈。"由此三点,建立起一个全新的国学体系——跳出"国学"的范围,认清国学的真相。在"风雨如晦"的年代,传出"鸡鸣不已"的信息,展示出其引领学术文化潮流的多方面成就。

不过,郭沫若虽然有意"认清楚过往的来程"以"决定我们未来的去向",但当时却基本置社会史论战于不顾,而倾心于历史语言研究所考古组的殷墟发掘。① 《中国古代社会研究》一书主要是想以恩格斯的《家庭、私有制和国家的起源》为"向导",在他所知道的美洲印第安人及欧洲的希腊、罗马之外,"提供出来了他未曾提及一字的中国的古代","写满这半部世界文化史上的白页"。

20多年后,与郭沫若同为中央研究院第一届院士的董作宾尽管表示"不甚赞同"唯物史观的"新古史系统",却仍然准确地概括出《中国古代社会研究》的上述历史功绩:

> 大家都知道的,唯物史观派是郭沫若的《中国古代社会研究》领导起来的……他把《诗》《书》《易》里面的纸上史料,把甲骨卜辞、周金文里面的地下材料,熔冶于一炉,制造出来一个唯物史观的中国

---

① 详见拙文《学术史视野下的社会史论战》(《学术研究》2010年第1期),后收入拙著《传统史学与20世纪史学》(中国社会科学出版社,2016)。

古代文化体系。①

以唯物史观指导研究古代社会，是郭沫若此间史学研究的一大特色；把《诗》《书》《易》里面的纸上史料与甲骨卜辞、周金文里面的地下材料熔冶于一炉，是郭沫若此间史学研究的最大特色。这后者既是王国维最突出的治学特点，又是王国维最重要的治学方法。在"甲骨四堂"之一的董作宾看来，"唯物史观派"的带头人郭沫若继承王国维治学特点和方法取得的成就最为卓著，这也正是马克思主义历史学与其他形形色色"史观派"史学的一大重要区别。

五　主要版本与重要修订

《中国古代社会研究》1930年2月上海联合书店第1版，包括1篇自序、1篇《解题》、5篇论文与"追论及补遗"中的3篇短文——《殷虚之发掘》《由〈矢彝考释〉论到其他》《附庸土田之另一解》。同年3月第2版，在订正初版错误的同时，将原有"目次"改成一个"较为详尽的目录"，每一篇题下细分"序说"、章、节、"余论"、"结论"等子目。5月第3版，将原拟作为"再版书后"的《矢令簋考释》《明保之又一证》《古金中有称男之二例》《古代用牲之最高纪录》《殷虚中无铁的发现》《夏禹的问题》等6篇，连同《"旧玉亿有百万"》1篇，改为"三版书后"。

这里就《矢令簋考释》《明保之又一证》写作时间略做说明。通常根据《夏禹的问题》末署"1930年2月7日补志"，将《矢令簋考释》《明保之又一证》至《夏禹的问题》6篇写作时间均认定为1930年2月7日。但据现有材料，至少《矢令簋考释》《明保之又一证》写成是在2月7日以后。《矢令簋考释》开篇写道："与'令彝'同出之'令簋'，近蒙容君希白以拓墨见示，与'令彝'确系一人之器。"2月16日郭沫若给容庚回信开头写

---

① 董作宾：《中国古代文化的认识》，《大陆杂志》（台北）第3卷第12期，1951年12月。

道:"二月九日书奉到。蒙示矢令毁原铭并及作册䰙彝铭语,大快。"郭沫若2月9日才得见"矢令毁原铭并及作册䰙彝铭语",回复容庚在2月16日,《矢令簋考释》的写成不可能是2月7日,应在2月9日至16日之间。①《明保之又一证》的写作,郭沫若4月6日致容庚信有一段文字:"惟保与禽二字,余曩释不免穿凿而失实。今按保本有孵抱之义,善抱者莫若禽,故字为禽耶?"而《明保之又一证》第二处括号内有"案保与禽字之关系,余曩读保为俘……前说当更正。余意保有孵抱之意,善孵者莫若禽,故字伯禽耶?"两处重文表明,《明保之又一证》写成当在4月6日前后。至于《矢令簋考释》末[追记]署"1930年4月23日补志",专指[追记]写成时间,并非《矢令簋考释》写成时间,应当区分清楚。

1947年4月上海群益出版社出版,改为竖排,并"依据了研究内容的时代先后",将后写成的《卜辞中的古代社会》《周金中的社会史观》两篇提前作为第一、二篇,将先写成的关于《周易》与《诗》《书》的两篇移作第三、四篇,调整了部分篇目和标题,将初版"追论及补遗"的3篇与"三版书后"的7篇合并为附录"追论及补遗"。增加1篇"后记",说明这本书对于"自己是一部划时代的作品",所用"方法是正确的,但在材料的鉴别上每每沿用旧说,没有把时代性划分清楚,因而便夹杂了许多错误而且混沌",时隔十多年,自己的"见解更纯熟了一些,好些错误已由我自己纠正",并"有所删改",强调"西周是奴隶社会的见解,我始终是维持着的"。此次出版,全部经过"自己校对了一遍",加[后案]"作为错误的修正或缺陷的补充"。"导论"篇末[后案]说明:"在中国,铁的发现当在春秋年代,当以铁器作为促进奴隶社会向封建社会转变的媒介";"殷代与西周在生产方式与文化水准上并无多大区别。殷代确已使用'众人'作大规模之农耕。原始公社的破坏当在殷代以前"。

1954年9月人民出版社改排出版,"依照写作先后排列",将篇目改还了原样,调整了部分篇目和标题,特别是第四篇的标题,"周金中"全改为

---

① 多年前,笔者即已指明"9日,容庚将矢令簋原铭及作册䰙彝铭语寄出。16日,郭沫若收到,喜不自禁,便将自己的最新想法和研究成果告诉容庚",详见本书第三编中的《郭沫若与容庚:从"未知友"到"文字交"》。

"周代彝铭中",并对全书"在相当大的范围内,加添了好些改正",增加了一篇"新版引言",说明"再度改排是着重在它的历史意义上",即"用科学的历史观点研究和解释历史";声明"已明确改正"书中两个错误结论:一是"认为殷代为原始公社制的末期",另一个是"只认西周为奴隶社会",如今"已把奴隶制的下限定在春秋与战国之交"。又一次对全书"尽可能地进行了删改,不便删改的地方,则加上了补注,以免再度以讹传讹"。全书加"补注"40 余则,如"导论"中"殷代——中国历史之开幕时期"中"商代已有文字,但那文字百分之八十以上是象形图画,而且写法不一定……简直是五花八门"一段,"补注"说明卜辞文例"均有一定的规律,并不凌乱"。① 再如书中多处以《诗·大雅·公刘》有"取厉取锻,止基乃理"两句,断言"在周初的时候铁的耕器是发现了",强调"最可注意的是那'取厉取锻'的'锻'字","正是铁矿"。为此,在相关处分别加入"补注",一则为"《公刘》一诗所叙的虽然是周初传说,但并不是周初作品。锻字解为铁矿是很勉强的。这一断案,根据十分薄弱"。另一则说"此解极成问题,锻解为铁矿既无充分根据,《公刘》亦非周初的诗。根本的事实是:一直到现在,西周并无铁器从地下出土"。②《〈周易〉时代的社会生活》的一则"补注"为:"《周易》是战国前半馯臂子弓所作,请参看《周易之制作时代》(收在《青铜时代》里面)。""本篇在思想分析上无甚错误,只是时代的看法须改正。"③《〈诗〉〈书〉时代的社会变革与其思想上之反映》说到殉葬的一则"补注"云:"河南安阳小屯已发掘出殷王陵,人殉之数,一墓有多至数百人者。参看《奴隶制时代》有关各篇。"解释《小雅·十月之交》"百川沸腾,山冢崒崩","补注"指出:"中国陕甘地区含有震源地带。《史记·六国年表》……有'地动城坏'四字。在元、明时代均曾有剧烈地震的纪录。"④《卜辞中的古代社会》第二章第二节叙"私有财产的发生",引王国维《殷周制度论》"中国政治与文化之变革莫剧于殷周之际",

---

① 《沫若文集》第 14 卷,第 19 页。
② 《沫若文集》第 14 卷,第 24、112 页。
③ 《沫若文集》第 14 卷,第 46 页。
④ 《沫若文集》第 14 卷,第 157、172 页。

"补注"云:"王氏此说实言之过甚。殷末与西周并看不出有若何剧变。例如青铜器便完全无法辨别。王氏因以东周之礼制与卜辞相比,故觉其相异耳。实则'周因于殷礼,所损益可知',孔仲尼在两千多年前的判断,仍较可靠。"①《周代彝铭中的社会史观》四《周代彝铭中无井田制的痕迹》的一则"补注"表示:"本篇立说,错误甚多","说详后附录《附庸土田之另一解》"。

这里要特别说一下最后的一则"补注"。1930年版、1947年版《周金中的社会史观》一文篇末均署"1929年11月10日(十八年十一月十日)夜,一个人坐在斗室之中,心里纪念着一件事情"。自1954年新版以来,均改为"1929年11月7日夜,一个人坐在斗室之中,心里纪念着一件事情",并加"补注":"十一月七日乃苏联十月社会主义革命纪念日,'心里纪念着一件事情'便指这一件事情。当时在日本亡命,文成之后拟在国内发表,不便明言,故作此隐语。"②

1960年9月科学出版社出版新1版。1963年6月人民文学出版社根据科学出版社新1版第2次印刷编入《沫若文集》第14卷。1977年6月人民出版社沿用新1版1964年9月校改本重印,1982年9月人民出版社根据重印本编入《郭沫若全集·历史编》第1卷。

[本文原为纪念郭沫若百年诞辰提交"郭沫若与中国现代文化的发展"国际学术研讨会,最初发表在《中国社会科学院研究生院学报》1992年第5期,题为《重评〈中国古代社会研究〉——立足于本世纪20年代思想文化的考察》。又以《从20年代思想文化发展趋势,重新认识〈中国古代社会研究〉》为题,编入《郭沫若百年诞辰纪念文集》,社会科学文献出版社,1994。2011年10月为商务印书馆出版"中华现代学术名著丛书"《中国古代社会研究》撰写导读时做过一次修订,2016年11月新改篇题,略做订补]

---

① 《沫若文集》第14卷,第244页。
② 《沫若文集》第14卷,第267、275页。

"依余所怀抱之系统","打开"卜辞之"秘密"

殷墟自1928年开始科学发掘，至1937年中止，正是郭沫若集中精力研究甲骨文的年代。当在日本东京上野图书馆查阅罗振玉《殷虚书契前编》，面对"毫无考释的一些拓片"时，他迫切想"读破它，利用它，打开它的秘密"。① 这12个字，正好概括出郭沫若研究甲骨文的路径和贡献。十个年头里，郭沫若相继推出专门论著《卜辞中的古代社会》《甲骨文字研究》《卜辞通纂》《殷契余论》《殷契粹编》，论证殷商时代的社会、经济、政治、思想文化，考释甲骨文520字，提出"关于卜辞本身的研究已达到能够断代的地步"的认识。②

一 急于"利用"的曲折之路

经过一年时间的努力，1929年8月郭沫若写成《甲骨文字研究》一书初稿。从《燕京学报》得知王国维称许的青年古文字学者容庚在燕京大学任教，未经介绍便致函联络，两位"未知友"建立起"文字交"。8月27日致容庚函表示，"因欲探讨中国古代社会，近亦颇用心于甲骨文字及金文字之学"，希望得到帮助。9月19日将部分初稿寄容庚"相商"，容庚回复

---

① 《海涛集·我是中国人》，《郭沫若全集·文学编》第13卷，第358—359页。
② 《先秦天道观之进展》，《郭沫若全集·历史编》第1卷，第318页。

可以在自己主编的《燕京学报》刊行。因郭沫若要"以手稿影印",《燕京学报》未能实现。后经李一氓交涉,1931年5月由上海大东书局根据手迹影印出版。

《甲骨文字研究》一书,体现郭沫若初始阶段研治卜辞的实际——"读破它,利用它"。1929年8月"自序"称:"余之研究卜辞,志在探讨中国社会之起源,本非拘拘于文字史地之学。然识字乃一切探讨之第一步,故于此亦不能不有所注意。且文字乃社会文化之一要征,于社会生产状况与组织关系略有所得,欲进而追求其文化之大凡,尤舍此而莫由。"书中的文字考释,大多根据字的原始形义,结合文献中对其字的解释,再参以民俗学资料,置于对古代社会的基本认识之中,综合研究,得出结论。因此,学术界的基本评价是"不落窠臼,不受拘束,多有创获",但因为是在"对古代社会总的认识下解释卜辞,因而可能说字不尽是对的,而其大体上是正确的"。①

当郭沫若开始"打开"甲骨文的"秘密",对甲骨文自身特点进行考察之际,他发现先前的"读破它,利用它"存在"很错误的看法",并逐步进行纠正。

首先,《甲骨文字研究》与《中国古代社会研究》把商代看作"金石并用时代"和"氏族社会末期",认为商代产业以"牧畜最盛","农业尚未发达"。《卜辞通纂》通过"食货"类甲骨文的研究,肯定"殷人产业以农艺牧畜为主"(第474片考释),在《古代研究的自我批判》中进一步认定"农业已经成为了主要生产"。

其次,《释臣宰》《释支干》曾说到商代某些奴隶的身份,《卜辞通纂》进一步指出商代"且已驱使奴隶以从事于此等生产事项,已远远超越所谓渔猎时代矣"(第474片考释)。第475—480片有"多臣"和"多射",以"多臣多射从事征伐",知"商人以奴隶服兵役",认为"此事与古希腊罗马同"。第485片有"奚",考释指出,"以字形而言,乃所拘者跪地反剪二手之形","然谓当以罪隶为本义,则固明白如昼也。此字足征奴隶之来源"。

---

① 陈梦家:《殷墟卜辞综述》,科学出版社,1956。

再次,《卜辞中的古代社会》《释祖妣》根据摩尔根《古代社会》的发现,认为商代保存着"亚血族群婚之遗习"以及"母权中心之痕迹"。《卜辞通纂》"世系"指出:"殷世于先妣特祭,兄终弟及之制,犹保存母系时代之孑遗,然其父权制度确已成立。"强调"有一极可注意之事项,即自示壬以下,凡所自出之祖,其妣必见于祀典,非所自出之祖,其妣则不见",说明商代立长立嫡之制已然确立。

还有一个重要方面,郭沫若根据王国维《殷周制度论》中关于殷周之际"剧变"的观点,在《卜辞中的古代社会》中把殷周之际视为"突变"时期,称"殷周礼制固大有不同"。《卜辞通纂》第440、443片"受黍年",卜以二月、三月,亦卜以十月、十一月,乃受来年之黍,表明周人祈年实"自殷代以来"。第442、444片"受酉年",以周人祈年岁有三社,即春社、秋社、冬社,称"三社之礼盖自殷代以来矣"。通过考释总结说:"于礼有告岁、告麦、祈年、观耤之事,多与周人同。孔子所谓'周因于殷礼'者也。"后来,在《卜辞中的古代社会》"补注九"又一次指出,王国维的殷周"剧变"说"实言之过甚","殷末与西周并看不出有若何剧变"。

在未"打开"甲骨文"秘密"的情况下,郭沫若先"利用它"以"探讨中国社会之起源",虽然考释文字可以"多所创获",但用起来则往往出错,以至于几次改变对商代社会性质的认识。当其进行古代研究的自我批判时,总结"利用"卜辞"一开始便把路引错了"的教训时说"有好些新史学家爱引用卜辞,而却没有追踪它的整个研究过程",[①] 正是郭沫若对自己最初研究甲骨文路径的一种反思。

二 打开"秘密"的贡献

在《甲骨文字研究》寻找出版机会的近两年时间里,郭沫若翻译了德国学者米海里斯《美术考古发现史》,得到了"关于考古学上的智识",从

[①]《古代研究的自我批判》,《郭沫若全集·历史编》第2卷,第7—8页。

而"把殷墟卜辞和殷、周青铜器整理得出一个头绪来"。①

在这一领域,郭沫若取得与罗振玉、王国维、董作宾并驾齐驱的成就,是其为"打开"卜辞"秘密"所做的贡献,即其所谓"卜辞本身的研究"。

1932年夏秋之交,郭沫若以殷墟出土甲骨多流入日本,自己"寄寓此邦",有便"征集诸家所藏以为一书"。先后从东京大学考古学教室、上野博物馆、东洋文库以及林泰辅博士、中村不折、中岛蠔山、田中子祥氏等处得见甲骨2000余片,又于京都大学考古学教室于内藤湖南博士、富冈君撝等处得见甲骨800片左右。1933年5月《卜辞通纂》由日本东京文求堂书店据手迹影印出版;1937年5月《殷契粹编》由日本东京文求堂书店据手迹影印出版。《殷契粹编》虽然只是刘体智"一家藏品",但"分类大抵与《卜辞通纂》相同"。② 因此,《卜辞通纂》集中体现郭沫若"打开"甲骨文"秘密"的成就与贡献。

《卜辞通纂》正编录入甲骨800片,"所据资料多采自刘、罗、王、林诸氏之书"。别录一著录42片,既有中央研究院历史语言研究所新获大龟四版的拓本和董作宾《新获卜辞写本》中的精品,也有"未经著录"的何叔甫所藏拓墨。别录二是"日本所藏甲骨择尤"者,著录87片,为"于此间所得公私家藏品","选尤择异而著录"的。书序这样写:

> 本书之目的,在选辑传世卜辞之菁粹者,依余所怀抱之系统而排比之,并一一加以考释,以便观览。

通过传世精品确立起认识卜辞的"系统",再做考释,标志着甲骨文研究进入一个新的阶段。

先来看郭沫若所"怀抱之系统"。《述例》写道,"卜辞每卜几均有日辰",故首出干支表;数字"同为判读卜辞之基础智识,故以数字次于干支";世系"在定夺卜辞之年代与历史性","排比即由文丁以至于夒,倒溯而上以入于神话(誥)之域","故以天象次于世系";而"天时之风雨晦

---

① 《序〈美术考古一世纪〉》,《郭沫若全集·考古编》第10卷,第21页。
② 《〈殷契粹编〉述例》,《郭沫若全集·考古编》第3卷,第16页。

冥与牧畜种植有关，故以食货次之"；"殷时已驱使奴隶从事生产事业，奴隶得自俘虏，故以征伐次之"；而"征伐与畋游每相因，卜辞中尤多不别，故以畋游次之"；杂纂"殿于后，大抵以属于抽象事项者为多"。不仅将甲骨卜辞各项内容的内在联系交代得一清二楚，而且为初涉这一领域者指明了入门的路径，即先从判读卜辞的干支、数字、世系入手，进后再探其所显示的重要社会内容。正编著录的800片甲骨卜辞，分为8类：干支（1—8）、数字（9—36）、世系（37—362）、天象（363—436）、食货（437—474）、征伐（475—613）、畋游（614—751）、杂纂（752—800）。

这一"系统"的建立，不仅使其得以纠正罗、王二家所误释，识罗、王二家所未识，更使其得以洞悉甲骨卜辞本身的诸多奥秘，开始系统地进行"再发掘"。

纠正罗、王误释，识罗、王未识方面，突出的例证是：考释"世系"类卜辞之后，列出一个基本完整的殷先公先王先妣世系表。第40—44片"后祖乙"，王国维释为武乙，郭沫若考释认为是祖甲时所卜，"后祖乙决非武乙"。第41片补上残辞，同版又有祖乙、后祖乙，因此断定"后祖乙即小乙"。第118片，有两个字罗、王均未识，有两个字罗、王均误释，郭沫若考定罗、王所未识者为阳甲，罗、王所误释者为沃甲。第176片考释，又以罗振玉未识、误释之"戈甲"为河亶甲。"后记"指出："殷人于甲日祭某甲而合祭某甲时，二甲于先世中必相次。所祭者在后，所合祭者在前。"根据这一"通例"排列，以阳甲、沃甲、河亶甲为次，解决了殷先王世系中一个争执不休的问题。对于"殷之世系"，由于确立起"系统"，除仲壬、廪辛而外，"其为罗、王诸家所未知或遗误者，遂得有所揭发"。至于不少"罗、王诸家所未识，即余纂述此书以前亦所未预料"的收获，就更与其确立起的"系统"直接相关。

前面提到改变殷代产业以"牧畜最盛"的看法，与其建立卜辞"系统"紧密相连。书中关于"殷人产业以农艺牧畜为主"的说法，是在总结了"食货"类的卜辞之后得出的论断。"食货"类共著录38片甲骨，是从七部书和一些私藏中选出编在一起的，第437—461片为受年、受禾、观耤、告麦等内容，第462—467片为刍牧的内容，第468—471片为有关贝的内容，第 472—474 片为众黍的内容。农业在"食货"类占有很重要的地位，因此改变了先前"牧畜为主"的看法。

对于甲骨卜辞自身奥秘的探索，分两个基本方面：一是当时如何占卜记事，包括占卜、刻辞、用辞、行文；二是后人如何科学利用，包括区分时代、断片缀合、残辞互足以及校对去重等。

第一个方面，为"打开"当时如何占卜记事的"秘密"。

甲骨文作为商王占卜记事的文字，在被发现之后的二三十年间，人们很少知道在当时是怎么回事，只是在与文献互证史事时，间或进行一些猜测而已。科学发掘殷墟之后，董作宾在《商代龟卜之推测》一文中初步摸清当时整治甲骨和进行占卜的过程。郭沫若没有亲身发掘的经历，只是凭着对传世甲骨的细心观察和认真研究，获得了与董作宾差不多是殊途同归的成就，共同为甲骨学的发展做出令人瞩目的贡献。

《卜辞通纂》中，对"兆序"及其作用已经有很精辟的论述。第 9 片考释指出："一、二、三、四等数字乃纪卜之次数，数止于十，周而复始。"第 15 片之后归纳："以上由第九片至第一五片，均刻有纪卜之数字，由一至十之基数十字具备。"此外，还有关于卜兆性质的术语的考察。第 9 片考释，"'二吉'二小字乃标示卜问次数之术语"。第 640 片考释指出："于'于宫亡灾'之兆文系一'吉'字，盖谓四卜之中，此卜协吉也。此乃标示兆文性质之术语，有'吉''大吉'等之分。"在第 18 片，发现一个后来称作"用辞"的情况，指出："御者用也。'兹御'殆犹它辞言'兹用'矣。"

占卜用骨和卜后如何刻写，郭沫若做出了具有一定预见性的合理探索。"卜用三骨"，是在《卜辞通纂》中最先明确提出来的。"别录一"何叙甫第 12 片有"习一卜""习二卜"。考释："疑古人以三龟为一习，每卜用三龟（《洪范》言'三人占'，亦一证据）。一卜不吉，则再用三龟。其用骨者，当亦同然。言'习一卜''习二卜'者，疑前后共卜六骨也。"1971 年在安阳小屯西地发掘出 21 片甲骨，分为 3 组，均以 3 为公约数。据此，郭沫若发表《安阳新出土的牛胛骨及其刻辞》，说"我四十年前的揣测，似乎已由出土实物而得到证明了。即是卜骨或卜龟甲是以三枚为一组。一次卜用三龟或三骨，卜毕后储存"。

至于卜辞如何刻写到甲骨上，1933年董作宾在《甲骨文断代例研究》中提出先刻竖画，然后横转过来，一一补足横划。与此同时，郭沫若注意到缺刻横画的现象。第6、233、270片考释均指出有缺刻横画的情况，后来专门写有一篇《缺刻横画二例》。《殷契粹编》第114、118片，也涉及这一问题。直到1972年发表《古代文字之辩证的发展》一文时，仍然以《卜辞通纂》第6片为例，大体上追述董作宾"先刻竖画，再转移骨片补刻横画"的意见，但不同意董作宾"先写后刻"的说法，认为"甲骨文是信手刻上去的，并不是先书后刻"的。这项研究除开了解当时刻写卜辞的情况外，更有意义的是通过补足缺刻横画，又发掘出一些珍贵的资料。第6片补足缺刻横画后，恢复了卜辞中罕见的"食麦"，即《月令》中"孟春之月食麦与羊"。第270片中有王国维释为"小癸"的人名，通过补足缺刻横画乃为"示癸"，纠正了王国维的失误。《殷契粹编》第114片，原辞凡有横画之字均缺刻横画，补足之后虽然仅有11个字，但"上甲之次为报乙"遂由此"前后共得三证"，足可以纠正《史记》中所记上甲之次为报丁、报丙、报乙之误。

大致弄清占卜刻辞基本情况的同时，郭沫若更致力于研究的是刻辞在甲骨上的刻写部位、行款顺序等，即所谓甲骨文例。经过几代学者的不断努力，甲骨文例日渐清晰，看起来杂乱无章的刻辞被化为条缕井然、关联清楚的记事文。郭沫若的甲骨文例研究，被誉为有"发其辞例"之功。

董作宾以其著名的"龟板定位法"判明甲骨文例，郭沫若大体与董作宾同时窥破"龟卜文例"的奥秘，并走到了董作宾的前面。《卜辞通纂》对于甲骨文例阐发尤多，纠正了前人不少错误。书中约有一小半甲骨是按原大摹画片形，在相应位置做出隶定，可补的字补上，不可补的字用□符号表示，各辞以虚线隔开。随文点出文例者不在少数，如第7片，为一大肩胛骨，"其次序乃先下而上。卜辞刻次往往如是"。又如第16片，以其刻文由下而上、由右而左断定："凡卜辞分段契刻者，文如左行，则单行在右。文如右行，则单行在左。"第37片，考释指出："殷人命龟使用腹甲，凡卜多一事二贞。以腹甲之正中线为轴，取左右对称之形。此片乃腹甲右半之残，逸其左半，故此中辞例均缺其对称辞。"第64片，较为完整，"其卜以中线为轴,一事在二卜以上,左右对称,先右后左(其卜兆右书一,左书二,即示其先后之次)。由下而上(由 A1、B1 二辞之干支可知),此可确知者"。第 75 片,凡卜辞成段者均先下后上,左行则全体左行,右行则全体右行。第 259、786 片,均为"左右对贞之例"。

第二个方面,为"打开"如何科学利用卜辞的"秘密"。

科学利用甲骨卜辞,首先在判明其时代。1933 年以前,甲骨学者中罗、王二家虽有零星尝试,却未能系统起来,大部分学者仍然笼统地视之为"殷商书契"。董作宾综合科学发掘实践和大批甲骨材料,以一篇划时代之作——《甲骨文断代例研究》凿开盘庚迁殷以后近 300 年甲骨卜辞之"浑沌"。郭沫若在纂录《卜辞通纂》之初,原拟"编中所列,就其世代可知者,一一表出之",当从董作宾来信中得知《甲骨文断代例研究》分世系、称谓、贞人、坑位、方国、人物、事类、文法、字形、书体等 10 项以求其时代后,便决定"不复论列"。《卜辞通纂》付印后,收到董作宾寄赠的《甲骨文断代例研究》三校稿本,"既感纫其高谊,复惊佩其卓识",称赞说:"如是有系统之综合研究,实自甲骨文出土以来所未有。"同时尤私自庆幸,"所见多相暗合"。其中,既有郭沫若"期其然而苦无实证者,已由董氏由坑位、贞人等证实"之处,也有根据《卜辞通纂》第 723、725 片为董作宾补充祖庚、祖甲时一位贞人尹之处。当然,不排除"大相背驰者",特录出与之"商榷"处。《卜辞通纂》中甲骨文分期断代的标准,一是"称谓",如第 40 片根据辞中称谓"父丁乃武丁",判其时代为"祖庚若祖甲时所卜";二是"贞人",如第 87 片"因卜人名即可知,祖庚、祖甲时物";三是"字迹",如第 39 片"与上二片(即 37、38 片)字迹同出于一人,且均有文丁,乃帝乙迁沫时所卜。此可为辨别时代之标准。凡同此手笔者,均帝乙时物也"。郭沫若虽然没有将其断代分期的探索系统化,但《卜辞通纂》中所录甲骨文,在董作宾《甲骨文断代例研究》之前已基本分在不同王世,且"多相暗合",可见其与董作宾又是殊途同归。

书序第一段末有这样一段话:

> 其已见著录者,由二片以上之断片经余所复合,亦在三十事以上。

中有合四而成整简（本书第九六片）、合三而成整简（第二五九片）、合二而成整简者（第七三〇片），均为本书所独有。故仅就资料而言，本书似已可要求其独立之存在矣。

断片缀合，在郭沫若看来，是《卜辞通纂》的一大重要创获。

早在1917年，王国维曾经拼合过1片，发现上甲至示癸的世次与《史记·殷本纪》不合，纠正了《史记》记载的失误。此后的十五六年间，再无拼合问世。直至《卜辞通纂》才开始有意识地进行拼合，多达34片，并自视为"独有"。1933年秋完成的《殷契余论》中专有《断片缀合八例》一篇，强调"甲骨断片多可复合，余曩于《通纂》获得三十余事，今复得数例，揭之于次"，① 刊出新缀合的8版。

断片缀合，使残破、分散的甲骨片得以恢复原貌，片断的记事因而得以完整，无异于史料的"再发掘"，受到极大的重视，甚至出现专门从事断片缀合的学者和著述。郭沫若主编《甲骨文合集》录入甲骨41956片，为"甲骨学史上的里程碑"，其"总拼合不下两千余版"，② 是对1928年以来缀合甲骨的一个总结。

在缀合的同时，发现有些残辞已无法找到可以缀合的对象，便联想到一事多卜造成"同文卜辞"的情况。集中"同文卜辞"进行分析比较，又可使一些残损严重、不能属读的卜辞被补足，成为较完整的史料。书中第430片"中行及尾行下端均损去一字"，郭沫若以其与罗振玉《殷虚书契后编》第5·32·1片、王襄《簠室殷契征文》地望第27片"左辞"乃一事，"今可补足之"。《殷契余论》中《残辞互足二例》一篇有云：

　　卜辞记卜或记卜之应，每一事数书，因之骨片各有坏损时，而残辞每互相补足。

《殷契粹编》第362片，是"据《通》38片补"。在这两部著录中，随释文

---

① 《郭沫若全集·考古编》第1卷，第360页。
② 胡厚宣：《〈甲骨文合集〉序》，《甲骨文合集》第1册，中华书局，1982。

尽可能补足各片的残缺，实无例可鉴者便用□符号表示所缺文字。经过这样的处理，不少原先仅为只言片语、事义不明的甲骨卜辞，成为较完整的史料。

缀合、互足当中，遇到不少内容全同的卜辞。与《卜辞通纂》同时出版的罗振玉《殷虚书契后编》，与其他著录重复及自重者"多至全书的五分之四以上"，足见当时尚无人注意这一问题。《卜辞通纂》中校对重片18片，是通过书中编号下注明该片曾经著录过的书名、片号得出来的。

"知我罪我，付之悠悠。"[①] 甲骨学发展史的80余年间，有整整50年取得的成就与郭沫若的创造性探索密不可分，亦因此甲骨学由草创走向成熟。

三 署名"鼎堂"的逸闻趣事

甲骨"四堂"，郭、董、罗、王。不同的是，彦堂、雪堂、观堂分别为董作宾、罗振玉、王国维三人的字、号，而鼎堂仅仅是郭沫若在20世纪30年代前半段时间使用率最高的一个笔名。最先用于金文研究，1931年6月在《燕京学报》发表《汤盘孔鼎之扬榷》《臣辰盉铭考释》以及出版单行本，均署郭鼎堂。1931年7月在《东方杂志》发表《毛公鼎之年代》，署名鼎堂。1935年3月在《东方杂志》发表《正考父鼎铭辨伪》，署名郭鼎堂。随后用于翻译作品，但多系改版时改郭沫若为郭鼎堂。1925年6月翻译出版俄国作家屠格涅夫小说《新时代》，1934年改版，署郭鼎堂译。1926年2月翻译出版爱尔兰作家约翰·沁孤《约翰沁孤的戏曲集》（精装本），后改平装本，署郭鼎堂译述。1926年5月翻译出版德国作家霍普特曼小说《异端》，1933年改版，署郭鼎堂译。再后用于回忆录，1935年10—11月发表《初出夔门》《幻灭的北征》《北京城头的月》《世间最难得者》《乐园外的苹果》等，均署鼎堂。史学方面，1936年5月出版《先秦天道观之进展》，署郭鼎堂著。唯独在甲骨学方面，郭沫若没有用过郭鼎堂或鼎堂的笔名。

---

① 《〈卜辞通纂〉序》，《郭沫若全集·考古编》第2卷，第18页。

《甲骨文字研究》因《燕京学报》不能"以手稿影印",经容庚推荐,傅斯年希望在《中央研究院历史语言研究所集刊》分期发表,而后由中央研究院出版单行本,稿酬从优,条件是发表时不用郭沫若本名,须得"更名"。郭沫若在致容庚函中表示"更名事本无足轻重,特仆之别著《中国古代社会研究》一书不日即将出版,该书于《甲骨文释》(按:《甲骨文字研究》出版前书稿名)屡有征引,该书采用本名,此书复事更改,则徒贻世人以掩耳盗铃之诮耳。近日之官家粟亦雅不愿食"。① 其后,《殷契余论》《卜辞通纂》《殷契粹编》,均署郭沫若本名。

1935年11月21日,郭沫若在手稿箧内存放《殷周青铜器铭文研究》一帙二册,《两周金文辞大系》初版原稿一帙一册,《两周金文辞大系图录》一帙四册,《两周金文辞大系考释》一帙三册,《古代铭刻汇考》一帙三册,《古代铭刻汇考续编》一帙一册,《金文丛考》一帙四册,《金文余释之余》一帙一册,《卜辞通纂》一帙四册。箧盖内侧"沫若自识"云:"右鼎堂十种之九共九帙廿三册。余《甲骨文字研究》一帙二册,又废稿一帙三册,因箧小未能装入。"② 唯此一处,将"鼎堂"之名与《甲骨文字研究》《卜辞通纂》连在一起。

(2006年4月12日)

[本文原为"纪念殷墟YH127甲骨坑南京市内发掘70周年"学术研讨会论文,题为《"读破它,利用它,打开它的秘密"——郭沫若研究甲骨文的路径与贡献》,收入《纪念殷墟YH127甲骨坑南京市内发掘70周年论文集》,文物出版社,2008]

---

① 《郭沫若书简(致容庚)》,1930年2月6日,广东人民出版社,1981,第47页。
② 手迹见《郭沫若全集·考古编》第1卷卷首。

凿破彝铭之"浑沌"，条理金文成大系

郭沫若在翻译出版了德国米海里斯所著《美术考古学发现史》（后改名《美术考古一世纪》）之后，首先是在短短的二三年间把殷周青铜器整理得出头绪，凿破了"一团大浑沌"，建立起两周彝器的断代体系，发掘出若干重要史实，做出了划时代的重大贡献。

一　考释器铭的新思路

金石学，作为近代考古学的前身，经北宋欧阳修《集古录》、吕大临《考古图》、王黼《宣和博古图》，到南宋赵明诚《金石录》、薛尚功《历代钟鼎彝器款识法帖》以及洪适《隶释》《隶续》等的不断问世，逐渐成为一专门之学。对于钟鼎彝器的系统收集、著录、研究，已然蔚为大观。此后的七八百年间，见于著录的殷周青铜器多达三四千件，但多数年代和来历不明，即便传闻为出土器物，也少有确切地址和发掘记载。著录、鉴赏已有近千年历史的青铜器，研究成果反而不如仅仅发现数十年的甲骨卜辞，以致王国维大为慨叹："于创通条例，开拓闻奥，慨乎其未有闻也。"[①] 即便成就最著的罗振玉，也只是收罗较富、制图为佳，科学的鉴定和排比尚未涉及，仍然笼统称之为"三代吉金"。至于其他人，则多含混地称之为"殷

---

① 《观堂集林》卷23《殷虚书契考释序》，郭沫若《两周金文辞大系考释序文》转引了王国维这句话。

彝""周彝"。迄至1929年11月，郭沫若在《周代彝铭中的社会史观》中虽然认为这些古物是"研究中国古代史的绝好资料"，要"让这些青铜器来说出它们所创生的时代"，但其所举的20余器，绝大多数没有判明其确切年代，仍然统称"殷彝"与"周彝"。

吞吐中西的文化观，使郭沫若给予"要达到老境"的历代彝铭研究"注射"了"一针青年化的血清"，为中国青铜器研究开出了一个新纪元。

1929年7月，为了在考古学上尽快地借鉴西方，郭沫若根据滨田耕作（青陵）日文译本翻译的德国米海里斯所著《美术考古发现史》由上海乐群书店出版。① 两个月后，收到成仿吾从柏林购寄的米海里斯的德文原版著作，便重新校订，将笔误和印刷之误改正过来，1931年9月由上海湖风书局再版。这本书着重介绍了19世纪欧洲考古发现的进程以及研究方法，是对刚刚兴起的田野考古学的最初的综述和概论。每当人们读到这本译著之时，便会发现郭沫若"凿破"彝铭之"浑沌"所采取的方法，即是从中受到启发而演绎出来的。针对古代希腊、罗马的雕塑群像不断出现，其中有的文献记载证据全缺，有的则很不确实等情况，米海里斯强调"对这些品物要各各表明其本来的位置时，须有独立的批判和与既知既定的别种遗品比较研究的必要，所以有时使传统的分类法动摇"，"不是由文献上的证据，宁是由样式上与一般历史的考察上生出的"，"就这样了无记录的新发现品次第出现，古文献的见解潜迹，新的样式分析（Stilistische Analyse）代替了它的地位"。② 对照郭沫若整理青铜器的方法，人们可以清楚地看到他从中受到的启示。其一，文献记载中缺乏证据的器物，要判明其时代性，则用比较研究的方法与既知既定的器物进行类比，以确定其时代和属性。其二，将经过比定整理的器物重新分类，确立新的体系，动摇传统的分类法。再如辨识古器物年代的具体方法，米海里斯提到"各种陶器的形式上与装饰纹样上的发展，在我们辨别文化之时代的相异及其类似时，给我们以最贵

---

① 由于是根据滨田耕作日文译本转译，书名最初也采用滨田译定之名。德文原著本名应译为"第十九世纪考古学的发现"，因所叙内容有时溢出19世纪的范围，原著者改名为"美术考古学的发现之一世纪"，故1948年8月上海群益出版社再版译本时，定名为《美术考古一世纪》。

② 《美术考古一世纪》，第336—337页。

重的帮助"。① 郭沫若利用器物细部纹饰、形制的归类辨识，既可明其时代，又能辨其真伪。有了这种年代可据的真器群，就可以定为标准器，即米海里斯所说"我们算得到了一个确立点，可以考定出以前所没有的陶器的年代"。② 郭沫若正是循着这样的新思路，寻找已经确知年代的标准器，与其他尚难确定年代的器物进行铭文、形制、纹饰等多方面的对照，重新区分类例，理出年代系统。

他在逐篇撰写《殷周青铜器铭文研究》之时，不止一次向容庚吐露他的研究新思路。1930年4月6日致容庚函明确提出，古器物"花纹形式之研究最为切要"，"如将时代已定之器作为标准，就其器之花纹形式比汇而统系之，以按其余之时代不明者"，则"必大有创获"。1931年7月17日函仍然强调，研究古器物形制、花纹，当以"定时分类为要，定名次之"，因为"定时乃花纹研究之吃紧事"。③

本着这样的思路，大约自1929年底始，郭沫若的主要精力渐渐转移到殷周青铜器铭文的研究上。1931年6月，上海大东书局据手迹影印出版了他的第一部关于青铜彝铭的著述《殷周青铜器铭文研究》上、下卷，收录论文16篇。1932年1月，日本东京文求堂书店据手迹影印出版了他建立两周金文体系的巨著《两周金文辞大系》（以下简称《大系》）上、下编（卷）。同年8月，推出《大系》的姊妹篇《金文丛考》4册，收录论文11篇。11月，《金文余释之余》出版，收文4篇、附录1篇。1933年底出版的《古代铭刻汇考四种》中，有《金文续考》1种。《殷周青铜器铭文研究》两度修改、补充，先后由人民出版社1954年初版、科学出版社1961年再版。《金文丛考》、《金文余释之余》、《古代铭刻汇考》及《续编》中的金文部分，经汇集、修订，1954年由人民出版社以《金文丛考》为名重新出版。

《殷周青铜器铭文研究》的第1篇《殷彝中图形文字之一解》，作于1930年7月5日，是跳出"国故"破译国故的又一范例。其先，大都囿于传统的束缚，对于青铜器铭文中屡屡出现的图形文字，始终不得其正确解

---

① 《美术考古一世纪》，第254页。
② 《美术考古一世纪》，第266页。
③ 《郭沫若书简（致容庚）》，第54、106页。

释。郭沫若从摩尔根、恩格斯的著述中得到启发，从近代民俗学中寻得解开殷代青铜器中图形文字之谜的钥匙——"西方学者所称之图腾"。于是，通过对彝铭辞例的分析，并与卜辞文例互证，确认"图形文字乃古代国族之名号，盖所谓'图腾'之孑遗或转变"。进而，推演出其他图形文字也应是国族名号，正与文献所记殷周时期邦国林立的情景一致，由此断定：

> 准诸一般社会进展之公例及我国自来器物款识之性质，凡图形文字之作鸟兽虫鱼之形者必系古代民族之图腾或其孑遗，其非鸟兽虫鱼之形者乃图腾之转变，盖已有相当进展之文化，而已脱去原始畛域者之族徽也。①

这一阐释，拨开蒙在远古历史上的迷雾，使得被淹没了数千年之久的图形文字的历史内涵，第一次为其子孙后代所真正认识。

如果说《殷彝中图形文字之一解》主要是受益于近代民俗学等的启示的话，那么《"毛公鼎"之年代》则集中体现了郭沫若考释彝铭的新思路。他在1931年3月14日最后改定《"毛公鼎"之年代》，20日致函容庚，以这篇考释为例，强调必须对古器物的形制、花纹、铭文等进行综合考察，简直是一封简结其研究心得的通信。

在郭沫若之前，多以"毛公鼎"为西周早期成王或昭、穆王时器。《"毛公鼎"之年代》这一篇考释，全面介绍研究状况和考证铭文之后，把重点放在了驳难和论证鼎的年代上，从五个方面论证"毛公鼎"为西周晚期"宣王时器"：其一，"宣、平二世均承周室新遭丧乱之后，其时政治情形与铭中所言者相符"；其二，铭文格调与《变雅》诸诗，与《尚书·文侯之命》极相类似，"绝不能求之于夷、厉以前"；其三，其铭"气势颇为宏大"，铭中之王"自命不凡，辞气之间大有欲振兴周室，追踪文、武之概，此于宣王之为人为宜"；其四，此器出土于关中岐山，"足证作器当时宗周尚未覆灭"；其五，花纹形式与厉王末年时"鬲攸从鼎"全同，知其先后相

---

① 《郭沫若全集·考古编》第4卷，第10页。

距不远。关于第五个方面，郭沫若专列一节"花纹形式上之考证"，从"本器乃圆鼎"出发，考察其形制的变化。首先，以圆鼎之形式而言，其属于殷末周初。其次，器深，口稍敛而腹弛，脚高，直而圆，下端略小，成王时代之"献侯鼎"其例也。再次，稍晚则器稍浅，口弛而腹敛，脚低曲作势如马蹄状，夷、厉时代之大小"克鼎"其例也。又次，更晚而抵于秦汉，则器如半球形而足愈低，稍有目验者一望即可知其大别矣。比较"毛公鼎"之形式，与乙种相类，绝非周初所宜有。接着，分析了铜器花纹在殷末周初、稍晚和更晚时期的不同变化，指出"本鼎之花纹仅由两种简单之几何图案，相互间插，联成环带，粗枝大叶，亦绝非周初之器所宜有"。更进一步，与已确知年代的器物进行具体比较，得出结论：

> 此鼎与"鬲攸从鼎"之花纹形式全同。今如"鬲攸从鼎"之年代可以确知，则"毛公鼎"即必与之先后同时。

《"毛公鼎"之年代》这篇考释一经问世，即轰动学界，鼎被公认为宣王时代无可置疑的标准器。然而，这篇释文的成就远不止于此，更具有方法论的意义。郭沫若提炼他的考释方法，得出"古今中外之铁则"：

> 大凡一时代之器必有一时代之花纹与形式，今时如是，古亦如是。故花纹形式在决定器物之时代上占有极重要之位置，其可依据，有时过于铭文，在无铭文之器则直当以二者为考订时代之唯一线索。……凡今后研究殷、周彝器者，当以求出花纹形式之历史系统为其最主要之事业。①

这足以反映郭沫若的思维特点。

在把握了近代考古学科学方法的同时，郭沫若并没有仅仅玩弄那里边的名词、术语，而是更加重视详尽占有资料，充分吸收已有的考释成果。

---

① 上引《"毛公鼎"之年代》，见《沫若文集》第14卷，第657—678页。

《殷周青铜器铭文研究》付印之前，他在1930年7月的序中写道，"关于铭文，则凡已见著录者，自赵宋以至近代，大抵均已寓目"，"处理资料之方法，则以得力于王国维氏之著书者为最多；其《金文著录表》与《说文谐声谱》二书，余于述作时实未尝须臾离也"。① 经他"寓目"的不少器铭都文辞奇古，且又残缺有难字，颇难通读。借助王国维的著述，尤其是《两周金石文韵读》，经细心揣摩，郭沫若发现不少铭文"依韵读之，全铭字句实了如指掌"。② 书中凡名以《×××韵读》的篇章，如《大丰毁韵读》《秦公毁韵读》等，都是借助韵读补其残、复其原、释其文的范例。

得力于王国维著述的同时，郭沫若还非常注意同国内外知名学者建立广泛联系。马衡、刘节、唐兰、于省吾、徐中舒，日本的原田淑人、梅原末治、水野清一，西方的怀履光、福开森等，都曾提供铭文拓本或青铜器照片。其中，还有就某些器铭的考释交换意见，或互赠著述者。郭沫若与容庚订"文字交"，正是从事《殷周青铜器铭文研究》和《大系》撰著之时。每当回忆起这一段经历，郭沫若总要大声疾呼：

> 请记起吧，这就是我应该感谢朋友的地方……
> ……没有朋友，我那些工作是绝对做不出来的。……朋友不仅给予了我以物质的支持，而且给予了我以精神的成长。③

二　条理金文成大系

郭沫若据德文原著重新校订译著《美术考古学发现史》之日，正是他开始彝铭研究之时。他时刻不忘这本书中"最要紧的是它对于历史研究的方法"，即米海里斯"不惜辞句地教人要注重历史的发展，要实事求是地作

---

① 《郭沫若全集·考古编》第4卷，第6页。
② 《大丰毁韵读》，《郭沫若全集·考古编》第4卷，第27页。
③ 《海涛集·我是中国人》，《郭沫若全集·文学编》第13卷，第366—367页。

科学的观察，要精细地分析考证而且留心着全体"。①《殷周青铜器铭文研究》一书，可以视为这一"历史研究的方法"的最初实践。书中 16 个单篇考释、韵读、综合研究，都是在"实事求是地作科学的观察"以及"精细地分析考证"，论及了不同时期的代表性器铭。殷商时期，考定习见的"图形文字"为古代国族徽号；在未见器形的前提下，仅凭铭文与同类卜辞比较，判明"戊辰彝"为帝辛时代的器物。西周早期，有对武王时器"大丰簋"的韵读，有对成王时期"令彝""令簋"及相关 10 余器的综合考察。西周中期，曾对恭王、懿王时代之器作论文 10 余篇，拟辑为一册以作补充，未得出版，原稿留置日本。② 西周晚期，有长篇考释《"毛公鼎"之年代》。东周列国，有关于鲁国"鲁侯爵"、吴国"者减钟"、晋国"晋邦盦"、秦国"秦公簋"、齐国"齐侯壶"和"国差鐺"等器铭的释文或韵读。"科学的观察"和"精细地考证"的同时，郭沫若始终"留心着全体"，并且"注重历史的发展"。尽管《殷周青铜器铭文研究》是在不到一个月的时间内写成的，但思路和编次反映了以下特征：以年代为序，第一卷所录为殷末周初古文，第二卷以春秋时代文献为主。以两卷相分，实成段落，"读者于此，不仅可以征文，亦且可以考史"。③ 不单单是《"令彝""令簋"与其它诸器物之综合研究》的成果和方法后来被《大系》吸收和扩展，就是这一论集的编纂思路也透露出《大系》的条理和体系。

《殷周青铜器铭文研究》写成半年之后，在同容庚的通信中，郭沫若告以"近撰《两周金文辞通纂》一书，已略有眉目"。过了一个月，在同容庚讨论对古器物形制、花纹、铭文进行综合考察的信中，告知已"草就"《两周金文辞通纂》。再经半年的整理，1931 年 9 月 9 日录成全书，定名为《两周金文辞大系》，副题为"周代金文辞之历史系统与地方分类"，并作"序"和《解题》。"通纂"二字，留给了一年多以后录成的《卜辞通纂》了。

《两周金文辞大系》自古今中外 35 种著录中，选取"金文辞中之精华"

---

① 《美术考古一世纪·译者前言》，第 3 页。
② 详见《关于新郑古物补记》，《沫若文集》第 14 卷，第 512 页；又见《郭沫若书简（致容庚）》，第 83 页。
③ 《殷周青铜器铭文研究·序》，《郭沫若全集·考古编》第 4 卷，第 5 页。

251 器，分作上、下编。上编为西周金文 137 器，"仿《尚书》体例，以列王为次"，自武王至幽王，仅缺共和一代。下编为列国金文 114 器，"仿《国风》体例，以国别为次"，共 30 余国，顺序是"由长江流域溯流而上，于江、河之间顺流而下，更由黄河流域溯河而上"。① 所录器铭，全部采录释文，并施以句读，注明通读，然后再做简要注释。每器注释多则数百字，少则寥寥数语。器铭拓本，只对未经著录或著录较少的 13 件器物加以插图。影印出版后不到一年时间，郭沫若又集成《金文丛考》《金文余释之余》两书。《金文丛考》被称为《大系》的姊妹篇，"《大系》为主，《丛考》为辅"。《大系》以断代为主线，不及详述的问题由《金文丛考》补足。《金文丛考》所收文章，大体分为三类：一是关于铭文考释和断代的篇章，如《"毛公鼎"之年代》《新出四器铭考释》；二是关于文字考释和韵读的篇章，如《金文余释》《金文韵读补遗》；三是关于周代思想文化的篇章，如《周彝中之传统思想考》《彝铭名字解诂》等。在这些研究成果的基础上，郭沫若对《大系》一书进行了一次大幅度的增订。1934 年 6 月致容庚函中提到"顷方从事《金文辞大系》之增订"，同月在致于省吾函中也说到"正从事《两周金文辞大系图录》之作"，并希望借阅"史员卣"拓本采录入册。② 11 月，完成《两周金文辞大系图录》（以下简称《图录》）。《图编》专辑形象，《录编》专辑铭文。随即，完成《两周金文辞大系考释》（以下简称《考释》）。《图录》与《考释》两个部分，1935 年 3 月、8 月先后由东京文求堂书店据手迹影印出版，先前的《大系》一书作废。

增订本《大系》引用著录书增加为 43 种，还有不少海内外学者提供的新出器铭拓本。所录器铭，西周 250 器，东周 261 器，共 511 器。除去关联附见、同铭参见，实录西周铭辞 162 器，东周铭辞 162 器，合计两周金文辞 324 器，较初版本《大系》251 器增多 29%。《图编》所录图像 253 器，占收器总数 511 器的一半，依器类形制和年代排比，这在器铭研究中已是一种创举。《录编》删去原先著录的若干伪器铭文，增补不少重要器铭，调整了一些器铭的年代。《考释》文字普遍加详，每一铭辞的考释通常为数百

---

① 《两周金文辞大系考释·序文》，《郭沫若全集·考古编》第 8 卷，第 15 页。
② 郭沫若致于省吾函，手迹载《理论学习》1978 年第 4 期。

言，长铭重器多达数千言，总字数超过初版《大系》两倍。

《大系》的推出及增订，不单单改变了以往"以器为类"的著录方法和孤立考释器铭的传统，理出两周青铜器铭的历史系统和地域分布，还完整地表达出郭沫若在这一领域中形成的新的治学思路，以及首次建立起来的研究两周彝铭的学术体系。这就是他在1930年9月最初为《大系》所作序中的概括和归纳，大致有这样几点他自认为"颇有创获处"。

首先，在充分肯定彝铭"一字一句均古人之真迹"的同时，又清楚地看到"据为史料"与卜辞的"迥别"：卜辞出土于一地，其出土地之地层，近由发掘亦已略得明其真相，故据为史料无多问题。但周代彝器的情况则很复杂："彝器出土之地既多不明，而有周一代载祀八百，其绵延几与宋元明清四代相埒，统称曰周，实至含混。故器物愈富，著录愈多，愈苦难于驾驭。寝馈于此者数易寒暑，深感周代彝铭在能作为史料之前，其本身之历史尚得有一番精密之整理也。"这比起一年前写《周代彝铭中的社会史观》时，认为"可以短刀直入地便看定一个社会的真实相"来，显然成熟多了。由此，似乎可以明白，当其尚未深入彝铭自身演变的考察时，他关于"周代彝铭中无井田制的痕迹"等结论是多么的轻率，以致后来他本人不得不在此篇叙及"召尊"的地方加"补注"，声明先前之说"甚牵强，余已改正，见《两周金文辞大系》及《十批判书》"。经过"数易寒暑"的"精密之整理"，郭沫若终于将那"难于驾驭"的彝铭条理出历史系统和演变之迹。

其次，条理彝铭的立足点是"专就彝铭器物本身以求之，不怀若何之成见，亦不据外在之尺度"，具体做法是：

> （以标准器）为中心以推证它器，其人名、事迹每有一贯之脉络可寻。得此，更就文字之体例、文辞之格调，及器物之花纹形式以参验之，一时代之器大抵可以踪迹，即其近是者于先后之相去要必不甚远。

一个以"标准器"为基石的研究两周青铜器铭文的科学体系，牢固地确立起来。

所谓"标准器",是指铭文中有周王名号或著名人物、事迹的铜器。其中的"周王名号"或"著名人物、事迹"是有年代可考的,这些铜器自然成为有年代可考的器物,即郭沫若所说"自身表明了年代的标准器"。这样的"标准器",选定是很严格的。《大系》和单篇考释中确定的标准器,总共30余器。其中,载有周王名号的,如"大丰簋"有"祀于王丕显考文王",乃武王祀文王之器;又如有"铸武王成王异鼎"的"作册大方鼎"和有"用牲䣉周王(武)王成王"的"小盂鼎",为康王祭祀先王之器。根据器铭所铸周王名号,确定为标准器的有"大丰簋"(武王)、"献侯鼎"(成王)、"作册大方鼎"和"小盂鼎"(康王)、"剌鼎"和"遹簋"(穆王)、"十五年趞曹鼎"(恭王)、"匡卣"(懿王)等。多数青铜器铭文并未铸有周王名号,但有些可以通过对铭文所载人物或事迹的考证确知其为何年代标准器。"小臣单觯"铭文中提到"周公"和"克商",以其为武王时器。又如"虢仲盨"载"虢仲以王南征,伐南淮夷",郭沫若据《后汉书·东夷列传》"厉王无道,淮夷入寇,王命虢仲征之",以其器铭所载为此事,断为厉王时器。再如"兮甲盘"中的"兮伯吉父"、"召伯虎簋"中的"召伯虎"其人其事,分见于宣王时代的诗《小雅·六月》和《大雅·江汉》,推定此二器属宣王之世。再如,"小臣谏簋""御正卫簋""吕行壶""小臣宅簋""师旅鼎"五器,作器者不同,铭文中都提到"伯懋父",郭沫若依孙诒让说,以"伯懋父"即康叔之子康伯髦,亦即见于《左传》昭公十二年的"王孙牟父",因而推定此五器属周初成王之世。对于这一结论虽然有不同看法,但其研究方法始终被沿用不变。

"标准器"之外器铭年代的判定,一是根据"标准器"铭文中的人名和史事,联系与之相关的年代不明的器物,借以推断其所属王世;二是根据文辞字体和年月日辰,比较联系"标准器",推定其所属王世。比较人名和史事者,如《"令彝""令簋"与其它诸器物之综合研究》一文,以"令彝""令簋"为基点,联系相关诸器,推断"禽鼎""禽簋""明公簋"等为成王时器,基本无异议。以文辞字体为参照系者,如恭王时器"十五年趞曹鼎"中提到"共王在周新宫",由此联系到"师汤父鼎"之铭"文辞字迹款式俱类'趞曹鼎'第二器,二器俱有新宫",推断其器属恭王之世。

又如"虢仲盨"为厉王时器,"何簋"铭文中"虢仲"为锡命礼之右者,以其"字体文例亦以属于厉世为宜"。检验年月日辰关系者,首先指出近代以来依历术以推步彝铭年代的不可信,然后分别对不能确知其王世的器铭所载年月日辰关系进行检验,求其合与不合,作为断其年代的重要旁证。明显的例证之一便是"克器"的断代。人们常常可以见到,在考察同一王世或相邻王世的两器关系时,郭沫若往往提到彼此"无忤"或"置一闰可无忤"等,便是检验其年月日辰的合与不合之处。如"望簋"考释,除了注意到"周康宫新宫",还指明"年月日辰与'趞曹鼎'第二器无忤",即与恭王时器"十五年趞曹鼎"的历朔记载相合,可推定为恭王时器。

以花纹、形式作为考定器物时代的重要手段,前面一节已述,不再具体考察,但要指出的是:郭沫若从彝器形象出发,勾画出中国青铜器发展的基本轮廓,这是其自视"颇有创获"的第三个重要方面。

郭沫若重视青铜器花纹、形制,突出表现为增订《大系》时辑录了大体与铭文相应的图像参考资料——《图编》,并为《图编》专门写下一篇"序说"——《彝器形象学试探》,概括论述了不同时期器物形制、纹饰的主要特征,并以钟、鼎两类器形的演变为例进行具体说明,将中国青铜器时代"大率"分为四期:

第一　滥觞期——大率当于殷商前期。
第二　勃古期——殷商后期及周初成康昭穆之世。
第三　开放期——恭懿以后至春秋中叶。
第四　新式期——春秋中叶至战国末年。

结合这一分期,简要介绍了各个时期青铜器的形制、花纹、文字和字体,并做出概括:"除第一期外,均有其坚实之根据,事且出于自然。盖余之法,乃先让铭辞史实自述其年代,年代既明,形制与纹缋,随即自呈其条贯也。形制与纹缋如是,即铭辞之文章与字体亦莫不如是。大抵勃古期之铭,其文简约,其字谨严。开放期之铭,文多长篇大作,字体渐舒散而多以任意出之。新式期亦有精进与堕落二式。精进者,文多用韵,字多有意求工，开后世碑铭文体与文字美术之先河。"同时指出，"其时代之相禅，亦非如刀截斧断，决然而判然者。大抵穆、恭、懿、孝为第二、第三期间之推移期，春秋中叶为第三、第四期间之推移期。其或属前属后，视其时代色彩之浓淡为准则"。① 如此的分期和论述，在青铜器研究中是前无古人的创见，标志着郭沫若以考古学的科学方法研治金石之学的巨大成功。《大系》问世不久，郭沫若所勾画的中国青铜器发展轮廓便为中外学者所接受和沿用。其后，随着研究的不断深入，分期更加缜密，但都是在《大系》这一基础上取得的新进展。

40 年代中期，当对自己的古代研究进行"自我批判"时，郭沫若检讨了引用卜辞的"冒昧"，说自己"一开始便把路引错了"，但当说到"关于殷周青铜器的处理"时，却有一段很得意的自我总结：

> 我自己费了五六年的研究，得到一个比较明晰的系统，便是我所著录的《两周金文辞大系》的《图录》和《考释》。我是先寻到了一些年代自己表明了的标准器，把这些作为连络站，再就人名，事迹，文辞的格调，字体的结构，器物的花纹形式等以为参验，便寻出了一个至少比较近是的条贯。凡有国度表明了的，也就国别中再求出时代的先后。就这样我一共整理出了三百二十三个器皿，都是铭文比较长而史料价值比较高的东西，两周八百年的浑沌似乎约略被我凿穿了。从这儿可以发展出花纹学，形制学等的系统，而作为社会史料来征引时，也就更有着落了。②

这的确是很客观的自我总结，也可见其条理金文成大系的不朽业绩。1934 年唐兰为《图录》作序，称颂郭沫若的此项贡献是"以清晰之思想，锐利之判决，发前人所未发，言时人所不敢言"，并认为"后之治斯学者虽有异同，殆难逾越"。其后数十年的实践证明，郭沫若所创立的标准器断代法，确实是"殆难逾越"的划时代性的贡献。

---

① 郭沫若：《彝器形象学试探》，《青铜时代》，人民出版社，1954，第 319、322 页。
② 郭沫若：《古代研究的自我批判》，《十批判书》，群益出版社，1945，第 7 页。

鉴于《图录》（5册）与《考释》（3册）尺寸不一，印数不多，流入国内者为数有限。20世纪50年代，容庚提议帮助校补。1956年夏秋之际，"拓本多经选择更易"，"器形图照亦略有增补"。10月，郭沫若将《图录》及《考释》全部整理好，提出"《考释》照原印，但本子放大，求其统一"。① 1957年12月，由科学出版社以《两周金文辞大系图录考释》为书名合并出版。

三　潜心彝铭，探察两周社会

> 频年以来颇有志于中国古代社会之探讨，乃潜心于殷代卜辞与周京彝铭之释读。②

释读周代彝铭，确立断代体系，都是为着探讨两周的社会，这是郭沫若超越其他古文字学家、古器物学家的地方，也为两周社会研究开出新局面。

《"令彝""令簋"与其它诸器物之综合研究》一篇的主要成果，在很长一段时间内影响着对周初社会的研究。以成王时器"令簋"铭文，与《史记·周本纪》《尚书·多方》等有关记载对照，通过诸器铭文的内在联系，得出"周公东征，伯禽征伐淮夷徐戎时，成王亦曾亲自出马"以及伯禽就封于鲁后仍兼王朝卿士等结论。这些被考知的周初逸史，长期以来被用于"补苴史之阙文"。《大系》中康王时期的标准器有"大盂鼎""小盂鼎"，同出陕西岐山。"大盂鼎"铸于康王二十三年，铭文291字，全记康王命辞，是一篇珍贵的史料，可与《尚书》相比。"小盂鼎"铸于康王二十五年，器形略小，铭文多达405字，记载任司戎之职的盂攻克鬼方，归告成功于周庙受赏之事。战役前后两次，第一次就"擒其酋首"3人、俘虏至13081人。器铭所载，不见于文献，对于研究周初社会、礼制至关重要。

---

① 郭沫若致尹达（1956年10月31日），《郭沫若书信集》下册，第197页。
② 《两周金文辞大系考释·序文》，《郭沫若全集·考古编》第8卷，第11页。

以"列国器铭"探讨东周的社会状况，通常很少涉及。《大系》中所录"列国器铭"多属东周时期，此时文献记载比西周丰富、准确，因而东周时期的"标准器"年代更为可靠。如"齐大宰归父盘""国差𦉜""邾公牼钟""邾公华钟""徐王义楚""宋公䜌鼎"等，作器者均见于《春秋》《左传》，无须多加考证。"吴王夫差鉴""陈侯午敦""商鞅量"等，自身已表明年代。《大系》增订本首卷，打破国别，编辑了《列国标准器年代表》，查阅甚为方便。楚国器物中，录有楚惠王熊章钟、考烈王熊元簠、楚幽王熊悍鼎等。其鼎出于安徽寿县，铭文有"战获兵铜"，为销兵铸祭器的记录。据此，郭沫若指出："足见销兵铸器之事不始于秦人。盖周末已是铜铁交替时代，铁兵方兴，铜兵已失其优势，故有此现象也。"郑国器物，录有"王子婴次炉"，出于新郑古墓。郭沫若考释，以该器为燎炭之炉，即火盆；婴次当即郑庄公之子婴齐，见于《汉书·古今人表》，亦即《左传》中之子仪、《史记》中之公子婴。由此，证实郑庄公曾僭称王号。齐国器"齐侯钟"（又称"叔夷钟"）铭长四五百字，为齐灵公时正卿叔夷所铸。铭文中有"余锡汝马车、戎兵，厘仆三百又五十家"。在前人考释的基础上，郭沫若进一步论证了铭文所载与齐灵公十五年齐侯灭莱之役相关，"于是役叔夷最有功，故齐侯以莱邑赐之，并以莱之遗民三百五十家为其臣仆也。古者国灭则人民沦为奴隶，本器足证春秋中叶以后，奴隶制度犹俨然存在也"。

20 世纪 50 年代，郭沫若继续以金文资料探讨周代社会。1954 年 6 月，江苏丹徒出土一批铜器。其中的"矢簋"，铭长 120 余字，郭沫若认为"甚为重要"，考释结论是"大可为西周初年井田制与奴隶制之佐证"，深为其重要文字在发掘时被损毁而感到"万分可惜"。① 1959 年夏，陕西蓝田新出土一批西周青铜器，陕西省博物馆送请鉴定。郭沫若对其中的"弭叔簋""訇簋"做了专门考释，并由"訇簋"联系到"师西簋"，得出的结论之一是："师西与师訇所管辖者均为夷仆，名多相同，而訇所管者较多。这正证明西周末年奴隶制尚在发展。"通过"訇簋"的考释，将《考释》中的

---

① 详见《考古学报》1956 年第 1 期。

"师匐簋"更名为"师訇簋",并将拟为懿王时器的"师酉簋"订正为宣王元年。①

探讨两周社会状况之外,郭沫若十分注意文物制度、社会风习的发现。《殷周青铜器铭文研究》中的后几篇文章,都是考释文物的名篇。《说戟》一篇,从戈的演化过程推断出最初的戟应是矛与戈的合体,补正了清人的见解。这一推断,后来得到实物的验证,成为研究兵器发展的一项重要依据。《金文丛考》中收录的《周官质疑》,是依据器铭综合探讨西周官制的专篇。根据西周早期"令彝"铭文有"卿事寮",西周晚期"番生簋""毛公鼎"铭文有"卿事寮""太史寮",通过器铭、文献等对照、分析,构筑起一个西周官制系统。"天官六大"(大史、大祝、大卜、大宰、大宗、大士)均在王之左右,即金文中的"卿事寮"和"太史寮";而治民之官则为司徒、司马、司空,即金文中的"三事""三有司"。经20项综合考察的结论是:"彝铭中言周代官制之卓著者,同于《周官》者虽亦稍稍有之,然其骨干则大相违背。"鉴于这一断难"规避"的事实,指出那种以"《周官》必为周公致太平之迹,真可谓之迂诞而已"。

1955年5月,安徽寿县发掘一座古墓,郭沫若对其中蔡侯卢铭、吴王光鉴铭考释的结论之一就是,"蔡与吴为同姓,然确曾互通婚姻",表明同姓为婚,春秋时并不甚忌避。同时,注意到"春秋末年周王尚拥天子之虚位"。②研究"鄂君启节",注意这以后"符节的使用即以五枚或以五之倍数十枚为一套,可以从这儿找到它的渊源"。同时,从甲、乙两类节文中发现楚国王室对于本国封君是"限制得相当严格的",对于一般臣庶"更严"。③早在《周官质疑》中,即从"仲几毁"铭文中有"诸侯诸监"推测,周灭殷后"殷时旧国归顺于周者,均曾置监以监视之",但因"诸监"只此一见,不得其详。1958年江西余干出土有"应监甗",郭沫若考释其铭文后指出,"应监"可能是派往应国的监国者。④ 1961年10月,陕西长安县

---

① 郭沫若:《"弭叔簋"及"訇簋"考释》,《文物》1960年第2期。
② 郭沫若:《由寿县蔡器论到蔡墓的年代》,《考古学报》1956年第1期。
③ 郭沫若:《关于"鄂君启节"的研究》,《文物参考资料》1958年第4期。
④ 郭沫若:《释"应监甗"》,《考古学报》1960年第1期。

张家坡出土大批铜器，郭沫若对其中有铭文的 11 种器物进行汇释，颇能体现其注意发现风习、制度的特色。他在汇释中强调：

> 三年之丧为孔子所创制，彝铭中亦可得到证据。
>
> …………
>
> 在官制、器制、文字上也有了新的发现。如"备于大左"，如"盾生皇画内"，如油瓶谓之"鋚"，如擎厉谓之"丽般"，均是第一次见于彝铭者。

这类的考释，在他五六十年代的文物考古之作中是不多见的。其中，考释"师旋簋（甲）"，对"备于大左"做了详尽说明，认为"备于大左"即就任大左之职，而"大左"之名系初见。联系《左传》文公七年宋之官制有左、右二师，以此"大左"即其左师。《周礼》有大右之官，此"大左"或次于大右。但其职位颇高，故命之管理戍卫丰京之左右师氏。① 这是对其周代官制系统的新的补充。

依据器铭考察殷周时代的思想文化，是郭沫若研治金文的一项创举。自宋以来，研治彝铭者多倾心于古文字考释和名物制度的疏证，绝少涉及其深层的思想文化内涵。郭沫若在探讨殷周社会当中，始终都是注意其精神文化演变的。《金文丛考》中的《周彝中之传统思想考》一篇，即是这方面的代表。篇中将对社会有重大影响的思想分为三个方面，分别从大量器铭中钩稽出相关的内容。

宗教思想：宇宙之上有至上神主宰，曰天，曰皇天，曰皇天王，亦曰帝，曰上帝，曰皇帝，曰皇上帝。……人受生于天曰命，死后其灵不灭曰严，亦谓之鬼，能降子孙以福佑。……鬼神能与人以祸福，故祈之以延年寿，以蕃子孙，以祝战胜，以匄治平……

政治思想：受天之命以统治天下者谓之天子……人民疆土乃天子之所有，受自天，亦受自天王。……人臣，当恪遵君上之命，君上以此命臣，

---

① 郭沫若：《长安县张家坡铜器群铭文汇释》，《考古学报》1962 年第 1 期。

臣亦以此自矢于其君。人臣敬念天威，亦敬念王威；帅井先王，亦帅井其祖若考，祖孙父子世官……

道德思想：德字始见于周文，于文以省心为德。故明德在乎明心。……德以齐家，德以治国，德以平天下。德大者配天，所谓大德者必在位也。

在从彝铭中钩稽出周代统治思想的同时，得出如下结论：

> 事虽零碎，确有一贯之脉络可寻，而宗教、政治、道德之三者实三位一体。作器者为王侯与其臣工，故此实为统治思想之传统。此种思想之发生，即基因于阶级之分化，有阶级存在之一日，统治者对于此种理论即须加以维系，故亘周代八百年间，上自宗周，下而列国，而自然形成一系统。周末之儒家思想，又此系统之系统化耳。①

这一结论，不仅指出周代统治思想与儒家思想的渊源关系，填补了此前思想史研究的空白，还为郭沫若研究周代"建国方略"、实行"愚民政策"以及出现"敬德"思想奠下初基。《"汤盘""孔鼎"之扬榷》一文，② 是一篇以金文与文献核校进行辨伪的文字，仍然不忘对思想文化问题的论证。《礼·大学》载汤之盘铭"苟日新，日日新，又日新"，郭沫若指出此铭在"古代伦理思想史上占有极重要之位置"，却是"出于误读"。经其考证，以原铭为"兄日辛，祖日辛，父日辛"，纠正了依儒家伦理对其的附会，解决了伦理思想史上的一个疑点。

在取得诸多"创获"的同时，郭沫若彝铭研究中也有失之偏颇的论断。最突出的例证是《金文丛考》中所收《金文无所考》《谥法之起源》两文的某些结论。《金文无所考》开篇便说："古文献中有习见之事物而为金文所绝无者，此可为判别典籍之真伪及时代先后之标准。"依照这一准则，文中举出四时、朔晦、地、九州、畿服、五等爵禄、三皇五帝、八卦五行等八个方面的内容，以金文中均无可征。其中，八卦"为金文所绝无"的结论，在40多年之后的80年代有了新的突破，张政烺从周初金文中辨识出八

---

① 《沫若文集》第14卷，第565—566页。
② 收入《金文丛考》，又收入《沫若文集》第14卷。

卦符号，得到学术界的确认。① 五等爵公侯伯子男"无定称"的论断，因从金文中找到一定规律而发生动摇。② 以谥法之兴"当在战国时代"的说法也有了新的发现，西周时即已出现。③

[本文原为《郭沫若学术思想评传》第八章第一、二、三节，北京图书馆出版社，1999。2016年11月做过修改，并调整了篇题]

附：

几组刻石考释与一部沉埋的遗稿

卜辞、彝铭之外，郭沫若还考释过一些石刻。此外，还有一部沉埋的遗稿。

石鼓文是刻在10块鼓状花岗岩碣石上的诗，记述东周时代秦国贵族狩猎之事，又称"猎碣"。10块石鼓在唐代出土于陕西凤翔，现今陈列于故宫博物院，残损严重，其中一石已只字不存。1932年秋，郭沫若在东京文求堂书店见到无题跋的石鼓文拓本照片42张，即"后劲本"石鼓文，对此稀世珍宝产生浓厚兴趣，遂与曾经刊行的"中权本"进行比较研究，写成《石鼓文研究》，考证了古拓之年代、石鼓之年代，收入《古代铭刻汇考》中。同时，将"后劲本"照片寄回国内，请马衡、唐兰将其印出。1934年，又以《再论石鼓文之年代》与国内学者相讨论，收入《古代铭刻汇考续编》。1936年夏，日本东京的一位古董家河井仙郎向郭沫若提出，愿用其所藏明代锡山安国十鼓斋三种石鼓文拓本来交换甲骨拓本，双方成交。此三种拓本，除"后劲本""中权本"外，另有"先锋本"年代最早，而且都

---

① 张政烺：《试释周初青铜器铭文中的易卦》，《考古学报》1980年第4期。
② 王世民：《西周春秋金文中的诸侯爵称》，《历史研究》1983年第3期。
③ 参见盛冬铃《西周铜器铭文中的人名及其对断代的意义》，《文史》第17辑，中华书局，1983。

有题跋。根据这些难得的资料，郭沫若对旧作《石鼓文研究》进行了一番"修改和补充"，附上《明锡山安氏十鼓斋先锋本石鼓文书后》等，集成《石鼓文研究》一书，于1939年7月由商务印书馆印行。1955年7月，人民出版社出版了修订本。该书的第一功绩在于将最早的宋拓本石鼓文公之于世，使最完备的拓本得以流传。"先锋本"不计重文存480字，郭沫若从另外二本中辑出21字，共得501字，比现存原石272字多229字。其二，对于10块石鼓，仿照《诗序》体例，"标举文中二字以为石之名"，依次为"汧沔""霝雨""而师""作原""吾水""车工""田车""銮敕""马荐""吴人"。这种命名，随即得到学术界认可，大部分石鼓之名被普遍沿用。不论学者间所论定石鼓次序如何歧异，这一命名之法"可无混淆之虞"。其三，关于石鼓文的年代，自唐以来长期争论不休。郭沫若通过文字考释，结合文献，综合历代说法，参以石鼓出土之地，论定石鼓文作于东周初秦襄公八年，直至晚年，坚持不改。虽然这仅为有代表性的一家之言，但其对有关资料的系统整理，注重石鼓的出土地，留意于建石之旨的历史分析等，无疑为解决这一争执不休的问题打下基础和提出启示。其四，将石鼓文的研究纳入古典文学领域，发前人所未发，赋予其新的学术价值："从文学史的观点来看，《石鼓诗》不仅直接提供了一部分古代文学作品的宝贵资料，而且更重要的贡献是保证了民族古典文学的一部极丰富的宝藏《诗经》的真实性。"①

郭沫若对另一组秦刻石"诅楚文"的研究，在1947年6—7月。郭沫若从郑振铎新赠《中国历史参考图谱》第5辑（秦）见到二种"诅楚文"影本，认为是自己"向来所未见过的"，视为一项"意外的收获"，便在容庚、郑振铎帮助搜集的有关考释和论究的资料基础上，写下《诅楚文考释》一文。一是推究"诅楚文"的版本，二是考证原文之年代，三是对全文进行考释。"诅楚文"原石于南宋以后不存，传世的两种刻本《绛帖》《汝帖》文字多已走样。郑振铎采入《图谱》的影本来源于元至正年间周伯琦刊本，为现存最佳版本。郭沫若对拓本年代进行了推断，认为不是原石原

---

① 《〈"石鼓文"研究〉重印弁言》，《沫若文集》第16卷，第366页。

拓，而是经后人整理、重新摹刻的拓本。原文年代，自宋以后即有楚顷襄王和楚怀王两说，多以楚怀王说为是，但又有一定出入，郭沫若断为"怀王十七年—惠文王后元十三年的下半年"。考释中除依据刊本的行款写出释文，进行细致解说外，着重讨论原文所述秦楚交兵的具体情势，印证史书记载中可循之迹，"故余信文中所述必非谩词，正足以补史之缺文"。①

此间，郭沫若又作有一篇《"行气铭"释文》，以黄璿、罗振玉所录两种"玉佩"铭文拓本对校，连重文共45字，隶定后以今语译出，认为"此即所谓气功，大率为深呼吸之一回合"，"足见战国时正有此类人士刻意行气，以讲求卫生"。②此器藏天津历史博物馆。1972年5月，在《古代文字之辩证的发展》一文中，郭沫若又论及此铭，称其"可证战国时代，确实有这一派讲究气功的养生家"。③

关于汉代刻石的考释，《古代铭刻汇考》中收有《汉代刻石》两种，一是《龟兹刻石》，二是《熹平石经"鲁诗"残石》，在前人考释的基础上，又有新的发现。如以《毛诗·谷风》"以阴以雨"辨识出《熹平石经》中"一阴一雨"，以《匏有苦叶》中"迨冰未泮"推断《石经·鲁诗》当作"迨冰之未泮"，等等。1965年3月北京八宝山发现"乌还哺母"铭文，郭沫若特别指出，作为史料更有价值的是在同一石柱上所刻的另一条款识，足以订正《后汉书·和帝纪》中的一个错误。④

在郭沫若繁富的著述当中，有一部沉埋书箧近半个世纪的遗稿——《商周古文字类纂》，在其去世后才被发现。此书在他一百周年诞辰前夕，由文物出版社据手稿影印出版。

这是一部将甲骨文、金文和其他秦以前的文字合释的工具书，完成于1944年5月。在此之前的古文字字典，如容庚《金文编》、孙海波《甲骨文编》，都是为辨识金文或甲骨文而编纂的，旨在对每个字进行考释和辨识。郭沫若的出发点则不相同，是为着要探索文字源流。他以许慎生当东汉，

---

① 该文收《天地玄黄》，又见《沫若文集》第16卷，第393、394页。
② 《沫若文集》第16卷，第408页。
③ 原载《考古》1972年第3期。
④ 详见郭沫若《"鸟还哺母"石刻的补充考释》，《文物》1965年第4期。

所见古器物不多，《说文解字》中对文字结构的阐释每多"臆说"，而"近人复囿于许说，惘惑尤甚"，主张"凭借商周古器物重新加以说明"。同时表示："探源之意，惟之有年。一息尚存，终当述作。"① 尽管当时"无书籍可资参考"，但他也绝非仅仅"凭着自己惊人的记忆"编成这部书稿。从书稿选录内容来看，以金文为主，甲骨文次之。此外，则以古玺最多，另有石鼓文、陶文、币文和个别玉器文字。所以，最少也参考过容庚《金文编》、商承祚《殷虚文字类编》、罗福颐《古玺文字征》等。书稿总共选择已识文字约 2000 字，按照《说文解字》部首及字序编排。郭沫若自 4 月 15 日开始纂集，经一个月的努力，至 5 月 18 日集成，并于 19 日晨写了书后"记"。大约是因为新材料求之不易，又限于当时重庆出版的条件等，其稿便被沉埋了下来。

今天，收集、出土的甲骨文、金文等资料已经远远超过当年，大型的资料工具书也有多种，再回过头来看这部遗稿，其风韵犹存处，仍在认识汉字源流上。书中所选约 2000 字，"从汉字发展史看，前后衔接，补许书之不足，探汉字之本源。其中形音义相合者可相辅而益彰，形音义间有违异，互相对证亦可以匡正许氏之失"。② 此外，郭沫若对六书中的转注提出了新的解释，对于不少字的本义所做精辟分析，都值得继续深入探其奥蕴。如果能够循其"探源之意"，继其"初立间架"，融今日所见甲骨文、金文及秦以前各种文字，遂其遗愿，著成一部《新说文解字》，当不失为国学研究中之一盛事。

[本文原为《郭沫若学术思想评传》第八章附，2016 年 11 月做过添改]

---

① 郭沫若：《〈商周古文字类纂〉记》，《商周古文字类纂》，文物出版社，1991，第 219—220 页。
② 张政烺：《〈商周古文字类纂〉后记》，《商周古文字类纂》，第 253 页。

构筑研究诸子方法体系，探究儒、法、道思想源流

——"十批"原是好文章

由于《十批判书》被认为有"偏袒儒家""痛恶法家"的倾向，一度有"'十批'不是好文章"的批评。但当人们在富裕、法治、和谐的环境中细读这本书的时候，便会结合作者写作历程、书中实际内容以及社会影响等来重新审视其价值，发现《十批判书》连同它的"姊妹篇"《青铜时代》，构筑了一个研究先秦诸子的方法体系："尽可能搜集了材料，先求时代与社会的一般的阐发，于此寻出某种学说所发生的社会基础，学说与学说彼此间的关系和影响，学说对于社会进展的相应之或顺或逆。"[①] 两书所表现出的"彻底剿翻了"秦汉以前史料的功力，把考察社会性质、时代变化同探讨学术思想立场、根源及其相互关系紧密结合，都是自成一系的。在通盘考察儒、法、道、名、墨诸家思想学说的基础上，形成辨识儒家两重性、区分法家与法术家、探究道家渊源与流别的认识，并非完全"偏袒儒家"，而是认为儒家具有两重性；并非完全"痛恶法家"，而是对法家、法术家做出了明确的区分，肯定法家的"用法而不用术"，"一切秉公执法，以法为权衡尺度"，肯定其"以富国强兵为目标"，仅仅痛恶"法术家"的玩弄权术、推重权势，以至于流为专制独裁。

---

① 《青铜时代·后记》，《郭沫若全集·历史编》第1卷，第617页。

一　对儒家两重性的认识

郭沫若一生基于三种不同的基本"出发点",对儒家有过三次既相区别又有联系的认识。这固然表示其本人的思想变化,但同时也证明儒家自身蕴含极大的两重性。

（一）

伴着新文化运动和五四运动传播的"民主与科学"的思想,在20世纪20年代又一次出现中外文化的剧烈碰撞,再度掀起"全盘西化"与"弘扬国故"之争。当此之际,郭沫若则取着彼此相通、互为融合的态度,力图寻找中国"固有文化"与国外优秀文化的"契合之点""一致之点",因而对于道家、儒家等先秦思想都给予了极高的评价。

早在新文化运动之前,袁世凯为复辟帝制发布《通令尊崇孔圣文》,张勋、段祺瑞等也都宣称以"孔教"为其"执政"的思想基础。在此同时,新文化运动和五四运动的先驱者,如李大钊、陈独秀、周树人等,则坚决反对"尊孔复古",认为孔丘这具两千多年前的"残骸枯骨"是"历代帝王专制之护符",要想求得民主与科学的发展,必须铲除"历代君主所雕塑之偶像的权威"和"专制政治之灵魂"。[①] 因此,"打倒孔家店"成为新文化运动和五四运动的一大鲜明特色。

正当新旧文化剧烈碰撞之际,郭沫若恰恰身居日本这样一个既有东方传统又善于吸收西方科学的国度,一方面表现出对西方科学文化的狂热崇拜和追求,另一方面又能够用"旁观者"的态度冷静地进行中外思想文化的对比。

在寻找泛神论与中国"固有文化"之间的"相通"之处时,郭沫若首先联想到了庄子:"和国外泛神论思想一接近,便又把少年时分所喜欢的庄

---

① 李大钊:《自然的伦理观与孔子》,《甲寅》1917年2月4日,《李大钊全集》第1卷,人民出版社,第429页。

子再发现了。"① 接着，他进一步认为孔子也是一个泛神论者，"把三代思想的人格神之观念改造一下，使泛神的宇宙观复活了"。孔子的人生哲学，也是"由他那动的泛神的宇宙观出发，而高唱精神之独立自主与人格之自律"。②

在与泛神论思想产生共鸣之外，郭沫若还着眼于与中外个性解放思想的"相通"。他认为："老子与尼采相同之处，是他们两人同是反抗有神论的，同是反抗藩篱个性的既成道德，同是以个人为本位而力求积极发展。"③为了证明"康德与孔子之一致"，硬是将孔子改铸成"个性发展到了极度"的"球形发展"的"天才"。他这样写道：

> 我们所见的孔子，是兼有康德与歌德那样的伟大的天才，圆满的人格，永远有生命的巨人。他把自己的个性发展到了极度——在深度如在广度。④

在"九，一，一八"（1920年1月18日）写给宗白华的信中，他还强调说：

> 孔子这位大天才要说他是政治家，他也有他的"大同"底主义；要说他是哲学家，他也有他 Pantheism 底思想；要说他是教育家，他也有他的"有教无类""因材施教"底 Kinetisch 的教育原则；要说他是科学家，他本是个博物学者，数理底通人；要说他是艺术家，他本是精通音乐的；要说他是文学家，他也有他简切精透的文学。

总之，只要西方世界有的天才、优秀思想，郭沫若都一定要在古代中国，主要是先秦时期找出与之相"契合"、相"一致"的代表。此刻，他本人有"泛神论的倾向"，因而"特别喜欢"有这种倾向的人。他本人"思想上追

---

① 《创造十年》，《郭沫若全集·文学编》第12卷，第67页。
② 《中国文化之传统精神》，《郭沫若全集·历史编》第3卷，第258、260页。
③ 《论中德文化书——致宗白华兄》，《郭沫若全集·文学编》第15卷，第157页。
④ 《中国文化之传统精神》，《郭沫若全集·历史编》第3卷，第259页。

求个性发展"，因而把老子、孔子引为"个性发展"的同道。于是，西方有尼采，在古代中国也必定要找出老子来对应；西方有康德、歌德，在古代中国也要找出孔子来与之相匹对。

正是基于这样的"立脚点"（或"出发点"），郭沫若既没有把孔子奉为神明，也没有对孔子及其学说全盘否定。他同样是以"五四"的时代精神，将孔子从"神坛"上还原为"人"，认为"孔子也不过是个'人'"，称其为"人中的至人"比给他奉上"大成至圣先师"之类的徽号要"更妥当着实些"。① 同时，郭沫若明确地表示出他此时对儒家思想的基本认识：

> 我国的儒家思想是以个性为中心，而发展自我之全圆于国于世界，所谓"修身、齐家、治国、平天下"，这不待言是动的，是进取的。②

需要指出的是，上述郭沫若的言论并不是他此时对儒家学说的全部认识。

20年代前中期，郭沫若已经明确区分孔子思想与汉武帝以后的儒家理论。他认为，后儒"以帝王之利便为本位解释儒书，以官家解释为楷模而禁人自由思索"。尤为高人一等的是，郭沫若非常清醒地指出：

> 积习既久，狃于常见的人竟以歪变了的虚象为如实的真容，而不更去考察生出此虚象的镜面的性质了。于是崇信儒家、崇信孔子的人只是崇信的一个歪斜了的影象。反对儒家、反对孔子的人也只是反对的这个歪斜了的影象。③

这确实是郭沫若超出同时代其他学人的高明之处。

然而，世界历史的进程却对中国思想文化界开了一个玩笑：西方原先进步、后来没落的思想，在新文化运动前后被当作先进的思想"引进"到

---

① 《郭沫若致宗白华》（1920年1月18日），《郭沫若全集·文学编》第15卷，第19—20、22页。
② 《论中德文化书——致宗白华兄》，《郭沫若全集·文学编》第15卷，第149—150页。
③ 《王阳明礼赞》，《郭沫若全集·历史编》第3卷，第294页。

中国。当以中国的"固有文化"与之一"参证",竟然能使人产生"一旦豁然而贯通"的感受。尽管如此,泛神论之类的思想毕竟是太陈腐了。在新文化运动和五四运动中,西方又传来了新兴的马克思主义。对于这一新兴学说,郭沫若最初虽然"没有感觉着有怎样的必要"去进行研究,① 但他仍然要从中国的"固有文化"当中找出与之"相通"的代表:

> 我在王阳明学说中与近世欧西的社会主义寻出了一致点。……我自己是肯定孔子,肯定王阳明,而同时更是信仰社会主义的。我觉得便是马克思与列宁的人格之高洁不输于孔子与王阳明,俄罗斯革命后的施政是孔子所说的"王道"。②

不久,在《马克斯进文庙》中,郭沫若让马克思对孔子说出:"我不想在两千年前,在远远的东方,已经有了你这样的一个老同志!你我的见解是完全一致的。"随即,在《讨论〈马克斯进文庙〉》一文中,进一步强调:马克思的学说与孔子创立的儒家学说"出发点可以说是完全相同的",马克思所设想的共产主义的理想与孔子的"大同世界""竟不谋而合"。③ 中国之外又新生出两位巨人,古代中国也一定要有这样的巨人、这样的思想!于是,孔夫子在郭沫若笔下便成了马克思的"同志",儒家学说与科学社会主义之间被画上了等号。

总起来说,当中外文化剧烈碰撞,出现"全盘西化"与"民族复古"两种倾向对峙之际,郭沫若总是力图寻找出中国"固有文化"与国外先进思想的"一致点",道家、儒家学说,尤其是孔子及其学说被搬了出来,与国外各种思想学说"媲美"。正因为郭沫若是取着这样一种"出发点",他对孔子思想及儒家学说的解释就带有明显的随意性。但应当肯定的是,此时郭沫若即已十分清楚地将秦汉前后的儒区别开来,并指出后世的"尊孔"与"反孔"都面对的是一个"歪斜了的影像"。这是 30 年代以前郭沫若对

---

① 《创造十年》,《郭沫若全集·文学编》第 12 卷,第 108 页。
② 《王阳明礼赞》附论一《精神文明与物质文明》,《郭沫若全集·历史编》第 3 卷,第 299 页。
③ 两文分别刊于《洪水》第 1 卷第 7 号(1925 年 12 月)、第 9 号(1926 年 1 月)。

儒家学说认识上最突出的贡献。不过，此时郭沫若所描绘的孔子及其学说，正如他本人所说，也是一个"歪斜了的影象"。

（二）

经过大革命的洗礼和南昌起义的考验，郭沫若于 1928 年再次东渡日本。不过，这次情况与上次大不一样。如果说上一次郭沫若没有亲身感受到袁世凯的复辟、段祺瑞的专制，那么这次他却遭遇了"四一二"之后的白色恐怖和日本警士、刑士的拘禁、监视，甚至连吃饭都成了问题。在真正体验到恐怖、专制的滋味之后，"对于未来社会的待望"之情，"逼迫"他"不能不生出清算过往社会"的强烈要求，郭沫若开始了"清算"中国的社会。

从何处入手呢？当然是从代表中国"固有文化"的最早的典籍，也即历来被奉为儒家经典的《易》《诗》《尚书》"清算"起。

1928 年 7 月底，郭沫若写成《中国古代社会研究》第一篇《周易的时代背景与精神生产》，后改名为《〈周易〉时代的社会生活》，指出："《易经》的时代是无差别的社会中产生出阶级的时候；《易传》的时代是贵族的臣仆革贵族的命的时候。"

从社会变革出发，郭沫若认为随之而来的是"理论上的斗争"，是"方兴的文化"与"旧有的文化"的对抗。在这种"对抗"中，便可见当时的"时代精神"。他认为当时"革命思想家"起来革"旧思想的命"，有三种"必然的倾向"：一是辩证观的复活，二是排斥鬼神迷信而主张理性的优越，三是世界仍然保存着双重化的形式——由宗教的变而为形而上学的。用这三种"倾向"对比先秦诸子的思想，得出的结论是：春秋战国时代的学者多是一些革命家，老子、杨子、庄子、韩非子等的思想，"多少都是带着革命性的"。同时，他明确指出：

> 墨子算是保守派，孔子算是折中派。
> ……………
> 孔子的一个集团呢？是在这两者之间游移。他一方面认定了辩证法的存在，然而终竟只求折中。他一方面认定理性的优越，然而却迷

恋着鬼神。他一方面摄取了形而上的宇宙观，然而他立地把它神化了起来。①

如果说上述结论比较草率，郭沫若并没有深入诸子学说中进行细致对比，那么他对《易传》思想的考察是步步深入、层层展开的。②

通过对《易传》宇宙观的细致考察，郭沫若肯定，《周易》的作者把《易》的辩证观展开了，是"约略探寻着自然的理法"。并认为，若其作者向前更进一步，便可以"导引出一个必然的革命的实践"，但其没有走这一步，"却把方向转换了"。为什么出现"转换"？原因在于："根本是站在支配阶级的立场，想保持支配权的恒久。"更进一步，把这绝对的恒久化成本体，依然把世界双重化起来。辩证观"倒立"了起来，"一变而与形而上学妥协，再变而与宗教妥协"。有了宗教便不能没有教主，教主即为圣人。"政教合一的原始政体"，正是士大夫阶级的哲学。"原始人是自然发生的宗教的骗局，到这儿竟成为有意识的愚民政策。"于是，《易经》的中行之道便不能不被强调起来：一切的事情都要无过无不及。"在上的不妨迁就一下，在下的应该顺从。多的不妨施舍一点，少的应该安分守己。"

> 总之儒家的实践伦理由一个中字可以包括，所谓"执其两端用其中于民"，所谓"允执厥中"……③

这是郭沫若考察《易传》得出的一个重要结论。

论证《易传》"儒家的折中主义"的同时，郭沫若还引证了两部"可以算是儒家的一部分重要典籍"的《大学》和《中庸》。他认为，《中庸》一

---

① 上引见《沫若文集》第14卷，第71—72页。
② 郭沫若后来改变了《周易》的成书时代，却仍然坚持其思想认识。1935年，他在《周易之制作时代》中确认，《易经》是战国初年馯臂子弓所作，《易传》多出荀子门人之手。1947年，《中国古代社会研究》改版，他为第一篇文章所增"补注"仍然强调："《周易》所用的资料有的虽然远在殷商时代，而整个的思想过程是战国年间的产物。本篇在思想分析上无甚错误，只是时代的看法须改正。"
③ 上引见《沫若文集》第14卷，第80—85页。

书"把孔仲尼当成了通天教主"而加以"极端赞扬",表明儒家"在当时的确成了一个宗教"。接着,对《中庸》的"完整的宗教体系"进行剖析。知道自然的变化,晓得物盛而衰、物极必反的道理,才能够执中乘时,自己的意志也才有把握(即所谓"意诚"),自己的心理才有权衡(即所谓"心正")。用这样的把握、权衡来"齐家、治国、平天下,那是无往而不适用的",这样"便与天地的化育工夫相参赞,甚至于超过天地而与本体合一了"。在指出这样一个看起来"严整无缺"的系统却"包藏着"神的、尽性的、阶级的三重骗局之后,郭沫若对儒家学说做出如下评论:

> 儒家理论的系统,全体就是这样的一个骗局。它是封建制度的极完整的支配理论。我们中国人受它的支配两千多年,把中国的国民性差不多完全养成了一个折衷改良的机会主义的国民性。一直到现在都还有人改头换面地表彰着儒家的理想,想来革新中国的社会,有意识地执行着它的"絜矩之道",有意识地在"执其两端而用其中于民"。

下面紧接着的一段话,将这一"理论体系"的两面性揭示得再明白不过了:

> 本来在阶级对立着的社会,一切立在支配阶级上的理论,在每个进展的阶段上多少都是可以适用的。在每个阶段推移的时候,新旧虽然略有冲突,但到支配权的转移对象一固定,在旧的里面所发现的昔日的桎梏,会发着很庄严的辉光而成为今日的武器。①

做出这样的论断,并非郭沫若的随心所欲,实在是他于大革命失败之后的切肤之痛使然。当他"概览"了中国三千年的历史之后,深感以往"革命一次便受欺骗一次。奴隶革命一成功,狡黠者立刻又变成新的支配阶级。尽管一部二十四史成为流血革命的惨史,然而封建制度的经济组织和政治组织依然无恙"。② 再加上数千年的老大帝国公然一变而为最新式的"民主

---

① 上引见《沫若文集》第14卷,第88—90页。
② 《中国古代社会研究》导论《中国社会之历史的发展阶段》,《沫若文集》第14卷,第29页。

立宪"国家的把戏,怎么能不使郭沫若愤怒地斥责:"折衷主义对于工贼的收买是诉于温情,对于乱党的惩治是利用恐怖","折衷主义根本是披着一件羊皮的虐杀主义!"①

待到1934年2月,蒋介石在南昌发表《新生活运动之要义》的演讲,强制推行所谓"新生活运动",提倡"尊孔读经",要人们以"四维""八德"作为"道德准则",并重修孔庙,以孔子诞辰为"国定纪念日",企图通过这类思想灌输诱逼老百姓服服帖帖地"做国家的良民",达到"遏乱""止暴"的目的。"尊孔读经",成为强化专制统治的措施。就在当天,鲁迅、郭沫若、茅盾等的作品被禁。1935年6月,郭沫若抓住《吕氏春秋·审分览·任数》中关于孔子吃饭的记载,认为它把孔子的面貌"传得最为正确",便写成《孔夫子吃饭》,以"科学的智识对于历史的故事作了新的解释或翻案"。所谓"翻案",即以"孔子也还是人,过分庄严化觉得是有点违背真实",将其还原为普通人。其另一目的则是"对于现世的讽谕",即从《吕氏春秋》的记载看到"孔子是领袖意识相当旺盛的人",为维护自己"领袖的尊严"表现出自私、虚伪、狡诈。②

总结这段时间郭沫若对于儒家学说的认识,可以认为,在考察中国古代社会历史进程时,每当出现以"尊孔读经"阻止社会前进、实行专制统治之际,郭沫若则总是站在其对立面,揭发其欺骗性、虚伪性。基于这一"出发点",他对孔子以及儒家学说的揭发就难免带有功利性倾向。但郭沫若却也极为深刻地揭示了儒家学说的最大两面性:儒家学说是"立在支配阶级上的理论",在每个历史阶段"多少都是可以适用的";当支配权转移后,"昔日的桎梏"又转而成为"今日的武器",仍然"发着很庄严的辉光"。这就是发动"革命"时要"打倒孔家店",而"革命"成功后又要尊奉"孔家店"的根本原因所在!

(三)

历史进入40年代,郭沫若渐渐"复活过去的研究生活",提倡起"研

---

① 《沫若文集》第14卷,第92页。
② 《〈豕蹄〉序》,《豕蹄》,不二书店,1936。收入《郭沫若全集·文学编》第16卷,第196—198页。

究学习的精神，以充实自己，以丰富我们民族的文化"。①

在学术研究方面，郭沫若的目光仍然集视于中国文化"灿然的黄金时代"。早在 1936 年初，他写的《屈原时代》即已确认春秋末年至秦统一天下的三百年间是中国文化"灿然的黄金时代"，是"奴隶制向身份制的转移之在意识形态上的反映"。1943 年 10 月，他又进一步申说："自春秋末年以来中国的思想得到一个极大的开放，呈现出一个百家争鸣的局面。这是因为奴隶制度解纽了，智识下移，民权上涨，大家正想求得一条新的韧带，以作为新社会的纲领。"②顺着把古代社会的发展"清算"了，然后探寻先秦诸子学术"立场和根源"以及各家之间"相互关系"，"再定他们的评价"的思路，③郭沫若"彻底"地考察了秦以前各家的学术思想，推进了中国古代思想研究的系统化。其中，涉及孔子思想分析和儒家学说评价的研究，颇为引人注目，先后有《秦楚之际的儒者》（1943 年 8 月）、《〈先秦学说述林〉后叙》（1944 年 2 月）、《孔墨的批判》（1944 年 8 月）、《儒家八派的批判》（1944 年 9 月）等几篇重要论文。下面，分别论述。

先看郭沫若对于孔子及其思想的考察，这主要集中在《孔墨的批判》一文中。当时，他刚刚对古代"社会结构"进行了"总清算"，写成《古代研究的自我批判》，更加坚定其春秋战国是社会大变革时期的认识。从社会变革出发，郭沫若从"反对"孔子的《墨子·非儒》中发现七个孔子及其门人"帮助乱党"的实例，认为这些史实"极其鲜明"地勾画出孔子的基本"轮廓"："孔子的立场是顺乎时代的潮流，同情人民解放的……"④从孔子的这一基本立场出发，郭沫若称赞孔子"大体上"是"站在代表人民利益方面"的，说他"很想积极地利用文化的力量来增进人民的幸福"。同时，肯定孔子对以往的文化，部分地"整理接受"，部分地"批判改造"，企图建立一个"新的体系"，作为"新来的封建社会的韧带"。对于孔子要建立的这个"新的体系"，郭沫若是怎样解释的呢？他这样说：

---

① 周恩来：《我要说的话》，《新华日报》（重庆）1941 年 11 月 16 日。
② 郭沫若：《吕不韦与秦王政的批判》，《十批判书》，第 349 页。
③ 郭沫若：《〈十批判书〉后记》，《十批判书》，第 412 页。
④ 郭沫若：《孔墨的批判》，《十批判书》，第 73 页。

> 一个"仁"字最被强调,这可以说是他的思想体系的核心。
>
> 仁的含义是克己而为人的一种利他的行为。简单一句话,就是"仁者爱人"。……"人"是人民大众,"爱人"为仁,也就是"亲亲而仁民"的"仁民"的意思了。①

联系刚刚完成的《古代研究的自我批判》对于春秋战国时期社会变革的认识,他的这一论述是言之成理的。但当他把孔子的"仁道"说成是"人的发现",要求不仅要把自己当成人,也要把他人当成人,不管在上者还是在下者,都是一样的时候,当他赞扬"仁"是"相当高度的人道主义",并把这种"人道主义的过程"看作是孔子所操持着的"一贯之道"的时候,人们似乎又听到了他在新文化运动和五四运动时的心声。至于他把"仁"说成是"要人们除掉一切自私自利的心机,而养成为大众献身的牺牲精神",显然是在无限拔高。

考察孔子的政治主张之后,又探讨了孔子的天命观,重申1935年《先秦天道观之进展》中关于孔子否认"天或上帝"的观点。同时,对于"命"提出进一步的解释:孔子"把命强调得相当厉害,差不多和他所主张的仁,站在同等的地位"。"命"是什么呢?命又称天命,但不能解释为"神所预定的宿命",而应该是自然界中的"一种必然性"。对于"死生有命,富贵在天",郭沫若赋予了新的解释,即"不因为人必有死而贪生怕死,也不因为富贵可羡慕而妄求富贵",要"敬以自处,恭以待人","尽其在我,听其自然"。

综合以上种种分析,郭沫若对孔子的思想体系做出这样一个总评:

> 在孔子的整个思想体系上我们可以看出,他在主观的努力上是抱定一个仁,而在客观的世运中是认定一个命。在主观的努力与客观的世运相调适的时候,他是主张顺应的。在主观的努力与客观的世运不相调适的时候,他是主张固守自己的。②

---

① 上引见郭沫若《孔墨的批判》,《十批判书》,第75—76页。
② 上引见郭沫若《孔墨的批判》,《十批判书》,第91—92页。

《孔墨的批判》一文就这样明显地表现出"袒护儒家"的倾向,加之又是将墨子"作为反对命题"的,使郭沫若在当时"同道的人"中遭到了"相当普遍的非难"。为此,他先后多次论证了儒者的前后不同和各个派别。

在先已写成的《秦楚之际的儒者》一文中,通过考察陈涉、吴广起义之后儒者的动向,郭沫若提出:

> 秦以前的所谓"儒"和秦以后的所谓"儒",虽然在其本身也有传统上的关系,但那传统是完全混淆了的。所有先秦以前的诸子百家,差不多全部都汇合到秦以后的所谓儒家里面去了。①

这正是他20年代区分汉武帝前后儒家的认识的深入,后儒虽然在"传统"上继承了前儒,但后儒已是秦以前百家的"汇合",不应与前儒"完全混淆"。不久,在为《先秦学说述林》一书写"后叙"时,郭沫若小结自己15年"关于中国古代的研究",说到周秦之际的学术高潮及各家的立场和进展,再次强调"儒家之在秦前后已大有不同",进一步形成一个总体性的认识:

> 秦以后的儒家是百家的总汇,在思想成分上不仅有儒有墨,有道有法,有阴阳,有刑名,而且还有外来的释。总而称之曰儒,因统而归之于孔。实则论功论罪,孔家店均不能专其成。②

这一论断非常清楚地告诉人们:秦以后的儒家作为"百家的总汇",已成为中国"固有文化"的代名词。它与秦以前仅仅为"百家"之中一家的孔子学说全然不同,因而"论功论罪"均不能专归"孔家店"。

当其在《孔墨的批判》一文中系统分析了孔子思想之后,便又转而对孔子以后的儒家做出进一步考察。孔子死后,儒家分为八派。子张之儒,

---

① 《秦楚之际的儒者》,《郭沫若全集·历史编》第1卷,第596—597页。
② 《〈青铜时代〉后记》,《郭沫若全集·历史编》第1卷,第612—613页。

在儒家中是"站在为民众的立场的极左翼",其后学似乎和墨家"接近"了。子思之儒和孟氏之儒、乐正氏之儒,当是一系。"孟氏"即孟轲,是子思的私淑弟子,乐正氏则是孟子弟子乐正克。根据《荀子·非十二子》"被人忽略"的"极现成"的重要资料,郭沫若论证了思、孟一派出于子游氏,推翻程朱理学大师把思、孟归为曾子的传统说法。颜氏之儒,即颜回一派,后来演为庄子一派的师表。漆雕氏之儒,是初期儒家中的一个"任侠的派别",为漆雕开。仲良氏之儒,估计为陈良的一派,并认为屈原应"出于他的门下"。孙氏之儒,即荀子一派,是"子弓的徒属"。① 至于荀子的思想,郭沫若另辟长篇展开。他肯定荀子是先秦诸子的"最后一位大师",不仅集了儒家的大成,而且"集了百家的大成",把百家的学说差不多都"融汇贯通"了。最后,做结论说:

  这种杂家的面貌也正是秦以后的儒家的面貌。汉武以后学术思想虽统于一尊,儒家成为了百家的总汇,而荀子实开其先河。②

至此,郭沫若对于孔子的思想、儒家的演变做出通盘考察,成为他在古代思想研究领域的代表性意见。

  从这一阶段的情况可以看出,当系统考察先秦诸子学说,从学术思想发展上认真总结各家的演变、渗透之时,郭沫若以"彻底剿翻"秦以前史料的功力,采取把考察社会性质、时代变革同探讨学术思想立场、根源及其相互关系紧密结合的科学方法,将孔子思想、儒家学说的研究推进到一个前所未有的新高度,获得诸多学界公认的成果。

  上述出于不同"立脚点"而对孔子思想、儒家学说的三种基本认识,除了反映郭沫若本人的思想变化外,清楚地表明他对孔子以及儒家两重性的看法。

  第一,孔子思想,主观努力上抱定一个"仁"字,客观世运中认定一个"命"字。二者相调适,则顺应;二者不相调适,则固守自己。作为一种人生

---

① 郭沫若:《儒家八派的批判》,《十批判书》,第113、123、127—129页。
② 郭沫若:《荀子的批判》,《十批判书》,第218页。

哲学，表现出了入世与出世、进取与隐退、杀身成仁与保全天年的两重性。

第二，秦以后的"儒"作为"百家的总汇"，"总而称之曰儒，因统而归之于孔"，实即人们通常所说的"儒学"或"儒家文化"，已成为中国传统文化的一种代名词。作为传统文化的一种代表，必然有其两重性，这是毋庸赘言的。

第三，郭沫若再三论证秦以前的"儒"与秦以后的"儒"不能"完全混淆"，从学术研究的角度出发，可以说"论功论罪，孔家店均不能专其成"。但历史上"站在支配阶级立场"者，却必定要"完全混淆"之。当支配权尚未转移之时，打出孔子的"仁"来，以"同情人民解放"的面孔号召推翻支配阶级；当新的支配权一固定，便又举起秦以后的儒家理论，用为"今日的武器"。"尊孔"者故意树起一个"歪斜了的影象"，"反孔"者自然也就反对的是这一被"歪斜了的影象"。本来面目与"歪斜了的影象"间，又成为一种两重性。

二 区分法家与法术家

1944 年 1 月 12 日，郭沫若"采取单刀直入的办法"起笔写《韩非子的批判》，至 20 日完成。首先考察韩非的学术渊源，从远源上来说"应该是道家与儒家"，在行程的推进上"参加得有墨、法"；就近源而言，在谈"法"的一方面大体祖述商鞅，在谈"术"的一方面却与申不害"衣钵相承"，把申子与商君"二人综合"了，因而应该称其为"法术家"。由于他把申、商两家综合起来，向他所主张的"绝对君权"上去"使用"，便与墨家"通了婚姻"。对于这一点，郭沫若认为"差不多从未被人注意"。根据这样的分析，得出的第一个重要论断是：

> 韩非个人在思想上的成就，最重要的似乎就在把老子的形而上观，接上了墨子底政治独裁的这一点。他把墨子底尊天明鬼，兼爱尚贤，扬弃了，而特别把尚同非命，非乐非儒的一部分发展到了极端。非命

是主张强力疾作的，韩非全书是对于力的讴歌……①

在更进一步探索韩非思想的源泉时，发现其对于老子思想"虽然也逆击了它"，但主要的还是"顺受的成分为多"；对于儒家的态度主要的是"无情的逆击"，只"走私般地顺受了一些"。《五蠹》《显学》等篇为韩非晚年的定论，"综合"了先秦诸子，又"完全扬弃着"先秦诸子。《显学》篇"专打儒墨"，《忠孝》篇"打击道家"，而名家更是其一向所不表示"好感"的，就连管仲、商鞅、孙武、吴起等主张耕战富强说的祖宗之书也在"必须禁止"之列。

郭沫若对韩非思想的又一"清算"，是深刻地揭露他所主张的"术"与"势"的内容及实质。由于韩非采取了"君主本位"的立场，对于"术"便感觉着"特殊的兴趣"，其书中有60%以上都是关于"术"的陈述与赞扬。"术"是"运用之妙存乎一心"的东西，玩弄起来"似乎很不容易摩捉"，但不论怎样"神秘"，已经写成文字的东西，总可以求得一个大概。在"多设耳目"以"发动告密"的一项之外，归纳出7项：（1）权势不可假人；（2）深藏不露；（3）把人当成坏蛋；（4）毁坏一切伦理价值；（5）励行愚民政策；（6）罚须严峻，赏须审慎；（7）遇必要时不择手段。并打比喻说，人君须得像一只蜘蛛，"耳目的特种网是蜘蛛网"，这是人君的威势"所借"，平时可以"藏匿起来"，一旦有饵物时则"继之以不容情的宰割"。特别对第一项做了剖析，认为从《势难》篇可以知道韩非正是一位"极端的势治派"，极力主张"专制行为"而为"法治之反面"。韩非所主张的是"人所设定之势"，而非"自然之势"，即所谓多设耳目的"聪明之势"，任法用术的"威严之势"。有了这样的东西，不必等尧舜来天下才治，就是"中庸之材"便可以"平治天下"了。权势既设，即是为人主所"独擅"的东西，绝对不能够与君下相共。这种主张的必然结论便是："推重权势的结果流而为专制独裁！"

为了"清算"得"彻底"，郭沫若便转到分析韩非"专为帝王"的主

---

① 郭沫若：《韩非子的批判》，《十批判书》，第302页。

张上：

> 事实上韩非所需要的人只有三种：一种是牛马，一种是豺狼，还有一种是猎犬。牛马以耕稼，豺狼以战阵，猎犬以告奸，如此而已。愚民政策是绝对必要的。①

在韩非看来，其他的一切都是不需要的。对"有二心私学，反逆世者"，必须禁绝：

> 在韩非子所谓"法治"底思想中，一切自由都是禁绝了的，不仅行动的自由当禁（"禁其行"），集会结社底自由当禁（"破其党以散其群"），言论出版的自由当禁（"灭其迹，息其说"），就连思想的自由也当禁（"禁其欲"）。韩非子自己有几句很扼要的话："禁奸之法，太上禁其心，其次禁其言，其次禁其事"（《说疑》），这真是把一切禁制都包括尽致了。②

一个思想本质上是"帝王本位的反动派"的面孔，被郭沫若从其"美妙的画皮"掩饰下揭示了出来。尽管"征服"《韩非子》一书"费了很大的力气"，但当郭沫若认识到韩非的文章完全是一种"法西斯式的理论"，并在写好这篇之后又自认为对韩非子"清算得颇为彻底"之时，他便一扫当初读《韩非子》的"不愉快"了。

在这篇批判中，郭沫若对韩非的才学、智慧、文章都有高度的称赞，对他继承和发展法家的某些进步主张也做了充分肯定。肯定韩非是"绝顶的聪明人"，是一位"天才"或"鬼才"，又是"文章的妙手"，并为其有《亡征》篇而感到"惊异"，说这可以和屈原的《天问》篇"媲美"。说到韩非蹈袭墨家观点"宰相必起于州部，猛将必发于卒伍"时，认为这本来是"时代使然"，是符合历史发展的认识的。

---

① 郭沫若：《韩非子的批判》，《十批判书》，第 330—331 页。
② 郭沫若：《韩非子的批判》，《十批判书》，第 333 页。

在对于古代意识形态的研究似乎可以"告一段落"之际,郭沫若又觉得"还有一节断径须得架一座桥梁"来连接,便对韩非以前的法家思想进行"清理"。1945年1月底开始,至2月中旬,写了一篇《前期法家的批判》。

这篇文章把法家的产生追溯到子产,认为子产"铸刑书"是新刑律的成文化。紧接着指出法家思想的产生:

> 社会有了变革,然后才有新的法制产生,有了新的法制产生,然后才有运用这种新法制的法家思想出现。①

在这一认识下,举出四位前期法家,进行了简略的追述。第一位是李悝,认为"在严密意义上是法家的始祖",但同时又具有"儒家的气息",即他的建树并不专在于刑律,还有更积极的一方面,实施了"尽地力之教"的经济政策。由此断定,《史记》《汉书》中儒家的李克与法家的李悝,是同一人。第二位是吴起,认为不单纯是一位兵家,而应该是"法家的一位重要人物"。因已写有《述吴起》一文,这里只强调其也是"在初期儒家的影响中陶冶出来的人",他行之于楚的办法,与商鞅后来行之于秦的,"差不多完全一致"。第三位是商鞅,他的思想也是"从儒家蜕化出来"的。分析商鞅的"变法之令"得出,战国时法家所共同的一个倾向,是"强公室而抑私室",认为这"包含有社会变革的意义"。郭沫若特别强调的是:

> 他的用法而不用术,正是初期法家的富有进步性的地方。初期法家主张公正严明,一切秉公执法,以法为权衡尺度,不许执法者有一毫的私智私慧以玩弄权柄。②

并且认为,吴起、商鞅乃至"染上了黄老色彩"的慎到,都是这样。由此进一步肯定"纯粹法家"是"以富国强兵为目标",虽然采取的是"国家本位",但不一定是"王家本位"。第四位是申不害,认为他与李悝、吴起、

---

① 郭沫若:《前期法家的批判》,《十批判书》,第272页。
② 郭沫若:《前期法家的批判》,《十批判书》,第285—286页。

商鞅等的倾向"完全不同"，严格地说应该称为"术家"。所谓"术"，是执法者以私智私慧玩弄法柄的东西，与"法"是"不两立"的。这种"帝王南面之术"，倡导于老聃、关尹，而发展于申不害。从现存的"零章断句"推断，申不害的主张"完全是以人主为本位"的，把法放在"不足轻重"的地位。《韩非子·定法》中所说"申不害不擅其法，不一其宪令，则奸多"，正是法家与术家"不同的地方"。

1945年9月，在校完《十批判书》的第二天，又补写了《后记之后二》，指出《管子》书中多法家言，《法法》《任法》《明法》诸篇，其"理论确渊源于慎到，而为韩非所本"，明显地表现出是慎到与韩非之间的"桥梁"。对于《明法》篇别有《明法解》，认为"或许即是慎到在稷下学宫里的教本"，一经一传，分明是师徒之间"传授的讲义录"。这一发现，进一步找出法家思想发展的来龙去脉，找到韩非思想的另一来源。显然，这是在校书过程中所得。可见，不仅校书难，著书做学问更难！

三　探究道家渊源与流别

1944年8月底，郭沫若考出宋钘、尹文遗著，写成《宋钘尹文遗著考》这篇颇见功力的考证文章，找到初期道家站在黄老立场以调和儒墨的"重要的环节"，使他对于稷下黄老学派的清算"得到了一个头绪"。接着便开始《稷下黄老学派的批判》一文的写作，初名《稷下黄老学派之勃兴》，把稷下学的研究推进到一个新的高度。

9月1日，开始了对道家的系统研究。指出道家的名称虽不古，其思想却很有渊源，相传是"祖述黄帝、老子"的，肯定其为先秦各家中渊源最长的一家。同时，提醒人们注意，黄老之术是"培植于齐，发育于齐，而昌盛于齐"的。在齐威王、宣王至襄王时，齐国国都西门之下，即所谓"稷下"，有一个学术中心，似乎是一种"研究院的性质"。在这个研究院性质的地方，有不少有名的学士的派别，如儒家的孟、荀，阴阳家的邹衍、邹奭，还有名家，但没有墨家，而以道家"占最大多数"。这些道家，当然都以"发明黄老道德意"为其指归,有一些共同的倾向,但他们的派别"也不尽相同"。依据《庄子·天下》的分析,知道当时道家主要分为三派,即宋钘、尹文的一派,田骈、慎到的一派,关尹(环渊)的一派。它们的兴起,在学术史上有其意义和贡献,这就是:

> 到稷下先生时代,道家三派略有先后地并驾齐驱,不仅使先秦思想更加多样化,而且也更加深邃化了。儒家、墨家都受了他们的影响而发生质变,阴阳、名、法诸家更是在他们的直接感召之下派生了出来的。①

接下来,分别对三个派别做出考察。

宋钘、尹文一派,基本上是发挥《宋钘尹文遗著考》中的观点,因其是以"调和儒墨"的态度出现的,而强调它在学术史上的"连锁作用"。

慎到、田骈的一派,在郭沫若看来,是把道家的理论"向法理一方面发展"了,甚至认为这一派"或至少慎到一人才真正是法家"。韩非思想虽然主要是慎到学说的再发展,但是发展"向坏的方面",渗进了申子或关尹、老聃的"术",使慎到的"法理完全变了质"。对于慎到,他是这样评论的:

> 法家在慎到这个阶段是还适应着社会变革的上行期,还在替人民设想,而没有专替新起的统制者设想——韩非便和这相反——是还富有进步性的东西。大体上他也在调和儒墨,承继了儒家的虚君的理念,虽然也在谈礼,但更把它发展而为法了。发展而为法的这一点,和墨家"尚同"之义接近,但补充了它的空虚。②

论及关尹、老聃一派,在发挥1934年底所作《老聃、关尹、环渊》一文中基本观点的同时,指出"庄子一派的人确实是把他们作为道家的正统在看待"。当从现存《道德经》中看到"很露骨地"在主张着"愚民政策"

---

① 郭沫若:《稷下黄老学派的批判》,《十批判书》,第139页。
② 郭沫若:《稷下黄老学派的批判》,《十批判书》,第147—148页。

的时候，又立即指出，这如果是关尹的发展，便是对于新时代的"统治者效忠"了。接着分析说，"不以人民为本位的个人主义"，必然要发展成这样的，再进一步便否认一切文化的效用而"大开倒车"。对于这一派演化为术家，是大加挞伐的：

> 老聃之术传于世者二千余年，经过关尹，申不害，韩非等人的推阐，在中国形成为一种特殊的权变法门，养出了大大小小不计其数的权谋诡诈的好汉……

写到结尾，再以更有力的一笔，揭示道术是"纵使礼教以吃人"的"更加神通广大的嗜血大魔王"。①

《庄子的批判》是对道家的进一步研究，也可以说是《稷下黄老学派的批判》一文的续篇。

黄老思想虽然在齐国受到保护，在稷下学宫中最占优势，但它的三派分别演化为名家（宋、尹一派）、法家（慎、田一派）、术家（关尹一派）。真正的道家思想，如果没有庄子的出现，可能就失掉其在学术史上的痕迹了。正因为有了庄子的出现，从稷下三派吸收他们的精华，而"维系了老聃的正统"，才形成与儒、墨两家"鼎足而三"的局面。然而，庄子的师承渊源并不清楚。庄子没有到过齐国，跻身稷下学宫，与宋、尹、慎、田、关等最多也"只是间接"的关系。郭沫若将其对儒家八派中"颜氏之儒"的研究结果引用过来，认为庄子是"从颜氏之儒出来"的，而后自己成立了"一个宗派"。不过，庄子并没有存心以"道家"自命，只是因为有庄周及其后学们的"阐扬和护法"，才有"这个宗派"的建立。

庄子作为道家的"中心人物"，吸收了稷下三派的哪些精华，又是如何维系"老聃的正统"而"成一家言"的呢？

首先，黄老学派的宇宙观是"全部被承受了"，即以"道"为演造宇宙万物而超越感官和时空的本体，并拜其为老师。把这种"道"学会了的人，

---

① 上引见郭沫若《稷下黄老学派的批判》，《十批判书》，第160—161页。

就是"有道之士",也即"真人"(真正的人)。《庄子·天下》把关尹、老聃称为"古之博大真人",表明庄子或其后学是以关尹、老聃"为合乎他们所理想的人格"的。

紧接着指出的另一点是:

> 从庄子的思想上看来,他只采取关尹、老聃的清静无为的一面,而把他们的关于权变的主张扬弃了。……他只是想折衷各派的学说而成一家言,但结果他在事实上成为了道家的马鸣龙树。①

同时认为庄子与关尹、老聃"分歧的地方"主要是:他并不想"知雄守雌,先予后取,运用权谋诈术以企图损人"而已。指出庄子在"消极一方面的特色"后,又告诉人们,庄子在事实上也并不是"完全忘情于世道"的人。他主张"无情",但并不非战;他也谈治天下的大道理,但不专一"尚法"。在这些地方,庄子又"情不自禁"地依然透露着"儒家本色"。

庄子为什么要向关尹、老聃"清静无为"的一面发展呢?郭沫若也有明确的回答:

> 经过动荡之后的反省和失望,就是酝酿出庄子的厌世乃至愤世倾向的酵母。②

庄子的前一代人奔走呼号,要求奴隶的解放,要求私有权的承认,要把人当成人,把事当成事,此时是实现了。韩、赵、魏、齐都是新兴的国家,是由奴隶王国蜕化出来的,然而又怎么样呢?新的法令成立了,私有权确实神化了,而受到保障的只是新的统治阶级。他们更聪明,把你发明的一切斗斛、权衡、符玺、仁义,通通盗窃了去,成为他们的护符。而下层人民呢?在"新的重重束缚"里面,依然"还是奴隶,而且是奴隶的奴隶"。因此,庄子对于现实的一切,是"采取着不合作的态度"的。对此,郭沫

---

① 郭沫若:《庄子的批判》,《十批判书》,第174页。
② 郭沫若:《庄子的批判》,《十批判书》,第168页。

若认为,"悲观是很悲观",在当时却"不失为是一种沉痛的批判!"

通盘考察了庄子的思想之后,又进一步分析了道家与儒家、墨家"鼎立的形势"以及庄子思想的流弊。

关于儒、道、墨三家鼎足而立的关系,郭沫若的基本分析是,道与儒比较接近,墨则处在另一个极端,文中有这样的一段概括:

> 从大体上说来,在尊重个人的自由,否认神鬼的权威,主张君主的虚位,服从性命的桎束,这些基本的思想立场上接近于儒家而把儒家超过了。在蔑视文化的价值,强调生活的质朴,反对民智的开发,采取复古的步骤,这些基本的行动立场上接近于墨家而也把墨家超过了。①

对庄子厌世消极思想及其后学的批判中,郭沫若为后人留下两段很精彩的论述。其一,挖出了中国两千多年来滑头主义处世哲学的老根。庄子及其门徒,由于愤慨礼乐仁义为大盗所盗,为避开那些欺世盗名的大盗,必须想出一套不能被盗的法宝,至少应该想出借以保全自己或安慰自己的办法。于是,来了一套大法宝,"藏天下于天下",以为这还盗得去吗?殊不知,仍然给盗了去。他所理想的"真人"不是一二传即成为阴阳方士之流的神仙了吗?就连秦始皇也盗窃他的"真人"的徽号。结果是:庄子理想的恬淡无为,也被盗窃成为两千多年来的统治阶层的武器。"上级统制者用以御下,使天下人消灭了悲愤抗命的雄心";"下级统制者用以自卫,使自己收到了持盈保泰的实惠"。两千多年来的"滑头主义哲学",封建地主阶层的"无上法宝",事实上却是"庄老夫子这一派所培植出来"的。其二,庄子后学流而为"卑污"乃至堕为骗子,与其思想的局限直接相关。最后,以下面的论述结束对庄子思想的批判:

> 大凡一种思想,一失掉了它有(的)反抗性而转形为御用品的时

---

① 郭沫若:《庄子的批判》,《十批判书》,第180页。

候，都是要起这样的质变的。在这样的时候，原有的思想愈是超然，堕落的情形便显得愈见彻底。①

[本文原是一篇组合文章，第一部分原载《郭沫若与儒家文化》，山东人民出版社，1994；第二、三部分节选自《郭沫若的史学生涯》第四章"'十批'本是好文章"一节，社会科学文献出版社，1992。篇题为2016年11月新加]

附：

关于《十批判书》版本的一些问题

潘素龙

郭沫若《十批判书》1945年9月重庆群益出版社初版，1946年5月重庆群益出版社再版。1951年8月上海新文艺出版社新1版，1954年6月人民出版社第1版、1956年10月科学出版社新1版，1961年11月人民文学出版社根据人民出版社1954年版编入《沫若文集》第15卷。1976年10月人民出版社单行重印，郭沫若做过订正，1982年9月人民出版社根据订正本编入《郭沫若全集·历史编》第2卷。1945年群益出版社版（群益版）、1954年人民出版社版（人民版）、1982年《郭沫若全集·历史编》第2卷（全集版），是研究《十批判书》不可少的三个版本。

一

群益出版社1945年9月初版《十批判书》，作为"文化研究院丛书"分上、下册。上册为《古代研究的自我批判》和孔墨、儒家八派、稷下黄

---

① 郭沫若：《庄子的批判》，《十批判书》，第183页。

老学派、庄子、荀子批判 6 篇，下册为名辩思潮、前期法家、韩非子、吕不韦与秦王政批判 4 篇以及《后记——我怎样写〈青铜时代〉和〈十批判书〉》《后记之后》。这一版需要提出的是，郭沫若做完《十批判书》最后一校，深感校书不易，写了下面一段文字：

《青铜时代》和《十批判书》都由我自己校对了几遍，但终不免仍有错字，深感校书之难。中国假如专由我辈任校对，而有更笃实的学者著书，学术界的进展谅必大有可观了。一九四五年九月廿七日夜半校完《十批判书》后写此。郭沫若（印章）

群益出版社特意铸成锌版印为插页，附在卷首。谢保成教授在《郭沫若的史学生涯》一书中特别谈到郭沫若的这一墨迹，认为"确实不是凭空而发"。[1] 一些回忆群益出版社的文章都提到这一校后语，[2] 但都没有公布郭

---

[1] 《郭沫若的史学生涯》，社会科学文献出版社，1992，第 229 页。
[2] 如上海《社会科学》1983 年第 7 期翁植耘文；《郭沫若与群益出版社》书中吉少甫、刘盛亚、屈楚、晓蓉等人所写回忆（百家出版社，2005，第 10、31—32、46、139 页）。

沫若的墨迹。今承谢保成教授提供这一插页的复印件（18cm×12cm），借此公之于众。这一段感慨文字在今天仍然很有现实意义，倘若大家都能够认真地对待"校书"，我们的出版物一定会减少许多不应有的差错，更不会闹出大笑话！遗憾的是，初版以后各版本都不再保留这一插页，也没有交代或说明。今天发表于此，希望对纠正学风浮躁能够起到积极作用。

二

1951年8月上海新文艺出版社出版新1版，借改版的机会，郭沫若"作了一些修改和补充"，写了一篇《改版书后》。重要的修改和补充是：写"儒家八派"一文时，根据《韩非子·显学》的列举，把子夏氏之儒除外了，当时"不知道是什么原故"。《改版书后》明确说出："这原故，在一两年之后我突然发觉到了。我所清理过的'前期法家'，其实，主要就是'子夏氏之儒'"，"我有了这一发觉，因此在《儒家八派的批判》与《前期法家的批判》中便有了一些添改，特别是在后者我贴了一段《结语》，把这些意思写进去了"。改版的《儒家八派的批判》将原先"八派中把子夏氏之儒除外了，不知道是什么原故。我们现在姑且根据这八派来阐述儒家思想的展开"的一段文字，改为："八派中把子夏氏之儒除外了，这里有一个重要的关键。这是韩非子承认法家出于子夏，也就是自己的宗师，故把他从儒家中剔出了。现在只根据这八派来阐述儒家思想的展开。子夏氏之儒，我准备把它蕴含在《前期法家的批判》里面去叙述。"改版的《前期法家的批判》，在原先的第四节"申不害"之后增加了一个约750字的结语，说明李悝、吴起、商鞅、慎到、申不害"都是以学者的立场，以一定的法理为其立法的根据的"，从这里便"可以踪迹出两个渊源"：李悝、吴起、商鞅"都出于儒家的子夏，是所谓'子夏氏之儒'"，慎到、申不害则"属于黄老学派"，但慎到的"明法主张是受了子夏氏之儒的影响"。由此，郭沫若断定："前期法家，在我看来是渊源于子夏氏。"同时，分析了《韩非子·显学》儒家八派唯独没有"子夏氏之儒"的原因和秦汉以后"子夏这一派又成了儒家的正宗"的原因。1951年8月上海新文艺出版社新1版、1954年6月人民出版社第1版、1956年10月科学出版社新1版,都保持着这次改版的文字。

关于这次改版,有两点应注意。第一,1946年6月郭沫若作为第三方面(民主同盟、青年党和无党无派的社会贤达)代表之一赴南京,参加调解国共和谈工作。21日中午在梅园新村会见周恩来,没到午饭时,马歇尔来电话相邀,周恩来便匆匆赶了过去,郭沫若回到寓所,独自翻阅《十批判书》,便有了"一个新的见解":

> 《荀子》书中屡屡斥骂"子张氏之贱儒,子夏氏之贱儒,子游氏之贱儒",足证荀子当时,这三家儒者还有相当的人数。然到《韩非子》的《显学篇》提到当时的儒家八派的时候,说"有子张之儒、子思之儒、颜氏之儒、孟氏之儒、漆雕氏之儒、仲良氏之儒、孙氏之儒、乐正氏之儒",子思本子游的弟子,子思之儒即子游氏之儒是可以了解的,而却没有重要的子夏氏之儒。这个问题,我以前悬为疑案而没有得到解决,躺在床上突然得到了一个答案。法家多出于子夏之门,前期的几个主要人物,如李悝(亦即李克),吴起,商鞅,都是子夏的弟子或再传弟子。韩非是这一派的云仍。韩非提儒家八派而不提子夏氏的一派,可能是没有把这一派当成儒家,或者是为祖师讳,不敢提出来责骂。①

这就是《改版书后》所说"在一两年之后我突然发觉到了"子夏氏之儒的情况。在国共和谈的重大历史时刻,郭沫若仍然不忘学术思考,这对于政治、学术兼而为之的人来说,的确是一个很好的榜样。

应注意的第二点是,郭沫若将《十批判书》的《改版书后》又编入了《奴隶制时代》一书1954年人民出版社第1版,名以《蜥蜴的残梦》,副题为"《十批判书》改版书后"。1961年11月人民文学出版社出版《沫若文

---

① 《南京印象》,群益出版社,1946,第32—33页。

集》第15卷，在出版说明中写道：根据人民出版社版本编入，唯删去《改版书后》一篇，以其曾收在《奴隶制时代》一书，将另编入《沫若文集》第17卷。自此，《十批判书》的《改版书后》便成为《奴隶制时代》一书的一篇，似乎与《十批判书》没有多大关系了。这一改动的结果是，读者即便阅读了1961年以后出版的《十批判书》全书，也不会知道1945—1950年郭沫若所做的重要修改和补充，以致把书中50年代的观点当成最初的观点来引用，对于分析、研究郭沫若学术思想难免产生误导作用。

《郭沫若全集·历史编》第2卷说明：《十批判书》"一九七六年人民出版社重印本书，作者作了若干文字订正；本卷是根据一九七六年版编入的"。似乎表明这是一个与人民版（即《沫若文集》版）不尽相同的版本，但据近日对勘《吕不韦与秦王政的批判》，比较人民版，未见全集版有多少"文字订正"，更未见有重要改动。总之，引用《十批判书》，当以群益版、人民版、全集版三个版本相对照。至于"一九七六年七月版删去《稷下黄老学派的批判》和《后记之后》"的说法，① 有待进一步核对。

三

说一说《改版书后》中没有提到的《吕不韦与秦王政的批判》的改动。这是《十批判书》中写作时间最早、文字最长，也最特殊的一篇文章。1943年9月，郭沫若为收集惠施的材料而读《吕氏春秋》，发现"吕不韦当为一非凡人物"，"儒、道、墨、法，冶于一炉，细心考之，必有所得"。9月25日动笔，10月3日完成，名为《吕不韦与秦代政治》，在文工会连续三次讲演，发表在当年12月《群众》第8卷第20、21期合刊和第22期。1945年4月收入《先秦学说述林》一书，改名《吕氏春秋与秦代政治》，1945年9月收入《十批判书》，定名《吕不韦与秦王政的批判》。

郭沫若把吕不韦与秦始皇置于"绝端的对立"的立场，认为"吕不韦

---

① 王训昭、卢正言、邵华、肖斌如等编《郭沫若研究资料》（下），中国社会科学出版社，1986，第206页。

在中国历史上应该是一位有数的大政治家","是代表着新兴阶层的进步观念而企图把社会的发展往前推进一步的人","秦始皇则相反,他是站在奴隶主的立场,而要把社会往后扭转"的人物。吕不韦的见解"对于秦国的政治是一种改革,甚至是革命",而秦国内部的"莫大的阻力",初期是后党嫪毐,其后便是秦始皇自己。

改版以后,郭沫若对吕不韦、秦始皇的看法均有较大改变。改版前称吕不韦"一定是一位民主思想者,至少可以说是一位民主的政治家","吕不韦是代表着新兴阶层的进步观念而企图把社会的发展往前推进一步的人";改版后改为"吕不韦本人倒可以说是一位进步的政治家","吕不韦是封建思想的代表"。关于秦始皇,改版前说"我在前曾经认为秦始皇是中国封建时代的真正的开山,但经我近年研究的结果,我弄明白当时的情形是有点两样的",改版后删除此句。改版前称秦始皇是"一位怪杰""天生的独裁者",改版后称秦始皇为"这一伟大人物""伟大的独裁者"。改版前有"近时学者颇有人陶醉于秦始皇的伟大,过分陶醉的结果便不惜多方为之粉饰。有的说秦始皇正是实行了儒家的主张,这不仅没有懂到儒家,而且也没有懂到秦始皇。有的说天下的丧乱不是秦始皇的罪而是秦二世的罪,秦二世固然不是好材料,但他做皇帝还不及一年天下就乱了,要叫他来负全责未免太不公平。在陶醉中的视线是找不到焦点的,连顾炎武与章太炎那样的大学者都免不了这样的毛病,其余也就可以不用说了"一大段文字,改版后全部删掉。为便于对照,特别做了一个《吕不韦与秦王政的批判》主要改动对勘表附在文末,以供读者参考。

为什么出现上述情况?除了郭沫若对秦以前社会认识的改变、历史人物评价标准的变化外,还在于郭沫若撰写此文基本属于"凭个人好恶"而作,"忽尔意动,欲写《吕不韦与秦始皇》,写此二人之斗争",① 尚未形成"把古代社会的发展清算了,探得了各家学术的立场和根源,以及各家之间的相互关系,然后再定他们的评价"的系统方法,② 因而此文在《十批判书》中显得有些特别,既不像第一篇"清算"古代社会,又不像其他八篇

---

① 《十批判书·后记》,《十批判书》,第414—415页。
② 详见谢保成《郭沫若学术思想评传》,第199页。

"清算"诸子学术思想。倘若在"社会机构得到明确的清算"之后再来"清算"《吕氏春秋》的学术思想，或许就不会出现这些问题了。郭沫若对秦始皇认识的改变，须做认真、系统的考察，这里仅就《吕不韦与秦王政的批判》一文的改动提出问题而已。

《吕不韦与秦王政的批判》主要改动对勘

所在部分	群益版（1945）	人民版（1954）、全集版（1982）
（一）	就在崇拜秦始皇的人，我相信，也是一样满足的；因为私生子多是大英雄大豪杰，孔子不是私生子吗？耶稣不是私生子吗？秦始皇之所以非凡，私生子不正好是一件要素？是的，的确连我自己有时候都曾经这样想过，我在前曾经认为秦始皇是中国封建时代的真正的开山，但经我近年研究的结果，我弄明白当时的情形是有点两样的（第341页）	因为历史上有好些伟大人物往往是私生子，例如孔子是私生子，耶稣也是私生子。秦始皇之非凡，也正好像为私生子增加了光荣（人民版第390页，全集版第392—393页）
（二）	则昌文君应该就是文信侯的别号，照道理上讲来文信侯也是应该辅助秦始皇诛嫪毐的（第345页）	则昌文君应该就是文信侯的别号，或即"吕不韦"三字的讹误。照道理上讲来文信侯也是应该辅助秦始皇诛嫪毐的（人民版第394页，全集版第397—398页）
（四）	五性与五事只有孟夏纪里面有"礼"与"视"两项，其他也是据别种资料补充的（第354页）	五性与五事只孟夏纪有"礼"与"视"，其他据别种资料补入。五兵据《管子·幼官篇》补入。《管》书无矢，《易》言"金矢""黄矢"故据补（人民版第404页，全集版第407页）
（五）	第四，他是讴歌禅让制的（第360页） 第五，他主张虚君主制（第360页） 无疑地，吕不韦本人一定是一位民主思想者，至少可以说是一位民主的政治家（第363页）	第四，他讴歌禅让（人民版第410页，全集版第414页） 第五，他主张君主无为（人民版第411页，全集版第414页） 无疑，吕不韦本人倒可以说是一位进步的政治家（人民版第413页，全集版第417页）
（七）	"秦王为人蜂准、长（张）目、鸷鸟膺、豺声，少恩而虎狼心。居约易出人下，得志亦轻食人。"（第372页）	"秦王为人蜂准、长（张）目、鸷鸟膺、豺声，少恩而虎狼心。居约易出人下，得志亦轻食人。"（人民版第424页，全集版第427页）

构筑研究诸子方法体系,探究儒、法、道思想源流 | 167

续表

所在部分	群益版(1945)	人民版(1954)、全集版(1982)
(八)	秦始皇这一位怪杰(第375页) 但从建设重于毁坏这一点说来,我们是应该称赞秦始皇而骂楚霸王的(第381页) 但我想那位天生的独裁者,对于吕氏这书一定是视为目中钉的,当然也是训者谆谆而听者藐藐了(第381页)	秦始皇这一伟大人物(人民版第428页,全集版第431页) 但从建设重于毁坏这一点说来,我们是应该宽假秦始皇而痛恨楚霸王的。请注意:楚霸王原本是楚国的一位没落贵族(人民版第433页,全集版第437页) 但我想那位伟大的独裁者,对于吕氏这书一定是视为眼中钉的(人民版第434页,全集版第438页)
(九)	这些"书"当然也就是天下远近所上陈的密报之类。要有这样多的密报才合格,那天下的狱吏网也必然大造密报了(第384页)	这些"书"在当时大抵是用竹木简,故能积累成那样大的重量。但就是那样,分量已是不小的(人民版第437页,全集版第441页)
(十一)	这不真是连错也错到了好处的吗?不过这明明是吕不韦重农政策下的一项大工程,这项成功我们是应该记在吕氏项下的(第394页)	这不真是连错也错到了好处的吗?(人民版第448页,全集版第452页)
(十二)	但秦所采取的整个战略是南进北守,这明明是错了。侵南用了五十万人,而御胡则仅三十万,由这兵力的悬殊可知秦的主力是用于侵略。加以万里长城的完成,更完全布的是一个守势阵,尤其不应该的是南北两面同时作战,所以弄得来供应不灵,天下扰攘。假使当时不采取侵略性的南征,而集中兵力一致向北,以那筑长城所耗费的人力物力来从事,我相信一定可以把匈奴平定,不仅可以免除了今后历史上的千余年的长患,而北部民族早就可以和汉族合而为一了。近时学者对于秦时代的南征北伐颇致赞美,但过细推论起来实在是功不掩过。主要的还是侵略性的战争坏了事,这是无可讳言的(第398页)	但秦所采取的整个战略是南进北守,征南用了五十万人,而御胡则为三十万,由这兵力的悬殊可知秦的主力是用于南征。加以万里长城的完成,在北面更布就了一个守势。尤其不应该的是南北两面同时作战,所以弄得供应不灵,天下扰攘。秦代统治的颠覆无疑就因此而被促进了(人民版第453页,全集版第456页)
(十三)	……而是两个阶层,两个时代的对立。周秦之际在中国历史上是一个大转换的时期,这无论是新旧历史观都是一致的……吕不韦是代表着新兴阶层的进步观念而企图把社会的发展往前推进一步的人,秦始皇则相反,他是站在奴隶主的立场,而要把社会往后扭转,事实上他是成功了一忽,他创造出了一个短时间的大奴隶制的中心集权社会。他把六国兼并了之后,把六国的奴隶主和已经解放了的人民,整个又化为了奴隶(第401页)	……而是两个时代的对立。周、秦之际在中国历史上是一个大转换的时期,这不论历史观的新旧是一致着的……吕不韦是封建思想的代表,秦始皇则依然站在奴隶主的立场。秦始皇把六国兼并了之后,是把六国的奴隶主和已经解放了的人民,又整个化为了奴隶(人民版第455页,全集版第459页)

续表

所在部分	群益版（1945）	人民版（1954）、全集版（1982）
（十三）	中国奴隶制向非奴隶制的转移，姓氏的混同与普及是一个分水岭。在古，女子有姓，男子有氏，春秋时犹然。继则姓氏不分，男子以氏为姓，有姓者为贵族，故古时"百姓"实乃贵族。庶人本无姓氏，然在战国年间，庶人抬头，于是姓氏始见普及。陈涉吴广之姓陈姓吴，尽管"少时尝与人佣耕"，可见都是已经解放了的自由人，然而明明在做着秦人的奴隶。 因此秦始皇时代实在是奴隶制的大逆转。他形成了那样一个短时期的中央集权的奴隶社会，由奴隶制言可以比为回光返照，由后一阶段的非奴隶制言可以比为水达沸点前的一时镇静。然而在那镇静的外貌下是有猛烈的冲击的。果然，等秦始皇一死，不几一年天下鼎沸了。 近时学者颇有人陶醉于秦始皇的伟大，过分陶醉的结果便不惜多方为之粉饰。有的说秦始皇正是实行了儒家的主张，这不仅没有懂到儒家，而且也没有懂到秦始皇。有的说天下的丧乱不是秦始皇的罪而是秦二世的罪，秦二世固然不是好材料，但他做皇帝还不及一年天下就乱了，要叫他来负全责未免太不公平。在陶醉中的视线是找不到焦点的，连顾炎武与章太炎那样的大学者都免不了这样的毛病，其余也就可以不用说了。 复次，中国之被称为 China 即拉丁文的 Thin 希腊文的 Sinae 梵文 Cina 希伯来文 Sinium 等，有人说都是"秦"的对音，这在道理上是说得过去的。因为中国古时和西方乃至印度的交通是靠着西北的陆路，故外来的人先知道有"秦"或仅知道有"秦"。但这不当始于秦始皇，或尚在其前。而有的学者乃竟引此以为秦始皇的赞美材料。这样假如也合逻辑，那吗中国又被称为 Kitai 或 Cathey，是契丹对音，岂不是契丹也可以赞美了吗？（第402—403页）	奴隶制向封建制的转移，隶书的普及可以比作为一个标识。奴隶所用的简便字体在汉代便一般化了。姓氏的混同与普及也可以作为一个标识。在古，女子有姓，男子有氏，春秋时犹然。继则姓氏不分，男子以氏为姓，有姓者为贵族，故古时"百姓"实乃贵族。庶人本无姓氏，然在战国年间，庶人抬头，于是姓氏始见普及。陈涉吴广之姓陈姓吴，尽管"少时尝与人佣耕"，可见都是已经解放了的自由人，然而明明在做着秦人的奴隶。 因此秦始皇时代，看来是奴隶制的大逆转。由奴隶制言，可以比为回光返照，由后一阶段的建设制言，可以比为水达沸点前的一时镇静。然而在那镇静的外貌下是有猛烈的冲击的。果然，等秦始皇一死，不及一年天下鼎沸了（人民版第457页，全集版第460页）

续表

所在部分	群益版（1945）	人民版（1954）、全集版（1982）
（十四）	吕氏是主张急学尊师的人……这就到现代也还不失为是良好的教条。他把尊师当成和孝亲一样的达德……但他所要人尊敬的师……（第404页）师道之所以尊，不用说是因为学术下移，读书成为了职业，教书也成为了职业的原故。始皇曾尊吕氏为"仲父"，当然是以师事之……吕氏门下的那批学者，究竟往那儿去了呢？消灭了，真是完全和烟云一样消灭了。……是永不磨灭的（第405页）……上郡守的名字可惜看不清楚，或许就是蒙恬的恬吧？（第405页）	作为封建思想的赞礼者，吕氏是主张急学尊师的人……这在当时的历史阶段上说是比较进步的思想。他把尊师当成和孝亲一样的达德……孝道之被重视，是因为私有财产权合法化，财产继承权受到重视。师道之所以尊，是因为学术文化下移，读书成为了职业。这种尊师重道的思想是奴隶制时代所不能有的。但吕氏所要人尊敬的师……（人民版第458—459页，全集版第462页）始皇曾尊吕氏为"仲父"，当然是以师礼事之……吕氏门下的那批学者，可能是完全被消灭了。……是由永存的价值的（人民版第459页，全集版第462—463页）……上郡守的名字可惜看不清楚。（人民版第460页，全集版第463页）
篇末	（追记）史记秦始皇本纪言"秦王为人蜂准、长目、鸷鸟膺、豺声"。长目余曩疑读为张目，然观蜂、鸟、豺等均动物名，长疑马字之误，方能为类。"马目"亦形容其眼球突出之病态也。（一九四五年九月二十八日）（第406页）	按：追记，在人民版、全集版改作第七部分引尉缭话的注文，文字稍有变动："'长目'疑当作'马目'，如此方与上下文的'蜂'、'鸷鸟'、'豺'、'虎狼'等动物名汇为类。'马目'形容其眼球突出。"人民版为篇末注文〔三〕，全集版为第427页页下注。"（一九四五年九月二十八日）"删除

此外，人民版、全集版都增加了4则注文，为群益版所无，分别在群益版第342页"第二，和春申君与女环的故事"，第345页"则昌文君应该就是文信侯的别号，照道理上讲来文信侯也是应该辅助秦始皇诛嫪毐的"，第372页"秦王为人蜂准、长（张）目、鸷鸟膺、豺声，少恩而虎狼心。居约易出人下，得志亦轻食人"，第405页"上郡戈藏朝鲜平壤中学，余曾得其照片"四句之下。

［原载《郭沫若学刊》2010年第2期］

[补记]

潘素龙文对"十批"文字的主要改动均有对勘,上文中只选了《吕不韦与秦王政的批判》一篇的对勘,下面将其他九篇的对勘一并附出,以见郭沫若50年代以后的文字改动情况。

《古代研究的自我批判》主要改动对勘

所在部分	群益版（1945、1946）	人民版（1954）、全集版（1982）
（一）	现在是达到了能够作自我批判的时候,也就是说能够作出比较可以安心的序说的时候（第1页） 继王国维之后,在这一方面贡献最多的要算是董作宾。他同李济博士从事殷虚的科学发掘固然是永不磨灭的功绩,而董氏在卜辞研究上进到断代研究的一步,在作为他个人的功绩上是尤其辉煌的。卜辞是由武丁至殷末（董氏以为迄于殷亡,余则信只及帝乙中年,论尚未定）的遗物,绵延二百年左右,先年只能混沌地知其为殷,近年来主要即由于董氏的研究,我们可以知道每一辞或每一片甲骨是属于那一王的绝对年代了（第4页）	现在是达到了能够作自我批判的时候（人民版第1页,全集版第3页） 王国维死后,殷虚的科学发掘使卜辞研究进到断代研究的一步。卜辞是由武丁至殷末的遗物,绵延二百年左右,先年只能混（浑）沌地知其为殷,近年我们可以知道每一辞或每一片甲骨是属于那一王的绝对年代了（人民版第4页,全集版第6页）
（二）	要考察周初的产业情形,最好是周颂里面的几篇关于农事的诗。没有用韵的一两首如噫嘻,如臣工,特别的早,有韵的便要稍后些（第19页） 这是没有韵的诗,非常朴素（第20页）	要考察周初的产业情形,最好的资料是周颂里面的几篇关于农事的诗。噫嘻、臣工,特别的早（人民版第22页,全集版第24页） 这诗,非常朴素（人民版第22页,全集版第24页）
（七）	弦高退秦一段,无注（第48页）	增加注［一七］"弦高退秦公的这段故事……"（人民版第54、70页,全集版第58页注①）
（八）	管仲相齐桓公［十一］以下根据《国语·齐语》（第54、62页） 这种现象,就在近代的科学史中也有类似的例子。例如门德尔遗传律在发表当时为达尔文的进化论所掩,埋没了三十六年之后又才被人再发现,这是很有名的故事。幸而是在现代,印刷方便,故门德尔的业绩未至失传,不然岂不是永远消灭了吗？（第60页）	管仲相齐桓公［十九］以下根据《国语·齐语》及《管子·小匡篇》（人民版第61、70页,全集版第65页下注） 这种现象,就在近代的科学史中也有类似的例子（人民版第68页,全集版第72页）
篇末	无	（一九四四年七月十八日）（全集版第73页）

构筑研究诸子方法体系，探究儒、法、道思想源流 | 171

《孔墨的批判》主要改动对勘

所在部分	群益版（1945、1946）	人民版（1954）、全集版（1982）
（一）	那样愤慨，不仅痛骂了子路，而且还赌咒发誓，宁愿"死于道路"（第74页）	那样愤慨，痛骂了子路一顿（人民版第83页，全集版第86页）
（二）	因而他又强调学（第78页） 讴歌选贤与能，讴歌君主虚位матери（第88页） ……就连孔子也没有怎么接受它而已。这种彗星式的学说出现并不是稀罕的事。例如门德尔的遗传律不是被达尔文的进化论所淹没，直在发表后三十五年才被人再发现了吗？［注四］老子的学说经过间歇之后……（第90页） ［注四］门德尔（Momdel）是奥国布吕恩的僧正，从一八六六年发表其《植物交杂之实际》，发现遗传定律，但不为人所注意。直至一九〇〇年遗定律又有三位学者同时发现，门氏论文也才再被发现。中间被淹没者凡三十五年	因而他又强调学。论语一开头的第一句便是"学而时习之，不亦悦乎！"（人民版第88—89页，全集版第91页） 讴歌选贤与能了（人民版第100页，全集版第103页） ……就连孔子也没有怎么接受它而已。老子的学说经过间歇之后……（人民版第102页，全集版第105页）
篇末		（一九四四年八月一日）（全集版第125页）

《儒家八派的批判》主要改动对勘

所在部分	群益版（1945、1946）	人民版（1954）、全集版（1982）
	……不知道是什么原故。我们现在姑且根据这八派来阐述儒家思想的展开（第109页）	……现在只根据这八派来阐述儒家思想的展开。子夏氏之儒，我准备把它蕴含在《前期法家的批判》里面去叙述（人民版第123页，全集版第126页）
（一）（按：群益版不分一、二、三、四、五、六、七、八，改版后分）	……岂是乡愿所能够做得到的？此外有关于子张和孔子的问对好多条……（第110页）	……岂是乡愿所能够做得到的！ 《艺文类聚》［一］引《庄子》佚文"子路勇且力，其次子贡为智，曾参为孝，颜回为仁，子张为武"，作为孔子向老子的介绍。这不一定是孔子自己的话，但可作为庄子或其后学对孔门五子的批评。"子张为武"，所根据的大约就是上面所述的那些精神吧。武与用有别，屈原《国殇》"诚既勇兮又以武"，也是把武与用分开来的。这就明显地表明：勇指胆量，武指精神了。 此外在《论语》中有关于子张和孔子的问对好多条……（人民版第125页，全集版第128页） ［一］见《艺文类聚》卷九十，又见《太平御览》卷九一五（人民版第151页，全集版第128页下注）

续表

所在部分	群益版（1945、1946）	人民版（1954）、全集版（1982）
（二）	……"信"就是"诚"了。他说"万物皆备于我矣，反身而诚，乐莫大焉"。又说"诚者天之道也，思诚者人之道也，至诚而不动者未之有也，不诚未有能够动者也"。其在《中庸》"……从容中道，圣人也"。诚是"中道"，这不合乎"土神则信"……（第118页）	……"信"就是"诚"了。他说："人之于父子也，义之于君臣也，礼之于宾主也，知之于贤者也，圣人之于天道也。命也，有性焉，君子不谓命也。"这儿与仁义礼智为配的是"天道"。"天道"是什么呢？就是"诚"。"诚者天之道也，思诚者人之道也，至诚而不动者未之有也，不诚未有能够动者也。"其在《中庸》"……从容中道，圣人也"。这是"从容中道"的圣人，也就是"圣人之于天道"说明，是"万物皆备于我矣，反身而诚，乐莫大焉"的做人的极致。再者，诚是"中道"，这不合乎"土神则信"……（人民版第133页，全集版第136—137页）
（三）	据此，足见子思也是一位禁欲主义者了。连子思孟子都有这样严格禁欲的倾向，颜氏之儒会有心斋坐忘一类的玄虚，那是不足为异的（第126页）	据此，足见子思也是一位禁欲主义者了。曾子的一句话颇费解，但在庄子《让王篇》有一段故事可相印证。"曾子居卫，缊袍无表，颜色肿哙，手足胼胝，三日不举火，十年不制衣，正冠而缨绝，捉衿而肘见，纳屦而踵决，曳纵而歌《商颂》，声满天地，若出金石。……"据此可见"是其庭可以捕鼠"乃表示食米狼藉，以致老鼠纵横，所斥责者的生活是与曾子相反的。曾参的作风，和他父亲曾点，不是颇相类似吗？连曾子、子思、孟子都有这样严格禁欲的倾向，颜氏之儒会有心斋坐忘一类的玄虚，那是不足为异的（人民版第144页，全集版第147页）
（五）	"仲良氏之儒"大约就是陈良的一派，"仲"是字，或者也怕就是"陈"字的坏残。……门徒想来一定也是不少的。……他在南方必得有所承受。可惜这一派的情形，我们更是"其详不可得而闻"了（第128页）	"仲良氏之儒"无可考，或许就是陈良的一派。……门徒一定不少的。……他在南方必得有所承受。唯仲良而její之，与陈良复有不同。或许"陈"是误字，因有陈相、陈辛而抄书者联想致误吧（人民版第147页，全集版第149—150页）
篇末		（一九四四年九月一日）（全集版第154页）

另，1972年在第三部分倒数三段末"子思名伋，与鲛同音，'空石之中'即为孔，荀子是痛骂子思的人，故因其'善射以好思'，故意把他姓名来'射'了一下"之后增加"陶渊明《八儒》有云：'居环堵之室，荜门圭窦，瓮牖绳枢。并日而食，以道自居者，有道之儒子思氏之所行也。'陶

氏去古未远，当有所据"一段文字。(《郭沫若全集·历史编》第 2 卷，第 147 页注①)

《稷下黄老学派的批判》主要改动对勘

所在部分	群益版（1945、1946）	人民版（1954）、全集版（1982）
	……这应该就是黄老之术，所以要托始于黄帝的主要原因（第 133 页）	……这应该就是黄老之术，所以要托始于黄帝的主要原因。[二]（人民版第 152 页，全集版第 155 页） [二] 这是主要原因，但原因并不止于此。《淮南·修务训》云："世俗之人贵古而贱今，故为道者必托之于神农、黄帝而后能入说"，道破了这种托古立说的用意（人民版第 184 页篇末注，全集版第 156 页页下注）
	……淳于髡、慎到、环渊、接子、田骈……（第 133 页）	……淳于髡、慎到、环渊、接子³、田骈……（人民版第 153 页，全集版第 156 页） ³ 此处称接子，《索隐》："古著书人之称号。"（全集版第 156 页页下注）
	……因而君长，在他是近于虚君制（第 145 页）	……因此君长，在他看来，不宜于专政（人民版第 165 页，全集版第 169 页）
	……（据《吕氏春秋·慎势篇》引）（第 147 页）	……（据《吕氏春秋·慎势篇》引）[四]（人民版第 168 页，全集版第 171 页） [四]《后汉书·袁绍传》注亦引此语，并云："《子思子商君书》并载其词，略同。"《商君书》乃依托，《子思子》已佚，恐其所引乃彭蒙语也。（人民版第 184 页篇末注，全集版第 171 页页下注）
	……继承了儒家的虚君的理念……（第 147—148 页）	……继承了儒家的"垂拱而治"的理念……（人民版第 165 页，全集版第 172 页）
篇末		（一九四四年九月十九日）（全集版第 187 页）

《庄子的批判》主要改动对勘

所在部分	群益版（1945、1946）	人民版（1954）、全集版（1982）
	马鸣龙树（第174页）	马鸣龙树［三］。 ［三］马鸣原奉婆罗门教，后受佛教徒胁尊者的影响，翻然归佛，著有《大乘起信论》等书，使大乘佛教为之兴隆。龙树是马鸣再传弟子，大弘佛法，摧伏外道，为三论宗、真言宗等论（人民版第198、208页，全集版第201页页下注）
篇末		（一九四四年九月二十六日）（全集版第212页）

《荀子的批判》主要改动对勘

所在部分	群益版（1945、1946）	人民版（1954）、全集版（1982）
	后来汉武帝的废百家，崇儒术，事实上是渊源于这儿的（第209页）	后来秦始皇的焚书坑儒，汉武帝的废百家、崇儒术，在这儿是有其一部分的渊源的（人民版第236—237页，全集版第241页）
	……哀公篇末尾的一段赞辞……（第217页）	……尧问篇末尾的一段赞辞……（人民版第246页，全集版第250页）
	他的答辩是：……引文无注（第192页）	而他的答辩是：……（人民版第217页引文无注，全集版第221页增①《荀子·性恶》）
	……所谓"一齐人傅之，众楚人咻之……"不也就是"居楚而楚，居越而越，居夏而夏"，两则引文无注（第194页）	所谓"一齐人傅之，众楚人咻之……"不也就是"居楚而楚，居越而越，居夏而夏"（人民版第219页两则引文无注，全集版第223页增①《孟子·滕文公下》、②《荀子·效儒》）
	……"犯分乱理，骄暴贪利……夫是之谓势辱"……"青取之于蓝而青于蓝，冰水为之而寒于水"，两则引文无注（第205页）	……"犯分乱理，骄暴贪利……夫是之谓势辱"……"青取之于蓝而青于蓝，冰水为之而寒于水"（人民版第232页两则引文无注，全集版第236页增①《荀子·正论》、②《荀子·劝学》）
	……"相地衰征"，引文无注（第212页）	……"相地衰征"（人民版第240页引文无注，全集版第244页增①《国语·齐语》）
	主尊贵之则恭敬而撙……夫视之为吉人，引文无注（第215—216页）	主尊贵之则恭敬而撙……夫视之为吉人（人民版第244页引文无注，全集版第248页增①《荀子·仲尼》）
篇末		（一九四四年十月三十一日）（全集版第251页）

《名辩思潮的批判》主要改动对勘

所在部分	群益版（1945、1946）	人民版（1954）、全集版（1982）
二	……余已别有考证，无注（第222页）	……余已别有考证［人民版第251页无注，全集版第255页增注①见作者《宋钘尹文遗著考》一文（《青铜时代》）］
三	《吕氏春秋·君守篇》"鲁鄙人遗宋元王闭。……兒说之弟子请往解之"。无注（第225页）	《吕氏春秋·君守篇》："鲁鄙人遗宋元王闭。……兒说之弟子请往解之。"［一］《淮南·人间训》："兒说之巧，于闭结无不解。"（人民版第225、308页，全集版第259页页下注）
四	……故如孟子的耆炙之喻，无注（第230页）	……故如孟子的耆炙之喻（人民版第261页"耆"作"嗜"，无注；全集版第264页页下注增①见《孟子·告子上》）
四	……他是想"正人心，息邪说，距诐行，放淫辞"，无注（第231页）	……他是想"正人心，息邪说，距诐行，放淫辞"（人民版第262页无注，全集版第265页增夹注《滕文公下》）
四	"圣王不作……人将相食。"无注（第231页）	"圣王不作……人将相食。"（人民版第262页无注，全集版第266页下注增①《孟子·滕文公下》）
九	"山渊平，天地比，秦齐袭，入乎耳，出乎口……邓析虽辩，但与战国时辩者实异其统类"，无注（第267页）	"山渊平，天地比，秦齐袭，入乎耳，出乎口……"邓析虽辩，但与战国时辩者实异其统类）。［二］林与陵，古每通用。如《周书·王会篇》"央林以酋耳，《尚书·大传》作为陵氏；《左传》僖十四年'诸侯城缘陵'，《谷梁》作'缘林'；《六韬·绝粮篇》'依山林险阻水泉林木而为之固'，《通典》五十六作山陵；《大招》'山林险隘'，旧校林一作陵（人民版第304、308页，全集版第308页页下注）
九	……所以他主张别异同："知者为之分别，制名以指实；上以名贵贱，下以别异同。"无注（第269页）	……所以他主张别异同："知者为之分别，制名以指实；上以名贵贱，下以别异同。"《正名》（人民版第306页，全集版第309页）
九	"同则同之，异则异之。……此事之所以稽实定数也，此制名之枢要也。"无注（第269页）	"同则同之，异则异之。……此事之所以稽实定数也，此制名之枢要也。"（《正名》）（人民版第306—307页，全集版第310页）
篇末		（一九四五年一月）（全集版第311页）

《前期法家的批判》主要改动对勘

所在部分	群益版（1945、1946）	人民版（1954）、全集版（1982）
一	……"我有子弟，子产诲之，我有田畴，子产殖之，子产而死，谁其嗣之。"无注（第 272 页）	……"我有子弟，子产诲之，我有田畴，子产殖之，子产而死，谁其嗣之。"（人民版第 310 页无注，全集版第 313 页页下增注①《左传》襄公三十年）
二	关于吴起，我曾经有《述吴起》……无注（第 277 页）	关于吴起，我曾经有《述吴起》[一] 见《青铜时代》……（人民版第 315、339 页，全集版第 319 页页下注）
结语	无	增"结语"700 余字（人民版第 338—339 页，全集版第 341—342 页）
篇末	无	（一九四五年二月十八日）（全集版第 342 页）

《韩非子的批判》主要改动对勘

所在部分	群益版（1945、1946）	人民版（1954）、全集版（1982）
一	这批评是很中肯的，但要怎样来修正，他却没有详说。像这样，商君法值得批评的地方一定还多，可惜韩非就只举了这一点，而他自己的法案在全书中也是没有拟具出的（第 298 页）	这段文字有点含糊，"今有法曰斩首者令为医匠"，如是假设，则有点深文周纳；如是事实，则批评是很中肯的。商君法值得批评的地方一定还多，可惜韩非就只举了这一点，而他自己的法案在全书中也是没有拟具出的（人民版第 342 页，全集版第 344—345 页）
二	我另有专文论及。无注（第 305 页）	我另有专文论及［人民版第 349 页无注，全集版第 352 页页下注增②见作者《〈韩非子·初见秦篇〉发微》一文（《青铜时代》）］
六	……由此可以知道，韩非之学，实在是有秦一代底官学，虽然行世并不很久，而它对于中国文化所播及的毒害是不可计量的。然而中国现时的学者每爱把近代欧美的法治主义和韩非的思想"混为一谈"，不仅没有懂得韩非，没有看清历史，而且还可以再贻大害于当世，这是我们所不能不辨正的（第 337 页） ……除掉第七项之外，不更全部是"无书简之文以法为教，无先王之语以吏为师"，无注（第 336 页）	……由此可以知道，韩非之学，实在是有秦一代的官学，行世虽然并不很久，而它对于中国文化的影响是十分深刻的（人民版第 384 页，全集版第 388 页） ……除掉第七项之外，不更全部是"无书简之文以法为教，无先王之语以吏为师"（人民版第 348 页无注，全集版第 387 页增页下注①《韩非子·五蠹》）

续表

所在部分	群益版（1945、1946）	人民版（1954）、全集版（1982）
六	我并不否认韩非是文章的妙手，也不否认他的权谋底深刻。正因为他是文学家，他也可能有美妙的画皮来掩饰他的权谋底的可怕（第337页） 醉心韩非的人会以为这是理想的救世者底态度，会据此而为韩非申辩，但从全盘的思想体系来考察，不外是偶一使用的幌子而已（第337页）	韩非是文章的妙手，他的权谋的深刻，有时也尽可能用美妙的画皮来掩饰（人民版第384页，全集版第388页） 这俨然是理想的救世者的态度。但从全盘的思想体系来考察，这不外是偶一使用的幌子而已（人民版第384页，全集版第388页）
篇末	（三十三年一月二十日）（第338页）	（一九四四年一月二十日）（人民版第385页，全集版第389页）

"苏活"古书生命的特色与成就

说到郭沫若的古籍整理时,人们往往只注意其集校《管子》的得失。一般地讲,这并不错。如果全面总结他在这一方面的成绩,单单讲《管子集校》就未免有些局限了。从20年代到60年代,郭沫若有着一系列的关于古籍整理的认识和实践。当我们把这些认识和实践联系起来考察时,便会发现郭沫若在古籍整理方面的特色和贡献。

一　古书今译的实践

今天,人们都比较清楚,古籍整理的一项刻不容缓的重要任务就是古书今译。如果说前几十年只有先秦典籍的今译,尚未引起人们的足够重视,那么海内外进行的"二十四史"、《资治通鉴》等基本史籍的今译活动,则展示出这一趋势。然而,当今主持大规模古书今译的人有谁想到过,他们正是在做着郭沫若60多年前就已经在做的事呢?又有几人知道,他们眼下的这种做法60多年前就已经为郭沫若所预见到了呢?

1924年,郭沫若非常明确地提出:

> 整理国故的最大目标,是在使有用的古书普及,使多数的人得以接近。古书所用文字与文法与现代已相悬殊,将来通用字数限定或则汉字彻底革命时,则古书虽经考证、研究、标点、索隐,仍只能限于少数博识的学者,而一般人终难接近。

说得多么明白！整理古籍，目的在于使有用的古书普及。而今人读古书，却有着文字的悬殊和隔离。如何解决这一矛盾？他认为：

> 于此今译一法实足以济诸法之穷，而使有用古书永传不朽。①

这就是说，古书今译可以综合考证、研究、标点、索隐等各项成果于一体，使古书传之不朽。

郭沫若不仅有如此明确的认识，而且事先已有《国风》翻译的实践。1922年，作为诗人，他觉着《国风》中的许多抒情诗，十二三岁的人并不是不能领会，关键在于要给它们"换上一套容易看懂的文字"，便选译了40首诗，结集为《卷耳集》出版。由此，曾引出一场辩论。但这一古诗今译是有效果的，青年朋友读译诗比读《国风》原诗容易领略，使得他们"对于古代文学改变了从前一概唾弃的态度，渐渐发生了研究的兴趣"。郭沫若认为，对于传统文化，不要"与迂腐的古儒作无聊的讼辩"；对于外来文化，也不能"只从新闻杂志上贩输些广告过来"，而是要"向作品本身去求生命"，这就须得弄懂原著。而弄懂原著，关键在使原先颇具生命力的作品，通过今译，能够在今天"苏活转来"。② 这一古书今译的实践，并收到一定效果，更加坚定了郭沫若对古书今译的认识。因而，他特意写了一篇《古书今译的问题》的论辩文章，满怀自信地预言道：

> 整理中国的古书，如考证真伪，作有系统的研究，加新式标点，作群书索隐，都是必要的事。但是此外我觉得古文今译一事也不可忽略。这在不远的将来是必然盛行的一种方法。
> ....
> 古代书籍的普及自不得不待今译一途，这是自然的趋势……③

---

① 上引见《古书今译的问题》，《郭沫若全集·文学编》第15卷，第163页。
② 《卷耳集·序》《卷耳集·自跋》，《郭沫若全集·文学编》第5卷，第158、208页。
③ 《郭沫若全集·文学编》第15卷，第163、171页。

果然，今天海内外都已把大规模的今译活动作为古籍整理必不可少的重要组成部分了。

30年代中期，在对屈原《离骚》进行今译的同时，郭沫若又发表了一些感想，认为《离骚》原文是中国至和谐之韵文，进行今译"实多勉强而难于讨好"。既然如此，为什么还要"戆然为此"呢？解释是：古代韵文，于字法、句法多所省略，"吾辈读之，每陶醉于其音韵之铿锵，如接聆音乐而多不明其意"。进行今译，便可以解决这个问题：

> 今以今言译之，于名词、代名词之单复数，动词之时调等三致意焉，则古文之节段与意境有不烦辞费而豁然自呈者。①

由此，他提醒读者说，他的这篇译述应"视为韵语注疏"。今译同古语注疏，在这里被紧密地联系到了一起。

时至40年代初，郭沫若进一步指出，我国传统的注释工作虽然为历代文人所好尚，但总嫌寻章摘句，伤于破碎，"没有整个翻译得那样的直切了当"，因此认为古书今译这项工作的"执行"，在当时"也是值得呼吁的"。他强调说：

> 凡是中国古代的好的作品或好的书能够用口语把它们翻译出来，我看也不失为是接受文学遗产的一个方法。②

这时，更把古书今译问题提到关系继承文化遗产的高度。今天，当我们大力提倡弘扬民族文化，无数古籍今译接踵涌现之际，不能不对郭沫若40年前的卓识叹服！

到50年代初，郭沫若又系统地将屈原的赋做了今译。除了通过译文和注释解决古今语言的悬殊，"帮助读者对于原作的了解"之外，他更进一步提出与古书今译相关的几个问题。

---

① 上引见《〈屈原赋〉今译》，《郭沫若全集·文学编》第5卷，第328—329页。
② 《关于"接受文学遗产"》，《郭沫若全集·文学编》第19卷，第246页。

其一，整理简篇的次序。他认为《天问》的"次序很零乱"，必须加以整理，因此对屈原赋25篇的次第又重新编排了一次。

其二，考定原作的时间。在《〈屈原赋〉今译》的"后记"以及相关各篇中，分别简略地考察了25篇屈赋的"相对的年代"。

其三，对于译文的用意和原辞文字的考订，则写在每篇解题和注释中。《离骚》今译中，"芳香和污垢纵使会被人混淆呀"句的注释这样写道："原文作'芳与泽其杂糅'，'泽'字旧未得其解。今案毛诗《秦风》：'子曰无衣，与子同泽。'郑注：'泽，褒衣也，近污垢。'即此'泽'字之义。"郭沫若认为，这是一项"新的收获"。①

从《卷耳集》的出版到《〈屈原赋〉今译》出版，整整30年。虽然这些都是优秀古典文学作品的今译，但郭沫若提出的基本认识和今译实践中所采用的具体方法，不仅对古籍整理有指导意义和实践意义，而且贯彻到他本人后来的学术研究和古籍整理的实践之中，并进一步得到发扬，取得巨大的成就。

二 注重文献的时代

如果说对于《屈原赋》各篇时代性的考定主要是为了编排次第，那么对《周易》《尚书》《诗》《考工记》《管子》等典籍的时代性的考定、真伪的辨别，则形成郭沫若在对待古文献方面的鲜明特色。

《中国古代社会研究》一书，是一部"划时期的作品"，在学术界曾产生"相当大的影响"。尽管他本人认为所用的方法是正确的，但在史料的鉴别上"没有把时代性划分清楚"，因而夹杂了许多错误，"而且混沌"。这一教训，时刻都在提醒着他。② 40年代中期，他对古代研究进行"自我批判"时，首先"检讨"的便是"处理材料"的问题。为此，专门辟出一节来谈"文献的处理"，强调"材料的真伪或时代性如未规定清楚，那比

---

① 《郭沫若全集·文学编》第5卷，第314、330、384页。
② 《〈中国古代社会研究〉后记》，《沫若文集》第14卷，第317页。

缺乏材料还要更加危险"。说到文献的辨伪时,他认为,自乾嘉学派至"古史辨"派,做得已经"相当透彻",但也不能说做到了"毫无问题的止境"。特别指出:"时代性的研究更差不多是到近十五年才开始的。"① 就是说,自1929年,即在《中国古代社会研究》写作前后,他才感到古文献的时代性问题的重要。从那以后,郭沫若对秦以前的主要文献的时代,不断做出考定。

《周易》一向被认为是殷末周初的作品,20年代末30年代初郭沫若也据此认定《易经》的时代是"无差别的社会中产生出阶级的时候",由此得出"商代和商以前都是原始公社社会"的结论。1935年,当他的甲骨、彝铭研究基本告一段落之后,立即回过头来考证《周易》的时代,写成《周易的构成时代》一书。② 经反复考证,断定《周易》非文王所作,也"决不能"出现在春秋中叶以前,与孔子"并没有关系"。郭沫若推论,《易》的作者是战国初年的楚人馯臂子弓,子弓把种种资料利用了来作为《周易》的卦辞和爻辞。资料的时代虽不一致,但所被利用的殷周时代的繇辞特别多,故而蒙有一层"原始的色彩"。然而,子弓作《周易》,又是"具现了他自己的思想"的。《易传》大部分则是"秦时代的荀子的门徒"所作,当在秦始皇三十四年以后。其作者与子弓不同的地方,"是存心来利用卜筮以掩蔽自己的思想的色彩"。40年代,他又重申《周易》是"战国初年的东西"。

《尚书》中的《洪范》篇,在写《中国古代社会研究》时,被当成"一笔很好的材料","故意""留着"用来考察"西周的奴隶制时代的支配思想"。③ 结果,"也完全是错误"。对于《吕刑》一篇,也仍旧说系"周穆王所作"。到40年代,便明确指出《尚书》的28篇今文中"也有真假",并说这也是"近几年来才开始注意到的"。其《尧典》(包括古文《尧典》)、《皋陶谟》(包括古文《益稷》《禹贡》《洪范》)等几篇"很堂皇的文字",其实都是战国时代的东西,"当作于子思之徒"。同时,经他用彝铭

---

① 郭沫若:《古代研究的自我批判》,《十批判书》,第2页。
② 编入《青铜时代》时,改名为《周易之制作时代》。
③ 《〈诗〉〈书〉时代的社会变革与其思想上之反映》,《沫若文集》第14卷,第135、147页。

参证，断定《吕刑》篇"决不是周穆王所作"，推测为春秋时吕国某王所造刑书，经过后来的儒者"润色过"。①

《诗》三百篇的时代，"尤其混沌"。虽然汇集成书在春秋末年或战国初年，但除极少部分外，各篇的时代性"差不多都是渺茫的"，尽管注《诗》的人对各篇也有过年代的规定，特别是传世的《毛诗》，但郭沫若认为"差不多全不可靠"。这里，特别要提出的是《由周代农事诗论到周代社会》一文，② 这是一篇融汇古籍整理（包括年代考定、古文今译、内容分析）与历史研究的文章。其中，对于《噫嘻》一诗的考察，首先指出诗中"成王"，毛传训为"成其王事"、郑笺训为"能成周王之功"，完全讲错了。然后，以关于古代谥法的研究成果，断定诗中的"成王"是指在世的周成王。郭沫若概括该诗是"成王命田官率农夫耕种"。在译成白话诗之后，他进一步肯定，这首诗是研究周代农业极可宝贵的一项史料，并"可以作为一个标准点"。这种督率农业生产是王者所亲躬的要政之一，土地是国家所有，耕田的农夫有王家官吏管率的情形，与"殷代卜辞里面所见的别无二致"。考证《七月》一诗的时代，则从古代历法入手。在知道了中国古代并无所谓的"三正交替"的事实，而春秋中叶至战国中叶所实施的历法为"周正"之后，便断定《七月》一诗"作于春秋中叶以后"是毫无问题的。从周初的《噫嘻》到春秋中叶以后的《七月》，前后五百来年，诗的形式未能显示出多大的变化，却可以看出"有大规模的公田制"。由此，郭沫若从 20 年代末否认"井田制"转向承认其存在，成为他关于古代研究自我批判的一项重要内容。

涉及古代社会研究，作《〈考工记〉的年代与国别》一文，③ 列举郑玄、贾公彦、王应麟、江永等人的考据，指出江永的说法"确切不可易"，但所列证据"尚未十分充分"，而且有"未尽可靠"之处。然后，分别考证其年代、作者的国别，对江永旧说做出补充，得出更为"坚确的结论"：《考工记》实系春秋末年齐国所记录的官书。因此，郭沫若将考

---

① 郭沫若：《古代研究的自我批判》，《十批判书》，第 2—3 页。
② 编入《青铜时代》。
③ 收入《沫若文集》第 16 卷。

定《考工记》的年代和国别作为40年代中期四项"重要的新的发扬"之一。①

此前不久，作《〈韩非子·初见秦篇〉发微》，提出《初见秦》的绝对年代是在秦昭王五十一年初的三四个月里，认为这篇的著作权应划归吕不韦，而不是韩非所作，由此建议重新审定《韩非子》一书中各篇的著作权。进而作《宋钘尹文遗著考》，②对《管子》书中《心术》《白心》《内业》诸篇进行考定，认为与《庄子·天下》中宋钘、尹文学说为近。经过比较、对照，郭沫若的"断案"是：尹文为宋钘的晚辈，《心术》和《内业》是宋钘的著述或遗教，而《白心》则出于尹文。因而，成为发现宋钘、尹文学派的重要一环。

50年代初，在今译《屈原赋》的同时，郭沫若进一步发扬他考定文献时代、辨别材料真伪的这一特点，使得整理《管子》一书颇多收获。除了在诸篇篇首的"案语"中考定其作者、写作年代及篇与篇之间的关系外，在总结集校《管子》全书的收获时，特别强调说：

> 余整理此书，亦复时有弋获。《管子》一书乃战国、秦、汉文字总汇，秦、汉之际诸家学说尤多汇集于此。例如《明法篇》乃韩非后学所为，《水地篇》成于西楚霸王时，《侈靡篇》乃吕后称制时作品，《轻重》诸篇成于汉文景之世，皆确凿有据。③

这一特点，在其论文《〈侈靡篇〉的研究》中体现尤为明显。其第一部分，专题考察了"本篇的制作时代"。文中列举两项证据，经过剖析，肯定这一篇文字是"西汉开国以后的十几年之内的作品"，并认为这个时代性的规定是"很必要"的，由此才可以了解作者的思想，所反映的是什么，在中国学术思想史中应该占有怎样的地位，等等。

---

① 郭沫若：《〈十批判书〉后记》，《十批判书》，第419页。
② 编入《青铜时代》。
③ 《〈管子集校〉校毕书后》，《沫若文集》第17卷，第507页。

三　广集版本与理校

校勘和诠释，历来是整理古籍最为基本、最见功力之处。郭沫若在50—60年代的这一实践中，更加显现出他的独特风格和取得的巨大成就。

1953年11月，他接受了许维遹、闻一多二人《管子校释》残稿，开始集校《管子》的新的学术工程。《管子》一书，文字奥衍，简篇淆乱，苦难理解。第一步，先将许、闻原稿糜烂处加以整补，对其征引旧说而未录全文者加以补录，尽可能翻阅群书，核对原文，纠正错误，统一标点符号，并重加誊录。第二步，将誊录后的原稿请许、闻二人的旧友冯友兰、余冠英、孙毓棠、范宁、马汉麟等分别校阅其一小部分，郭沫若最后进行总校。前后"费时整整二年"，至1955年11月二校校毕，比许、闻原稿增加三倍，达130万言，名以《管子集校》，成为近几十年来学术界公认的一最完善的《管子》校释本。紧接着，又把《盐铁论》标点了，对难解或经过校改的字句"加了一点简单的注释"。到1956年3月，完成《〈盐铁论〉读本》一书，成为众多校释《盐铁论》中的"一家之言"。1961年7月，又有《再生缘》前十七卷的校订。1962年2月，还校勘过《崖州志》。从这一系列校释实践中，可以清楚地看到郭沫若的如下一些重要特色。

其一，在版本搜集、对勘上大下功夫。

为使集校《管子》的工作"能以完备"，郭沫若利用了"前人不能具备"的优越条件，组织人力，广泛收集各种版本，并"四处调阅各种稿本"，多达17种。同时，参考并采用了明抄本《册府元龟》中所引《管子》之文，以及唐写本敦煌残卷两种《管子》残文。在众多版本对勘中，发现"宋杨忱本、刘绩《补注》本、朱东光《中都四子》本、十行无注古本及赵用贤《管韩合刻》本"是当时校勘《管子》一书"不可或缺之底本"，同时指出"刘本、无注古本、朱本为一系统"，而"杨、赵及其他明刻，又另为一系统"。① 这在《管子》研究中,是前所未闻的创见。② 在此同时,又尽可能无遗地网罗了以往校释《管子》的诸家论著。从书前《引用校释书目提要》可知,郭沫若"所过目"的主要参考书有42种之多。其中,除戴望《管子校正》"收罗诸家校释,颇为繁富"外,尚有"鼎足而三"的王念孙父子《读书杂志》"博洽精审",俞樾《诸子平议》"所得为最多",孙诒让《札迻》"立说翔实",又有清代学者所未见的日本学者猪饲彦博《管子补正》"颇多揭发",陶鸿庆《读管子札记》"所发明者为多",于省吾《管子新证》"所见颇有新颖之处",还有未刊稿本何如璋《管子析疑》、张佩纶《管子学》、颜昌峣《管子校释》、马非百《管子轻重篇新诠》,等等。书中所引古今中外学者之说,达110余家。可以这样说,当时有关《管子》研究的资料,基本网罗无遗。

面对众多的版本、纷纭的研究之作,郭沫若"反复通读"原书,"反复较量"诸家校释。为校勘一个字,往往要比较十四五种版本,参考若干家校释。这种事例,遍及全书。仅以《国蓄》篇为例,可见一斑。其中,"利有所并也"句,对于"并"字下有无"藏"字,先做了这样的比勘:古本无"藏"字,刘本、朱本、梅本同。赵用贤本以下各本均有"藏"字,同宋本。同时,征引了刘绩、安井衡、洪颐煊、王念孙诸家的校释,最后决定采用"古本"和王念孙的说法,以"并"字下无"藏"字。这是以版本证字。另一种情况是,以其他文献证字。《君臣下》篇有"审天时,物地生"句,许维遹以"物地生"义难通,疑作"约地宜",并举《禁藏》篇"顺天之时,约地之宜"为证,疑"物"字当为"约"字。郭沫若认为"物"字不误,举出《周礼·载师》、《草人》、《卯人》和《左传》昭公三十二年的记载及相关各注,断定这个"物地"正是"古人恒语","物"是"相察"的意思,王念孙以"约"为"得"之误,许维遹以"约"当"物",均是"疏之甚矣"。

---

① 《〈管子集校〉叙录》,《沫若文集》第17卷,第497—498页。
② 令郭沫若"引以为憾"的是,在校勘中未见宋刻墨宝堂本。《管子集校》出版后不久,才得见抄自墨宝堂的陈奂手校本。"细阅一过,弥补遗憾",并于"书头曾略题数语",详见附编《郭沫若学术思想评传》前言》所附"一校校后记"。

《盐铁论》的校改、标点虽不及集校《管子》耗费的时间和精力，但《〈盐铁论〉读本》全书218个注的注文告诉人们，郭沫若所采用版本有明华氏活字本、明沈延铨本、太玄书室本、张之象本、樱宁斋抄本、倪邦彦本、九行本以及《群书治要》、《通典》卷十、《永乐大典》所引，参考的诸家校释有王先谦、孙诒让、洪颐煊、王启源、杨树达、张敦仁、俞樾、孙贻谷、徐德培等说。注文除说明史事外，主要是据本校改、取舍诸说，也有以意删削之处。

　　对于《再生缘》前十七卷的校订，郭沫若于原书"反复读了四遍"，以郑振铎藏抄本为主，与道光二年宝仁堂初刻本、道光三十年三益堂翻刻本进行核对、研究。在"严密的校阅"过程中，提出更高要求：做到"严格、严密、严肃的地步"。经用三个本子合校，对于添改、改动的地方，大都加了注，一则表示抄本与刻本的异同，二是解释书中所用典故。①

　　就是《崖州志》的整理、校订，为印证史实，郭沫若也"广与各方联系，搜求佐证"，甚至亲自踏查鳌山之滨，跳石摩崖，缘藤觅径，摸索700余年前久经风化的《海山奇观》石勒，以勘正原书。② 全书22卷，"错落处不少"。如卷19"艺文一"收有海瑞《平黎疏》，只有"宏治十四年征儋州昌化县黎，嘉靖二十九年征感恩县崖州黎"，却又称"凡三大举矣"。郭沫若断定此处"文有夺落"，又从下文知"所夺乃嘉靖二十年事"。同时，指出"嘉靖二十年"与"嘉靖二十九年"，只一字之差，排校忽略，"故致跳夺"。由此，又知嘉靖二十年"大举"是"有关崖州"的大事，而该志卷13、卷14"黎防"中却缺载，因而以"载之颇详"的《琼州志》来补该志之缺。③ 诸如此类，夺漏处尚多。郭沫若于卷4、卷5、卷14、卷17、卷21、卷22等六卷中，加"案语"29则，有名物，有校勘，有补遗，有考辨，等等。校毕全书，即作《序重印〈崖州志〉》。作为当代著名历史学家，亲自动手整理地方志，这也是应当引起重视的事情。尤其是他提出的关于地方志的基本认识，更不应当忽视："地方志书，旧者应力加保存"，"供读

---

① 详见郭沫若《序〈再生缘〉前十七卷校订本》，《光明日报》1961年8月7日。
② 详见重印本《崖州志》及《出版说明》，广东人民印刷厂，1963。
③ 郭沫若：《序重印〈崖州志〉》，《光明日报》1962年3月16日。

者略知掌故之大凡",且以"挽救"这类书"免于蠹蚀糜烂以至于绝";而"新者则有待于撰述"。

其二,不拘于据本校文,也不限于对前人成果的鉴定取舍,多用以理校文的方法,做出更为深入的考察。在集校《管子》一书中,这一特点体现得尤其突出。

《幼官》篇与《幼官图》,历来"均未能得其读"。郭沫若根据这两篇的双重图位标识,认为"幼官"乃"玄宫"之误,最初书中既有文字,又以图附文后。《幼官》篇是将图形"录为直行文字",所以有"夹注"标识图位。后因年久图失,刊本中所谓的"图"也只是文字直录,"与《幼官篇》无别",使图位"增多一重说明"。由这一认识出发,恢复了"玄宫图"的图形、文字,并确定了接读各图文字的次第,从而为深入研究这两篇文字奠定了坚实的基础。《侈靡》篇也是一篇"很难通读"的文字,清代以前的学者都认为它"舛讹难读","至不可以句"。郭沫若反反复复地读了好多遍,把错简整理了一番,把重要的错字错句也尽可能地加以校正,使全篇文字"基本上勉强恢复了它的原状"。其后,对于这一篇的研究,不论观点如何,大都以郭沫若所恢复的文字为出发点。这都是不据本校文而又取得杰出成就的突出例证。

至于衍夺文字的勘正、疑难语句的训通,例证更是俯拾皆是,不胜枚举。

关于衍夺文字的勘正。《七臣七主》篇有"事无常而法令申"句,他断定"申"是"曳"字之误,说的是"法令疲沓",并分析道:"曳与上文察、下文势为韵。"《轻重乙》篇中"衡者使物一高一下不得常固""高下不贰则万物不可得而使固"两句,各家校释或以"固"为"调",或坚持为"固",郭沫若却断为"用"字。

关于疑难语句的训通,更有点铁成金的胜义。《五行》篇中"不诛不贞,农事为敬"句,诸家校释都疑"贞"字为错字,郭沫若却认为"贞"字未错,"不诛不贞"就如同《周礼·地官·媒氏》中"仲春之月令会男女,奔者不禁"。"农事",即"男女会合之事",这里的"农事为敬",即"尊重男女会合之事","敬"也不应改字。他还进一步解释说:"何以古人于奔者不禁，不贞者不诛呢？""此乃奴隶制时代之习俗，盖农民男女如不听其自由会合，则生育不繁，劳力将不足也。"用封建时代的道德"律之"，自然是"相龃龉"的了。这一解释，既不需破字，又使文意深切。

在乙定错简方面，改正本篇错简者如《七臣七主》篇，"唯主虞而安"至"世无刑民"凡29字当上移，接"则民反素也"句下。他篇错简者，如《参患》篇混入《法法》篇文字，在基本肯定张佩纶说的前提下，更进一步使之得以还原。

上述两个方面的基本特点，使郭沫若的诸多校释成为学术界公认的定论。尽管他的这种理校的方法在学术界尚有不同看法，他所校改的每句每字也并非都无懈可击，但他的这种带有研究性质的校改，的确将整理《管子》一书的工作推向了新的高度。

在《管子集校》的"沫若案"中，还有许多例证表明郭沫若不仅进行理校，同样采用对校、本校、他校等方法，或兼而用之。全书"沫若案"不下2000条，约20万言。以校为主，校注一体；不但校字、校句，而且校节、校篇；广泛引用甲骨、金文、隶、草等新旧文字，将校释与辨伪、断代相结合。

四　校释同研究结合

古籍整理与学术研究紧密结合，是郭沫若自《离骚》今译与屈原研究、农事诗考察与周代社会研究起，形成的一大治学传统。

前面已经叙及屈赋今译与屈原研究、农事诗与西周社会紧密结合的特点。围绕《管子》一书，展开研究并获创见者，大致有三种情况。

一种情况是，由比较语句入手，即获创见的研究。《轻重甲》篇中"夷疏而积粟"句的"沫若案"，便是突出一例。郭沫若比较了该句、《揆度》篇"夷疏满之"、《事语》篇"绨素满之"三语，认为这是李悝"平籴法之衍变"。由此，推论道：

《轻重》诸篇及《揆度》、《事语》、《地数》等篇之作者为李悝后人，故衍变其法而以托之于管子。《揆度篇》语，其上冠有"神农之数曰"五字，表明此等语句为战国时农家者言。

这是发前人所未发的独到见解！

另一种情况是，从某篇校释出发，进行简要研究，得出重要结论。《弟子职》篇的"沫若案"，即是一篇这样的校释结合研究之作。在篇名之下的"案"语中这样肯定说：《弟子职》篇"当是齐稷下学宫之学则"，故被收入《管子》书中。此中弟子颇多，先生不止一人，且学中有堂有室，有寝有庖，"师生均食息其中，规模宏大，决非寻常私塾可拟"。这显然是对40年代的《稷下黄老学派的批判》中稷下之学"似乎是一种研究院的性质，和一般的庠序学校不同"的观点的补充或发挥。

第三种情况是，从校释出发，写出相关时代或人物的长篇研究论文。校释《管子》进行半年左右，写成《〈侈靡篇〉的研究》的重要论文，集中体现了他整理古籍的特点。此外，校释《盐铁论》，有《序〈"盐铁论"读本〉》的文字；校订《再生缘》前十七卷，有关于《再生缘》作者陈端生的多篇研讨文章；校订《崖州志》，又引出《李德裕在海南岛上》的论文。

《〈侈靡篇〉的研究》[①] 对《侈靡》篇时代性的考定，前面已经叙说。对于《侈靡》篇中衍夺文字、疑难语句的勘正、训通，郭沫若采用注释的方式，"注明"其"重要者"。该篇原文有"圣人者省诸本而游诸乐大昏也博夜也"句，对于"大昏也博夜也"，有各种解释。郭沫若认为，"昏"字是"旬"字之误，并引金文为证，"大旬"即"大钧"，指音乐，承上句"游诸乐"；"博夜"即"博弈"，亦承"游诸乐"而言。在论文中征引此句，作"圣人者省诸本而游诸乐，大钧也，博弈也"，并解释说："是说要使老百姓勤于生产而同时使他们愉快，玩音乐也好，玩棋牌也好。懂得这样办的是了不起的伟大人物（'圣人'）。"由此证明，这样极端地强调奢侈，作者是肯定享乐的。但同时，郭沫若又指出，对上层统治者是有一层很重要的限制。原文有"三尧在臧于县反于连比若是者"句，各家多解释不通，

[①] 《〈侈靡篇〉的研究》，收入《沫若文集》第17卷。

郭沫若将其校释凝为论文的注释，认为"三"字是上文"消"字的重文符之讹，"消尧"即逍遥；"在"字殷、周古文均以"才"字为之，"才"恒读为"哉"；"臧"与"藏"通；"县"字当是"荒"字之误，"荒"与"连"对文，即流连荒亡之意。经过这样一番训释，该句成为"逍遥哉，藏于荒，反于连，比若是者必从是僞亡乎！"这显然是在告诫"最上层的统治者不好马马虎虎地跟着一道奢侈"。至于乙定错简，论文第二部分一开头所征引的《侈靡》篇文字，便是经过郭沫若整理的，"次第与文字与原文有出入"，这在注释中有详细说明。在勘正文字、训通语句、乙定错简、判明时代的基础上，全面而深入地论证了《侈靡》篇的最大特异性、政法文教主张、军事和国防上的见解、作者的阶级立场与思想背境，并对其作者做出进一步推测。郭沫若认为《侈靡》篇的"重点"是放在"大量消费可以促进大量生产"这一面，因而其作者"是肯定享乐而反对节约的"，"是重视流通而反对轻视商业的"，"是主张全面就业而反对消极赈济的"。但侈靡的主张，既不同于悲观消极的享乐主义，也不同于漫无限制的极端奢侈，"很明显地是一种政策"，这就是：

> 主要的目的是想使下层的民众富庶，而使中层的士大夫之家（也就是地主）不能积累资金，以从事兼并，但对于商贾则不加以限制。

在肯定该篇作者站在商贾的立场，企图建立商人与上层统治者的联盟之后，郭沫若又指出其作者在用人行政上是重视人民的，主张"劳教定而国富，死教定而威行"。但先要有"劳教"，然后才能有"死教"。论文的最后，分析了侈靡学说衰颓的根本原因，即中国是一个大陆性的农业国，"先天的条件限制着不能不以农为本业"；在政教的表现上，则"不能不以地主阶级为封建统治的领导者"，"商人想消灭地主，那等于是想消灭自己的脑袋"。郭沫若的这一研究论文虽然提出一些不为其他学者所接受的见解，却都承认这是"二千多年来第一次对《侈靡篇》所作的全面的和深入的探讨"。[①]

[①] 巫宝三：《〈侈靡篇〉的经济思想和写作时代》，《中国社会科学》1980年第5期。

在《序〈"盐铁论"读本〉》中，郭沫若也提出一些颇有研究心得的认识：

> 这部《盐铁论》，我认为是一部处理历史题材的对话体小说。它不仅保留了许多西汉盛时的经济思想史料和风俗习惯，在文体的创造性上也是值得重视的。①

同时认为，两千多年前就有桑弘羊"这样有魄力的伟大财政家"，是值得"惊异"的。

围绕校订《再生缘》前十七卷，除了序文之外，郭沫若先后写下《〈再生缘〉前十七卷和它的作者陈端生》《再谈〈再生缘〉的作者陈端生》《陈端生年谱》，以及《陈云贞〈寄外书〉之谜》《有关陈端生的讨论二三事》《关于陈云贞〈寄外书〉的一项新资料》《读了〈绘声阁续稿〉与〈雕菰楼集〉》等文。在详细介绍陈端生身世及其创作《再生缘》经过之外，高度评价陈端生比之英法同时代的大作家司各特、司汤达、巴尔扎克等"实际上也未遑多让"，甚至"更加难能可贵"；认为陈端生作为生在封建社会的铁桶山河里的一位女诗人，是"带有相当强烈的叛逆性"的。② 通过《寄外诗》与《再生缘》的比较研究，认定"陈云贞就是陈端生"。③ 同时，讨论了《再生缘》第十七卷的写作地点、陈云贞《寄外书》的真伪等问题，并整理了一些"所得新资料"。

《李德裕在海南岛上》一文，④ 是郭沫若在整理《崖州志》过程中，将所发现的一些有关资料进行研究后写成的。文章指出，李德裕的谪贬地，究竟是在海南岛北部的琼山，还是南部的崖县，"早就成为悬案"而未得解决。郭沫若认为，解决这一"悬案"的关键在李德裕的《望阙亭》诗中。"青山似欲留人住，百匝千遭绕郡城"两句所说，"只能是海南岛南部崖城的情况"，绝不是北部海口附近。接着，又从李德裕子弟留在崖县化而为黎

---

① 《沫若文集》第 17 卷，第 520 页。
② 郭沫若：《序〈再生缘〉前十七卷校订本》，《光明日报》1961 年 8 月 7 日。
③ 分见《光明日报》1961 年 6 月 8 日、10 月 22 日。《再谈〈再生缘〉的作者陈端生》《关于陈云贞〈寄外书〉的一项新资料》，分见《光明日报》1961 年 6 月 8 日、10 月 22 日。
④ 《光明日报》1962 年 3 月 16 日。

人，断定李德裕的谪贬地断然是"今之崖县而非琼山"。由李德裕的后裔不愿重返中原，又肯定李德裕的后人可算是"开发海南岛的前驱者"。附带着，文章还提出了韦执谊在"永贞改革"失败后遭谪贬的问题，认为韦执谊的遭遇与李德裕"十分类似"，他们的谪贬地是"完全相同"的。在考证李德裕在崖州的著述情况时，将《穷愁志》中的一篇《冥数有报论》文字，与明本《李文饶文集》所刊进行对勘，指出"有小异"之处。同时，对《穷愁志》之外，李德裕在崖州所作并留下的几首诗，分别进行了考辨。除《贬崖州司户道中》一诗在《李卫公别集》中题为《谪岭南道中作》，是其谪贬地在崖州的"又一证据"外，其余皆非李德裕所作。

五 书序之中的校释

上述校释实践之外，另有一种与古籍整理紧密相连的情况，多不为人们所注意，故在这里特别提出来，即为某些重要古代文献的出版作序。其中，也有反映郭沫若在这一方面特色的文字。

1959年，中华书局根据北京图书馆所藏《永乐大典》原本和复制本以及向国内外私人借阅者，共720卷，影印出版。此次影印者，达存世原书90%以上。郭沫若写了《影印〈永乐大典〉序》一篇，叙述其书的纂修经过、体例和不幸遭遇，肯定《永乐大典》之成，不仅在我国文化史上提供了一部最大的百科全书，而且在世界文化史中"也是出类拔萃的"，特别指出《永乐大典》残存本的影印和出版，"显示了我国对古典文献的重视"。[①]

1960年9月，吕集义《忠王李秀成自述校补本》即将影印。郭沫若应吕集义之请，写了一篇卷首语。首先肯定《忠王李秀成自述》是研究太平天国"极其珍贵的史料"，但原稿不知下落，所幸吕集义曾见原稿并摄下部分胶片，现经校补，"使原书基本上恢复了本来面目"，这也是做了"一件大好事"。接着，便根据吕集义的照片和校补本，与已经出版的两种李秀成

[①] 《光明日报》1959年9月8日。

自述——罗尔纲《忠王李秀成自传原稿笺证》和梁峪庐《忠王李秀成自述手稿》，进行了对照，发现有些地方"并不完全符合"。然后，举出一个明显的例证，用了整篇序文一半左右的文字，比勘了三个本子中关于《天朝十误》中的第十误①，认为原文《十误》只有"立政无章"四字，而"误国误命"以下是十误的总结语；其中的"命"字是"民"的别字，"性命无涯"应是"误民无涯"。经他这样一释，其总结语便成为"误国误民者，因十误之由而起，而误民无涯"。由此，郭沫若认为，这两句简单的总结语是很重要的，所谓语重心长，表明了忠王李秀成"是坚决站在人民立场上的"，"误民无涯"这四个字"含蓄了无限的热泪"。序文的结尾，缀诗两首以志感慨。其中有云：

误民当日叹无涯，含笑归阴恨也赊……
八日羁囚奋笔诔，满篇血泪跃玑珠……

这篇卷首语，既包含了版本校勘、语句训通，又有研究心得，并附诗以抒怀，反映出郭沫若诸多的治学特色，自然包括其整理古籍的特色。20 年后，罗尔纲在修订、重版《李秀成自述原稿注》一书时，肯定郭沫若关于第十误只有"立政无章"四字、"误国误命"以下为十误总结语的论断"是很对的"。但对"性命无涯"应为"误民无涯"，则持保留态度。②

《蔡琰〈胡笳十八拍〉》一文，③ 固然旨在论证《胡笳诗》"确为琰作"、"非亲身经历者不能作此"，但文中采辑《胡笳诗》各种旧本加以校订，亦可见其无时不在进行古籍的校勘和整理工作。

自古以来的古文献专家或考据家、历史学家，对于古籍的考释与研究，成绩卓著者不乏其人。但形成系统认识、鲜明特色的，却又屈指可数。郭沫若的《〈屈原赋〉今译》、《管子集校》、《再生缘》前十七卷本校订、《崖

---

① 《〈忠王李秀成自述校补本〉序》，《郭沫若全集·历史编》第 3 卷，第 494—495 页。"误"为"误"异体字，此处保留原字。
② 详见罗尔纲《李秀成自述原稿注》，中华书局，1982，第 350 页注 8。
③ 收入郭沫若《蔡文姬》，文物出版社 1959 年初版、二版、三版。

州志》校勘等，从不同领域、不同侧面展示出他在古籍整理方面的认识与特色、成就和贡献，不仅在他个人的学术生涯中占有重要地位，就是在当今整个学术领域也极富代表性。

[本文原载《史学史研究》1992年第2期，题为《郭沫若古籍整理的特色与成就》]

贯彻"人民本位"的历史人物研究

历史人物研究，是郭沫若整个历史研究中的一个重要组成部分。本篇试就郭沫若研究历史人物的主要成果以及研究历史人物的思想、理论和存在问题，做一综合考察，以期引起学界的重视和深入的研究。

一

对于郭沫若历史人物研究的成果，人们往往只注意到《历史人物》这本专集。其实，郭沫若历史人物研究的成果，远远超出了这本专集。这里先概述一下郭沫若关于历史人物研究的基本情况。

《历史人物》反映的是郭沫若40年代研究历史人物的一个重要侧面。它强调了一个中心，即研究历史人物的"好恶的标准"——人民本位。这本专集，最早由上海海燕书店于1947年印行，辑录了郭沫若同年7月21日写的序言和9篇论文，并有附录5篇。其篇目如下：

序（1947年7月21日）
论曹植（1943年7月7日）
隋代大音乐家万宝常（1935年7月13日）
王安石（1945年10月发表）
王阳明
  附论一　精神文明与物质文明
  附论二　新旧与文白之争

附论三　　王阳明的教育说
　　附论四　　静坐的工夫（1921年6月17日）①
甲申三百年祭（1944年3月10日）
　　附录：关于李岩（1946年2月12日）
夏完淳（1943年4月16日）
王国维与鲁迅（1946年9月14日）
论郁达夫（1940年3月6日）
论闻一多做学问的态度（1947年8月7日）

1952年3月作"改版说明"，抽去《王阳明》及其附论，因而删除了原序中关于王阳明的一节，同时增进《屈原研究》和附录《离骚今译》，排在卷首。1959年编入《沫若文集》第12卷时，因《夏完淳》已编入《沫若文集》第4卷，《离骚今译》也编入了《沫若文集》第2卷，故未再收；原作附录的《关于李岩》经校阅后，另编成一篇。这样，这本专集仍包括9篇文字，但无附录。《郭沫若全集》将《王国维与鲁迅》《论郁达夫》《论闻一多做学问的态度》3篇改收文学编，历史编第4卷中《历史人物》专集仅存"序"和《屈原研究》、《论曹植》、《隋代大音乐家万宝常》、《王安石》、《甲申三百年祭》、《关于李岩》等6篇。其中《甲申三百年祭》《关于李岩》两篇，1973年刊行单行本时，有过修订。

---

① 《王阳明》原名为《伟大的精神生活者王阳明》，收入1925年12月《文艺论集》，末署"十年六月十七日脱稿"（1921年），1929年7月《文艺论集》第4版改为"十三年六月十七日脱稿"（1924年），1930年6月《文艺论集》改版，删除此篇。1947年7月收此篇入《历史人物》，名为《王阳明》，末署"一九二一年六月十七日"。《沫若文集》第10卷所收《文艺论集》有此篇，末署"一九二五年六月十七日脱稿"。各本所署年份不同，但脱稿月日一致，均为6月17日。1947年《历史人物·序》以此篇是"二十六年前的东西"，当为1921年，但文中却说"民国四年九月中旬，我在东京买了一部《王文成公全集》"，时在1915年9月，接着又有"我真正和王阳明接触是八年前的事情"，应为1923年，特别是文中的"我在《函谷关》一篇小说中（参看《创造周报》第十五期）借老聃的口来批评过他自己"，这应是一个精确的时间标准。《函谷关》作于1923年8月10日，故《王阳明》这篇写作时间绝不可能在1923年6月17日以前。据文中"王阳明生于明宪宗成化八年（西历一四七二年，距今四百五十二年前）"和1929年7月《文艺论集》第4版，《王阳明》这篇写作时间应为1924年6月17日。《沫若文集》第10卷所收此篇署"一九二五年六月十七日脱稿"，文中的"四百五十二年"也随之改为"四百五十三年"。按："四百五十二年"的"五"原讹作"九"。

《十批判书》代表郭沫若研究历史人物另一个方面的成就，论及春秋战国至秦统一这一社会大变动时期几乎所有有影响的思想家和部分政治家，不仅反映了郭沫若"重视""有关思想方面的人物"，还体现了郭沫若如何"正确估计他们的作用"的许多原则。这是郭沫若剖析历史人物思想及其影响的一部重要专集。《青铜时代》从"偏于考证"的角度对《十批判书》中论及的历史人物大都做了相应的补充或进一步的论证，另对公孙尼子与其音乐理论，对吴起、秦楚之际的重要儒者进行了考察，成为《十批判书》的"姊妹篇"。

《李白与杜甫》是郭沫若在1949年以后研究历史人物的另一专著。虽然人们对该书的认识不一致，但通过它可以看到郭沫若研究历史人物的一些思想、方法和特点。《李白与杜甫》一书在郭沫若的历史人物研究中的地位不应忽视。1972年第二次印刷后，又做过修订。修订本与《历史人物》一起，收录在《郭沫若全集·历史编》第4卷。

在上述几部集中论述历史人物的专著之外，郭沫若研究历史人物以对屈原的研究成果为最多。《今昔蒲剑·总序》这样写道：

> 这个合集所讨论的问题虽然并不单纯，但差不多以屈原问题为讨论的中心。

这个合集中讨论屈原的篇章是：
《关于屈原》（1940年5月3日）
《革命诗人屈原》（1940年6月7日）
《屈原考》（1941年12月21日以前）
《屈原的艺术与思想》（1941年12月21日）
《屈原·招魂·天问·九歌》（1942年12月5日）

不是专篇但论及屈原者，有《蒲剑·龙船·鲤帜》《"深信有一，不望有二"》等。《今昔蒲剑》集外，还有不少讨论屈原的专篇，如《沫若文集》第2卷收录的《屈原简述》，《沫若文集》第11卷收录的《屈原时代》，《沫若文集》第13卷收录的《屈原不会是弄臣》《从诗人节说到屈原是否是弄臣》,《沫若文集》第17卷收录的《人民诗人屈原》《伟大的爱国诗人——屈原》,等等。另有一些未收入《沫若文集》的单篇,如1935年应上海"中学生丛书"之约所作《屈原》、1948年所作《屈原的幸与不幸》等。所有这些论著如果收编在一起,亦可成为一部"关于屈原"的专集了。

把历史人物作为题材写成小说的,郭沫若自己曾经谈道:

> 在几篇短篇小说中,我处理过孔丘、孟轲、老聃、庄周、秦始皇、楚霸王、贾谊、司马迁。①

这就是1936年10月编入《豕蹄》中的6篇历史小说——《孔夫子吃饭》《孟夫子出妻》《秦始皇将死》《楚霸王自杀》《司马迁发愤》《贾长沙痛哭》,以及1923年所作《鹓雏》(后改题为《漆园吏游梁》)和《函谷关》(后改题为《柱下史入关》),都收录在《沫若文集》第5卷。这是郭沫若研究历史人物的又一个侧面,反映郭沫若30年代研究历史人物的倾向——"注重在史料的解释和对于现世的讽谕"。②

把历史人物作为题材写成剧本,郭沫若处理过卓文君与司马相如、王昭君、聂政与聂嫈、屈原、信陵君与如姬、高渐离与秦始皇、苏武与李陵、曹操与蔡文姬、武则天、夏完淳、段功与阿盖、郑成功等。人们可以看到,几乎每个剧本后面都有不少篇附录,这都是郭沫若对历史人物深入研究的成果,反映郭沫若在各个不同时期研究历史人物的旨趣,应当视为郭沫若历史人物研究的一个不可少的组成部分。

此外,郭沫若还有一部分论述历史人物的单篇,如1954年所作《关于宋玉》,1956年发表的《关于司马迁之死》,1959年的《替曹操翻案》《关于白乐天》,1962年发表的《李德裕在海南岛上》,1963年发表的《由郑成功银币的发现说到郑氏经济政策的转变》,等等。

在其他篇章中侧重论及某些历史人物,这种情况在郭沫若的著述中也

---

① 郭沫若:《历史人物·序》,《历史人物》,海燕书店,1947,第1页。下引此书,除另注外,不再注版本。
② 《从典型说起——〈豕蹄〉的序文》,《郭沫若全集·文学编》第16卷,第196页。

为数不少。1937 年所作《驳〈说儒〉》第七部分"殷末的东南经略",以及随后的《论古代社会》《论古代文学》,都强调了对殷纣王的看法。1942 年脱稿的《钓鱼城访古》,热情歌颂了南宋末年的爱国将领王坚、张珏。郭沫若在《历史人物·序》中谈到这篇调查记,说"论性质尽可以收在这儿"。1956 年完成的《序〈"盐铁论"读本〉》论及桑弘羊,称他是"很值得我们作进一步研究的历史人物"。①

关于纪念同时代人物的单篇,在郭沫若的人物研究方面占有一定比例。《郭沫若全集》将这部分文章收编在文学编,故本文不再展开,只作为一种情况提出来。

从以上介绍可以看出,郭沫若研究历史人物的范围十分广泛,涉及了中国历史上几乎各个主要方面的人物。为了醒目,下面就本文将要论及的主要人物,按照论述的需要,大致进行一下排列。

近代和当代人物,主要有王国维、鲁迅、郁达夫、闻一多。

古代人物中,大致做如下划分:

对统一做出贡献的,主要有殷纣王、秦始皇;

富于民族气节的,主要有屈原、夏完淳、郑成功;

献身于改革事业的,主要有吴起、桑弘羊、王安石;

对学术、文化有重要贡献的,主要有公孙尼子、惠施、万宝常、白居易;

富于人民思想的农民革命的领导者和组织者,主要是李岩与李自成;

对在历史上有过贡献的人物的"翻案",主要有殷纣王、曹操、武则天;

对某些历史人物传统看法的"翻案",主要是曹丕与曹植、李白与杜甫;

关于文化思想方面的,主要是先秦诸子及各学派的代表人物或重要人物;

关于历史上几个有代表意义的女性,主要是卓文君、王昭君、蔡文姬、

---

① 《沫若文集》第 17 卷,第 521 页。

武则天等。

对于历史人物，除去应该考察历代帝王之外，郭沫若强调：

> 各个时代中有关思想、文学、科学技术方面的人物，尤其应该正确地估计他们的作用，加以重视。①

这既反映郭沫若关于历史人物研究的一个重要思想，同时也提醒我们，要考察郭沫若历史人物研究方面的成就，绝不能局限在他的某一两种专集之内，一定要掌握他研究历史人物的全貌。只有这样，才能对郭沫若的历史人物研究有比较完整、系统的认识。

二

1954年郭沫若在谈到开展历史研究的迫切性时指出：

> 我们需要从历史发展中来体会辩证唯物主义与历史唯物主义。我们需要从历史发展中来进行爱国主义教育、提高民族自信心，促进民族新文化的创造。②

这是郭沫若对自己治史目的的一个概括，他的历史人物研究从属于这一总的目的。他说过"复兴民族是要复兴我们中华民族的精神"，③ 史学家的职责就是"发掘历史的精神"。④ 中华民族的历史精神，是通过我国历史上各种人物的活动表现出来的。因此，发掘历史精神在郭沫若的历史人物研究中占据尤为突出的位置，我们可以列举出几个方面。

---

① 《关于目前历史研究中的几个问题》，《沫若文集》第17卷，第608页。
② 《开展历史研究，迎接文化建设高潮》，《沫若文集》第17卷，第423页。
③ 《复兴民族的真谛》，《沫若文集》第11卷，第344页。
④ 《历史·史剧·现实》，《郭沫若全集·文学编》第16卷，第296页。

肯定统一趋势，是郭沫若历史人物研究中刻意发掘的历史精神之一。在先秦诸子思想研究中，郭沫若十分注意各家学派关于"大一统"的主张，并认为这是中华民族的一个"总要求"。以往人们对这一点似乎注意不够，他强调说：

> 由殷周以来的多数氏族集团归并而为春秋的十二诸侯，再归并而为战国的七雄，这样的历史发展的轨迹正明显地表示着这个"大一统"的趋势。这是中国民族的一个总要求，差不多无例外地，反映在周秦之际的各家学派的主张里面。①

如分析荀子和孟子的政治理论，认为他们原则上重视王道，但也不反对霸道，正是适应"大一统"的形势才产生的。又如从肯定统一的趋势出发，对大家都骂为"暴虐无道"的殷纣王却大加称赞，认为他"对于中华民族的贡献，非常之大"，"中国东南部之早得开化，是纣王的功劳"。② 对于秦始皇，尽管40年代认为"他是极端反对民主，不让人民有说话的余地的"，"他的钳民之口，比他的前辈周厉王不知道还要厉害得多少倍"，但仍然肯定他"所走的都是趋向统一的路线"，并"收到了水到渠成的大功"。③ 由此可见，郭沫若是多么看重中华民族历史上为统一做出重大贡献的历史人物和要求统一的历史精神。

表彰民族气节，是郭沫若历史人物研究中发掘历史精神的又一重要方面。其中，多以屈原问题为讨论的中心。一是抗战以来，"国家临到了相当危险的关头，屈原的生世和作品又唤起了人们的注意"，④ 郭沫若论证屈原的存在，强调屈原"对于国族的忠烈"，就是要人们清楚："中华民族的尊重正义，抗拒强暴的优秀精神，一直到现在都被他扶植着。"⑤ 二是某些"带着政治意味的人尽量地想把屈原抹杀或贬值"，郭沫若正告那些"带着

---

① 《伟大的爱国诗人——屈原》，《沫若文集》第17卷，第365页。
② 《论古代社会》，《沫若文集》第12卷，第295页。
③ 郭沫若：《吕不韦和秦王政的批判》，《十批判书》，第383、390页。
④ 《蒲剑·龙船·鲤帜》，《郭沫若全集·文学编》第19卷，第83页。
⑤ 《关于屈原》，《郭沫若全集·文学编》第19卷，第23页。

政治意味的人"：只要"中国有人民存在一天，人民诗人的屈原永远不会被任何反动势力抹杀"。① 研究夏完淳，并兼及他的家庭、亲朋、师友以及时代，同样是要反映这一个时代为国家、为民族命运奔走呼号、慷慨牺牲的爱国志士的精神。因此，在"帝国主义侵蚀着我们的时候"，"夏完淳的民族性的强烈，倒依然是值得我们颂扬的"。② 郭沫若在抗日民族战争时期如此注重发掘历史人物的民族气节和抗暴精神，就是要借历史人物所处的时代来"象征我们当前的时代"，用以激励中国人民的爱国主义精神，实行全面抗战，把抗日民族战争推向全面胜利。在不是论述人物专篇的《钓鱼城访古》中也十分强调"忠奸对立"，大力"表彰王坚，尤其张珏之忠义"。1962年底，为了"郑成功大元"这枚古银币，郭沫若从厦门一直研究到北京，四处奔走，八方求索，不耻下问，终于搞清楚了银币的花押为"朱成功"（郑成功曾受南明隆武帝赐姓，称"国姓爷"，故为"朱成功"）。这不仅把中国自铸银币的历史从清朝道光年间推前了将近200年，而且由此看到了郑成功"这位历史人物的杰出处"：第一，1660年打败清军南征统帅达素之后，并没有轻易北征，"而是把矛头东向，去驱逐占领着台湾三十多年的荷兰殖民主义者"，尽管这一战略转变为当时好些抗清意志强烈的人所不能理解，但他排除偏见，完成了这一事业；第二，他的经济政策发生了重要的转变，"由初期的商业经济转化为农业生产"，是为了"突破由海陆两面而来的经济封锁"，即"突破清荷联盟"。③ 由此认为，郑成功所表现出的民族气节，是他同时代那些只是"抗清意志强烈的人"如张煌言等所不及的。

改革精神，是郭沫若在历史人物研究中注意发掘的又一历史精神。在众多的历史人物中，郭沫若对吴起、桑弘羊、王安石十分称赞：

> 吴起在中国历史上是永不会磨灭的人物……在这三个人物（按：指孙武、吴起、商鞅）里面，吴起的品格应该要算最高……④

---

① 《今昔蒲剑·总序》，《郭沫若全集·文学编》第19卷，第3—4页。
② 郭沫若：《少年爱国诗人夏完淳》，《青年知识》（香港）第37期，1948年9月1日。
③ 郭沫若：《由郑成功银币的发现说到郑氏经济政策的转变》，《历史研究》1963年第1期。
④ 《述吴起》，《沫若文集》第16卷，第200页。

> 桑弘羊在中国历史上是一位了不起的人物。……汉武帝一代的文治武功就是以这些高级的国家财经政策为基础的。两千多年前能有桑弘羊这样有魄力的伟大财政家,应该说是值得惊异的。①
>
> (王安石是)中国历史上一个伟大的政治家,有目的,有政见,有办法,有胆量。秦、汉以后的第一个大政治家就是他。②

这三个人在中国历史上都有进行改革的业绩,改革都收到了一定成效,对于民生的改善、社会的进步,都起到一定的积极作用。但他们的改革又都被扼杀了,吴起、桑弘羊均被"阻挠革命势力"的"反动的守旧势力"所杀害。王安石虽未遇害,也过着"颇寂寞""很淡泊"的晚年生活。对此,郭沫若在他的评述中"悼惜之情可见":

> 吴起在秦以前颇受人同情,如《韩非·问田篇》云:"楚不用吴起而削乱,秦行商君而富强。"又《难言篇》云:"吴起扶泣于岸门,痛西河之为秦,卒枝解于楚。"
>
> ……至少商鞅是受了吴起的精神上的影响……③
>
> 桓宽(按:指《盐铁论》的作者),对于桑弘羊之死是幸灾乐祸的。……从书中的描写看来,桑弘羊是很聪明犀利的人。他差不多一个人在那里舌战群儒。④
>
> 王安石无论如何说是一伟大的人物,他为了实行己见,不害怕或顾虑什么。他不患得失。……这些卑鄙无耻的人,不但骂人家的父亲,还要伤害其第二代……可是王安石的态度非常好,虽受诽谤而不介意,也不为之辩驳。⑤

郭沫若特别颂扬的他们反对守旧势力、实行改革的大无畏精神,正是中华

---

① 《序〈"盐铁论"读本〉》,《沫若文集》第17卷,第521页。
② 郭沫若:《王安石》,《历史人物》,第68页。
③ 《述吴起》,《沫若文集》第16卷,第219—220页。
④ 《序〈"盐铁论"读本〉》,《沫若文集》第17卷,第522页。
⑤ 郭沫若:《王安石》,《历史人物》,第73—74页。

民族历史精神的一个重要方面。在这一精神激励之下，许多仁人志士，立志改革，投身革命，推动着中华民族不断发展，永远向前。

重视学术文化的发展，是郭沫若历史人物研究中表现出的又一历史精神。这里，仅举四位略做考察。

第一位是公孙尼子。公孙尼子是个不为人们注意的历史人物，虽然《汉书·艺文志》《隋书·经籍志》这两部古代重要的目录中都有著录，但对其人"所知道的实在太少"，即使有人论述过，或意见相左，或所论不确。郭沫若从"发掘历史的精神"出发，对公孙尼子及其音乐理论做了尽可能详赅的论述。首先指出在春秋战国时期，上层贵族与奴隶在"音乐及其它感官的享受"方面"有天渊之隔"，"思想家对于这种享受的不平衡便有了改革的反应"。接着，分析墨、道、儒家的不同主张。在此基础上，全面剖析公孙尼子的音乐理论，指出：

> 孔子对于音乐或艺术的态度，也就是代表着儒家的态度。但他的理论却没有十分展开。把这理论展开了的，在事实上就是公孙尼子的《乐记》。

进而认为：

> 公孙尼子之后，凡谈音乐的似乎都没有人能跳出他的范围。①

对这样一个不被重视的人物，郭沫若却发掘出他对中华民族音乐理论的重要贡献，反映了郭沫若研究历史人物的独到之处。

第二位是惠施。郭沫若研究惠施，除了与一般学者一样，分析其哲学思想之外，还十分注意他在自然科学方面的成就（当然这也反映其唯物论思想）。郭沫若把庄子所撮述的惠施遗说归结为六项，认为它们是相连续的，其中有"原子说与地圆说"，即"无穷大的宇宙是从无限小的质点聚积

---

① 《公孙尼子与其音乐理论》，《沫若文集》第 16 卷，第 191、197 页。

而成"，在"惠施眼中的地球决不是平板"。因此，认为惠施是个"科学的思想家"，尤其强调"惠施赢得反对者的责骂，我们正足以反证他有独创的精神"。① 科学事业上的独创精神，确实是中华民族的一种伟大的历史精神! 有了这精神，我们才能创造出灿烂夺目的文化。

第三位是万宝常。这不只是个不为人们注意的音乐家，而且是个不幸者，他的音乐理论被当时的有权势的文化强盗剽窃，几遭湮没。郭沫若对于这样一个人"怀着无上的同情"，"对于他的精神生产之湮灭尤其感着无上的义愤"，尽可能翔实地考察了他的身世，充分肯定了他在中国音乐发展史上的卓越贡献：

> 万宝常生在胡乐盛行的时代，他彻底的学习了胡乐，使胡乐成为了自己的东西，更进一步于胡乐所未完备处又创生了新的寄与。……他利用的是旧乐的形骸……他是把中国的旧乐翻新，把胡乐也推进了。

同时指出两点：第一，"万宝常是彻底不妥协的人"；第二，万宝常的技艺是"融会华戎"，不纯粹是华，也不纯粹是戎，而是"更高一层阶段的统一"，即善于吸收一切外来的优秀文化，使之与传统的文化融合，从而创造出更新更高的文化。这正是中华民族文化发展史上的优秀传统。郭沫若不仅揭示出这一历史精神，而且大声疾呼，要扫除障碍，吸收外来文化，推进民族文化：

> 我们希望中国有第二的万宝常出来……
> 中国民族的胚形质中，音乐天才的遗传因子，该不真真是断了种罢！②

第四位是白居易。从中国文学史上讲，郭沫若认为中唐的散文起了划时代的改革，诗歌也起了划时代的改革。其主要精神就是使散文与诗歌从六朝以来的形式主义的束缚中解放出来，更和现实接近一些，更和人民接

---

① 《惠施的性格与思想》，《沫若文集》第 10 卷，第 44、47、49 页。
② 郭沫若：《隋代大音乐家万宝常》，《历史人物》，第 57、61—62 页。

近一些。但元（稹）、白（居易）在诗歌方面的改革，"其被重视的程度，却没有象在散文方面的这样的盛况"。因此，他考察了元、白在诗歌方面的改革：形式的改革，使之平易化，为人民大众容易了解，形成"元和体"；内容的改革，使之描写人民的生活，传达人民的疾苦，当作社会改革的武器，而不是歌功颂德或为诗歌而诗歌。郭沫若认为，这一实践，"在中国文学中是会永远放着光辉的"。同时，指出元、白的诗歌革命是受着阻挠的，对白居易的闲适诗也做了具体分析，说那是"对于恶浊的顽强的封建社会的无言的抗议！"① 强调文学的改革，接近现实，接近人民，这更是中华民族文化事业兴旺发达的一种历史精神。

1938 年底，郭沫若有这样一段简短的概括：

> 我们中华民族的精神是什么？
> 一，富于创造力；
> 二，富于同化力；
> 三，富于反侵略性。②

从以上所述可以看出，郭沫若的历史人物研究，确实贯穿着他所要"复兴"和"发掘"的这种中华民族的伟大的历史精神。

三

郭沫若研究历史人物和评价历史人物，是有着十分明确和极为严格的标准的。这标准体现了郭沫若整个史学研究的高度的历史唯物主义自觉性和实事求是的科学性。

郭沫若研究历史人物的标准之一："人民本位。"他曾经非常明确地说：

---

① 《关于白乐天》，《沫若文集》第 17 卷，第 388—392 页。
② 《复兴民族的真谛》，《沫若文集》第 11 卷，第 344 页。

关于秦前后的一些历史人物，我倒作过一些零星的研究。主要是凭自己的好恶……我的好恶的标准是什么呢？一句话归宗：人民本位！①

凭借着这一"好恶的标准"，郭沫若笔下写出了许多历史人物的真实。他主要是凭自己的"好"，而"比较少"是"出于恶"。就是说，郭沫若的历史人物研究，主要不是揭露丑恶而是表彰先进，揭示人民群众是历史的主人这一历史唯物主义的基本原理。

由"人民本位"思想出发，郭沫若批评历史人物，往往以人民性作为评价尺度。例如，在把屈原同宋玉相比较中，并不是出于对宋玉的"偏恶"，而是根据客观材料来下判断，即"对封建秩序不大买账的司马迁，对人民性比较看重的司马迁"，"的的确确是有点鄙视宋玉的"，没有把"屈宋并称"。相反，推崇宋玉、把"屈宋并称"的人，出于偏见，"人民性愈多就愈坏，愈少就愈好"。②

由"人民本位"思想出发，郭沫若十分注意把具有民族思想同具有人民思想的历史人物加以区分，在肯定历史上具有民族思想的人的同时，更称赞具有人民思想的人。尤其在历史上民族矛盾比较突出的时期，把这二者加以区分，这在剖析李岩的思想与顾炎武、王船山的思想方面，表现得最为突出。明末清初是我国历史上阶级矛盾、民族矛盾十分尖锐、相互交错的一个历史时期。黄宗羲、王船山、顾炎武等著名的思想家都看到了"天崩地解"的趋势，面对清兵的入关南下，都组织过抵抗运动。在清朝政权巩固以后，又都不受清廷的羁绊。这一切，再加上他们对有清一代学术思想的影响，历来受到人们的推崇。但是，在众多的研究中，很少有研究者认真地把他们的这些具有进步意义的思想再做深入一步的剖析。郭沫若在他的历史人物研究中却非常尖锐，又很实际地指出了他们存在的共同性的问题：

---

① 郭沫若：《历史人物·序》，《历史人物》，第1页。
② 《关于宋玉》，《沫若文集》第17卷，第384页。

只有民族思想而无人民思想。

只富于民族气节而贫于人民思想。

李岩与顾炎武、王船山几乎是在同一历史时期，又都是官宦子弟或书香门第出身，李岩却能够参加并组织农民的革命战争，既进行着人民革命，又反对"异族"的入侵，人民思想和民族思想兼而有之。相反，顾炎武"对于李自成是反对的"，王船山则"不肯和'草寇'合流"，甚至"毁伤自己"躲避农民军的"礼聘"。由此，郭沫若提醒人们注意：

请把这种态度和李岩比较一下怎样呢？李岩不是可以更令人向往的吗？

……在思想史上也应该有他（按：指李岩）的卓越的地位的。①

这里，郭沫若不仅在评价历史人物方面坚持了实事求是的科学态度，也反映强调"人民本位"思想是他研究历史人物的一贯的根本思想。

由"人民本位"思想出发，郭沫若对历史上为农民革命做出重要贡献的起义领袖或者重要骨干给予了高度的称赞。《甲申三百年祭》和《关于李岩》是郭沫若在这方面的代表作。《甲申三百年祭》从一发表起，就"引起过轩然大波"，甚至有人认为那是"反科学的历史著作"，必须"推倒"。这里不做全面评价，但必须指出一点，对于李自成领导的农民起义，用历史唯物主义为指导进行认真研究，正是从郭沫若这里开始的。这同他引以历史唯物主义指导研究中国古代社会一样，具有开创之功。在当时"引起过轩然大波"的主要原因，正如郭沫若自己所说，"是因为我同情了农民革命的领导者李自成，特别是以仕宦子弟的举人而参加并组织了革命的李岩"。同情农民革命，同情农民革命的领导者、组织者，是郭沫若"人民本位"思想的体现，他还十分清楚地写道：

---

① 郭沫若：《历史人物·序》，《历史人物》，第5—6页。

> 这明明是帝王思想与人民思想的斗争,而这斗争我们还没有十分普遍而彻底地展开。
>
> 他(按:指李岩)一定是一位怀抱着人民思想的人……他的参加农民革命是有他自己的在思想上的必然性,并不是单纯的"官激民变"。①

对农民革命充满同情,对反动统治无情鞭挞,开出了历史人物研究的新生面。

由"人民本位"思想出发,在研究近现代人物中,郭沫若也十分注意他们的"人民意识"。例如,在分析闻一多治学的根本态度时,认为他是通过搞中文"里应外合"来完成"思想革命"的,具体表现则是由庄子礼赞转而为屈原颂扬,他本人也就由极端个人主义的玄学思想蜕变出来,确切地获得了人民意识。人民意识的获得,又进一步保证了作为新月派诗人的闻一多成为人民诗人闻一多。再如,对自己十分推崇的王国维和鲁迅,一方面认为他们的精神发展过程有许多地方相同,另一方面又十分明白地指出他二人在"很关重要的地方"确实有很大的相异:

> 王国维停顿在旧写实主义的阶段上,受着重重束缚不能自拔……
>
> (鲁迅)从旧写实主义突进到新现实主义的阶段,解脱了一切旧时代的桎梏,而认定了为人民大众服务的神圣任务……②

从上述分析可见,"人民本位"是郭沫若研究历史人物的一项非常重要的标准,而且坚持不渝。

郭沫若评价历史人物的另一标准是看对历史发展所起的作用。

> 我们评定一个历史人物,应该以他所处的历史时代为背景,以他对历史发展所起的作用为标准,来加以全面的分析。③

---

① 郭沫若:《历史人物·序》,《历史人物》,第4—5页。
② 郭沫若:《鲁迅与王国维》,《历史人物》,第172页。
③ 《关于目前历史研究中的几个问题》,《沫若文集》第17卷,第607页。

根据这一评价历史人物的标准,郭沫若认为历史上有不少人物是应该肯定的。

首先是对历代帝王的评价。强调"人民本位",是不是就要全面否定历史上各朝各代帝王的历史作用呢?郭沫若的回答是否定的,他明确表示:

> 评定历史人物的作用,我们一定要实事求是,不夸大、也不缩小。人们对各朝各代的帝王,往往容易一概否定,其实这是不妥当的,应该具体分析。有些帝王,如秦始皇、汉武帝、唐太宗,甚至如康熙、乾隆等,对民族、对经济、对文化等方面的发展,在当时是有过贡献的,我们就应该给以一定的地位。①

对殷纣王的评价最能说明郭沫若是一贯坚持这一思想的。殷纣王长期被说成是一个"暴虐无道""荒淫无耻"的昏君,郭沫若从30年代起就为殷纣王鸣不平,指出"中国南部之得以早被文化,我们是应该纪念殷纣王的"。②40年代论述更多,认为秦汉时代中国做到了"车同轨,书同文,行同伦"的地步,"可以说是殷纣王的功劳",强调殷纣王"对于民族的贡献","比文、武、周公还要大"。③50年代末在一次谈到历史人物评价问题时,几乎用了一半的篇幅分析殷纣王的历史功绩:

> 他对中国民族的发展,做了一些好事,对古代中国的统一,有不小的功劳。……古代中国归于一统是由秦始皇收其果,而却由殷纣王开其端。④

从肯定殷纣王的历史功绩这一事实可以清楚地看到,郭沫若始终是坚持以对历史发展所起的作用这一标准来评定历史人物的。同时反映他坚持"实事求是,不夸大、也不缩小"的科学态度。

---

① 《关于目前历史研究中的几个问题》,《沫若文集》第17卷,第608页。
② 《驳〈说儒〉》,《沫若文集》第16卷,第148页。
③ 《论古代文学》,《郭沫若全集·文学编》第19卷,第274页。
④ 《关于目前历史研究中的几个问题》,《沫若文集》第17卷,第608页。

其次是对各个时代有关思想、文学、科学技术人物的历史作用的评价，这同其"人民本位"思想紧密相连。郭沫若不止一次地指出，过去的史书一般偏重政治方面的论述，对文化的发展情况写得不多，对科学技术方面杰出人物的叙述就更为贫乏了，今天尤其应该加以重视。从前面两个部分所涉及的历史人物，可以看出郭沫若对思想、文学、科学技术方面人物是多么重视！一是研究范围十分广泛，二是许多不为注意但贡献突出的人物被发掘出来，并充分肯定了他们的成就和在中华民族的学术文化发展中的地位。

至于思想方面的历史人物，在郭沫若的人物研究中占有重要地位，而且成绩斐然。尤为人们称颂的是对先秦诸子思想的系统研究。这方面的论述颇多，此处不做详述，仅从历史人物评价的角度指出如下两点。第一，郭沫若始终注意从他们所处的历史时代出发，评价诸子思想在历史发展中所起的作用。先是"清算"古代社会的发展，探得各家的立场和根源（包括相互关系），再把人物放到时代潮流中去加以考察和评价。第二，郭沫若坚持从发展着眼，不把人物及其思想、学说简单化。分析诸子思想的差异，更注意其间的相互联系、彼此渗透。因此，对于那种"总而称之曰儒，因统而归之于孔"的做法是反对的，认为孔子和早期儒家与秦以后的儒学不同。由这一认识出发，他不怕孤立，始终坚持自己对孔子和早期儒家的评价，肯定他们起过进步作用。对于法家亦是如此，认为前期法家起过进步作用，到后来由于法家变为法术家，成了实行极端专制统治的工具，把前期法家思想"向坏的方面"发展了。尽管他对诸子及其思想的论述还有不足，甚至错误，但这种评价历史人物及其思想的态度，却是实事求是、值得肯定的。

再就是对历史上几位女性的评价。卓文君、王昭君是作为反对"男性中心"的封建道德的叛逆女性出现的，蔡文姬是以对发展祖国文化事业有所贡献的面貌出现，武则天是作为政治家出现的。郭沫若是以她们在历史发展中的特殊地位而加以肯定的。

从上述分析可以看出，两项标准在郭沫若的历史人物研究中占据重要的位置。由于坚持这两项标准，郭沫若历史人物研究的成就卓著，硕果累累。

四

郭沫若研究历史人物，有着许多不为其他史学家所具备的特点。正是这些特点，使得他的历史人物研究发挥着巨大的影响，促进着革命事业和学术文化的发展和繁荣。

替对历史发展有贡献但又受到歪曲的人翻案，是郭沫若历史人物研究中的一大特点。30年代，提出为殷纣王翻案的问题。到60年代，先后提出为秦始皇、曹操、武则天等人翻案。殷纣王前面已经谈到，秦始皇留待后面分析，这里着重考察对曹操、武则天的翻案。

关于曹操，郭沫若认为，他在遍兴屯田、抑制兼并、平定乌桓、统一北方以及促成建安文学的高潮等方面，都做出过大的贡献。1959年3—5月连续发表《替曹操翻案》《中国农民起义的历史发展过程——序〈蔡文姬〉》，反复强调：

> 公平地说来，曹操对于当时的人民是有贡献的，不仅有而且大；对于民族的发展和文化的发展是有贡献的，不仅有而且大。在我看来，曹操在这些方面的贡献，比起他同时代的人物来是最大的。[①]
>
> 以前我们受到宋以来的正统观念的束缚，对于他的评价是太不公平了。特别经过《三国演义》和舞台艺术的形容化，把曹操固定成为了一个奸巨的典型——一个大白脸的大坏蛋。
>
> 我们今天的时代不同了，我们对于曹操应该有一种公平的看法。[②]

郭沫若关于曹操的一系列论述，在史学界乃至整个社会科学领域内，产生了很大的影响。6月出版《沫若文集》第12卷，对于《历史人物》中的《论曹植》一篇，郭沫若也不忘增添如下一段文字：

---

① 郭沫若：《替曹操翻案》，《文史论集》，人民出版社，1961，第187页。
② 郭沫若：《中国农民起义的历史发展过程——序〈蔡文姬〉》，《文史论集》，第194页。

假使曹家的天下更长久得一些，我看魏武帝和魏文帝会被歌颂为中古的圣王，决不会被斥为"篡贼"，为"奸臣"。曹操在舞台上会表现为红脸，而不是粉脸。这场历史公案，今天应该彻底翻它一下。

武则天更是一位遭到指责、侮骂的历史人物。唐宋以来的一些史学家指责她改元称周是"盗执其国政"，诬蔑她当皇帝是"牝鸡司晨"，甚至做人身攻击，骂她淫荡，十恶不赦，以至于咬牙切齿，"武后之恶"应该"大戮"。① 在写蔡文姬与《胡笳十八拍》、上演《蔡文姬》的同时，郭沫若开始查看《旧唐书》《新唐书》《资治通鉴》《全唐诗》《唐文粹》《唐诗纪事》等书中有关武则天的记载和她自己的著作，准备为这位杰出的女政治家翻案，为她的政敌或旧史家强加给她的"罪名"辨诬。郭沫若仍然坚持以"人民本位"和对历史发展的作用为标准，全面评价武则天：

"不爱身而爱百胜"这句话，是武后的自白，但也不尽是自夸。她执掌政权的五十多年中，基本上是站在"爱百姓"的立场而进行措施的。她的政权之获得巩固，即基于此。②

她把唐太宗的"贞观之治"发展了，并为唐玄宗的所谓"开元盛世"奠定了坚实的基础。开元时代的一些大臣宰相、文士学士大抵是武后时代所培养出来的人物。③

在这一过程中，郭沫若还谈及对待史料的态度问题。旧时代骂武则天已经一千多年了，我们要找菲薄她的材料很容易。所以，"凡是把她说得太坏的史料，在采用时就值得考虑"，而反过来，她独掌朝政20余年，文学侍从之臣自然要为她祖宗三代擦粉，对此须得认真审核，特别是说她父亲的那

---

① 新、旧《唐书·则天皇后纪》"史臣曰"。
② 《武则天》附录二《重要资料十四则》第一则"案语"，《郭沫若全集·文学编》第8卷，第247页。
③ 《我怎样写〈武则天〉?》，《郭沫若全集·文学编》第8卷，第232—233页。

些好话，倒是"应该打打折扣"。① 这种分析、鉴别史料的态度，更加证明郭沫若在评价历史人物方面实事求是的科学精神，也成为他写翻案文章的坚实基础。

郭沫若替曹操，替武则天翻案，在学术研究领域内，在历史人物评价方面，冲破旧思想意识的束缚，排除习惯势力的影响，对运用历史唯物主义指导历史研究，发挥着积极的、重要的作用。

在历史人物翻案中，还有一种情况，即对同时并称的两个人物抑扬不同的习惯看法的翻案，这主要表现为对曹丕与曹植、李白与杜甫的评价上。屈原与宋玉的问题，前面已经述及。

《论曹植》是为反对"抑丕扬植"而作。郭沫若认为，曹丕在政治见解上比曹植"高明得多"，在政治家的风度上甚至有时还可以说胜过曹操，在"文艺上的贡献是谁也不能否认的"——"他是文艺批评的初祖。他的诗辞始终是守着民俗化的路线"；而曹植在文学史上的地位，"早就是成了有名无实的东西了，尽管后人的心目中认定他是一位才子，但他的诗文对于后人的影响，已经早成过去了"。②

《李白与杜甫》更是针对"抑李扬杜"的问题而作。郭沫若明白地写道：

> 抑李而扬杜，差不多成为封建时代士大夫阶层的定论。……解放以来的某些研究者却依然为元稹的见解所束缚，抑李而扬杜，作出不公平的判断。③

在整个唐代文坛上，基本是李杜并称的。中唐时虽有元（稹）、白（居易）针对"世称李杜"的提法形成"抑李扬杜"的观点，但未能成为"定论"，直至晚唐仍以李杜并称。宋以后，随着理学（道学）的兴起，"抑李扬杜"逐渐成风，并由此定下了这个基调。如果说王安石主要从艺术风格方面优

---

① 《武则天生在广元的根据》，《郭沫若全集·文学编》第8卷，第269—270页。
② 郭沫若：《历史人物》，第28页。
③ 郭沫若：《李白与杜甫》，人民文学出版社，1971，第114—115页。

杜劣李，那么更多的人则是从思想内容上来扬杜抑李。至明，杜诗被进一步抬高。到了清代，甚至有人认为，宋、明以来，诗人学杜者多矣，但都只能学到杜的某一个侧面，"退之（韩愈）得杜神，子瞻（苏轼）得杜气，鲁直（黄庭坚）得杜意，献吉（李梦阳）得杜体，郑继之得杜骨"。① 因而注杜成风，杜诗研究确有很大进展。这种为了扬杜而贬低其他诗人（特别是与杜甫并称的李白）的倾向，一直延续到解放以后。新中国成立以来，对杜诗的成就研究得比较充分，而对其缺陷与不足则只字不提或一笔带过。比如郭沫若在"杜甫的阶级意识"一章中提出的问题，以及所引杜诗《喜雨》《夔州书怀》的诗句，在解放以后的杜甫研究中基本是"为圣者讳"的。1962 年杜甫诞生 1250 周年，发表了大量论文，基本都是一个基调。与"抑李扬杜"相对，欧阳修、陆游、元好问、魏裔介、王夫之等人都是坚持李杜并称，反对"抑李扬杜"。这样，在文学史上，"抑李扬杜"与李杜并称形成了长期的对立和争辩，影响着对李、杜的正确评价，影响着对李、杜诗歌成就的深入研究。《李白与杜甫》正是要翻"抑李扬杜"的旧案，恢复李杜并称的局面。郭沫若在书中十分明白地指出，与元稹同是唐人，还有"能说几句公道话的"，随即举出韩愈的《调张籍》诗，然后写道：

> 这只是以李杜并称，但由抑李扬杜的人看来，可能已经是抑杜扬李了。其实无论李也好，杜也好，他们的"光焰"在今天都不那么灿烂了。②

显然郭沫若是主张李杜并称的。1977 年他在一封关于《李白与杜甫》一书的复信中这样写道：

> 杜甫应该肯定，我不反对，我所反对的是把杜甫当为"圣人"，当为"它布"（图腾），神圣不可侵犯。千家注杜，太求甚解。

---

① 王士禛：《池北偶谈》卷 16《谈艺·学杜》，康熙四十年刊本。
② 郭沫若：《李白与杜甫》，第 115 页。

> 李白，我肯定了他，但也不是全面肯定。一家注李，太不求甚解。①

这可算是郭沫若对自己关于李、杜评价以及翻"抑李扬杜"公案意图的最简明扼要的注释。从中可以看到：第一，郭沫若是一贯坚持李杜并称的；② 第二，郭沫若的所谓"抑杜"是针对那种把杜神圣化的倾向，是针对研究李、杜不平衡的现象。这应该说是无可非议的。

人物研究与社会史研究紧密结合，是郭沫若研究历史人物的另一特点。这在对先秦诸子、屈原、秦始皇等人物的研究中尤为明显。

前面已经谈到对先秦诸子的研究，这里先说对屈原的研究。在《屈原研究》的长篇论著中，郭沫若认为若不把殷周尤其是周代的社会情形、社会性质弄清楚，"屈原时代的精神和屈原思想的属性也就无从决定"，所以专设一节考察屈原的时代，提出春秋战国时代，应着社会的变革，由奴隶制至封建制的变革，生出了意识形态的反映，即思想革命。儒家思想在这一变革时代是进步的，不能用现代的观点去斥之为反动。屈原生在这个时代的将近末期，"深深把握着了他的时代精神"，想以德政来让楚国统一中国，反对秦国的力征经营。"他的眷爱楚国并不是纯全因为是父母之邦"，"他根本没有拘泥于楚国一个小圈子里面的传统"，③ 所以他很明显地带有儒家的风貌，思想是先进的。

对于秦始皇的评价，最能说明郭沫若研究历史人物的这一特点。早在20年代末，由于他认为"周室东迁以后，中国的社会才由奴隶制逐渐转入了真正的封建制"，因而肯定"秦始皇不愧是中国社会史上完成了封建制的元勋"。④ 到了40年代，他对古代社会研究进行"自我批判"之后，提出"春秋战国时代是古代社会的转折点"的主张，但又认为这一变革在当时的中国境内不是平衡发展起来的，"一直变到秦始皇并吞六国，乃至陈（涉）、

---

① 《郭沫若同志就〈李白与杜甫〉一书给胡曾伟同志的复信》，《东岳论丛》1981年第6期。
② 60年代称李、杜为"诗歌史中的双子星座"，70年代初有《李白与杜甫》中上述引文为证，70年代中又有这封信可以表明。
③ 郭沫若：《屈原研究》，《历史人物》，新文艺出版社，1952年新3版，第92、95页。
④ 《中国古代社会研究》，《沫若文集》第14卷，第29页。

吴（广）、刘（邦）、项（羽）的奴隶大暴动的成功为止，才达到了它的最后的终结"，①"秦始皇的统一中国是奴隶制的回光反照"。② 从对社会史的这一基本认识出发，把秦始皇当成"站在奴隶主的立场"，"创造出了一个短时间的大奴隶制的中心集权社会"，"把社会往后扭转"的人物加以否定。③ 50 年代以后，郭沫若进一步探讨中国奴隶社会与封建社会的时代划分问题，把奴隶社会的下限定在春秋战国之交。因此，他对秦始皇的评价也有了一个比较固定的看法：

> 秦始皇是一位对民族发展有贡献的历史人物……④

可以看出，郭沫若研究历史人物的这一特点，同他评价历史人物的标准是十分契合的，即以历史人物所处的时代为背景，以其对历史发展的作用为标准。

从事研究也从事创作，是郭沫若研究历史人物又一个十分突出的特点。郭沫若说过：

> 有好些研究是作为创作的准备而出发的。我是很喜欢把历史人物作为题材而从事创作的，或者写成剧本，或者写成小说。⑤

用历史人物作题材从事创作，目的在于"站在现实的立场"，"注重在史料的解释和对于现世的讽谕"。⑥ 郭沫若是推崇孔子和孟轲的，认为他们的思想"在各家中比较富于人民本位的色彩"，但在 30 年代当国民党反动派和日本帝国主义大肆鼓吹"尊孔"、神化孔孟时，他却根据"孔子穷乎陈蔡""孟子恶败而出妻"的史实写下了《孔夫子吃饭》《孟夫子出妻》，用讽刺的笔调刻画了两个"巧伪人"的形象，揭露其思想、道德乃至人格上的虚

---

① 郭沫若：《古代研究的自我批判》，《十批判书》，第 43 页。
② 《奴隶制时代》，《沫若文集》第 17 卷，第 25 页。
③ 郭沫若：《吕不韦与秦王政的批判》，《十批判书》，第 401 页。
④ 《高渐离》附录《校后记之二》，《沫若文集》第 4 卷，第 135 页。
⑤ 郭沫若：《历史人物·序》，《历史人物》，第 1 页。
⑥ 《从典型说起——〈豕蹄〉的序文》，《郭沫若全集·文学编》第 16 卷，第 196 页。

伪性。《楚霸王自杀》借亭长之口，指出"只顾自己的权势，不管老百姓死活的人，是走着自杀的路。项王是一个很好的教训"，"他没有想到我们天下的人，没有想到我们中国。……我看你不要再蹈他的覆辙罢"。《齐武士比武》的讽谕意义更明显。就是《贾长沙痛哭》，根据郭沫若的说法，贾谊的"悲剧最和我们现今的情形相近"。① 郭沫若以历史剧讽谕现实，这是人们都清楚的。写《虎符》"是有些暗射的用意的";② 写《南冠草》是要"用汉奸和烈士对照，用洪承畴和夏完淳对照"，因为"这些情形，真是活鲜鲜地如同眼面前的事一样";③ 写《屈原》是要"把这时代的愤怒复活在屈原时代里去"，也即"借了屈原的时代来象征我们当前的时代";④ 等等。这些史剧尽了批判的任务，而且又比较能直接影响广大的观众，因而在揭露顽固派投降、分裂活动方面，在坚持抗战、团结、进步方面，发挥了很好的教育人民、打击敌人的作用。

郭沫若用历史人物做题材从事创作，还有一个动机，这就是：

> 因有正确的研究而要推翻重要的史案，却是一个史剧创作的主要动机。⑤

写《蔡文姬》是替曹操翻案，写《武则天》是为武则天翻案，俱是如此。

郭沫若从事创作，虽然是为"讽谕现实"或"推翻重要的史案"，但在题材的处理上，他十分注意历史的真实。他从事创作都是以其对历史，特别是对历史人物的研究为基础的，用他本人的话说，"创作之前必须有研究"。以《屈原》为例，30 年代就曾对屈原的时代和艺术思想有过较全面的研究，1942 年写成《屈原研究》的论著，成为他研究屈原的代表作，并且综合了他对先秦社会研究的基本成果。这些研究还为《虎符》《高渐离》提供了历史根据。写《南冠草》有《夏完淳》这样的长篇著述为依据，写

---

① 《从典型说起——〈豕蹄〉的序文》，《郭沫若全集·文学编》第 16 卷，第 198—199 页。
② 《由〈虎符〉说到悲剧精神》，《沫若文集》第 17 卷，第 160 页。
③ 郭沫若：《夏完淳》，《历史人物》，第 151 页。
④ 《序俄文译本史剧〈屈原〉》，《沫若文集》第 17 卷，第 158 页。
⑤ 《历史·史剧·现实》，《郭沫若全集·文学编》第 19 卷，第 297 页。

《蔡文姬》有一系列关于曹操和蔡文姬的学术论文,写《武则天》有《重要资料十四则》,写《郑成功》有《由郑成功银币的发现说到郑氏经济政策的转变》等问题研究在先。总之,郭沫若写史剧,"关于人物的性格、心理、习惯,时代的风俗、制度、精神,总要尽可能的收集材料,务求其无瑕可击",① 再加上对历史、史剧、现实关系的正确处理,使他的史剧剧作具有丰富的思想内容和动人的艺术魅力,发挥了巨大的教育作用。

五

通过研究历史人物的成果、研究历史人物的目的、研究历史人物的标准、研究历史人物的特点等四个方面的考察,我们对郭沫若关于历史人物的研究,应该说大体上有了一个基本的了解。其中,研究目的、研究标准、研究特点三者是相互联系、彼此渗透的,是郭沫若整个历史人物研究中不可分割的有机组成部分。其研究目的是确定研究标准的前提或出发点,研究标准的确定,反过来又是为其研究目的服务的。研究特点是其研究目的的表现和研究标准的贯彻。

由于郭沫若对历史人物的研究有这样一个比较完整的整体,换句话说,有正确的指导思想、科学的研究方法和多样的表现形式,因此他在这一方面的成就,同他对中国的马克思主义历史学的开创之功,在古文字、古器物研究中的重大建树,对奴隶社会研究的奠基作用,在古代思想研究方面的成就一样,应在郭沫若的整个史学研究中占据相应的位置。

郭沫若的历史人物研究存在较多的问题和弊端,这也是不应回避的,主要表现在以下三个方面。

第一,由"翻案"而产生的问题。

郭沫若在为有贡献的历史人物翻案过程中,有时背离自己确定的不要从一个极端跳到另一个极端去的原则,往往为了"矫枉",出现了"过正"

---

① 《历史·史剧·现实》,《郭沫若全集·文学编》第19卷,第297页。

的情况。"翻案何妨傅粉多",如果说对艺术形象的历史人物可以"傅粉"的话,那么对于历史人物的评价却不应该。替曹操翻案中,"傅粉多"的情况比较突出。为了让曹操符合他评价历史人物的标准,尽量把曹操写成人民利益的代表者。在最初发表的文章中竟提出"曹操虽然打了黄巾,但没有违背黄巾起义的目的",尽管后来改为"曹操虽然打了黄巾,但受到了黄巾起义的影响",但实际上还是认为曹操"被迫不得不基本上满足黄巾起义的目的"。把历史上农民起义和镇压起义的界限混淆的认识,显然不符合历史唯物主义,也不符合历史真实。替曹操翻案,既然针对的是由于"正统观念"造成的对曹操的不公平,那就应该从分析"正统观念"入手,肯定曹操对历史发展的作用,完全没有必要一定给曹操加上一个"人民"的桂冠。翻殷纣王的案,不是没有硬加什么"人民"的字样,只谈了他对民族发展、对统一趋势的贡献,就收到了很好的效果吗!关于李、杜的问题,郭沫若犯了同样的毛病。本来他一贯主张李杜并称,结果却使人们以为他在"扬李抑杜"。其实,文学史上关于李、杜优劣之争,谁也没有在阶级意识、地主生活之类的问题上纠缠,即使"抑李扬杜"的创说人元稹、白居易,也主要是从创作风格、艺术特色、表现手法等方面,结合他们自己的诗歌理论来品评李、杜的。如果郭沫若不是硬用"人民性"之类的帽子往李、杜的头上套,而是从元、白提出的问题方面深入分析,同时论证形成"抑李扬杜"的社会原因以及研究李、杜极不平衡的状况,想必会收到有益的效果,不至于遭到诸多批评或非议。

第二,由"暗射"而带来的弊端。

郭沫若在把历史人物研究与史剧创作结合的过程中,由于过多地注意对现实的讽谕,往往不能把二者加以严格的区分,于是一些艺术化了的历史人物形象被带进历史人物的科学研究之中,再加之有时对科学与艺术关系的认识不够准确,使得他的人物研究弊端比较明显。对秦始皇的评价,在40年代固然有其研究方面的原因,如前面曾经谈到的与社会史研究的关系,但因为"存心用秦始皇来暗射蒋介石",所以"对于秦始皇的处理很不公正",[①]

---

① 《高渐离》附录《校后记之二》,《沫若文集》第4卷,第135页。

这种"暗射"虽然对教育人民、打击敌人起过积极作用,但毕竟不是研究历史的科学态度,不能用所谓"革命的影射"来掩饰其非科学性。史学是一门科学,在研究中只能凭着客观存在的事实,详尽占有材料,在正确观点的指导下,引出正确的结论,不应该也不允许用艺术夸张的手法去美化或丑化任何一个历史人物。

第三,由"偏爱"而引出的毛病。

郭沫若研究历史人物往往"凭自己的好恶",本来他对自己的好恶有明确规定,即以人民本位为标准,但有时他不能认真恪守这一标准,而是凭感情的好恶。《孔雀胆》的创作,"史实很值得研究",明显地暴露了这一点。郭沫若在当时接受了这方面的批评,察觉到自己"对某些历史人物时常有偏见偏爱",但又说"这是很难改的毛病"。郭沫若的这一毛病确实"很难改",到了 60 年代甚至说出"蔡文姬就是我"的话来。郭沫若本人确有与蔡文姬类似的经历,感情上十分相近,对蔡文姬的作品表现出明显的偏爱倾向,无可厚非。从诗歌爱好来讲,无论怎样喜欢《胡笳十八拍》都可以,但从历史人物研究角度来评价古人古诗时,就不允许以个人的感情去取代科学的分析。郭沫若恰恰在这一点上失去了科学的态度,认为李白、杜甫都赶不上蔡文姬,说《胡笳十八拍》是"自屈原的《离骚》以来最值得欣赏的长篇抒情诗。杜甫的《寓同谷县作歌七首》和它的体裁相近,但比较起来,无论在量上或质上都有小巫见大巫的感觉","李太白也拟不出,他还没有那样的气魄,没有那样沉痛的经验",① 显然没有坚持自己曾经确定的对历史人物评价要"实事求是,不夸大也不缩小"的原则,而是随着感情加进了主观的抑扬成分。

上述问题或弊端的存在,严重地影响着郭沫若研究历史人物的宗旨、标准的正确贯彻,因而在某种程度上也掩盖了他研究历史人物的成就,使人们感觉郭沫若的历史人物研究偏颇较多,弊病较大,不足以同他在另外几个方面的成就相媲美。

最后,希望对郭沫若关于历史人物的研究能够深入开展,既包括对其

---

① 郭沫若:《谈蔡文姬的〈胡笳十八拍〉》,《文史论集》,第 200、201 页。

成就和贡献的肯定，也应有对其问题和弊端的分析、批评。在这一基础上，科学地、实事求是地评定它在郭沫若整个史学研究中所占的地位。

（1984年5月24日初稿，郭沫若六周年忌日改定）

［本文原题《郭沫若的历史人物研究》，收入《郭沫若研究》第2辑，文化艺术出版社，1986］

在研究与创作中探索史学与史剧的关系

恩格斯在《反杜林论》中有这样一段论述：

> 当我们深思熟虑地考察自然界或人类历史或我们自己的精神活动的时候，首先呈现在我们眼前的，是一幅由种种联系和相互作用无穷无尽地交织起来的画面，其中没有任何东西是不动的和不变的，而是一切都在运动、变化、产生和消失。……但是，这种观点虽然正确地把握了现象的总画面的一般性质，却不足以说明构成这幅总画面的各个细节；而我们要是不知道这些细节，就看不清总画面。为了认识这些细节，我们不得不把它们从自然的或历史的联系中抽出来，从它们的特性、它们的特殊的原因和结果等等方面来逐个地加以研究。这首先是自然科学和历史研究的任务。①

恩格斯将"现象的总画面的一般性质"与"构成这幅总画面的各个细节"做了严格的区分，并论证了二者的辩证关系。一般说来，围绕历史演进的"总画面"弄清组成这一总画面的"各个细节"，乃是历史研究的任务。然而，并不是所有的历史学家都能够理解这一点并做到这一点。比较而言，郭沫若在弄清历史画面"细节"方面，有着其他历史学家所不及的地方。这就是：他把"运动、变化"的中国历史"大舞台"的若干片断（细节）"复制"了出来，以艺术的形式再现于戏剧的小舞台之上。因此，他的历史

---

① 《马克思恩格斯选集》第 3 卷，人民出版社，1972，第 60 页。

剧作在其全部著作中便有着一种非常特殊的位置。如果说80年代以前的研究者大都视其为文艺创作的话，那么80年代中期以来，随着对历史学自身理论探讨的深入，人们逐渐认识到，历史剧作是郭沫若研究历史不可或缺的重要组成部分。下面结合历史学研究对象特殊性的分析，考察郭沫若在再现历史画卷方面的得失。

一　十二个历史片断

在郭沫若一生的著作中，有着众多对于中国历史画卷"细节"的考察。其中把历史的"大舞台"化为戏剧的小舞台的"复制品"，共有12个历史片断。他的这12部历史剧作的产生，一般都分为三个阶段：草创阶段、成熟阶段、再探索阶段。

草创之前，曾经有过一个由诗歌到诗剧，再由诗剧转入史剧的历程。伴随这一转变，在题材上便径直面对历史题材了。1920年初写的《凤凰涅槃》如果只算诗剧的雏形，1920年下半年的"女神三部曲"——《棠棣之花》《湘累》《女神之再生》则不仅是比较自觉的诗剧，取材也都是中国古代的神话传说或历史故事。随后，又有《苏武与李陵·楔子》《广寒宫》《孤竹君之二子》等剧作的实践。1923年，便有《卓文君》《王昭君》两部历史剧作问世。1925年完成《聂嫈》后，三部历史剧作结集为《三个叛逆的女性》，成为郭沫若历史剧草创阶段的代表。

《卓文君》三景，取材于《史记·司马相如列传》中关于"文君夜亡奔相如"的记载，作于1923年2月，最初发表在当年5月上海的《创造》季刊第2卷第1期。郭沫若把卓文君作为婚姻"不从父"的"很好的标本"，"从正面来认识她的行为是有道德的"。同时，强调这是"在做翻案文章"。[①] 以历史剧的形式为历史人物翻案，后来成为郭沫若的一个突出特点，正是始于此。

---

① 《写在〈三个叛逆的女性〉后面》，《郭沫若全集·文学编》第6卷，第138—139页。

《王昭君》两幕，作于1923年7月，最初发表在1924年2月《创造》季刊第2卷第4期。昭君出塞和亲，是西汉元帝时的一件大事，但史书记述极简。自魏晋以下，敷衍出许多故事，添进了不少人物。《西京杂记》中出现画工毛延寿，石崇《王昭君词》又把细君公主弹琵琶之事加给昭君。元、明之后，更多的是把昭君刻画成一个悲苦的形象。郭沫若也以"离事实是不很远"的"假想"为主，把王昭君写成"一个女叛徒"，"彻底反抗王权"，而且是"出嫁不必从夫"的"标本"。①

此时，郭沫若还视蔡文姬"完全是一个古代的'诺拉'"，并打算把蔡文姬作为"夫死不必从子"的"标本"，却"没有写成"。②35年之后，蔡文姬终于走上戏剧舞台，不过不是作为"新女性"的"标本"出现的。

《聂嫈》两幕，是"五卅惨案"的"一个血淋淋的纪念品"，作于1925年6月11日，9月由上海光华书局出版。早在"女神三部曲"之一的《棠棣之花》试作之初，郭沫若曾经计划为三幕五场，依《史记·刺客列传》，"从严仲子来访之前一直做到聂嫈之死"。收在《女神》中的《棠棣之花》是第一幕第二场（有时又称第二幕），原名"别墓"。发表在《创造》季刊创刊号上的是第二幕（又称第三幕），原名"邂逅"。由于当时的思绪"全部只在诗意上盘旋，毫没有剧情的统一"，第一幕第一场（聂政之家）、第三幕第一场（韩城城下）"全行毁弃"，未完成的第三幕第二场（哭尸）也没有"再继续下去"。在"五卅潮中"，他"草就成了这篇悲剧"。③该剧由于明显地打上"五卅"的烙印，对于历史题材未能做到认真消化，仅仅将其个人的悲剧感受凝聚在聂嫈身上，因而还不能说是一部成熟的历史剧作。

从《卓文君》到《聂嫈》，显示出郭沫若历史剧作草创阶段的进展：在由反抗传统道德、礼教到反对强权、暴政，由要求个性解放进而为要求社会解放的同时，其历史视野越来越宽广，摄取历史题材也更加谨严。特别是《聂嫈》一剧，奠定了他40年代再现历史画卷的种种基础。

30年代后期40年代前期，郭沫若的历史剧作进入成熟阶段。在这期

---

① 《写在〈三个叛逆的女性〉后面》，《郭沫若全集·文学编》第6卷，第140—141页。
② 《写在〈三个叛逆的女性〉后面》，《郭沫若全集·文学编》第6卷，第142—143页。
③ 《写在〈三个叛逆的女性〉后面》，《郭沫若全集·文学编》第6卷，第145—146页。

间,他曾经想把一些历史事件"戏剧化"的,有"戚继光斩子""钓鱼城抗元""李岩与红娘子""王安石、司马光、苏轼'三人行'"等。《隋代大音乐家万宝常》一文,也是"创作流产"而"剩下"的"研究文字"。其成熟的标志,是五幕历史剧《棠棣之花》的问世。紧接着,又有《屈原》《虎符》《高渐离》《孔雀胆》《南冠草》的相继登台。

五幕历史剧《棠棣之花》的完成,"绵亘了二十二年的岁月",几经删改,即"民九《时事新报·学灯》双十节增刊,初版《女神》,《创造季刊》创刊号,《聂嫈》单行本,光华版《三个叛逆的女性》,商务版《塔》,北新版《甘愿当炮灰》",标示着郭沫若"在创作过程中的一些苦心的痕迹"。① 从《聂嫈》一剧算起,到这时已相隔16年了。其间,早年的两幕,即《女神》(《创造》季刊所刊),与《聂嫈》被合并演出,为四幕《棠棣之花》。尽管这样"有点不合理",但演出时也"得到了相当的好评"。1937年"八一三"之后,上海成为孤岛,不便轻易外出,郭沫若便利用这一"空闲"对全剧"作一个通盘的整理","加了一个行刺的第三幕",成为五幕。1941年又"加了一番增改",年底"整理毕",成为定稿。五幕历史剧《棠棣之花》的完成,以及《我怎样写〈棠棣之花〉》的总结,比较系统地表达了郭沫若对于历史与历史剧关系的认识,并在其后的一系列研究与剧作中得到贯彻和发挥。

由诗剧《湘累》到历史剧《屈原》,也走过了22年的历程。30年代后期,屈原成为郭沫若重点研究的历史人物。他对屈原其人,屈原的时代,屈原的思想、人格和精神等,都有独具慧眼的发掘。同时,他已经形成比较系统的历史与历史剧关系的理论。两者一经结合,屈原"三十多年的悲剧历史",被巧妙地凝聚于"屈原一天——由清早到夜半过后"的片断之中。1942年1月2日至11日写成的五幕历史剧《屈原》,为其历史剧作成熟阶段的杰出代表。

一个月后,2月2日至11日,"信陵君窃符救赵"这一历史片断,又生动地展现在人们眼前。这也是郭沫若"二十年前"就想过的事,只是因为

---

① 《由"墓地"走向"十字街头"》,《沫若文集》第12卷,第91页。

当时"没有本领赋与以血肉生命，因而也就不敢动手"。就是说，从史料看，窃符救赵的故事较屈原的事迹更完整，似乎写起来比较容易。但是，《史记·魏公子列传》中的记载缺乏赋予人物以血肉生命的东西，反倒不如屈原辞赋可以为据，给人以血肉生命。经过《棠棣之花》《屈原》等剧作的实践和总结，五幕历史剧《虎符》在这一方面使其历史与历史剧关系的理论，得到新的充实。

三部历史剧作的实践经验积累，形成了郭沫若具有纲领性质的论作——《历史·史剧·现实》（1942年4月19日），使其关于历史与历史剧的理论得以系统、完整。

这一年，即1942年，郭沫若继续六七年前在日本时的想法，考证"筑"这一失传已久的乐器的形制，并于6月17日写成五幕历史剧《高渐离》。

为把"钓鱼城抗元故事戏剧化"，郭沫若开始阅读关于元朝的文献，"兴趣却被阿盖吸引去了"。经过整整一个月"资料的搜集和调查"，1942年9月初郭沫若"重新温暖"了30年前的"旧梦"，把阿盖的悲剧"采取了戏剧的形式"，写成四幕五场历史剧《孔雀胆》。尽管关于该剧在实践他的历史剧理论方面争议最大，但在某些方面确实做到了他所说的"不怕伤乎零碎"。初稿虽然仅用了五天半，却"差不多改了二十天"。郭沫若不仅声明"剧中所谈到的元时的事情多是事实"，[①] 而且接二连三撰写说明文字，成为他所有历史剧作中附录最多的一部。

1943年3月，"足足停顿了一年"的夏完淳的研究与剧作提上了日程。3月15日起笔，4月1日写成五幕历史剧《南冠草》。与前面的五部剧作比较，该剧更加注意对史事的忠实，不仅对主要人物进行了相当深入的研究，就是一些次要角色的设置也都有一定的历史根据。因此，该剧的长篇附录，不再是剧作过程或经验记录，而是一篇地地道道的历史研究论文。

六部历史剧作、一篇历史剧论，既划出郭沫若历史剧作生涯的辉煌阶段，又为中国现代戏剧发展留下宝贵的财富。

经过战乱的40年代，中国历史进入和平建设的50年代。新中国成立最

---

① 《〈孔雀胆〉后记》，《郭沫若全集·文学编》第7卷，第272页。

初的岁月，郭沫若依然注意"悲剧精神"，并明确表示，"我们今天中国的革命是胜利了，但我们不能说，以后的戏剧便不要演悲剧了，而一律要演喜剧，要在舞台上场场大团圆"。① 不过，在中断历史剧作 16 年之后，郭沫若的确不再写悲剧了。

蔡文姬是郭沫若在 20 年代就搬上舞台的一个历史人物。当时，他把蔡文姬作为一个"三不从"的典型，注意的是个人与时代的对立。50 年代末写《蔡文姬》则是"替曹操翻案"，强调的是个人与时代相适应的关系。由于个人与时代关系的变化，郭沫若的历史剧作由悲剧转为喜剧。在用历史剧为历史人物翻案方面，该剧做了尽情的发挥，使曹操这样一位值得称颂的历史人物抹去脸上的白粉。然而，它不像《卓文君》是为卓文君本人翻案，而是借蔡文姬替曹操翻案，结果造成人们对该剧主题的种种猜想、推测。无论从历史剧作还是从历史研究的角度考虑，仅仅选取文姬归汉这一历史故事来为曹操翻案，既不能反映曹操历史功绩的全貌，也没有抓住宋代以来对曹操评价"不公平"的原因，从而导致该剧在主题发挥上的局限性。

继《蔡文姬》之后，1960 年郭沫若又写了五幕历史剧《武则天》初稿，发表在当年 5 月的《人民文学》上。在其后的公演过程中，多所修改，为四幕。1962 年 6 月定稿，并写了序，10 月由人民戏剧出版社出版单行本。

伴随两部历史剧的写作与演出，整个学术界掀起历史和历史剧关系的讨论热潮。讨论的焦点，一是历史剧"古为今用"的问题，一是历史真实与艺术真实如何统一的问题。郭沫若虽然没有发表专篇参与讨论，却是以两部剧作直接介入的。如果说是《蔡文姬》引发了讨论，那么《武则天》的反复修改正是吸收了讨论的最新成果。因此，在《〈武则天〉序》中，他对于"历史学和历史剧的关系"提出了新的"希望"。遗憾的是，郭沫若提出的新的"希望"迄今尚未引起学术界（包括史学界、戏剧界）的足够重视，甚至把他对蔡文姬、武则天及其时代过分理想化的弊端也归结到这上面来，这是应当辨析清楚的。

---

① 《由〈虎符〉说到悲剧精神》，《沫若文集》第 17 卷，第 165 页。

戏剧家们一般都到此打住,以上述11部历史剧来评说郭沫若的剧作生涯。其实,以历史家的眼光而言,这11部历史剧作只不过是郭沫若再现历史画卷时常用的一种形式而已。在这一方面,他还采用了另外一种从未运用过的形式——电影剧作,这就是人们很少谈起的《郑成功》。

在《武则天》定稿前夕,1962年5月,郭沫若应八一电影制片厂之约,为写电影剧本《郑成功》开始了资料搜集工作。8月,在北戴河经贺龙、廖承志、曹禺、金山等人鼓励,开始写作。10月完成初稿,随即赴舟山群岛和浙江、福建沿海一带参观访问,以增加感性知识。11月中旬在厦门见到"郑成功大元"银币,"引发了研究的兴趣"。12月下旬,写下《由郑成功银币的发现说到郑氏经济政策的转变》,提出了如何"才能更准确,更全面地看取郑成功这位历史人物的杰出处"的新见解。郭沫若没有把眼光局限在肯定郑成功驱逐荷兰殖民主义者的功业上,而是强调了"更要看出他的重要的经济政策的转变,即是由初期的商业经济转化为农业生产"。《郑成功》一剧,充分体现了他的这一新的研究成果。一方面突出郑成功力排偏见,"终于到台湾去完成了他的驱逐荷兰殖民主义者的事业";另一方面又深刻地表达了郑成功"战略转换乃至政略转换"的"双重意义",既突破清荷联盟的军事封锁,又突破海陆两面的经济封锁。① 1963年,北京《电影创作》第2、3期连载了他这唯一的一部电影剧作。

上述12部历史题材的剧作,正是构成中国历史"总画面"的12个"细节",或者说是12个片断。如果不忘篇首恩格斯的那段论述,郭沫若的历史剧作就不应当被排除在历史研究之外。那么,是不是凡以古代人和事为内容的剧作都可以称为历史剧而纳入历史研究的范围呢?回答又是否定的。郭沫若这12部历史题材的剧作,并非随心所欲,而是有着他自己的体系。这一体系,有使他的历史剧作获得成功的一面,也有造成弊端的一面;有为人们高度评价的方面,也有长期被人们忽视的方面。其中,还有一些争论不休和值得探讨的问题。

---

① 详见《由郑成功银币的发现说到郑氏经济政策的转变》,《郭沫若全集·历史编》第3卷,第574—576页。

二　史剧家必须得是史学家

在谈及郭沫若的历史研究与历史剧作的关系时，人们总是引用他的这句话：

史学家是发掘历史的精神，史剧家是发展历史的精神。①

然而，对于这一观点，长期以来缺乏认真的研究，很少有人深入考察它的本质含义和内在联系。要么认为，历史剧作就是把古人的某些思想接过来，赋予新的解释；要么认为，只要写古人、穿古装就是历史剧，管他什么"历史的精神"不"历史的精神"。结果是，史学家不愿看剧作者关于历史题材的剧作，"史剧"作者也不问史学家发掘出一些什么"历史的精神"需要通过史剧去加以发展。本来应该彼此结合、相互促进的关系，却成了各唱各的调，二者愈益脱节。

有一个名为《洪秀全》的连续剧，试图说明洪秀全这样一个农民领袖的前后变化，也注意到其中各色人物的"性格""心理"等，却因其对洪秀全所处"时代的风俗、制度"等缺乏认真的研究、考察，闹出大笑话——被清廷称为"发匪""长毛"的太平军男性，个个秃着脑门、拖着长辫子。在清代，"留发不留发"始终被视为对清廷政治态度的一项重要标准。"留发不留头，留头不留发"，这两句话概括了那个时代政治斗争的尖锐、残酷。《洪秀全》一剧在这方面的失实，显然是没有做到"创作之前必须有研究"，尤其没有理会"史剧家对于所处理的题材范围内，必须是研究的权威"所致。这一小小的实例足以表明，历史剧作绝不是靠读几段历史资料就可以写成功的。郭沫若似乎早已有所预见，因而特别提出下面这样的重要忠告：

---

① 《历史·史剧·现实》，《沫若文集》第13卷，第16页。

> 优秀的史剧家必须得是优秀的史学家，反过来说，便不必正确。①

当之无愧的史剧家，仅仅具备一般的史学修养是不够的，必须得是优秀的史学家！这是不是对史剧家的苛求呢？让我们看看郭沫若是怎样说和怎样做的。

首先是要不违背基本史实，对所处理的题材必须是研究的权威。《棠棣之花》作为郭沫若历史剧作步入成熟的标志，他强调"自己是曾经相当考证过的"。《战国策》记载聂政行刺是在韩哀侯时，而且把君（哀侯）、相（侠累）同时刺杀了。郭沫若认为，《史记》的记载不仅把行刺韩相侠累"兼中哀侯"的一点删掉，还把哀侯作为列侯之孙，从而使侠累、哀侯"一件事化而为两件事"。由于司马迁的"这一疏忽"，便以讹传讹，"后来的所谓正史多把这件故事分化成两件而叙列"。接着，他进一步指出《战国策·韩策三》关于"东孟之会，聂政阳坚刺相兼君"的一段文字"有错误"，并根据司马贞《史记索隐》中摘录的《竹书纪年》"增改"了这段"不通的文字"。经过这样很专门的考证，聂政刺杀韩相侠累及哀侯的基本史实才被认定，使剧作有了坚实的历史依据。关于阳坚、韩山坚、韩严等是否一个人，是否就是严仲子严遂的考察，郭沫若也发挥了"考据家的伎俩"，认为"阳坚和严遂是判然两个人"，"阳坚和山坚倒会是一个人"。1922 年的《棠棣之花》第二幕、1937 年修改该剧时，都没有韩山坚这个人物，东孟之会行刺的只是聂政一人。1941 年底整理该剧定稿时，"把二幕的单纯的'食客'演化为韩山坚，作为聂政的向导"。这"一个意外的收获"，不仅使剧情安排、穿插更为巧妙，而且更符合《战国策·韩策三》"聂政阳坚刺相兼君"的记载。尽管此时郭沫若声称"历史剧作家不必一定是考古学家"，考据与创作"是两条不必一定平行的路"，但他并未放弃剧作前的琐碎考据与专门研究。②《棠棣之花》如此，《屈原》更是其为数众多的研究成果的升华。《虎符》之后，他改变了说法，强调"优秀的史剧家必须得是优秀的史学家"。因而，每一剧作都有若干附录，详述他关于这一题材的考证、研究，

---

① 《历史·史剧·现实》，《沫若文集》第 13 卷，第 17 页。
② 详见《我怎样写〈棠棣之花〉》，《郭沫若全集·文学编》第 6 卷，第 274—279 页。

记录着他为剧作做准备的过程。就是《高渐离》这样一部"有些暗射的用意"的剧作,仍然力求剧中主要人物的历史根据,哪怕是"极微末的根据"也不放过。这已成为郭沫若历史剧作的一大独特之处。《郑成功》一剧虽无附录,剧作之前仍然有重要的研究成果和深入的实地考察。

其次,为了求得史事的真实、辨明历史的真相,郭沫若并没有把眼光局限于文献记载上。由于各个时代对"历史的精神"有不同的理解,历史文献记载本身带上了主观色彩。用今天的话来说,即有一个所谓历史认识论或主体意识的问题。这绝不是历史剧作独特的现象,实在是历史剧作和历史研究二者共同的问题。只不过先前人们很少从这一角度去认识历史文献的记载罢了。但是,郭沫若看到"历史并非绝对真实,实多舞文弄墨,颠倒是非"。为此,他认为,要纠正这些被"颠倒"之处,或者叫作"推翻史案",必须有"正确的研究",即"在大关节目上,非有正确的研究,不能把既成的史案推翻"。应当特别引起注意的是他紧接下来的一句话:

> 因有正确的研究而要推翻重要的史案,却是一个史剧创作的主要动机。

在郭沫若的心目中,史剧创作只是作为"推翻重要的史案",或者说是作为纠正"舞文弄墨,颠倒是非"的一种手段而存在。史剧创作以历史研究为依托,在这里表述得再清楚不过了。需要指出的一点是,郭沫若针对历史"实多舞文弄墨,颠倒是非"而提出的"在这史学家只能纠正的地方,史剧家还须得还它一个真面目"的说法,是不够恰当的。历史研究的任务,不论哪种主张,都是承认弄清其本来面目这一点的。所以,不能把这仅仅说成是史剧家的事。"纠而正之"与"还其真面目"应当是同义语。史剧创作同历史研究,在这一点上肩负着同样的使命——追求"所谓史实究竟是不是真实","还它一个真面目"。①

再次,十分注意人物的内心世界及其时代风貌。郭沫若特别强调说:

----

① 上引均见《历史·史剧·现实》,《沫若文集》第13卷,第17页。

关于人物的性格、心理、习惯，时代的风俗、制度、精神，总是尽可能的收集材料，务求其无瑕可击。①

对于这一原则，大多数的研究都是从郭沫若的历史剧作中去进行考察，这未免狭隘了一点。其实，郭沫若的历史人物研究同样实践着这一主张。历史人物研究之所以成为他的史学生涯中具有特色的一个方面，原因恐怕就在这里。他没有把历史人物研究局限于评价其历史功过的狭小圈子，而是在较为广阔的范围上审视各色人物的内心世界。如《论曹植》中有对其"二重性格"的认识；《甲申三百年祭》中关于崇祯"是一位十分'汲汲'的'要誉'的专家"的描写，对于李自成的"为人""作风"等的考察，对于李岩"好尚侠义的性格"与其"并不甘心造反"心理的分析；等等。在《吕不韦与秦王政的批判》中，郭沫若抓住《史记》所载尉缭说秦始皇的一段话，注意到他在精神和肉体两方面的"缺陷"。由此，认为得有软骨症的秦始皇幼时一定是一个"可怜的孩子"，"相当受了人的轻视"，因而"精神发育自难正常"；"为了图谋报复，要建立自己的威严，很容易地发展向残忍的一路"。尉缭所说"少恩而虎狼心"，经郭沫若的上述考察，便成为对秦始皇残忍精神"发展的表征"。② 尽管1956年郭沫若声明《高渐离》一剧"对于秦始皇的处理很不公正"，但他仍坚持说，"秦始皇是一位通权变、好女色的雄猜天子，我看是没有问题的"。③ 五幕历史剧《屈原》，郭沫若虽然自谓是一个"意想外的收获"，完全是"自发地写出的东西"，但如果把《史记·屈原列传》，尤其是《离骚》《天问》《招魂》《哀郢》等屈赋品味透了之后，便可发现：不仅剧中的屈原性格、资质、内心、思想、精神，就是宋玉的"没有骨气"、郑袖的"有点权变"及其应当承担"潜屈原"的"主要责任"等，都是郭沫若"尽可能的收集材料"、进行筛选而后完成的。④ 就是婵娟，也非毫无根据凭空"造出"的。早在30年代中期，

---

① 《历史·史剧·现实》，《沫若文集》第13卷，第17页。
② 详见《郭沫若全集·历史编》第2卷，第427—428页。
③ 《〈高渐离〉校后记之二》，《郭沫若全集·文学编》第7卷，第129页。
④ 详见《我怎样写五幕史剧〈屈原〉》，《郭沫若全集·文学编》第6卷，第401—403页。

他改写《屈原身世及其作品》时,就有一大段关于《离骚》中"女须之婵媛"的考证。他既不同意贾侍中的"屈原之姊"说,也不同意郑玄的"屈原之妹"说,更不同意朱熹等的"贱妾之称"说,而认为"可以理解为屈原的侍女,'婵媛'为其名"。同时,又以《九歌》里的《湘夫人》歌中有"女婵媛兮为余太息",作为"互证"。① 试想,如果没有郭沫若作为史学家、考据家对于屈原、屈赋的深邃的研究,即便他的天赋再高,恐怕也只能是"巧妇难为无米之炊"了!司马迁之后的史书,对于"古人的心理"等内在的东西,"多缺而不传",这是我国史学发展中的一大缺陷,并形成"传统"。郭沫若强调"尽可能的"收集"关于人物的性格、心理、习惯"的材料,以及后来进一步强调的"入情入理地去体会人物的心理和时代的心理",② 不正是对"传统"史学的一项挑战!

至于历史风貌,主要是指各个时代的政治气氛、风俗习惯、民情风物以及具有时代特色的语言等。大概不会有人否认,这一切都属于历史学研究的范围。我们看到的《棠棣之花》中桑间濮上的"冶游"之风,《屈原》中的"招魂""跳神",《虎符》中的"投壶"和"祖饯仪式",《高渐离》中的击筑唱歌,武则天的"方额广颐""龙睛凤颈""眉呈竖立",等等,不都是各个特定历史时代的社会风习?没有作为史学家的研究,又怎么能够使剧作给人以真实的感受!《屈原》剧中插入《橘颂》《惜诵》《九歌》《招魂》,《孔雀胆》剧中插入阿盖《辞世诗》,《南冠草》不仅插入夏完淳的诗,干脆径直采用其最后一个集子的名称,难道不是要在语言方面再现古代诗歌的意境?

是不是做到上述三个方面,即弄清史实、辨明真相、注意到人物心理和时代风貌,就可以算是"优秀的史学家"了呢?不是的!郭沫若提出了更重要的一个方面,即本节开头所说"历史的精神"问题。

所谓"历史的精神",一般认为是历史上特定时代的时代精神,是一种推进历史发展的正义的、进步的精神。就"历史的精神"自身而言,已经是一个内涵异常丰富而又十分复杂的历史问题。加之人们在总结或发掘它

---

① 详见《屈原研究》,《郭沫若全集·历史编》第 4 卷,第 19—20 页。
② 《我怎样写〈武则天〉?》,《郭沫若全集·文学编》第 8 卷,第 245 页。

时，又往往受时代的、科学水平（包括民族文化传统）的制约，掺进不少主观的东西，因而在认识上存在种种差异，使之愈益复杂化。其中，又同发掘它、研究它的个人的学术观点、认识水平，或称之为"史识"紧密相关。显然，这是一个牵涉广泛、争议颇大的问题。出于这样的原因，把握"历史的精神"便具有一定的相对性而不可能是绝对的。那么，又当如何检验对于历史上某一时代精神的认识呢？至少应该有这样两条：第一，看其提出的认识能否自成体系，或者叫自圆其说；第二，看其认识在与各家之言的比较中，是否更科学、更合理。郭沫若对于战国时代的"历史的精神"的发掘，最能说明这个问题。《棠棣之花》依据《战国策·韩策二》来分析严遂的"政〔正〕议直指"，并与三家分晋联系起来，从历史研究的角度可备一说，但由此得出"望合厌分"是"中国自有历史以来的历代人的希望"，并把这种"古今共通的东西"当作一种"历史的精神"，① 不能说是把握住了战国时代的时代精神，而且与他关于"私家与公室之争，争取人民，在春秋、战国时代差不多是每一个国家所共通的现象"的观点相违背。② 但当我们系统地考察他关于屈原的研究成果之后，便可以说，在那中间，他对于战国的时代精神的把握是令人信服的。在1943年初为《虎符》演出而写《献给现实的蟠桃》一文中，郭沫若这样明确地写道：

> 战国时代是以仁义的思想来打破旧束缚的时代，仁义是当时的新思想，也是当时的新名词。
> ....
> 战国时代是人的牛马时代的结束。大家要求着人的生存权，故尔有这仁和义的新思想出现。
> 我在《虎符》里面是比较的把这一段时代精神把握着了。③

以"仁义的思想"为战国时代的时代精神，或曰战国时代"历史的精神"，

---

① 详见《我怎样写〈棠棣之花〉》，《郭沫若全集·文学编》第6卷，第277—278页。
② 《古代研究的自我批判》，《郭沫若全集·历史编》第2卷，第64—65页。
③ 《沫若文集》第13卷，第58页。

是郭沫若关于屈原研究的一项重要成果,更包含他十多年对于古代社会研究的心血。

早在1935年,郭沫若便根据《怀沙》等屈赋中"重仁袭义兮谨厚以为丰"等词句,指出"屈原在他的伦理思想上却很受了儒家的影响"。① 1936年又专门写了《屈原时代》,进一步肯定"屈原在思想上便是受了儒家的影响",关于尧舜等一系统的"哲人政治的理想,他是完全接受了"。② 1937年在《驳〈说儒〉》中,更加明确指出周厉王时代的《大克鼎》《虢旅钟》《番生簋》《叔向父簋》的铭辞"正表现着一种积极进取的仁道",认为从中可以对孔子"郁郁乎文哉,吾从周"的话"得到新的领会"。③ 1942年2月的《屈原研究》,总结了他本人此前的古代社会研究和屈原研究,认为"中国的古代社会在春秋、战国时代确实是进行着一个很大的变革,即便是由奴隶制逐渐移行于封建制"。由于这样的社会变革,"在意识形态上自然便生出极大的反映",他归纳了五个方面。第一点是人民的价值生了莫大的变易,第二点便是关于战国的时代精神的分析:

> 因为人民的价值提高了,故伦理思想也发生了变革,人道主义的思潮便澎湃了起来。儒家倡导仁,道家倡导慈,墨家倡导兼爱。这都是叫人要相互尊重彼此的人格,特别是在上者要尊重在下者的人格。……在奴隶制度时代是把人当成牛马,现在是要求把人当成人了。把人当成人,便是所谓仁。这个仁字是春秋、战国时代的新名词……这个字的出现,是当时的一个革命的成果,我们是应该把它特别看重的。

同时,他把屈原的思想、道德、实践与之紧密联系在一起,这样写道:

> 屈原是深深把握着了他的时代精神的人,他注重民生,尊崇贤能,企图以德政作中国之大一统,这正是他的仁;而他是一位彻底的身体

---

① 《屈原身世及其作品》,《郭沫若全集·历史编》第4卷,第56页。
② 《沫若文集》第11卷,第13页。
③ 《郭沫若全集·历史编》第1卷,第461—462页。

力行的人，这就是他的义。

……………

总之，屈原的思想是前进的，他是一位南方的儒者。儒家思想，在当时，由奴隶制蜕变为封建制的当时，是前进的，我们不好由现代的观点来指斥为反动，更不好因而说屈原也是思想反动。①

郭沫若的这些认识，在后来的《十批判书》和《青铜时代》等论著中，有更进一步的发挥，成为一家之言。了解到这一经过，再回过头来看他的剧作《虎符》，似乎可以明白为什么他想把信陵君窃符救赵的故事写成剧本"差不多是二十年前的事"，却始终不敢动手。其间的"潜台词"恐怕应当是"尚缺乏对战国时代精神的把握"，因而才无法对如姬等"赋与以血肉生命"。而当他一旦把握了"这一段时代精神"，一幅人生哲理同壮美抒情紧密结合的历史画卷便立刻像诗一般地展现在人们眼前了。《棠棣之花》与《虎符》对战国时代"历史的精神"认识的差异表明，即使郭沫若这样集史学家、史剧家于一身的大手笔，在"发掘历史的精神"方面尚有得失可以总结。由此更加证明，"优秀的史剧家必须得是优秀的史学家"这一说法，是郭沫若总结自己"用历史的题材来写剧本"的最基本的一条"经验"。

郭沫若在上述四个方面的研究与剧作的理论和实践，十分清楚地展示出作为"发掘历史的精神"的史学与作为"发展历史的精神"的史剧的基本关系，即"发掘"是"发展"的前提，"发展"必须依赖于"发掘"。否则，所谓"史剧"不是歪曲历史，便是近于梦说，至多只能称之为"传奇"。

三　历史科学需要艺术

历史这门学科与艺术的关系问题，是至今尚在争论的一个理论问题，也是历史学理论问题之一。与郭沫若大致同时的张荫麟，曾经非常明确地

---

① 上引分见《郭沫若全集·历史编》第 4 卷，第 86—87、97、103 页。

肯定史学为科学与艺术二者"兼之"。他这样写道：

> 历史所表现者为真境，故其资料必有待于科学的搜集与整理。然仅有资料，虽极精确，亦不成史。即更经科学的综合，亦不成史。何也？以感情、生命、神彩，有待于直观的认取，与艺术的表现也。
> ……
> 要之，理想之历史须具二条件：（1）正确充备之资料，（2）忠实之艺术的表现。①

这样的观点，自 20 年代提出以来，长期未能受到应有的重视，也没有展开过认真的讨论（60 年代初关于历史与历史剧关系的讨论，并非从历史学理论的角度认识这个问题），但它在产生潜移默化的影响。胡适也有过类似的论述。郭沫若对于史学与艺术的关系的认识，前后也不尽相同。

当郭沫若的历史剧作刚刚步入成熟阶段之际，他在《我怎样写〈棠棣之花〉》一文中为了强调"历史剧作家不必一定是考古学家"，"绝对的写实，不仅是不可能，而且也不合理"，举出照相与艺术的关系为例，试图说明"以绝对的写实为理想，则艺术部门中的绘画雕塑早就该毁灭，因为已经有照相术发明了"。② 这一比喻，本身就存在问题。照相作为一种"绝对的写实"的手段，也是有艺术要求的。不然，对同一人物、同一现象的摄影，为什么还有优劣之分呢？纪录片更是以"绝对的写实"为宗旨，何以仍然需要编导？郭沫若的这一举例，恰恰说明"绝对的写实"也需要艺术，而不是相反。在《屈原》《虎符》两个剧作之后，他总结自己"用历史的题材写剧本"的经验，写了《历史·史剧·现实》一文，强调的仍然是"科学与艺术之别"。但是，当我们认真细读这篇文字之后便会发现，通篇实际证明的是，科学与艺术既有"任务"之别，又有内在联系。其后不久，在他结束 40 年代剧作活动时，已不再疾呼历史与艺术的区别了。1946 年 6 月，他对上海市立戏剧学校所做关于历史剧的演讲是应该注意的。他说：

---

① 张荫麟：《论历史学之过去与未来》，《学衡》第 62 期，1928 年 3 月。
② 《郭沫若全集·文学编》第 6 卷，第 277 页。

写历史剧原有几种动机，主要的就是在推广历史的真实，人类发展的历史。我们在过去人类发展的现实里，寻求历史的资料，加以整理后，再用形象化的手法，表现出那有价值的史实，使我们更能认识古代真正过去的过程。

在这里，历史剧完全成为表现"有价值的史实"，"认识古代真正过去的过程"的"形象化的手法"，艺术只是服务于科学的手段而已。反过来说，历史学作为科学，需要通过艺术，"利用人民的爱好而去向他们灌输知识"，"推广历史的真实，人类发展的历史"。① 如果说在先郭沫若着重于研究与剧作的差别，那么其后则比较注意两者的联系了。五幕历史剧《南冠草》是郭沫若40年代的最后一部历史剧作，上述演讲的基本认识，在写《南冠草》一剧时已经明显地表露出来。他说："我的剧本所处理的是完淳被捕前后以至于死的一段情形，正和他这最后一个集子的时期约略相当。诗文中所含孕的情趣和事实，我在大体上是把它形象化了。"第五幕，夏完淳被审讯时，洪承畴有意软化他；夏完淳与洪承畴的对答，先故意恭维一番，反过来再加痛斥，都很有戏剧效果。但是，这一"颇有声色"的情节，郭沫若反复强调"是事实"，旨在表明他不过是把历史事实"形象化"了而已。剧本"破头"的写法，抛弃"由民间抗清的活动开始"这一"很有戏剧效果的一景"，采取现在的这种形式，是要使"汉奸和烈士对照"更加鲜明、强烈。② 这更加说明，此时郭沫若在研究与剧作的关系上，注意的是艺术如何更有成效地为科学服务。

当郭沫若的历史剧作进入一个新的探索时期之后，他在认识上就更加注意历史研究作为一门科学与艺术的关系。《蔡文姬》的序文，即是一篇绝妙的明证。此前的剧作，都是将写作经过、史实考辨的文字附录于剧本之后，《蔡文姬》却一反以往的做法，首先将史实考辨、写作经过放在序文之中，置于剧本之首。最为奇特的是，这篇序文在最初发表时，使用的是历

---

① 上引均见《郭沫若讲历史剧》，《文汇报》1946年6月26日。
② 详见《夏完淳下》，《郭沫若全集·文学编》第7卷，第440页。

史研究论文形式的命题——《中国农民起义的历史发展过程》，副标题才是"序《蔡文姬》"。其"主要目的"，是"替曹操翻案"。剧作从属于研究，科学借助于艺术，这样的关系在《蔡文姬》一剧得到了充分的表现。等到《武则天》一剧定稿时，他直接提出"历史学与历史剧的关系"问题，并明确地把它们视为"科学与艺术"的关系，希望把科学和艺术在一定程度上结合起来。他做出如下概括：

> 史剧创作要以艺术为主、科学为辅；史学研究要以科学为主、艺术为辅。①

对于历史科学需要艺术的问题，在理论上郭沫若经历了一个不断认识和总结的过程。下面结合他的剧作实践，略加考察。

先让我们再回到"史学家是发掘历史的精神，史剧家是发展历史的精神"这一基点。"发展"与"发掘"间的辩证关系，固然有史剧必须以研究为前提条件的一面，但也包含研究成果需要艺术表现加以发展的一面。二者相辅而行，方能推进科学与艺术的结合，使研究更加深入、成果得以推广。这样的道理，是极为浅显易明的。40年代初，郭沫若与侯外庐两位史学大师虽然都确认屈原是儒者，但又有不同意见，分歧的核心在于"屈原究竟是'以德政实现中国统一'，还是前王之制的魂魄"，"究竟是社会进步的理想，还是倒退的奴隶制残余的梦说"。当时的辩论"仅仅把问题铺开"，由于"时宜"方面的问题"没有深入进行下去"。侯外庐在回忆这段历史时，有一段颇富哲理的文字：

> 如果有人要追问结果的话，可以说，结果是文学和艺术战胜了史学和哲学。今天，已经抹不去中国人心目中郭沫若所加工的屈原形象。史学和哲学严肃的面孔，显然不及艺术的魅力容易让人们接受。

---

① 《〈武则天〉序》，《郭沫若全集·文学编》第8卷，第125页。

随后,又有一番感慨:

> 既然我创造不出一个能立于舞台的另一种形象的屈原,我所认识的屈原只能长眠于高阁,含恨于汨罗,而艺术的屈原将一代接一代地被人们请进剧场。①

历史科学对于艺术的迫切需求,被表达得再清楚不过了!可惜的是,侯外庐的这一"遗恨"至今未能惊醒众多的史学家。再看郭沫若《屈原》剧作的产生。起初本想采用编年写法,上部为楚怀王时代,下部为楚襄王时代。仅下半部就计划五幕,为服丧、屈服、流窜、哀郢、投江。而最终"只写了屈原一天",便"把屈原的一世概括了",收到"出乎意外"的效果。②这两段插曲,都是从客观效果讲,历史科学是迫切需要艺术的。那么,郭沫若在研究与剧作间是如何实践这种关系的呢?归纳起来,大致有这样两个基本方面:

> 史有佚文,史学家只能够找……史有佚文,史剧家却须要造……
> 古人的心理,史书多缺而不传,在这史学家搁笔的地方,便须得史剧家来发展。③

就客观历史进程本身而言,并不零碎,而是完整的。只是留传下来的记载或实物,由于种种原因,才呈现出零碎、不完整的状况。一是对于诸多事件记载不完整,即所谓"史有佚文"。二是对于"古人的心理"很少注意,根本不予记载,即所谓"史书多缺而不传"。

先说"史有佚文"的问题。《史记·魏公子列传》作为一篇信陵君的传记,是首尾完具的。就其中所记"窃符救赵"一事,也不零碎。司马迁所要表彰的是信陵君礼贤下士和"士为知己者死"的精神,因而以大量篇幅

---

① 侯外庐:《韧的追求》,三联书店,1985,第132—136页。
② 详见《我怎样写五幕史剧〈屈原〉》,《郭沫若全集·文学编》第6卷,第398、404页。
③ 《历史·史剧·现实》,《沫若文集》第13卷,第16页。

详记信陵君结交侯嬴、朱亥、薛公、毛公的过程和细节及其门客与信陵君的关系，突出侯嬴的智谋和朱亥的勇武在窃符、救赵、胜秦这一过程中的重大作用。至于如姬，是侯嬴定计窃符时才被提出来的。从整个斗争形势讲，如姬本不如侯嬴、朱亥重要。但在窃符这一具体事件中，她又成了关键人物。如果司马迁另有一篇《如姬列传》，或许可以比较详细地记述窃符的惊险场面。不过，宫廷如此机密的事，从来都是"悬案"，即使依照郭沫若所说，进行"力求其真实而不怕伤乎零碎"的研究、考据，也是难以弄清楚这一具体行动的每个细节的。如姬窃符，在整个历史画卷中连一个"点"的位置都占据不到，可以"模糊"。倘若要截取这个历史片断进行高倍放大，单单靠史学家就无能为力了，需要熟悉这一历史背景的艺术家，才能使这"模糊"的"点"变得清晰可见，成为这一历史片断画面中非常协调的一个组成部分。《虎符》一剧，在这方面是成功了。首先，郭沫若根据《史记·魏公子列传》"公子为人仁而下士"和《史记·魏世家》中信陵君"谏魏王联秦攻韩"的长篇谏言，把握住这一历史阶段的时代精神——"仁义"与"合纵"。在此基础上，根据侯嬴所说"如姬欲为公子死，无所辞"，认为"她分明知道魏安釐王嫉妒他的异母弟'宽厚爱人'的信陵君，而她偏偏要甘冒死罪，为他盗窃虎符"，"相信他们应该还有一种思想上的共鸣"，即"她也赞成信陵君的合纵抗秦的主张"。同样依据"如姬欲为公子死，无所辞"，认为"把她写成了一个悲剧的结束"，"是不会有什么牵强的"，并分析说，"她所犯的情形，实在是该受死罪的"。[①] 这样的一些考虑，是符合当时大气候的，置于整个画面中也显得很协调、和谐。因此，如姬的形象，也就成为郭沫若历史剧作众多女性形象中最具光彩、最为杰出的一个典型。每当人们提到信陵君救赵，必然想到如姬窃符；反过来，提起如姬，又总是同信陵君救赵联系在一起。《史记·魏公子列传》作为古典名著的优秀篇章，本身已经表明历史与艺术的关系，《虎符》在如姬这一"史有佚文"之处的着墨，更加证明历史研究与艺术表现密不可分。

"史有佚文"的另一种情况，便是流传下来的文献中根本没有记载。

---

① 详见《〈虎符〉写作缘起》，《郭沫若全集·文学编》第6卷，第549—551页。

《史记·魏公子列传》《史记·魏世家》等文字记载中,都没有魏太妃这样一个人物,而《虎符》中她则以一位具有民族传统性格的母亲的形象留在人们的心目中。郭沫若曾经多次说,他虚构这位母亲的形象"不是毫无根据","根据何在呢?就是信陵君"。他相信,像信陵君这样的人,"应该有这样一位母亲",①才"费了心思写的"。在剧中,既表现了作为母亲,"在感情与理智方面与信陵君、如姬等却多少有些时代的距离"的一面,她虽曾受宠幸,如今又身居显位,却从不过问政事,也不像如姬那样了解政事;她知道征战的残酷,却不理解为什么非要这样厮杀不可;尽管世人都夸奖信陵君礼贤下士,她却不知道信陵君何以"总得不到他哥哥的欢心";她更弄不懂魏王那样喜欢如姬,而如姬却偏偏不喜欢魏王。另一面,又展示出她作为贤母的胸怀:

> 我们的天职是生儿育女,这是件苦事情,也是件极其幸福的事情咧。有时候我们妇女的希望,差不多就完全寄放在自己的儿女们身上。成了名器的人,我们把他们无可如何。但把自己的儿女好生教养,为凤为鸡,为龙为蛇,我们是可以作主的。有了好儿女,自己的地位也就增高了起来。"子以母贵,母以子贵",这话你怕是听见说过的吧。

这似乎显得心胸过于狭窄,然而这种平凡又是同崇高联系在一起的:

> 要有好的母亲,才有好的子女;要有好的子女,才有好的国家啦。②

第四幕,她最初听到晋鄙被捶击而死感到震惊,进而知道是儿子所为,这位把全部希望和生命都寄托在儿女身上的、善良而谨慎的母亲,精神到了崩溃的边缘,"我没有料到无忌会残忍到这样的地步","竟养下了这样一个残忍的儿子","这无忌还算得是人吗?"当她了解到事情的原委之后,为

---

① 《为〈虎符〉的演出题几句》,《郭沫若全集·文学编》第 6 卷,第 563 页。
② 详见《虎符》第一幕,《郭沫若全集·文学编》第 6 卷,第 432—439 页。

如姬的行为所感震，心情突然镇静下来。转而，她为如姬的命运担忧。最后，决心承担一切后果，准备牺牲自己，尽到一个母亲的天职。所有这一切，作为中国古代的一位贤母，有谁能够否认得掉她的真实性呢！郭沫若在此还揭示出一个造成"史有佚文"的原因，即"要写母爱，在儿女小的时候容易表现"；"儿女大了，时代生出了悬隔，思想情绪都有了距离，便颇难写好"。因此，"中国历史上的贤母，在儿女成人之后的嘉言懿行，也很少见"了。① 但是，我们民族有赞美母亲的传统，从"发掘"这一良风美俗来讲，历史科学也是离不开艺术的感染力的。

至于"古人的心理"，在《太史公书》中多少还可以见到。其后，史学功用的政治化、史学思想的伦理化、修史制度的程式化，造成对人物心理"缺而不传"的传统。即或有星星点点这样的记述流传，也不被视为史学的正宗，甚至被斥为"无稽之谈"。本来有血有肉的人物，一写进传统的史书中，便都成了没有个性特点、缺少内心世界的拙劣的泥塑、干硬的僵尸。要使过往历程中活生生的事件展现出来，要让历史画卷上千姿百态的各色人物站立起来，使后来的人们"更能认识古代真正过去的过程"，"推广历史的真实"，非得借助艺术手法不可！

《屈原》这一剧作的最大特色是，把人物性格的发展表现为感情的运动，倾力展开屈原内心悲壮的感情世界。在史书"缺而不传"的地方，郭沫若不是凭空想象，而是从屈原的作品中发掘最能体现其性格特征的内心表白。固然，《离骚》中"惟夫党人之偷乐兮，路幽昧以险隘。岂余身之惮殃兮，恐皇舆之败绩"，表达的是屈原不顾佞臣当道、不怕身遭祸殃而力图刷新政治、挽救楚国的决心；"长太息以掩涕兮，哀民生之多艰"，表现出他对处于水深火热中的黎民的同情；"亦余心之所善兮，虽九死其犹未悔"，显示了他宁死不改其政治主张的坚定性；等等。如果只是将屈赋今译、加注，对照起来阅读，对屈原的内心世界能够了解到什么程度呢？但当将这些诗句赋予抒情的台词，让屈原的内心感情与剧情发展结合起来，产生出来的便是让人激越的艺术力量，使得人们能够与"古人的心理"相沟通。

---

① 详见《〈虎符〉写作缘起》，《郭沫若全集·文学编》第6卷，第551—552页。

如果说郭沫若通过史剧展示屈原的心理是一项成功的尝试,那么当他在写成另一部重墨表现主人公感情历程的剧作《蔡文姬》之后,便注意对"自己的经验"做总结了。

要"依据真实性、必然性",总得有充分的史料和仔细的分析才行。仔细的分析不仅单指史料的分析,还要包括心理的分析。入情入理地去体会人物的心理和时代的心理,便能够接近或者得到真实性和必然性而有所依据。①

"人物的心理和时代的心理",被看作比单纯的"史料的分析"更加重要的因素。他试图通过"人物的心理"变化反映"时代的心理"变化,达到正确认识那一段历史、公正评价对那一时代有贡献的人物的目的。在《蔡文姬》中,《胡笳十八拍》恰恰为表现人物的内心提供了最基本的也是最难得的依据,通过它能够反衬出那个时代的变化。这正是郭沫若那样重视蔡文姬与《胡笳十八拍》关系的原因所在。当他考定,非有蔡文姬那样"亲身经历者不能作此(按:指《胡笳十八拍》)"之后,便让蔡文姬的内心世界充分地敞了开来。帷幕一拉开,蔡文姬便是置身于第十二拍"喜得生还呵逢圣君"与"去住两情呵具难陈"的矛盾心情之中。随后,虽然下定决心归汉,诀别左贤王和一对儿女,诀别生活了12年的南匈奴,归途中的心情是可以想见的。当到了长安郊外、父亲墓前,长年流离的悲苦,缅怀生父的深情,对于丈夫的思念,母子分离的断肠……在这史书"缺而不传"的地方,郭沫若抓住了第十四拍、十七拍中"去时怀土呵心无绪,来时别儿呵思漫漫","岂知重得呵入长安?叹息欲绝呵泪阑干","梦中执手呵一喜一悲,觉后痛吾心呵无休歇时"等诗句,使之形象而真实地再现于第三幕中。当我们随着情节真正感受到那种"胡与汉呵异域殊风!天与地呵子西母东。苦我怨气呵浩于长空,六合虽广呵受之应不容"的时候,不正如同见到蔡文姬本人"自行弹唱"的情景!历史画卷中这一模糊的"点",被清

---

① 《我怎样写〈武则天〉?》,《郭沫若全集·文学编》第 8 卷,第 245 页。

晰而真实地放大出来。郭沫若在写作《蔡文姬》《武则天》过程中形成的"入情入理地去体会人物的心理和时代的心理，便能够接近或者得到真实性和必然性而有所依据"的这一重要观点，不能仅仅认为是针对历史剧作而言，而应当同时看作是一种研究历史的方法。近年来在史学理论问题的研讨中，有一个"热门"话题——历史心理学，涉及的就是这个问题。从学科发展的眼光看，传统史学中忽视"心理"的观念和做法，显然是中国史学发展进程中的一种障碍。郭沫若提出"在这史学家搁笔的地方，便须得史剧家来发展"的认识，在今天看来，其历史学方法论的意义就不容忽视了。如果仍然局限在历史研究与历史剧作的区别上看问题，未免有"目光短浅"之嫌。准此，则历史科学与艺术的关系，似乎也可以毋庸多言了。

四　争论还将继续

在考察了郭沫若的历史研究与历史剧作的辩证关系之后，似乎可以画一个句号了。但是，细心的读者已经发觉，在上面的叙述中，早就露出争论的端倪。为此，再就郭沫若剧作主张和实践中应当探讨的问题，费一些笔墨。

首先要提出来的，就是何谓历史剧的问题。郭沫若不止一次地表示过，"只要是用历史题材写的剧本，就可以叫做历史剧，或者称为古装剧"。甚至认为，"广义的说，吴祖光写的《牛郎织女》，也可以算是历史剧"。[①] 如果按照这种说法，他那篇《历史·史剧·现实》简直可以成为一纸空文了，何必去谈什么历史与史剧的区别，又何必去强调"优秀的史剧家必须得是优秀的史学家"呢！以他的 12 部历史剧作实践来判定，它们大体上都是在《历史·史剧·现实》一文的认识指导下写成的，并非什么"广义的历史剧"，而是严格意义上的历史剧。因为，这 12 个剧作不是"完全违背历史的事实"的，只是在"史有佚文"或"史书多缺而不传"的地方加以发展，

---

① 郭沫若：《抗战八年的历史剧》，《新华日报》1946 年 5 月 22 日。

在"舞文弄墨"或"颠倒是非"之处进行纠正;"在大关节目上",又都有比较权威的研究;关于人物的性格、心理、习惯,时代的风俗、制度、精神,也是"尽可能的收集材料"以求其"无瑕"或少瑕的。郭沫若本人的剧作虽然没有"凡古装剧皆广义的历史剧"的情况,但他的这种说法的确会带来一定的混乱。迄至今日,仍然不乏其事,只要穿古装,本来是传奇的内容,也煞有其事地冠以"历史剧"之名。更有拉出"历史顾问"来故弄玄虚者,试图让中国的老百姓信其为"真"。"发掘"与"发展"的辩证关系,被"古装剧亦历史剧"的说法和做法给一笔抹杀掉了。

剧作的动机,最是争论不休的一个问题。1946年离渝之前,郭沫若在总结抗战八年"自己写作历史剧的经过"和当时"历史剧的剧本以及演出"情况时,将"写作历史剧的动机"归纳为五点:

(1) 追求历史的真实。
(2) 借古代史实做题材,影射现代。
(3) 同情古人。
(4) 迎合一般人的兴趣。
(5) 帮闲和御用。

以他本人的历史剧作实践而论,其动机则主要表现在前面的三点上。对于后面的两点,他有过具体分析。由于当时"一般人民对于表现现代生活的话剧,不感兴趣",所以采取"大众容易接受"的"历史题材写剧本",这是好的方面。其"坏的方面",则是利用古代才子佳人的故事,"专门采取低级趣味来勾引观众"。至于"帮闲和御用",其特点是"保存历史中间的封建意识,并且加重它,有时更进一步歪曲一下"。① 这两点,即以这样的动机写成的古装剧,按照郭沫若《历史·史剧·现实》一文的理论和他12部剧作的实践来衡量,是不可以称为历史剧的。那么,以上述三条动机来写作历史剧,在郭沫若身上又是如何表现的呢?他本人以另外一种方式做出过回答:

---

① 上引详见郭沫若《抗战八年的历史剧》,《新华日报》1946年5月22日。

写历史剧可以用诗经的赋、比、兴来代表。准确的历史剧是赋的体裁,用古代的历史来反映今天的事实是比的体裁,并不完全根据事实,而是我们在对某一段历史的事迹或某一历史人物,感到可喜可爱而加以同情,便随兴之所至而写成的戏剧,就是兴。(我的《孔雀胆》与《屈原》二剧,就是在这个兴的条件下写成的。)①

这里所谓"准确的历史剧",强调反映历史必须准确,显然是以"追求历史的真实"为动机的。这里说的"比的体裁","用古代的历史来反映今天的事实",与前面的第二项动机,"借古代史实做题材,影射现代",完全是一回事。这里的"兴"就说得更清楚了,动机纯系"同情"所喜爱的历史人物,"随兴之所至"。请大家注意,郭沫若特别强调了《孔雀胆》《屈原》二剧的动机是"随兴之所至","在这个兴的条件下写成的"。

如果他能够遵循这一认识去对待自己的历史剧作,便不致引出别人的种种猜测,争议也会明显减少。然而,实际情况并不这样。对于上述带总结性的认识,事后他又往往提出一些相左的说法,难免让人议论纷纷。《屈原》一剧的动机,在整个40年代,我们看到的便是上述一处表示"随兴之所至"。可是到了50年代初,《屈原》一剧的动机却成为"借了屈原的时代来象征我们当前的时代"的"比的体裁"。②《屈原》的写作动机,究竟是什么?《虎符》一剧,40年代未见郭沫若本人有关于其动机的直接说法,但从他明确肯定该剧的现实意义是把战国的"时代精神把握着了"的认识看,③说其动机是"追求历史的真实"恐怕不会有问题。而且,在剧作前后,都未见到他表示过丝毫的"比"的意思。可是10年后,在把《屈原》的动机说成是"比"的同时,说写《虎符》也是"有些暗射的用意的"了,并解释说40年代初的"现实与魏安釐王的'消极抗秦,积极反信陵君',是多少有点相似"。但同时,又认为"把信陵君的'抗秦救赵'比拟

---

① 《郭沫若讲历史剧》,《文汇报》1946年6月26日。
② 《序俄译本史剧〈屈原〉》,《沫若文集》第17卷,第158页。
③ 《献给现实的蟠桃》,《沫若文集》第13卷,第58页。

今天的'抗美援朝'","是不妥当的"。① 本来动机不是"比",却要说成"比",但又只能与40年代"比",不能同50年代"比",这怎么能不引起人们的疑问呢?

如果说对《屈原》《虎符》二剧动机的认识,有一个从40年代到50年代的时代的变化,允许郭沫若调整本人的看法的话,那么关于《孔雀胆》一剧,在短短的两年间,他先后三次"改动"说法,就不能不多做一点论辩了。

1942年9月初,郭沫若用了五天半时间写成《孔雀胆》。远因是30多年前就为阿盖《辞世诗》所感动,认为"阿盖是可爱的一位女性","实在值得同情"。近因是打算把宋末钓鱼城抗元的故事戏剧化,在读有关元朝文献时,"兴趣却被阿盖吸引去了"。② 写成后,在"让朋友们看"的过程中,有人提出"全剧的主旨何在",他解释这"不明主旨所在"的"原因","或许由于恋爱斗争的副题过于扩大,掩盖了主题:善与恶—公与私—合与分的斗争",接着用了20多天来进行修改,"主要的添改是对于段功的加强",以便使主题更加明确。③ 演出的效果很好,"赢得了很多观众的眼泪"。演出之后,徐飞撰文认为,"造成这个历史悲剧之最主要的内容,还是妥协主义终敌不过异族统治的压迫,妥协主义者的善良愿望终无法医治异族统治者的残暴手段和猜忌心理"。郭沫若当即表示,"这就好像画龙点睛一样,把当时的历史点活了"。于是,对剧本"又加上了一次的修改"。④ 最初发表于桂林《文学创作》第1卷第6期的"戏剧专号"上,时间是1943年4月。年底,群益出版社据此刊行了单行本。然而,事情并没有到此结束。1944年秋,某些"剧评专家"没有"看透""写剧本的动机","以为不成名器的一个剧本,算导演好,所以演出成功了";再加之"陪都有好些神经过敏的人","尖着眼睛在里面找"所谓"含沙射影"的用意。鉴于这样的背景,郭沫若又一次说明该剧的主题——"企图写民族团结"。⑤ 从其上述

---

① 《由〈虎符〉说到悲剧精神》,《沫若文集》第17卷,第160页。
② 详见《〈孔雀胆〉的故事》,《郭沫若全集·文学编》第7卷,第252、257页。
③ 详见《〈孔雀胆〉后记》,《郭沫若全集·文学编》第7卷,第272、265页。
④ 详见《〈孔雀胆〉的润色》,《郭沫若全集·文学编》第7卷,第274—275页。
⑤ 详见《〈孔雀胆〉二三事》,《郭沫若全集·文学编》第7卷,第279页。

几次关于《孔雀胆》一剧主题的解释可以清楚地看到，多是在外界因素的干扰之下做出的。请读者仔细品味一下郭沫若关于该剧的每篇文字，差不多篇篇都透露出他的原始写作动机：

> 我在当初写这个剧本的时候，我的主眼是放在阿盖身上的。完全是由于对她的同情，才使我有这个剧本的产生。①
> 我写剧本的动机，是因为同情阿盖与段功。②
> 因为我同情阿盖公主的遭遇，就用很多材料来烘托她，使她成为一个可爱的人物。因此我联带的把阿盖公主的丈夫段功这个人物的性格，也写得很好。③

显然，郭沫若念念不忘的是"恋爱斗争"，或者叫作爱情悲剧。对《孔雀胆》的"问题"提出批评的文字，几乎也都承认："不管作家（按：指郭沫若）自己如何解释主题，当他把全剧的'主眼'和'兴趣'全都放在阿盖身上，放在阿盖的爱情上时，实际上就是以爱情悲剧来组织全部的事件，以'恋爱斗争'来建立起它的戏剧结构。当这个结构成为一块坚固的混凝土似的整体时，要打破它，就相当困难了。"这从反面证明，"恋爱斗争"是《孔雀胆》一剧的主题。既然都看到该剧是在写"恋爱斗争"，为什么还要围绕其主题争论不休呢？关键在于：郭沫若羞于公开承认该剧的爱情主题，而评论者们又总把剧作与政治现实捆绑在一起，找什么"时代的精神"、现实意义。

应当看到，《孔雀胆》一剧在人物与题材的选取和处理上，与郭沫若已经写成的《棠棣之花》《屈原》《虎符》《高渐离》四剧有很大的不同。其不同点就在于：第一，它是"在兴的条件下写成的"，对于阿盖这一历史人物"感到可喜可爱而加以同情，便随兴之所至而写成的"；第二，写这个剧本"是毫无任何'含沙射影'的用意"的。剧评家们偏偏无视这重要的两

---

① 《〈孔雀胆〉的润色》，《郭沫若全集·文学编》第7卷，第274页。
② 《〈孔雀胆〉二三事》，《郭沫若全集·文学编》第7卷，第279页。
③ 郭沫若：《抗战八年的历史剧》，《新华日报》1946年5月22日。

点，依然用对待前面四剧的观念来加以指点，甚至有"好些神经过敏的人"，"尖着眼睛在里面找"所谓"含沙射影"的用意。如果要说总结什么教训的话，这倒应当是最应该记取的教训——是爱情主题就是爱情主题，不要牵强附会地去找什么"时代的精神"、现实意义！

对于史剧的评论，郭沫若在《历史·史剧·现实》一文中说得很明白。他主张，"对于史剧的批评，应该在那剧本的范围内，问它是不是完整。全剧的结构，人物的刻划，事件的进展，文辞的锤炼，是不是构成了一个天地"。为了强调"史剧家在创造剧本，并没有创造'历史'"，他特地以写杨秀清为例，指出清廷的记录将杨秀清"作为叛逆"，有人把杨秀清"作为革命家"，你不能看见有两个杨秀清便认为"不妥"。[①] 他的这一主张，在整个的历史剧剧评中，可以说基本上没有得到贯彻。细究起来，原因有二。其一，他的这一主张与同篇剧论中所讲"发掘"与"发展"历史的精神、研究与剧作、史学家与史剧家关系的论点，有自相矛盾之处。绝大多数谈郭沫若史剧论的学者，都瞩目该篇的第一、第二部分，忽视或回避该篇后面的三个部分，尤其是第三、第四两个部分。倘若仅仅在《孔雀胆》剧本的"范围内"来评论该剧，谁又能够否认掉郭沫若本人的这段自我评价呢："除人物的典型创造、心理描写的深化之外，'情节曲折'而近情近理，'刺激猛烈'而有根有源"的这一悲剧的感染力和诱惑力！[②] 其二，这一时期，他较多地强调的是"戏剧是宣传教育的利器"。[③] 在谈当时"创作的道路"这样的大问题时，他简单地认为，"现实，最迫切地，要求着文艺必须作为反纳粹、反法西（斯）、反对一切暴力侵略者的武器而发挥它的作用"，"所谓'与抗战无关的作品'，在目前应该没有产生的余裕"。[④] 他的主张如此，剧评者也自然以他的这些主张来看待他的历史剧作，而不就剧本论剧本了，因而对《孔雀胆》一剧生出那么多的争议。

对于何谓现实的问题，郭沫若在几篇谈历史剧的文论、演讲中，都有

---

① 详见《沫若文集》第13卷，第18—19页。
② 《〈孔雀胆〉的润色》，《郭沫若全集·文学编》第7卷，第276页。
③ 《中国战时的文学与艺术》，《沫若文集》第12卷，第177页。
④ 《今天创作的道路》，《沫若文集》第12卷，第136页。

极为明确的解释。《历史·史剧·现实》一文，明显地将三者并列，试图说明历史与现实、史剧与现实的关系。首先，他反对"把史剧和现实对立"的观点，不认为写史剧便是"逃避现实"或"不敢正视现实"。紧接着，摆出了他对"现实"含义的认识：

> 现在的事实固可以称为现实，表现的真实性也正是现实。①

在总结抗战八年的历史剧时，他坚持并发展了上述认识：

> 现实，应该是表现的真实。站在人民的立场，处理历史的题材，寻求人类发展的真实，依然是现实的。②

郭沫若的基本认识是，现实即真实，史剧的现实性仅仅在于它表现历史的真实、"人类发展的真实"。这恰恰又与上面所引谈"创作的道路"时所说的"现实"异趣。可是，我们看到的诸多剧评，则习惯于接受着眼于当时政治形势的"现实"，而无视他这以真实为"现实"的认识。这种片面的做法，显然是造成种种争议的一个重要原因。

关于何为现实，郭沫若确实有上述两种不同的解释。问题是，我们在进行研究或评论时，应当注意他这两种解释的联系。无论历史研究，还是历史剧作，都不能与其所处现实社会的政治形势无关；但同时，它们又都有自己的规律和特点。郭沫若的上述两种解释，显然是在不同的场合针对不同的侧重而言。出现争议，往往是片面地强调其剧作与现实政治形势的关系，忽视了剧作自身的规律、特点所致。郭沫若历史剧作处理二者关系的差异，不仅造成人们对其剧作认识上的分歧，而且使其剧作本身也显现出成就的不同。

《屈原》在"兴"的条件下写成，却把握了战国的时代精神，即寻得历史的真实，同时又起到了"比"的效果。也就是说，它将政治形势的"现

---

① 《沫若文集》第13卷，第19页。
② 郭沫若：《抗战八年的历史剧》，《新华日报》1946年5月22日。

实"与历史真实的"现实"熔于一炉,成为郭沫若历史剧作中最杰出的代表。

《虎符》以追求历史的真实为动机,很好地把握住战国的时代精神,寻得人类发展的真实,把人生哲理同壮美抒情水乳交融般地结合在一起,是郭沫若历史剧作的另一座高峰。《郑成功》在追求历史的真实、较好地把握明末清初的时代精神方面,也应当属于这一层次,只是因为它没有搬上银幕,客观效果难以妄加评论。

《蔡文姬》具有"兴"和"翻案"的双重动机,"翻案"实际是另一种形式的追求历史真实。该剧部分地把握住所表现历史阶段的时代精神,成为郭沫若进行历史剧作新探索的代表。

《孔雀胆》仅以同情古人为动机,以恋爱斗争为主题,虽然没有去把握什么历史精神,也毫无任何为政治形势所需要的"现实"意义,却有着可以同上述几部剧作一争高下的诱人的魅力和生命力。

《南冠草》以"比"为动机,有着做"宣传教育的利器"的一面,却较好地把握住明末清初的时代精神,体现着对历史真实的追求。

《棠棣之花》《高渐离》都以"比"为动机,主要是做"宣传教育的利器",因而未能很好地把握所表现历史阶段的时代精神。顾及政治的"现实"一面,却未顾及真实的"现实"一面。

《武则天》以翻案为动机,本来是在追求历史的真实,但由于没有很好地把握从"贞观之治"到"开元盛世"半个世纪间的历史精神,未能收到真实的效果。

不管上面的分析是否被认可,就郭沫若的历史剧作的成就而言,这样的排列也许大体可以为人们所接受。仅此一点,就可以使我们悟出些什么来了。

如何再现历史画卷?靠历史研究、历史剧作,抑或历史文学?

历史研究,科学乎?艺术乎?

史剧家必须得是史学家吗?剧作家加历史顾问能否写出优秀的历史剧?

历史与现实、史剧与现实、真实与现实,怎样摆正它们的关系?

郭沫若历史剧作理论与实践的价值何在?

…………

争鸣将永远地进行,因为这都是"永恒的主题",人们可以围绕这些问题进行无数的论辩。

(1991年4月)

[本文原为《郭沫若与中国史学》上篇七《史剧与史学关系的探索》,中国社会科学出版社,1992。此为原稿文字,题为《再现历史画卷的成就》,收入拙著《龙虎斗与马牛风——论中国现代史学与史家》,三联书店,2012]

主编《中国史稿》

关于《中国史稿》的编撰，宋家钰同志在《郭沫若与〈中国史稿〉》一文中，对于该书的编撰原则、基本特点和基本观点，以及1976年以后的调整、修订，都做了详尽的说明。① 这里要介绍的是，郭沫若主编这部中国通史的缘起和经过，他对编写的领导和对书稿的具体修改等情况，为研究郭沫若提供一点新的素材。

一

1955年7月，在第一届全国人民代表大会第二次会议期间，毛泽东主席向郭沫若提出为县团级干部编写一部中国历史的希望。随后，经有关方面的初步商议，于1956年2月提出一份《编写中国历史教科书计划草案》（以下简称《计划草案》），有如下一些设想。

(1) 中国历史教科书的叙述范围是从旧石器时代到1949年中华人民共和国成立。全书暂定为100万字。

(2) 由全国史学家36人组成中国历史教科书编辑委员会，以郭沫若为召集人，负责教科书的编写工作。

(3) 殷周组由尹达负责召集，秦汉组及魏晋南北朝组由翦伯赞负责召集，隋唐组由向达负责召集，宋辽金元组由邵循正负责召集，明清组由吴

---

① 收入朱绍侯主编《中国古代史研究入门》，河南人民出版社，1988。

晗负责召集，近代现代组由范文澜负责召集。教科书中的插图由中国科学院考古研究所负责，地图由谭其骧负责，索引、年表由聂崇岐负责。

（4）由郭沫若、陈寅恪、陈垣、范文澜、翦伯赞、尹达、刘大年七人组成中国历史教科书编辑委员会的编审小组，负责组织写稿和审稿的工作，由郭沫若主持。

（5）教科书中关于奴隶制和封建制的分期，采用郭沫若的主张，即殷周为奴隶社会，战国以后为封建社会。

（6）关于教科书的体例：文字要现代语化，不直接引用原始材料，必要时加注释。

《计划草案》最后规定，1957年初完成初稿，"经过征求意见和反复讨论，三年到五年最后定稿付印"。

同年6月，编辑委员会增为40人。

1956年7月1日，郭沫若邀请了50多位史学家和哲学家座谈编写中国历史和中国哲学史教科书的问题。中共中央宣传部部长陆定一在讲了编写这两部书的意义后，又一次提出了请"郭老来领导编写这本历史教科书"的希望。范文澜、吴晗、翦伯赞等先后发言，认为中国历史必须有一本教科书，而且教科书的观点应该"定于一"，要刚刚到大学来学习的学生就接受学术上的各种意见是不行的。郭沫若在讲话中认为，教科书应该"百家争鸣"，强调采取民主集中制的办法，表示同意在集体编写完成后，由他"做整个书的校对工作"。会上确定：编写中国历史教科书作为高教部的任务委托科学院负责。①

1957年初，中国科学院历史研究第一、二、三所分工负责古代到魏晋南北朝、隋唐到鸦片战争、近代和现代部分的编写。1958年，列入国家计划，分工相应调整。全书的编辑工作在郭沫若领导下，由尹达、田家英、刘大年、侯外庐共同组织。第一、二所即后来的历史研究所负责远古至鸦片战争部分，第三所即近代史研究所负责鸦片战争至五四运动部分，中央政治研究室负责五四运动至中华人民共和国成立部分。此间，尹达受郭沫

---

① 详见《编写中国历史和中国哲学史教科书座谈会记录》，卷存中国社会科学院历史研究所。

若委托，就全书编写计划、指导思想和体例、历史理论的处理以及人员调用等问题，做了大量工作和多方努力。1958年底，筹备工作大体就绪，各部分开始编写提纲。

1959年初，各部分先后拟出较详细的大纲征求意见。3月6日至13日，召开了中国历史提纲草案座谈会，主要讨论奴隶社会和封建社会部分的提纲草案。参加座谈的有陈垣、范文澜、吴晗、翦伯赞、侯外庐、尹达等历史学家60余人。范文澜在发言中强调要讨论与编写相结合、细心与大胆相结合。吴晗提了三点希望，即能将新发现的史料反映出来，有历史地图等做参考，文字尽量流利。翦伯赞针对史学界的状况谈了古与今、人与物、正与反、理论与资料四个问题。中共中央宣传部副部长周扬到会讲话，他谈到要重视研究历史以及怎样写历史、个人写作与集体写作、百家争鸣等问题。郭沫若先后两次讲话，希望执笔者外，还要有参谋部，请到会的专家做参谋部的"诸葛亮"；强调在不同意见中尽可能采取辩证的办法取得"同"，不应该让小异长期"异"下去，必须努力求其"同"。同时，他还指出编写任务的艰巨：100万字，几千年的历史，要照顾到各个时代经济、政治、思想、学术等方面，并不是容易的事；民族问题的处理很难，很复杂；小组分头写，以后如何统一也有困难。讲话中，他提到应注意工艺史的问题。[①] 在集中会上的各种意见之后，中国历史编写小组又请郭沫若专就古代史研究中的问题讲述他的系统意见，形成《关于中国古史研究中的两个问题》一文。随即，开始了编写工作。

1960年春季，写成了初稿，印送部分史学工作者和有关单位进行讨论，收到了许多可贵的意见。经过认真研究，编写组对初稿做了较大的修改，形成二改二印稿，即《中国历史初稿》。12月，在中国科学院哲学社会科学部第三次扩大会议上，尹达代表编辑小组向郭沫若和学部委员、有关专家汇报了《中国历史初稿》的编写情况、体会和存在问题。

1961年2月26日，郭沫若看了《中国历史初稿》"奴隶社会"这一

---

① 详见《中国历史提纲（奴隶社会、封建社会部分）座谈会简报》，卷存中国社会科学院历史研究所。这里所引郭沫若讲话，是3月13日上午闭幕会上的讲话。讲话记录，卷存中国社会科学院历史研究所。

册后，在给尹达的信中，就"所发现的错误和可疑的地方"提出41条具体意见。3月21日，郭沫若、范文澜、翦伯赞、尹达、黎澍等在北京饭店就《中国历史初稿》交换了意见。当天，翦伯赞又写信给郭沫若，谈了关于《中国历史初稿》的意见。郭沫若在复信中认为"这样的意见，对于执笔很有帮助"，并表示要"仔细把稿子读它一、二遍，再同大家交换意见"。① 翦伯赞的信，郭沫若通过尹达转给了编写者参考。在此同时，《中国历史初稿》陆续印出，分发全国各高等院校历史系和有关历史研究机构进行讨论。在各单位分别讨论的基础上，六大区又各自采取不同的方式组织了进一步的讨论。截至6月初，各地先后提出大小意见7000余条，比较多的是对中国历史上的一些重大问题的认识。鉴于这种情况，编写组准备先集中力量钻研有关的重大历史问题，而不急于修改稿子。但是，就在这时，教育部召开的文科教材会议又确定将此书初稿作为大专院校历史系的试用教材。结果，三改、四改的计划不得不变更。在较短的时间内，只能做必要的修改，一些重大的理论和史实问题不得不留待以后再研究和讨论。

经过半年左右的努力，由尹达、田昌五、林甘泉、杨向奎、郦家驹对第一、二、三册进行统一加工，刘大年负责第四册定稿，然后付梓。

1962年2月，郭沫若看到为这部书稿出版起草的"前言"（讨论稿），认为"写得不错"。3月3日经周扬等修改，6日由郭沫若定稿。"前言"扼要地叙述了这部书的编写经过和应付高校历史教材急需而匆促付印等情况，强调把"具有正确的思想体系、严密的结构和独创的风格"作为"长远的目标，不断地继续共同努力"，因此目前这部书"作为待增删修订的《中国史稿》"，"希望进一步集合全国史学界的力量来加以琢磨，使它能够成为比较可以满意的定本"。当年6月、10月，人民出版社出版了《中国史稿》第一、四册，1963年12月，又出版了第二册。第三、五、六册未出版，即因"文革"中止。

---

① 《郭沫若同志给翦伯赞同志的信和诗》第32件，《北京大学学报》1978年第3期。

二

前面的介绍谈到，郭沫若围绕编写《中国史稿》一书有过四次讲话，即 1956 年 7 月请史学、哲学专家座谈编写中国历史、中国哲学史教科书会上的讲话，1959 年 3 月讨论中国历史提纲草案座谈会上的两次讲话，以及应中国历史编写小组之请所讲古代史研究的问题。归纳起来，就是他在《中国史稿》一书的"前言"中所写的两句话："关于古史分期问题，我们基本上采用了郭沫若的观点。""尽管这样，我们同时也尽可能吸收了各方面的研究成果。"现就这两句话，对《中国史稿》第一、二册做一简略考察。

1. 关于古史分期基本采用郭沫若观点的问题

郭沫若自 20 年代末至 50 年代末，有一系列论著研究中国的古代社会。其中，有他始终坚持的观点，也有几经变动的认识。《关于中国古史研究中的两个问题》这篇讲话，既是郭沫若关于古史研究的最新概括，又是他指导编写《中国史稿》的重要依据。讲话中回顾了他自己 30 年来关于中国奴隶社会研究的重要成就，声明除"修正"了其中"考虑不周"的意见外，"我的基本见解，现在仍未改变"，并强调"把奴隶制的下限定在春秋战国之交是比较合适的"。这就等于告诉编写组，以其在《中国古代社会研究》《十批判书》《青铜时代》《奴隶制时代》四部论著中的"基本见解"进行编写。我们清楚地看到，《中国史稿》将中国历史发展分为原始社会、奴隶社会、封建社会以及近百年的半殖民地半封建社会四个阶段，西周是奴隶制社会等基本观点，在《中国古代社会研究》一书中即已形成。关于殷周是奴隶社会，春秋战国时代是社会大变革时代，以及春秋战国的思想、文化，基本观点都见诸《十批判书》《青铜时代》二书，并补充了《奴隶制时代》一书中的部分内容。对中国封建社会开端的论述，则主要依据《奴隶制时代》一书。

先谈殷商是奴隶社会的问题。《中国史稿》叙述商代社会生产和阶级关系，以"商代最重要的社会生产部门是农业"，"奴隶主贵族强迫奴隶进行大规模的集体耕作"，基本上是对《古代研究的自我批判》中"关于殷代生产状况"等节的发挥，尤其是以"王大令众人曰协田""王往，以众黍于冏""贞维小臣令众黍"三条卜辞为据，认定"日下三人形"的"众"为农业生产奴隶，即《尚书·盘庚》中的"畜民"。这一论证，自《十批判书》至《奴隶制时代》再到《中国史稿》，始终是商代为奴隶社会的重要内容。《奴隶制时代》对《十批判书》中关于殷代社会的一项重要"补充"便是殷商人殉问题，认为这是"解放以来开始引起注意的在古代史研究中的关键性问题之一"，"毫无疑问是提供了殷代是奴隶社会的一份很可宝贵的地下材料"。这在《中国史稿》中，成为商代为奴隶社会的另一项重要证据。

对于西周社会性质的认识，郭沫若虽然30年始终未曾改变，但他的西周奴隶社会说的体系是在《十批判书》中确立起来的。其一，他从否定井田制转变为肯定它，并认为"这是解决殷、周社会组织的一个极重要的关键"。由此而确认西周的土地分割虽是事实，但并非土地的私有，农业奴隶可以连同土地而被赏赐；又从私田的产生和增殖发现井田制的破坏和在此基础上的社会关系的动摇。其二，对庶人身份的论证，是他断定西周为奴隶社会的一个重要依据，也是关于西周社会性质争论的焦点。他强调："人民本是生产奴隶，这是我在古代社会中所发现的一个重要的事项。"人民不仅可以授与，而且可以买卖；农业奴隶在形式上和农奴相近而生出了混同，但其奴隶的本质并没有改变。其三，从工商业方面证明了和农业的蜕变有平行的现象，即从事工商业者在春秋中叶都还是官奴，继后才逐渐成为都市的有产者。其四，详细地追述了士民阶层的分化，在这上面奠定了后来的封建政权的基础。这既是郭沫若在《古代研究的自我批判》中关于西周社会性质研究的重要收获，又反映了他的西周奴隶社会说的体系。《中国史稿》第一册第二编正是以上述观点和内容为基础写成的。

至于春秋战国的社会变革，《中国史稿》更是以《十批判书》《青铜时代》《奴隶制时代》三书中的有关论证展开的。《十批判书》《青铜时代》二书中，关于春秋战国由奴隶制向封建制的过渡，以铁的使用为社会变革的一个重要契机，将井田制破坏、"初税亩"作为新旧两个时代的分水岭，认为公室和私家之争、人民的解放是表明社会变革的关键，士的出现及其流品之复杂表示着奴隶解放程度的彻底，法家倾向的滥觞、名家的产生是春秋中叶中国社会史上实有一个划时代变革的证明等观点，《奴隶制时代》一书在进行重申之外，又补充或深化了以下一些论点。（1）战国各国的变革，其实质并不是改姓换代的单纯政治革命，而是使社会起了质变的社会革命。（2）工商业逐渐离开了官家的豢养，而成为私人的经营。由此诱导出货币制度的发展，中国的货币在战国时代才真正使用开，高利贷者也是在此时才出现的。（3）春秋时代各国的执政者大都是公族或世卿，还维持着氏族社会的血统关系；战国时代各国执政者多出身微贱，殷周以来血肉连带的传统绝大部分被斩断了。（4）城市繁荣和壮大，前所未有的大都市兴起。他还特别提出划分奴隶社会与封建社会的标准，即"除依据生产奴隶的定性研究之外，土地所有制的形态也应该是一个值得依据的很好的标准"。如果一个社会的土地还不是封建所有制，即还没有真正的地主阶级存在，这个社会就不能认为是封建社会。就是当时尚未收入《奴隶制时代》一书的两篇关于汉代政权性质的论文中的基本观点，也贯彻到《中国史稿》第二册第三编第三章中：汉武帝的一系列措施"打击了豪强地主和大商贾的势力和奴隶制残余，加强了封建中央集权制度"；"汉政权对商人采取压抑的政策"。

2. 关于尽可能吸收各方面研究成果的问题

对于这一问题，郭沫若在"前言"中又分别为两种情况。其一，"和本书观点基本一致或部分一致的研究成果"，"是编写时的素材"。其二，"即使不完全一致的意见，我们也进行了认真的、必要的探索，从而也获得了不少的教益"。

在《中国史稿》第一册第一编"原始社会"部分，仅从脚注便可以看到"吸收各方面研究成果"的大概。脚注所表明的征引1960—1961年发表的成果，即达16种，其中不少为1961年10月发表。这距郭沫若写"前言"初稿仅仅4个月的时间。在第二编第二章第二节中，有一脚注云："本书所用考古发掘材料，多取自考古研究所编《新中国的考古收获》。"《新中国的考古收获》一书，也是1961年由文物出版社出版的。《中国史稿》第一册出版于1962年6月，确实是尽可能地吸收了当时最新的研究成果。编写组"在一些重要问题上提出了自己的见解"，这也是"吸收各方面研究成果"的一个侧面。例如，秦始皇的评价问题，编写组与郭沫若的观点不尽一致，"既不因他是专制皇帝而简单否定其在历史上的贡献，也不因他统一了全国就模糊其剥削者、压迫者的本质"。①

前面已经谈到，在广泛征求对《中国历史初稿》意见的过程中，收到大小意见7000余条。对于其中不一致的意见，也都尽可能地做了"认真的、必要的探索"。例如，1961年5月上海历史学会组织的讨论会上，不少专家都提到原始社会的家庭公社与农村公社问题，认为《中国历史初稿》"原始社会"部分始终没有谈到家庭公社、农村公社是欠妥的，以致奴隶社会、封建社会中的某些问题不能得到合理的解释。② 这显然是没有注意到郭沫若对编写小组的讲话《关于中国古史研究中的两个问题》中所说，"中国奴隶社会不像所谓'古代东方型'的奴隶社会那样"，"如果太强调了'公社'，认为中国奴隶社会的生产者都是'公社成员'，那中国就会没有奴隶社会"；"原始公社在中国古代应该有，但名称是什么？我们弄不清楚"；"邑中的组织最初应是原始公社组织"，但它作为商、周社会中的基层单位，"其中的组织就不再是什么'公社'了"。《中国史稿》"原始社会"部分"始终没有谈到家庭公社、农村公社"，正是贯彻了上述郭沫若的讲话观点。至于所提"由原始社会向奴隶社会过渡的夏代历史叙述过于简略"，"特别是国家形成过程等部分要加强"的意见，在由《中国历史初稿》改写成《中国史稿》时，夏代由原来的一节扩大成了一章，内容较前有所丰富；对"禅让"到王位世袭的斗争成为我国原始社会过渡到奴隶社会的标志的叙述，也较前更完善。关于曹操评价、曹魏屯田等的意见，《中国史稿》也程度不同地斟酌吸收了。《中国史稿》中最尊重不一致意见之处，就要说是对蔡文姬的评价了。1959年，郭沫若六谈蔡文姬的《胡笳十八拍》，"坚决相信是蔡文姬自己做的"。1960年1月，他又写了《为"拍"字进一解》，

---

① 宋家钰：《郭沫若与〈中国史稿〉》，朱绍侯主编《中国古代史研究入门》。
② 参见上海历史学会《"中国历史"（初稿）讨论会简报》（三），卷存中国社会科学院历史研究所。

"把蔡文姬同屈原、司马迁相提共论，说她的文艺造诣，在建安七子之上"，并强调"我今天依然维系着这个见解"。① 但《中国史稿》第二册在叙及建安文学的一段文字中，却丝毫没有上述的意思。尽管紧接下来的一段文字是叙述蔡文姬，却只提到她的《悲愤诗》描绘了她被虏匈奴期间的生活历程和悲痛心情，只字未提《胡笳十八拍》。显然，这是郭沫若同意以习惯说法写入书中，而不把自己的观点强加给该书编写组和读者。

通过上述粗略考察，我们可以说，《中国史稿》在贯彻郭沫若关于古史分期基本观点的同时，又集思广益，广泛吸收最新研究成果，体现出了他在编写之初就提出要"百家争鸣"的特色。

三

郭沫若主编《中国史稿》，在以其有关讲话和研究论著做原则指导的同时，还亲自动手对《中国历史初稿》校样进行删修、校改。

前面提到，1960年底1961年初，二改二印稿成，即"供内部讨论修改用"的《中国历史初稿》送到郭沫若手中。当时，他刚刚访问古巴回国，旋即到海南考察。2月底，他在百忙中"把《中国历史初稿》第二册《奴隶社会》看了一遍"，"就注意所及，想初步提出一些意见，供编写组的同志们参考"，于是写信给尹达，共提出41条58则需要修改之处。与1962年6月出版的《中国史稿》第一册"奴隶社会"部分比较，除有5条5则意见未按信中所提改动外，其余的36条53则意见都程度不同地被采纳并做了相应的改动。1963年，《中国史稿》第二册"封建社会（上）"排出校样，仅前五章的180页中，留有郭沫若校改笔迹的就有65页。除个别地方，基本上都是按照郭沫若的校改正式出版的。下面即以上述的一封信和一校样为例，② 检视

---

① 郭沫若：《文史论集》，第253页。
② 郭沫若致尹达信（1961年2月26日）和《中国史稿》第三编第一章至第五章郭沫若所看校样，均存中国社会科学院历史研究所。郭沫若致尹达信，刊于《郭沫若研究》第10辑，文化艺术出版社，1992。因据手稿，有个别误识和抄写错误。

一下郭沫若对《中国史稿》第一、二册定稿工作的具体指导。

关于提法相矛盾，应当统一的问题。《中国历史初稿》"奴隶社会"部分（以下简称《初稿》）第44、45页叙述西周后期青铜器的发展，称其"简便实用"，"无论是数量之多、种类之繁、铭文之长各方面都超过了西周前期，说明当时的青铜工业已有了更大的发展"。而在第57页，又重复叙述了西周后期青铜器数量、种类、铭文超过前期，接下来却说"这些青铜器的铸造，却不像前期那样庄严典重，而多明器，器制简陋轻率，花纹粗枝大叶，铭文草率而每多夺字；显然，这时期的青铜工业也发生了不景气的现象"。郭沫若在信中三次提出"提法有矛盾"，"建议统一一下"，并明确写道，"应该肯定在某些方面（如数多、类繁、铭长）有发展，而在某些方面（如简陋、草率等）则退步了"，同时要求"说明其原因"。《中国史稿》第一册第136页，将《初稿》分在两处的相矛盾的叙述，集中写在"奴隶制经济的进一步发展"这一节中，既肯定西周后期青铜器在数量、种类、铭文方面超过前期，已有更大发展；又指出其器制的简陋、草率，在某些方面赶不上前期。第二册清样第135页叙述在豪门大族垄断察举制度的情况下，人们为了寻找做官途径，"只有附托有权势的名门望族"，而第138页又说当时许多追求功名利禄的人，"都极力注意修饰自己的品行，激扬声名……"郭沫若看到这两处的叙述"有些抵触"，又鉴于大改推版困难，"故略略改了三、两个字"，即将"只有"二字改为"多愿"，"都"字改为"颇"字，删除"极力"。这样一改，前面是"许多人为了寻找做官的途径，多愿附托有权势的名门望族"，后面则为"他们中的有些人颇注意修饰自己的品行，激扬声名"，前后较为一致了。

关于提法值得斟酌的一些问题。在致尹达的信中，郭沫若指出《初稿》第8页"商朝在当时世界上已经是一个仅有的文明大国了"句中，"'仅有'二字值得斟酌。'在当时世界上'有埃及、巴比伦等国已有相当高度的文明，商代似乎不能说为'仅有'"。后来，《中国史稿》第一册第91页改为"商朝是当时世界上为数不多的一个文明大国"。清样第5页称李悝《法经》"是封建政治制度的奠基石"，郭沫若认为这样的评价"过高了"，第二册相应地做了修改，称其为"开始用法律形式把封建制度固定下来"。关于荀子学说的估评，清样第 36 页有这样一段："汉武帝以后学术思想统于一尊，儒家成了百家的总汇，而荀子实开其先河。"他认为"提法有问题"，在正式出版时即被删掉了。①

若干重要修改的问题。这包括两个基本方面，一为理论认识的修改，一为重要史实的修改。

理论认识的修改。在 2 月 26 日的信中，郭沫若认为《初稿》第 20 页有两处需要改动，即国王"他把土地和奴隶分配给那些大大小小的贵族"应改为"他统管着那些有土地和奴隶的大大小小的贵族，并能把土地和奴隶分配给他们"；"贵族的土地和奴隶都是由商王封赐给他们的"应改为"贵族的土地和奴隶是被商王保护着或由商王封赐给他们的"。《中国史稿》第一册第 103 页都做了相应的修改，更加突出国王是奴隶主贵族的总代表的性质。《初稿》第 43 页在叙述西周比商代农业生产有显著提高时，认为原因之一是"奴隶的辛苦劳动"，他建议改为"奴隶数量和劳动量的增加"。这一改动，不仅对西周农业生产的发展原因说得更具体，而且通过"奴隶数量和劳动量的增加"更可证明西周的奴隶制也进一步发展了。《初稿》第 67 页叙及奴隶起义和国人暴动，对暴力做了这样的表述："暴力是孕育着新社会的旧社会的产婆。"《中国史稿》第 171 页按照郭沫若的意见，改为"暴力是新社会从旧社会的母胎中诞生时的产婆"。这一表述较前更为准确。

重要史实的修改。《初稿》第 19、26 页两处叙述商代征兵情况，可从甲骨卜辞中看到一次征集"至万余人"。郭沫若指出"有数万的例子"，"《殷契粹编》中有三万"，《中国史稿》第 112 页做了修改。《初稿》第 39 页叙周公制礼乐，认为"它们是本来存在的东西，周公加以整理而固定下来"，郭沫若认为周公"可能制作了一部分，而同时对于现存的东西加以整理、补充而固定下来"。编写组在《中国史稿》第 129 页改定为"这些礼乐本来是已经存在的东西，周公不过是把这些现存的东西加以整理、补充、修订，并制作了一部分，把它们系统化了，固定下来了"。关于"天"字是

---

① "汉武帝以后学术思想统于一尊，儒家成了百家的总汇，而荀子实开其先河"一句，实源于郭沫若《荀子的批判》中"汉武以后学术思想虽统一尊，儒家成为了百家的总汇，而荀子实开其先河"。

"大"字的同义语问题，《中国史稿》第127页完全按照郭沫若的意见修改补充为"天字在商代就有了，有时是大字的同义语，如大邑商亦称天邑商，大乙亦称天乙"。清样第58页，写秦始皇"规定臣民在言语文字中对皇帝的名字要避讳；遇有'皇帝''始皇'等字样，都要另行顶格书写"。郭沫若在夹批中指出："避讳之制，秦前已有，不始于秦始皇。秦诏版中凡遇'皇帝'或'始皇'字样并未顶格另行，可见是后来的制度。"因此，清样中那段叙述"应删去"。为"填空白"，他又另补了一段文字："朕字在秦以前用为领格，一般人都可以用；用为主格，并限于帝王，则始于秦始皇。"同一册清样第155页，叙述刘歆整理经籍，对其窜改古文经一事"一字不提"，郭沫若认为"颇有抑今扬古之嫌"，因而添加了一句："刘歆未能实事求是，对古文经多所窜易。"

关于字句、标点的删改问题。《初稿》第24页有两处将"邦伯"断开为"邦、伯"，郭沫若指出应改为"邦伯"。第38页引《尚书·康诰》"于罚之行"，他提出"在'于'字注一'与'字，即'于（与）罚之行'。这样使读者易懂"。清样第59页，叙秦朝官制，"皇帝之下有丞相"，郭沫若在"丞相"前加入"左右"二字，为"皇帝之下有左右丞相"，更符合史实。第92页叙述西汉都市发展，在分布地区中他加进了"巴蜀"，在关于长安规模方面添补了排版的漏字，在"马城"前加入一"罗"字。清样第162页叙《汉书》十志，将《刑法志》与《食货志》顺序颠倒，并将《郊祀志》与《地理志》之间的《天文志》《五行志》排漏，郭沫若做了相应的乙定和填补。

此外，还有几处删改和增补需要提出来。清样第42页，关于《竹书纪年》只说了一句，"今天所能看到的是一个辑本"。郭沫若在批注中补写道，《竹书纪年》"是后人伪托，有朱右曾辑录、王国维校补《古本竹书纪年辑校》，仅存其梗概"。《中国史稿》第二册第42页将"朱右曾辑录、王国维校补《古本竹书纪年辑校》"句作为脚注，而"后人伪托"，"仅存其梗概"句则录入正文。同一册清样，第44页叙战国时期青铜器的精巧风格，举"全器作鸟兽形的"例证为"牺尊、象尊"。郭沫若在批注中指出："象尊、牺尊，殷代就有。不能作为战国时代的特征，应删去。"正式出版时，即被删除。

仅笔者所见上述对《初稿》、清样的修改意见，足以表明郭沫若主编《中国史稿》的工作是多么具体入微，同时更可以理解他关于集体编写完成后"做整个书的校对工作"的全部含义。

〔本文原载《郭沫若研究》第 10 辑，署名晒妹、应吉，文化艺术出版社，1992。中国社会科学院历史研究所编入《求真务实五十载（历史研究所同仁述往）》，中国社会科学出版社，2004〕

[追记]

1964 年以后的两年，《中国史稿》第三、五、六册，均未见出版。

1974 年初，刮起一股"批林批孔批周公"之风，郭沫若"袒护儒家""痛恶法家"的《十批判书》自然在"株连"之列。1976 年 5 月，《中国史稿》编写组将修订后的第一册和"前言"送交郭沫若审处。7 月，即由人民出版社出版。"前言"中有这样一段文字："原来的稿子中对于孔丘的评价有严重的错误，这次作了根本的修改。"在相关的章节中，孔子被说成是"日趋没落的奴隶主贵族的政治上和思想上的代表"，说他"挖空心思，妄图用'仁'作为普遍的道德规范，反对变革和革命，维持奴隶主贵族的统治于不坠"。对于这些，郭沫若没有做任何改动，也没有要求编写组做什么改动。他知道，坚持原先对孔子的认识，书是不可能出版的，除非拖下去不出。作为主编，郭沫若无疑是要承担主编应负的责任的。但这次出版，他没有像 1962 年初版时那样在"前言"后面署名。留在 1976 年版"前言"后面的，只是"《中国史稿》编写组"。

〔选自《郭沫若学术思想评传》第十二章〕

创刊五十年，文坛忆盛事

——追踪郭沫若在《光明日报》掀起的学术研讨热

郭沫若是20世纪五六十年代为《光明日报》撰稿最多的名家，除了必须发表的他在一些会议的开（闭）幕词、报告，以及外交电文、某些书信、书序、答记者问等文字之外，自1950年3月至1965年8月，《光明日报》先后刊登郭沫若投寄的学术论文30余篇。下面，让我们循着历史的足迹来追踪50年代初至60年代中期，郭沫若在《光明日报》掀起的一个接一个的学术研讨热浪。

一 由殷周殉人问题，到古史分期讨论

中国古代史分期问题的研讨，是由郭沫若发表《读了〈记殷周殉人之史实〉》引发的。

在中国科学院成立不久的一次座谈会上，曾经参加河南殷墟发掘工作的郭宝钧提出发掘中发现大量活人殉葬的事实。郭沫若当即认为这是"殷代奴隶社会的绝好证据"，希望郭宝钧把发掘的大概情形写出来。1950年1月29日郭宝钧写信给郭沫若，"略叙"殷墟人殉的情况。3月19日，郭宝钧写成《记殷周殉人之史实》在《光明日报》学术副刊发表。当天，郭沫若就写出《读了〈记殷周殉人之史实〉》表示：

> 如此大规模的殉葬，毫无疑问是提供了殷代是奴隶社会的一份很可宝贵的地下材料。

并下结论说：

> 这些毫无人身自由，甚至连保全首领的自由都没有的殉葬者，除掉可能有少数近亲者之外，必然是一大群奴隶……这一段史实，正说明殷代是奴隶社会，又有何可疑呢？

同时指出，周代殉葬之风，比之殷商未尝"稍戢"，所以"殷周都是奴隶社会"。该文3月21日发表，为郭沫若投寄《光明日报》的第一篇学术论文。

然而，郭宝钧提供了"殷周殉人之史实"，但他本人认为"所殉之人，是否皆奴隶，是否皆从事生产之奴隶，作者未敢进一步推断"。随后，杨绍萱发表《关于"殷周殉人"的问题》，认为郭宝钧的"慎重态度十分必要"。陆懋德撰文与杨绍萱展开论辩。

7月5日，郭沫若发表《申述一下关于殷代殉人的问题》。这是他写给《光明日报》的第二篇论文，主要论述两个方面的问题。

其一，从20年代末30年代初的研究清理起，肯定"众"或"众人"就是从事农耕的生产奴隶。当年参加殷墟发掘的另一人董作宾不久前提出，不能根据甲骨文字的字形说殷代的"民"与"臣"就是奴隶，因而断定殷代是奴隶社会。他认为殷代的人民也称"人"，也称"众"，众是一块地方下有三人，又何尝有奴隶的痕迹呢？在《蜥蜴的残梦》中，郭沫若发展了自己40年代关于"众"就是奴隶的论点，反驳董作宾："众字，据我所了解的，在甲骨文中是作日下三人形。殷末周初称从事耕种的农夫为'众'或'众人'，正像农民在日下苦役之形，谁能说没有'奴隶的痕迹'？"这里重申了上述观点。

其二，针对杨绍萱等的质疑进行反驳：

> 要说殷墟的殉人"全不是奴隶"，实在是没有办法来说明。是氏族

社会成员吗？当然不会拿这么多的成员来牺牲。是别民族的俘虏吗？这俘虏是临时去拉来的呢？还是平时养蓄在那儿的？临时去拉那么多俘虏来殉葬，道理说不通。平时养蓄在那儿的，谁生产来养畜他们？

问题的确是如此的尖锐，当时无人回答，迄今主张战俘说者仍然不能做出满意的解释。

这两篇文章虽然着重论证的是殷商为奴隶社会，但同时提到奴隶社会的下限问题。《读了〈记殷周殉人之史实〉》一文这样说：

> 在我的理解中，殷周都是奴隶社会，而奴隶社会的告终应该在春秋与战国之交。但这问题牵涉得太远，不便在这儿多说。

在《申述一下关于殷代殉人的问题》中，郭沫若又作如是说：

> 中国的奴隶社会究竟始于何时？谨慎一点的人今天还不敢说：因为材料不够。终于何时呢？也异说纷纭。我自己很想把春秋和战国之交作为奴隶制与封建制的分水岭。
>
> …………
>
> 关于中国奴隶社会这个问题，应该从全面来作一个总解决，即是从生产方式一直到意识形态来作一个全面的清理。但在今天实在是没有这个工夫，似乎也没有什么迫切的必要。

转过年来，1951年郭沫若便集中申述他的西周奴隶社会说了。与范文澜辩论的《关于周代社会的商讨》、与王毓铨辩论的《关于奴隶与农奴的纠葛》，都发表在《新建设》杂志。1952年2月完成的《奴隶制时代》长篇论文，系统地阐述了"殷代是奴隶制""西周也是奴隶社会""奴隶制的下限在春秋与战国之交"等问题，使他的"战国封建说"体系得到完善。自此以后，郭沫若的"战国封建说"与"西周封建说""秦汉封建说""魏晋封建说"展开全方位的论争，1956年上半年出现了前所未有的高潮。1956年下半年至 1957 年第一季度，郭沫若针对讨论中的一些关键性问题在其他报刊先后发表了《希望有更多的古代铁器出土》《汉代政权严重打击奴隶主》《略论汉代政权的本质》等三篇论文。1957 年 5 月 9 日，《光明日报》发表郭沫若写给《史学》（副刊）编辑部的信，一是与朱理惺等商讨刻印《管子》并写序的杨忱为何人；二是答复蔡心林《对〈汉代政权严重打击奴隶主〉一文的商榷》，进一步阐明汉代严重打击的"并不是一般的工商业者，更不是纯正地主"，而是奴隶主，确实是在"摧毁奴隶制的残余"。由对殷周社会性质的研究演变为中国古史分期问题的讨论，至此暂告一个段落。

二　六谈《胡笳十八拍》，力辩文姬著作权

关于蔡文姬《胡笳十八拍》著作权的争论，也是由郭沫若在《光明日报》发起的。

1959 年，郭沫若研究蔡文姬出现一个新的高潮。1 月 25 日发表《谈蔡文姬的〈胡笳十八拍〉》，重申 38 年前在《〈西厢记〉艺术上的批判与其作者的性格》一文中的基本观点：蔡文姬的《胡笳十八拍》"实在是一首自屈原的《离骚》以来最值得欣赏的长篇叙事诗"。然后指出，近代搞文学史的人如胡适、郑振铎、刘大杰等都认为其是伪作，其他各家则根本不提《胡笳十八拍》。郭沫若呼吁说：

　　那是用整个的灵魂吐诉出来的绝叫。我是坚决相信那一定是蔡文姬作的，没有那种亲身经历的人，写不出那样的文字来。

然后，针对郑振铎、刘大杰二人文学史中的"伪作"说进行驳论。同时，郭沫若生出为曹操翻案的意向。2 月上旬，创作完成五幕历史剧《蔡文姬》。3 月，发表《替曹操翻案》。随即，研讨《胡笳十八拍》、评价曹操出现高潮。在这热潮当中，郭沫若的研讨重点完全转到《胡笳十八拍》著作权的考证上了。

3月20日，郭沫若推出《再谈蔡文姬的〈胡笳十八拍〉》的考证之作，以曹丕、丁廙的《蔡伯喈女赋》残文，推算蔡文姬当生于汉灵帝熹平六年（177），归汉于汉献帝建安十三年（208），时年31岁。又认定丁廙见到过《胡笳十八拍》，所以其赋"摄取了诗中的语意和辞汇"，证明《胡笳十八拍》是"蔡文姬自己做的"。

两个多月的时间里，郭沫若发表不少讨论文章。6月8日，《三谈蔡文姬的〈胡笳十八拍〉》对刘大杰"后人拟作"说的"四种证据"逐条展开驳论，并从第四条中寻出"相反的说法"。6月21日，针对刘开扬、李鼎文、王达津以及沈从文等人肯定《胡笳十八拍》是"后人拟作"的种种观点，又发表了《四谈蔡文姬的〈胡笳十八拍〉》（简称《四谈》），这是其讨论中文字最长、论证最雄辩的一篇。

《四谈》从李鼎文肯定《胡笳十八拍》是唐代琴师董庭兰所作这一见解中得到启发，指出《胡笳十八拍》本来有大小两种，《大胡笳》是蔡文姬作的。"由于有了蔡文姬的《胡笳十八拍》，董庭兰根据唐代流行的诗体，又别创一格。但因辞有长短，调亦有长短，故唐人以大小分之。"王安石《胡笳十八拍》集句，采用蔡文姬的有十句，采用刘商的有五句，证明王安石"没有否认蔡文姬的创作权"。同时引出李纲的集句，表明李纲看到两种《胡笳十八拍》，也是"肯定《大胡笳十八拍》为蔡文姬所作"。顺便涉及沈从文谈的《文姬归汉图》，从画中宋人的题诗认定其作者也是"肯定《胡笳十八拍》为蔡文姬所作"。至此，差不多所有"肯定《胡笳》是后人所作"的基本论据，都被郭沫若从中寻出了"相反的说法"。由此，他提出"离古愈远，疑古愈深"的论点，认为唐人李颀没有怀疑，董庭兰、刘商也没有怀疑。宋人如王安石、苏东坡、郭茂倩、李纲、朱熹、李元白、王应麟、严羽以及题诗作画者，也都没有怀疑。元人也不曾怀疑。到了明人"才开始怀疑起来"，"愈朝后走，否定得愈坚决"。说到这里，郭沫若仍然没有以为自己的驳论尽善尽美，而且明确表示：

> 要怀疑是应该的。科学研究的动机有一多半是从怀疑出发，何况《胡笳十八拍》也的确有可以令人怀疑之处。

《四谈》这一长篇,讨论了当时各种具有代表性的论证,似乎可以说是前一阶段研讨的一个小结。然而,在篇末郭沫若又提出明代《宝贤堂集古法帖》有第一拍开头十四个字的问题,埋下继续深入研讨的伏笔。

7月13日郭沫若发表《五谈蔡文姬的〈胡笳十八拍〉》,主要话题是《宝贤堂集古法帖》所见第一拍开头两句已见于宋初《淳化秘阁法帖》,因此"断言"其来历"至迟当追溯至唐代"。接着从宋人黄山谷《跋法帖》中看出,黄山谷"不仅相信《胡笳引》十八章是蔡文姬著的,而且还相信(字)是她自己写的"。蔡文姬所书的十四个字即便是伪托,至迟是在唐代,也能证明"那作伪的唐代人或唐以前人也肯定《胡笳十八拍》是蔡文姬所作的"。

过了半个多月,郭沫若看到有关讨论文章,又启发出一篇《六谈蔡文姬的〈胡笳十八拍〉》来(8月4日),针对高亨所举第十拍、第六拍"只有两联精练工整的对仗句"进行考辨,认为"句句为韵,正合乎汉、魏人的诗法",并不存在与六朝诗风"相去很远"的问题。至于王竹楼所论蔡文姬所书十四个字的问题,郭沫若在陕西省博物馆的碑林中见到《淳化阁法帖》的原刻石,蔡文姬所书第一拍开头十四个字"在石上还完整无缺"。经过一番推考,最后郭沫若做出结论:

> 对于《淳化阁法帖》所收的蔡琰书十四字,我赞同黄山谷和北宋初年编《法帖》的人们,相信它是真迹。
>
> 字都是真的,诗不消说也就是真的了。

讨论进展至此,尽管还有"令人怀疑之处",郭沫若的看法仍是"一家之言"。但要推倒上述一系列的论证,也是所有持"伪作"说的学者所无能为力的,辩论遂告一个段落。

三 核校弹词《再生缘》,详考作者陈端生

蔡文姬著作权的辩论冷下来不到一年,郭沫若又掀起对《再生缘》及

其作者陈端生的讨论热潮,《光明日报》仍然是发表文章的主要载体。

1960年12月,郭沫若读过陈寅恪的《论再生缘》后,怎么也想不出"那样渊博的、在我们看来是雅人深致的老诗人却那样欣赏弹词,更那样欣赏《再生缘》",便怀着"补课"和"检验"陈教授的评价是否正确的双重心理开始了对《再生缘》的阅读。最初读到的版本,与陈寅恪听读的同是道光三十年三益堂的翻刻本。1961年4月,在北京图书馆的协助下,郭沫若发现"海内孤本"的抄本一部,估计为嘉庆年间所抄。两个本子一经核对,虽然同为二十卷,但只有陈端生所作前十七卷是相同的,后三卷续作则完全不同。于是,郭沫若决定只核校前十七卷原作。

核校的同时,郭沫若发表长篇论文《〈再生缘〉前十七卷和它的作者陈端生》(5月4日)。文章全面评介了其书、其人,表示"基本上同意"陈寅恪的"一些见解",进而对陈寅恪"噤不敢发,茬苒数十年,迟至暮齿,始为之一吐""不顾当世及后来通人之讪笑"的"敢于说话而拍掌"。甚至疾呼:"我也'不顾当世及后来通人之讪笑',把《再生缘》前十七卷仔细核校了,并主张把它铅印出来。"文章也提出与陈寅恪另一些见解的分歧,主要是《再生缘》第十七卷的写作地点和陈端生之夫究竟为何人的问题。

郭沫若从《论再生缘》中知道陈寅恪"没有看到《绘声阁初稿》",便从这里入手。一是发现陈端生小妹长生的《绘声阁初稿》题诗中多次出现"春田家姊",认定所指就是陈端生。二是从《织素图》原诗推考出所谓"织素人"就是陈端生,印证了陈寅恪先前所做出的"很犀利的推断"。然而,陈寅恪生出"《再生缘》第十七卷可能是陈端生随父在云南任上所作的悬想"。郭沫若则从第十七卷的音调、情绪和态度与前面各卷都有很大的转变出发,认为"丝毫也看不出有什么写在云南的痕迹"。同时,从《绘声阁初稿》中寻出多项证据证明该卷是在乾隆四十九年冬天完稿的,写在浙江,陈端生并未随父到云南。

随即,他又从阿英送来的《妆楼摘艳》中发现陈云贞《寄外》诗。经过比较,认为陈云贞就是陈端生。又从陈莲姐《寄外》题下附注中"云贞会稽范秋塘室"句推论出,范秋塘即是范葵,陈端生的丈夫应该是这个会稽范葵,而非陈寅恪所猜测的浙江秀水范璨次子的那个范葵。集上述研究所得，郭沫若写成《再谈〈再生缘〉的作者陈端生》。由陈云贞《寄外》诗引出陈云贞《寄外书》的问题，又写了《陈云贞〈寄外书〉之谜》。两篇文章分别于6月8日和6月29日发表。

此间，郭沫若从阿英那里得见道光二年的宝仁堂刊行本。在有了抄本和初刻本之后，《再生缘》的核校便得到"双重的保证"。当年7月底核校完毕，郭沫若写了《序〈再生缘〉前十七卷校定本》，先行在《光明日报》（8月7日）发表。序文一开头便写道：

> 《再生缘》之被再认识，首先应该归功于陈寅恪教授。陈教授在一九五四年写了《论再生缘》一文，他对于《再生缘》前十七卷的作者陈端生，作了相当详细的考察，对于《再生缘》的艺术价值评价极高。他认为弹词这种体裁，事实上是长篇叙事诗，而《再生缘》是弹词中最杰出的作品，它可以和印度、希腊的有名的大史诗相比。他很欣赏陈端生的诗才，认为是"绝世才华"，其功力不亚于杜甫。

三个星期的出国访问和半个月的国内考察归来，郭沫若看到《光明日报》上发表白坚所写《陈云贞及其寄外书》一文依据丁晏《山阳诗征》，认为陈云贞不是陈端生。郭沫若抓住白坚所引丁晏关于《寄外书》的跋语中纪年与史事颠倒的错误，认为其说不足为据。同时，以张德钧所查于时和充军伊犁的经过，作为反驳白坚所引丁晏跋语的进一步证据。最后说明，陈寅恪曾经"拟议过陈云贞即是陈端生"，"搜索研讨，终知非是"的原因就在于"他没有觉察到陈云贞《寄外书》是掺了水的二分真、八分假的赝鼎"。三项内容，又合成《有关陈端生的讨论二三事》。差不多同时，丁晏的后人写信给郭沫若，说发现古体《云贞曲》一首，因而郭沫若从相信陈云贞即陈端生转而发生怀疑了，认为陈云贞可能不是陈端生。这一材料的发现，推动着郭沫若做进一步的考辨，又写下了《关于陈云贞〈寄外书〉的一项新资料》。通过查找初刻本，郭沫若认定《云贞曲》作于嘉庆六年以前，是有关《寄外书》的最早的材料。考论《云贞曲》的诗句后，郭沫若更加肯定《寄外书》"是二分真、八分假的赝鼎"，"陈云贞就是陈端生"了。两篇文章分别于10月5日和10月22日发表。

到1961年底，《文汇报》又有两篇关于陈端生的文章，郭沫若从新的重要资料——《绘声阁续稿》中的《哭春田大姊》和《雕菰楼集》中的《云贞行》进行论证，认为两份资料的出现"对于陈云贞即陈端生之说不仅毫无抵触，反而为《寄外书》的写作和传播的年代提出了佐证"，写成《读了〈绘声阁续稿〉和〈雕菰楼集〉》（《羊城晚报》1962年1月2日）。研讨了整整一年的《再生缘》与其作者陈端生，至此降下帷幕。

遗憾的是，陈寅恪虽然详细地读到了郭沫若的这一系列文章，却没有参加论辩，只默默地写成《论再生缘校补记》，不同意"陈云贞即陈端生"之说。曾经拟定人民文学出版社出版陈寅恪《论再生缘》时请郭沫若来写序，以及由中华书局出版郭沫若核校的《再生缘》前十七卷，都因为《再生缘》中涉及"东征"的问题而作罢，两位大师都非常希望"再生"的《再生缘》未能获得再生。

四　创作与研究结合，为则天武后翻案

在讨论《再生缘》和陈端生的前后，郭沫若为武则天翻案的几篇文章也都见诸《光明日报》报端。

1960年1月郭沫若始作历史剧《武则天》，剧本初稿在《人民文学》5月号发表。然后，郭沫若便把注意力转向《再生缘》和陈端生的讨论了。一年以后，1961年5月24日《光明日报》发表陈振的《也谈武则天的出生地和出身》，不同意郭沫若剧本中关于武则天"生于广元"和出身"寒微"的观点。第二天，郭沫若便写了《武则天生在广元的根据》，以李义山诗《利州江潭作》为证据，并用"广元文物和民间传说"为佐证，肯定"武则天生于广元"而不同意陈振关于武则天"生在长安"的说法，文章于5月28日发表。

剧本初稿发表3个多月后，郭沫若写了一篇说明性的文稿《我怎样写〈武则天〉?》，说明剧作只写了武则天六十岁前后的六年，也即"她最成熟

的时代",而避开"缺点很难掩盖"的"晚年"。同时强调剧本是"根据尽可能占有的史料和心理分析,塑造了武则天的形象"。在郭沫若看来,武则天"以一个女性的统治者,一辈子都在和豪门贵族作斗争,如果没有得到人民的拥护,她便不能取得胜利,她的政权是不能巩固的"。由此出发,肯定武则天"执政时代是唐朝的极盛时代,不仅海内富庶,治绩和文化也都达到相当的高度",从而评价武则天的历史地位:

> 她把唐太宗的"贞观之治"发展了,并为唐玄宗的所谓"开元盛世"奠定了坚实的基础。

这一评价,为学术界普遍接受。因此,为武则天翻案没有像"替曹操翻案"那样产生激烈的争论,只是在一些具体问题上有着不同意见。郭沫若文中还有一段关于历史剧如何展示人物心理的"经验"总结:

> 要"依据真实性、必然性",总得有充分的史料和仔细的分析才行。仔细的分析不仅单指史料的分析,还要包含心理的分析。入情入理地去体会人物的心理和时代的心理,便能够接近或者得到真实性和必然性而有所依据。

"人物的心理和时代的心理",被看作是比单纯的"史料的分析"更加重要的因素。他试图通过"人物的心理"变化反映"时代的心理"变化,进而达到正确认识那一段历史、公正评价对那一时代有贡献的人物的目的。这一认识的提出,不能仅仅认为是针对历史剧作而言,更有向传统史学忽视"人物的心理"的缺失挑战的意义,应当看作是一种历史方法论。这篇说明性的文字,直到1962年7月8日才正式发表。

在稍前一个月,《武则天》剧本定稿,郭沫若写了《〈武则天〉序》,此时与《我怎样写〈武则天〉?》发表在同一天的《光明日报》上。当时,学术界正在讨论历史和历史剧的关系问题。郭沫若在序文中关于"历史学和历史剧的关系"的"希望",迄今仍然值得重视:

我是想把科学和艺术在一定程度上结合起来，想把历史的真实和艺术的真实在一定程度上结合起来。

　　说得更明白一点，那就是史剧创作要以艺术为主、科学为辅；史学研究要以科学为主、艺术为辅。

这段话基本反映了当时学术界讨论的进程和认识的深度。今天，人们已经越来越多地认识到，史剧创作需要科学，历史研究呼唤艺术。

9月12日，《光明日报》发表袁震的《是谁杀死了李贤?》，一是指责郭沫若引用史料疏忽，二是对郭沫若比较相信的《朝野佥载》提出不可信，仍然赞成司马光的看法。26日，郭沫若发表《关于武则天的两个问题》。一是接受袁震的批评，在承认自己看《旧唐书》"实在太疏忽"的同时，仍然"怀疑李贤不会是武后杀的"，强调自己"比较相信《朝野佥载》"中关于裴炎的记载，裴炎"谋杀李贤的可能性也就被引伸了出来"；二是认为大多数学者采用的武则天生于武德七年说"有问题"，根据50年代出土的《利州都督府皇泽寺唐则天皇后武氏新庙记碑》以及《谭宾录》、《攀龙台碑》，认定"武后当生于贞观初年，而决不是生于武德七年"，由此更表明"她总是生于利州的"。关于这两个问题，虽未引起大的争论，但至今依然是见仁见智的。

五　浪漫情怀得释放，作诗填词如潮涌

1956年12月15日，郭沫若在《光明日报》发表《谈诗歌问题》，说"五四"以来的新诗"起过摧枯拉朽的作用"，新诗"从已经僵硬了的旧诗中解放出来"，但它并没有"抛弃中国诗歌的传统"，而是"适应中国社会发展的规律，也符合中国诗歌发展的规律"。至于旧诗，也"必须认真地去学习"，也可以继续作，但"要有创造性，要自然而流畅"。

转过年来，1957年1月25日，《诗刊》公开发表了毛泽东给臧克家等的信以及旧体诗词十九首。直至1958年几经讨论毛泽东《蝶恋花》词以

后,在郭沫若看来是"使浪漫主义恢复了名誉",郭沫若才"敢于坦白地承认:我是一个浪漫主义者",并一再表示"这是三十多年从事文艺工作以来所没有的心情","个人特别感着心情舒畅"。① 诗歌创作认识上的问题得到一定程度的解决,诗歌写作便如潮涌,郭沫若开始大量作诗填词。仅 1961 年 3 月至 1966 年 1 月,郭沫若在《光明日报》发表的诗词总数就不下 80 首,其中有不少是到各地参观考察后所作。《郭沫若全集·文学编》第 4 卷所收《豫秦晋纪游二十九首》《江海行》《回京途中》,第 5 卷所收《井冈山巡礼》《大寨行》,等等,都是这一类的诗词之作。

1962 年 6 月 9 日,为纪念杜甫诞生 1250 周年、李白逝世 1200 周年,郭沫若特地写了《诗歌史中的双子星座》发表在当天的《光明日报》,强调:

> 我们要向杜甫学习,也要向李白学习,最好把李白与杜甫结合起来。李白和杜甫的结合,换一句话说:也就是浪漫主义和现实主义的结合。

当历史的时针指向 1963 年的时候,那个时代的诗词创作也出现了一个前所未有的新高潮。

> 沧海横流,方显出英雄本色。人六亿,加强团结,坚持原则。天垮下来擎得起,世披靡矣扶之直。听雄鸡一唱遍寰中,东方白。
> 太阳出,冰山滴;真金在,岂销铄?有雄文四卷,为民立极。桀犬吠尧堪笑止,泥牛入海无消息。迎东风,革命展红旗,乾坤赤。

1963 年新年伊始,《光明日报》刊出郭沫若这首《满江红·一九六三年元旦书怀》。9 天后,毛泽东便写了和词《满江红·和郭沫若同志》:

> 小小寰球,有几个苍蝇碰壁。嗡嗡叫,几声凄厉,几声抽泣。蚂蚁缘槐夸大国,蚍蜉撼树谈何易。正西风落叶下长安,飞鸣镝。

---

① 郭沫若:《浪漫主义和现实主义》,《红旗》1958 年第 3 期。

多少事,从来急;天地转,光阴迫。一万年太久,只争朝夕。四海翻腾云水怒,五洲震荡风雷激。要扫除一切害人虫,全无敌。

一时间,毛泽东和郭沫若《满江红》词传遍整个寰宇。《郭沫若全集·文学编》第5卷,就有郭沫若1963年所作《满江红》10余首。甚至发表在《光明日报》的《纪念番薯传入中国三百七十年》的短文中,也要"成《满江红》一首"。

至于论辩《兰亭序》的真伪,郭沫若前后总共发表5篇文章(均发表在《文物》),其中的《〈兰亭序〉与老庄思想》《〈驳议〉的商讨》又发表在《光明日报》(1965年8月21日、24日),这是他在《光明日报》发表的最后两篇带学术研讨性的文章。

(1999年2月4日)

[本文为应《光明日报》创刊50年而作,收入《名人与光明日报》,光明日报出版社,1999]

第三编
学界交往

郭沫若的交往，除国共两党两军、各民主党派高层、国外多国政要外，学术文化界的交往，广包国内文学艺术、历史、考古、古文字、古器物、书法、绘画和外文翻译等领域以及国外文化界，多为各领域的名流大家。

本编6个篇章，聚焦一点：郭沫若与不同政见、不同信仰的著名学人的交往。除极为推崇王国维而外，分别考论其与陈垣，与历史语言研究所董作宾、容庚、傅斯年、李济，与日本田中庆太郎的交往。胡适、陈寅恪被视为新中国成立前后"资产阶级学术"的代表，与此二人交往的两个篇章，分别揭示与此二人的种种恩怨和学术异同，澄清某些人云亦云的说法。

郭沫若与胡适：由认识东西文化的差异，到走哪条道路的敌对

郭沫若与胡适曾多次见面，用他自己的话说，差不多"一出马我们就反对胡适"。这是中国现代学术文化史上不能回避的大事，反映郭沫若的学术文化领域、成就、地位及其长期代表着的学术文化方向与学术文化政策。

一

郭沫若与胡适的第一次见面，是《女神》出版后第4天——1921年8月9日。

胡适日记这样记载：

> 周颂九、郑心南约在一枝香吃饭，会见郭沫若君。沫若在日本九州学医，但他颇有文学的兴趣。他的新诗颇有才气，但思想不太清楚，工力也不好。[①]

郭沫若的回忆是，9月初回福冈的前几天，商务印书馆元老高梦旦为其饯行，胡适也到场。经高梦旦介绍，两人握手相识。

[①] 曹伯言整理《胡适日记全编》第3册，安徽教育出版社，2001，第425页。

在博士和我握手的时候，何公敢这样说："你们两位新诗人第一次见面。"

博士接着说："要我们郭先生才是真正的新，我的要算旧了，是不是啦？"

高梦旦坐在长餐桌的一边正中，胡适坐在其左，郭沫若坐在其右，"博士时时隔着梦旦先生和我打话"。席终用茶点时，高梦旦索性让郭沫若过到左边，"和博士并坐了起来"。两人谈到翻译，问及新作。当郭沫若告知未完成的戏剧《苏武与李陵》时，胡适打断话题说："你在做旧东西，我是不好怎样批评的。"①

一年以后，1922年8月，郁达夫在《创造》季刊发表《夕阳楼日记》，指责余家菊由英文转译德国哲学家威铿《人生之意义与价值》一书的错误，引发了胡适与创造社的一场笔战。胡适在《努力周报》发表《骂人》一文，反击郁达夫和创造社，并另行改译一遍。郁达夫再撰文《答胡适之先生》，予以反驳，引起翻译问题的较为广泛的争论。11月，身在日本的郭沫若的书信《反响之反响》在上海《创造》季刊发表。第一部分即是答《努力周报》，指出"胡译文中所发现出的三错译"，说无论翻译的动机是为"糊口"，或是"介绍思想"，都不能"对于原书完全未了解便从事翻译"。②

1923年4月1日，郭沫若学医毕业，携眷自日本回上海。同日，胡适在《努力周报》的"编辑余谈"中大失学者风度，说："《努力》第二十期里我的一条《骂人》，竟引起一班不通英文的人来和我讨论译书。我没有闲工夫来答辩这种强不知以为知的评论。"12日，郭沫若针对胡适的"余谈"做出反击，"通英文一事不是你留美学生可以专卖的"，一连三句"不要把你的名气""不要把你北大教授的牌子""不要把你留美学生的资格""来压人"，并用带挑战的口吻说："须知这种如烟如云没有多大斤两的东西是把人压不倒的！要想把人压倒，只好请'真理'先生出来，只好请'正义'先生出来！"③ 文章

---

① 上引见《创造十年》，《郭沫若全集·文学编》第12卷，第132—133页。
② 《反响之反响》，《郭沫若全集·文学编》第16卷，第128—129页。
③ 《讨论注释运动及其他》，《郭沫若全集·文学编》第16卷，第148页。

发表在5月1日出版的《创造》季刊第2卷第1期。这时胡适也来到上海，对于创造社的反击"采取出了一种求和的态度"。5月15日，胡适通过亚东图书馆转给郁达夫、郭沫若一封信，表示读到《创造》第2卷第1期，不能不写信谈谈久想面谈的问题。信中表露出自知之明，谦逊有当，肯定了郁、郭的文学成就，并寄予厚望：

> 我对你们两位的文学上的成绩，虽然也常有不能完全表同情之点，却只有敬意，而毫无恶感。我是提倡大胆尝试的人，但我自知"提倡有心，而实行无力"的毛病，所以对于你们尝试，只有乐观的欣喜，而无丝毫的恶意与忌刻。

对于翻译问题，一面说"劝你们多存研究态度而少用义气。在英文的方面，我费了几十年的苦功，至今只觉其难，不见其易"，一面表示"我很诚恳地希望你们宽恕我那句'不通英文'的话，只当是一个好意的诤友无意中说的太过火了。如果你们不爱听这种笨拙的话，我很愿意借这封信向你们道歉"。进而说道："我很诚恳地盼望你们对我个人的不满意，不要迁怒到'考据学'上去。"最后表示："我盼望那一点小小的笔墨官司不至于完全损害我们旧有的或新得的友谊。"信末附笔："此信能不发表最好。"17日，郭沫若即回复胡适，全文如下：

适之先生：

　　手札奉到了。所有种种释明和教训两敬悉。先生如能感人以德，或则服人以理，我辈尚非豚鱼，断不至于因此小小笔墨官司便致损及我们的新旧友谊。目下士气沦亡，公道凋丧，我辈极思有所振作，尚望明晰如先生者大胆尝试，以身作则，则济世之功恐不在提倡文学革命之下。最后我虔诚地默祷你的病恙痊愈。

沫若　五月十七日①

---

① 以上两件，均见中国社会科学院近代史研究所中华民国史研究室编《胡适往来书信选》（上），中华书局，1979。

25 日,胡适来访,日记记载:"出门,访郭沫若、郁达夫、成仿吾。结束了一场小小的笔墨官司。"① 郭沫若的回忆:"我们的回信去后,胡大博士毕竟是非凡人物,他公然到民厚南里来看我们。……他说在生病,得了痔疮;又说是肺尖也不好。我看他真有点象梁山泊的宋公明,不打不成相识,《骂人》的一笔墨官司就象是从来没有的一样。"② 27 日下午,与郁达夫、成仿吾访胡适。胡适日记记载:"下午,郭沫若、郁达夫、成仿吾来。"③ 郭沫若的回忆:"他那时住在法租界杜美路的一家外国人的贷间里,我们,仿吾、达夫和我,也去回拜过他一次。我们被引进了一间三楼的屋顶室,室中只摆着一架木床;看那情形,似乎不是我们博士先生的寝室。博士先生从另一间邻室里走出来,比他来访问时,更觉得有些病体支离的情景。那一次他送了我们一本新出版的北京大学的《国学季刊》创刊号……"④

二

5 个月之后,胡适、郭沫若又有过一度的互访和饭局见面。

1923 年 10 月 11 日下午,胡适、徐志摩等到民厚南里郭沫若寓所来访。胡适日记记载:"饭后与志摩、(朱)经农到我旅馆中小谈。又同去民厚里 692 访郭沫若。沫若的生活似甚苦。"⑤ 徐志摩日记有更详细记载:"午后为适之拉去沧州别墅闲谈……适之翻示沫若新作小诗,陈义体格词采皆见竭蹶,岂《女神》之遂永逝?"随后,这样写道:

  与适之、经农,步行去民厚里一二一号访沫若,久觅始得其居。沫若自应门,手抱襁褓儿,跣足,敝服(旧学生服),状殊憔悴,然广额宽颐,怡和可识。入门时有客在,中有田汉,亦抱小儿,转顾间已

---

① 曹伯言整理《胡适日记全编》第 4 册,第 19 页。
② 《创造十年》,《郭沫若全集·文学编》第 12 卷,第 171—172 页。
③ 曹伯言整理《胡适日记全编》第 4 册,第 19 页。
④ 《创造十年》,《郭沫若全集·文学编》第 12 卷,第 172 页。
⑤ 曹伯言整理《胡适日记全编》第 4 册,第 71 页。

出门引去，仅记其面狭长。沫若居至陋，陈设亦杂，小孩羼杂其间，倾跌须父抚慰，涕泗亦须父揩拭，皆不能说华语；厨下木屐声卓卓可闻，大约即其日妇。坐定寒暄已，仿吾亦下楼，殊不谈话，适之虽勉寻话端以济枯窘，而主客间似有冰结，移时不涣。沫若时含笑谛视，不识何意。经农竟嗫不吐一字，实亦无从端启。五时半辞出，适之亦甚讶此会之窘，云上次有达夫时，其居亦稍整洁，谈话亦较融洽。然以四手而维持一日刊，一月刊，一季刊，其情况必不甚愉适，且其生计亦不裕，或竟窘，无怪其以狂叛自居。

次日，郭沫若携长子和生回访徐志摩，并赠《卷耳集》，"谈得自然的多了"。①

13日晚，郭沫若在美丽川宴请胡适、徐志摩，有田汉、成仿吾等。胡适日记记载："沫若来谈。前夜我作的诗，有两句，我觉得不好，志摩也觉得不好，今天沫若也觉得不好。此可见我们三个人对于诗的主张虽不同，然自有同处"，"沫若邀吃晚饭，有田汉、成仿吾、何公敢、志摩、楼□□，共七人，沫若劝酒甚殷勤，我因为他们和我和解之后这是第一次杯酒相见，故勉强破戒，喝酒不少，几乎醉了。是夜沫若、志摩、田汉都醉了，我说起我从前要评《女神》，曾取《女神》读了五日。沫若大喜，竟抱住我，和我接吻"。②徐志摩日记亦记"饮者皆醉，适之说诚恳话，沫若遽抱而吻之"。15日晚，胡适、徐志摩回请郭沫若、成仿吾，席间有田汉夫妇等，"大谈神话"。18日，应邀往郑振铎家吃午饭，有胡适、高梦旦、徐志摩等。胡适日记记载："到郑振铎家中吃饭。同席的有梦旦、志摩、沫若等。这大概是文学研究会和创造社'埋斧'的筵席了。"③

三

如果说"小小笔墨官司"不足以见其重大问题的主张，让我们来看一

---

① 上引见《徐志摩全集》第5卷，天津人民出版社，2005，第285—286页。
② 曹伯言整理《胡适日记全编》第4册，第72页。
③ 曹伯言整理《胡适日记全编》第4册，第78页。

看二人对于中西文化关系这一长期保持"热门"的议题的认识。

1923年4月，郭沫若学医毕业前夕，胡适发表《读梁漱溟先生的〈东西文化及其哲学〉》一文，批评梁漱溟的"三大文化路向说"，阐明自己的"有限的可能说"。梁漱溟把东西文化划分为西方、中国和印度三大系统，使得文化发展的特殊性、民族性格外突出，然后却提出与新文化运动相反的结论，即西方文化代表过去，东方的中国文化和印度文化代表未来，新文化运动提出的向西方学习，用西方文化改造中国文化是错误的。胡适抓住梁漱溟"文化路向说"的症结，认为梁漱溟把人对物、人对人、人对生命自身三大问题和由此引起的三大路向分别派位给西方、中国和印度，是"笼统""武断"的主观哲学。胡适提出的"有限的可能说"是："我们拿历史眼光观察文化，只看见各民族都是在'生活本来的路'上走，不过因环境有难易，问题有缓急，所以走的有迟速的不同，到的时候有先后的不同。""当初鞭策欧洲人的环境与问题现在又来鞭策我们了，将来中国和印度的科学化与民主化是无可疑的。"① 这在批判文化保守主义、坚持新文化运动基本方向方面无疑有其积极的历史意义。可是，胡适、梁漱溟的说法都不免偏颇。如果说梁漱溟的观点强调人类文化发展过程中的特殊性和民族性，而忽略或否认其同一性和时代性的话，那么胡适的观点便是强调人类文化发展过程中的同一性和时代性，而忽略或否认其特殊性和民族性。

两个月之后，当郭沫若回复胡适"不至于因此小小笔墨官司便致损及我们的新旧友谊"之时，在写给宗白华的信中讨论中德文化，确立起他的吞吐中西的文化观。郭沫若既不像梁漱溟强调民族性而忽略或否定时代性，又不似胡适强调时代性而忽略或否定民族性，而是提出他一贯的主张：

> 固有的文化久受蒙蔽，民族的精神已经沉潜了几千年，要救我们几千年来贪懒好闲的沉疴，以及目前利欲熏蒸的混沌，我们要唤醒我们固有的文化精神，而吸吮欧西的纯粹科学的甘乳。②

---

① 《读书杂志》第8号，1923年4月1日。
② 《论中德文化书——致宗白华兄》，《郭沫若全集·文学编》第15卷，第157页。

在郭沫若与胡适初相见，至其间"小小笔墨官司"暂告一段的几年中，国内又有关于"整理国故"的争论。胡适对于整理国故的目的、意义，有着种种不同的说法。1919年12月发表的《新思潮的意义》认为，"中国的一切过去的文化历史，都是我们的国故"。整理国故，就是"从乱七八糟里面寻出一个条理脉络来，从无头无脑里面寻出一个前因后果来；从胡说谬解里面寻出一个真意义来；从武断迷信里面寻出一个真价值来"。① 至于如何"整理"，他在1923年1月发表的《〈国学季刊〉发刊宣言》中提出："第一，用历史的眼光来扩大国学研究的范围。第二，用系统的整理来部勒国学的资料。第三，用比较的研究来帮助国学的材料的整理与解释。"② 人们见到的胡适"整理"的成就主要有《中国哲学史大纲》上卷、《〈水浒传〉考证》、《〈红楼梦〉考证》等，并未见到如他本人所说的"发明一个字的古义，与发现一颗恒星，都是一大功绩"之类的成果。③ 1926年4月（或5月），又说"我们整理国故，只是要还他一个本来面目"，"使人明了古代文化不过如此"。④ 再后，更提出"'烂纸堆'里有无数无数的老鬼，能吃人，能迷人，害人的厉害胜过柏斯德（Pasteur）发见的种种病菌"，"打鬼""捉妖"即是"整理国故的目的与功用"。⑤

几乎同时，郭沫若从其吞吐中西的文化观出发，逐渐形成他的独特的"国学"体系——跳出"国学"的范围，认清"国学"的真相，划出与胡适的"整理国故"的界限。起初在《创造周刊》第36号发表《整理国故评价》，指出"整理国故的流风，近来也几乎成为了一个时代的共同色彩了"，"这种现象，决不是可庆的消息"。表示不赞同胡适"四处向人宣传整理国故研究国学"和成仿吾、吴稚晖"本着良心的命令要研究科学或者要造机关枪"的倾向，认为"不能因为有不真挚的研究者遂因而否认国学研究的全部，更不能于自我的要求以外求出别项的实力来禁止别人"。针对胡适"发明一个字的古义，与发现一颗恒星，都是一大功绩"的说法，强调"国

---

① 《新青年》第7卷第1号，1919年12月1日。
② 《国学季刊》第1卷第1号，1923年1月。
③ 《论国故学——答毛子水》，《胡适文存》卷2，第286页。
④ 胡适复钱玄同信，《胡适、钱玄同等论学书札》，《中国哲学》第1辑，三联书店，1979。
⑤ 《整理国故与"打鬼"》，《胡适文存》3集卷2，第211页。

学究竟有没有研究的价值？这是要待研究之后才能解决的问题"，"研究的方法要合乎科学的精神，研究有了心得之后才能说到整理。这种整理事业的评价我们尤不可估之过高"。进而认为胡适《中国哲学史大纲》对于中国古代的来源既未认清，思想的发生自无从说起。所以，对于胡适"整理"的一些过程，还要重新"批判"。

胡适主张，"整理国故""不当先存一个'有用无用'的成见，致生出许多无谓的意见"。① 郭沫若则明确宣布："对于未来社会的待望逼迫着我们不能不生出清算过往社会的要求。"②

胡适认为，"整理国故""只是要还他一个本来面目，只是直叙事实而已"。③ 郭沫若则指出，其"终极目标"是在"实事求是"，不应当只做到"知其然"，而要在"实事之中求其所以是""知其所以然"。④

尽管在1930年郭沫若看到《古史辨》第1册以后，承认"胡适对于古史也有些比较新颖的见解"，"他于古代的边际却算是摸着了一点"，⑤ 但在"整理""中国的一切过去的文化历史"，诸如认识古代社会、条理甲骨文金文而扩大国学研究范围、整理古籍而苏活古书生命、纵论周秦诸子思想、考辨诗词曲赋以品评历史人物，包括屈原研究等方面，郭沫若对胡适的"挑战"，胡适基本采取回避态度。

四

就在郭沫若确立起跳出"国学"范围，认清"国学"真相的新的国学研究体系的同时，1929年12月，胡适发表《我们走那条路？》一文，提出"我们要打倒五个大仇敌：第一大敌是贫穷。第二大敌是疾病。第三大敌是愚昧。第四大敌是贪污。第五大敌是扰乱"，特别强调：

---

① 《论国故学——答毛子水》，《胡适文存》卷2，第287页。
② 《〈中国古代社会研究〉自序》，《沫若文集》第14卷，第6页。
③ 胡适复钱玄同信，《胡适、钱玄同等论学书札》，《中国哲学》第1辑。
④ 《〈中国古代社会研究〉自序》，《沫若文集》第14卷，第7页。
⑤ 《夏禹的问题》，《沫若文集》第14卷，第309、310页。

这五大仇敌之中，资本主义不在内，因为我们还没有资格谈资本主义。资产阶级也不在内，因为我们至多有几个小富人，那有资产阶级？封建势力也不在内，因为封建制度早已在二千年前崩坏了。帝国主义也不在内，因为帝国主义不能侵害那五鬼不入之国。帝国主义为什么不能侵害美国和日本？为什么偏爱光顾我们的国家？岂不是因为我们害了这五大恶魔的毁坏，遂没有抵抗的能力了吗？故即为抵抗帝国主义起见，也应该先铲除这五大敌人。①

这种说法和主张，对于已经成了"彻底的马克思主义的信徒"，并且以中国的思想、社会和历史"考验辩证唯物论的适应度"，写出《中国古代社会研究》的郭沫若来说，是绝对不会苟同的。

1932年9月，郭沫若所写《创造十年》由上海现代书局出版。内中对胡适的上述主张做出针锋相对的批判：

> 胡大博士真可说是见了鬼。他象巫师一样一里招来、二里招来的所招来的五个鬼，其实通是些病的征候，并不是病的根源。要专门谈病的征候，那中国岂只五鬼，简直是百鬼临门。重要的是要看这些征候、这些鬼，是从甚么地方来的。
>
> ……………
>
> ……他说"资本主义不在内……资产阶级也不在内"，是的，内或者是不在。外呢？中国的金融、交通、矿山、纱厂等等是在贵何国度的贵何主义、贵何阶级的手里呀？他说"封建势力也不在内，因为封建制度早已在二千年前崩坏了"。这只是在名词上玩把戏。他说的"封建制度"是秦以前的封功臣建同姓的说法（但那种说法已经靠不住，周代的诸侯大多数是自然生长的国家，当时的社会还是奴隶制度）；现在所谈的"封建势力"是指在行帮制下的各种旧式产业，在地方上割据着

---

① 《新月》第2卷第10期，1929年12月10日。

的军阀、官僚、地主的那个连锁，以及因之而发生的各种痼弊的迷信与腐化（胡博士所说的五大仇敌都包含在这里面），这些是崩坏了的吗？问题不是徒逞唯名的（nominalistic）诡辩，而是要你看着事实！……

　　其实中国积弱的病源，就象盲目者依然有方法找寻正确的道路一样，中国人自鸦片战争以来在暗中摸索了一百年，毕竟早已摸着了。只可恨有好些狂牛不遵循民众所找寻到的正确道路，只是象五牛奔尸一样乱跑。弄到现在来还要让我们的博士问"我们走那条路？"

　　博士先生，老实不客气地向你说一句话：其实你老先生也就是那病源中的一个微菌。你是中国的封建势力和外国的资本主义的私生子。中国没有封建势力，没有外来的资本主义，不会有你那样的一种博士存在。①

如果说先前郭沫若与胡适之间的争论尚属对中西文化的认识不同，那么此时则已公开化为所走道路相背了。在这之后，郭沫若对于胡适的批判，涉及政治方向、思想认识和学术研究等各个方面。

　　1934年12月，胡适《说儒》以《中央研究院历史语言研究所集刊》单行本发表，探讨儒家和儒学的产生、演变，自谓一篇"得意"之作，自称"提出中国古代学术文化史的一个新鲜的看法"，②"提出了一个新的理论。根据这个新理论可将公元前一千年的文化史从头改写"。③ 1937年7月，郭沫若发表《责问胡适——由当前的文化运动说到儒家》。第一部分为"替鲁迅说几句话"，是从胡适与某女士关于文化运动的通信下笔的，强调"鲁迅之受青年爱戴，并不是偶然的事"，指出"同一是骂人，像胡博士和某女士的那种骂法，就骂断武汉、北平的几条街，我相信，对于中国的文化，中国的青年，是一点好处也没有的"。第二部分为"论胡适的态度"，仍然从"他那信中的自画自赞"入手，说胡适的党派意识"很强"，针对胡适所说"有二三百字是骂唯物史观的辩证法的，我写到这一页，我心里暗笑，

---

① 《创造十年》，《郭沫若全集·文学编》第12卷，第159—163页。
② 《〈胡适论学近著〉自序》，《胡适论学近著》，商务印书馆，1935，第1页。
③ 《胡适的自传》，转引自陈金淦《胡适研究资料》，十月文艺出版社，1989。

知道这二三百字够他们骂几年了",郭沫若一问:"仅仅'二三百字'便要骂倒一种学说,似乎也有点难得近乎'平实'。马昂(恩)诸哲的著作,忠实地被介绍了过来的并没有几种,而博士并不精通德文、俄文也是周知的事实,那吗,博士的'骂'是从何'骂'起来的呢?"再问:"照一般的习惯语说来,如指方法言,是'唯物的辩证法',如指思想言,是'辩证的唯物论',所谓'唯物史观'者是用唯物辩证法所把握着的社会进展过程。今博士言'骂唯物史观的辩证法',到底是'骂'的什么对象呢?……你连'正名'的初步还没有走到,如何便'骂'了起来?"再进一步问:"更何况,还要在'心里暗笑',这到底是什么存心呢?"以下为"借问胡适",分"《说儒》一文的基本观点""三年之丧并非殷制""高宗谅阴的新解释""论《周易》的制作时代""论'正考父鼎铭'之不足据""《玄鸟》并非预言诗""殷末的东南经略""论儒的发生与孔子的地位"8个标题,"真真正正地说些'平实话'",对胡适关于儒家、儒学的"新鲜的看法"进行驳论。后抽去第一、二部分,更名《驳〈说儒〉》,收入《蒲剑集》《青铜时代》。对胡适的《说儒》,顾颉刚说是"他为了'信古'而造出来的一篇大谎话","这篇文章一出来,便受到郭沫若的痛驳(文见《青铜时代》),逼得他不敢回答"。①

1938年夏,中共以郭沫若为继鲁迅之后新文化运动的又一面旗帜。从此,郭沫若对胡适的批判,便不再是个人"恩怨"或"笔墨官司"了。虽然批判中也涉及某些学术问题,但那"学术问题"也都带有浓重的"政治方向"的色彩。从整个30年代的情况来看,对于郭沫若在学术方面的批驳、政治方向上的批判,胡适都没有回应,在1933年所写《〈四十自述〉自序》中仍然以郭沫若为"旧友"。

到了解放战争时期,在两个中国之命运的攸关时刻,郭沫若将胡适作为"敌性的对象"的代表,连续发表《春天的信号》《驳胡适〈国际形势里的两个问题〉》等杂文及信札《斥帝国主义臣仆兼及胡适》。此时的胡适,确有招架不住之感,在1947年2月写给王世杰的信中表露:"听说郭沫若要

---

① 详见顾颉刚《我是怎样编写〈古史辨〉的?》,顾颉刚编著《古史辨》第1册,上海古籍出版社,1982,第141页。

办七个副刊来打胡适。我并不怕'打',但不愿政府供给他们子弹,也不愿我们自己供给他们子弹。"①所谓"七个副刊",应当是六个,即当时上海《文汇报》实行改革,创办《新思潮》《新社会》《新经济》《新文艺》《新教育》《新科学》六个周刊,委托郭沫若为之物色六位主编。至于"七个副刊",则是1948年9月《文汇报》在香港复刊,又委托郭沫若组建者,已是后话。这时,打头阵的是侯外庐负责主编的《新思潮》副刊,刊登了郭沫若的《春天的信号》。胡适写给王世杰的信,的确表露出他当时的内心活动。郭沫若似乎也看得颇为清楚,特别写了短篇杂文《替胡适改诗》,建议其将诗句"做了过河卒子,只能拼命向前",改为"做了过河卒子,只能奉命向前"。②

但这中间,有一事不能不提出来,就是胡适对郭沫若为中央研究院院士的态度。1947年5月,胡适所提"考古学及艺术史"四人中有郭沫若。7月,填写的《国立中央研究院院士候选人提名表》,认为郭沫若"合于第一项资格"。从《夏鼐日记》1947年10月17日所记评议会专就郭沫若提名进行讨论的情况看,③胡适始终是提名并赞成郭沫若为院士的。

五

自抗战以来郭沫若便表示愿做共产党的"党喇叭",而胡适在此前后却做了蒋介石的"过河卒子"。一个"党喇叭",一个"过河卒",岂能不成为"敌性的对象"!郭沫若对于胡适,除了尖刻地批判、斥责,还能有什么别的做法。至于1949年以后大陆对胡适的批判和清算,完全是当时文化政策的一个重要部分。郭沫若作为"文化教育界"的旗手,无可推卸地必然要起"带头"作用。批判、清算中的"简单和片面",乃至政治、学术难分

---

① 转引自胡颂之编著《胡适之先生年谱长编初稿》第6册,台北,联经出版事业有限公司,1984,第1960页。
② 《郭沫若全集·文学编》第20卷,第230页。
③ 王世民:《傅斯年与夏鼐》,《傅斯年与中国文化》,天津古籍出版社,2006,第380—381页。

的倾向，不可能不在郭沫若这面"旗帜"上有所表现。胡适在海外不再无动于衷，采取了"以牙还牙"的做法。他说，"共产党以三百万言的著作，印了十几万册书籍来清算胡适思想，来搜寻'胡适的影子'，来消灭'胡适的幽灵'"，"证明这种思想在广大的中国人民心里，发生了作用"。此时的胡适，也开口骂人了，骂郭沫若等为"文化奴才"。①

郭沫若、胡适，都是学问、政治兼而为之的。郭沫若对胡适的批判，由学术研究而发展为政治批判。胡适面对郭沫若的批判，在学术问题上，基本采取沉默态度，或如顾颉刚所说，"不敢回答"；或如他自己所说，"有东西"不怕"打"。在政治上，虽然有所回应，却又不尽针对郭沫若个人。从这两位文化巨人半个世纪左右的交往当中，人们是会理出中国现代学术文化发展的基本脉络的。

[本文原为《郭沫若学术思想评传》第十六章一节，
2016年11月做过一次添改]

---

① 王洪钧：《我要继续向前——胡适先生决心再继续奋斗十年》，转引自胡颂之编著《胡适之先生年谱长编初稿》第7册，第2547页。

郭沫若与 20 世纪三大历史考据家

近一二十年时不时出现一些对郭沫若的不实之词，总爱拿"学术"来"说事儿"，但当有高含金量的学术论证发表，在"学术"幌子掩盖下的不实之词便随之匿迹。这种状况说明一个问题：我们的郭沫若研究还存在很不到位的地方，过多地说郭沫若的社会政治影响，而缺乏对郭沫若学术的深入研究，致使不少读者认为，你们研究郭沫若的人那么拔高郭沫若，也没说出郭沫若多少实实在在的学术内涵，他的成果不是"抄袭"是从哪儿来的？但是，有一位与郭沫若齐名的学者却为我们研究郭沫若的学术做出示范，他从学术研究的三大要素——观念、方法、史料入手，论到其学术创新，这就是对唯物史观"不甚赞同"的"甲骨四堂"之一的董作宾对郭沫若《中国古代社会研究》的评述：

> 唯物史观派是郭沫若的《中国古代社会研究》领导起来的……他把《诗》《书》《易》里面的纸上史料，把甲骨卜辞、周金文里面的地下材料，熔冶于一炉，制造出来一个唯物史观的中国古代文化体系……郭书所用的旧史料与新史料，材料都是极可信任的。①

既指出其观念以唯物史观为指导，又点明其方法继承的是王国维的"二重证据法"，将纸上的史料与地下的材料"熔冶于一炉"，而且强调所用新旧史料"都是极可信任的"，在此基础上肯定其创新之处——"制造出来一个

---

① 董作宾：《中国古代文化的认识》，《大陆杂志》（台北）第 3 卷第 12 期，1951 年 12 月。

唯物史观的中国古代文化体系",亦即我们通常所说创立了马克思主义的中国历史学体系。如果我们研究郭沫若的学术都能够这样按照学术评价体系进行,特别指出郭沫若学术研究的方法和史料运用,那些"尖着眼睛"在郭沫若学术著作中找"抄袭"的人还炒作得起来吗?研究不到位、评述空泛,必然留下缝隙,成为让人钻的空子。

我本人对20世纪学术进行过一定的考察,比较过20世纪学术大家的学术异同,出版有《民国史学述论稿(1912—1949)》《龙虎斗与马牛风——论中国现代史学与史家》两本书,想告诉关心郭沫若的读者一点读书心得:郭沫若是足以与20世纪三大历史考据家——王国维、陈垣、陈寅恪并驾齐驱的一位马克思主义历史学家,我们应当像关注三位考据大家那样去关注郭沫若的历史考据学成就和精髓。

一 一生"最钦佩"王国维的学术,被吸引了"几乎全部的注意"

早在1921年5月,郭沫若为泰东书局编印《西厢》,参考王国维的《宋元戏曲史》,认为这"是极有价值的一部好书"。

郭沫若"真正认识了王国维",是在王国维去世一年多以后。1928年8—9月,在读完日本东洋文库所藏的甲骨文和金文著作的同时,郭沫若也"读完了王国维的《观堂集林》",自认为"对于中国古代的认识算得到了一个比较可以自信的把握",然后依据恩格斯的《家庭、私有制和国家的起源》和摩尔根的《古代社会》"基本完成"《卜辞中的古代社会》一文。在文章的"序说"中肯定罗振玉、王国维对甲骨文的搜集、保存、传播之功以及考释之功,认为是"对于卜辞作综合比较研究之始",随后便是人们熟知的一则评述:

> 谓中国之旧学自甲骨之出而另辟一新纪元,自有罗、王二氏考释甲骨之业而另辟一新纪元,决非过论。

郭沫若对于商代是"金石并用的时代",商业尚在"实物交易与货币交易之推移中"的结论,主要是依据罗振玉、王国维的甲骨文字考释,以"新兴科学的观点"揭示出来的。王国维《殷周制度论》关于"中国政治与文化变革莫剧于殷周之际"的论断,更是此间郭沫若以"殷周之际当即所谓'突变'之时期"的基本依据。①

1929 年 12 月 29 日郭沫若致函容庚,表示"欲读"王国维《古史新证》。1930 年 2 月初郭沫若连连致函容庚,急切心情溢于言表,直至 2 月 5 日夜收到。② 自 1928 年 8 月始读甲骨文和金文著作,至 1937 年 5 月,郭沫若陆续出版了《甲骨文字研究》、《殷周青铜器铭文研究》、《两周金文辞大系》、《金文丛考》、《金文余释之余》、《卜辞通纂》、《古代铭刻汇考》及《续编》、《两周金文辞大系图录考释》、《殷契粹编》等 10 部甲骨文、金文著述,后来自谓冒犯"沉溺的危险"和"玩物丧志"的危险,③ 这恰恰表明其甲骨文、金文研究是遵循王国维以"学术为目的"而不以"学术为手段"完成的,因而使其在甲骨学领域与罗振玉(雪堂)、王国维(观堂)、董作宾(彦堂)并驾齐驱,被誉为"甲骨四堂"。由此也才能够真正解释在社会史论战高潮的那几年,郭沫若为什么关注殷墟发掘和金文研究,而对论战几乎采取了置若罔闻的态度。

1944 年作《古代研究的自我批判》,郭沫若检讨自己"关于卜辞的处理",对于王国维卜辞研究的历史功绩仍然给予极高评价:

> 卜辞的研究要感谢王国维,是他首先由卜辞中把殷代的先公先王剔发了出来……我们要说殷虚的发现是新史学的开端,王国维的业绩是新史学的开山,那是丝毫也不算过分的。④

先前只是从甲骨学的角度评价王国维的卜辞研究——为旧学"另辟一新纪元",

---

① 郭沫若:《中国古代社会研究》,上海联合书店,1930,第 225、254、280—281 页。
② 《郭沫若书简(致容庚)》,第 39、42、45、47 页。
③ 《金文丛考·重印弁言》,《沫若文集》第 14 卷,第 539—540 页。
④ 郭沫若:《古代研究的自我批判》,《十批判书》,第 4 页。

此时提升到史学的高度来加以认识——"王国维的业绩是新史学的开山"。

鼎堂郭沫若如此认识观堂王国维的史学,彦堂董作宾又以观堂王国维的理念来评价鼎堂郭沫若,这便是本文开头引述的那段评述。在董作宾看来,唯物史观派的带头人郭沫若继承王国维治学特点和方法取得的成就最为卓著,这也正是马克思主义历史学与其他形形色色"史观派"史学的一大重要区别。

在总结古代研究之后不几年,1946 年郭沫若将王国维与鲁迅相提并论,发表《鲁迅与王国维》一文,对二人的学术成就有一评述:

> 他们用科学的方法来回治旧学或创作,却同样获得了辉煌的成功。王先生的《宋元戏曲史》和鲁迅先生的《中国小说史略》,毫无疑问,是中国文艺史研究上的双璧;不仅是拓荒的工作,前无古人,而且是权威的成就,一直领导着百万的后学。王先生的力量自然多多用在史学研究方面去了,他的甲骨文字的研究,殷周金文的研究,汉晋竹简和封泥等的研究,是划时代的工作。西北地理和蒙古史料的研究也有些惊人的成绩。……大抵两位先生在研究国故上,除运用科学方法之外,都同样承继了清代乾嘉学派的遗烈……严格地遵守着实事求是的规则。
>
> 《王国维遗书全集》(商务版,其中包括《观堂集林》)和《鲁迅全集》这两部书,倒真是"虽与日月争光可也"的一对现代文化史上的金字塔呵!①

对于王国维的死,郭沫若表现出"至今感觉着惋惜"的心情,认为王国维"好像还是一个伟大的未成品"。

1971 年出版《李白与杜甫》,开篇"李白出生于中亚碎叶"一节有"中亚碎叶,玄奘《大唐西域记》中译作'素叶'。……可见中亚碎叶实为当时之一重镇"一段论述,有人以为"资料是从冯家昇等人那里得来的"。其实,这正是晚年的郭沫若在逆境中不忘王国维的一个最好的见证。王国维《观堂集

---

① 郭沫若:《历史人物》,海燕书店,1947,第 166、173 页。

林》卷14《西辽都城虎思斡耳朵考》一文有三处涉及中亚碎叶的论述：

> 《唐书·地理志》载贾耽《皇华四达记》云：至热海后百八十里，出谷至碎叶川口……又西四十里至碎叶城，北有碎叶水……案热海者，今之特穆尔图泊。碎叶水者，今之吹河。
>
> 据《大唐西域记》及《慈恩法师传》则五百八十九里（两书无裴罗将军城，今以自素叶水城至呾逻私之里数加裴罗至素叶之里数计之）。
>
> 考隋唐以来热海以西诸城，碎叶为大。西突厥盛时，已为一大都会。《慈恩传》言至素叶水城，逢突厥可汗方事畋游，军马甚盛。及唐高宗既灭贺鲁，移安西都护府于龟兹，以碎叶备四镇之一（《唐书·西域传》）。调露中，都护王方翼筑碎叶城……

对照以上论述，可以清楚看到，郭沫若受王国维启发查看了《大唐西域记》《大清一统志》《大慈恩寺三藏法师传》，弄清"素叶水"译作"吹河"，知道贞观三年玄奘在此处见西突厥叶护可汗，引用了王国维没有引用的文字："（自凌山）山行四百余里至大清池（原注：'或名热海，又谓咸海。'案即今之伊塞克湖。）……清池西北行五百余里至素叶水城，城周六七里，诸国商胡杂居也。"这是郭沫若1928年第一次读完《观堂集林》40多年后的又一次查阅，足以印证其1946年说过的话："在近代学人中我最钦佩的是鲁迅与王国维"，"他们的遗著吸引了我的几乎全部的注意"，王国维"在史学上的划时代的成就使我震惊"。①

二 互访题字合影外，运用史料的"竭泽而渔"与"彻底剿翻"

陈垣与郭沫若，解放前未曾谋面，但两位的大名同时出现在1948年3

---

① 郭沫若：《鲁迅与王国维》，《历史人物》，第161、163、164页。

月中央研究院公布的第一届院士名录中，只不过郭沫若是在缺席的情况下被选出的。1949 年 7 月，发起成立中国新史学研究会，并在北平成立筹备会，陈垣、郭沫若同为发起人，又同为筹备会常务委员。紧接着，发起成立中国社会科学工作者代表会，陈垣、郭沫若同为发起人及会议开幕会主席团成员。

新中国成立后，郭沫若为政务院副总理兼文化教育委员会主任，陈垣为辅仁大学校长；郭沫若为中国科学院院长、哲学社会科学部主任、历史研究一所所长，陈垣为中国科学院专任委员、哲学社会科学部委员、历史研究二所所长。1954 年以后，郭沫若为人大常委会副委员长，陈垣为人大常委会委员。因各种会议和公务活动，二人有过多次见面。1971 年 3—6 月陈垣病重住院期间，郭沫若到病房看望过陈垣。6 月 21 日陈垣病逝，24 日在八宝山举行遗体告别，郭沫若致悼词。

最有意思的是，1958 年 12 月 27 日《人民日报》公布郭沫若重新入党。时隔一个月，1959 年 1 月 28 日陈垣被批准加入中国共产党。

有几点少为人们注意的往事，在这里提出来供读者参阅。

其一，筹建历史研究所的一些情况。

1951 年 2 月 8 日，中国史学研究会举行春节茶话会，林伯渠、郭沫若、徐特立、吴玉章到会讲话，陈垣在发言中提出科学院应当成立历史研究所的建议。

1953 年 11 月下旬，汪篯带着中国科学院院长郭沫若、副院长李四光写给陈寅恪的两封信赴中山大学转达请其担任历史研究二所所长意见之前，曾经拜访陈垣征求意见。陈垣"与同人意见以为所长一席，寅恪先生最为合适"。① 12 月 10 日，郭沫若听科学院党组成员、学术秘书刘大年来谈陈寅恪回绝二所所长之事，首先想到的便是"第二史所只好改由陈垣担任"。②

其间，为筹建历史研究二所，郭沫若曾致函中国科学院党组，向文化部商调贺昌群，全文如下："贺昌群，现任南京图书馆馆长。贺本系隋唐史

---

① 陈垣致冼玉清（1953 年 12 月 18 日），《陈垣书信底稿》，刘乃和等编《陈垣年谱配图长编》（下），辽海出版社，2000，第 640 页。
② 郭沫若 1953 年 12 月 10 日日记，郭平英 1997 年 10 月 3 日致笔者函附。

研究专家，研究态度踏实，著述颇多。此类专才宜集中至第二历史研究所，从事研究工作。请党组考虑，向文化部调用。张稼夫同意。"① 不久，贺昌群即调入历史研究二所为研究员，兼中国科学院图书馆馆长。

其二，关于《中国史稿》的一些往事。

1955 年 7 月第一届全国人民代表大会第二次会议期间，毛泽东向郭沫若提出为县团级干部编写一部中国历史的希望。后经有关方面初步商议，1956 年 2 月形成一份《编写中国历史教科书计划草案》，以郭沫若、陈寅恪、陈垣、范文澜、翦伯赞、尹达、刘大年七人组成中国历史教科书编辑委员会的编审小组，负责组织写稿和审稿的工作，由郭沫若主持。

1959 年 3 月 6 日，郭沫若邀请陈垣、范文澜、吴晗、翦伯赞、侯外庐等60 余人讨论中国历史（即《中国史稿》）奴隶社会和封建社会的提纲草案。②

其三，在各种会议或公务活动之外，陈垣、郭沫若有过两次互访，一次是陈垣访郭沫若，一次是郭沫若访陈垣。

1955 年 10 月 28 日，为《中国佛教史籍概论》题写书名事，陈垣到西四大院 5 号访郭沫若，郭沫若因出席中国科学院、中华全国自然科学专门学会联合会联合召开的"纪念米丘林诞生一百周年纪念会"开幕式并致开幕词，两人失去一次见面的机会。郭沫若回到家中即致函陈垣，全文如下。

援庵先生：

　　承过访，因往参加米丘林纪念会，故失迓。书签已题就。闻立群云曾面请代为物色家庭教师，教小女儿钢琴及绘画。如有适当人选，敬请便为留意。专此顺致

敬礼！

郭沫若　十·廿八③

---

① 《刘大年来往书信选》（上），中央文献出版社，2006，第 61 页。按：张稼夫，时任中国科学院副院长。
② 详见本书第二编《主编〈中国史稿〉》所引《中国历史提纲（奴隶社会、封建社会部分）座谈会简报》。
③ 《郭沫若书信集》下册，第 221 页；《陈垣来往书信集》，上海古籍出版社，1990，第 797 页。

"书签已题就",系指《中国佛教史籍概论》题签。当天,陈垣收到题签,即致函科学出版社编辑部:"(55)发文便四字第一〇二六号函收到。拙著《中国佛教史籍概论》封面题字,已由郭沫若院长题好,兹一并送上。又封面颜色,拟用《史学译丛》五五年第五期颜色,封面题字位置,请按附上书面所贴之部位,如何,请酌。"① 当年 12 月,这一完成于 1942 年 9 月的专著,由科学出版社第一次正式出版,封面颜色、题字位置完全按照陈垣的要求印制。

郭沫若访陈垣,是在十年之后。1965 年 6 月郭沫若提出《兰亭序》真伪的问题,至 8 月引发讨论热潮。9 月 12 日郭沫若写成《〈兰亭序〉并非铁案》,29 日与王戎笙走访励耘书屋。围绕《兰亭序》,两位老人"谈得兴高采烈",涉及文字变化、南北字体风格异同、《兰亭序》临摹版本、王羲之字迹真伪以及碑版拓片等。对于正在进行的论辩,陈垣表示有些看法还不成熟。郭沫若希望陈垣写成文章,陈垣表示暂不想发表意见。② 这次晤面,二人在励耘书屋门前留下弥足珍贵的合影(见图 1)。郭沫若为著者题写书名,又在著者寓所合影的情况,据我所知,仅此一例。题签、合影,成为两位学术泰斗交往最富生机的见证。

下面要特别提出的是,二人治学特点的相通处。

1. 避免写成教科书或讲义

陈垣 1933 年 6 月 24 日致蔡尚思函说"虽日书万言,可以得名,可以啖饭,终成为讲义的教科书的,三五年间即归消灭,无当于名山之业也"。③ 郭沫若 1943—1945 年写《十批判书》,也是在"尽量地避免了讲义式或教科书式的体裁"。④

2. "竭泽而渔"与"彻底剿翻"

"竭泽而渔地搜集材料"被视为陈垣最具科学性的治学方法,其《元西域人华化考》征引书目 220 种,《明季滇黔佛教考》征引书目 170 种,《通

---

① 《陈垣书信底稿》,刘乃和等编《陈垣年谱配图长编》(下),第 673 页。
② 刘乃和:《励耘承学录》,北京师范大学出版社,1992,第 79 页。
③ 《陈垣来往书信集》,第 354 页。
④ 郭沫若:《〈十批判书〉后记》,《十批判书》,第 418 页。

图 1 1965 年 9 月 29 日郭沫若访陈垣,励耘书屋门前合影
资料来源:刘乃和等编《陈垣年谱配图长编》(下),第 838 页。

鉴胡注表微》征引书目 256 种,而且种类多、版本多,从陈寅恪为陈垣《明季滇黔佛教考》所作序可见一斑:"寅恪颇喜读内典,又旅居滇地,而于先生是书征引之资料,所未见者,殆十之七八。其搜罗之勤,闻见之博若是。"① 虽然郭沫若的学术著作大都没有"征引书目"一项,但郭沫若与陈垣同样注重全面占有材料。郭沫若的学术重点在先秦,对先秦史料的全面把握可以说无人能够企及。他有一句与"竭泽而渔"极为相似的说法——"彻底剿翻":"秦汉以前的材料,差不多被我彻底剿翻了。考古学上的,文献学上的,文字学,音韵学,因明学,就我所能涉猎的范围内我都作了尽我可能的准备和耕耘。"② "考古学上的",即地下材料,三部甲骨文著述、七部金文著述以及石鼓文、诅楚文著述等,有不少超越罗振玉、王国维的地方,仅凭其中三部——《卜辞通纂》、《两周金文辞大系图录考释》和

---

① 陈寅恪:《金明馆丛稿二编》,第 240 页。
② 郭沫若:《〈十批判书〉后记》,《十批判书》,第 410 页。

《金文丛考》,"史料派"代表人物傅斯年就力举他为中央研究院第一届院士了。① "文献学上的",即纸上史料,经、史、子、集四部,难以一一胪列,只举其对"战国、秦、汉时代文字之总汇"的《管子》的整理一例。郭沫若所据宋明版本多达17种,《引用校释书目提要》不仅列举书目42种,而且指出其版本源流及各自特点,全书"沫若按"2000余条,不下20万言,引用古今中外学者之说110余家,当时有关《管子》的材料,可谓被其"彻底剿翻",或如陈垣所说"竭泽而渔"。不知郭沫若如何集校《管子》,仅凭想象认为郭沫若难以与陈垣、陈寅恪"差堪匹敌",不知者不为怪,有意回避者却少了些学者的风度。

三 "龙虎斗"的背后:了解古人苦心孤诣、深究夸诞学风根源

我先前发表过长篇论文——《郭沫若与陈寅恪:"龙虎斗"与"马牛风"》,这里就二人研究历史人物的方法、对于某些"历史哲学"的批评做一补充。

陈寅恪研究历史和历史人物有颇受推崇的"真了解"之法:

> 所谓真了解者,必神游冥想,与立说之古人,处于同一境界,而对于其持论所以不得不如是之苦心孤诣,表一种之同情,始能批评其学说之是非得失,而无隔阂肤廓之论。②

郭沫若通过历史剧展示历史人物,以"自己的经验"总结道:

> 要"依据真实性、必然性",总得有充分的史料和仔细的分析才行。仔细的分析不仅单指史料的分析,还要包括心理的分析。入情入

---

① 详见本书第三编《从"神交"到"握手言欢":郭沫若与历史语言研究所二十年》。
② 陈寅恪:《冯友兰中国哲学史上册审查报告》,《金明馆丛稿二编》,第247页。

理地去体会人物的心理和时代的心理,便能够接近或者得到真实性和必然性而有所依据。①

"人物的心理和时代的心理",被郭沫若看作比单纯的"史料的分析"更加重要。这"入情入理地去体会人物的心理和时代的心理",与陈寅恪所说"神游冥想,与立说之古人,处于同一境界",都是要读者准确把握历史人物所处历史环境以及那个时代社会的普遍认识,从中发掘其"所以不得不如是之苦心孤诣",成为"接近或者得到真实性和必然性"的"依据"。

先看郭沫若创作的历史剧《蔡文姬》。当他考定非有蔡文姬那样"亲身经历者不能作"《胡笳十八拍》之后,便让蔡文姬置身第十二拍"喜得生还兮逢圣君"与"去住两情兮具难陈"的矛盾心境中:长安郊外、父亲墓前,长年流离的悲苦,缅怀生父的深情,对于丈夫的思念,母子分离的断肠;第十四拍、十七拍中"去时怀土兮心无绪,来时别儿兮思漫漫","岂知重得兮入长安?叹息欲绝兮泪阑干","梦中执手兮一喜一悲,觉后痛吾心兮无休歇时"等诗句,形象地再现于舞台上。当人们随着情节感受到那种"胡与汉兮异域殊风!天与地兮子西母东。苦我怨气兮浩于长空,六合虽广兮受之应不容"的时候,如同见到蔡文姬本人"自行弹唱"或者说与蔡文姬"处于同一境界",很自然地就明白了其写《胡笳十八拍》的"苦心孤诣",从而对蔡文姬"表一种之同情"。

《李白与杜甫》一书特别注意李白的"政治活动",郭沫若谓其"了然识所在",只不过是"把今时的人物换为了古时,在现实的描绘上,加盖了一层薄薄的纱幕而已",②认为《下途归石门旧居》是"李白最好的诗之一,是他六十二年生活的总结",强调"'如今了然识所在',是这首诗的核心句子"。"李白真像是'了然识所在'了","现在的自己却是湛然清醒,明白了自己所处的地位"这两句,③不就是在说与李白"处于同一境界","湛然清醒"地"明白"李白诗"所以不得不如是之苦心孤诣"吗?

---

① 《我怎样写〈武则天〉?》,《郭沫若全集·文学编》第8卷,第245页。
② 郭沫若:《李白与杜甫》,第53页。
③ 郭沫若:《李白与杜甫》,第97—98页。

不论研究历史人物，还是创作历史剧（写主人公），就审视历史人物的方法而言，"神游冥想，与立说之古人，处于同一境界"与"入情入理地去体会人物的心理和时代的心理"的异曲同工之妙，正是陈寅恪、郭沫若的一大共同特点。

另一共同点，虽然郭沫若没有像陈寅恪那样强调"不要先有马列主义的见解，再研究学术，也不要学政治"，但郭沫若对于那些缺乏历史基础的历史哲学或历史观，不止一次地做出尖锐的批评。

20年代，对于在国外较有影响、引进后被冠以"历史哲学"者，郭沫若颇具讽刺地说：

> 学艺本无国族的疆域。在东西诸邦每每交换教授，交换讲演，以巢籴彼此的文化；这在文化的进展与传布上，本也是极可采法的事。我们中国近年来也采法得惟恐不逮了。杜威去了罗素来，罗素去了杜里舒来，来的时候哄动一时，就好象乡下人办神会，抬起神像走街的一样热闹。但是神像回宫去了，它们留给我们的是些甚么呢？——啊，可怜！可怜只有几张诳鬼的符箓！然而抬神像的人倒因而得了不少的利益。①

陈寅恪关于"清代经学发展过甚，所以转致史学之不振"原因的分析，简直就像是针对这种现象而发的：

> 以夸诞之人，而治经学，则不甘以片段之论述为满足。因其材料残阙寡少及解释无定之故，转可利用一二细微疑似之单证，以附会其广泛难征之结论。其论既出之后，固不能犁然有当于人心，而人亦不易标举反证以相诘难。譬诸图画鬼物，苟形态略具，则能事已毕，其真状之果肖似与否，画者与观者两皆不知也。往昔经学盛时，其为学者，可不读唐以后书，以求速效。声誉既易致，而利禄亦随之。于是

---

① 《太戈儿来华的我见》，《郭沫若全集·文学编》第15卷，第266—267页。

一世才智之士，能为考据之学者，群舍史学而趋于经学之一途。其谨愿者，既止于解释文句，而不能讨论问题。其夸诞者，又流于奇诡悠谬，而不可究诘。虽有研治史学之人，大抵于宦成以后休退之时，始以余力肆及，殆视为文儒老病销愁送日之具。当时史学地位之卑下若此，由今思之，诚可哀矣。此清代经学发展过甚，所以转致史学之不振也。①

国外的"历史哲学"或清代的"经学"，在两位大师眼中有如下共同点：郭沫若认为可以"哄动一时"（按："哄动"，颇具讽刺意味），留下"几张诳鬼的符箓"，陈寅恪认为"譬诸图画鬼物，苟形态略具，则能事已毕，其真状之果肖似与否，画者与观者两皆不知也"；郭沫若认为"抬神像的人倒因而得了不少的利益"，陈寅恪认为"声誉既易致，而利禄亦随之。于是一世才智之士，能为考据之学者，群舍史学而趋于经学之一途"。后面的一点都明确点出，放弃深邃历史考据的史学而去从事"声誉既易致，而利禄亦随之"的"历史哲学"或"经学"，是"史学地位之卑下""史学之不振"的重要原因！

正是基于上述认识，郭沫若对于五六十年代史学研究中"空洞无物"的学风几次做出颇具特色的批评。

1951年5月在《给开封中国新史学研究分会》信中指出，精通辩证唯物主义与历史唯物主义才能治好历史，"犹如必须精通烹调术才能治好烹调"，但"厨司不能专门拿烹调术来享客，历史家当然也不能专门拿研究方法来教人"。② 1959年4月发表《关于目前历史研究中的几个问题》，继续沿用上述比喻批评说：

> 固然，史料不能代替历史学，但在历史研究中，只有历史唯物主

---

① 陈寅恪：《重刻〈元西域人华化考〉序》，《励耘书屋丛刻》第1集，励耘书屋锓版，1934，第5—6页。
② 《给开封中国新史学研究分会》，收入1953年、1954年版《奴隶制时代》，保留在郭沫若审定的《沫若文集》第17卷。《郭沫若全集·历史编》采用1973年版《奴隶制时代》，此信被删。

义的一般原理而没有史料，那是空洞无物的。炊事员仅抱着一部烹调术，没有做出席面来，那算没有尽到炊事员的责任。由此看出，没有史料是不能研究历史的。①

王国维说"哲学之历史，空想居其半焉"，② 郭沫若讽刺为"哄动一时"的"诳鬼的符箓"，陈寅恪谓之"图画鬼物"，"画者与观者两皆不知也"，这是历史考据大家们对所谓"历史哲学"的共识。"在历史研究中，只有历史唯物主义的一般原理而没有史料，那是空洞无物的"，"没有史料是不能研究历史的"，这是一切卓有成就的历史学大家的基本经验总结。

（2013 年 2 月 18 日）

［本文原为郭沫若 120 周年诞辰国际学术研讨会论文，后收入《郭沫若学刊》2012 年第 4 期，此为修订稿］

---

① 原载《新建设》1959 年 4 月号，《沫若文集》第 17 卷，第 606 页。
② 王国维：《国学丛刊序》，《观堂别集》卷四，《海宁王静安先生遗书》。

从"神交"到"握手言欢":郭沫若与历史语言研究所二十年

1942年春,董作宾重庆访郭沫若,以"十载神交,握手言欢"八个字表达二人交往的经历。其实,自1928年历史语言研究所创办至1948年中央研究院评选第一届院士,正是郭沫若与历史语言研究所从"神交"到"握手言欢"的20年,从中不难寻出郭沫若被评选为院士的前因后果。这里,将所知郭沫若与历史语言研究所20年间交往的零散材料条理出来,供有兴趣的读者参阅。

一

郭沫若与历史语言研究所交往,是在与容庚从"未知友"到"文字交"的过程中开始的。

1928年8月底,流亡日本的郭沫若在写成《中国古代社会研究》头两篇文章之际,对于"所研究的资料开始怀疑起来","想要找寻第一手的资料",便凭着依稀的记忆到东京上野图书馆查阅罗振玉的《殷虚书契前编》。在一两个月之内,读完东洋文库"所藏的一切甲骨文字和金文的著作,也读完了王国维的《观堂集林》",[①] 为其步入甲骨文、金文研究领域之始。这时,正是董作宾主持试掘小屯遗址之际,为殷墟第一次发掘。1929年8月

---

① 《海涛集·我是中国人》,《郭沫若全集·文学编》第13卷,第356、358、365页。

郭沫若初步写成《甲骨文释》（《甲骨文字研究》初名）书稿，殷墟已在进行第三次发掘。在"未经任何人介绍"的情况下，郭沫若冒昧给王国维称许的四位年青学者之一、时为《燕京学报》主编的容庚写信联系出版《甲骨文释》。在通信中，得知殷墟发掘的消息。1929 年 10 月 31 日郭沫若致容庚："李济安阳发掘，是否即在小屯，发掘之结果如何？可有简单之报告书汇否？仆闻此消息，恨不能飞返国门也。"11 月 16 日再致容庚，不仅惋惜"安阳发掘时被人阻碍"，肯定"小屯实一无上之宝藏"，还建议"应集合多方面之学者，多数之资金，作大规模的科学发掘，方有良效"，并希望"急欲购置一部"董作宾《新获卜辞写本》。① 1930 年 2 月 1 日，在即将出版的《中国古代社会研究》卷末"追论及补遗"写了《殷虚之发掘》一则短文，开头便是"顷蒙燕大教授容君希白以董作宾《新获卜辞写本》见假，始知董君于 1928 年冬从事殷虚之发掘……足为中国考古学上之一新纪元，亦足以杜塞怀疑卜辞者之口"。结尾又以"李济之发掘殷虚，复得尺二大龟四"，"李君之发掘闻亦有董君同事，能得多种珍奇之物诚可为发掘者贺，为考古学的前途贺"，深望发掘"更有进境"。② 同日致容庚，以"安阳第二次发掘复有所获，闻之雀跃，将来如有报告书汇出世，急欲早读。尺二大龟契字是否乃系卜辞，此等古物，弟意急以从速推广"。2 月 16 日致容庚："董彦堂《新写本》如发表时，望兄代为营谋一份。"9 月 6 日致容庚，问"《安阳发掘报告》第二期不识已出否？甚为渴望。"③ 从几封信中"恨不能飞返国门""急欲购置""闻之雀跃""急欲早读""甚为渴望"等语，足以见其喜悦、急切、渴望之情。

《中国古代社会研究》1930 年出版，1931—1933 年社会史论战逐渐形成高潮。然而，郭沫若对殷墟发掘的关注却胜过对社会史论战的关注。1931 年出版《甲骨文字研究》（《甲骨文释》改订本），1933 年出版《卜辞通纂》，1937 年出版《殷契粹编》。三部著述的推出，不仅与历史语言研究所考古组在殷墟的 15 次发掘遥相呼应，起讫时间同步，而且起到一个极为重

---

① 《郭沫若书简（致容庚）》，第 27、29 页。
② 《中国古代社会研究》卷末"追论及补遗"，上海联合书店，1930，第 1—2 页。
③ 《郭沫若书简（致容庚）》，第 43—44、51、69 页。

要的作用——将国内殷墟的科学发掘和相关研究"从速推广"到海外。

容庚时为历史语言研究所历史组特约研究员,自 1929 年 8 月 27 日至 1935 年 11 月 28 日,郭沫若给容庚写过 56 封信。从信中可以清楚看到,郭沫若写第一封信自称"未知友",写第五封信即表达出"近得与足下订文字交,已足藉慰生平"的情谊。① 至 1931 年 5 月前后,二人之间已经形成一种默契:郭沫若提出需要的图书或器铭,容庚总是全力保证提供。在此期间,郭沫若又陆续推出《殷周青铜器铭文研究》、《两周金文辞大系》、《金文丛考》、《金文余释之余》、《古代铭刻汇考》及《续编》、《两周金文辞大系图录考释》等七部金文著述。容庚后来回忆说:"我只是根据他研究工作的需要,在力所能及的范围内,寄给他一些图书资料及新发现的甲骨文、金文的拓片,供他研究。至于甲骨文和金文的考释,器物的辨伪、断代,青铜器的综合研究,等等,我虽然也提出些意见供他参考,毕竟于他裨益甚少,而我从他的书信中却获益颇多。"②

二

通过容庚,30 年代郭沫若与傅斯年有过两次间接联系,与董作宾有了频繁的书信往来,成为鼎堂、彦堂"十载神交"的开始。

与傅斯年的两次间接联系,第一次在 1930 年初。郭沫若回忆,《甲骨文释》(即《甲骨文字研究》)"原稿寄给容庚后,他自己看了,也给过其他的人看。有一次他写信来说中央研究院的傅孟真(斯年)希望把我的书在《集刊》上分期发表,发表完毕后再由研究院出单行本。发表费千字五元,单行本抽版税百分之十五","我因为研究院是官办的,我便回了一封信去,说:'耻不食周粟。'"③ 在《郭沫若书简(致容庚)》中确有此信原

---

① 《郭沫若书简(致容庚)》,第 29 页。
② 《郭沫若书简(致容庚)》,第 2 页。
③ 《海涛集·我是中国人》,《郭沫若全集·文学编》第 13 卷,第 371 页。

件:"近日之官家粟亦雅不愿食。谨敬谢兄之至意,兼谢傅君。"①(见图1)

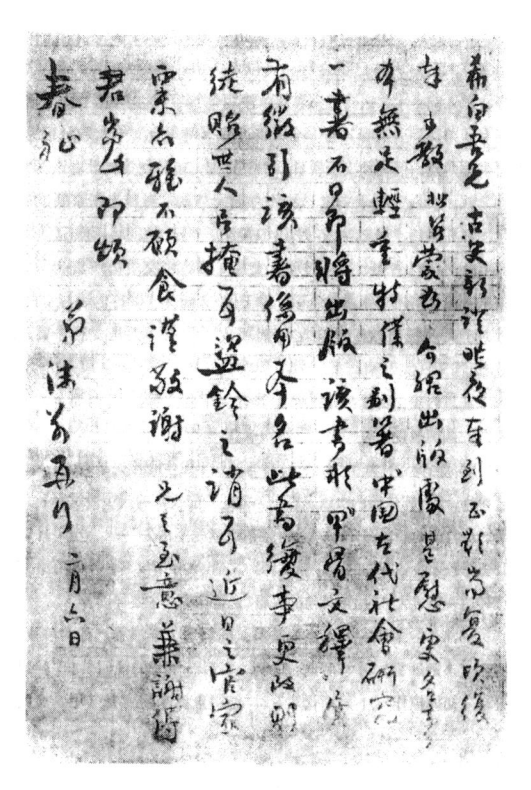

图1 郭沫若致容庚(1930年2月6日),表示不愿食"官家粟","兼谢傅(斯年)君"

第二次是1931年5月,郭沫若正"为糊口文字百忙"、《两周金文辞大系》大体已就之际,一位友人由"缧绁中出,患盲肠炎,须入院行手术",医药费无着落,便写信给容庚:"曩岁兄曾言孟真有印弟《甲骨文释》意,今欲将近著《两周金文辞通纂》相浼,署名用鼎堂,愿能预支版税日币四、五百圆,望兄便为提及。该著大体已就,仅余索引表未成。如前方能同意,弟当即走东京制成之也。拜托拜托。"② 容庚5月19日复信:"兄售稿事,俟与孟真一商再复。此时事集,尚未进城。大著考释亦拟交史语所集刊印。"信未寄出,与傅斯年通过电话,遂于信末附言:"顷打电话与孟真,

---

① 《郭沫若书简(致容庚)》,第47页。
② 《郭沫若书简(致容庚)》,第96—97页。

他对于大著极所欢迎。惟此时款项支绌万分，无从支付，嘱道歉意。"①

通过容庚，傅斯年知道郭沫若有《甲骨文释》《两周金文辞大系》两部著述。

郭沫若与董作宾的交往，是在与傅斯年发生间接联系之后。1930年4、5月郭沫若两次致函容庚，催还先前投寄的《甲骨文释》二册。从容庚的回复中知道"上册蒙董彦堂先生借去"，②至7月20日郭沫若才收到寄回的《甲骨文释》二册。《甲骨文释》一稿在北京辗转达一年之久，"给过其他的人看"，董作宾是主要拜读者。

郭沫若、董作宾二人直接通信，围绕《卜辞通纂》最为频繁，这在《卜辞通纂》序、后记、述例、书后有清楚的说明。"序"说纂录之初原拟作《卜辞断代表》，"继得董氏来信言有《甲骨文断代研究》之作……故兹亦不复论列"。"后记"有"承董氏彦堂以所作《甲骨文断代研究例》三校稿本相示……既感纫其高谊，复惊佩其卓识"等语。"述例"六"中央研究院历史语言研究所李济之博士及董彦堂氏以新拓之《大龟四版》及《新获卜辞》之拓墨惠假，并蒙特别允许其选录"。"别录一"录入大龟四版拓本同时，录入董作宾《新获卜辞写本》用摹本发表的甲骨精品22片，如其所说"急以从速推广"，及时反映了殷墟科学发掘的最新成就。"书后"几乎都是与董作宾交往的内容："董作宾氏《断代研究例》所引'五示'及'虎祖丁'二辞，因未见原契，故多作揣测语。今承董氏摹寄，爱揭之于次，以补余书之未备。"附董作宾手书："此版现归上海刘晦之收藏，余所见孙伯恒拓本即此。沫若函索，求之不得，不图于刘氏拓本中遇之，摹寄沫若。廿二，二，十六 宾。龟腹甲左下方一部，由甲纹辞例均可看出。"三月十七日补记："董氏来函云'虎祖丁一辞……谛审之，亦觉不甚可靠。……'"三月廿九日补记："《书后》中所录二片，前承彦堂摹示，今复以影片见赠，幸本书尚在印刷中，爱一并采入。又本书第二七六、二七七片，由王氏所复合者，近由彦堂于善斋藏骨中复得一碎片相合，诚至足珍异之发现；承以晒蓝见示，今亦附入本书，以饷学者。余于此对于彦堂之厚谊深致谢意。"并

---

① 容庚致郭沫若函，存郭沫若纪念馆。
② 《郭沫若书简（致容庚）》，第61、62页。

附董作宾手书三则：（1）"商锡永氏藏，亦有此片，以著录于所编《殷契佚存》中。廿二，一，廿五　宾记。"（2）"右两片原大亦如摹写本。"（3）"下一版事新近在刘晦之先生并骨版中得者，函摹铄之……宾记　廿二，三，十四。"①

1933年3月31日，《卜辞通纂》由文求堂书店出版后，郭沫若致函店主田中庆太郎，附"《卜辞通纂》寄赠姓氏"一纸，除赠日本中村不折、石田干之助、原田淑人、内藤湖南、滨田耕作、梅原末治等13人各一部以外，寄赠国内名单如下：

>　　福建省福州教育厅　郑贞文氏二部（一部赠何遂氏）
>　　上海曹家渡小万柳堂　董作宾氏三部（包括赠中央研究所者）
>　　北平小雅宝胡同四八　马叔平氏一部
>　　北平喜鹊胡同三　福开森氏一部
>　　四川重庆朝天门顺城街第七号尹家洋房　郭开文氏一部②

寄赠董作宾三部，"包括赠中央研究所者"，当即董作宾、李济、傅斯年各一部。当田中庆太郎对寄赠董作宾三部提出质疑时，郭沫若再致田中庆太郎："惠函拜读。上海曹家渡小万柳堂中央研究院历史语言研究所董作宾先生函云，彼友欲购《通纂》，盼寄三、四部，并谓一切由彼负责，包括邮费。此事当无碍也。"③

其后，1934年5月《古代铭刻汇考续编》出版，嘱田中庆太郎寄赠董作宾，地址为"北平北海静心斋转"。1937年6月《殷契粹编》出版，虽然表示"此次对刘氏赠书过多，深感歉疚，对他人赠阅拟暂缓"，但仍希望"如有余书，中村不折、河井仙郎、张丹翁、董作宾诸氏可否各赠一部？"④未几，七七事变爆发，书虽未寄，但表明"鼎堂"不忘"彦堂"。

---

① 上引分见《郭沫若全集·考古编》第2卷，第16—17、19、39—40、623—626页。
② 《郭沫若致文求堂书简》，文物出版社，1997，第275—276页。
③ 《郭沫若致文求堂书简》，第277页。原信系用日文书写，引文为中文释文。
④ 《郭沫若致文求堂书简》，第305、319页。

郭沫若对董作宾的评价是：

> 大抵卜辞研究，自罗王而外以董氏所获为多。董氏之贡献在与李济之博士同辟出殷虚发掘之新纪元。①
>
> 董氏之创见，其最主要者仍当推数"贞人"。……多数贞人之年代既明，则多数卜辞之年代直如探囊取物。董氏之贡献，诚非浅鲜。②

董作宾虽"不甚赞同"唯物史观的"新古史系统"，但在50年代初仍然有如下评述，为人们经常引用：

> 大家都知道的，唯物史观派是郭沫若的《中国古代社会研究》领导起来的……他把《诗》《书》《易》里面的纸上史料，把甲骨卜辞、周金文里面的地下材料，熔冶于一炉，制造出来一个唯物史观的中国古代文化体系……郭书所用的旧史料与新史料，材料都是极可信任的。③

郭沫若在甲骨文、金文研究方面取得的杰出成就，不单单与容庚、董作宾、李济相关联，更与傅斯年制定的《历史语言研究所之旨趣》"能充量的辨别着去用一切材料，如金文、甲骨文等，因而成就的文字学，乃是科学的研究"④ 以及"本所同人之治史学，不以空论为学问，亦不以'史观'为急图，乃纯就史料以探史实也"⑤ 的宗旨完全吻合。以十个年头的时间推出十部为历史语言研究所所需要的甲骨文、金文著述，这是郭沫若被评选为院士的最根本原因所在。

---

① 《卜辞通纂·序》，《郭沫若全集·考古编》第2卷，第17页。
② 《卜辞通纂·后记》，《郭沫若全集·考古编》第2卷，第19—20页。
③ 董作宾：《中国古代文化的认识》，《大陆杂志》（台北）第3卷第12期，1951年12月。
④ 《国立中央研究院历史语言研究所集刊》（以下简称《历史语言研究所集刊》）第1本第1分，1928年10月。
⑤ 《史料与史学》发刊词，《历史语言研究所集刊》外编第二种《史料与史学》，1945年11月。

三

到了40年代，郭沫若与董作宾"握手言欢"，与傅斯年、李济则有"遇见了亲人的一样"的晤面。

1942年春，董作宾自驻地四川南溪李庄赴重庆参加中央研究院院务会议。其间，鼎堂与彦堂见过一面，也是唯一一次见面。董作宾过访郭沫若，郭鼎堂赠诗董彦堂：

卜辞屡载正尸方，帝乙帝辛费考量。万蟥千牛推索遍，独君功力迈观堂。

彦堂先生正　　　　　　　　　　　　　　　　　　　　　郭鼎堂

回到南溪李庄栗峰山村后，董作宾题写《跋鼎堂赠绝句》，全文如下：

昔疑古玄同创为"甲骨四堂"之说，立厂和之，有"雪堂导夫先路，观堂继以考史，彦堂区其时代，鼎堂发其辞例"之目，著在篇章，脍炙学人。今者，观堂墓木盈拱，雪堂老死伪满，惟彦堂与鼎堂，犹崛然并存于人世，以挣扎度此伟大之时代也。卅一年春，访沫若于渝，十载神交，握手言欢。彼方屏置古学，主盟文坛，从事抗建之役，余则抱残守缺，绝学自珍。一生事业，其将以枯龟朽骨之钻研而为余之止境乎？兴念及此，搁笔太息！

末题"中华民国卅一年四月一日，董作宾题记。时客四川南溪李庄之栗峰山村"，并钤"永南老人"章。① 鼎堂与彦堂这一次"握手言欢"，几乎不为学界所知，令人感叹！

---

① 《平庐文存补遗》，《董作宾先生全集·乙编》第5册，台北，艺文印书馆，1977，第138页。按：所注"刊民国五十年《中国文字》第三期"，误。

1946年6月19—26日，郭沫若作为第三方面（民主同盟、青年党和无党无派的社会贤达）代表赴南京参加调解国共和谈工作。6月22日午后3时，借中央研究院历史语言研究所，邀请中共代表商谈。两点半，郭沫若提前到达，出现如下情景：

> 我在杂沓中被领导着上楼，而傅孟真先生却打着赤膊刚好从左手最末一间的后房中走出。手里拿着一把蒲葵扇，和他有点发福的身子两相辉映，很有点像八仙里面的韩钟离。这不拘形迹的姿态我很喜欢，但他一看见我，发出了一声表示欢迎的惊讶之后，略一踌躇又折回后房里去了。他是转去披上了一件汗衫出来。
> ——何必拘形迹呢？打赤膊不正好？我向他抱歉。
> 孟真只是笑着他那有点孩子味的天真的笑。他只连连地说：还早还早，他们都还没有来，我引你去见济之。
> 济之就是李济博士的表字，他是在安阳小屯发掘殷虚的主将。……
> ……济之先生的上身穿的是一件已经变成灰色的白卫生衣，背上和肘拐上都有好几个窟窿。不知怎的，我就好像遇见了亲人的一样。我接触了我们中国的光荣的一面，比起那些穿卡几服，拴玻璃带的党国要人确实是更要发亮一些。
> ——有一些安阳发掘的古物，你高兴看不？济之先生也很不见外，他立刻便想把他最珍贵的东西给我看。
> ——我当然高兴了。

"我就好像遇见了亲人的一样"，虽显夸张，却也是实话。流亡日本期间与历史语言研究所的频繁交往，不能不让此时的郭沫若生出"不似亲人胜似亲人"的感想。

草草参观半小时，傅斯年跑来说"都到了，就在等你一个人了"，郭沫若"只好割爱"回到傅斯年办公室。罗努生（隆基）笑着说："这是个好地方，可以取而代也！"傅斯年回答："你以什么资格来取而代呢？"反过来向郭沫若说："联合政府成立，我们推举你为国师，你可以来代了。"郭沫若表示:"轮不到我名下来,你的姓就姓得满好,你不是太傅吗?""孟真,又天真地笑了。"

座谈中间,傅斯年到外边跑了一趟,接下来便是:

> 他却买了一把新的纸扇来要我替他写一面,我就在他的办公桌上写了。……
>
> …………
>
> 在大家把话谈完之后,我依然恋恋不舍地跑去找济之先生。承他把从日本带回来的新出的一些考古学上的著作给我看了。……正当日本军人在制造"满洲国"和关内分离的时候,而日本的学者倒替我们证明了满洲在远古已经和内地是完全分不开的。①

回到上海后不久,郭沫若便将南京之行写成长篇纪实《南京印象》,《文汇报》自7月7日至8月25日连载,群益出版社11月结集出版。从上述纪实可以看出,郭沫若虽为第三方面代表,傅斯年、李济却把他看作是考古学家,甚至尊为"国师"。而此时董作宾尚在四川南溪筹办"还京各项事宜",郭沫若未能见到。

时隔不到一年,傅斯年给胡适回信,所拟"请千万秘密"的院士候选人名单中,考古及美术史四人:李济、董作宾、郭沫若、梁思成。最终,郭沫若被评选为院士。②

最后,附带三件郭沫若与傅斯年"略同"的往事,一是先后出任中山大学文科学长(主任),二是同时发现周代无五等爵制,三是都为促成国共和谈而奔走。

关于第一点,中山大学原名广东大学,由孙中山1924年创办。孙中山北上病逝后,顾孟余为校长,顾孟余到任前由陈公博代理。1926年2月陈

---

① 郭沫若:《南京印象》,群益出版社,1946,第41—42、45—46页。
② 这一段,收入三联版时,曾据傅斯年初拟提名和《国立中央研究院院士候选人提名表》做过添补,但有错字。现将提名及评选郭沫若为院士的情况,以文末[追记]形式详细追述,这里就恢复为最初发表的文字。

公博致函郭沫若,"盼先生急速南来"为文科学长。3月郭沫若到任,推行文科改革,支持学生择师听课。教育系主任黄希声鼓动罢课,要求罢免郭沫若。文科学生发表宣言表示,"我们对于郭学长改革学校的热忱,是抱有无限的同情和希望的",呼吁广大教职员及同学"驱逐为饭碗而鼓动罢课之不良教员,拥护褚校长、郭学长及其改革计划"。① 国民党广东大学特别区党部向中央执行委员会这样报告:"各科学长,只有文科学长郭沫若先生,很能帮助党务进展","能够在重大问题发生的时候,有彻底的革命表示和主张"。② 6月19日郭沫若与褚民谊、宋子文、蒋中正、陈公博、毕磊等40人,被广东国民政府任命为中山大学筹备委员会委员。7月郭沫若参加北伐。9月广东大学改名中山大学,戴季陶为校长。10月校长制改为委员制,戴季陶为委员长,顾孟余为副委员长,徐谦、丁惟汾、朱家骅为委员。1926年12月傅斯年接受朱家骅邀请,1927年春任文科主任,兼国文、历史二系主任。一年以后,傅斯年出任历史语言研究所所长,郭沫若流亡日本,开始甲骨文、金文和古代社会研究。

第二点,有论著以傅斯年《论所谓五等爵》"破了两千多年来不易之论、不疑之论",其实这是郭沫若、傅斯年学术"所见略同"的一个例证。郭沫若"周金中无五服五等之制"作为《中国古代社会研究》第四篇《周金中的社会史观》第四,1930年2月出版;傅斯年《论所谓五等爵》刊于《历史语言研究所集刊》第2本第1分,1930年5月发表。两人几乎同时以文献与金文结合论证周代无五等爵制,系由后人拼凑、捏造。这是郭沫若与傅斯年一次小小的学术"默契",似乎预示着随后将有历史语言研究所所需要的甲骨文、金文著述不断面世。③

第三点,1945年7月傅斯年与褚辅成等代表国民参政会访问延安,商谈和平建国问题,向毛泽东求得一幅墨宝,著录于《傅斯年文物资料选辑》。1946年6月郭沫若作为第三方面代表赴南京,参加调解国共和谈工

---

① 《广大文科学院风潮续志》,《广州民国日报》1926年4月29日。
② 中国国民党中央执行委员会秘书处《党务月报》第2期,1926年6月。
③ 两人的观点后来被证明不确,反映早期运用金文研究古史的不成熟,并非"破了两千多年来不易之论、不疑之论"。

作，为傅斯年写了一幅扇面，记述在《南京印象》。

（2009 年 5 月 8 日）

[本文原载《中国社会科学报》2010 年 6 月 10、17 日，无注释。后编入《郭沫若研究年鉴（2010 卷）》，人民出版社，2011，收入拙著《龙虎斗与马牛风——论中国现代史学与史家》]

[追记]

在撰写《民国史学述论稿（1912—1949）》的过程中，得见中国第二历史档案馆有关评选中央研究院院士的部分档案、《夏鼐日记》等，现将提名及评选郭沫若为院士的基本情况追记在下面。

1947 年 5 月 22 日，胡适所拟提名人选，"考古学及艺术史　董作宾，郭沫若，李济，梁思成"。

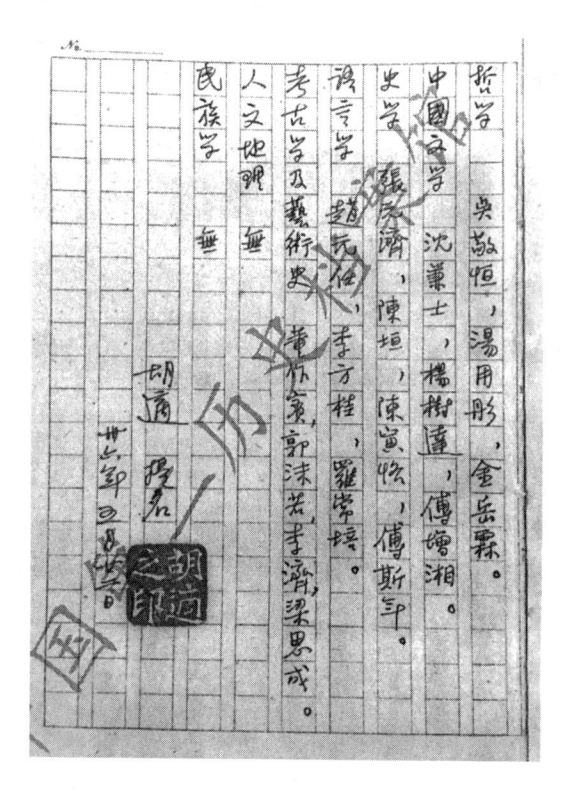

1947年6月20日，傅斯年给胡适信中提出"应该在提名中不忘了放名单"，所拟"请千万秘密"的名单中"考古及美术史四：1李济，2董作宾，3郭沫若，4梁思成"。

1947年7月17日，胡适提交由其本人签名的《北京大学提出中央研究院院士提名单》119人，"考古学四人"："李济、董作宾、梁思永、郭沫若。"

1947年7月，胡适填写的《国立中央研究院院士候选人提名表》，以郭沫若的"专习学科"为"中国古铭识学"，在被提名人资格说明第一项填写："合于第一项资格。他把卜辞分类研究和把铜器铭文分时代地域研究，都有重要发明。"在被提名人资格说明第二项填写："《卜辞通纂》《两周金文辞大系》《古代铭识汇考》等。"

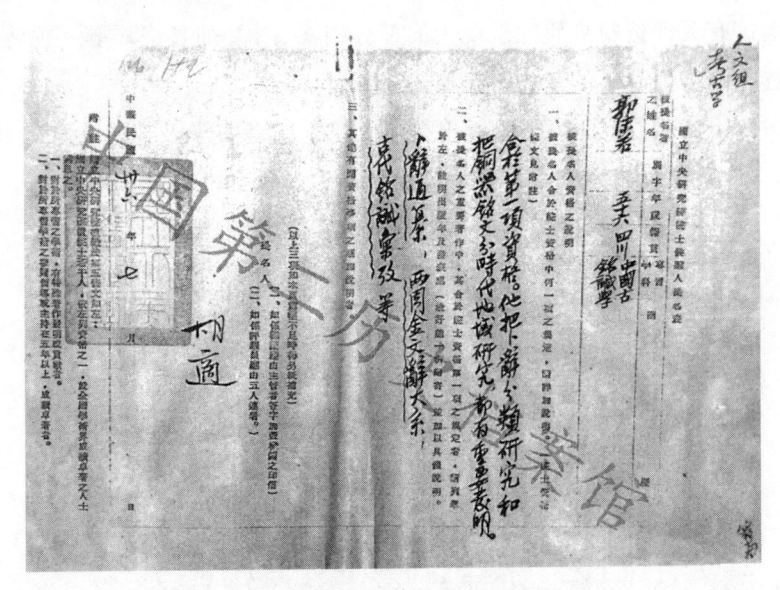

1947年7月20日，傅斯年填写的《国立中央研究院院士候选人提名表》，以郭沫若的"专习学科"为"考古学"，在被提名人资格说明第一项填写："郭君研究两周金文以年代与国别为条贯，一扫过去'以六国之文窜入商周，一人之器分载数卷之病'，诚有'创通条例开拓闸奥之功'；其于殷商卜辞，分别排比，尤能自成体系，其所创获，更不限于一字一词之考订，殆现代治考古学之最能以新资料征史者，合于第一项规定。"在被提名人资格说明第二项填写："（一）《两周金文辞大系》，《图录》：民国廿四年

出版，日本东京文求堂。《考释》：民国廿四年出版，日本东京文求堂。此书集两周青铜器铭文有年代及国别可征者三百余器详加考释，附以图录，创为南北二系之说，为研究古金文者一大进程。（二）《金文丛考》，民国三十一年出版，日本东京文求堂。此为大系之姊妹篇，以青铜器铭文为资料释其文辞并讨论其含意与经史记录比较互证，尤多卓见，为研究古代思想及社会史最注意原史资料之作。（三）《卜辞通纂》，民国二十一年出版，文求堂发行。此书选传世卜辞之菁粹者凡八百片，分类排列，比事释词，创建极多，为研究殷虚卜辞一最有系统之作。"

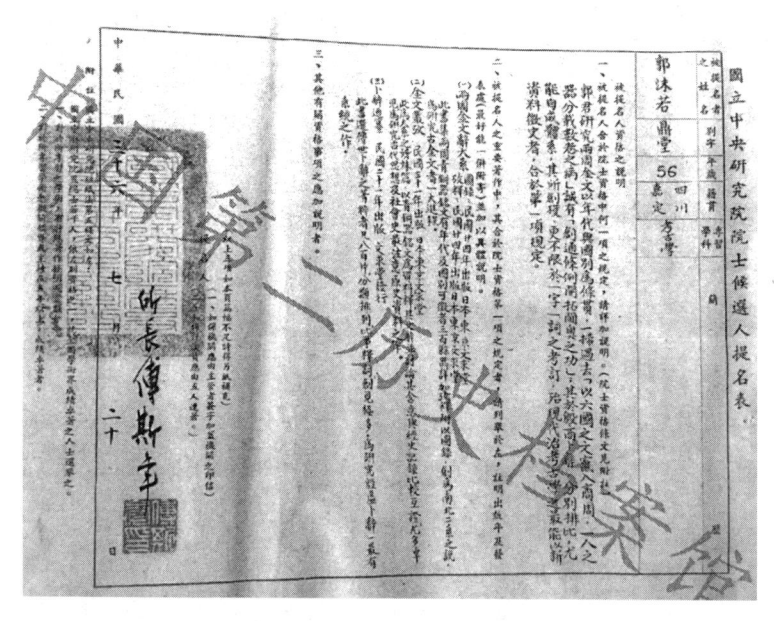

此外，有一份反映提名单位的资料值得注意。在"人文组考古艺术史科"，提名郭沫若的单位最多，为四个：清华大学（编号111）、北京大学（编号112）、中央研究院（编号408）、河南大学（编号113）。提名董作宾、梁思成的单位次之，为三个：董为北京大学（编号112）、河南大学（编号113）、中央研究院（编号408），梁为清华大学（编号111）、北京大学（编号112）、中央研究院（编号408）。提名李济、梁思永的单位又次之，为两个：北京大学（编号112）、中央研究院（编号408）。另有五人，提名单位仅有一个。

《夏鼐日记》（华东师范大学出版社，2011）1947年10月17日记述：

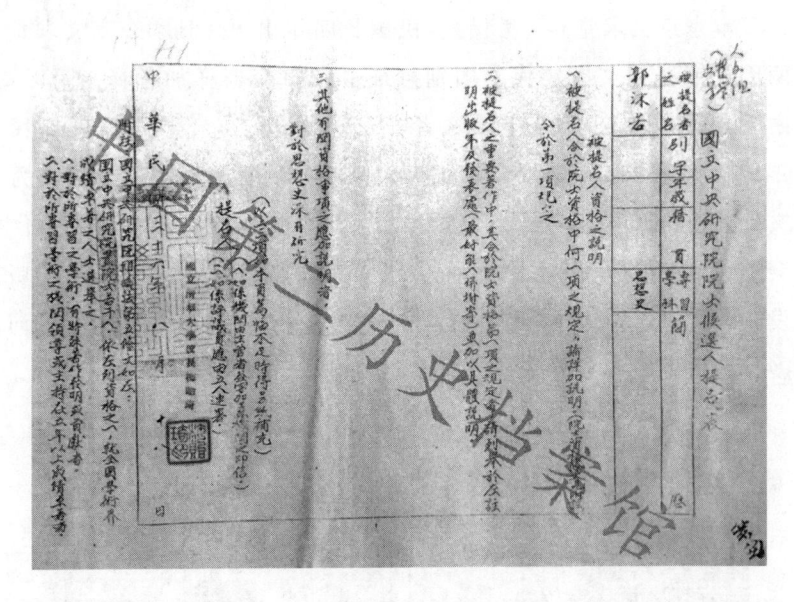

"上午评议会继续审查名单。关于郭沫若之提名事，胡适之氏询问主席以离开主席立场，对此有何意见。朱家骅氏谓其参加内乱，与汉奸等罪，似不宜列入；萨总干事谓恐刺激政府，对于将来经费有影响；吴正之先生谓恐其将来以院士地位，在外面乱发言论。巫宝三起立反对，不应以政党关系，影响及其学术之贡献；陶孟和先生谓若以政府意志为标准，不如请政府指派；胡适之先生亦谓应以学术立场为主。两方各表示意见，最后无记名投票。余以列席者不能参加投票，无表决权，乃起立谓会中有人以异党与汉奸等齐而论，但中央研究院为 Acadenmia Sinica（中国的科学院），除学术贡献外，惟一条件为中国人，若汉奸则根本不能算中国人，若反对政府则与汉奸有异，不能相提并论。在未有国民政府以前即有中国（国民政府倾覆以后，亦仍有中国），此句想到而不须说出口，中途截止。故对汉奸不妨从严，对政党不同者不妨从宽。表决结果，以14票对7票，通过仍列入名单中。"

1947年11月15日，150人的候选人名单在北平、天津、上海各大报和国民政府公报刊出，并明确："经公告四个月后，再当由评议会举行第一次院士选举，于此候选人一百五十人中选举八十至一百人，每人必须有全体出席人数五分之四投同意票者，方可当选为院士。"同时表示："对公告名单中任何候选人之资格有批评意见者，尚可将具体意见函筹备会审阅后，提交评议会，于选举时，作为讨论之参考资料。"

1948年3月25、26、27日，评议会在南京鸡鸣寺中央研究院院部正式投票选举。经普选、补选，前后五次投票，选出81名院士，4月1日正式公告。郭沫若在评议会评选过程中，始终名列人文组（考古学），成为当选院士。

（2014年7月）

郭沫若与容庚：从"未知友"到"文字交"

> 我和郭沫若……彼此交往最多的乃是书信……五十年来，我一直把郭沫若同志的书信看作友谊的象征，郑重地珍藏起来……是郭沫若同志早年在古文字领域里披荆斩棘、勤于探索并且作出重要建树的实录。
>
> ——容庚

郭沫若早年的古文字、古器物研究能够取得重大成就并为世人瞩目，和两个人有密切关系。一是当时在燕京大学任教并主编《燕京学报》的容庚，一是日本东京文求堂书店主人田中庆太郎。大体上可以说，前期在获得图书资料及新发现甲骨文、金文拓片，以及研讨文字的考释、器物的辨伪与断代方面，郭沫若从容庚处得到很大的帮助；而后期在出版这些研究成果方面，郭沫若则多得助于文求堂书店主人田中庆太郎的"侠义之心"。这里，仅介绍郭沫若与容庚半个世纪的"文字交"。

一 古文字研究结下新"文字交"

1928年2月，郭沫若流亡日本。7月至8月，他写成《周易的时代背景与精神生产》《诗书时代的社会变革与其思想上的反映》两篇研究古代社会的论文。随即，对于所研究的资料"开始怀疑起来"，便"想要找寻第一手的资料"，如考古发掘所得，"没有经过后世的影响，而确确实实足以代表古代的那种东西"。8月底9月初，郭沫若往东京上野图书馆去查找，得见罗振玉《殷虚书契前编》，却是毫无考释的一些拓片。为了"读破它，利用它，打开它的秘密"，经人介绍，郭沫若便开始"跑东洋文库"，在一两个月之内"读完了库中所藏的一切甲骨文字和金文的著作，也读完了王国维的《观堂集林》"，自谓"对于中国古代的认识算得到了一个比较可以自信的把握了"。同时，凡是关于中国境内的考古学上的发现记载，也"差不多都读了"。到1928年底，郭沫若开始写作《甲骨文字研究》。1929年8月，"勉强把初稿写成"，并作了序和后录。然而，求教和出版无门，使郭沫若想起了容庚：

> 我和容庚并无一面之识，还是因为读了王国维的书才知道了他的存在。王国维为商承祚的《殷虚文字类编》作序，他提到四位治古文字学的年青学者，一位是唐兰，一位是容庚，一位是柯昌济，一位是商承祚。我因为敬仰王国维，所以也重视他所称许的这四位青年学者。……我对于容庚，不仅见过他的著作，而且知道他的住址了。我就以仿佛年青人那样的憧憬，也仿佛王国维还活着的那样，对于王国维所称许的四学士之一，谨致我的悃忱，而以我的原稿向他求教。①

1929年8月27日，郭沫若写了第一封信：

> 曩读王静安先生《殷虚文字类编·序》，得知足下之名。近复披览大作《金文编》，用力之勤，究学之审，成果之卓荦，实深钦佩。仆因欲探讨中国之古代社会，近亦颇用心于甲骨文字及古金文字之学，读足下书后，有欲请教者数事，不识能见告否？

所欲"请教"者，为绅簋、秦公簋铭文中两个疑难字的考释。随后又云：

---

① 《海涛集·我是中国人》，《郭沫若全集·文学编》第13卷，第369—370页。

> 此外欲磋商之事颇多,惟冒昧通函,未经任何人之介绍,不敢过扰清虑。上二事乃仆急欲求解答之问题,如蒙不我遐弃,日后当更有请益。①

信末署"未知友　郭沫若上"。很快,容庚便写了回信,并寄给所录绅簋、秦公簋二器铭文。郭沫若收到后"欣喜无似",9月19日写了给容庚的第二封信,除继续商讨前信中的两个疑难字外,进一步提出"兹复有请者,《殷虚书契》前后编二书"。同时告知容庚:

> 余顷有《甲骨文字十五释》之作,大抵依据罗王二家之成法,惟所见则不免稍左。……属稿屡不易就,且以遁迹海外,无可与谈者,甚苦孤陋,今稿将垂成,欲求先进者审核,足下如乐与相商,当即奉上。

此信所说《甲骨文字十五释》,后又称作《甲骨文释》,皆为《甲骨文字研究》的最初名称。对于郭沫若的这些商请,容庚回信慨然应允。10月3日,郭沫若第三次给容庚写信,一是说明《甲骨文释》"尚在撰述中,而前稿多已不足用,尚未可以见人",仅检出其中两篇"稍整饬者奉上,乞哂正之,切勿稍存客气";二是对容庚代其在北平访求《殷虚书契》前后编的答复,"《殷契后编》虽缺二叶亦可,八金当嘱沪友汇上,乞费神掷下为祷。惟《前编》需二百金则囊涩无法也"。容庚看过郭沫若所寄的两篇考释文字,表示可以在《燕京学报》刊行其《甲骨文释》全稿。月底,郭沫若收到容庚代购的《殷虚书契后编》,复函说"拙著全部二百余叶,大抵于月内即可清书竣事。能得贵校代为刊行,甚善"。同时提出:"惟仆拟以清书之手稿影印,不识能办到否?"在11月16日写给容庚的信中,又提出请其在京门代购董作宾《新获卜辞写本》及容庚新著《宝蕴楼彝器图录》。郭沫若还写下这样一段话:

---

① 《郭沫若书简(致容庚)》,第5—7页。下引该书,写明日期者,不再出注。

近得与足下订文字交，已足藉慰生平，此外别无奢求也。

收到容庚寄来的《新获卜辞写本》和《宝蕴楼彝器图录》后，郭沫若在复信中称赞"图录甚精美"，希望"拙著《甲骨文释》亦欲仿此格式影印"，并将写定的一卷邮上。附言中，又提出"不情之请"，说"《殷虚书契前编》弟因手中无书，每查一字，必须奔走东京，殊多不便"，希望容庚设法借给一部，以一个月为期。20天后，郭沫若收到容庚来信和寄给的《殷虚书契前编》及其他一些所需图书。

1930年初的春节期间，两人书信往还中谈论的是矢令彝的文字考释，并涉及矢令簋和安阳第二次发掘所获。2月6日（正月初八），郭沫若写信将《甲骨文释》余稿寄出，请容庚"核阅，凡有可商处请即于眉端剔出可也"。前信及书稿刚刚寄出，便又收到容庚来信及所寄王国维《古史新证》。郭沫若回忆："他写信来说中央研究院的傅孟真（斯年）希望把我的书在《集刊》上分期发表，发表完毕后再由研究院出单行本。发表费千字五元，单行本抽版税百分之十五。"① 但条件是发表时不用郭沫若本名，须得改用化名。当天，郭沫若追寄一信给容庚：

希白吾兄：

《古史新证》昨夜奉到，正欲专复，顷复奉手教，拙著蒙为介绍出版处，甚慰。更名事本无足轻重，特仆之别著《中国古代社会研究》一书不日即将出版，该书于《甲骨文释》屡有征引，该书采用本名，此书复事更改，则徒贻世人以掩耳盗铃之诮耳。近日之官家粟亦雅不愿食。谨敬谢兄之至意，兼谢傅君。专此即颂
春祉

弟　沫若　再拜
二月六日

---

① 《海涛集·我是中国人》，《郭沫若全集·文学编》第13卷，第371页。

尽管在前一信中郭沫若已经写明"无论贵校有意无意（发表），望兄于审阅后赐还"，全稿"须再作一次最后之推敲"，后一信又表示了"耻不食周粟"的态度，但其书稿仍然在北平经历了将近半年时间的旅行。4月6日，郭沫若写给容庚的信中开始催还书稿，说："日来手中稍暇，拟续前业，将《甲骨文释》一书写定。拙稿二册望于便中寄还。"5月29日、6月3日、6月16日，又再三催还，至7月20日才收到容庚寄还的原稿。这一年的8月中旬，郭沫若写信告诉容庚："《甲骨文字研究》一书亦已写就，于《释岁》《释臣宰》《释五十》三篇大有改削，它均无甚更张。"9月上旬，信告容庚，《甲骨文字研究》及《殷周青铜器铭文研究》两稿已寄沪。

1931年5月初，《甲骨文字研究》上、下两册由上海大东书局据手稿影印出版，郭沫若嘱寄容庚一部。围绕这部著作的内容和出版，郭沫若与容庚从"未知友"成为"文字交"。当时，郭沫若记录下容庚在两个方面的帮助。图书方面主要是《殷虚书契前编》，因印数有限，绝版后很难求得，郭沫若曾托容庚代为求购，但因书价高昂，便转而向容庚借阅。1929年12月，郭沫若收到容庚远道所寄该书，表示"期以一月，务必奉还"。随后，信中希望"多假以时日"，"因思留作（《甲骨文字研究》）定稿时以便参考"。待到《甲骨文字研究》手稿寄沪，又表示《殷虚书契前编》"已包就，屡拟付邮，惟以弟之殷周古文字研究尚在进行中，时感必要"，提出"不知兄能相让乎？由弟按月偿付若干"。就这样，整整一年时间，直到1930年12月才"如嘱奉还"。所以，《一年以后之自跋》中郭沫若有这样一段记录：

《殷虚书契前编》闻久已绝版，有之者珍如拱璧，鬻之者倚为奇货，故余始终未得此书也。去岁蒙容君希白远道见假，俾于检索上得无上之便宜，作者甚感其厚意。①

另一方面，即容庚对《甲骨文字研究》书稿所提意见。在《一年以后

---

① 《甲骨文字研究》，上海大东书局，1931。下引此跋，不再出注。

之自跋》中郭沫若这样写道：

> 此书初稿曾寄容君希白商榷，颇蒙有所是正，如《释五十》篇中所引列者是也。然其说亦有未能采纳者，如谓"亥"字二首六身，疑当时书亥作乔……乔样字形古既无征，则容君之说仅能存疑。

所谓《释五十》篇中所引列者，即前面提及郭沫若 1929 年 10 月 3 日寄容庚的两篇考释文字之一。其中，乔字为十与六之合文，容庚所释为"丁卯□□□兽正□□毕获鹿百六十二，□百十四，豕十，兔一"。郭沫若表示：

> 谓卜辞书获之例均先兽后数，故第二行"二"字之下当缺一兽名。"兔一"以下无缺文之余地。容（庚）释较余前所释者更进一境矣。①

1929 年 11 月容庚先录示后拓寄的一片卜辞，其"例至奇"，为此前"所未见"，颇为重要。郭沫若除在《甲骨文字研究》中著录外，还特别写了这样一段考释文字：

> 近蒙燕京大学容庚教授拓寄一片，于王说又得一证。按此例至奇，为卜辞所已著录者之中所未见，其残缺处略以意补足之，当为：甲戌翌上甲，乙亥翌习，丙（子翌固，‖丁丑翌）习，壬午翌示壬。癸未（翌示癸，‖甲中翌大甲，丁亥）翌大丁……申翌……此辞拟于太祖之庙享祀时，甲日则翌祭上甲，乙日则翌祭习等等。然上甲之次即习，又其次则当为固习，第二行首字之作习者，乃习之缺刻横画者也。其次仍为甲乙丙丁壬癸。②

1952 年修订本，郭沫若加《追记》："此骨下截已被发现，第一、二行如所拟，第三行上端当为'乙酉翌大乙'，因大丁之下为'甲午翌'三字，且第

---

① 《释五十》，《甲骨文字研究》上册，第 7 页。
② 《甲骨文字研究》下册，第 20 页。

四行上端亦当为'大甲,丁酉翌沃丁,庚子',因第四行翌字下为'大庚'。(详《殷契萃编》一一三片)。"这样,由殷墟卜辞所揭示的殷先公先王世系大体确定下来。

二 建立彝铭著录体系的交往

郭沫若与容庚"订文字交"的另一重要内容是关于彝器、金文的研讨,他们的交往主要是围绕郭沫若的《殷周青铜器铭文研究》《两周金文辞大系》和容庚的《武英殿彝器图录》等三部著述展开的。

1929年12月13日,郭沫若致容庚信中有一段关于器物定名的文字:

> 近审尊说敦彝为簋,甚确,今后为文拟改从。

我们现在可以看到,在此前后郭沫若信中都是将"殷(簋)"称作"敦"。如"绅敦""秦公敦""周公敦""召伯虎敦""矢敦""免敦""颂敦""作且戊宝敦""矢令敦"等。原来,自宋代以来,便误释簋为敦,称盨为簋。容庚1927年6月在《燕京学报》第1期发表《商周礼乐器考略》,重申清人钱坫之说,确定簋为簋而非敦,又据有铭自称为须或盨者,另立盨的器名。自此,簋、盨才又得正名。所以,郭沫若信中说,"近审尊说敦彝为簋,甚确"。

紧接着,殷周青铜器铭文研究开始了。12月24日信中,郭沫若认为容庚《宝蕴楼彝器图录》"谓象陈牲体于尸下而祭,恐亦未然",提出:

> 凡殷彝中图形文字,余疑均系当时之国族,犹西方学者所称之图腾。尚有他证,暇将为文以明之也。

《殷周青铜器铭文研究》卷一第一篇《殷彝中图形文字之一解》,就是由此萌生,至1930年7月初写成的。

1930年春节期间,两人书信往还,大谈矢彝、矢令簋。2月1日(正月初三),郭沫若写信说:"矢彝之出,有益于古史者颇大,余极欲重作一番考释。惟同出土之矢令敦弟尚未见,想此敦与彝必饶有相互发明之处。"9日,容庚将矢令簋原铭及作册䰍彝铭语寄出。16日,郭沫若收到,喜不自禁,便将自己的最新想法和研究成果告诉容庚:

> 得此新器,于明保之为人名,可云又得一证。
> 弟以为此数器:矢彝,矢殷、明公尊、作册䰍彝(?),大有可作综合研究之价值,于周初之古史上必有可发明之处。罗(振玉)释矢彝误处甚多……弟已于拙著《中国古代社会研究》附录中论及,① 但尚未尽。今既有矢彝之出,则更须有补苴处。②

4月初,郭沫若致函对容庚即将整理《武英殿彝器图录》一事表示了极大的关注。

> 武英殿古器复将由兄整理成书,甚欣慰。体例依《宝蕴楼》亦甚善。惟弟意于影片之下似宜注"原大几分之几",使读者一览即可仿佛原器之大小,不必一一依所记度量推算始明,似较利便。又器物时代颇不易定,历来大抵依据款识以为唯一之标准,然此标准亦往往不可靠。……余意花纹形式之研究最为切要,近世考古学即注意于此。……如将时代已定之器作为标准,就其器之花纹形式比汇而统系之,以按其余之时代不明者,余意必大有创获也。

这可以说是郭沫若后来"条理金文成大系"的"诀窍"所在,为助容庚编录《武英殿彝器图录》,毫无保留地全盘托出。

1930年7月20日,在致容庚函中第一次提到:"近撰《殷周青铜器铭文研究》一书,行将草成。"8月18日进一步告知:"弟费月余之力,已写

---

① 指《中国古代社会研究》附录"追论及补遗"二、四两篇考释。
② 即据作册䰍彝所作《明保之又一证》,为《中国古代社会研究》附录"追论及补遗"五。

成《殷周青铜器铭文研究》上下二册，约七八万字，已与沪上书店约定，可于年内出版。"又说："书太长，录登《学报》恐非所宜。又贵校衮衮诸公，意见似颇复杂，弟亦雅不愿以个人交谊重累吾兄也。"同时，再次提到器物著录的问题：

> 器物著年颇不易，《宝蕴》中即有数器可商，此事非花纹器制之学大有进展之后，即商周秦汉均不易确定。弟意于题名上暂勿著年代，于说明中著之，似较有可伸缩之余地也。

我们从1929年12月24日至1930年9月8日郭沫若致容庚的16封信件中可以清楚看到，讨论涉及《殷周青铜器铭文研究》书中卷一《殷彝中图形文字之一解》《大丰毁韵读》《"令彝""令𣪘"与其它诸器物之综合研究》《公伐郊钟之鉴别与年代》①，卷二《新郑古器之一二考核》《者减钟韵读》《晋邦蠚韵读》《秦公毁韵读》等8种考释的内容。

在撰成《殷周青铜器铭文研究》到开始编纂《两周金文辞大系》之间的几个月，郭沫若写了一些零星考释文章，这就是1930年9月6日信中所说"弟拟草《两周金文韵读补遗》一文，以备《学报》补白"者。但大部分被日本朋友借去，刊登在《支那学》杂志。小部分寄容庚，1930年9月19日作《臣辰盉铭考释》与1931年2月15日作《汤盘孔鼎之扬榷》，均以郭鼎堂之名在1931年6月发表于《燕京学报》第9期。

1931年2月16日，郭沫若在投寄《汤盘孔鼎之扬榷》的信中向容庚透露："近撰《两周金文辞通纂》一书，已略有眉目。"同时，求教《金文编》中数器拓墨及新器铭之成辞者。3月20日收到容庚来信和所录示各器，郭沫若"快喜莫名"，当即回信写道：

> 《金文辞通纂》大体已就，分上下二编：上编录西周文，以列王为顺；下编录东周文，以列国为顺。上编仿《尚书》，在求历史系统；下

---

① 因公伐郊钟铭文系伪刻，1954年修订本剔去有关论述，改题为《杂说林钟、句鑃、征、铎》。

编仿《周诗》,在求文化范围。辞加标点,字加解释,末附以杂纂及殷文——全书之大体如是。上编颇难,亦颇有创获处,惟所见有限,待兄援手之处甚多。

谈到毛公鼎时,说"弟所见列王之器,与吴其昌君所见者几于全异,如毛公鼎,弟谓乃宣王时器,别有详考"。6月下旬,容庚将所作《毛公鼎集释》寄给郭沫若,郭沫若细读之后回信说,"弟有《毛公鼎之年代》论之甚详,前已寄沪,闻将于《东方杂志》七月份内登出","弟之见解与诸家迥异,器乃宣王时器,决非成王"。同时,将考释"所得之数字"摘述于信中,约占全信三分之二篇幅。此后,容庚《毛公鼎集释》未再刊行。

据容庚《颂斋自订年谱》记载,1931年2月编《武英殿彝器图录》,7月编成。① 郭沫若《两周金文辞大系》初成之日,亦是容庚《武英殿彝器图录》完稿之时。1931年7月17日,郭沫若致函容庚:

> 《武英殿彝器图录》请寄来,如有可攻错处,自当竭尽棉薄。花纹定名弟尚未尝试,惟于花纹研究之方针早有腹案,惜无资料耳。定时分类为要,定名次之,分类已成,即名之为甲乙丙丁,或ABCD均无不可。定时乃花纹研究之吃紧事。此与陶瓷研究及古新旧石器之研究同。此事最难,须就铭文之时代性已明者作为标准,逐次以追求之也。花纹之时代性已定,则将来无铭之器物或有铭而不详者,其时代之辨别将有如探囊取物矣。

这实际是郭沫若编录《两周金文辞大系》的经验之谈。8月24日,再致容庚:"大稿已阅数遍,拙见略有可贡献者已书之眉端,或别笺附入,乞裁夺之。"

写到这里,需要说一说容庚《武英殿彝器图录》了。前面已经述及,自1930年4月至此,郭沫若三次详细谈论器物著录,都强调"花纹研究"。

---

① 《郭沫若书简(致容庚)》,第108页注2。

《武英殿彝器图录》从北平古物陈列所所藏热河行宫商周彝器851器中选录100器加以考释,图录以抚拓花纹与文字并列,开花纹著录之先。曾宪通认为:"郭老之建议于此书之创例有所促成。"① 郭沫若关于"题名上暂勿著年代,于说明中著之"的意见,"已为容庚先生所采纳,《武英殿彝器图录》于器物题名上均未著年代,而于说明中著之"。② 关于"文字画"的问题,殷彝中有许多图形文字,人们多谓其为"文字画",容庚《宝蕴楼彝器图录》亦称之为"文字画"。《武英殿彝器图录》则采纳了郭沫若之说,将文字画各节加以改作,并写道:"此种图形文字,昔人多不得其解,吾友郭沫若谓'乃古代国族之名号……',其说是也。"③

在寄还《武英殿彝器图录》稿本之后,郭沫若开始誊录《两周金文辞大系》。9月9日致容庚信中说:"《大系》近已录成,本拟先寄兄一阅,唯出版处催稿颇急,只得待出书后再请教。(以上未经著录诸器即欲插入该书中,务望兄玉成之。)"收到容庚寄来器铭拓片,9月27日复信仍然念念不忘花纹形制系统,又写道:

> 尊著《宝蕴楼》于花纹形式确有暗默之系统存在,承示,深感读人书之不易易。……窃意此花纹形制系统学之建设,兄为其最适任者,望能通筹全局而为之。

1932年1月,《两周金文辞大系》由日本东京文求堂书店据手稿影印出版。插图收有新出及未经著录之拓本、摹本13种,17图。《解题》云:"本书插图多得自燕京大学教授容庚氏之惠借。"又有关于器物定名的一段说明:

> 器物之名大抵仍旧,然有旧名皎然误者,如敦彝均改称为毁(簋),簠改称为盨(古器毁圆簠方,盨形在毁簠之间。最近容庚氏发现

---

① 《郭沫若书简(致容庚)》,第55页注5。
② 《郭沫若书简(致容庚)》,第66页注10。
③ 《武英殿彝器图录》,哈佛燕京学社,1934,第2页。

武英殿藏器有华季盨者,器制为盨而铭曰毁,是盨乃毁之变种,今则从其通名)。

至此而后,簋、盨正名遂为不易之定论。

自郭沫若与容庚第一次通信至 1931 年 9 月 27 日的 42 封信中,涉及《两周金文辞大系》内容的差不多将近半数。从整个彝器、金文的考释和研究来看,确如郭沫若后来所说:容庚在资料上给予过"很大的帮助","但他在学问研究上却没有使我得到我所渴望着的那样满足"。①

三 互助、友情与文字误会

郭、容二人"订文字交"探讨古文字、古器物,容庚给郭沫若帮助最多、最经常的是提供图书资料和研究信息。在致容庚的信函中,郭沫若多次表示"苦材料缺乏,复无可与谈者,殊闷闷也"(1929 年 12 月 13 日函)。1930 年 9 月 26 日,更进一步表示:

> 古文字之学,最是系心事之一,惟惜资料过少,恨无用力之地也。

我们看到,郭沫若在第二封信中便表示:"余所居乃乡间,离东京尚远,为此书之探研,须日日奔走,殊多不便。"因此提出"兹复有请者,《殷虚书契》前后编二书"。随后,听说明义士之《殷虚卜辞》有拓本寄燕京大学,郭沫若在第三封信中便提出向容庚借阅,还说"贵校所购之骨片千余,当亦有拓本,如能赐假,尤不胜渴望者也"。再后,甚至提出"凡国内所有新出彝器铭文,兄能购得者,希同时为弟代购一份。用款当随时由沪寄上也"(1929 年 12 月 4 日函)。1929 年底提出"欲读"王国维《古史新证》,至 1930 年 2 月 6 日便又催问。甚至在向容庚母亲问病、容母去世致哀函中,

---

① 《海涛集·我是中国人》,《郭沫若全集·文学编》第 13 卷,第 370 页。

郭沫若仍然不忘商借彝铭墨拓。为撰《殷周青铜器铭文研究》，7月20日写信说："急需右列诸器以作参考，兄处如有珍藏，能暂假须臾，是所渴望。"所列诸器为：（1）"隹明保殷成周年"一器之拓片；（2）罗叔言所影印小盂鼎拓片；（3）秦公簋拓片；（4）余冉钲拓片并形。容庚帮助解决了其中的三器。1931年2月，为撰《两周金文辞大系》，郭沫若写信求教《金文编》器目中的6种器铭212字，容庚也是尽量相帮，郭沫若收到容庚回信"并蒙示各器，快喜莫名"。及至后来，两人似乎形成一种默契，即如他们在1931年5月的往返信件中所说。容庚5月19日致郭沫若信自谓：

> 弟鲁钝，考释未必能佳，然传布之责任之甚力，颉刚所谓贪多务得，那有闲时者也，一笑。①

郭沫若27日作复云：

> 兄力任传布之责，甚所赞同。弟虽驽弱，亦愿追随骥尾。弟意多在必贪得，尤须务存世，一日未有无闲时者也，②望勿退转。有考释事征及鄙意者，勿客气。

可以这样说，大凡郭沫若提出的图书或器铭，容庚总是全力保证提供，或代为购买，或将自己所见、所得录示、拓墨寄郭沫若使用。对于这些，郭沫若在当时大都著于其发表的研究成果中。

在这一借一还当中，也曾出现遗失的情况。1931年7月、8月间，郭沫若为编纂《两周金文辞大系》，向容庚借得宅簋、沈子簋、曶壶等器拓本。在交文求堂影印时，田中庆太郎将宅簋拓本遗失，便向罗振玉求得一拓作为补偿。为此，郭沫若在写给容庚的信件中特别做出交代："宅毁铭付影印时，为东京文求堂主人田中庆太郎君所遗失，渠由叔言处另求得一张奉偿。

---

① 容庚致郭沫若函，系用"燕京学报用笺"所写，原件存郭沫若纪念馆。
② "一日未有无闲时者也"，承容致郭信"那有闲时者也"，当为"一日未有无闲时者也"或"一日无闲时者也"。

此张拓亦精，与兄之物不异，差可告无罪也。"

为郭沫若的投稿默默地做订补工作，亦可见容庚的友情之深厚。《臣辰盉铭考释》寄容庚后，郭沫若在 1930 年 12 月 24 日信中表示："如果有意选载《学报》时，请足下代为校改。"1931 年 1 月 14 日又"外附录一则，请补臣辰盉释文后。前有附录改为'附录一'"。《燕京学报》刊出时，容庚均按郭沫若的要求进行了改补。《汤盘孔鼎之扬榷》在《燕京学报》发表前，郭沫若写信去："《汤盘质疑》说'敬'字处有未圆，请改用别纸所录。《孔鼎》一文末一句亦请稍加改正。"（3 月 20 日函）发表时，容庚都一一照办了。

在向郭沫若提供所需图书资料和器铭拓片时，必然牵涉费用问题，容庚总是尽可能地解囊相助。在致容庚的第三封信中，郭沫若表示《殷虚书契前编》需二百金则囊涩无法，这才有后来向容庚借《殷虚书契前编》达一年之久的事情。为求购《新获卜辞写本》，1929 年 11 月 16 日信中说："董君《新获卜辞写本》未见，京门可购否？当嘱沪友寄上廿元，乞代购一部，如不敷，当续补寄。"为应郭沫若急需，容庚便将自己所有《新获卜辞写本》寄给郭沫若使用。当时的郭沫若一方面"苦材料缺乏"，凡国内所有新出彝器铭文都希望购得，一方面"要维持一家人的生计"，不得不"从事移译西书以为笔砚资"，甚至将《甲骨文字研究》《殷周青铜器铭文研究》的样书打折卖给文求堂书店。1931 年 6 月郭沫若致函容庚："《泉屋清赏》复印片弟愿得一份（请即掷下，因目前缮写《通纂》，正需此）。款请暂垫，当即嘱沪上内山书店汇寄。"7 月 10 日容庚便写信寄出《泉屋清赏》照片，真可谓有求必应！

1931 年 4 月，正当郭沫若"恨目前为糊口文字百忙"、《两周金文辞大系》大体已就之际，发生了一件意外的事情：一位朋友患盲肠炎，须入院手术，但医药费却无着落。为此，郭沫若写信给容庚，说："弟有友人新由此间缧绁中出，患盲肠炎，须入院行手术，药石之费，苦无着落。曩岁兄曾言孟真有印弟《甲骨文释》意，今欲将近著《两周金文辞通纂》相浼，署名用鼎堂，愿能预支版税日币四、五百圆，望兄便为提及。该著大体已就，仅余索引表未成。如前方能同意，弟当即走东京制成之也。拜托拜托。"容庚 5 月 19 日复信云："兄售稿事，俟与孟真一商再复。此时事集，尚未进城。大著考释亦拟交史语所集刊印。"信未寄,便与傅斯年联系,遂于信末附言:"顷打电话与孟真,他对于大著极所欢迎。惟此时款项支绌万分,无从支付,嘱道歉意。"① 据《郭沫若书简(致容庚)》曾宪通注:

> 容庚先生得信后立即将书款汇与郭老。后出版事被搁置,《大系》遂于一九三二年一月转由东京文求堂书店印行。事隔二十多年后,一九五八年当《大系》在国内重印的时候,郭老即从其稿费中汇人民币五百元还容先生,以践前约。②

这成为郭沫若与容庚"订文字交"当中的一段佳话。

1930 年 2 月容庚因母亲患病返回广东东莞家中,并写信给郭沫若。4 月 6 日,郭沫若致函容庚,一开头便说:"自前月初得奉手书以来,迄今已一月有奇矣。尊慈贵恙已脱体否?足下已返北平否?甚念。"在信件往返的过程中,郭沫若接到容母去世的消息,即撰一挽联,托杭州亲戚制成直寄东莞。5 月 29 日,郭沫若再致函容庚:

> 曩奉 世伯母仙逝之耗,不胜哀戚,曾学撰一联,托杭州敝戚制就直寄东莞,想当到达。拜读 世伯母行状,于字里行间,母子骨肉之情恻恻逼人。如吾兄者,可谓生能尽其养,死能尽其哀者矣。近日行旌不知已北上否?死生事大,孝道多门,兄自达者,度必能夺情节哀,为学自重,不劳碌碌如仆者之喋喋也。

其哀悼之沉痛、劝慰之深切,在郭沫若的同类文字中可谓最至真、至切。6 月中旬,在容庚返校途中,郭沫若又分投两函。此后,两人书信往还,大事小事无所不谈。1931 年 3 月,容庚信中提到牙痛。3 月 20 日,郭沫若复信附言问:"齿痛已痊否?"并嘱咐说:"如系龋齿当以拔去为宜。"《颂斋自订年谱》1931 年 3 月,容庚"因牙痛拔去一智牙"。曾宪通注云:"容庚先

---

① 本文所引容庚致郭沫若函,原件均存郭沫若纪念馆。
② 《郭沫若书简(致容庚)》,第 98 页注 11。

生深知郭老懂医道,接信后即将智齿拔去。"①

郭、容二人"订文字交",也因"文字"而出现过误会。1933年1月,郭沫若致容庚函流露:

> 久疏笺候,隔阂殊深。拙著本责备贤者之例,对于大作多所指摘,时有太不客气之处,闻足下颇引为憾,死罪死罪!唯仆亦常读大著,见于拙说或录之而没其源(如"五十""食麦"诸义),或隐之若无睹(如戈戟之别),颇觉尊怀亦有未广。学问之道,是是非非,善固当扬,恶不必隐,由是辩证始能进展。

2月7日容庚写信给郭沫若说:"兄不客气指摘弟之过失,无不任受。但兄《金文余释之余》末段、《卜辞通纂·序》末段实与人以难堪。弟守交绝不出恶声之义,惟有于弟之著作上不复提及尊姓名以为'隐之若无睹',诚如尊言。"并解释说,"前次书评,弟适休假半年南归,由颉刚负其责","而友人诵兄'殊属不可思议'之言,以为讥诮,急归再阅,自谓此辱不能再受,故复作书评以报负"("负"当作"复",原件如此)。最后表示:"绝交与否,唯兄命之。在弟自谓于兄尚无恶意也。《武英殿彝器图录》下星期出版,稿写于前年,故仍引兄之言,不复删改。序为最近所作,故不复有谢。兄校阅之语,如吾二人能复交,兄之惠也。若其不能,幸勿引此信中语以为攻击之资。"② 2月17日,郭沫若回复,解释"《卜辞通纂·序》末段因有激而发,请读罗君《古玺文字征·序》,当知其对象为谁也"。接着说:"'责人过严'及'不可思议'语亦均有所激,前者因兄匿名,后者因兄干没。今既知皆有所为,则知妄言之罪矣。尊评多悻刻语,于弟虽无损,似觉有玷大德。如能及,请稍稍改削之;如不能及,亦请释虑,弟决不因此而图报复也。"所谓"前者因兄匿名""尊评多悻刻语",是指《燕京学报》第9期"出版界消息"项内对《甲骨文字研究》《殷周青铜器铭文研

---

① 《郭沫若书简(致容庚)》,第95页注5。
② 容庚致郭沫若函,原件存郭沫若纪念馆。此件末署"廿三、二、七",暂从《郭沫若书简(致容庚)》编年,作1933年2月7日。

究》进行评介，作者为余逊、容媛，容媛乃容庚之妹，郭沫若以为是容庚匿名所为，多悻刻语，故有"责人过严"语。所谓"后者因兄干没"，即上一封信所指"于拙说或录之而没其源，或隐之若无睹"，所以郭沫若认为"不可思议"。

1934年郭沫若致容庚4件，1935年5件，俱为明信片，内容简略。自1935年11月28日，郭沫若与容庚11年无书信、文字往还。

1946年，容庚受聘广西大学，自北平途经重庆赴任，才第一次见到郭沫若，"见到了这位神交多年的'未知友'"。这也唤起郭沫若的回忆，1947年，郭沫若在写《我是中国人》时，用了相当的篇幅追忆他同容庚的交往和对容庚的感激，"在研究金文上，确曾给予我以很大的帮助"，"他曾经把很可宝贵的《殷虚书契前编》和董作宾的《新获卜辞写本》寄给我使用过"。

四 "文字交情"的延续

新中国成立后，郭沫若与容庚继续着已经确立起的"文字交情"。首先是容庚主动要求对郭沫若的《两周金文辞大系图录》进行核校和补充。1954年8月18日，他致函郭沫若：

> 沫若院长左右：
> 大著多在日本出版，多者五百部，少者三百部，国人得读者少，市估居奇，动辄百万一部。兹闻陆续重印，甚胜事也。
> 大著《两周金文辞大系图录》在未出版之前有愿与左右商榷者。
> ……
> 左右为国勤劳，想无暇及此，可否暂缓出版，庚愿费两三月时间少尽校对之责，未审尊意如何？此致
> 敬礼！
>
> 　　　　　　　　　　　　　　　　　　　容庚
> 　　　　　　　　　　　　一九五四、八、十八

同年 11 月 1 日，郭沫若写信给尹达，谈的第一件事便是此事："容庚先生近来和我通了两次信，对于《两周金文辞大系图录》作了仔细校对和补充。该书，人民出版社有意重印，但尚未着手。性质太专门，似以改由科学院出版为宜。您如同意，我想把它作为一所的出版物。该书拟即请容庚核校补充。他的两信及资料附上，请一阅。"① 1955 年 10 月 30 日，郭沫若致尹达信，再提此事："两周金文则拟作相当的添补。容庚前次写给我的备忘录，如尚在，请退还我。要着手添补，须搜集一些书籍和拓片，日前容庚来访（他参加文字改革会议，似尚在京），我曾向他提及，他有意来作短期间的帮忙。"次日，收到尹达回信后郭沫若表示："关于两周金文辞的增补，容愿帮忙，我欢迎。可以省些力量来做别的事。"

1956 年 2 月 18 日，容庚致函尹达：

> 前上函，想达左右。大系校补工作署告完成，兹寄呈原书图录五册，考释三册，弟之校补四册，请查收。其中缺点尚多，略述如下：
> ……
> 此书请转呈郭老，有何增改之处请随时示知。②

2 月 24 日，尹达致郭沫若："容希白先生来信，并将两周金文辞大系校补工作的初稿寄来，兹转送上，请审阅。"③ 8 月，郭沫若在北戴河给陈梦家写信，谈到两件事。一是"《大系》一时难以竣事，离京后诸多不便，余考资料未能尽量带来，大受限制。拟回京后再设法继续进行"。另一件事是关于容庚的：

> 容希白先生在京，见面时请问候。我写了一信寄广州，恐他见不到。我是问他要《越者沪钟》的拓片的写真，此钟文他据"同人四器"把全文恢复了是一创获。④

---

① 《郭沫若书信集》下册，第 173 页。下引郭沫若致尹达信，均见该书信集，不再出注。
② 本文所引容庚致尹达函，原件均存郭沫若纪念馆。
③ 本文所引尹达致郭沫若函，原件均存郭沫若纪念馆。
④ 《郭沫若书信集》下册，第 209 页。

这里所说"写了一信寄广州",《郭沫若书简（致容庚）》未见收录,看来容庚确未见到。到这一年10月底,郭沫若将《两周金文辞大系图录考释》"整理好了",并作"增订序记",写信送尹达交付出版,附言交代:"考释照原印,但本子放大,求其统一。"1957年12月,《两周金文辞大系图录考释》由科学出版社出版。

与此同时,两人"文字交"的另一重要内容便是容庚《金文编》的修订出版。1954年6月,容庚致函郭沫若,提出增订《金文编》的设想。据容庚本人及曾宪通的回忆,在增订中得到郭沫若的"直接支持和帮助,提了很可宝贵的意见。书稿完成后,又蒙他亲自写信给考古研究所和科学出版社,介绍出版","作为考古学专刊"。① 现在所见有关书信,使这一回忆更加具体。

1955年10月30日郭沫若致尹达信中有这样一段文字:

> 容的《金文编》听说已交科学出版社审查,他拟再费两年工夫来补充,我觉得先照原样印行,两年后再印新版,似乎也可以。

1956年2月容庚校补《两周金文辞大系图录考释》"署告完成"之际,在给尹达信中提出:"《金文编》稿请即寄还,俾便继续工作。"尹达随即转达郭沫若,并附言:"《金文编》稿事,我已告诉梦家,要他复信。""梦家",即陈梦家,时为考古研究所研究员,正负责审阅容庚《金文编》稿。

正当郭沫若《两周金文辞大系图录考释》付印之际,容庚《金文编》增订也告完成。1957年5月2日,容庚致函郭沫若,谈请人作序事,说:"郑板桥诗文最不喜求人作叙,求之王公大人以借光为可耻,总不若不叙为好。然板桥诗钞仍有慎郡王题词,则又何说？新进作者不为人所知,求师友作序代为吹嘘,虽不值得题［提］倡,似亦有不得已之苦衷,亦犹求左右题玉名未必便为左右所拒绝也。"紧接着便说到《金文编》序的事情:

> 拙著《金文编》有罗、王、马、邓、沈五序,再版删去罗、邓两

---

① 《郭沫若书简（致容庚）》,第3、141页。

序。兹当三版，愚意只留罗、王两序。梦家以为罗序不当留，故取决于左右。《积微居小学述林》尚存曾、廖两序，敢援此例为请。《金文编》一册，另寄呈。阅毕赐还。

5月14日，郭沫若作复云：

> 来函奉悉。《金文编》第一册谨奉还。罗、王二序均已重读一遍，我意均可不必列入。罗序所言已成定谳；王序简略，无关宏旨。
>
> 尊书新加增补，宜于书前补一新序，叙述此学近年进展情况及增补之意，较合时宜。

1959年，《金文编》增订本由科学出版社出版。

郭沫若因《金文编》得识容庚，容庚在资料方面助郭沫若条理金文成大系。《金文编》《两周金文辞大系图录考释》的增订，贯穿两个不同的时代，凝聚着两人超乎寻常的"文字交情"。

1959年，容庚带着助手、研究生到北京参观学习。郭沫若得知后，即安排约见，一面"讨论有关问题"，一面询问助手及研究生的情况，"解答他们提出的问题"。1979年容庚回忆说："这次会见，虽然时隔二十年，但回忆起来，犹历历在目。"①

1961年底，郭沫若在广州邀请史学界人士座谈，从陈端生《再生缘》谈到甲骨文、金文以及《中国史稿》的编写，容庚、商承祚均在被邀之列。

1962年2月，郭沫若仍在广州，尹达寄来陕西长安县张家坡新出土西周铜器53件，有铭文者23件。为考释其中11种不同铭文，郭沫若到中山大学向容庚借书，当晚便写信给容庚，讨论殷骰盘铭和"盾生皇画内"。随即，写成《长安县张家坡铜器群铭文汇释》。

在此同时，段绍嘉把陕西扶风齐家村发现的39件窖藏铜器写成《简介》，并有插图附释，投寄文物出版社，请转郭沫若审定。文物出版社将段

---

① 容庚：《怀念郭沫若同志》（代序），《郭沫若书简（致容庚）》，第3页。

绍嘉所写《简介》寄容庚转交，郭沫若看完《简介》，以段绍嘉所释尚未恰意，因就其《简介》所附12种铭文进行汇释。为此，2月24日致函容庚："复函及《齐家村铜器简介》一文均接到。'生皇'生字即新鲜之意。古有生栋、生色等熟语。"3日后，写成《扶风齐家村铜器群铭文汇释》。

1962年3月，郭沫若离粤前数日致函容庚："《金文编》《两周金文辞大系》及其他，已用毕，谨奉还。"这是郭沫若写给容庚的最后一封信。

1978年郭沫若逝世，容庚"殊感痛惜"。郭沫若逝世将届周年之际，广东人民出版社决定出版郭沫若致容庚的书信集，更加引起容庚对这位"文字交"的"深沉的怀念"。面对熟悉的手迹，重温那一封封发人深省的书信，容庚写下了《怀念郭沫若同志》，作为《郭沫若书简（致容庚）》一书的代序。郭沫若书信得以保存下来，是容庚将其视为"友谊的象征"，视为郭沫若探索古文字的"实录"，视为对"亡友"的极好的纪念，视为对自己的有力的鞭策：

> 我和郭沫若同志虽然有机会会晤，但毕竟不多，彼此交往最多的乃是书信。他前后给我写过六十封信，绝大多数是在日本期间写的。五十年来，我一直把郭沫若同志的书信看作友谊的象征，郑重地珍藏起来，期间历经连连战乱，白色恐怖，加之人事变迁，举家南移，家藏图书器物无不散失，而郭沫若同志的书简得以完好保存，实在值得庆幸。……
>
> 这部《书简》，是郭沫若同志早年在古文字领域里披荆斩棘、勤于探索并且作出重要建树的实录。它的正式出版，于亡友郭沫若同志是极好的纪念，于我自己则是有力的鞭策，激励我朝着更高的目标努力。

这确实是郭沫若与容庚半个世纪交往的最真实的记录。

（1997年9月）

［本文原为《文坛史林风雨路——郭沫若交往的文化圈》第十三章，浙江人民出版社，1999。收入拙著《龙虎斗与马牛风——论中国现代史学与史家》］

郭沫若与田中庆太郎："亲若一家人"

郭沫若早年的古文字、古器物研究能够取得重大成就并为世人瞩目，和两个人有密切关系。一是当时在燕京大学任教并主编《燕京学报》的容庚，一是日本东京文求堂书店主人田中庆太郎。大体上可以说，前期在获得图书资料及新发现甲骨文、金文拓片，研讨文字的考释、器物的辨伪与断代方面，郭沫若从容庚处得到很大的帮助；而后期在出版这些研究成果方面，郭沫若则多得助于文求堂书店主人田中庆太郎的"侠义之心"。

20世纪40年代后期，郭沫若回忆他流亡日本的生活时，写有这样一段文字：

> 店主人姓田中，名叫庆太郎，字叫子祥，把文求堂三字合并起来作为自己的别号，也叫着救堂。（这是有点类似于儿戏，实际上救字并不是"文求"二字的合书。）年龄在五十以上。他是连小学都没有毕业的，但他对于中国的版本却有丰富的知识，在这一方面他可远远超过了一些大学教授和专家。他年青时候曾经到过北京，就全靠买卖上的经验，他获得了他的地位和产业。大约在日本人中，但凡研究中国学问的人，没有人不知道这位田中救堂；恰如在上海，但凡研究日本学问的中国人，没有人不知道内山完造的那样。①

---

① 《海涛集·我是中国人》，《郭沫若全集·文学编》第13卷，第359—360页。本篇引文，未注出处者，均见此篇。

1955年12月，郭沫若率中国科学代表团访问日本。其时，田中庆太郎已经去世4年，文求堂也闭店1年多了。郭沫若特地到叶山高德寺凭吊田中庆太郎的灵台，又会见了田中庆太郎的遗孀、儿子、女儿、女婿等。郭沫若与田中一家，有着深厚的情谊。

1928年8月底，郭沫若在东京上野图书馆借到罗振玉的《殷虚书契前编》。面对"差不多是一片墨黑"的甲骨文拓片，便想起"可以问津的第二个门路"——"一家专卖中国古书的书店"——文求堂书店。1914年郭沫若初到日本，在东京本乡第一高等学校读预科，到过这家书店。1923年郭沫若毕业回国后，日本关东大地震使这家书店与全部藏书毁于一旦。1927年，店主人田中庆太郎以当时甚为少见的钢筋混凝土结构重建起书店。所以，郭沫若这时找上门来，看到"门面已经完全改观了。在前仿佛只是矮塌的日本式的木造平房，而今却变成黑色大理石的三层楼的西式建筑了"。来到店中，第一次正式与书店主人相见，请教有没有研究"殷虚书契"的入门书。书店主人便从书架上取下两本《殷虚书契考释》，正是郭沫若"所急于需要的东西"。然而，书价12元，郭沫若身上却只有6元多钱。抵押借阅也不成，书店主人告诉他一个"更好的门路"：这一类的书，东洋文库应有尽有，只要有人介绍，可以随时去阅览。于是，郭沫若跑了两个月的东洋文库，读完库中所有甲骨文和金文的著作，写出他的"古代研究三部曲"。《中国古代社会研究》于1930年先行出版，《甲骨文字研究》《殷周青铜器铭文研究》于1931年夏相继出版。郭沫若收到后两种书的样书各20部后，便每种留下两部，其余送到文求堂。"文求堂老板很客气，打了一个七折，当下便给了现钱。"

大约在这前后，郭沫若与田中庆太郎的交往日渐频繁。现今保存的郭沫若致文求堂书店主人田中庆太郎父子的230封信札，最早的一信写于1931年6月28日，最后的一信写于1937年6月26日。整整6年时间，平均每10天一信。1934年写信最多，差不多每5天即发一信。有时甚至一天两信，或者连日致函。

从最初的10余封信中可以看出，所谈都是关于《两周金文辞大系》的出版问题。第一封信，收到田中庆太郎《舀壶铭》，在铭文之下做出释文。

在铭文、释文之前，仅有两行日文："拜复：《舀壶铭》妥收。谢谢。顺将释文附于左，聊供一粲。六月廿八日，沫若再拜。"① 第二封信，用中文所写，全文如下："敬启者，溽暑兼旬，近想安善。日前曾往小名滨滞留数日，昨归得奉大札，甚慰。《沈子毁铭》已领讫。兹别寄《御毁铭》拓本一纸，亦由容希白君处假得者，望付影印。稍暇拟来京畅谈，不一一。专此，即颂 暑安。郭沫若 八月十五日 田中仁兄大鉴。"待到写第四封信时，《两周金文辞大系》一书已接近告成。信乃用日文：

> 昨日得晤各位，快甚。诸蒙厚待，衷心感谢。归府后料当疲惫也。
> 《矢彝》铭文拟亦录入《大系》插图。府上有《明公彝》单行本，可仅取其中三种铭文，以为第一图，按 a（盖）、b（器）、c（尊）之顺序。其余插图编号依次顺延即可。
> 目录与插图说明既为手写体，序文与凡例亦当手写方能统一。望饬印刷所将以上两种寄下。
> 此外，请惠假常用毛笔一枝，仆处所有毫皆秃矣。
> 改日再会
>
> 郭沫若顿首
> 十月 26 日
>
> 田中先生
> 尊夫人均此问候。

到 1932 年 1 月 2 日，郭沫若给田中庆太郎写第八封信，谈出版申请书和版权页事宜，并将两份材料分别盖章寄去，强调出版申请如需填写原籍，即请其代为补入"中华民国四川省乐山县沙湾场"。11 天后，郭沫若收到田中派人送来的《两周金文辞大系》多部，当即作复表示"甚感谢"，同时写道："拙著拜领五部即足（精二、平三），余均璧还。"信封正面书"麈 田中庆太郎样 沫若手奏"，由来人带回。春节一过，转瞬便是正月十五（2

---

① 《郭沫若致文求堂书简》，文物出版社，1997，第 249 页。本篇所引书简，均出此书，不再注。

月 20 日），郭沫若与田中庆太郎曾有一聚。因此，2 月 21 日信中提到"日前厚扰，得以畅吐胸臆，为四五年来未曾有之快事"。26 日信称："拙稿增足至二十五、六叶，竟成了一部专著。如何发表之处，幸斟酌。"一个多月以后，郭沫若收到田中来信，3 月 31 日复函："大示奉悉，原稿亦妥收。当即着手撰写《金文丛考》。"

这里特别提一下，1932 年岁末郭沫若收到新拓《大龟四版》，立即告知田中庆太郎（见图 1）：

　　恭贺新年。三千年前大龟四片已从北平寄到。请来一游，将奉以龟之佳肴也。

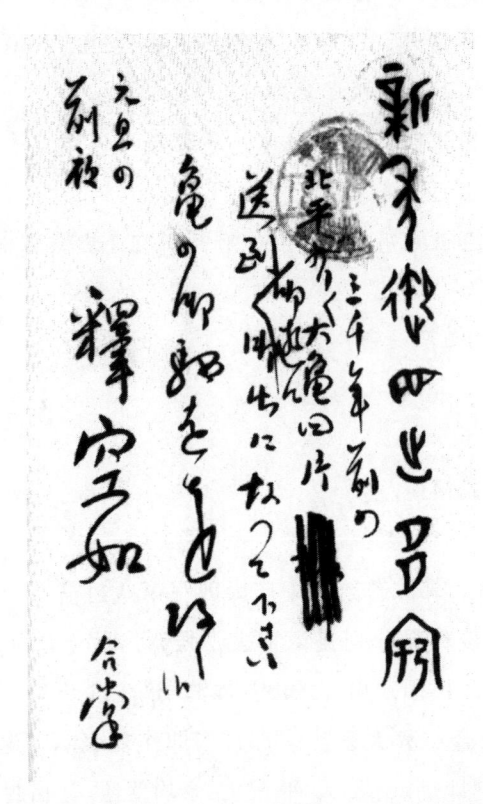

图 1　郭沫若 1932 年 12 月 31 日写给田中庆太郎的贺岁明信片
资料来源：《郭沫若致文求堂书简》，第 60 页。

这一贺岁明信片见证了《卜辞通纂·述例》（六）所说"中央研究院历

史语言研究所李济之博士及董彦堂氏以新拓之《大龟四版》及《新获卜辞》之拓墨惠假,并蒙特别允许其选录"。

就这样,郭沫若一部接一部地撰述,田中庆太郎一部接一部地为郭沫若出版。现将两人有书信往来的6年间,合作出版的著作依次排列如下。

1932年

《两周金文辞大系》一册,1月10日初版,文求堂以手稿影印。

《金文丛考》四册,8月1日初版,文求堂以手稿影印。

《金文余释之余》一册,11月6日初版,文求堂以手稿影印。

1933年

《卜辞通纂》附考释、索引共四册,5月10日初版,文求堂以手稿影印。

《古代铭刻汇考四种》(《殷契余论》《金文续考》《石鼓文研究》《汉代刻石二种》)三册,12月10日初版,文求堂以手稿影印。

1934年

《古代铭刻汇考续编》一册,5月20日初版,文求堂以手稿影印。

1935年

《两周金文辞大系图录》五册,3月5日初版,文求堂以手稿影印。

《两周金文辞大系考释》三册,8月20日初版,文求堂以手稿影印。

1937年

《殷契粹编》附考释、索引共五册,5月29日初版,文求堂以手稿影印。

正是这一系列巨著,奠定了郭沫若在中国学术界的崇高地位。同时,也表现出田中庆太郎独具慧眼的超人卓识。

田中庆太郎的女婿、金泽大学名誉教授增井经夫是日本研究中国史学的知名学者,回忆郭沫若与田中家的交往时说:

> 当时,田中家与郭沫若、沫若夫人(佐藤をとみ),包括子女们之间"亲若一家人"。郭先生与夫人频频过访文求堂(不如说就是过访田中家)。郭先生与其说是"客人",还不如说是一位常常进入文求堂店

深处的田中私宅接待室，无拘无束地聊天，议论学问的老朋友，其夫人也经常出入于田中家的便门。①

郭沫若与田中家"亲若一家人"的交往，从《郭沫若致文求堂书简》中完全可以得到生动的证实。

在致田中庆太郎的第六封信中，郭沫若便为其妻弟求职事麻烦田中了。1931年11月10日信中说："妻弟佐藤俊男顷日来京求职，兹特专诚绍介，如有方便，尚乞加以提絜是幸。"两天以后，田中便写了推荐信，郭沫若立即作复表示："日前，妻弟俊男踵府奉扰，诸蒙垂青，幸甚之至。……尊书当即转致。"

1932年1月，在《两周金文辞大系》出版之际，郭沫若第四子志鸿出世，田中屡函问询。在回复出版申请书、版权页的信中，郭沫若又写道："内子尚未分娩，大约在一周以内，承询甚感。"当收到《两周金文辞大系》样书后，在回复中又以玩笑口吻写了一段文字：

拙荆承询，深不敢当。腹中之物，大有乃翁之概，尚悠悠然无出世意也。一笑。

1932年6月23日的一封日文信中，更让人感到"亲若一家人"的亲情：

昨日内子、长男踵府奉扰，蒙厚待，谢甚。于尊处所见现代书局版拙著《中国古代社会研究》，似确有两种，一种纸质较优，一种为普通新闻纸。前种纸质优良者如蒙惠赐一册，则荣幸之至。

又用中文写了以下六句：

尊夫人之贵恙　想已日趋佳善

---

① 伊藤虎丸：《增井经夫先生藏郭沫若致文求堂书简刊印缘起》，《郭沫若致文求堂书简》，第323页。

> 得无有喜事乎　则老兄之罪过
> 不亚于小生也　臆测之处恕罪

4日后，郭沫若收到所要的《中国古代社会研究》两册，同时知道前信"臆测"之误，便用中文写了一张明信片寄去，表示：

> 妄诊多罪，左赋一诗，聊请捧腹，以谢诬腹之罪。
> 月华偶被乌云著　误把乌云当成月中兔
> 幸只打诊未投方　不然已把夫人误
> 世间正苦竹薮多　从今不敢攀黄而问素

不仅互相关心对方夫人的健康、怀孕与否，还对对方子女倾注诸多关怀之情。

在《郭沫若致文求堂书简》之外，我们知道，由于对郭沫若钟情有加，田中庆太郎曾经提出愿以长女柳子许配郭沫若，这当然是不可能的事情。田中庆太郎便又以其次子震二师事郭沫若，郭沫若即以田中震二为自己最喜爱的学生、孩子，精心指导。1936年9月，震二不幸早逝。忌辰之日，郭沫若停下手中一切事务，拒绝一切来访，奔赴叶山田中府宅，亲笔为田中震二撰写墓志。在现存的230封书信中，有32封是郭沫若写给田中震二的。内容多是考释文字、有关郭沫若著述方面的话题。仅引1933年2月7日一信，即可见一斑：

> 拜复：五日夜手书奉到。查考迅速周密，感佩无似。此问题务请彻底解决，终究是一种见识。
>
> 另附致原田氏函，乞与令尊商量处置。倘可行，将倩摄影师携去转致；如有不便，毁弃即可，姑用那张模糊不清的照片。
>
> 令堂视我为无忧无虑者，盖认识不足也。然已觉不复能逍遥自在如今日之状矣。

对于柳子，郭沫若亦多次示以关切之情。1934 年 9 月 26 日，郭沫若闻知柳子将要出嫁，便预先准备好礼物，并写了一函：

> 闻柳子娘不久将出阁，兹以某君所赠礼物转赠，籍表贺意。

柳子与增井经夫新婚之际，郭沫若在 11 月 26 日给田中震二信中又专有一段文字表示：

> 柳子小姐新婚燕尔，同庆之至。

至于在经济上，田中庆太郎对郭沫若的支持，差不多总是以预支版税的方式确保其基本生活有保障。

最初，当《两周金文辞大系》不能在北平出版时，田中庆太郎便以 300 元买下全稿，解决了郭沫若的燃眉之急。1934 年 8 月，《两周金文辞大系图录》正在紧张地定稿。30 日，郭沫若写信给田中庆太郎，说"九月中小学即将开学，子女之学费、月票等开支较多，如方便，请预假印税二百元"。9 月 1 日，郭沫若即收到预支款项。

1936 年 6 月 26 日以后，郭沫若与田中家的来往中断。然而，田中庆太郎始终珍藏着两家人六年来结下的深厚情谊，把郭沫若所写的 230 封信函分年收放在牛皮纸袋中，按照写信日期或邮戳日期顺序排列。这些信件，一直由增井经夫、柳子夫妇保存着。经中日两国的郭沫若研究学者合作，230 封书信连图版带译文，1997 年由中国文物出版社正式出版，成为郭沫若与田中庆太郎一家"亲若一家人"的见证，反映中日文化交流的先驱者的贡献。

最后，要指出的是，郭沫若与田中庆太郎虽然交往如此深厚，却没有弄清田中庆太郎的身世。本文开头引录的郭沫若 1947 年的回忆，说田中庆太郎"连小学都没有毕业"，"全靠买卖上的经验，他获得了他的地位和产业"，这都是不确的。田中庆太郎 1880 年生于京都，1899 年毕业于东京外国语学校（现在的东京外国语大学）汉学科。文求堂，是他的先辈在日本文久元年（1861）开业时取年号的谐音命名的，1901年由京都迁至东京。1900年以后，田中数次到中国，1908—1911年在中国住了三年，并在北京购置有房产，一面学习汉籍，一面对书画篆刻、金石、版本等进行研究，所以郭沫若在回忆中称"他对于中国的版本却有丰富的知识，在这一方面他可远远超过了一些大学教授和专家"。1951年田中庆太郎逝世，享年71岁，1953年长子乾郎故去，1954年文求堂闭店。

（2014年7月修订）

[本文原为《郭沫若学术思想评传》第十四章第二节，收入拙著《龙虎斗与马牛风——论中国现代史学与史家》]

郭沫若与陈寅恪："龙虎斗"与"马牛风"

> 郭沫若最好的著作是《青铜时代》。
>
> ——陈寅恪
>
> 《再生缘》之被再认识，首先应该归功于陈寅恪教授。
>
> ——郭沫若

壬水庚金龙虎斗，郭聋陈瞽马牛风。

这副流传至今的对联，是 20 世纪两位学术大师在 60 年代研讨弹词《再生缘》的两次会晤中产生的。短短的 14 个字，包含着两位大师的生辰、属相、生理特征，也反映着那个年代的某些时代特征。

"郭聋"，指早年因病双耳失聪的郭沫若。"陈瞽"，指 40 年代中期双目失明的陈寅恪。郭沫若 1892 年出生，干支纪年为壬辰年，壬于五行中属水，辰于生肖中为龙，故"壬水""龙"，暗指郭沫若。陈寅恪 1890 年出生，干支纪年为庚寅年，庚于五行中属金，寅于生肖中为虎，故"庚金""虎"，暗指陈寅恪。

关于这副对联，一说是郭沫若在与陈寅恪见面寒暄时吟出的，一说是郭、陈二人各半联。这两种说法，都不确切。郭沫若的记录是：1961 年 3 月、11 月两次到广州，两次看望陈寅恪，在第二次见面时作成此联。所谓"龙虎斗""马牛风"，更有不同解释。

下面，让我们循着岁月的变迁，回顾一下两位大师的基本情况和他们在 1949 年以后的交往，特别是 1961 年的两次相见，将有助于理解对联中的

"龙虎斗""马牛风"的意蕴。

一 未谋面时存异同

迄今尚未见有材料说明郭沫若与陈寅恪两位大师在1949年以前曾经谋面，但陈寅恪因在清华大学、中央研究院历史语言研究所任职，有可能了解郭沫若当时的学术研究成果，知道他是"甲骨文专家，是'四堂'之一"。1948年中央研究院选举郭沫若为首届院士（郭沫若缺席），在评选过程中，陈寅恪肯定会看到郭沫若的一些著作。所以，后来陈寅恪曾称赞郭沫若"最好的著作是《青铜时代》"。而郭沫若对陈寅恪的学术成就也不是一无所知，陈寅恪自己就说过："郭沫若在日本曾看到我的王国维诗。"不管他们1949年以前是否谋面，也不论他们相互了解多少，两位大师在各自的学术领域都取得举世瞩目的成就。

20世纪二三十年代，正是中国社会发生激烈变动的年代，也是外来思想文化以全然不同的内涵冲击东方文明的时代。人们普遍都在探索中外思想文化的关系，陈寅恪、郭沫若是其中成就卓著、颇具影响的两位大师。当我们追踪他们的学术生涯时，非常清楚地看到：陈寅恪自幼留意佛事、佛典，早年治学门径大体以比较语言学为本，故其思辨缜密，注意诗文的"古典"与"今典"。但健康方面的原因和人生道路的实际，使其性格孤清、倨傲，气质偏于忧郁、感伤。而郭沫若则是另一种情况，自幼喜摆脱羁绊，又是以白话诗登上文坛的，所以思想开放、富于想象，"好发议论""好写翻案文章"，加之人生道路方面的原因，其性格浪漫、好胜、趋新。这些，都程度不同地决定着他们思考和研究问题的取向与方式。

尤其应当注意的是两位大师对待中国文化和外来文化的基本态度。其相近之处，两人都不是"全盘西化论"者，也不是"文化本位论"者，都主张中外文化应当相辅相成。

陈寅恪认为：

> 其真能于思想上自成系统,有所创获者,必须一方面吸收输入外来之学说,一方面不忘本来民族之地位。此二种相反而适相成之态度,乃道教之真精神,新儒家之旧途径,而二千年吾民族与他民族思想接触史之所昭示者也。①

稍早几年,郭沫若亦有如此说法:

> 要建设新文化,不先以国民情调为基点,只图介绍些外人言论,或发表些小己底玄思,终竟是凿柄[枘]不相容的。②
>
> 我们要唤醒我们固有的文化精神,而吸吮欧西的纯粹科学的甘乳。③

但在这当中,又透露出两位大师的不同见解。

陈寅恪主张:

> 既融成一家之说以后,则坚持夷夏之论,以排斥外来之教义。……窃疑中国自今日以后,即使能忠实输入北美或东欧之思想,其结局当亦等于玄奘唯识之学,在吾国思想史上,既不能居最高之地位,且亦终归于歇绝者。④

郭沫若则主张吸收外来科学文化,弥补中国固有文化的不足。他注意到世界上各民族的文化大都"有兴有替""有盛有衰",唯独中国文化具有如下特点:

> 五千年中永远保持着了它的一贯的进化体系。……看着便要达到老境了,立地便有一针青年化的血清注射。⑤

---

① 陈寅恪:《冯友兰中国哲学史下册审查报告》,《金明馆丛稿二编》,第252页。
② 《郭沫若致宗白华》(1920年1月18日),《郭沫若全集·文学编》第15卷,第20页。
③ 《论中德文化书——致宗白华兄》,《郭沫若全集·文学编》第15卷,第157页。
④ 陈寅恪:《冯友兰中国哲学史下册审查报告》,《金明丛稿二编》,第252页。
⑤ 《青年化,永远青年化》,《郭沫若全集·文学编》第18卷,第323—324页。

这"青年化的血清",便是"异民族的文化之优秀成分",我们吸收来"使之成为自己的血肉,或成为自己文化创建力的触媒"。

很明显,陈寅恪的主张,如他本人所说,是一种"不古不今之学",或谓"以新瓶装旧酒",更偏重于传统之学。而郭沫若的主张,亦如他本人所说,是"一贯的进化体系",更偏重于变革、创造。

上述治学门径、思维方式、性格特征以及看待中外文化的态度等,使他们对另一位近代学术大师王国维都非常推崇、赞许。但在王国维之死的问题上,认识却不尽一致。

王国维投颐和园昆明湖死后,陈寅恪作《王观堂先生挽词并序》,刊于1928年出版的《国学论丛》第1卷第3号"王静安先生纪念专号"。其论王国维所以死之故:

> 凡一种文化值衰落之时,为此文化所化之人,必感苦痛,其表现此文化之程量愈宏,则其所受之苦痛亦愈甚;迨既达极深之度,殆非出于自杀无以求一己之心安而义尽也。……盖今日之赤县神州值数千年来未有之巨劫奇变;劫尽变穷,则此文化精神所凝聚之人,安得不与之共命而同尽,此观堂先生所以不得不死,遂为天下后世所极哀而深惜者也。①

很明显,陈寅恪强调的是,神州大地巨变,传统文化沉沦,深深凝聚传统精神的王国维不能不为之殉身!一年以后,清华研究院同学为王国维竖立纪念碑,请陈寅恪作碑铭,于是对王国维之死便有了如下说法:

> 士之读书治学,盖将以脱心志于俗谛之桎梏,真理因得以发扬。思想而不自由,毋宁死耳。斯古今仁圣所同殉之精义,夫岂庸鄙之敢望。先生以一死见其独立自由之意志,非所论于一人之恩怨,一姓之兴亡。②

---

① 又见《寒柳堂集》附《寅恪先生诗存》,上海古籍出版社,1980,第6—7页。
② 陈寅恪:《清华大学王观堂先生纪念碑铭》,《金明馆丛稿二编》,第218页。

几乎是同时，郭沫若也论及王国维之死：

> 王国维，研究学问的方法是近代式的，思想感情是封建式的。两个时代在他身上激起了一个剧烈的阶级斗争，结果是封建社会把他的身体夺去了。①

这与陈寅恪论王国维为传统文化衰落而殉身的说法是相通的，却与陈寅恪论王国维"思想而不自由，毋宁死耳"大相径庭。

二 初次交往有波折

1953年，郭沫若、陈寅恪开始了书信交往。

这一年，中共中央决定组建中国历史问题研究委员会。9月，委员会第一次会议根据中共中央宣传部的提议，决定在中国科学院设立三个历史研究所，分别以郭沫若、陈寅恪、范文澜为所长。

11月下旬，曾经是陈寅恪助教、时为北京大学历史系副教授的汪篯，带着中国科学院院长郭沫若、副院长李四光写给陈寅恪的两封信到中山大学，正式传达请陈寅恪担任历史研究二所所长的意见。遗憾的是，目前看不到这两封信的原件，也就无法知道其具体内容。12月1日，陈寅恪口述、汪篯笔录，形成一份《对科学院的答复》。其要点如下：

> 我的思想，我的主张完全见于我所写的王国维纪念碑中。……独立精神和自由意志是必须争的，且须以生死力争。正如词文所示，"思想而不自由，毋宁死耳。斯古今仁圣所同殉之精义，夫岂庸鄙之敢望"。一切都是小事，惟此是大事。碑文中所持之宗旨，至今并未

---

① 《〈中国古代社会研究〉自序》，《郭沫若全集·历史编》第1卷，第8页。

改易。

…………

我提出第一条："允许中古史研究所不宗奉马列主义，并不学习政治。"其意就在不要桎梏，不要先有马列主义的见解，再研究学术，也不要学政治。不止我一人要如此，我要全部的人都如此。

…………

我又提出第二条："请毛公或刘公给一允许证明书，以作挡箭牌。"其意是毛公是政治上的最高当局，刘少奇是党的最高负责人。我认为最高当局也应和我有同样看法，应从我之说。否则，就谈不到学术研究。

至如实际情形，则一动不如一静。我提出的条件，科学院接受也不好，不接受也不好。两难。我在广州很安静，做我的研究工作，无此两难。去北京则有此两难。动也有困难。我自己身体不好，患高血压，太太又病，心脏扩大，昨天还吐血。

你要把我的意见不多也不少地带到科学院。碑文你带去给郭沫若看。郭沫若在日本曾看到我的王国维诗。碑是否还在，我不知道。如果做得不好，可以打掉，请郭沫若做，也许更好。郭沫若是甲骨文专家，是"四堂"之一，也许更懂得王国维的学说。那么我就做韩愈，郭沫若就做段文昌，如果有人再做诗，他就做李商隐也很好。我的碑文也流传出去，不会湮没。

前面提到，陈寅恪早在30年代就说过："窃疑中国自今日以后，即使能忠实输入北美或东欧之思想，其结局当亦等于玄奘唯识之学，在吾国思想史上，既不能居最高之地位，且亦终归于歇绝者。"他所说的"东欧之思想"，当指马克思主义。新中国成立后，他反对把马克思主义放在"最高之地位"，拒绝学习马克思主义，这是完全可以理解的。但是为什么在这份《对科学院的答复》中，要围绕他1929年所写王国维纪念碑文大加发挥，并且要汪篯把碑文带去给郭沫若，说也许郭沫若"更懂得王国维的学说。那么我就做韩愈，郭沫若就做段文昌"呢？

陈寅恪《对科学院的答复》中的这段文字，说的是唐史中的一则典故。唐宪宗年间，为削平淮西藩镇，宰相裴度亲赴前线节度各路兵马。李愬雪夜袭取蔡州，一举擒获淮西藩镇首领，平定了淮西割据势力。韩愈当时为裴度行军司马，事后奉诏撰《平淮西碑》（后称"韩碑"）以记其事。不久，讨伐淮西主将李愬妻、唐安公主之女，不满"韩碑""多叙裴度事"。于是，唐宪宗下令磨掉"韩碑"，命翰林学士段文昌重撰《平淮西碑》（后称"段碑"）。后来，诗人李商隐有七言古诗《韩碑》记述此事，认为"韩碑"不会被磨去。① 陈寅恪引用这则典故，很明显有其用意。前面已经述及陈寅恪关于王国维之死的两次说法，其第一次"论王国维所以死之故"，与郭沫若的说法有相通之处，其第二次的说法强调"思想而不自由，毋宁死耳"，与郭沫若认为王国维是"封建社会把他的身体夺去了"的认识则是大相径庭的。而郭沫若在《〈中国古代社会研究〉自序》中的这一认识，后来在史学界具有广泛的影响，这难免引起陈寅恪心中不快。所谓"韩碑"与"段碑"的说法，表明在陈寅恪看来，他所撰的"王国维纪念碑"，会像李商隐所称赞的"韩碑"那样，"今无其器存其辞"，不会湮没。段文昌由翰林学士拜相，入相出将近 20 年，在当时名声胜过韩愈，但后来在文化史方面的影响却不如韩愈。陈寅恪把自己比作韩愈，② 把郭沫若比作段文昌，含意正在于此。

汪篯带着陈寅恪《对科学院的答复》和陈寅恪的两篇新作、四首诗回到北京，向科学院做了汇报。12 月 10 日，正在"校读管子《侈靡》，颇有收获"的郭沫若，听科学院党组成员、学术秘书刘大年来谈陈寅恪，想到的是"第二史所只好改由陈垣担任"，并感慨"人之冥顽，大可悲悯"。14 日下午，郭沫若"看了汪篯关于陈寅恪的报告"，但做何反应，未见评骘。③ 特别是对陈寅恪所说"韩碑""段碑"有何感触，更不得而知。一个月后，即 1954 年 1 月 16 日，郭沫若致函陈寅恪。信函的内容虽然迄今无人披露，

---

① 两篇同名的碑文、一首古诗，今俱留存，读者自可对照史实，明其曲直。
② 陈寅恪把自己比作韩愈，却忘了韩愈字"退之"，其《感春四首》中"今者无端读书史，智慧只足劳精神。画蛇著足无处用，两鬓霜白趋埃尘。乾愁漫解坐自累，与众异趣谁相亲"的诗句。曲高和寡"坐自累"，"异趣少亲"岂自由。
③ 郭平英 1997 年 10 月 3 日致笔者信所附郭沫若 1953 年 12 月 10 日、14 日日记。

但 1 月 23 日陈寅恪做出这样的回复：

沫若先生左右：

一九五四年一月十六日手示敬悉。尊意殷拳，自当勉副。寅恪现仍从事于史学之研究及著述，将来如有需要及稍获成绩，应即随时函告并求教正也。

专此奉复，敬颂

著祺！

陈寅恪敬启

一九五四年一月廿三日①

虽然陈寅恪拒绝重返京华，但"尊意殷拳，自当勉副"八个字却透露出：当中国历史问题研究委员会决定创办《历史研究》，郭沫若为编辑委员会召集人，请陈寅恪为编辑委员时，陈寅恪欣然同意了。汪篯带回的陈寅恪的两篇文章，先后刊登在《历史研究》的创刊号和第 2 期上，一为《记李唐之李武韦杨婚姻集团》，一为《论韩愈》。同时，中国科学院以陈垣为历史研究二所所长。

1954 年 4 月，中国科学院开始筹设学部，郭沫若兼哲学社会科学部主任。经杜国庠同陈寅恪联络，9 月初杜国庠致函中国科学院党组书记、副院长、哲学社会科学部副主任张稼夫，说："陈寅恪先生已答应就委员职。日前给您电报想已收到。"② 9 月 30 日，郭沫若致函陈寅恪：

寅恪先生大鉴：

学友杜守素先生来京，获悉尊体健康，并蒙慨允担任中国科学院社会科学学部委员，曷胜欣幸！

学部乃科学院指导全国科学研究工作与学术活动之机构，不致影

---

① 《陈寅恪先生编年事辑》，上海古籍出版社，1981，第 146 页引录，称"此信据师母手写底稿"。
② 《刘大年来往书信选》（上），第 93 页。

响研究工作,目前正积极筹备,详情将由守素兄返粤时面达。

尊著二稿已在《历史研究》上先后发表,想已达览。《历史研究》编辑工作缺点颇多,质量亦未能尽满人意,尚祈随时指教,以期有所改进。尊处于学术研究工作中有何需要,亦望随时赐示,本院定当设法置备。专此

著祺!

郭沫若　九、卅①

此信通过刘大年交杜国庠,转达陈寅恪。刘大年回忆说:"科学院当时制定有资助院外学者工作办法。郭信中表示了对陈研究工作的关心,不是客套。"② 陈寅恪的学部委员之职,此后始终保持未变。

三　"厚今薄古"生枝节

1958年,"厚今薄古"的问题又将郭沫若与陈寅恪联系在一起。这就是郭沫若5月16日关于"厚今薄古"问题写给北京大学历史系师生的一封信,6月10日、11日先后被《光明日报》《人民日报》刊载,内中提到陈寅恪,被认为是"公开点出陈寅恪的名"。

让我们来看一看当时的实际情形,再仔细品味一下郭沫若写给北京大学历史系师生的信。

在1958年3月国务院学科规划委员会第五次会议上,郭沫若代表访苏科学技术代表团做总结报告《加强中苏科学合作,为促进科学事业的大跃进而战斗》。陈伯达作为中央政治局委员、中央宣传部副部长,10日到会做报告,题为《厚今薄古,边干边学》,说"资产阶级知识分子想逃避社会主义现实生活",以为"积累了些资料,熟悉了些资料,就很有学问了"。第二天,《人民日报》以发消息的形式摘要报道了陈伯达的主要观点。两个星

---

① 《郭沫若关于〈历史研究〉的六封信》,《历史研究》1994年第1期。
② 《郭沫若致陈寅恪》注释[1](三),《刘大年来往书信选》(上),第99页。

期以后，3月25日出刊的《中山大学周报》第246期刊登《历史系教工揭露些什么》的报道，说"'厚今薄古'的现象，亦是这次揭发的主要内容之一"。显然，这是陈伯达报告在中山大学激起的最早、最直接的反响，距郭沫若给北大历史系师生写信要早1个多月的时间。

4月3日，《人民日报》刊登复旦大学关于"厚今薄古"的辩论。

4月28日，范文澜在《人民日报》发表《历史研究必须厚今薄古》，前三个小标题是"厚今薄古是中国史学的传统""厚古薄今是资产阶级学风""厚今薄古与厚古薄今是两条路线的斗争"。短短两个月的时间，各主要报刊发表的论文和有关各地讨论情况的报道，多达40篇。

如何正确理解和把握"厚今薄古"，对于从事古代史、从事考古的人来说，成为亟待弄清楚的问题。特别是历史系的青年教师和学生，更希望听到一种比较科学、客观的说法。北京大学历史系的部分师生，5月15日写信给郭沫若，系主任翦伯赞亲自到郭沫若家，希望郭沫若能够就这个问题到北大历史系做一次报告。但因郭沫若数日后要同全国文联的朋友赴张家口地区参观，便于5月16日写了这封给北京大学历史系师生的回信。

如果说自3月10日陈伯达提出"厚今薄古"的口号，引发了学术界主要是史学界的强烈反响，复旦大学召开辩论，范文澜随后发表文章，郭沫若应北大历史系之邀做回复，是"大跃进"年代的产物，也无可非议。但如果认定从陈伯达3月10日的报告，到范文澜4月的文章，再到郭沫若5月的信6月公开发表，① 反映"一种设计与布局的从容"，却难以令人信服。

郭沫若信中的一些说法，如"今天是自觉发展的时代了，我们正应该标榜'厚今薄古'，来打破迷信，解放思想，形成发展上的大跃进"，无疑是时代在他身上打下的明显印记。但他紧接着又说："当然'厚今薄古'也不是说只要今，不要古，或者是把所有古代的遗产都抛弃，并不是那样。"信中特别指出：

---

① 郭沫若信的发表，先是北大历史系师生转送《光明日报》。郭沫若6月7日从张家口地区回京，收到《光明日报》送来的清样。他在9日给翦伯赞的信中说："我略略添改了一点。我已请他们登在普通版面上。"10日，《光明日报》刊出，题为《关于厚今薄古问题——答北京大学历史系师生的一封信》。11日，《人民日报》转载。

> 由于肤浅地了解了"厚今薄古"的含义，有些人发生了轻视资料、轻视旧书本的念头，甚至搞历史的人也感到苦闷，这也是一种偏向。总之，"厚今薄古"必须同时并提，古今是相对的，厚薄也是相对的，"厚今薄古"同时并提便成为合理的辩证的统一。

那个年月，肤浅了解"厚今薄古"含义的情况确实普遍存在，但郭沫若并不在这"肤浅"之列。以今天的眼光来比较当时各种有关"厚今薄古"的言论，这封信中的许多基本认识算是最能经得起历史发展的检验的了。

至于"点陈寅恪名"的问题，信中有这样一整段文字：

> 搞历史是要掌握资料的，但这不是目的。我们不能成为资料的俘虏，要掌握它，据有它，成为资料的主人或支配者。资产阶级的史学家只偏重资料，我们对这样的人不求全责备，只要他有一技之长，我们可以采用他的长处，但不希望他自满，更不能把他作为不可企及的高峰。在实际上我们需要超过他。就如我们今天在钢铁生产等方面十五年内要超过英国一样，在史学研究方面，我们在不太长的时间内，就在资料占有上也要超过陈寅恪。这话我就当到陈寅恪的面也可以说。"当仁不让于师"。陈寅恪办得到，我们掌握了马克思列宁主义的人为什么还办不到？我才不相信。一切权威，我们都必须努力超过他！这正是发展的规律。①

这一整段文字，意思十分清楚：（1）非马克思主义史学家偏重资料，不求全责备，可以采用他的长处；（2）非马克思主义史学家的代表陈寅恪在资料占有上是一座高峰，但不是不可企及，必须努力超过他。毋庸讳言，郭沫若在那使人头脑发昏的年代也有"热昏了头"的地方。但是，要把中山大学1958年6月以后"厚今薄古"运动逐步升级、"直捣陈寅恪学术独立王国"的种种狂热行动，都归结到郭沫若的这封信"点出陈寅恪的名"，就

---

① 《关于厚今薄古问题——答北京大学历史系师生的一封信》，《沫若文学》第17卷，第594页。

未免有点让偏见蒙住眼睛，不顾事实真相了。在信中，人们丝毫看不到什么阶级斗争、路线斗争的影子，也没有认为陈寅恪是"白专方向"的代表、陈寅恪的学术是"资产阶级伪科学"等的意思。郭沫若是承认在资料占有上不如陈寅恪，就如同钢铁生产不如英国一样，所以才要超过他们，而且必须努力才有可能超过。

需要补写一笔的是，当人们从另一个层面来看待这件事情的发展时便会发现，郭沫若在"厚今薄古"问题上，始终是在努力澄清陈伯达所造成的思想"混乱"的，直至陈伯达改变说法。1958年5月16日写给北京大学历史系的信是第一个反响，1959年3月答《新建设》编辑部问则是系统的回应。在这篇题为《关于目前历史研究中的几个问题》的问答中，郭沫若强调"从新的历史观点出发，固然应该着重写劳动人民的活动，但以往的社会既是阶级社会，统治阶级的活动也就不能不写"。针对陈伯达的"资产阶级知识分子想逃避社会主义现实生活"，以为"积累了些资料，熟悉了些资料，就很有学问了"，郭沫若特别写了这样的一段话：

> 固然，史料不能代替历史学，但在历史研究中，只有历史唯物主义的一般原理而没有史料，那是空洞无物的。炊事员仅抱着一部烹调术，没有做出席面来，那算没有尽到炊事员的责任。由此看出，没有史料是不能研究历史的。因此，对搜集、考察史料的工作，不能一概加以否定。我们反对的是为考据而考据，以史料代替史学。但如有少数人一定要那样作，我认为也可以由他去，因为这总比"饱食终日，无所用心"的要好一些。[①]

一个月以后，翦伯赞也发表《目前历史教学中的几个问题》，同样指出："厚今薄古的问题，既不能用过多地压缩古代史的办法来求得解决，也不能

[①] 郭沫若：《关于目前历史研究中的几个问题——答〈新建设〉编辑部问》，原载《新建设》1959年4月号。《郭沫若全集·历史编》第3卷，第486页。

用先今后古的办法求得解决。"① 于是,"一九五九年五月在一个座谈会上",陈伯达重新发表《批判的继承和新的探索》的讲话,承认"厚今薄古"的口号"有一定的局限性",出现了"把这个口号加以简单化和庸俗化的偏向","在思想上有点混乱",并明确表示:"我原先没有把问题说得很清楚,这是要由我负责的。"同时,把《厚今薄古,边干边学》"略加整理",作为附录发表。② 事情发展到此,是否也包括在"设计与布局的从容"的范围之内呢?

四　评赏弹词两相见

要深入探讨郭沫若与陈寅恪的交往,最应该注意的是他们对弹词《再生缘》的研究。

几乎与中国科学院酝酿以陈寅恪为历史研究二所所长同时,陈寅恪自1953年9月开始撰写《论再生缘》,至1954年2月完成,自费油印。其后,油印本被友人带到香港。1958年,香港《人生》杂志12月号刊载余英时文章《陈寅恪先生〈论再生缘〉书后》。1959年,香港友联图书编辑所将油印本排印出版。1960年,正式出版的《论再生缘》传回内地。

1983年,余英时说:"《论再生缘》出版后,在海外轰动一时,我的《书后》并曾为陈先生惹了一些麻烦。"③ 究竟惹了什么麻烦,他自己并不知道,而只是引录牟润孙先生《敬悼陈寅恪先生》一文中的一段话:"有人借给友联研究所一本(按:指《论再生缘》油印本),友联将它排印出来,有人作了篇序(也许是跋,记不清了),大发挥其中蕴义。后来听说,果然给他老人家招了祸。幸而有人替寅老解说,广东的红朝人员对他又正在优礼,没有追究下去。"这位先生也是"听说",但招了什么祸,仍然语焉不详。

---

① 原载《红旗》1959年第10期。收入《翦伯赞史学论文选集》(三),人民出版社,1980,第32—47页。
② 均载《红旗》1959年第13期。
③ 余英时:《陈寅恪的学术精神和晚年心境》,原载《明报月刊》(香港)1983年1、2月号。

"有人替寅老解说,广东的红朝人员对他又正在优礼",这倒是实话。

友联将陈寅恪《论再生缘》排印出来,传回内地后,究竟是怎么样的一种情况呢?

蒋天枢《陈寅恪先生编年事辑》在1954年2月条下写道:"《论再生缘》初稿完成。自出资油印若干册。后郭院长沫若撰文辨难,又作《校补记》。(校补记后序,写成于六四年甲辰冬,见后。)"余英时引录了这段文字中括号以前的部分,紧接着说:"郭沫若文未正式发表,不知究作何等语。"然后,抓住《校补记后序》中"所南心史""孙盛阳秋"等语,说:"可见陈先生《论再生缘》初稿完成之后必曾直接受到政治压力,要他'删改'原文。郭沫若的'辨难'或与此有关,恐不尽关乎学术异同。"

下面,就让我们来看一看郭沫若文是不是"未正式发表",郭沫若的"辨难"是不是使陈寅恪"直接受到政治压力"。

1960年12月上旬,郭沫若读到《论再生缘》。他说:

> 陈寅恪的高度的评价使我感受到高度的惊讶。我没有想出,那样渊博的、在我们看来是雅人深致的老诗人却那样欣赏弹词,更那样欣赏《再生缘》……于是我以补课的心情,来开始了《再生缘》的阅读。当然,我也是想来检验一下:陈教授的评价究竟是否正确。①

这是郭沫若对陈寅恪《论再生缘》读后的第一印象。接下来,便开始读"同陈教授所听人诵读的版本一样"的三益堂翻刻本《再生缘》。下旬,郭沫若率代表团出访古巴,一路不忘阅读《再生缘》。1961年1月底回到北京,2月中旬赴海南岛,直至3月中旬。于是,便有了1961年3月13日郭沫若对陈寅恪的第一次拜访。

关于这次会面的详细情况,人们已经回忆不起多少。郭沫若的日记是这样写的:

---

① 郭沫若:《序〈再生缘〉前十七卷校订本》,初载《光明日报》1961年8月7日。

> 同（冯）乃超去看陈寅恪，他生于丙寅，我生于任辰，我笑说今日相见是龙虎斗。伊左目尚能见些白光，但身体甚弱，今年曾病了好久。胃肠不好。血压不大高。不相信中药，自言平生不曾用过参。①

谈话谈到"钱柳因缘"的事，陈寅恪提出"要原稿纸，另要在北京图书馆抄谢三宾的《一笑亭集》"。"将近一小时"的交谈，《再生缘》是话题之一。两人的一些基本认识是相通的，下面详叙。

不久，郭沫若回到北京。4月上旬得见"海内孤本"《再生缘》抄本，即与读过的三益堂翻刻本进行核对。5月4日在《光明日报》发表第一篇关于《再生缘》的长文《〈再生缘〉前十七卷和它的作者陈端生》，说："近年，陈寅恪有《论再生缘》一文，考证得更为详细，我基本上同意他的一些见解。"现就陈寅恪所论"再生缘之思想、结构、文词三点"，与之略加对照。

陈寅恪认为："再生缘一书之主角为孟丽君，故孟丽君之性格，即端生平日理想所寄托，遂于不自觉中极力描绘，遂成为己身之对镜写真也。"同时，举出其"颠倒阴阳"诸例，如孟丽君抗旨不肯代为皇帝脱袍；孟丽君在皇帝面前斥责父母，使之遭受责辱；孟丽君夫父欲在孟丽君前屈膝请行，向孟丽君跪拜；皇甫少华（孟丽君夫）向孟丽君跪拜；等等。陈寅恪随后说：

> 则知端生心中于吾国当日奉为金科玉律之君父夫三纲，皆欲借此等描写以摧破之也。端生此等自由及自尊即独立之思想，在当日及其后百余年间，俱足惊世骇俗，自为一般人所非议。

请注意陈寅恪关于"自由及自尊即独立之思想"的含义。

郭沫若认为："作者的思想富于叛逆性。她的胆子相当大。她假想了一个孟丽君，女扮男装，中状元，做宰相……"然后分析说：

---

① 1997年9月24日，在郭沫若纪念馆，抄自郭平英所录郭沫若1961年3月13日日记。其中"丙寅""任辰"均有笔误，当作"庚寅""壬辰"。

在男性中心的封建社会，女性的才能得不到发展，故往往生出这些要与男子并驾齐驱的幻想。不过作者的叛逆性更进了一步，她使她的主要人物发展到了目无丈夫，目无兄长，目无父母，目无君上的地步。特别是她揭露元成宗的好色心理是相当痛快淋漓的，在作品中揭穿了封建帝王的虚伪和胡作非为，这在旧时代是难能可贵的。

关于《再生缘》的结构，陈寅恪称其"结构精密，系统分明"，"为弹词中的第一部书"。郭沫若则用的是这样的说法："全书波浪层出，云烟缭绕，神龙游戏，夭矫不群。"

至于"文词"方面，陈寅恪强调"再生缘之文，质言之，乃一叙事言情七言排律之长篇巨制"，说：

> 弹词之作品颇多，鄙意《再生缘》之文最佳，微之所谓"铺陈终始，排比声韵"，"属对律切"，实足当之无愧，而文词累数十百万言，则较"大或千言，次犹数百"者，更不可同年而语矣。

这里，陈寅恪引用了唐代元稹（字微之）赞赏杜甫、贬抑李白的评论。虽然郭沫若不同意元稹的"抑李扬杜之论"，但仍然直接引录了陈寅恪的这段文字，认为陈寅恪"更使陈端生远远超过了杜甫"，并在文章最末一段写道：

> 陈寅恪说，他是"噤不敢发，荏苒数十年，迟至暮齿，始为之一吐"；他是"不顾当世及后来通人之讪笑"的。我不是所谓"通人"，因此我不仅不"讪笑"他，反而要为他的敢于说话而拍掌。

还进一步表示：

> 我也"不顾当世及后来通人之讪笑"，把《再生缘》前十七卷仔细

核校了，并主张把它铅印出来。

不难看出，两位大师对于《再生缘》的基本认识竟是如此的接近，哪里是什么施加"政治压力"或所谓"挑剔辩驳"！当然，郭沫若对陈端生思想的分析也有不同于陈寅恪之处，即认为陈端生的思想虽然在某种程度上超越了她的时代，但她的叛逆是有条件的：

> 她是挟封建道德以反封建秩序，挟爵禄名位以反男尊女卑，挟君威而不认父母，挟师道而不认丈夫，挟贞操节烈而违抗朝廷，挟孝悌力行而犯上作乱。

这或许是两位大师认识上的最不同之点。

5月下旬，郭沫若又从阿英处得到《再生缘》的初刻本。于是，以抄本为主，用三种本子核校。7月底，核校完毕。就这样，郭沫若把《再生缘》反复读了4遍。在核校和以后的一段时间，郭沫若又陆续发表了6篇有关《再生缘》作者陈端生的文章。弄清这6篇文章的基本内容，对于了解陈寅恪写《论再生缘校补记》是十分必要的。因为不细读（或不知道）郭沫若的这些论文，便不知两位大师的基本认识，也就不明白陈寅恪为什么会写《论再生缘校补记》。

陈寅恪《论再生缘》的第一段文字称："衰年病目，废书不观，唯听读小说消日，偶至《再生缘》一书，深有感于其作者之身世，遂稍稍考证本末，草成此文。"全篇文字，以人们容易得见的上海古籍出版社出版的《寒柳堂集》计，共77页。其中，考陈端生之事迹，至论述其写《再生缘》之经过，共56页；论《再生缘》思想、结构、文词，10页；有关梁德绳续撰《再生缘》，8页；陈寅恪读此书别感，3页。

郭沫若的后6篇文章，主要围绕陈端生的事迹进行考辨。内中，有赞同陈寅恪处，也有与陈寅恪存在分歧之点。

首先，郭沫若从《论再生缘》一文知道陈寅恪"没有看到《绘声阁初稿》"，便从这里入手，发现陈端生妹妹陈长生的诗题中多次出现"春田家姊"，考证这就是陈端生。同时，从《织素图》原诗推考出所谓"织素人"即陈端生，印证了陈寅恪说"织素人""舍陈端生莫属"是一个"很犀利的推断"。两人都认为《再生缘》第十七卷写成于乾隆四十九年。陈寅恪从"织素人"就是陈端生进一步推论"此年端生居浙江抑寓云南虽不能确言，鄙意此年端生似随父玉敦赴云南"。郭沫若则从第十七卷的音调、情绪和态度都有很大的转变来证明"看不出有什么写在云南的痕迹"，并从《绘声阁初稿》中寻出多项证据，证明此卷是在乾隆四十九年冬完稿的，写在浙江，陈端生并未随父到云南。随后，郭沫若又从阿英送来的《妆楼摘艳》中发现陈云贞《寄外》诗，对照《再生缘》，认为陈云贞就是陈端生。又从陈莲姐《寄外》题下附注"云贞会稽范秋塘室"句推论出，范秋塘即范菼，陈端生的丈夫应该是这个会稽范菼，而非陈寅恪所猜测的浙江秀水范璨之子那个范菼。集上述研究，写成《再谈〈再生缘〉的作者陈端生》，发表在6月8日《光明日报》上。

由陈云贞《寄外》诗引出《寄外书》的问题，郭沫若考证的结果是：陈云贞《寄外》诗是真的，《寄外书》是假的。于是，又写下《陈云贞〈寄外书〉之谜》的考证文章，仍然发表在《光明日报》（6月29日）。

一面研究，一面校勘。中华书局以《再生缘》的三个本子核校，最后再由郭沫若"决定去取"。核校完毕，郭沫若写了《序〈再生缘〉前十七卷校订本》。序文是要随着《再生缘》前十七卷校订本流传的，人们可以不问郭沫若与陈寅恪讨论《再生缘》的文章，但凡要读《再生缘》一书，总要浏览一下序文。在这篇序文中，人们看到的第一段文字是：

> 《再生缘》之被再认识，首先应该归功于陈寅恪教授。陈教授在一九五四年写了《论再生缘》一文，他对于《再生缘》前十七卷的作者陈端生，作了相当详细的考察，对于《再生缘》的艺术价值评价极高。他认为弹词这种体裁，实事上是长篇叙事诗，而《再生缘》是弹词中最杰出的作品，它可以和印度、希腊的有名的大史诗相比。他很欣赏陈端生的诗才，认为是"绝世才华"，其功力不亚于杜甫。

接着，郭沫若表示"我是看到陈教授这样高度的评价才开始阅读《再生缘》的"，而且是"以补课的心情，来开始了《再生缘》的阅读"。反复读了 4 遍，"每读一遍都感觉到津津有味，证明了陈寅恪的评价是正确的"。对于这部"值得重视的文学遗产"长久被人遗忘，"陈端生的存在也好像石沉大海一样"，郭沫若又写下这样一段话：

> 无怪乎陈寅恪先生要那样地感伤而至于流泪："彤管声名终寂寂……怅望千秋泪湿巾。"这不是没有理由的。好罢，就让我来弥补这项缺陷吧。如果能够找到初刻本或者抄本，我倒很愿意对于原书加以整理，使它复活转来。

这篇序文，先行正式发表在 1961 年 8 月 7 日的《光明日报》，海内外研究陈寅恪及《论再生缘》者不妨认真一读，不要轻信"郭沫若文未正式发表，不知究作何等语"的说法。

三个星期的出国访问和一个月的国内考察归来，见到《光明日报》发表白坚所写《陈云贞及其〈寄外书〉》一文，依据丁宴《山阳诗征》，认为陈云贞不是陈端生。郭沫若又写了《有关陈端生的讨论二三事》进行反驳，同时提到陈寅恪最初也曾怀疑过陈端生之夫"为乾隆年间才女陈云贞之夫，以罪遣戍伊犁之范秋塘。搜索研讨，终知非是"。对此，郭沫若认为这是陈寅恪"没有觉察到陈云贞《寄外书》是掺了水的二分真、八分假的赝鼎"。文章也发表在《光明日报》（10 月 5 日）。

差不多同时，丁宴的后人丁志安写信给郭沫若，说发现古体《云贞曲》一首，从相信陈云贞即陈端生转而认为陈云贞不可能是陈端生了。郭沫若通过查找《云贞曲》初刻本，考察其诗句，更加认定《寄外书》二分真、八分假，陈云贞就是陈端生，便又在《光明日报》（10 月 22 日）发表《关于陈云贞〈寄外书〉的一项新资料》一文。

1961 年 11 月上旬，郭沫若在杭州参观了陈端生出生地"句山樵舍"，感叹"樵舍句山在，伊人不可逢"。9 日，又到广州。15 日，雨，郭沫若第二次到中山大学看望陈寅恪。这一次面晤与前番相见，又别是一种情景。

日记记述:

> 访陈寅恪,彼颇信《云贞曲》之枫亭为仙游县之枫亭。说舒四爷,举出《随园诗话》中有闽浙总督五子均充军伊犁事,其第四子即可谓舒四爷。余近日正读《随园诗话》,却不记有此人。我提到"句山樵舍",他嘱查陈氏族谱。"壬水庚金龙虎斗,郭聋陈瞽马牛风。"渠闻此联解颐,谈约一小时,看来彼颇惬意。①

至此,再把两位大师的交往统统归结为马克思主义与资产阶级史学间的"龙虎斗",真可以引两位大师都熟悉的陆游的名句了:"耳边闲事有何极,正可付之风马牛。"②这一"聋"一"瞽"是不会相信那些无中生有的议论的。

1961年12月,《文汇报》刊出两篇关于陈端生的文章,提到《绘声阁续稿》和焦循《雕菰楼集》两部书。郭沫若认为这又为研究陈端生提供了"重要的新资料",于1962年1月2日在《羊城晚报》发表《读了〈绘声阁续稿〉与〈雕菰楼集〉》。《绘声阁续稿》中《哭春田大姊》诗两首,"透露了陈端生死前的一些真实情况"。焦循《雕菰楼集》中所改古乐府体《云贞行》一首并序,从其内容推断,焦循"见到的是真的《寄外书》"。因此,郭沫若认为:"《绘声阁续稿》和《云贞行》的出现,对于陈云贞即陈端生之说不仅毫无抵触,反而为《寄外书》的写作和传播的年代提出了佐证。"

郭沫若这一系列论文的发表,使当时整个学术界更加瞩目于陈寅恪。郭沫若的第一篇文章发表后,中华书局总经理兼总编金灿然南下广州,曾专门拜访陈寅恪,希望将《论再生缘》一稿改定后交中华书局出版。中山大学校刊说,他"准备修改《再生缘弹词考》一书"。随后,《论再生缘》列入人民文学出版社出版计划。

写到这里,我们应该看一看陈寅恪的《论再生缘校补记》了。

首先应当提醒海内外读者,《论再生缘校补记》与《论再生缘校补记后

---

① 据郭平英1997年10月3日致笔者信抄录的郭沫若1961年11月15日日记。
② 《剑南诗稿》卷82《短歌行》,《陆放翁全集》,明海虞毛氏汲古阁刊本。

序》是两篇并非同时写成的文字。① 余英时只拿《论再生缘校补记后序》大做文章,却绝口不谈《论再生缘校补记》的内容,是属于他本人无知,不知道《论再生缘校补记》为陈寅恪反驳郭沫若的上述文章而写,还是有意回避陈寅恪与郭沫若对于《再生缘》的基本认识是相通的这一真实呢?

陈寅恪写《论再生缘校补记》,确如其"后序"所言:

> 《论再生缘》一文……传播中外,议论纷纭。因而发见新材料,有为前所未知者,自应补正。兹辑为一编,附载简末,亦可别行。至于原文,悉仍其旧,不复改易,盖以存著作之初旨也。

"《论再生缘》一文……传播中外,议论纷纭",在当时主要指上述种种情况。郭沫若前后共发表7篇文章,除《序〈再生缘〉前十七卷校订本》外,每篇都涉及一些"新材料"。所以陈寅恪说:"因而发见新材料,有为前所未知者,自应补正。"在《论再生缘校补记》中,我们可以看到:

> 至道光时作《西泠闺咏》咏陈端生诗……今据长生《绘声阁续稿》"哭春田大姊"……由于传闻稍误,自应订正。(《寒柳堂集》第78页)
>
> 复次,今得见《绘声阁初稿》……及《绘声阁续稿》……始知范菼实以嘉庆元年授受大典恩赦获归。前所论范菼获归之年……既得此新证,自应更正。(《寒柳堂集》第90页)

这些都是受到郭沫若文章启发而得见新材料做出的更正。

何以知道陈寅恪一定了解郭沫若的文章呢?

首先,郭沫若第二次拜访陈寅恪时,已在《光明日报》正式发表6篇关于《再生缘》与陈端生的文章,一定会带去当面转送陈寅恪的。他的第7篇文章又就近在《羊城晚报》发表,显然也是为了方便陈寅恪得知。这从

---

① 前引《陈寅恪先生编年事辑》1954年2月、1964年10月都未明确说《论再生缘校补记》的写定时间,只说了《论再生缘校补记后序》的时间,应当加以区分。

上引郭沫若的 11 月 15 日日记可以得到印证。日记写访陈寅恪，谈了三件关涉陈端生的事。(1)《云贞曲》中的"枫亭"，陈寅恪"颇信《云贞曲》之枫亭为仙游县之枫亭"，郭沫若认为"枫亭"并非专名，所以就近发表第 7 篇文章，说"《寄外书》中有'枫亭分手'句，有人把普通名词的'枫亭'解为了专名枫亭镇"。(2) 说到舒四爷，陈寅恪"举出《随园诗话》中有闽浙总督五子均充军伊犁事，其第四子即可谓舒四爷"，郭沫若表示"余近日正读《随园诗话》，却不记有此人"。(3) 郭沫若"提到'句山樵舍'"，陈寅恪"嘱查陈氏族谱"。郭沫若发表的《有关陈端生的讨论二三事》一文第三个标题就是"建议把'句山樵舍'改为陈端生纪念馆"。

其次，在内容与观点方面，请看《论再生缘校补记》中的这些论述：

> 寅恪初疑陈云贞即陈端生，后来知其不然者，虽无积极之确据，但具强有力之反证。……唯云伯止言范荧"以科场事，为人牵累谪戍"，而绝口不提及云贞寄外之书及诗以作材料，可知其始终不承认云贞与端生为一人也。(《寒柳堂集》第 78 页)

这显然是针对郭沫若再三强调的"陈云贞就是陈端生"的结论的。

> 至莲姐之诗，尤为伪中之伪。……伪作之云贞《寄外书》及莲姐《寄外》诗，皆受当时此社会阶层之习俗影响所致，殊不足怪也。(《寒柳堂集》第 79 页)

这更是针对郭沫若《再谈〈再生缘〉的作者陈端生》四、五部分与《陈云贞〈寄外书〉之谜》的。

又，郭沫若的第一篇文章驳陈寅恪：

> 梁（楚生）续在道光元年确已脱稿，并不如陈寅恪所揣想，"元"字是"九"字之讹。道光元年，梁楚生已五十一岁，故她在所续《再生缘》第二十卷中说："嗟我年将近花甲，二十年来未抱孙。"五十晋

一，说为"将近花甲"也并不矛盾。

陈寅恪在《论再生缘校补记》中更正道：

> 三益堂《再生缘》原本刻于道光元年。是"元"字非"九"字之误，应据以改正。但"花甲"即六十岁。五十一岁可言"开六秩"，而梁德绳以"近花甲"为言，未免有语病。若易"嗟我年将近花甲"为"嗟我今年开六秩"，则更妥适，不至令人疑惑耳。（《寒柳堂集》第95页）

郭沫若论《再生缘》的最后一篇文章（《羊城晚报》1962年1月）中有这样的看法：

> 焦循是比较谨严的人，他的《云贞行》中有"郎戍伊犁城，妾住仙游县"句，与陈文述《云贞曲》中的句子完全相同。剿袭、雷同，是前人所最忌避的。……我倾向于相信：不是焦循先看到陈文述的《云贞曲》，然后撰成《云贞行》，而是陈文述先看到《云贞行》，然后撰成《云贞曲》。

所以，在《论再生缘校补记》中，陈寅恪写下这样的驳论：

> 至于里堂之《云贞行》及云伯之《云贞曲》中俱有"郎戍伊犁城，妾住仙游县"之句，盖由二人同用一材料，自然符会，不必出于抄袭。（《寒柳堂集》第78页）

陈寅恪在《论再生缘校补记》中坚持的另一基本观点，即范菼是浙江秀水范璨之子，虽然所引材料自谓"疑窦百端"，但仍然"举其可疑之点，然后作假定之解释"。同时，对范菼科场获罪一案，亦表示"尚有可疑者"。这也是与郭沫若的一项重要分歧。

如果事情按照这种学术讨论的方式进行下去，我们或许在60年代可以看到陈寅恪《论再生缘》（包括《论再生缘校补记》）的正式出版，这将成为两位大师交往中最为融洽的一幕。然而，事情并未如人愿。由于《再生缘》中有的地方写到"东征"，当时唯恐赞赏《再生缘》会影响与朝鲜的关系，于是《再生缘》不允许出版。这何止禁住了陈寅恪的《论再生缘》，就连郭沫若投入那么大精力核校的《再生缘》前十七卷校订本也连带着不能出版了。①

郭沫若曾经表示要为陈寅恪的"敢于说话而拍掌"，也直接引录过陈寅恪《论再生缘》中最末的一首旧体诗"彤管声名终寂寂……怅望千秋泪湿巾"。而这首诗中"青秋金鼓又振振"句下原注为"《再生缘》叙朝鲜战争"。在当时的"政治形势"面前，郭沫若也无能为力使《再生缘》再生了。

出版无期，陈寅恪只感受到这一事实，却不知其背后的真相，1964年冬为已经"写定之《论再生缘校补记》作序"，② 最后一段文字为："噫！所南心史，固非吴井之藏。孙盛阳秋，同是辽东之本。点佛弟之额粉，久已先干。裹王娘之脚条，长则更臭。知我罪我，请俟来世。"余英时说："知我"指海外，"罪我"指海内。那个年代，即1960—1964年，海外有过"议论纷纭"的情况吗？所谓"知"陈寅恪者，有过什么表示吗？倒是国内确实"议论纷纭"，陈寅恪基本上都了解，有得新证"自应更正"者，也有坚持己见进行反驳者。在当时，国内"知"陈寅恪而响应者，恐怕就要数郭沫若其人了。而"罪"陈寅恪者，非但"罪"了陈寅恪，在某种意义上也"罪及"了郭沫若。③

两位大师在世时，尚且自视其"龙虎斗"为"马牛风"；两位大师去世

---

① 1961年11月15日金灿然致函齐燕铭："一个月以前，接到包之静同志的电话，转达伯达同志的意见说，《再生缘》内涉及中朝关系的地方甚多，如何处理，要我们认真加以研究。我们当即写了个该书有关朝鲜的内容提要送到中宣部。最近，许力以同志又转达康生同志的意见说，此书即令加以修改，也不能出版发行；是否要印很少一部分供少数同志看，还要研究一下。"1962年2月21日包之静致函金灿然再次提到："前些日子同你谈过，不要印《再生缘》。"据中华书局1982年5月11日致李一氓函（中华办字第140号）："决定不再出版，并于1962年11月10日通知了郭沫若同志。此书打成了纸型，保存至今，不曾复印。"
② 《陈寅恪先生编年事辑》，第165页。
③ 1967年10月23日在未能出版的《再生缘》前十七卷校订本前，郭沫若写下一则题记："观此书人物选姓颇有用意。书中三位主要人物，皇甫少华切黄字，梁素华切梁字，孟丽君切梦字，盖取《黄粱梦》为其主题也。此断非偶然。"（见图1）直至2002年郭沫若去世后24年，《再生缘》前十七卷校订本才由北京古籍出版社根据郭沫若纪念馆藏郭沫若手订校样排印出版，笔者为其"再生"写了"后记"。

后，他人为何总想炒作这"龙虎斗"?!

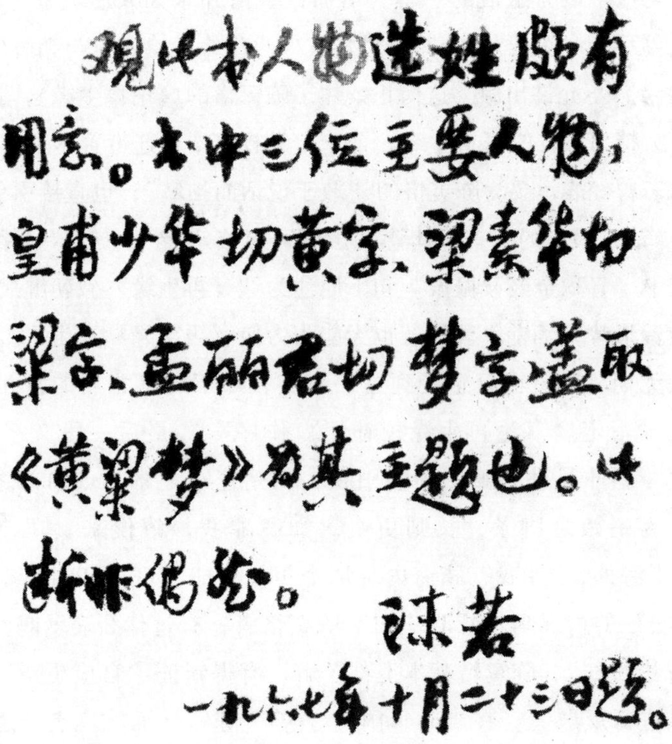

> 观此书人物造姓版有用意。书中三位主要人物，皇甫少华切黄字，梁素华切梁字，孟丽君切梦字，盖取《黄粱梦》为其主题也。此断非偶然。
>
> 沫若
> 一九六七年十月二十三日题。

图 1 郭沫若 1967 年为未能出版的《再生缘》前十七卷校订本所写题记

资料来源：郭沫若校订《再生缘》，北京古籍出版社，2002，卷首手迹。

五　李白族属起辩争

围绕李白的族属问题，两位大师之间也有过"笔墨官司"。

1935 年 1 月，陈寅恪发表《李太白氏族之疑问》，认为李白先世于隋末"谪居条支""被窜于碎叶"的说法，"其为依托，不待详辨"。又认为"太白生于西域，不生于中国"，"其人之本为西域胡人"。[①]

[①] 《清华学报》第 10 卷第 1 期，1935 年 1 月。收入陈寅恪《金明馆丛稿初编》，上海古籍出版社，1980，第 272—280 页。

1940年，李长之著书肯定唐人李阳冰、范传正的说法，论证李白生于碎叶。其书中特别写有这样一段文字：

> 我们就现在所知道的事实论，倘若像从前人所认为的李白是纯粹受本国文化教养而生长起来的，固然是粗疏，然而像现代人所猜想他是外国人的，也不免武断，我们现在对他只有一个最近事实的看法，便是认为他是"华侨"。①

1943年，詹锳发表《李白家世考异》，赞同陈寅恪的观点，认为李白家世"或本胡商，入蜀之后，以多资渐成豪族"，"及游长安，为欲攀附宗枝，诡称凉后"。②

1950年7月，陈寅恪发表《书唐才子传康洽传后》，既坚持《李太白氏族之疑问》中的观点，又进一步驳斥了李白先人为西凉后裔的说法。③ 1957年，詹锳《李白诗论丛》出版，收入先前的《李白家世考异》。

下面，着重看郭沫若对陈寅恪的驳论。

陈寅恪根据《新唐书》卷40《地理志四》安西大都护府下提到"有保大军，屯碎叶城"，卷43《地理志七下》羁縻州焉耆都督府（有碎叶城）、条支都督府等隶安西都护府，便认为：

> 是碎叶、条支在唐太宗贞观十八年即西历六四四年平焉耆，高宗显庆二年即西历六五七年平贺鲁，隶属中国政治势力范围之后，始可成为窜谪罪人之地。若太白先人于杨隋末世即窜谪如斯之远地，断非当日情势所能有之事实。其为伪托，不待详辨。

郭沫若根据羁縻州焉耆都督府下"有碎叶城，调露元年，都护王方翼筑"，提出驳论：

---

① 李长之：《道教徒的诗人李白及其痛苦》，商务印书馆，1940，第8页。
② 《国文月刊》第24期，1943年。
③ 《金明馆丛稿初编》，第281—284页。

焉耆碎叶筑于高宗调露元年（六七九），不仅太宗贞观十八年（六四四）平焉耆时还没有，即高宗显庆二年（六五七）平贺鲁时也还没有。陈氏对于条支的地望，也置而未论。前提非常含混，而结论却十分武断。

除了碎叶筑城时间和条支地望陈寅恪置而未论外，郭沫若认为陈寅恪"武断"的地方主要是：不论李阳冰所说"中叶非罪，谪居条支"，还是范传正所说"一房被窜于碎叶"，都没有"因罪窜谪之意"。所以，他特别强调：

中央亚细亚在隋末即使尚未内附（其实在汉代，康居、月氏等地早已和汉室相通了），商旅往来有"丝绸之路"畅通，李白的先人要移居碎叶，有何不可能？而且在唐代也并不曾把伊犁附近作为"窜谪罪人之地"，唐代的窜谪之地主要是岭南或者贵州、四川，把伊犁作为窜谪地是清朝的事。陈氏不加深考，以讹传讹，肯定为因罪窜谪，他的疏忽和武断，真是惊人。①

另一重要分歧，陈寅恪根据《太白集》卷26《为宋中丞自荐表》所述李白的年龄，推其诞生之岁，进一步推论"太白生于西域，不生于中国"，"是太白至中国后方改姓李也"，由此得出结论：

夫以一元非汉姓之家，忽来从西域，自称其先世于隋末由中国谪居于西突厥旧疆之内，实为一必不可能之事。则其人之本为西域胡人，绝无疑义矣。

郭沫若反驳说：

---

① 作为隋唐史研究大家，陈寅恪把中亚说成是唐代的贬谪之地，的确是不应该有的"疏忽和武断"，所以让郭沫若感到"真是惊人"。

> 陈寅恪认为当时西域和内地毫无关系，因而把西域和中国对立……
> 陈氏为了证成其说，他举出了三两个例子，表明"六朝隋唐时代蜀汉亦为西胡行贾区域"。但这和李白的先人或李白自己之必为"西域胡人"，有何逻辑上的必然性呢？

接着，郭沫若从李白的文化修养、对胡族的态度、其人相貌等方面反驳李白是"西域胡人"说。最后总结道：

> 因此，我们可以断言：陈寅恪关于李白"本为西域胡人"的说法，是毫无根据的。①

这中间，郭、陈二人也有认识相通之处，即陈寅恪认为"太白既诡托陇西李氏"，"以文饰其为凉武昭王后裔"，郭沫若也表示"李白所传授的家世传说，有的地方也不可尽信。例如，凉武昭王李暠九世孙之说便很成问题。首先是唐代的宗正寺不承认，其次是他自己也把握不定，往往自相矛盾"。

这样的辩论，在那缺乏学术气氛的年代，实可算得上是一次真正的学术讨论了。然而，有一种说法，认为书中"毫不留情地""多次反复使用""陈氏不加深考，以讹传讹""疏忽和武断，真是惊人"的句式，仍然"烙下不可能磨平的'龙虎斗'痕迹"。其实，使用类似句式者，并非郭沫若的专利，只要稍稍多看几篇早一点的学术争鸣文章，便不会少见多怪了。请看：

陈寅恪1935年3月所写《李德裕贬死年月及归葬传说辨证》一文，也是在开篇便指责"清代学者检书之疏忽"，随即便说"若王氏（按：指王鸣盛）之臆改二年作三年，三年作四年，六十三作六十四，则诚可谓武断已甚耳"。②

又，上文所引李长之的论述，甚至没有直接的论争对象，也有"粗疏"

---

① 《李白与杜甫》，《郭沫若全集·历史编》第4卷，第213—218页。
② 《金明馆丛稿二编》，第8、10页。

"武断"的用语。

再看郭沫若的一些争鸣文章。1950 年 3 月所写《读了〈记殷周殉人之史实〉》，说郭宝钧"在这项判断上虽然过分的谨慎，但在作别的判断上却一点也不谨慎"，"宝钧先生对于社会发展史虽然有了初步的接触，但从旧史学的束缚中并未得到充分的解脱"。①

又，《评〈离骚底作者〉》说朱东润"责备司马迁'疏忽'，那是不恰当的。倒是朱先生的考证实在是'疏忽'得有些惊人"，"如何竟'疏忽'到把这样的证据都看掉了"。《评离骚以外的屈赋》说朱东润该文"全篇充满着勇敢的独断……这样的考证是很成问题的，但也是有它的渊源。它的渊源是什么呢？就是胡适！"②

尽管郭沫若的上述论辩显得"毫不留情"，但从未被人们认为是什么"龙虎斗"性质的事情。

郭沫若在学术论争的文章中，有时用语未必恰当，他的意见也未必一定正确，但专门挑他和陈寅恪讨论中的用语，认为是"不可能磨平的'龙虎斗'痕迹"，这恐怕连陈寅恪本人也未必会同意。论争的表达方式、语言口气等固然要注意，但首先还是要看争论双方的观点、论据以及论证的内容。只看形式而不谈内容，是有意回避内容的是与否，还是根本看不懂两位大师所写学术文章？

陈寅恪 1953 年拒绝出任历史研究二所所长，而且在给友人的诗中流露出对共产党的隔阂，这些情况是人所共知的。周恩来在政务院的一次会议上讲，像陈寅恪这样的老一辈知识分子不了解共产党是正常的。他愿意留在大陆，不去台湾，是一位爱国主义者，我们要团结。③ 郭沫若和陈寅恪两人的出身、经历、思想和性格有很大不同，当然谈不上是莫逆之交。即便陈寅恪自比韩愈，把郭沫若当作段文昌，就把他们之间的关系说成是积怨很深，也不符合历史事实。陈寅恪是一位心地坦荡、性格耿直的学者，那

---

① 《郭沫若全集·历史编》第 3 卷，第 81、83 页。
② 两篇文章均收入《奴隶制时代》，人民出版社，1954，第 149—150、154 页。
③ 据刘大年回忆，参见《郭沫若致陈寅恪》注释［1］（二），《刘大年来往书信选》（上），第 99 页。

种挖空心思要在陈寅恪的诗文中发掘什么反对共产党的"密码电报",实际上是对陈寅恪形象的歪曲和糟蹋。我们应该用实事求是的态度来还历史的本来面目,认认真真地阐释陈寅恪的学术思想。研究郭沫若者,应了解陈寅恪;知陈寅恪者,亦当了解郭沫若。

(1997年10月17日)

[本文原为《文坛史林风雨路——郭沫若交往的文化圈》第十二章。1997年11月12日《中华读书报》以《郭沫若与陈寅恪晚年的"龙虎斗"》为题提前选刊第四部分文字,1999年7月14日《人民政协报》以《郭沫若与陈寅恪关于〈再生缘〉的讨论》为题提前刊载第四部分全文。编入《公正评价郭沫若》(中共中央党校出版社,1999)时编选者改题为《郭沫若与陈寅恪关系考》。收入拙著《龙虎斗与马牛风——论中国现代史学与史家》时添加补注。收入拙著《传统史学与20世纪史学》(中国社会科学出版社,2016)时改题为《郭沫若与陈寅恪交往考》。2014年7月、2019年11月略做文字订正,新加补注和补记]

[补记一]《陈寅恪之"恪"字读音的演变》:

从现存韵书考察,唐、宋、元、明四代,"恪"字只有一个读音,即《广韵》作"苦各切",《集韵》《韵会》《正韵》作"克各切",再无其他读音。清代亦同,所以《康熙字典·卯集上·心部》释"恪":"《广韵》苦各切,《集韵》《韵会》《正韵》克各切,夶音恪。"

陈寅恪生在清代,取名遵照清代"官韵",读"恪"作"苦各切"或"克各切"。进入民国,新颁国语,"恪"字有了另一读音,即《国语大词典》"音却",拼为 chiueh。因此,民国年间多以陈寅恪之"恪"字读"却",陈寅恪夫妇平时或从俗或从方言读"恪"作"却",但正式文字表述用的是 Koh 或 ke,这在《陈寅恪集·书信集》(三联书店,2001年6月)

中有两处证据。

一是致傅斯年七十六（第 119 页）。

1946 年 2 月 19 日由夫人唐篔所写，所留通信地址为：

Prof. Chen Yin Ke（陈寅恪）c/o Prof. H. C. Shao（邵循正）Balliol College, Oxford, England。

二是致牛津大学二（第 222—223 页）。

1940 年 5 月陈寅恪用英文所写亲笔信，署名 Tschen Yin Koh。

两封信的署名表明：陈寅恪夫妇正式文字表述"恪"读 Ke 或 Koh，并不读"却"。迄今，尚未见陈寅恪文字表述中有自称"Chen（Tschen）Yin Que"的证明。

恪字，唐、宋、元、明、清读"苦各切"或"克各切"，民国另读"却"，现今规范读音读 kè，语音演变。

（2001 年夏）

[补记二]

20 世纪三四十年代，历史研究大都关注文化形态。《隋唐制度渊源略论稿》作为陈寅恪的代表作之一，叙论、礼仪两章反复论证下述观点：

　　（北）魏、（北）齐之源其中亦有河西之一支派，斯则前人所未深措意，而今日不可不详论者也。

　　…………

　　兹所论者，惟此偏隅之地，保存汉代中原之文化学术，经历东汉末、西晋之大乱及北朝扰攘之长期，能不失坠，卒得辗转灌输，加入隋唐统一混合之文化，蔚然为独立之一源，继前启后，实吾国文化史之一大业。昔人未曾涉及，故不揣愚陋，试为考释之。

　　…………

　　秦凉诸州西北一隅之地，其文化上续汉魏西晋之学风，下开（北）魏（北）齐隋唐之制度，承前启后，继绝扶衰，五百年间延绵一脉，然后始知北朝文化系统之中，其由江左发展变迁输入者之外，尚别有汉魏西晋之河西遗传。但其本身性质及后来影响，昔贤多未措念，寅恪不自揣谫陋，草此短篇，借以唤起今世学者之注意也。①

差不多同一年代，陈垣有"宗教三书"，《明季滇黔佛教考》关注"实为畿辅"的滇黔，《南宋初河北新道教考》关注沦陷的河北，《清初僧诤记》关注"东南各省"。此前，有讲"文化哲学"者表示"贡献一生来从事南方文化之建设运动"。② 随后，又有以"抗战的重心在南方"者。③ 因此，有论著比喻说，所论南明之"畿辅"的滇黔"即抗战时期的大后方"，所论北宋亡后沦于金统治的河北"亦即抗战之时日伪统治区"，所论南方"实指汪伪势力所在"，可见"其意义不言而喻"。陈寅恪要"唤起今世学者"注意"西北一隅之地"，喜好在陈寅恪文中寻找"密码电报"的人，真应该对陈寅恪特别强调的这一论点解读解读！

再有，陈寅恪作有《哀金圆》的长诗，署"己丑夏作"，即1949年夏作：

> 赵庄金圆如山堆，路人指目为湿柴（粤俗呼物之无用者曰湿柴）。湿柴待干尚可爨，金圆弃掷头不回。盲翁击鼓聚村众，为说近事金圆哀。

开篇六句之后，借用盲翁之口说出："金圆条例亲手订，新令颁布若震雷。……金圆数月便废罢，可恨可叹还可哈。党家专政二十载，大厦一旦梁栋摧。乱源虽多主因一，民怨所致非兵灾。……"④ 喜好在陈寅恪诗中寻找"密码电报"的人，是否应该认真读一读这首诗呢？

（2010 年 3 月 3 日）

---

① 陈寅恪：《隋唐制度渊源略论稿》，商务印书馆，1946，第1、14、29页。
② 详见朱谦之《南方文化运动》，《文化哲学》，商务印书馆，1935，第261—264页。
③ 雷海宗：《中国文化与中国的兵》，商务印书馆，1940，第211页。
④ 《寒柳堂集》附《寅恪先生诗存》，第26—27页。

第四编

辨诬纠谬

郭沫若的研究和创作，大多在争鸣、论辩中凸显其社会价值和学术价值，却因政见敌对而遭攻击、诬陷，因认识偏颇而被曲解、误解，因无知而致人云亦云。凡此种种情况，均程度不同地存在。

这一编9篇。《甲申三百年祭》曾引起"轩然大波"，国共两党高层认识不一，郭沫若有着自己的独特认识，所选2篇，弄清原著本意，追述写作经过。《李白与杜甫》更是议论纷纭，所选4篇，1篇考察形成"李杜并称"与"扬杜抑李"的社会原因以及其书的学术价值，1篇推荐其手稿出版，1篇批驳所谓"抄袭"说，1篇对书中的某些偏颇和失误做具体分析。关于《蔡文姬》创作1篇，揭其内心纠结及演出的实际效果。谈兰亭论辩1篇，弄清1965年兰亭论辩缘起，提出论辩兰亭应注意的问题。最后1篇，为订误文字。

还其本来面目

——重读《甲申三百年祭》

350年前，李自成领导的声势浩大的农民起义军攻进北京城，使专制集权的明皇室土崩瓦解。紧接着，农民军所建大顺政权也迅速解体。与此同时，早已兴起的满族政权南下进关，攻占北京，入主中原，建立起一个规模空前的清帝国。这一年，以古老的干支纪年法推算，是17世纪中唯一的"甲申"年。

半个世纪之前，当"甲申"年轮转了5个周期以后，郭沫若写下了《甲申三百年祭》的文章，引起一场"轩然大波"。对于郭沫若的这篇文章的理解，长期以来各执一端，以致迄今仍然认识不尽相同。

如今，不论350年前的重大事变，还是半个世纪前的"两种命运决战"，都已成为历史。我们站在时代的新高度，除了指出其文因史料的局限而有所失当之外，更应当还其本来面目，客观而合情理地去认识和理解这是一篇什么样的文章，并从种种争论中悟出一点对史学研究的影响。

一

弄清郭沫若写《甲申三百年祭》的始末，还必须从蒋介石的《中国之命运》说起。

1943年，中国的抗日战争正处在最困难的阶段，共产党和解放区经受着空前的考验。这年5月,共产国际解散,国统区所谓"民众团体"趁机要求政府"解散共产党""取消陕甘宁边区"。6月,蒋介石撤掉黄河河防,包围陕甘宁边区,命胡宗南指挥,试图分兵九路"闪击"延安。《中国之命运》的出版,成为国民党政府发动第三次反共高潮的行动纲领。

那么,《中国之命运》是怎样出场的呢?让我们先看看它的主要炮制者的回忆:

> (民国)三十一年十月九日,英美两国政府分别通知中国驻华府与伦敦大使馆,决定放弃他们在中国的领事裁判权及有关各项权利,并将提出平等新约草案。十月十日英美两国政府同时发表声明,宣布此重大决定。
>
> 委员长于十月十日为此发表告全国国民书。随即指示(陶)希圣依据文告之意旨,拟订纲目,佐委员长起草书稿。最初文稿不过三万字,经历多次修改和修订,全稿至十万字以上。
>
> 书名初定为《中国之前途》,最后改定为《中国之命运》。
>
> 民国三十二年一月十一日,中美及中英平等互惠新约签字,并在华府、伦敦与重庆同时公布。《中国之命运》新书随即由正中书局出版。一时之间,在全国各地销行至二十万册以上,海外销数尚不在内。
>
> 委员长"抗战胜利之决定不出两年"之判断,与战后十年建设之号召,激发海内外爱国同胞抗战必胜,建国必成之信心,同时给予延安中共及其国内之外围与海外之同路人以重大之政治心理的压力。①

在《中国之命运》出版前,1943年3月1日,中央社发出该书将提前扩大发行的消息。该书出版后,1943年4月1日《中央周刊》又刊出陶希圣的《读〈中国之命运〉》一文,要每个国民"必皆以此书之论点以察往事而厉今兹","必皆以此书为思想的明灯"。随即,各式各样的研究大纲、参考材料、注释表解、征文活动,见诸报端。1943年7月13日,日本同盟社

---

① 陶希圣:《八十自序》,《陶希圣先生八秩荣庆论文集》,台北,食货出版社,1979。

也发电文，肯定该书"论述之方向，那是没有错误的"，"它只是重复了已为帝国声明说尽了的大东亚新秩序论，迎合大亚细亚主义，抄袭汪精卫之和平建国论"。

《中国之命运》的开头，有两段文字提到"中国国耻"和"学术衰落"，特转录如下：

> 我们中国百年来国势的陵夷，民气的消沉，大抵以不平等条约为造因。不平等条约订立的过程，全为中国国耻的记录。而国耻之所由招致，又必须追溯于满清一代政治的败坏，尤其是学术与社会的衰落。
>
> 满族原是少数人口的宗族，为什么能够征服中国呢？明朝的末年，政治腐败，思想分歧，党派倾轧，民心涣散，流寇横行。三百年的明室，在李闯、张献忠等流寇与满族的旗兵，内外交侵之下，竟以覆灭。自满族入关以后，中国的民族思想，便渐渐消灭了。①

在国统区，以此书为"思想的明灯"，一些知名学者撰文论说明末"两大患"。李光涛在《论建州与流贼相因亡明》中称："明末，中国有两大患，曰建州与流寇。而建州之与寇，两者又相因而动，相滋而长。""二者并生，明廷左右支吾，卒至于亡。"②被誉为"当获国人重视"的《国史大纲》也提出："应于旧史统贯中映照出中国种种复杂难解之问题，为一般有志革新现实者所必备之参考。前者在积极的求出国家民族永久生命之源泉，为全部历史所由推动之精神所寄；后者在消极的指出民族最近病痛之证候，为改进当前方案所本。"同时，强调"中国史上，亦有大规模从社会下层掀起的斗争，不幸此等常为纷乱牺牲，而非有意义的划界线之进步。……如汉末黄巾，乃至黄巢、张献忠、李自成，全是混乱破坏，只见倒退，无上进"。③在述明亡原因时又说："其时对流寇常以议抚误兵机，对满洲又因格

---

① 《中国之命运》（普及本），正中书局，1943。
② 见《历史语言研究所集刊》第12本，1947年，第193—236页。
③ 钱穆：《国史大纲》，商务印书馆，1940，"引论"，第8、12—13页。

于廷议,不得言和,遂至亡国。若先和满,一意剿贼,尚可救。"①

鉴于上述种种,1943年8月11日,毛泽东专电八路军驻重庆办事处董必武,指出国民党乘共产国际解散机会,准备以武力进攻陕甘宁边区,同时发动宣传攻击,造成反共舆论;中共中央决定发动宣传反击,同时准备军事力量粉碎其可能的进攻。关于重庆文化界如何反击,电文是这样部署的:

> 渝、桂文化界反压迫抗议事可行,惟望注意:一、除少数知名之士外,不要暴露隐藏的文化人。二、发表的形式可采取多样的。三、尽量争取中间人,在中间刊物发表抗议。四、译成英文向美、英出版界揭露。五、新华、群众多登反法西斯主义文章,以开展思想斗争。②

根据这些指示,1944年1月,翦伯赞、于怀(乔冠华)等在郭沫若家中研究决定,开展纪念甲申三百年的活动,向国民党当局进行反击。乔冠华随即致函柳亚子:"今年适值明亡三百年,我们打算纪念一下,沫若先生们都打算写文章。昨天在郭先生家和一些朋友们闲谈,大家都一致认为你是南明史泰斗,纪念明亡,非你开炮不可。"此时柳亚子正在病中,又表示"把甲申来算作明亡之岁,我从南明历史研究者的立场来讲,是不能承认的"。③于是,"开炮"的任务便落到了郭沫若身上。随即,郭沫若开始查考相关史料。在友人处得见乾隆年间抄本《剿闯小史》,认为"写李自成事颇详,甚引起趣味",④便进行了校订、标点,并在当月写成跋语,3月由说文社正式出版,署名"鼎堂"。3月10日,写成《甲申三百年祭》。16日,送董必武审阅。19日,开始发表于《新华日报》副刊,分4天连载。同日,《新华日报》还发表有宗颐的《三百年前》一文。20日,又发表了《甲申事变——明末亡国历史》的资料。4月15日,《群众》杂志第9卷第7期刊出"纪念

---

① 钱穆:《国史大纲》,第822页。
② 《关于发动反对中国法西斯主义的宣传运动给董必武的电报》(1943年8月11日),《毛泽东文集》第3卷,人民出版社,1996,第64—65页。
③ 柳亚子:《纪念三百年前的甲申》,《群众》第9卷第7期,1944年4月。
④ 《郭沫若同志给翦伯赞同志的信和诗》之十一,《北京大学学报》1978年第3期。

特辑",有柳亚子《纪念三百年前的甲申》、商辛(翦伯赞)《桃花扇底看南朝》、鲁西良《明末的政治风气》、寓曙《明末清初史学的时代意义》等文。

以上,不厌其烦地引述当时的各种文字材料,为的是使读者了解:半个世纪前重庆文化界纪念甲申三百年,是中共中央在思想文化战线上反击蒋介石《中国之命运》及其宣传攻势的一项重要政治活动;郭沫若写成《甲申三百年祭》,在这一反击活动中肩负着"开炮"的特殊使命。从这样的背景入手考察,郭沫若"祭"甲申三百年的主题究竟是什么,应当不言自明。那么,郭沫若又是如何"开炮"的呢?请细细阅读、品味文章的内容。

二

文章开头的第三段,直言不讳地道出了郭沫若写作该文的主题:

> 甲申年总不失为一个值得纪念的历史年。规模宏大而经历长久的农民革命,在这一年使明朝最专制的王权统治崩溃了,而由于种种的错误却不幸换来了异族的入主,人民的血泪更潜流了二百六十余年。这无论怎样说也是值得我们回味的事。①

这段话明白地告诉人们,郭沫若名其文为《甲申三百年祭》,所"祭"者既非仅仅是农民军的"悲剧"结局,也不单单是明朝的灭亡,实是两者兼而有之的。然而,此前的读者似乎都不曾有这样的看法。下面,让我们顺着文章的思路,先看看郭沫若是如何"祭"明朝的灭亡的。

"同情"明朝亡国之君崇祯帝,是郭沫若"祭"甲申年的一项不可忽视的内容。

---

① 本文所引《甲申三百年祭》,除另注其他版本外,均见《沫若文集》第12卷,不再出注。

文章差不多用了五分之一的篇幅来论述崇祯帝及其朝政，对其人形成如此的基本看法：崇祯帝很想有为，但办法始终是沿走着错误的路径。郭沫若认为，崇祯帝上承万历、天启的积弊，"运气也实在太坏"，甚至这样写道："在历代改朝换姓的时候，亡国的君主每每是被人责骂的。崇祯帝可要算是一个例外，他很博得后人的同情。"为了证明这一看法，文章紧接着引录了李自成的《登极诏》："君非甚暗，孤立而炀蔽恒多；臣尽行私，比党而公忠绝少。"生怕读者不懂，又解释说："也就是'君非亡国之君，臣皆亡国之臣'的雅化。"总之，崇祯帝虽然很有问题，对百姓也仅仅是"口惠而实不至"，但责在"亡国之臣"的"蒙蔽"。

总结明亡的教训，更是郭沫若"祭"甲申年的重要内容。除积弊已成外，又可归纳如下。

其一，饥荒迫使民众"相聚为盗"。文章大段引录崇祯二年马懋才《备陈大饥疏》，说这篇疏文"就是现在读起来，都觉得有点令人不寒而栗"。疏文对明末延安府饥民惨状的披露，确实是闻所未闻：民有不甘于食石而死者，始相聚为盗。其可悯者，安塞城西冀城之处，每日必弃一二婴儿。更可异者，童稚辈或独行者，一出城便无踪迹，随后见城外之人"饮人骨以为薪，煮人肉以为食"，"而食人之人，亦不免数日后面目赤肿，内发燥热而死矣"。其幸存者，只有逃亡，"转相逃则转相为盗，此盗之所以遍于秦中也"。郭沫若强调，这篇疏文是很有历史价值的文献，认为它"很扼要地说明了明末的所谓'流寇'的起源"，以及延安府籍的李自成、张献忠等先后起事的原因。

其二，饥荒或盗贼，都是政治所促成的。郭沫若引录了崇祯十年闰四月的《罪己诏》，肯定其对于当时政治的腐败认识"既已如此明了"；又引录了崇祯九年四月大学士钱士升《论李琎搜括之议》，谓其"明显地"恨"富者兼并小民"。接着，再插入这样一段记载，李自成退出北京的时候，发现皇库扃钥如故，其"旧有镇库金积年不用者三千七百万锭，锭皆五百（十？）两，镌有永乐字"。通过这一系列史实，证明当时的政局："一方面有不甘饿死、铤而走险的人，而在另一方面也有不能饿死、足有海盗的物资积蓄者。"倘若政治"修明"，损有余以补不足，"尽可以用人力来和天灾抗衡"。而崇祯帝只不过"爱闹减膳、撤乐的玩艺",爱下《罪己诏》,"而叫皇库出钱困难"。

其三,民众苦兵,促成"寇"以"剿兵安民"。郭沫若认为,崇祯十六年马世奇的《廷对》极有价值,记录了当时的朝廷在"用兵剿寇",而当时的民间却是在"望寇'剿兵'"。寇在与朝廷的"比剿"当中,"渐渐受到了训练"。"官家在征比搜刮,寇家在散财发粟,战斗力也渐渐优劣易位了。"

其四,地方官吏昏庸,逼忠善之辈成"匪贼"。文章以李岩为典型,认为他的指斥官吏、责骂豪家、要求暂停征比、开仓赈饥等,比起李琎上书"请搜括臣宰助饷"的主张要温和得多,但竟有那样糊涂的县令、巡按,为袒护豪家,把这位认真在"公忠体国"的好人和无数残喘仅存的饥民都逼成了"匪贼"。说到这里,郭沫若在指出"这不过是整个明末社会的一个局部的反映"的同时,又才对崇祯帝作以批评:"明朝统治之当得颠覆,崇祯帝实在不能说毫无责任。"

在此而外,文章还涉及崇祯朝的朝局。如其依赖宦官,对于军国大事的处理、枢要人物的升降,时常是朝四暮三,轻信妄断。郭沫若引《明史》的评语,"性多疑而任察,好刚而尚气。任察则苛刻寡恩,尚气则急剧失措",认为这一批评,对于崇祯帝"确是一点也不苛刻"。

总起来说,文章总结明亡的教训,始终是以"流寇"与明室的对立为基点的,将农民军的起事、成长、壮大视为亡明的主因。其他与此关联不甚直接者,则未加论列。因此,其叙事是交叉展开的,寓农民军的壮大于明朝的败亡中。

在"祭"明亡的同时,郭沫若又是怎样认识李自成及其领导的农民军的呢?

文章叙说李自成的农民军,是从"流寇"的发生开始溯其源的。而所谓"流寇"的发生,郭沫若则以连年的灾荒为其"近因"。自崇祯二年蹶起,经十余年的集聚,日渐形成燎原之势。

所谓"流寇",都是铤而走险的饥民。起初,自然抵不过官兵。但"寇比兵多",也就是民比兵多。十余年的实战,使"寇"在战略上或政略上渐渐"受到了训练"。至于李自成梓潼大败,潜伏商洛山中,直至崇祯十三年才发生转机,郭沫若认为这一转机"也是由于大灾荒所促成的","饥民从自成者数万",使李自成得以"死灰复燃"。

当分析到李自成在"作风上也来了一个划时期的改变"时,郭沫若倾注了相当浓重的情感来赞扬李岩参加农民军。整篇文章差不多有一半是论述李岩其人、其事,并兼而对照牛金星、宋献策,征引史籍也最多。《明史》相关传记、《明亡述略》、《烈皇小识》、《明季北略》以及《剿闯小史》、《甲申传信录》、《芝龛记》等,反复比勘、对照。通过上述记载,李岩在郭沫若的笔下是这样的。

形象之一,虽有"好施尚义"的性格,但并不甘心造反。尽管红娘子"强委身焉",他终竟脱逃。只是当崇祯帝御宇之下的糊涂地方官将其视为"反贼",打入狱中以后,才被"逼上梁山"。

形象之二,李岩投奔李自成,算是"明珠并非暗投"。由于李岩的入伙,闯王部下的要角,如牛金星、宋献策、刘宗敏、顾君恩等,接着便参加进来,李岩不失为一个"触媒""引线"。

形象之三,李岩劝李自成行仁义以收民心。史籍上没有记载他立过什么军功,打过什么得意的硬仗,但史家说他"有文武才",郭沫若认为"确是事实"。文章十分看重李岩"对于宣传工作做得特别高妙",称他"把军事与人民打成了一片,却是有笔共书的"。并举农民军围开封、破潼关等几次大战,都是"所至风靡"的实例,证明李岩收揽民意、瓦解官兵的宣传,千真万确是收到了很大的效果。

形象之四,在过分的胜利陶醉中,李岩是仅有的一两位头脑清醒的人。众兵将皆入京城,李岩及其所部却屯扎城外。亲访民间情弊,遇有冤屈必予安抚。向李自成陈谏四事,特别强调"严肃军纪的问题"和"用政略解决吴三桂的问题"。

此外,郭沫若提醒有一件"值得注意"的事情,即牛金星加入农民军以后,李岩便不被十分重视了。

文章对于李自成的记述不多,只是以崇祯十三年为前后分界,认为后之李自成与前之李自成"不甚相同"。

关于李自成的为人,郭沫若强调其"在本质上和张献忠不大相同",并引《明史》对他的称赞，"不好酒色，脱粟粗粝，与其下共甘苦"。又说他很能收揽民心、礼贤下士，而其敢作敢为的作风比起刘邦、朱元璋等"起于草泽的英雄"，"很有过之而无不及的气概"。这一切，自然都是"艰难玉成了他"。初发难的十余年间，只是高迎祥部的一支别动队，时胜时败，甚至有好几次企图自杀。但十多年的实战，使他获得了"相当优秀的战术"，并且"善政"，带出一支"极端的纪律之师"。

自崇祯十三年以后，李自成在势力上和作风上都发生了重大转机。郭沫若非常看重这一转机，认为"从此一帆风顺，便使他陷北京、覆明室，几乎完成了他的大顺朝的统治"。而其"作风的转变"，则是由于李岩的参加。

对于农民军进城后李自成的所作所为，郭沫若有这样一些看法：李自成本不是刚愎自用的人，他对于明室的待遇也"非常宽大"；他很能"纳人善言"，而且平常所采取的还是"民主式的合议制"；客观上是"天翻地覆"的变化，而他的服装却丝毫也没有变化，不好色，不贪财利，而且十分朴素。

文章通过李自成、李岩这两个重要人物，勾画出大顺农民军转败为胜，"一帆风顺"地夺取明室江山的历程。对于农民军"悲剧"结局的总结，所占篇幅最少，但具有一定的理性色彩，主要有如下几点。

其一，在过短的时期之内获得了过大的成功，大家都昏昏然，以为天下已经太平无事了。郭沫若分析说，从整个农民运动的历史来看，经历了十六七年才达到最后的阶段，要说难也未尝不难。但在达到这最后阶段的突变上，有类于河堤决裂，要说容易也实在显得太容易了。这就使牛金星、刘宗敏之流，沉沦进了过分的陶醉里去了。作为丞相，牛金星只知忙于筹备登基大典等。而"一等大将"刘宗敏，所忙的只是"拷夹降官，搜刮赃款，严刑杀人"。

其二，对近在肘腋的关外大敌，全不在意。刘宗敏本应该亲领兵马去镇守山海关，以防吴三桂叛变和清朝侵袭。然而，防山海关的只有几千人，几十万大军却屯聚在京城里面享乐。

其三，李自成的用人"有亲有疏"，导致了更大的历史悲剧。从"待遇"方面说，牛金星为李岩所荐引，官居丞相之职；牛金星荐引的宋献策，被倚为"开国大军师"；牛金星荐引的刘宗敏，任一品权将军。而给农民军作风上带来转机的李岩，仅为二品制将军。再以信用程度而言，文章又以较为特殊的笔法进行了对比。入京以后，文臣以牛金星为首，武臣以刘宗敏为首，两人成为李自成的"左右二膀"。接着，一而再地指出："终竟误了大事的，主要的也就是这两位巨头。"后来李自成的失败，"牛金星和刘宗敏倒要负差不多全部的责任"。当论述到历史的大悲剧时，郭沫若一连运用了四个"假使"：假使初进北京时，自成听了李岩的话……假使李岩收复河南之议得到实现……假使形成了那样的局势……假使免掉了那些错误……对李岩、李自成的惋惜之情，跃然纸上。反过来看，郭沫若对李自成用人的"错误"，批评是多么的深刻，内心是多么的沉痛啊！

其四，代表农民利益的运动迟早会变质。李岩被杀、农民军解体，悲剧意义尤其深刻。写到这里，郭沫若得出一个带规律性的结论：

> 大凡一位开国的雄略之主，在统治一固定了之后，便要屠戮功臣，这差不多是自汉以来每次改朝换代的公例。自成的大顺朝即使成功了（假使没有外患，他必然是成功了的），他的代表农民利益的运动早迟也会变质，而他必然也会做到汉高祖、明太祖的藏弓烹狗的"德政"，可以说是断无例外。

尽管文章将杀李岩的责任"让卖友的丞相牛金星来负"，但仍然无法否认在"藏弓烹狗"的"公例"面前，对于李岩等的诛戮"却也未免太早了"。如果说郭沫若"祭"甲申年，包括"祭"农民军的"悲剧"结局的话，那么他最瞩目的"李岩的悲剧"，便在"代表农民利益的运动早迟也会变质"这一"断无例外"的"公例"上。

郭沫若在写农民军的成败得失时，基本是置之于内部的矛盾斗争当中来叙述的，差不多是以李岩与牛金星的"对立"为主线的，强调"从李岩方面来看，悲剧的意义尤其深刻"，"个人的悲剧扩大而成为了民族的悲剧"。

通过以上两个方面的剖析，可以说《甲申三百年祭》是试图通过三个主要历史人物——崇祯帝、李自成、李岩，来勾画350年前中国历史上的一次重大事变。在对三个主要历史人物的品评中，找出明朝灭亡的原因和造成大顺朝"悲剧"结局的教训。

三

对于这篇祭文，人们长期认识不一，既有文章自身的问题，也有读者的理解问题。

先说文章本身的问题，即所谓"民族的悲剧"①。

郭沫若"祭"甲申年，不论"祭"明朝灭亡，还是"祭"大顺朝的悲剧，都与清朝入主中原紧紧相连。文章开头有这样的说法："在满清统治的二百六十年间……抗清的民族解放斗争一直都是没有停止过的。"文章要结尾时又说，假使李自成免掉其错误，在"民族方面"也就可以免掉260年间"为异族所宰治的命运"。可结局正相反，李自成、李岩"个人的悲剧扩大而成为了民族的悲剧"。

清朝入主被视为"民族的悲剧"，造成清朝入主的"过失最大"的崇祯帝和牛金星则是"民族的罪人"。

民国初年，以"驱逐鞑虏，恢复中华"的口号动员民众起来推翻清帝制，无疑是进步的。但时至40年代，又早已成为史学大家的郭沫若，怎么还要因循民初革命党人动员民众的意识，视清朝为中华以外的"民族"呢？如果说清初民族矛盾是社会的基本矛盾，各地的抗清斗争具有反抗民族压迫的性质，那么到了康熙统一台湾之后，还能说社会的基本矛盾仍然是民族矛盾吗？又怎么可以认定"满清统治的二百六十年间"的抗清斗争，都是"民族解放斗争"呢？就中国历史实际而言，清朝入主与蒙古建立元朝一样，都不可与清末的"列强"用炮舰打开中华大门同日而语！文章视清朝入主为"民族的悲剧"，难免使读者联想到《中国之命运》中"满族入关

---

① "民族的悲剧""民族的罪人"等说法，在1972年的单行本和《郭沫若全集·历史编》中改为"种族的悲剧""种族的罪人"等。

以后，中国的民族思想，便渐渐消灭了"的说法，因而也就无法不使人怀疑文章是在进行"影射"了。

从读者方面考察，问题主要在于如何真正把握原作的写作意图和精神实质。

1944年3月22日，郭沫若的这篇文章在重庆《新华日报》副刊连续登完。3月24日，国民党当局的《中央日报》由陶希圣执笔写了一篇题为《纠正一种思想》的社论发表，说郭沫若写《甲申三百年祭》"出于一种反常心理，鼓吹败战主义和亡国思想"，认为郭沫若把"断送国家、灭亡民族的流寇，夸扬为革命"，既是民族主义的"羞辱"，也是对马克思主义的"曲解和玷污"。4月13日，《中央日报》又发表《论责任心》的社论，指责郭沫若"缺乏"抗战的责任心，把"抗战建国途中的中国，比拟于宋末或明末亡国时代的中国"，"渲染着亡国的怨望和牢骚"。4月20日，叶青发表《郭沫若〈甲申三百年祭〉平议》的长篇文章，直言不讳地说："际此甲申之年，特利用明亡底历史事实来作材料，而妄想以明朝来隐射国民政府。郭沫若向来是共产党的同情者，而又薄有文名，自为执行这个宣传政策的适当人物。""共产党妄想利用昔之甲申来诋毁政府，动摇人心，煽动民变，以为'同隶延安府的李自成、张献忠'造机会，陷中国于异族主义之苦境，是不可能的。郭沫若先生亦可休矣。""陕北自称'农民运动领袖'的人必须认真悬崖勒马……"①

姑且撇开谩骂之词不论，仅以上述种种所谓"反驳"的内容看，都是以《中国之命运》为"思想的明灯"，继续秉承书中关于"三百年的明室，在李闯、张献忠等流寇与满族的旗兵，内外交侵之下，竟以覆灭"的观点，大做文章。从本文第一部分介绍的历史背景看，这些所谓"反驳"说郭沫若是执行共产党宣传政策的"适当人物"，确也不假。至于说《甲申三百年祭》是用明朝"隐射国民政府"，实在是因为陶希圣等早已在用"流寇与满族"做比附了。其实，郭沫若的文章不止有一，尚有其二，即对明末农民军的深刻批判。被《中国之命运》蒙住了眼睛的上述"御用"文章，自然

---

① 上引各文均收入独立出版社编《关于〈甲申三百年祭〉及其它》，独立出版社，1944。

不可能看到这一点。

正当重庆的"反驳"沸沸扬扬之际,毛泽东在延安读到了郭沫若的这篇文章,又将着眼点从"发动宣传反击"转而集中在了"不要重犯胜利时骄傲的错误"这一点上。这年 5 月 20 日①,在中共中央召开的高级干部会议上,毛泽东号召全党"引为鉴戒"。接着,文章被印成单行本,作为当时"整风"的参考文件,下发各解放区。11 月 21 日,毛泽东致函郭沫若,强调"小胜即骄傲,大胜更骄傲,一次又一次吃亏,如何避免此种毛病,实在值得注意"。这样,《甲申三百年祭》一文,最初在国统区被作为中共反击蒋介石《中国之命运》及其宣传攻势的"开炮"炮弹,随后又在解放区被作为向革命队伍提供历史鉴戒,避免重犯胜利时骄傲的错误的重要史论。随着时势的推移,《甲申三百年祭》一文的主题思想渐渐被单一地确定为提供鉴戒了。

上述的两种基本着眼点,代表着当时读者队伍中两种截然不同的认识,都是从各自的政治立场出发引出的。重庆与延安政治立场的对峙,必然形成对于这篇文章的不同看法,因此争执也随之而生。郭沫若本人对自己写这篇文章并没有那么多的说法。当年 4 月 21 日,他在给费正清的一封答信中是这样说的:

> 近几个月来,我在研究明朝末年的历史,读了一些古书,打算把李自成所代表的农民运动写成剧本……我的剧本计划遭了打击。原因是三月十九日是明朝灭亡三百年祭的纪念日,我在《新华日报》副刊上发表了一篇纪念文字……我所写的本是研究性质的史学上的文字,而且是经过检查通过了的,然而竟成了那么严重的问题。②

这封信所说,郭沫若的初衷是以明末农民运动为题材写剧本,剧本没有写成,却写了这篇纪念文章。以文章的"性质"而言,是"研究性质"的史学文字,所以通过了检查。使其始料不及的是,竟成了"那么严重的问

---

① 原为 4 月 12 日,改为 5 月 20 日,详见本书第四编《〈甲申三百年祭〉写作的前前后后》。
② 《答费正清博士》,《郭沫若全集·文学编》第 19 卷,第 439—440 页。

题"。难怪他后来一再说,"陪都有好些神经过敏的人",总是"尖着眼睛在里面找"所谓"含沙射影"的用意。① 写文章自不应有意搞影射,读文章也当理解原作原意,避免实用主义的态度和断章取义的做法。

三个月之后,即便在揭露当时"学术机关为一党所垄断,学术研究为御用所奸污"时,郭沫若仍然是从学术研究的角度批评传统史观"奖励研究皇汉盛唐,抑制研究宋末明季","有起而驳正之者,即被认为'歪曲历史'","李自成万年流寇,崇祯帝旷代明君。似此情形,颇令人啼笑皆非,真不知人间何世?"②

当"轩然大波"过去三年后,郭沫若也早读到毛泽东肯定《甲申三百年祭》的信,但在《历史人物》结集时,他仍然是从反传统史观的角度来回忆这篇文章的写作,旨在坚持"人民本位"的立场:

> 《甲申三百年祭》是曾经引起过轩然大波的一篇文章。主要的原因就是因为我同情了农民革命的领导者李自成,特别是以仕宦子弟的举人而参加并组织了革命的李岩,这明明是帝王思想与人民思想的斗争,而这斗争我们还没有十分普遍而彻底地展开。③

在抗战胜利后的1947年夏,郭沫若写这段回顾,显然充满着时代精神,比上述两个方面对该文的评论都要深刻得多。

"帝王思想与人民思想的斗争",是郭沫若自20年代至40年代衡量历史人物、古今时事始终坚持的一条基本原则。换成他通常的说法,即是以帝王为本位,还是以人民为本位。这一原则,同样贯穿《甲申三百年祭》的始终。写明皇室与农民军的对立,反映以帝王为本位与以人民为本位的斗争,这毋庸多言。在农民政权内部,则以牛金星与李岩的矛盾来表现帝王思想与人民思想的斗争。尽管郭沫若提醒过读者,但至今仍然很少有人从这一角度去认识《甲申三百年祭》的真正意义。文章中,不论是获得巨

---

① 《〈孔雀胆〉二三事》,《郭沫若全集·文学编》第7卷,第279页。
② 《为革命的民权而呼吁》,《郭沫若全集·文学编》第19卷,第461—462页。
③ 《〈历史人物〉序》,《沫若文集》第12卷,第338页。

大成功后的昏昏然，还是对其"悲剧"教训的总结，抑或"藏弓烹狗""公例"的归纳，无一不是基于"帝王思想与人民思想的斗争"这一原则的。草泽英雄刘邦、朱元璋一旦成为"开国的雄略之主，在统治一固定"后，也就由以人民为本位转向了以帝王为本位，屠戮功臣恰恰成为其"早迟也会变质"的一种标志。李岩的悲剧带来农民军的悲剧结局，不正是内部的"帝王思想"扼杀了"人民思想"所造成的吗？

只有从"帝王思想与人民思想的斗争"这一贯穿始终的基本原则来认识《甲申三百年祭》，才能够看到文章既"祭"明亡，又"祭"农民军悲剧结局的真实所在，而且这两者之间还有深刻的内在联系。应该说，这才是《甲申三百年祭》的本来面目——一定要坚持"以人民为本位"的原则！

还其本来面目，正是今天对《甲申三百年祭》发表50周年的最好纪念。

（1994年3月）

[本文原载《郭沫若研究》第12辑，后编入《〈甲申三百年祭〉风雨六十年》，人民出版社，2005]

《甲申三百年祭》写作的前前后后

今年是《甲申三百年祭》发表70周年，郭沫若纪念馆要我配合办展撰文。20年前《甲申三百年祭》发表半个世纪，我发表了《还其本来面目——重读〈甲申三百年祭〉》的论文。10年前《甲申三百年祭》轮了一个甲子"周期"，我在文津讲坛做《甲申年说〈甲申三百年祭〉》的讲演，并将前后两次的主要观点缩写成《说祭"甲申三百年"》，发表在《紫禁城》2004年第6期。如今三说"甲申祭"，在重申先前基本观点的同时，钩稽这篇曾经引起"轩然大波"的文章写作前后的一些细节，供有兴趣的读者回味。

一

重申先前的基本观点，主要有三。

其一，《甲申三百年祭》写作的初衷是反击《中国之命运》。1943年3月蒋介石署名、陶希圣执笔的《中国之命运》出版，开头一段文字说："三百年的明室，在李闯、张献忠等流寇与满族的旗兵，内外交侵之下，竟以覆灭。"4月陶希圣发表《读〈中国之命运〉》，要每个国民"必皆以此书为思想的明灯"。5月共产国际解散，国统区"民众团体"要求"解散共产党"。8月毛泽东专电八路军驻重庆办事处董必武，部署"渝、桂文化界反压迫抗议事"。1944年1月16日于怀（乔冠华）致函在桂林的柳亚子："今年适值明亡三百年，我们打算纪念一下，沫若先生们都打算写文章。昨天在郭先生家和一些朋友们闲谈，大家一致认为你是南明史泰斗，纪念明亡，非你开炮不可。"柳亚子因"神经衰弱很厉害"便"还信谢绝了"，随后又表示："把甲申来算作明亡之岁，我从南明历史研究者的立场来讲，是不能承认的，特此抗议。"① 于是，"开炮"的任务便落在了郭沫若身上。

其二，《甲申三百年祭》不单单总结农民军失败教训，包括两大基本方面，既"祭"明亡，分析明亡的种种原因，又"祭"农民军，总结农民军失败的教训。全文以崇祯皇帝、李自成、李岩三个人物为主线，反映当时的复杂历史事变。由于重庆、延安政治立场的对立，对文章形成针锋相对的看法。在重庆，针对文章"祭"明亡的内容，说"际此甲申之年，特利用明亡底历史事实来作材料，而妄想以明朝来隐射国民政府"，"共产党妄想利用昔之甲申来诋毁政府，动摇人心，煽动民变，以为'同隶延安府的李自成、张献忠'造机会"，"陕北自称'农民运动领袖'的人必须认真悬崖勒马……"在延安，着重文章"祭"农民军失败的内容，要求全党，首先是高级领导"必须永远保持清醒与学习态度，万万不可冲昏头脑，忘其所以，重蹈李自成的覆辙"。时隔8个月之后，毛泽东致函郭沫若，提出"小胜即骄傲，大胜更骄傲，一次又一次吃亏，如何避免此种毛病，实在值得注意"的问题。

其三，郭沫若对这篇文章有自己的认识。三年以后，当两个中国之命运的决战已见胜负端倪之际，1947年7月郭沫若在《历史人物》一书结集时回忆说："《甲申三百年祭》是曾经引起过轩然大波的一篇文章。主要的原因就是因为我同情了农民革命的领导者李自成，特别是以仕宦子弟的举人而参加并组织了革命的李岩，这明明是帝王思想与人民思想的斗争，而这斗争我们还没有十分普遍而彻底地展开。"这是否对毛泽东来信提出"小胜即骄傲，大胜更骄傲，一次又一次吃亏，如何避免此种毛病"问题的间接回应，不得而知，但区分"帝王思想与人民思想"是郭沫若自20世纪20年代起衡量历史人物始终坚持的一条准则。写明皇室与农民军的对立，反映两种思想的对立；写农民军内部矛盾，以牛金星与李岩表现两种思想的对立。文章表示"李自成自然是一位悲剧的主人，而从李岩方面来看，悲

---

① 柳亚子：《纪念三百年前的甲申》，《群众》第9卷第7期，1944年4月。

剧的意义尤其深刻"。结尾一句"李岩的悲剧是永远值得回味的",可谓点睛之笔！李岩的悲剧,是农民军内部"帝王思想"扼杀了"人民思想"的结果,强调帝王思想与人民思想的斗争"我们还没有十分普遍而彻底地展开",是不是更"值得回味"？

二

再说郭沫若的写作准备。

前面已说,1月16日于怀致函柳亚子,在桂林的柳亚子1月31日才收到,即便当天就"抱歉的还信谢绝了",信回到重庆至少也要半个月左右,也就是说,"开炮"任务正式落在郭沫若身上不会早于2月上旬,至3月10日《甲申三百年祭》脱稿交给董必武,时间不到1个月。此间,郭沫若撰写《十批判书》《青铜时代》的计划并未中断：1月12日至20日完成《韩非子批判》,1月30日至2月17日完成《由周代农事诗论到周代社会》,2月20日编定《先秦学说述林》一书,并作"后叙"（后改作《青铜时代》一书"后记"）。

同时,因偶然读到乾隆年间禁书《剿闯小史》抄本,"想把李岩与红娘子搬上舞台",便将其书"校读一过,其确然知其讹误者,订正之,并略施标点",1月作"跋",3月由重庆说文社出版。书"跋"不足千字,请注意下面这段文字：

> 作为平话小说,实甚拙劣,但可作为史料观。观其所纪,与《明季北略》多相符,后书似尚有录取本书之处,如李信谏自成四事及与宋献策论明制科之不足以得人才等节,几于一字不易,而《北略》颇有夺字夺句。又与《明史·流贼传》则大有出入,《流贼传》绳伎红娘子救李信出狱事,最宜于做小说材料,而本书则无之,足证本书之成实远在《明史》之前也。

校读《剿闯小史》，选用《明史》《明季北略》进行校勘，认为《剿闯小史》"可作为史料观"，且"与《明季北略》多相符"，与《明史·流贼传》"则大有出入"，书成"远在《明史》之前"。

2月8日写信给翦伯赞，表明尚未正式接受撰写"开炮"文章的任务，内容如下：

> 近于友人处得见一乾隆年间之抄本《剿闯小史》写李自成事颇详，甚引起趣味。有李信一名李岩者，乃河南举人，参加当时活动，此人尤有意思。关于此时期之史料，兄谅知之甚悉。除《明亡述略》曾略见李信外，它尚有所见否？乞示知一二，为感。①

关注史料、寻找史料的出发点在有无李岩其人，由此提到《明亡述略》一书。此外，郭沫若纪念馆存有郭沫若抄录《芝龛记》第48出《狐奔》即李岩、牛金星投奔李自成一出的手迹（见图1），也表明郭沫若是在为创作史剧做准备。

上述各项表明，郭沫若一开始就把《剿闯小史》与《明季北略》、《明史》作为"把李岩与红娘子搬上舞台"的基本史源，随后增加的史源有《明亡述略》《芝龛记》，都与李岩有关。

但当接受撰写"开炮"文章的任务之后，情况就不同了。先前虽然准备写文章，却是配合柳亚子的"开炮"，或配合自己的史剧，而这后者是郭沫若创作史剧的一贯做法。如今时间紧、任务急，不得不放弃创作史剧的念头，然而先前的准备已然"先入为主"，只能去掉"史有佚文，史剧家却须要造"的那些写法。从发表的文章看，引用史料主要有《明史》相关传记、《明季北略》、《甲申传信录》、《剿闯小史》、《烈皇小识》、《明亡述略》、《芝龛记》，而以《明季北略》引述最多，其次是《明史》《甲申传信录》《剿闯小史》，再次是《烈皇小识》《明亡述略》，但依然不忘《芝龛记》，没有完全摆脱配合史剧创作的写法。

---

① 《北京大学学报》1978年第3期。

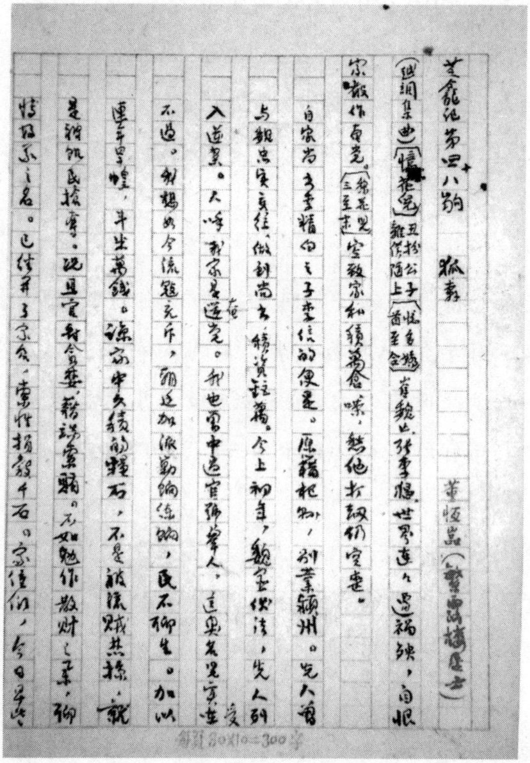

图 1 郭沫若为"把李岩与红娘子搬上舞台"抄录
《芝龛记》第 48 出《狐奔》（局部）

资料来源：郭沫若纪念馆。

此前对于明清史毫无学术积累的郭沫若，为什么从一开始就选择《明季北略》作为文章最重要的史料根据呢？当时在重庆能够联络到的明清史专家，除柳亚子之外似无他人，但明史专家谢国桢《晚明史籍考》一书在重庆应该看得到。《晚明史籍考》肯定计六奇《明季北略》"记明季农民起义史事，自成入京而后，按日记载，较他书为详。著者生于明末，距甲申之际，为时不远，或凭传闻，或出于目睹，虽间有歪曲事实之处，然较后人追记之书，去实际弥远者，犹可略存其真"。清史名家孟森为《晚明史籍考》作序，说"使人执此《考》以求其书，有事半功倍之乐"。柳亚子1947 年评论《晚明史籍考》："我叫它是研究南明史料的一个钥匙。它虽然以晚明为号，上起万历，不尽属于晚明的范围，不过要知道南明史料的大概情形,看了这部书,也可以按籍而稽,事半功倍了。"① 此时柳亚子虽未写出这一评论,但对《晚明史籍考》不会不了解,郭沫若直接或间接询问过柳亚子,得到启示,"按籍而稽",虽然目前找不到确证,但应该是在情理之中的事。此外,梁启超《中国近三百年学术史》肯定"计用宾(六奇)之《明季北略》《明季南略》,用纪事本末体,组织颇善",郭沫若和在文工会的史家们不会不知道。从这些细节看,郭沫若凭信《明季北略》是有其主客观原因的。

因为"李岩与红娘子的逸事"引起兴趣,两年以后,1946年2月,郭沫若写了700余字的短文《关于李岩》,增加了《罪惟录》和《梼杌近志》,但依然不忘史剧创作,说《梼杌近志》"是绝好的戏剧和小说的材料"。联系郭沫若本人对文章的认识,就会明白他为什么关注李岩其人了。

批评、指责文章"祭"农民军部分的史料问题,大多是在20世纪50—60年代乃至80年代,历经农民战争史研讨,发掘出不少新史料之后。这是以一二十年之后掌握的史料,苛责一二十年之前的史料运用存在问题,未免有失公平。

以大视野审视明末清初的政治史,不仅郭沫若毫无学术准备,在当时整个学术界也是一个新课题。郭沫若毕竟是大手笔,一"开炮"就震动了国共两党高层,难怪陈布雷曾有诗句赞其"挥笔动风雷"。倘若柳亚子答应"开炮",史料方面或许不会被挑剔,但效果将如何呢?

三

订正两个时间错误。

其一,"甲申年三月十九日",不是1644年3月19日,而是1644年4月25日。

在北京景山明思宗自缢处,1930年立有沈尹默题写"明思宗殉国处"

---

① 柳亚子:《怀旧集》,上海耕耘出版社,1947,第112页。

的汉白玉碑。1944年重庆纪念甲申三百年之后,北平也有纪念之举。当年4月,傅增湘撰文、陈云诰书丹、潘龄皋篆额,新立"明思宗殉国三百年纪念碑"。碑文约900字,以"今岁纪甲申夏历之三月十九日,距帝殉国时正三百年矣","幸逢十世之期,永作千秋之鉴"。此碑一度存放于景山公园东南角院落,2004年重新立于原处。碑文特别说明是"夏历之三月十九日",换算为公元纪年,甲申年(崇祯十七年)三月十九日,应为1644年4月25日。重庆"祭"甲申三百年,误将夏历作公历,1944年3月19日《新华日报》载文,以崇祯帝吊死"那是发生在一六四四年三月十九日的事"。我在文津讲坛的讲演、发表在2004年《紫禁城》的短文,均已做了订正,借此机会再强调一下:不要继续错下去了!

其二,毛泽东说"不要重犯胜利时骄傲的错误"的一段话,不是在1944年4月12日,而是同年5月20日。

20世纪50—60年代出版的《毛泽东选集》第3卷中《学习与时局》注明的时间是"一九四四年四月十二日"。第三部分,有"全党同志对于这几次骄傲,几次错误,都要引为鉴戒。近日我们印了郭沫若论李自成的文章,也是叫同志们引为鉴戒,不要重犯胜利时骄傲的错误"一段话,通常便把毛泽东的这一讲话时间确定为1944年4月12日,却与历史实际不符。

重庆《新华日报》3月19—22日用4天时间连载《甲申三百年祭》全文,延安《解放日报》4月18—19日全文转载,4月18日的"编者按"说"因为最近才收全,到今天才能在这里转载"。而且"编者按"的内容针对的是《中央日报》的观点,丝毫没有关于"引为鉴戒"的意思。4月12日延安尚未"收全"《甲申三百年祭》,还没有转载,毛泽东怎么会说出"近日我们印了郭沫若论李自成的文章"的话呢?这一疑问,在新版《毛泽东选集》中得到解决,篇题注释改为《学习与时局》"是毛泽东一九四四年四月十二日在延安高级干部会议上和五月二十日在中央党校第一部对于这个讨论所作的讲演"。① 再从《解放日报》5月17日刊发《甲申三百年祭》出

---

① 《毛泽东选集》第3卷,人民出版社,1991,第938页。

版单行本的消息，可以认定毛泽东讲"不要重犯胜利时骄傲的错误"一段话，是 5 月 20 日，不是 4 月 12 日。希望今后再引用和转载毛泽东这段语录时，务必将时间改为 5 月 20 日，特别是从事现代史和党史研究的专家们。

（2014 年 3 月 7 日）

［本文原载《〈甲申三百年祭〉70 周年展览纪实》，当代中国出版社，2014］

从社会历史的发展演变审视"李杜并称"与"扬杜抑李"两种文化思潮

——兼论郭沫若的李杜研究

如果从个人爱好和文学主张方面考察,实存在"李杜并称"、"扬杜抑李"与"扬李抑杜"三种情况。如果从文化现象和社会思潮方面审视,则只存在"李杜并称"与"扬杜抑李"两种情况。本文的写作重点,是放在这后一方面的。

一 盛唐至晚唐:从"白也诗无敌"到杜诗谓"诗史"

诗歌创作与社会变化密切相关,社会变化影响士人心态,士人心态变化直接影响诗歌创作。

盛唐诗人追求风骨、兴象、自然美,与此时诗人的强烈入世思想、对建功立业的热烈向往、充足的自信心等分不开。李白诗最突出的个性特征是想象力极为丰富,用近代以来的文学创作方法衡量,具有极其鲜明的浪漫主义特色。李白的诗风纯然盛唐的写照,因而成为时代的象征,杜甫不得不叹服地表示:"白也诗无敌,飘然思不群。"(《春日忆李白》)直至李白晚年,杜甫仍然盛赞李白诗可以惊天地、泣鬼神:"昔年有狂客,号尔谪仙人。笔落惊风雨,诗成泣鬼神。"(《寄李十二白二十韵》)杜甫虽然也生当盛唐,但他面对的现实却不再是繁荣的盛唐,而是灾难的盛唐。盛唐的繁荣选择的是李白,盛唐的灾难却使杜甫大器晚成。

唐代社会进入"开元盛世"后,在歌舞升平下奢靡无度、大肆挥霍,各种社会矛盾加剧。统治集团内部各种政治势力之间的争夺不断激化,最终引发了安史之乱,成为唐朝由盛而衰的转折。社会生活的这一变化,必然要反映到诗歌创作上来。作为盛唐诗歌精神特质的高扬感情基调和充足的自信心,此时此刻慢慢地为战乱流离中的悲惨现实生活情调所取代。战乱生活,颠沛流离,诗人很难再唱出那些充满理想主义的欢歌快语。盛世过后,杜甫把反映生民疾苦与自我抒情完美地结合,眼光转向广阔的社会,以"时事"入诗,因而被称为"诗史"。终唐一代,没有一个诗人像杜甫那样真实、深刻,而且保持这种创作倾向如此长的时间,留下如此多的诗作。

"诗到元和体变新",一变盛唐诗歌那种风骨远韵、多层意境以及理想化的倾向,转而为尚实、尚俗、务尽。作诗的目的十分明确,白居易在《寄唐生》诗中概括为:"唯歌生民病,愿得天子知。"

在这种诗歌创作背景下,元稹回顾诗的发展历程,总结唐代诗歌,在《唐故工部员外郎杜君墓系铭》中这样写道:

> 唐兴,官学大振,历世之文,能者互出。而又沈、宋之流,研练精切,稳顺声势,谓之为律诗。由是而后,文变之体极焉。然而好古者遗近,务华者去实。……至于子美,盖所谓上薄风、骚,下该沈(佺期)、宋(之问),言夺苏(武)、李(陵),气吞曹(植)、刘(桢),掩颜(延年)、谢(灵运)之孤高,杂徐(陵)、庾(信)之流丽,尽得古今之体势,而兼昔人之所独专矣。……
>
> 时山东人李白,亦以奇文取称,时人谓之李、杜。予观其壮浪纵恣,摆去拘束,模写物象,及乐府歌诗,诚亦差肩于子美矣。至若铺陈终始,排比声韵,大或千言,次犹数百,词气豪迈而风情清深,属对律切而脱弃凡近,则李尚不能历其藩翰,况堂奥乎!①

---

① 《元氏长庆集》卷56,《四部丛刊》本。

论杜取其"尽得古今之体势，而兼昔人之所独专"，论其胜于李白处，着眼点则只取其"铺陈终始，排比声韵"，取其词气、风调。

白居易更将讽喻诗理论系统化，把诗歌引导到教化上来："文章合为时而著，诗歌合为事而作。"同时对唐代诗歌发展做以总结：

> 唐兴二百年，其间诗人不可胜数。……诗之豪者，世称李杜。李之作，才矣，奇矣，人不逮矣。索其风雅比兴，十无一焉。杜诗最多，可传者千余篇。至于贯穿古今，觑缕格律，尽工尽善，又过于李。①

这就是元、白的"抑李扬杜"。然而，写生民疾苦，写弊政，是借讽喻规劝皇帝，但皇帝不可能由于讽喻、谏诤而会有所改革，希望完全落空，其诗歌主张也随之而失去依归。

与元、白同时代的韩愈，始终推重李、杜，以李杜并称：

> 国朝盛文章，子昂始高蹈。勃兴得李杜，万类困陵暴。(《荐士》)
> 近怜李杜无检束，烂漫长醉多文辞。(《感春四首》之二)
> 少陵无人谪仙死，才薄将奈石鼓何。(《石鼓歌》)

特别是那首《调张籍》，"不知群儿愚，那用故谤伤"，虽然不一定专为驳元、白而发，但所谓"群儿"很难说不包括元、白在内。

杜甫写时事的创作特色，在晚唐已为人们所认识，孟棨提到：

> 杜逢禄山之难，流离陇蜀，毕陈于诗，推见至隐，殆无遗事，故当时号为诗史。②

---

① 《白氏文集》卷45《与元九书》，《四部丛刊》本。
② 《本事诗·高逸》"李白"附，《丛书集成》初编本。

二 宋至清："千家注杜，一家注李"

先说"千家注杜"。

在唐代，爱好杜诗只是相互传抄，即所谓"集无定卷，人自编摭"而已。及至北宋初年，杜诗也很少流传。

宋人整理杜诗，大抵从仁宗景祐年间苏舜钦编辑《杜子美别集》始。《题杜子美别集后》写有这样几句话，"古律错乱，前后不伦，盖不为近世所尚，坠逸过半"，道出了杜诗不受重视的一些原因。随后，王洙又编了一个杜集，不仅参考本子多，而且分为古、近体，并初步进行了编年。此外，另有刘敞《杜子美外集》、王安石《杜工部诗后集》。

总的来讲，北宋前中期的杜集很零乱，既有各种各样的古本，又有各家自行编辑的《别集》《外集》《后集》等，而且都是靠彼此传抄流布。

仁宗在位期间潜伏的种种危机逐渐显露成为社会问题，"庆历新政"也没有能够挽救内外交困的局面。仁宗君臣非常向往唐朝"为国长久"，希望效法唐朝的典制、故事，重新编写唐史，强调要以"动人耳目"的方式突出表现唐代"明君贤臣、俊功伟烈"，用以"垂劝戒、示久远"。代表当时最高统治集团认识的《新唐书》，在《杜甫传》中有这样的评述和论赞：

> 少与李白齐名，时号"李杜"。……数尝寇乱，挺节无所污。为歌诗，伤时桡弱，情不忘君，人怜其忠云。
>
> 赞曰：……（律诗）至甫，浑涵汪茫，千汇万状，兼古今而有之，它人不足，甫乃厌余，残膏剩馥，沾丐后人多矣。故元稹谓："诗人以来，未有如子美者。"甫又善陈时事，律切精深，至千言不少衰，世号"诗史"。

在追述李杜并称历史事实的同时，特别看重杜甫"数尝寇乱，挺节无所污"。在思想意识方面，肯定其"情不忘君，人怜其忠"；在诗歌创作方面，肯定其排律；在诗歌内容方面，肯定其为"诗史"。自此，晚唐孟棨提出"诗史"的说法逐渐流传开来，如黄庭坚称"杜诗谓之诗史，以斑斑可见当时"。①

在这之后，王琪就王洙本重新编定，又增补王安石所得，使"子美之诗，仅为完备"，在苏州镂版刊行，成为杜集第一个定本。数年后，又经裴煜补遗、镂版流布，成为此后一切杜集的祖本，即所谓"自后补遗、增校、注释、评点、集注、分类、编辑之作，无不出于二王之所辑梓"。②

自北宋神宗以后，杜诗的编集和流布越来越盛。南渡以后，纵然处在兵火戎马之间，但与杜甫所处环境更接近，杜诗的整理和刊行非但没有削弱，反而有所加强。南宋高宗绍兴年间，有五种杜集出现。黄伯思《校定杜工部集》22卷，把王洙以来古、近体分编的体例打破，以编年为主，读起来更加方便。同时，对杜诗又进行了一次搜集，更接近今天的传本。绍兴六年李纲为之序云：

> 盖自开元、天宝太平全盛之时，迄于至德、大历干戈乱离之际，子美之诗，凡千四百四十余篇，其忠义气节、羁旅艰难、悲愤无聊，一寓于此。句法理致，老而益精。时平读之，未见其工。迨亲更兵火丧乱，诵其词如出乎其时，犁然有当于人心，然后知为古今绝唱也。③

西蜀赵次公有《注杜诗》59卷，在《杜工部草堂记》中写道：

> 李杜号诗人之雄，而白之诗多在于风月草木之间，神仙虚无之说，亦何补于教化哉！惟杜陵野老，负王佐之才，有意当世，而肮脏不偶，胸中所蕴，一切写之于诗。

这些序、记等文字，向后人展示了南宋时重视杜诗的社会原因。

随着读杜诗的兴趣越来越浓，杜诗注释本应运而生。孝宗淳熙年间，

---

① 《滍水集》卷5《与侯谟秀才书》，《四库全书》本。
② 张元济：《宋本杜工部集跋》，《续古逸丛书》本。
③ 李纲：《校定杜工部集序》，收入黄伯思《东观余论》，《津逮秘书》本。

郭知达集九家注成《杜工部诗集注》，又称《九家集注杜诗》。同时，坊间出现《分门集注杜工部诗》。此时的集注杜诗，大体形成两个系统：一是以徐居仁门类本为基础的注本，以宁宗嘉定年间黄希、黄鹤父子补注《补千家注杜工部诗史》36 卷、补集 2 卷为代表，所列宋代注家姓氏 150 余人；二是以鲁訔编年本做底本的注本，以宁宗嘉泰年间蔡梦弼《杜工部草堂诗笺》50 卷、附外集 1 卷为代表，书"识"中蔡梦弼写有这样一段话：

> 少陵先生，博极群书，驰骋古今，周行万里，观览讴谣，发为歌诗，奋乎国风雅颂不作之后。比兴相伴，哀乐交贯。揄扬叙述，妙达乎真机；美刺箴规，该具乎众体。自唐迄今，余五百年，为诗学之宗师，家传而人诵之……
>
> 况我国家，祖宗肇造以来，设科取士，词赋之余，继之以诗。诗之命题，主司多取是诗。惜乎世本讹舛，训释纰谬，有识恨焉。梦弼因博求唐宋诸本杜诗十门，聚而阅之，三复参校，仍用嘉兴鲁氏编次先生用舍之行藏、作诗岁月之先后，以为定本。①

理宗宝庆初曾噩重校刻郭知达《杜工部诗集注》（即《九家集注杜诗》），在序文中更加强调：

> 以诗名家，惟唐为盛，著录传后，固非一种。独少陵巨编，至今数百年，乡校家塾，龆䶮之童，琅琅成诵，殆与《孝经》《论语》《孟子》并行。况其遭时多难，瘦妻饥子，短褐不全，流离苦困，崎岖埋厄，一饭一啜，犹不忘君，忠肝义胆，发为词章，嫉恶愤世，比兴深远。读者未能猝解，是故不可无注也。②

杜诗自宋代"为诗学之宗师，家传而人诵之"，一个原因是设科取士，诗之命题，多取杜诗。但更重要的原因则是杜甫"每饭不忘君"的"忠肝义

---

① 蔡梦弼"识"，《杜工部草堂诗笺·碑铭序》，《丛书集成》初编本。
② 曾噩：《重刻九家集注杜诗序》，《九家集注杜诗》，《四库全书》本。

胆",甚至认为不作注读者就不能领悟。

元明以来,对于杜集的整理没有更大的变动,但注释训解本日益发达。

元代注释本少说也有 12 种,较著名者有虞集、赵汸、元好问、俞浙等的各种不同注本。虞集《杜律虞注》2 卷,《四库全书存目丛书》有著录。俞浙《杜诗举隅》,到明初刊刻时宋濂曾为之序。序云"释子美诗者,至是可以无憾矣",特别强调俞浙编书的目的:

> 其意以为忠君之言,随寓而发者,唯子美之诗则然,于是假之以泄其胸中之耿耿,久而成编,名之曰《杜诗举隅》。观其书,则其志之悲,从可知矣。

注释者瞩目之处是杜诗的"忠君之言,随寓而发",并以此来发泄自己"胸中之耿耿"。

明代刻唐集好分体,因此杜集在明代也有分体本。注释本,《四库全书存目丛书》著录 9 种,《千顷堂书目》著录 11 种。注释本中最著名者,当数钱谦益《杜工部集笺注》(又名《钱注杜诗》)20 卷,《四库全书存目丛书》未著录,在四库禁毁之列。①

在社会原因之外,当然也不应忘记杜诗艺术方面的特点。经过盛唐 40 余年的发展,诗歌创作走向全面成熟。杜甫不仅在理论上提出"别裁伪体""转益多师",更以诗歌创作来体现他兼备众体而融汇为一,自成诗风。正因如此,明代叶燮评述杜诗说:

> 杜甫诗,包源流,综正变。自甫以前,如汉魏浑朴古雅,六朝之藻丽秾纤、澹远韶秀,甫诗无一不备。然成于甫,皆甫之诗,无一字句为前人之诗也。自甫以后,在唐如韩愈、李贺之奇异,刘禹锡、杜

---

① 2016 年 11 月得见中华书局李爽寄赠的新著《钱注杜诗研究》(上海古籍出版社,2016),对《钱注杜诗》有了完整了解。《钱注杜诗》原刻本为康熙六年静思堂刻印,后收入《续修四库全书》《四库禁毁书丛刊》。另有"钱牧斋杜注写本",藏台北历史语言研究所傅斯年图书馆善本室。

牧之雄杰，刘长卿之流利，温庭筠、李商隐之轻艳，以至宋、金、元、明之诗家，称巨擘者，无虑数十百人，各自炫奇翻异；而甫无一不为之开先。此其巧无不到，力无不举，长盛于千古，不能衰，不可衰者也。①

清代的杜诗注释本更多，几乎不能知道一个准确的数字。《四库全书存目丛书》著录 6 种、《清史稿·艺文志》著录 11 种、《八千卷楼书目》著录 4 种、《贩书偶记》著录 15 种、《北京图书馆善本书目》著录 5 种。其他书目著录未经查阅，不得其详。在众多的注释本中，比较通行的首推康熙年间仇兆鳌《杜诗详注》（亦名《杜少陵集详注》）25 卷又附编 2 卷，其次是雍正年间浦起龙《读杜心解》6 卷和乾隆末杨伦《杜诗镜铨》20 卷。

自宋以来，关注杜诗的着眼点在不断变化，仇兆鳌《杜诗详注·原序》中有简要总结：

> 宋人之论诗者，称杜为诗史，谓得其诗可以论世知人也。明人之论诗者，推杜为诗圣，谓其立言忠厚，可以垂教万世也。

杨伦在《杜诗镜铨》自序中也说：

> 自昔称诗者，无不服膺少陵，以其原本忠孝，有志士仁人之大节，而又千汇万状，茹古涵今。

经过上千年的编辑、整理、注释、训解、校勘、疏证，杜诗蔚然成为一种专门之学。

以上，就是所谓的"千家注杜"。下面，再来看一看"一家注李"。

李白在世时，曾"命（魏）颢为集"，为最早的《李白集》，魏颢作有《李翰林集序》。李白临终前，将"手集"托付李阳冰，遂有《草堂集》20

---

① 叶燮：《原诗·内篇上》，《郋园先生全书》本。

卷。李白过世后半个世纪左右，范传正《李白新墓碑》云："文集二十卷，或得之于当时之文士，或得之于宗族，编辑断简，以行于世。"这是在唐代流布的20卷本。但魏颢、李阳冰、范传正三个本子，今皆不传。今天所见到的《李白集》，是宋人重辑本。

宋人重辑本，一为乐史增订本，前20卷为诗歌，后10卷为杂著；一为宋敏求增订、曾巩编年排次、神宗元丰年间镂版，第1卷为序碑，第2—24卷为诗歌，后6卷为杂著，这是《李白集》的第一个刻本。

注本，首先是杨齐贤集注《李白诗》25卷，但单行本极为少见。到了元代，才有杨齐贤集注、萧士赟补注《分类补注李白诗》25卷刊本。明嘉靖年间，出现《分类补注李太白诗集》30卷刊本，题杨齐贤集注、萧士赟补注、郭云鹏校刻，前25卷为古赋、乐府、歌诗，后5卷为杂文，《四部丛刊》本就是用这个本子为底本影印的。《四库全书总目》这样著录：

> 《分类补注李太白诗集》三十卷（通行本）
> 　　宋杨齐贤集注，而元萧士赟所删补也。杜甫集自北宋以来注者不下数十家，李白集注宋元人所撰辑者，今惟此本行世而已。

自杨齐贤集注、萧士赟补注之后，明代尚有林兆珂《李诗钞述注》16卷，因"简陋殊甚"，胡震亨驳正旧注，作《李诗通》21卷。清代王琦以其"尚多遗漏，乃重为编次、笺释"，"参合诸本，益以逸篇，厘为三十卷"，又"别以序志、碑传、赠答题咏、诗文评语、年谱、外纪为附录六卷"，乾隆年间刻为《李太白诗集注》36卷。

这就是所谓的"一家注李"，就连《四库全书总目》的著录者也不能不感慨地写道：

> 　　自宋以来注杜诗者林立，而注李诗者寥寥，仅二三本。录而存之，亦足以资考证，是固物少见珍之义也。①

---

① 上引两条，均见《四库全书总目》卷149《别集类二》。

三　新文化运动以来的半个世纪：离唐愈远，扬杜愈甚

20 世纪的李、杜研究，出现在新文化运动开始之后。自 1922 年 5 月梁启超在《晨报副刊》发表《情圣杜甫》、1923 年 12 月陆渊在《学灯》发表《情圣李白》，① 至郭沫若《李白与杜甫》出版，差不多整整半个世纪。

进行比较研究，最早是胡小石在《国学季刊》第 2 卷第 3 期（1924 年 9 月）发表的《李杜诗之比较》。傅东华著《李白与杜甫》（商务印书馆，1927），是第一部比较研究性的专著，从十个方面进行比较后认为：

> 李杜大半是方法上的分别。李白的诗里没有一首没有"我"；杜甫的诗里没有一首没有"物"。
>
> ……………
>
> 李白是复古的，摹拟的，所以集中多用古乐府的题目……
>
> 杜甫是创新的，从今的，所以集中绝少拟古的作品，而他的律诗之赡富天然，遂成千古绝唱了。

1928 年，汪静之著《李杜研究》（商务印书馆）从思想、作品、性格、境遇、行为、嗜好、身体等方面进行比较，所得结论是：

> 李杜的诗所以好，因为都是苦闷的象征，都是人间苦，社会苦，世界苦的结晶……
>
> 我们从纯艺术的见地看来，李白的诗比杜甫的诗更其是诗的；从为人生为社会的见地看来，杜甫的诗有益社会人生，李白的诗不但没

---

① 统计资料，依据中国社会科学院历史研究所魏晋隋唐史研究室编《隋唐五代史论著目录（1900—1982）》，江苏古籍出版社，1985。统计不包括目录中海外发表、出版的论著，也不包括各种文学史著作中的研究。

有这些功效，甚至还有伤风化。

间隔了40多年，郭沫若著《李白与杜甫》才问世。

半个世纪的时间，发表比较研究文章不少于16篇，1949年10月以后仅5篇。较有代表性的论文，胡小石《李杜诗之比较》（后收入《杜甫研究论文集》第1辑，中华书局，1962）、王亚平《杜甫与李白》（《文学修养》第2卷第2期，1943年）、卢振华《李杜卒于水食辨》（后收入《李白研究论文集》，中华书局，1964）、罗根泽《李杜地位的完成》（《中央日报》1946年10月29日）、傅庚生《评李杜诗》（后收入《杜甫研究论文集》第1辑，中华书局，1962）、苏渊雷《论李白杜甫诗篇中的思想性和艺术性》（《华东师大学报》1956年第1期）、耿元瑞《有关李杜交游的几个问题》（《文学遗产增刊》第13辑，中华书局，1963）等。

关于杜甫与杜诗，半个世纪中出版书23部，1949年10月以后为15部；发表论文286篇，1949年10月以后为181篇。代表性专著，傅庚生著《杜甫诗论》（上海联合文艺出版社，1954）、冯至著《杜甫传》（人民文学出版社，1952）、萧涤非著《杜甫研究》（山东人民出版社，1959）、缪钺著《杜甫》（四川人民出版社，1961）、刘开扬著《杜甫》（中华书局，1962）等。代表性论文，大部分收入《杜甫研究论文集》第1、2、3辑，中华书局，1962、1963）和《文学遗产增刊》第13辑。

1962年，杜甫诞生1250周年，出现了一次前所未有的研究热潮，一直延续到1963年。两年间，全国各主要报刊纷纷发表纪念文章和研究论文，总数多达120余篇，占1949年10月以后发表论文总数的2/3。为了汇总研究成果，中华书局特意编选了《杜甫研究论文集》3辑，第1辑为1949年10月以前发表的有代表性论文，第2、3辑为当时发表的纪念文章和研究论文。文章突出强调的主要有三点：杜甫是人民诗人；杜甫是现实主义诗人；杜甫排律的成就。下面的说法颇能表达当时"扬杜"的程度：

> 杜甫的最伟大之处在于他在"忠君"思想支配之下，他"取笑同学翁，浩歌弥激烈"，综其一生没有安心做地主的倾向。

"愿分竹实及蝼蚁,尽使鸱枭相怒号",不很像鲁迅的"横眉冷对千夫指,俯首甘为孺子牛"吗?杜甫虽然自比凤凰,但他一点没有知识分子的骄傲,只显得他一个有良心的剥削阶级知识分子的处境艰难。杜甫和鲁迅,都是憎恶本阶级的感情极重,自己愿站在"蝼蚁"的一边,愿站在"孺子"的一边。①

关于李白与李白诗,半个世纪中出版书17部,1949年10月以后为12部;发表论文126篇,1949年10月以后为76篇。代表性专著,李长之著《道教徒的诗人李白及其痛苦》(商务印书馆,1940)、詹锳著《李白诗论丛》(作家出版社,1957)、王运熙著《李白研究》(作家出版社,1962)。在论述李白现实主义精神的同时,有少量文章谈论其积极的浪漫主义。1962年,也是李白逝世1200周年,除了郭沫若在《诗歌史中的双子星座》一文中提到而外,专题纪念李白逝世的文章仅有《身抱济世愿,安能事权贵》(《辽宁日报》1962年8月5日)、《白也诗无敌,飘然思不群》(《黑龙江日报》1962年12月25日)等寥寥数篇。半个世纪中发表的120多篇论文,有代表性的论文收在《李白研究论文集》。最有争议的是李白的氏族与籍贯,自1926年李宜琛发表《李白底籍贯与生地》以来,陈寅恪、詹锳、俞平伯,直至郭沫若,专题发表意见者10余家,论文不下15篇。

四 郭沫若的一贯思想:喜欢李白,不甚喜欢杜甫

生当19世纪、20世纪之交的郭沫若,自幼读诗时就出现了"有点奇怪的现象",比较高古的唐诗给他以"莫大的兴会",并明确表示:

> 唐诗中我喜欢王维、孟浩然,喜欢李白、柳宗元,而不甚喜欢杜

---

① 《杜甫的价值和杜诗的成就》,原载《人民日报》1962年3月28日。后收入《杜甫研究论文集》第3辑。

甫，更有点痛恨韩退之。①

1911 年以前，郭沫若有这样几首诗请注意。② 五绝《月下》"天边悬明镜，照我遗我像。像不在镜中，但映青苔上"，不难看出李白《月下独酌》和王维《鹿柴》的影子。《九月九日赏菊咏怀》从题目和第一句起首的"茱萸"二字，人们自然会联想到王维的《九月九日忆山东兄弟》。如果说《夜泊嘉州作》前四句模仿李白《送孟浩然之广陵》、后四句模仿苏轼《送张嘉州》的话，《晨发嘉州返乡舟中赋此》简直就是径直效仿李白了：

睡起忽闻欸乃声，惟看两岸芦花行。
岭头日出红绡裹，江面烟浮白练横。
远树氄氄疑路断，家山隐隐向舟迎。
可怜还是故乡水，呜咽诉予久别情。

20 世纪 30 年代中后期，郭沫若越来越明确地谈论浪漫主义，40 年代一再流露：

中国从前也发生过公式主义的偏向，大家无批判地鄙视浪漫主义。我便是被指为浪漫主义者而加以歧视的。……本来文艺上的各种主义并无优劣之分，要看你的内容如何，而且各人的气质也不尽相同。……可惜中国从前许多朋友不是如此看法，甚至现在还有许多朋友一听到浪漫主义都还要骂人。③

在国内听见人说自己是"浪漫派"的时候，感觉着是在挨骂……④

进入 50 年代，面对当时文艺创作的大气候，郭沫若更加感叹道：

---

① 《我的童年》，《郭沫若全集·文学编》第 11 卷，第 41 页。
② 本文所引郭沫若诗，原据《郭沫若少年诗稿》，新出版的《敝帚集与游学家书》有所订正，且对诗作时间认定不一，这里统称郭沫若 1911 年以前的诗作。
③ 《再谈中苏文化之交流》，《郭沫若全集·文学编》第 19 卷，第 208 页。
④ 《苏联纪行》，《郭沫若全集》第 14 卷，第 445 页。

> 人们在无形中却把浪漫主义压在一边，只注意现实主义。有浪漫主义气质的作品也常常被认为是不现实的。这样，一方面把带有夸大和想象性质的热情澎湃的作品看成是杂草；另一方面，对现实的看法也被局限了。①

在这种气氛中，"浪漫主义成分多"的李白被"压在一边"，人们"只注意现实主义成分多"的杜甫。1958年毛泽东诗词公开发表，"把浪漫主义精神高度地鼓舞了起来，使浪漫主义恢复了名誉"，郭沫若这才"敢于坦白地承认：我是一个浪漫主义者了"，并一再表示"这是三十多年从事文艺工作以来所没有的心情"。这哪里是郭沫若"迎合毛泽东"，分明是毛泽东诗词的发表替郭沫若说出了早就想说而又不敢说的心里话，因此他"个人特别感着心情舒畅"。②

1962年，面对纪念杜甫诞生1250周年和李白逝世1200周年的研究状况，郭沫若发表《诗歌史中的双子星座》。

> 杜甫是生在一千多年前的人，他不能不受到历史的局限。例如他的忠君思想，他的"每饭不忘君"，便是无可掩饰的时代残疾。他经常把救国救民的大业，寄托在人君身上，而结果是完全落空。封建时代的文人，大抵是这样，不限于杜甫。这种时代残疾，我们不必深责，也不必为他隐讳，更不必为他藻饰。例如有人说杜甫所忠的君是代表祖国，那是有意为杜甫搽粉，但可惜是违背历史真实的。
>
> …………
>
> 我们今天在纪念杜甫，但我们相信，一提到杜甫谁也会连想到李白。……我们希望在纪念杜甫的同时，在我们的心中也能纪念着李白。我们要向杜甫学习，也要向李白学习，最好把李白与杜甫结合起来。

---

① 郭沫若：《就目前创作中的几个问题答〈人民文学〉编者问》，《文史论集》，第59页。
② 郭沫若：《浪漫主义和现实主义》，原载《红旗》1958年第3期。后收入《沫若文集》第17卷，第189页。

> 李白和杜甫的结合,换一句话说:也就是浪漫主义和现实主义的结合。①

这是纪念会的开幕词,自然不可能充分发挥。在此之前,3月7日《羊城晚报》编辑部召开座谈会,郭沫若明确表示:

> 有人把杜甫说得这么好,我就不同意。他是"每饭不忘君",是站在皇帝最尖端的立场来写诗的。如果他生活在今天而不说今天的话,那就是花岗岩脑袋了。当然我这么说,并不是取消杜甫。把他同李白比较,我更喜欢李白。
>
> ……………
>
> 至于唐代的几个诗人,我比较喜欢李白。这是我的口味,不能拿别人的嘴巴来代替我的嘴巴,"如水到口,冷暖自知",这是佛家名言,颇有道理。人说马雅科夫斯基的诗好,有人没有经过研究,也就跟着喊好。对杜甫我就不大喜欢,特别讨厌韩愈;喜欢李白、王维。柳宗元也胜于韩愈。他们更接近于诗的本质。②

纪念会之后,6月28日郭沫若在即将出版的《读〈随园诗话〉札记》的"后记"中写道:

> 其实,我也是尊敬杜甫的一个人,九年前我替成都工部草堂写的一副对联可以为证:"世上疮痍,诗中圣哲;民间疾苦,笔底波澜。"我也同样在称杜甫为"诗圣"。不过这种因袭的称谓是有些近于夸大的。实事求是地评价杜甫,我们倒不如更确切地说:杜甫是封建时代的一位杰出的诗人。时代不同了。前人之所以圣视杜甫,主要是因为他"每饭不忘君"。我们今天之认识杜甫杰出,是因为他能同情人民。至于他所发展和擅长的排律,所谓"铺陈始终,排比声韵,大或千言,

---

① 《光明日报》1962年6月9日。
② 《郭老谈诗》,《羊城晚报》1962年3月15日,《文汇报》1962年3月29日。

次犹数百"(元稹《杜甫墓志铭》),那在封建时代虽然是试帖诗的楷模,但在今天却没有多少高的价值了。

这样评价杜甫,并不是贬低了杜甫。指责了杜甫的错误,也并不是抹杀了杜甫的一切。……把杜甫看成人,觉得更亲切一些。如果一定要把他看成"神",看成"圣",那倒是把杜甫疏远了。①

五 《李白与杜甫》:性情、理智交融的产物

尽管毛泽东诗词的发表把浪漫主义精神"鼓舞了起来",郭沫若也接二连三地发表讲话,但并不能改变"离唐愈远,扬杜愈甚"的状况。到60年代末70年代初,便有《李白与杜甫》一书的问世。书中清清楚楚地写道:

> 抑李而扬杜,差不多成为封建时代士大夫阶层的定论。……解放以来的某些研究者却依然为元稹的见解所束缚,抑李而扬杜,作出不公平的判断。②

显然是想翻"抑李而扬杜"的旧案,恢复"李杜并称"。书中"关于李白"的这一部分,论述主要集中在长期存有争论的问题上,诸如李白的出生、家室、两次入长安等。"关于杜甫"的这一部分,主要是对新、旧研究家历来回避的各主要问题进行系统清理。当展开具体分析时,一进入诗的意境,诗人郭沫若时不时地又淹没着学者郭沫若。诗人、学者兼而为之,性情、理智交相融汇,这样的"混合"造成多数读者的难以理解,便有人去"揣摩"郭沫若是如何"揣摩领导意志"。然而,这终究无助于李杜研究的深入。下面,围绕《李白与杜甫》的写作和内容做一考察。

---

① 《郭沫若全集·文学编》第16卷,第399页。
② 郭沫若:《李白与杜甫》,第114—115页。

1. 成书经过①

《李白与杜甫》的写作，始于 1967 年初。1967 年 3 月草成《杜甫嗜酒终身》《杜甫的门阀观念》，4 月草成《杜甫与严武》《杜甫的阶级意识》《杜甫与岑参》《杜甫与苏涣》《李白与杜甫在诗歌上的交往》《李白在政治活动中的第二次大失败》。1968 年 2 月所作《水调歌头·登采石矶太白楼》，抄录在了《李白的家室索隐》结尾，表明此篇写成于 1968 年 2 月或稍后。② 1969 年 10 月 9 日《人民日报》发表《中华人民共和国外交部文件——驳苏联政府一九六九年六月十三日声明》，有"八世纪，中国唐朝的大诗人李白就出生在巴尔喀什湖南的碎叶河上的碎叶"，表明《李白出生于中亚碎叶》已经完成。11 月 6 日在回复黄烈的信中表示"您抄来的储光羲的诗，收到"之后问："'服食求神仙，多为药所误'，这两句诗的出处，您知道吗？"③ "服食求神仙，多为药所误"，在《李白的道教迷信及其觉醒》中注明了出处——"《古诗十九首·驱车上东门》"。由此可证，至 1969 年 11 月全书尚未最后定稿。就所知的写作顺序而言，先写杜甫，后写李白，《李白的道教迷信及其觉醒》最后完成。目前暂不知《李白在政治活动中的第一次大失败》、《李白在长流夜郎前后》以及《李白杜甫年表》何时写作和完成。

由于李白出生地考证在当时的外交意义，中国科学院印刷厂影印了《李白与杜甫》手稿，并排印成 16 开大字本。在"关于李白"的第一部分，有两段文字在正式出版时删除了。一段是为证明李白不是"西域胡人"而是对汉族"极端的爱"，所表现的"大汉族主义倒是十分惊人的"，郭沫若引用了李白《胡无人》《于阗采花人》诗中的诗句进行论述，共 331 字（手稿第 16—17 页，见图 1）。一段是从陈寅恪以李白为"西域胡人"，联系到詹锳《李白诗论丛》中《李白家世考异》"完全肯定陈说，而且还为它找出

---

① 原作"写作心境"，摘录 1992 年刘纳《重读〈李白与杜甫〉》一文分析郭沫若所说"活天冤枉""映照出郭沫若内心"的片段以揭示"他当时的真实心境"。因笔者已发表《写〈李白与杜甫〉的"苦心孤诣"》，这里改为"成书经过"，提供一些写作的具体情况。
② 郭沫若抄录《水调歌头》入《李白的家室索隐》时所写"一九六四年五月，我曾经去过采石矶"，"当时做了一首《水调歌头》以纪行"，当属记忆有误。1964 年 5 月访马鞍山采石矶所作为五言诗，非《水调歌头》，手迹尚存马鞍山采石矶公园。
③ 《郭沫若书信集》下册，第 255 页。

了'旁证数则'"进行反驳的约 2400 字,驳李白用"西域文字"书写《答蕃书》、李白的豪侠之风"不类"中华之传统文人、李白何以"习此夷礼"以及李白相貌"极特异"的说法(手稿第 20—29 页)。结果,被认为是用李白描述汉族杀害少数民族的作品来证李白不是少数民族,书稿被搁置起来。①

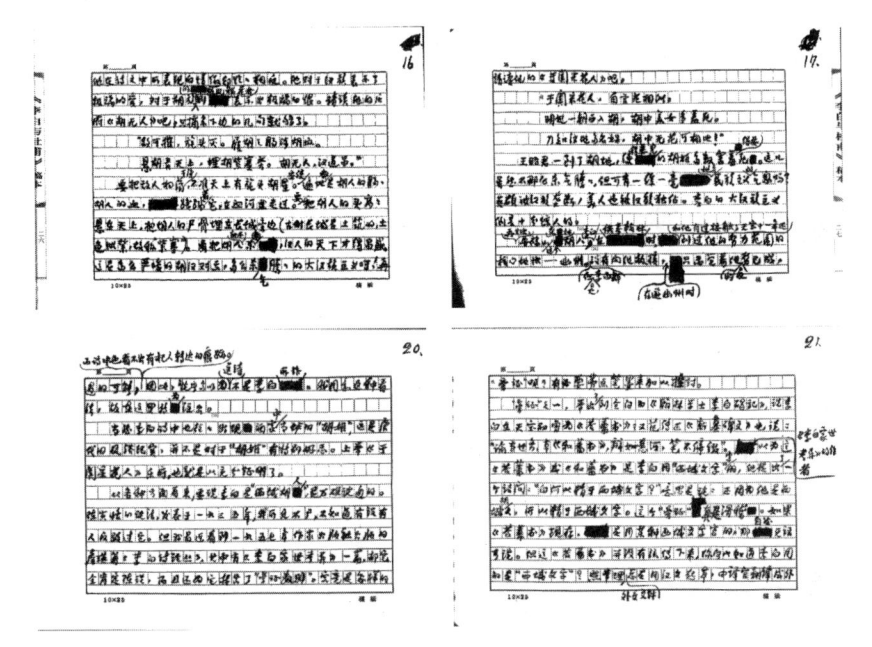

图 1　郭沫若《李白与杜甫》稿本第 16、17、20、21 页

直至 1971 年 9 月,郭沫若才就书的出版复函人民文学出版社:

　　1. 谢谢您们的校改,大体上都照改了,只有极少数例外。无暇再核对原本,请您们酌定。

　　2. 封面设计六种都觉太新鲜,请朴素老道一点;建议用绛紫色或芝麻酱色之类,外用透明薄膜陶皮,如何?

　　3. 不题字,不签名,请用铅印。《李白与杜甫》横排,"与"字可

---

① 经郭平英与笔者推荐,2012 年线装书局用宣纸影印出版了《李白与杜甫》(稿本)一至四函,详见篇后笔者的推荐书。

用小号字。用金色或其他颜色，请酌。

4. 遵嘱送上两册"未定稿"本，备用。

10月大字精装本出版，11月平装本出版，驳詹锳的约2400字和论证李白对汉族"极端的爱"的331字均被略去，仅保留了反驳陈寅恪关于李白"本为西域胡人"说法的文字。

从郭沫若看到大字本样书，11月15日、17日写给人民文学出版社的两封信可知，出版社是改动过手稿文字的，所以郭沫若希望"再版时，照我原稿的旧样"。① 除了郭沫若信中所举被改动出了问题的地方，其他文字如何被改动，截至目前，尚不知晓。

2. 学术价值

认真读一遍《李白与杜甫》，从学术研究的视角来审察这一著作，还是会发现在以下几个方面是超越前人的。

其一，透过李白与杜甫的经历和遭遇，生动地展现了唐代社会自开元至天宝年间由盛转衰的历史画卷。

在"关于李白"这一部分，用了两个标题——"待诏翰林和赐金还山""安禄山叛变与永王璘东巡"，点出李白政治活动中的两次"大失败"。仅此两个标题，就足以使读者联想到"开元盛世"的歌舞升平和天宝后期的战乱流离。第三部分"李白杜甫年表"，历来讨论此书都不怎么提起。郭沫若一生中为历史人物作年表很有限，此表最为不同，即在李白、杜甫生平之外，单独开列"史事札记"一栏，自李白生至杜甫死，即武则天长安元年（701）至代宗大历五年（770），逐年记述主要史事，显然是想通过李白与杜甫的经历反映唐玄宗前后整整70年间的社会变动。

不仅仅写社会历史的变动，还很注意诗歌史中的问题。"李白与杜甫在诗歌上的交往""杜甫与岑参"等，明显的是在考察唐代社会转折阶段诗歌是如何通过这些代表人物发生变化的。这些，在以往的李杜研究中都是未曾注意或注意不够的。

---

① 上引给人民文学出版社的信，均据郭沫若手迹，见《关荣与梦想——人民文学出版社60年》，人民文学出版社，2011。

其二，以诗文证史，把李白身世与李、杜宗教生活等项研究推进到一个新的层次。

关于李白的身世，特别是出生地问题，前面提到 20 世纪 20 年代至 40 年代曾发表一些重要论文。1926 年，李宜琛在《李白底籍贯与生地》一文中"考定太白生在碎叶"。① 1935 年，陈寅恪在《李太白氏族之疑问》一文中提出李太白"本为西域胡人"的说法。② 1943 年，詹锳写了《李白家世考异》一文，赞同陈寅恪的见解，以"（李）白之家世，或本胡商，入蜀之后，以多资渐成豪族，而白幼年所受教育，则唐蕃语文兼而有之"。③ 此间，以李长之著《道教徒的诗人李白及其痛苦》一书论证李白生于"苏俄属的"碎叶为最详，④ 但依据基本不出"李阳冰、魏颢、范传正的记载"。1957 年，俞平伯在《李白的姓氏籍贯种族的问题》一文中，只说李白"家人住在西域（怎么去的也不知道），大概在碎叶附近，若确切指出恐怕亦难信"。⑤

郭沫若论证"李白出生于中亚碎叶"，也是从所有讨论李白身世的人都要引用的基本材料——范传正《唐左拾遗翰林学士李公新墓碑》入手，兼及李阳冰《草堂集序》。比较李宜琛、李长之的论证，郭沫若受王国维《西辽都城虎思斡耳朵考》一文的启发，引用了《大唐西域记》《大清一统志》《大慈恩寺三藏法师传》三部书中王国维没有提到的材料。更进一步，大量引用李白的诗文，深入李白的诗文里面去寻找"内证"，不仅证明李白"确实出生在中央亚细亚伊塞克湖西北的碎叶城"，还成为反驳李白"本为西域胡人"说法的出发点。

陈寅恪根据《新唐书》卷 40《地理志四》安西大都护府下提到"有保大军，屯碎叶城"，卷 43《地理志七下》羁縻州焉耆都督府（有碎叶城）、条支都督府等隶安西都护府，便认为：碎叶、条支在唐太宗平焉耆、高宗平贺鲁，隶属中国政治势力范围之后"始可成为窜谪罪人之地"，而李白先

---

① 原载《晨报副刊》1926 年 5 月 10 日。
② 原载《清华学报》第 10 卷第 1 期。《金明馆丛稿初编》，第 77—280 页。
③ 原载《国文月报》第 24 期，1943 年 1 月。
④ 商务印书馆，1940，第 7—8 页。
⑤ 《文学研究》1957 年第 2 期。

人在隋末即"窜谪如斯之远地,断非当日情势所能有之事实。其为伪托,不待详辨"。郭沫若根据羁縻州焉耆都督府下"有碎叶城,调露元年,都护王方翼筑"提出驳论:焉耆碎叶筑于高宗调露元年(679),不仅太宗平焉耆时还没有,即高宗显庆二年(657)平贺鲁时也还没有。"陈氏对于条支的地望,也置而未论。前提非常含混,而结论却十分武断。"除了碎叶筑城时间和条支地望而外,郭沫若认为陈寅恪"武断"的地方主要是:不论李阳冰所说"中叶非罪,谪居条支",还是范传正所说"一房被窜于碎叶",都没有"因罪窜谪之意",特别强调"唐代的窜谪之地主要是岭南或者贵州、四川","伊犁作为窜谪地是清朝的事":

  在唐代也并不曾把伊犁附近作为"窜谪罪人之地",唐代的窜谪之地主要是岭南或者贵州、四川,把伊犁作为窜谪地是清朝的事。陈氏不加深考,以讹传讹,肯定为因罪窜谪,他的疏忽和武断,真是惊人。

  另一重要分歧,是陈寅恪根据《太白集》卷26《为宋中丞自荐表》所述李白的年龄,推其诞生之岁,进一步推论"太白生于西域,不生于中国","是太白至中国后方改姓李也",由此得出结论:以一原非汉姓之家,忽来西域,自称其先世于隋末由中国谪居于西突厥旧疆之内,"实为一必不可能之事。则其人之本为西域胡人,绝无疑义矣"。郭沫若反驳说:陈寅恪认为当时西域和内地毫无关系,"因而把西域和中国对立",陈氏所举出的三两个例子表明"六朝隋唐时代蜀汉亦为西胡行贾区域",但这和李白的先人或李白自己之必为"西域胡人"有何逻辑上的必然性呢?
  关于李、杜宗教生活问题,李长之专题考察过"李白求仙学道的生活之轮廓""道教思想之体系与李白",不乏独到之处。但其研讨没有置于唐代思想发展的大背景中,因而忽视了儒学、佛教对李白的影响。郭沫若对唐代思想发展的基本趋向有一个总体性的认识,注意到儒、释、道三教合一是其时代特征,在不同的文人身上有不同的表现。基于这样的认识,郭沫若对李白、杜甫各辟一个专章考察其宗教生活。关于李白宗教思想的考察,一开始便是站在时代的高度发论的:

> 李白思想，受着他的阶级的限制和唐代思潮的影响，基本上是儒、释、道三家的混合物。

对于杜甫的宗教信仰，是这样点出的：

> 杜甫曾经以"儒家"自命。……其实杜甫对于道教和佛教的信仰很深，在道教方面他虽然不曾象李白那样成为真正的"道士"，但在佛教方面他却是禅宗信徒，他的信仰是老而愈笃，一直到他的辞世之年。

也是儒、释、道三教的混合。不同的是："杜甫是禅宗的信徒，而李白却是道教的方士。"对于"新旧研究家们抹杀"杜甫的佛教思想，郭沫若进行了反驳，依照时间顺序从其诗文当中寻出大量"内证"（列举了14首诗），证明"杜甫是一位禅宗信徒"。

其他诸如李白两次入长安，第一次在开元十八年的考证，也为这个问题的解决找到一些新的内证。

不单单在考察李白、杜甫的两个部分注意"唐代思潮"对他们的影响，在年表部分同样表现出对三教转移的留意，尤其关注佛教的传入。其"史事札记"一栏，开元二年有姚崇禁佛的进谏，四年、八年有印度"三大师"来华，二十七年有追谥孔子为文宣王，二十九年有京城及各地置玄元皇帝庙崇祀老子。三教在开元年间的微妙关系，透过年表可以一目了然。其中，天宝八载"史事札记"有"不空和尚归自印度，携回《密藏经·论》五百余部，是为密宗之始"。通常都是以肃宗、代宗两朝，密宗方始盛行。这里，郭沫若以不空归唐为"密宗之始"，显然不是单指教派的形成，而注意的是从不空开始，密宗即对唐代社会产生了重大的影响。又如，开元十一年"史事札记"中，有"初制《圣寿乐》，以教坊女弟子着五色衣歌舞之"。《通典》《唐会要》《旧唐书》均以《圣寿乐》为"高宗、武后所作"，而《教坊记·圣寿乐二则》以翔实的史料说明其制作在开元十一年。郭沫若选择了后一说法，表明他对唐代野史的娴熟和重视。

其三，突破了杜诗研究的旧框子，推动着杜诗研究取得新进展。

由于杜甫戴有"诗圣"或"人民诗人"的桂冠,新、旧研究家大都回避杜诗中的一些问题。"关于杜甫"这一部分,比较系统地清理了历来回避的主要问题,并逐一做出剖析。

《喜雨》《夔府书怀四十韵》诗的内容,是"解放以来"的研究家们都回避的。郭沫若分析了这两首诗的内容后,认为杜甫是完全站在统治阶级一边的,这种意识和立场是杜甫思想的脊梁,贯穿在他的大部分诗和文中。然后指出:

> 生在封建统治鼎盛的唐代,要怀抱着那样的意识、采取着那样的立场,是不足为怪的。旧时封建时代的士大夫们要赞扬那样的意识和立场,也是不足为怪的。可怪的是解放前后的一些研究家们,沿袭着旧有的立场,对于杜甫不是采取批判的态度,而是依然全面颂扬,换上了一套新的辞令。

关于杜甫家世及其与李唐关系的考察,以往的研究也注意不够。郭沫若分析杜甫集中最长的一首五言排律《秋日夔府咏怀奉寄郑监李宾客一百韵》,针对元稹的说法这样写道:

> 封建时代的士大夫们大抵以为定论,这是由于封建时代以诗文取士,诗重排律的缘故。但这种东西,在今天看来,和南北朝时代的四六骈文,明清时代的八股文,其实是难兄难弟。

紧接着的一段文字,明显地指向傅东华关于"李白是复古的""杜甫是创新的"说法:

> 杜甫做诗十分讲究规律,所谓"律中鬼神惊"……杜甫以尽力合乎规律为得意,李白则满不在乎,有时更有意在打破规律。两人的风格的确有些不同,在封建时代抑李扬杜的人却说杜甫是创新派、革命派,李白是复古派、保守派。这颠倒了的评价,不应该再颠倒过来吗?

"李白在政治活动中的第一次大失败"一节开头指出:"李白虽然号称为'谪仙人',其实他的功名欲望是非常强烈的。"同样,"杜甫的功名欲望"一节也认为"杜甫是功名很强的人"。在分析杜甫通过有权者推荐这一门径时,所举《奉赠鲜于京兆二十韵》诗过去也是回避的。鲜于京兆即鲜于仲通,与杨国忠勾结,先把杨国忠捧上台,再由杨国忠来提拔他,为剑南节度使,逼反南诏,被南诏打败,杨国忠不仅掩其败状,还叙其战功,以其为京兆尹。天宝十载(751)鲜于仲通在南诏兵败,李白讽刺"渡泸及五月,将赴云南征","千去不一回,投躯岂全生。如何舞干戚,一使有苗平"!(《古风》五十九首之三十四)天宝十一载,杜甫却以《奉赠鲜于京兆二十韵》求其向杨国忠推荐。由此,郭沫若发问道:

> 请看杜甫为了求取功名,是多么不择对象!这岂不是有忝"诗圣"或者"人民诗人"的称号吗?

新、旧研究者,无一不强调杜甫的"遭时多难,瘦妻饥子,短褐不全,流离苦困"。郭沫若认为,就连杜甫本人也"爱诉述自己的贫困,但往往过分夸大,和实际情况核对起来有很大的悬隔"。通过对杜诗的考察,认为:

> 在成都有草堂,在夔州有果园,这些杜甫自己并不想隐讳。他也说过"穷冬客江剑,随事有园田"(《建都十二韵》),研究家们却偏偏要替他隐讳,有意无意地是"诗圣"或"人民诗人"的观念在作怪。

在杜甫的嗜酒和是否死于牛肉白酒的问题上,新、旧研究家也都在"为其尊者讳",不相信两部《唐书·杜甫传》的记载,却偏信假托韩愈的《题杜子美坟》和假托李观的《杜拾遗补传》。这一诗一传,都极力替杜甫"为牛肉白酒胀饫而死"辩解。"杜甫嗜酒终身"一节以杜甫的"大量诗篇"作证,证明"杜甫的嗜酒并不亚于李白",主要是"新旧研究家们的眼睛里面有了白内障——'诗圣'或'人民诗人',因而视若无睹,一千多年来都使杜甫呈现出一个道貌岸然的样子"。同时仔细分析了这一诗一传的内容，指出，"诗为韩愈集中所不载，风格也不类"，"断然不是韩愈做的"。传文就更加"可笑"，"连唐玄宗死在杜甫之前都贸然无所知，《补传》也是假托是毫无疑问的"。然后，进一步指出：

> 为了美化杜甫之死，人们还煞费苦心地从杜甫诗作中造内证。一般编年体的《杜甫诗集》，大率在耒阳一诗之后还有所收辑，多至五六首，表明杜甫不是死于耒阳，亦即不是死于牛酒。

接下来，便以仇兆鳌的《杜诗详注》为例，举耒阳之后还收有的 6 首诗，逐一"仔细研究"，认为 5 首"是作于耒阳诗之前"，"《过洞庭湖》一首非杜甫作品"。

不管郭沫若是否从"抑杜扬李"出发，书中提出的上述问题，都是杜甫研究再也不能回避的问题。支持郭沫若的观点也罢，反驳郭沫若的观点也好，开展认真的研讨，必将推动杜诗研究进入更深的层次。

3. 存在问题

写完《十批判书》之后，郭沫若在"后记"中曾说："在我认为答复歪曲就只有平正一途。我们不能因为世间上有一种歪曲流行，而另外还他一个相反的歪曲。矫枉不宜过正，矫枉而过正，那便有悖于实事求是的精神。"然而，《李白与杜甫》一书恰恰犯有这样的毛病，这是必须指出的。

为了说明李白比杜甫更具有"人民性"，郭沫若举出李白的《秋浦歌十六首》之十四首，说什么"这好象是近代的一幅油画，而且是以工人为题材"。又说李白"歌颂工农生活的诗，虽然不是'挚鲸碧海中'，但也不是'翡翠兰苕上'，而是一片真情流露的平民性的结晶"。

为了证明杜甫的阶级意识，对杜甫的代表作"三吏"、"三别"和《茅屋为秋风所破歌》进行了"新"的解读，强调"诗里面是赤裸裸地表示着诗人的阶级立场和阶级感情的"，尤其"使人吃惊"的是对《茅屋为秋风所破歌》的解读近乎在曲解了。

剖析杜甫的"功名欲望"，举出《官定后戏赠》一诗，解释为杜甫是在"挑肥拣瘦"，想做大官而不愿意做小官，留恋都门生活而不愿意去穷乡僻壤与民接近。这里的分析，一是未免过于牵强，二是将河西县的地理位置弄错了。诗中所说"河西县"，既不属于云南，也不属于四川，而属于陕西。《元和郡县图志》、新旧《唐书·地理志》都非常清楚地在关内道同州夏阳县下注道：武德三年于此置河西县，乾元三年更河西为夏阳。杜甫被任河西尉在天宝十四载，正当县名为河西之时。

说"杜甫讨厌四川的情绪有时到了相当惊人的程度，连'青山''白水'都是看不惯的"，就更夹杂了许多个人情感在内。分析杜甫讨厌四川的"更重要的原因是心理作用，他是以地主贵族的眼光在看当时的四川。他向往长江下游的吴越，尤其向往三秦"。三秦是"朝廷"所在之地，吴越则是地主生活的典范。

这类文字写入书中，丝毫不能产生翻"抑李而扬杜"旧案的效应，反而使更多的读者误解著作者"为了达到扬李抑杜的目的采取了'爱之欲其生，恨之欲其死'的绝对化做法"，甚至认为郭沫若"非把杜甫打倒不可"。[1] 在郭沫若逝世的前一年初，一位读者写信批评《李白与杜甫》扬李抑杜太过苛刻，并新译了《石壕吏》寄给郭沫若。郭沫若回信全文如下：

> 您的信和《石壕吏》译释，都拜读了。我基本上同意您的见解。杜甫应该肯定，我不反对，我所反对的是把杜甫当为"圣人"，当为"它布"（图腾），神圣不可侵犯。千家注杜，太求甚解。李白，我肯定了他，但也不是全面肯定。一家注李，太不求甚解。草草奉复，不能多写。乞谅。祝健康。[2]

郭沫若一生的学术研究，都在不断开拓，不断更新，而翻"抑李而扬杜"的旧案，则差不多是他终身致力的一大课题，绝非人云亦云就能够一笔勾销得掉。

---

[1] 《关于〈李白与杜甫〉中对杜甫批评的商榷》，《花城》1980 年第 3 期。
[2] 《郭沫若同志就〈李白与杜甫〉一书给胡曾伟同志的复信》，《东岳论丛》1981 年第 6 期。

余论:"李杜文章在,光芒万丈长"

中国文化积淀厚重的传统之一就是"褒贬"人物,而且渗透到思想文化领域的方方面面,形成对文化成就相当而风格各异的文化人物的或扬或抑。

比较研究,大有裨益。褒贬扬抑,大可不必。

李白与杜甫,都属于封建时代的士大夫,如果一定要进行"阶级分析"的话,他们的阶级立场和思想意识不可能存在实质性的差异。他们的差异,是由他们面对的时代、个性、经历等所决定的他们的文化倾向、创作方法和艺术风格以及社会影响。

李白面对盛唐的繁荣,富强、自信、外向;杜甫面对盛唐的灾难,战乱、贫弱、迷茫。

李白豪放任侠,向往功名,喜欢纵横;杜甫深沉内向,追求仕途,留意人生。

唐代儒、释、道"三教"并存,对于盛唐的三位最著名诗人,以"诗佛"称王维,"诗仙"称李白,"诗圣"称杜甫,已经明显地道出他们的文化取向:李白近道,杜甫近儒。

李白的诗歌创作想象丰富,"摆去拘束",具有极其鲜明的浪漫主义风格;杜甫的诗歌创作真实深刻,"沉郁顿挫",具有极为鲜明的现实主义风格。

李白诗歌的最高成就在古乐府、七言古诗和七言绝句,包括《蜀道难》、《梁甫吟》、《古风》59 首、《梦游天姥吟留别》等,为千古绝唱;杜甫的史诗最佳,律诗最精,包括《北征》、《兵车行》、《丽人行》、"三吏"、"三别"、《自京赴奉先县咏怀五百字》等古乐府、七言古诗和七言律诗,被视为"诗史"。

由于李白面对盛唐的繁荣,虽然王维享名于其前,杜甫驰名在其后,但他们二人在盛唐的影响都不及李白耀眼夺目,所以杜甫感叹:"白也诗无敌，飘然思不群。"而杜甫面对的是盛唐的灾难，自宋至清始终没有能够再现"大唐盛世"的那种辉煌，而是积贫积弱、社会矛盾加剧、专制集权加强、日趋闭关锁国，士人不得不转向现实，留意人生，视角便集中在杜甫的"诗史"上了。

李白近道，杜甫近儒，在儒学、理学占思想文化统治地位的宋、元、明、清，"扬杜抑李"是历史的必然。更何况，李白的"摆去拘束"难以把握，杜甫的"属对律切"有章可循，统治思想日趋僵化，科举考试日益程式化，必然形成"千家注杜"的局面。

李白诗以浪漫色彩为主调，杜甫诗以现实色彩为基调，在现实主义创作思潮占主流的社会，"扬杜抑李"也是必然会发生的事情。

文章开头提到，社会变化影响士人心态，士人心态影响诗歌创作。同样，社会变化影响人们审美观的变化，审美观的变化影响读诗情趣的变化。20世纪的最后20年来，经济繁荣，生活安定，思想开放，摆去拘束，人们在注重实效的同时，又多了几许浪漫成分，李杜研究不再像前80年那种样子了。从发表论著目录看，数量大体平衡，视角新颖，议题宽泛，说教趋少。[①] 随着开放的深入，思想进一步解放，"扬杜抑李"倾向将会渐渐退出历史舞台，迎来的必然是"李杜并称"的新局面！

最后，借用韩愈《调张籍》的前六句诗作为本文的结语：

李杜文章在，光焰万丈长。
不知群儿愚，那用故谤伤。
蚍蜉撼大树，可笑不自量。

（2000年7月29日）

［本文原为"郭沫若与20世纪中国思想文化"学术研

---

① 参见陕西师范大学历史系编《隋唐五代史论著目录（1983—1995）》，陕西师范大学出版社，1997；陕西师范大学历史系编《隋唐五代史论著目录（1996—1999）》，陕西师范大学出版社，2000。

讨会论文,第四、五、六部分以《论郭沫若的李杜研究》为题载《郭沫若学刊》2001年第2期。编入会议论文集《郭沫若与二十世纪中国文化》(福建人民出版社,2002)时文字有压缩。收入拙著《龙虎斗与马牛风——论中国现代史学与史家》时题为《"李杜并称"与"扬杜抑李"》。2016年12月,据原稿做过一次修订,添加补注,录入影印稿本4页]

推荐郭沫若《李白与杜甫》手稿影印本出版

郭沫若《李白与杜甫》一书曾引起争论，被猜测是"迎合领导意志"而作，"李白出生于中亚碎叶"一节被诬蔑为抄袭别人成果，我曾分别撰文澄清事实，揭开"谜团"。作为送审稿，据手稿影印的《李白与杜甫》对了解书的写作、审查、出版，是保存至今的一项重要见证，却很少为世人详知。

第一，郭沫若的考古著作，绝大多数是据手稿影印成书的。《李白与杜甫》手稿影印本是郭沫若唯一一部据手稿影印的历史研究论著，而且是正式出版前的送审稿，其意义与价值自不待言。

第二，影印本与正式出版本有不少改动，特别是"李白出生于中亚碎叶"一节被强调和删改之处，几乎可以成为20世纪60年代末70年代初政治分野的一项见证：周恩来肯定其关于李白"出生于中亚碎叶"的考证，陈伯达指责其关于否认李白是"西域胡人"的某些具体考证。

第三，通过影印本可以清楚郭沫若的写作思路，打消读者对正式出版本中某些论证的猜疑。正式出版本针对陈寅恪断定李白为"西域胡人"的观点进行驳论，但关于李白"胡人相貌"的问题根本不是陈寅恪提出的，因此有读者认为这是"无中生有"强加给陈寅恪的。影印本中有这样一段文字：

从各方面看来，要说李白是"西域胡人"，是万难说通的。陈寅恪的说法，发表于一九三五年，我所见不广，不知道有没有人反驳过它。但我最近看到一九五七年作家出版社出版的詹锳著《李白诗论丛》，其中有《李白家世考异》一篇，却完全肯定陈说，而且还为它找出了"旁证数则"。究竟是怎样的"旁证"呢？有必要费点笔墨来加以检讨。

影印本着重"检讨"的是詹锳的观点，包括"李白相貌"问题。正式出版本删除了影印本"检讨"詹锳观点的全部文字，又写了一些关于"相貌"的论证，但显得散乱，才使读者误解。

只要仔细对照，相信还会有新发现。《李白与杜甫》手稿影印本对于澄清史实，推动相关问题研究，都很有意义和价值，衷心希望尽早见到据郭沫若手稿影印的《李白与杜甫》出版！

（2012 年 2 月 16 日）

［追记］

2012 年 10 月，郭沫若著《李白与杜甫》稿本（一至四函）由线装书局用宣纸影印出版，并经杨璐同志与《郭沫若全集》所收《李白与杜甫》进行通校，写出"通校记"附在书后，为比较研究提供了方便。

（2016 年 12 月）

《李白出生于中亚碎叶》文中的资料并非从冯家昇那里得来

最近看到几篇汇集在一起辩论"谜团"的短文，先说冯家昇"写过一篇研究李白身世的论文，后来，院长要看，派人取走之后，却署上自己的大名发表了"。炒了一阵，没有证据，便说《李白与杜甫》中"关于'碎叶'与'条支'的资料是从冯家昇等人那里得来的"，最后变成"细考郭沫若的《李白出生于中亚碎叶》一文，引用了《大唐西域记》《大清一统志》《唐书·地理志》等典籍，恰恰都是冯家昇先生的本行，而郭沫若不熟悉这些浩繁的史料。这正是郭沫若此文中包含冯家昇研究成果的又一内证"。① 冯家昇先生的"研究成果"，出版的专著不下五六种，发表的有关唐代的论文至少也有五篇。请再做一点"细考"，摘出几段来给读者看看，究竟哪些成果"包含"在郭沫若的《李白出生于中亚碎叶》中了。

我可以先写一点给读者，不仅证明《李白出生于中亚碎叶》没有采用冯家昇的"研究成果"，而且能够证明即便真的有过所谓"冯家昇很可能后来交给郭沫若一篇有关李白出生地考证的论文"，郭沫若也没有拿来当成自己的东西用，更何况谁也没有见到那篇假设的文字！不信就请慢慢往下看。

《李白出生于中亚碎叶》是《李白与杜甫》第一部分"关于李白"的第一节，其中关于中亚碎叶的论述，在《郭沫若全集·历史编》第4卷中只占3页半篇幅，然后是反驳陈寅恪《李太白氏族之疑问》一文（包括詹锳《李白家世考异》）关于李白"为西域胡人"的说法。后者都是援引李白

---

① 丁东主编《反思郭沫若》，作家出版社，1998，第311、320、324页。

的诗文，非冯家昇的研究领域。前3页半，则是"细考"的重点。

开头引范传正《唐左拾遗翰林学士李公新墓碑》，这是所有讨论李白身世的人都要引用的基本材料，陈寅恪的文章中也是这样引用的，此项史料不出于冯家昇。接下来的一段，郭沫若指出"碎叶在唐代有两处：其一即中亚碎叶；又其一为焉耆碎叶"。这与陈寅恪、谭其骧的看法不同，他们二人都认为碎叶只有一处。郭沫若的根据是《新唐书》卷40《地理志四》和卷43下《地理志七下》分别有碎叶城，而且建城时间不一。陈寅恪的文章引用了这两段记载，郭沫若反驳陈寅恪论李白"以罪窜谪"的观点时，还进一步解释了这些材料，这由陈寅恪的文章就可以引出来，无须得自冯家昇。

关键在下面这段有关中亚碎叶的论述。郭沫若写道：

> 中亚碎叶，玄奘《大唐西域记》中译作"素叶"。《记》云："（自凌山）山行四百余里至大清池（原注：'或名热海，又谓咸海。'案即今之伊塞克湖。）……清池西北行五百余里至素叶水城，城周六七里，诸国商胡杂居也。"素叶水城即碎叶城为无疑。素叶水即碎叶水，《大清一统志》译作"吹河"，今译作"楚河"。城在碎叶水南岸，说者谓即托克马克，在现在的苏联吉尔吉斯境内。隋唐时代为西突厥建牙之所，玄奘以贞观三年（629）见西突厥叶护可汗于此处（见《大慈恩寺三藏法师传》卷二）。可见中亚碎叶实为当时之一重镇。①

这一段内容，的确不是郭沫若所熟悉的范围。但是，稍有历史常识的人都懂得，要想深入了解唐代中亚地区的山川地理、风土人情，是必须看《大唐西域记》的；要想知道历史地理的变迁，离不开"二十四史"中的《地理志》和《大清一统志》。这里，姑且把郭沫若与毫无历史知识的人等同看待，看看他是如何知道《大唐西域记》《大清一统志》《大慈恩寺三藏法师传》中有关于中亚碎叶的记载的？究竟是从冯家昇那里来，还是另有出处？

---

① 郭沫若：《李白与杜甫》，第3—4页。

经过"细考"证明，郭沫若上面所用资料另有来源，而且来头比冯家昇更有权威性。此人并非别人，正是郭沫若一向非常推崇的王国维。

人所共知，早在1928年流亡日本的时候，郭沫若在东洋文库中就已经"读完了王国维的《观堂集林》"。郭沫若熟悉和了解王国维的著作，总不至于又有疑义吧。

《观堂集林》卷14有一篇《西辽都城虎思斡耳朵考》，① 为了给没有读过王国维著作而又在"细考"郭沫若文章的人提供方便，特将有关中亚碎叶的论述加标点转录在下面：

> 《唐书·地理志》载贾耽《皇华四达记》云：至热海后百八十里，出谷至碎叶川口，八十里至裴罗将军城。又西四十里至碎叶城，北有碎叶水，北四十里有羯丹山，十姓可汗每立君长于此。案热海者，今之特穆尔图泊。碎叶水者，今之吹河。
>
> 《唐志》自裴罗将军城至呾罗斯之距离，凡三百五十里。据《大唐西域记》及《慈恩法师传》则五百八十九里（两书无裴罗将军城，今以自素叶水城至呾逻私之里数加裴罗至素叶之里数计之）。大抵贾耽所书里数率较玄奘所书为短，当由计里之单位或方法不同。
>
> 考隋唐以来热海以西诸城，碎叶为大。西突厥盛时，已为一大都会。《慈恩传》言至素叶水城，逢突厥可汗方事畋游，军马甚盛。及唐高宗既灭贺鲁，移安西都护府于龟兹，以碎叶备四镇之一（《唐书·西域传》）。调露中，都护王方翼筑碎叶城，四面十二门为屈曲隐伏之状（《唐书·地理志》及《王方翼传》）。

王国维的这几段考证，除了《新唐书·地理志》（即《唐书·地理志》或《唐志》）外，还明确提到《大唐西域记》《大慈恩寺三藏法师传》（即《慈恩法师传》《慈恩传》）。虽然未提《大清一统志》书名，但王国维有两句话"热海者，今之特穆尔图泊。碎叶水者，今之吹河"，都有"今之"的说

---

① 《王国维遗书》第2册，上海古籍书店1983年据商务印书馆1940年版影印。

法。王国维始终以清朝遗臣自居，文中的"今"指清朝，他所说的"今"地名也是指清朝的地名。要查找清代地名，再无知的人都懂得用清朝官修的《大清一统志》，所以郭沫若用《大清一统志》是常识中事。

对照两人的文字后可以清楚地看到：（1）郭沫若受王国维的启发，查看了《大唐西域记》《大清一统志》《大慈恩寺三藏法师传》三部书。内中，如果有王国维没有涉及的材料，可以认为郭沫若是从冯家昇或别人"那里得来"；如果王国维提到的材料郭沫若没有采用，也可以说郭沫若此次忘了王国维。然而事实却是，郭沫若所用材料正是王国维提到的材料，不多也不少。让我们做一假想，郭沫若面前放着两篇文章，一边是王国维的《西辽都城虎思斡耳朵考》，一边是"冯家昇很可能后来交给郭沫若一篇有关李白出生地考证的论文"，郭沫若如何取舍？只要没有偏见，任何人都不相信郭沫若会舍王国维而用冯家昇，更何况冯家昇"交给郭沫若一篇有关李白出生地考证的论文"还处在"很可能"的假想中。（2）郭沫若受王国维的启发，却又没有直接照抄王国维。查看《大唐西域记》，引用了王国维没有引用的文字："（自凌山）山行四百余里至大清池（原注：'或名热海，又谓咸海。'案即今之伊塞克湖。）……清池西北行五百余里至素叶水城，城周六七里，诸国商胡杂居也。"查看《大清一统志》，弄清"素叶水"译作"吹河"。翻检《大慈恩寺三藏法师传》，知道在该书卷二有玄奘于贞观三年在此处见西突厥叶护可汗的记载。这都是王国维的文章中没有提到的。

由此还可以看出，那种认为只要"把《郭沫若全集》找来，看看哪篇文章属于冯先生多年研究的领域，不就清楚了么"的说法也未必能"清楚"。关键要看那"多年研究的领域"是否仅此一家，别无分号，在其前后有没有超过其成就者。同时，也不应该忘记每位学者都有自己的学术渊源。王国维的《西辽都城虎思斡耳朵考》虽然不是专题考证中亚碎叶，而只涉及这一问题，但它不失为20世纪关于中亚碎叶最早的详细考证。郭沫若以王国维的研究为出发点，并非从此时才开始，早在20年代末就已经成为他本人的一个治学特点。以最早但又未有人超越的王国维的研究为起点，正是治学严谨的学者应该遵循的学术规范。

由于谭其骧及多数人都认为碎叶只有一处，即托克马克，在当时苏联吉尔吉斯境内，所以郭沫若又向冯家昇做进一步了解，始终是想弄清两处的地理位置。哪知冯家昇与谭其骧等多数人的看法相同，郭沫若只好在上面的那段文字中留下"说者谓即托克马克，在现在的苏联吉尔吉斯境内"这样一句话，表示有保留。所谓"说者"，应该包括冯家昇，但又不止冯家昇一人。

希望能够见到对比郭沫若与冯家昇研究成果的文章，不要捕风捉影弄"谜团"，更不要被"谜团"自迷而不悟。

（1999年4月15日）

[本文原载《科学时报》1999年5月19日社会科学版，署名文思博。编者改标题为《"谜团"应该清楚了》，无注释。收入拙著《龙虎斗与马牛风——论中国现代史学与史家》]

李白《下途归石门旧居》"赠别的对象"不是吴筠

——郭沫若认识偏失及原因分析

郭沫若《李白与杜甫》第一部分"关于李白"第六节"李白的道教迷信及其觉醒"用了近三分之一的篇幅来分析李白的《下途归石门旧居》诗,认为"'云游雨散从此辞',最后告别了,这不仅是对于吴筠的诀别,而是对于神仙迷信的诀别。想到李白就在这同一年的冬天与世长辞了,更可以说是对于尔虞我诈、勾心斗角的整个市侩社会的诀别。李白真象是'了然识所在'了"。对于这一分析,我是赞同的,发表过《写〈李白与杜甫〉的"苦心孤诣"》的短文(《郭沫若学刊》2012年第2期)。但当时也存有疑问,即此诗"赠别的对象"是否吴筠,所以在引述郭沫若原文"这不仅是对于吴筠的诀别"一句时,稍做文字改动,也没有加引号。最近养疴在家,规定每天看书、写作时间不得超过两小时,只能将近一二年读相关书籍所夹浮签略加整理,写成此文。

一

李白《下途归石门旧居》诗为七言古诗,总共40句。郭沫若将诗分作四段,前8句为一段,中间20句平分为两段,最后12句为一段,我的疑问主要在郭沫若对第一段诗的分析上:

从这首段看来，赠别的对象是吴筠，毫无问题。第三句的"君"字即指吴筠。吴筠是华阴人，善诗能文，举进士不第，后来在会稽成了道士。天宝元年的春夏之交，李白从鲁郡南下，与吴筠同游剡中，在浙江曹娥江上游，二人成为了志同道合的朋友。不久，吴筠被唐玄宗征召入京，他在玄宗面前推荐了李白，同时得到贺知章与玉真公主等人的支持。于是，唐玄宗也征召李白入京。二人同待诏翰林，成为了天子的"近臣"。但在不太长的时间内，吴先李后地都离开了长安。本段后三句所说的就是这一段往事的回忆。"承国士恩"是说受到玄宗的知遇。其所以受到知遇是由于吴筠的推荐，故说"叨承"。"云物"犹言天上。同为翰林供奉，有时同陪游宴，为时仅三阅月，故云"云物共倾三月酒"。这三个月是跨着天宝元年与二年的；同在长安和王侯们过了一个岁首，故云"岁时同饯五侯门"。这是赠别吴筠的诗，毫无疑问。

吴筠在天宝二年春离开长安后隐居嵩山，唐玄宗为他建立了一座"道馆"。安禄山之乱，两京陷没，吴又南下，入会稽剡中。吴卒于大历十三年（778），比李白之死迟十六年。门徒们谥之为"宗元先生"（据《新唐书·隐逸传》）。但据这首诗看来，在宝应元年他是隐居在当涂县东六十里的横望山，即石门所在之处的。

郭沫若的这一分析存在两大疑问：一是李白、吴筠是否同时（"跨着天宝元年与二年"）待诏翰林，如果不是同时，就不存在"云物共倾三月酒，岁时同饯五侯门"的情况；二是吴筠宝应元年是否在当涂县横望山隐居，如果不是，郭沫若的说法就不能成立。

吴筠没有写与李白交游的诗文，但有三篇文字可证他为"翰林供奉"不在"天宝元年与二年"，宝应元年也未曾隐居在当涂县。

第一篇，《上元纲论表》（《全唐文》卷925），末署"天宝十三载六月十日中岳嵩阳观道士臣筠表上"，以"道士"自称，表示天宝十三载六月十日以前尚未"待诏翰林"。

第二篇，《简寂先生陆君碑》(《全唐文》卷926)，记其立碑经过：

> 天宝末，筠与友人苟太象避地兹境，敬先生之洞府，慕先主之高风，感世祀之绵远，慨铭志之泯灭，乃与道士吴太清、宋冲虚，询谋佥同，建此贞石。

末署"大唐上元二年岁次辛丑九月十三日中岳道士翰林供奉吴筠撰"，表明其确实做过"翰林供奉"，但时间不会早于玄宗天宝十三载六月。

第三篇，《天柱山天柱观记》(《全唐文》卷925) 云：

> 宝应中，群寇蚁聚，焚爇城邑，荡然煨尽，唯此独存……筠与逸人李元卿，乐土是安，舍此奚适？恐将来君子靡昭厥由，故核而志之，表此贞石。

末署"大历十三年正月十五日中岳道士吴筠记"。

从第一、第二篇文末所署年份可知，吴筠为"翰林供奉"在天宝十三载六月十日以后，比李白"待诏翰林"要晚10多年，郭沫若关于李白与吴筠"同为翰林供奉，有时同陪游宴，为时仅三阅月，故云'云物共倾三月酒'"的一系列分析显然站不住脚。

从第二、第三篇文末所署年份知道：吴筠自天宝末至上元二年（761）九月"避地"庐山，至上元二年为陆修静（简寂先生）立碑，"宝应中"（762—763）以后到宣城天柱山，认为"乐土是安，舍此奚适"，作有《天柱山天柱观记》，直至大历十三年卒于道观。不仅吴筠本人的自述没有"隐居在当涂"的证据，就迄今所见史籍亦无吴筠"隐居在当涂"的记载，郭沫若关于宝应元年吴筠"隐居在当涂县东六十里的横望山"的说法显然是想当然。

综上所述，郭沫若关于李白《下途归石门旧居》诗"赠别的对象是吴筠，毫无问题"的论断大有问题。

二

　　就"关于李白"这部分而言,郭沫若没有一处引述过吴筠本人或李白谈及吴筠的诗文,只是在不加分析地杂陈旧说。"李白的家世索隐"一节写道:"我们确切知道,李白于天宝元年(742)四月曾登过泰山,不久便携儿女南游。他先把他们寄放在南陵(在唐宣州宣城郡),他自己南下会稽,和道士吴筠同隐居于剡中,在今浙江省曹娥江上游。吴筠不久受到唐玄宗的征召进京,由于吴的推荐,更有贺知章、持盈法师等为之揄扬,因此朝廷也派使臣征召李白,他因而得到第二次进京的机会。""李白在政治活动中的第一次大失败"一节同样写道:"天宝元年的夏季,李白与道士吴筠同隐居于浙江曹娥江上游的剡中。吴筠首先受到唐玄宗的征召,由于他的直接推荐,更由于贺知章与持盈法师等的间接支持,因而唐玄宗也派人征召李白入京。""李白的道教迷信及其觉醒"一节叙吴筠简历照样写道:"吴筠是华阴人,善诗能文,举进士不第,后来在会稽成了道士。天宝元年的春夏之交,李白从鲁郡南下,与吴筠同游剡中,在浙江曹娥江上游,二人成为了志同道合的朋友。不久,吴筠被唐玄宗征召入京,他在玄宗面前推荐了李白,同时得到贺知章与玉真公主等人的支持。于是,唐玄宗也征召李白入京。二人同待诏翰林,成为了天子的'近臣'。"这些说法,是不加分析地杂用两《唐书·李白传》与魏颢《李翰林集序》的说法,却未察《新唐书》与《旧唐书》记载的不同以及出现不同的原因。

　　先看两《唐书·李白传》的差异。《旧唐书·文苑下》如此传写李白:

　　　　天宝初,客游会稽,与道士吴筠隐于剡中。既而玄宗诏筠赴京师,筠荐之于朝,遣使召之,与筠俱待诏翰林。

《新唐书·文艺中》这样传写李白:

> 天宝初，南入会稽，与吴筠善，筠被召，故白亦至长安。往见贺知章，知章见其文，叹曰："子，谪仙人也！"言于玄宗，召见金銮殿，论当世事，奏颂一篇。帝赐食，亲为调羹，有诏供奉翰林。

《新唐书》删改《旧唐书》的地方主要有三：一是删除李白与吴筠"隐于剡中"；二是删除"筠荐之于朝"，改以贺知章"言于玄宗"，"有诏供奉翰林"；三是删除"与筠俱待诏翰林"。

《新唐书》的这些删改，主要参照了唐德宗至宪宗时的文坛大手笔权德舆所写《中岳宗元先生吴尊师集序》。特摘录序文中有关吴筠生平的文字如下，以便于对照：

> 先生讳筠，字贞节，华阴人。生十五年，笃志于道，与同术者隐于南阳倚帝山。……天宝初，元纁鹤版，征至京师。用希夷，启沃吻，合元圣，请度为道士，宅于嵩丘，乃就冯尊师齐整受正一之法。……十三年召入大同殿，寻又诏居翰林。玄宗在宥，天下顺风所向，乃献《元纲》三篇，优诏嘉纳。志在遐举，累章乞还。以禽鱼自况、薮泽为乐。得请未几，盗泉污于三川，羽衣虚舟，泛然东下，栖匡庐，登会稽，浮浙河，息天柱。隐机埋照，顺吾灵龟。……以大历十三岁，岁直鹑首，止于宣城道观，焚香返真于虚室之中。①

这篇序文是吴筠"门弟子"邵冀元请权德舆为吴筠文集作序，权德舆"采获斯文以序崖略"撰写而成，为现存关于吴筠最早、最具原始性的文字。②以此序比对两《唐书·隐逸·吴筠传》，可知《新唐书》的纂修者是看到权

---

① 《权载之文集》卷33，《四部丛刊》本。
② 《权载之文集》60卷之外的"补遗"，据长沙叶氏藏嘉庆辑刻本补收有《吴尊师传》。这篇《吴尊师传》亦见明本《道藏·太玄部·尊六》，即《宗玄先生文集》之后，末署"唐礼部尚书权德舆撰"，显然是唐宪宗以后假托权德舆之名的伪作。五代后晋纂修《旧唐书》时未察，取《吴尊师传》略加添改而成《隐逸·吴筠传》，除结尾部分多"为群僧之所嫉……深诋释氏，亦为通人所讥"数句，其余文字全同。宋祁纂修《新唐书》时发现问题，取《中岳宗元先生吴尊师集序》对《旧唐书》做出相应改动。

德舆这篇序并据以订正了《旧唐书》的部分错谬的，举例如下。①

（1）《旧传》"吴筠，鲁中之儒士也"，权德舆序吴筠"华阴人"，《新传》改为"华州华阴人"。

（2）《旧传》吴筠"开元中，南游金陵，访道茅山。久之，东游天台。筠尤善著述，在剡与越中文士为诗酒之会"，但吴筠所写有关江南的诗文没有一篇能够确切表明是在安史之乱之前写的，更不要说在开元年间了，所以权德舆序没有关于吴筠开元年间的记述。而且《旧传》记载混乱，一概系在"开元中"之下，既没有吴筠两次进京，也没有进《元纲论》。权德舆序写了吴筠两次进京，"天宝初，元繻鹤版，征至京师……请度为道士，宅于嵩丘"，"十三年召入大同殿，寻又诏居翰林……乃献《元纲》三篇"。宋祁正因为得见权德舆序，编纂《新传》时才将《旧传》的"开元中，南游金陵，访道茅山"一段删除。

（3）《旧传》在"天宝中"之下写有"既而中原大乱，江淮多盗，乃东游会稽。尝于天台剡中往来，与诗人李白、孔巢父诗篇酬和，逍遥泉石，人多从之。竟终于越中"。权德舆序只说"盗泉污于三川，羽衣虚舟，泛然东下，栖匡庐，登会稽，浮浙河，息天柱"，大历十三年"止于宣城道观，焚香返真于虚室之中"，吴筠《天柱山天柱观记》末有"大历十三年正月十五日，中岳道士吴筠记"，亦表明其最后一年在宣城天柱山，并非《旧传》所说"终于越中"。因此，《新传》删去"尝于天台剡中往来，与诗人李白、孔巢父诗篇酬和，逍遥泉石，人多从之。竟终于越中"等语，简略为"两京陷，江、淮盗贼起，因东入会稽剡中"，只在传末写了一句"筠所善孔巢父、李白，歌诗略相甲乙云"，没有用"酬和"一词。权德舆为吴筠文集作序，浏览过整个文集，通篇序文没有一句说到吴筠与李白的交游。现存吴筠诗120余首、文20余篇，既未提到李白，更无"酬和"李白之作。现存李白诗近1000首、文50余篇，提到的交游者近400人，同样没有吴筠，也没有"酬和"吴筠之作。

郭沫若不知有权德舆序述吴筠生平，也没有引述一篇吴筠的诗文为证，

---

① 此处所举，仅为《新唐书·吴筠传》（以下简称《新传》）据权德舆序改动《旧唐书·吴筠传》（以下简称《旧传》）的内容，不涉及《新传》改动后仍存的错谬内容。

却将《新唐书》已经删除的李白与吴筠"隐于剡中"、"筠荐之于朝"、"与筠俱待诏翰林"三个缺乏证据的说法重复再三,而且用"我们确切知道"来加以表述,这就注定他在认识吴筠、认识李白与吴筠的交游上必然出现不可原谅的偏失。

三

《下途归石门旧居》诗的"赠别的对象"不是吴筠,最有可能是谁?

在"李白的道教迷信及其觉醒"一节开头,郭沫若只用了极简短的文字追述李白的访仙求道:

> 李白在出蜀前的青少年时代,已经和道教接近。在出蜀后,更常常醉心于求仙访道、采药炼丹。特别在天宝三年在政治活动中遭到大失败,被"赐金还山",离开了长安以后,他索性认真地传受了《道箓》。

接下来的叙述,除了引述李阳冰《草堂集序》的一段话和李白的《奉饯高尊师如贵道士传〈道箓〉毕归北海》《访道安陵,遇盖寰为予造〈真箓〉,临别留赠》等诗和事以及零散的诗句外,没有叙说李白"醉心于求仙访道、采药炼丹"的经历和与道士们的交往。

郭沫若称吴筠是李白的"志同道合的朋友",除了引据两《唐书·吴筠传》的错谬外,却找不出李白、吴筠交游的诗文为根据,便用近三分之一的篇幅来分析《下途归石门旧居》这首诗,难免弄出错来。

郭沫若认为是李白"亲密的道友"的元丹丘,即魏颢《李翰林集序》所说与李白同时"因持盈法师达"的"丹丘",虽然两《唐书》无传,也不见于83种唐五代人物传记资料和52种唐五代笔记小说,不为研究唐史和唐诗的学人注意,却在李白的诗文中频频出现。人们最熟悉的《将进酒》有"岑夫子,丹丘生,将进酒,君莫停","岑夫子"指岑勋,"丹丘生"即元丹丘。现存李白诗近千篇,诗题中有元丹丘名者12篇:(1)《以诗代书答元丹丘》,(2)《题嵩山逸人元丹丘山居并序》,(3)《元丹丘歌》,(4)《题元丹丘山居》,(5)《题元丹丘颍阳山居并序》,(6)《观元丹丘坐巫山屏风》,(7)《酬岑勋见寻就元丹丘对酒相待以诗见招》(《将进酒》作于同时),(8)《颍阳别元丹丘之淮阳》,(9)《与元丹丘方城寺谈玄作》(又作《仙城山寺道者元丹丘谈玄》),(10)《西岳云台歌送丹丘子》,(11)《闻丹丘子于城北营石门幽居中有高凤遗迹仆离群远怀亦有栖遁之志因叙旧以寄之》,(12)《寻高凤石门山中元丹丘》。李白文中提到元丹丘者,如《上安州裴长史书》《冬夜于随州紫阳先生餐霞楼送烟子元演隐仙城山序》《汉东紫阳先生碑铭》等。

开元十八年李白在《上安州裴长史书》中追述说:"前此郡督马公,朝野豪彦,一见尽礼,许为奇才,因谓长史李京之曰:'诸人之文,犹山无烟霞,春无草树。李白之文,清雄奔放,名章俊语,络绎间起,光明洞彻,句句动人。'此则故交元丹亲接斯议。"以元丹丘为"故交",表明李白与元丹丘结识早在开元十八年以前。正是这一年,李白出入长安,因元丹丘结识玄宗的妹妹玉真公主(字持盈,以其入道,故称"持盈法师")。下面,通过李白的诗文来看二人如何"亲密",如何"求仙访道"。

《以诗代书答元丹丘》写的是元丹丘寄来书信,李白以诗代书作答,有"开缄方一笑,乃是故人传。故人深相勖,忆我劳心曲"句,反复使用"故人"一词,足见二人交谊之深厚。

《题嵩山逸人元丹丘山居并序》写的是元丹丘隐居嵩山,邀李白共游,李白到嵩山,题诗壁上。序云:"白久在庐霍,元公近游嵩山,故交深情,出处无间,岩信频及,许为主人,欣然适会本意。当冀长往不返,欲便举家就之,兼书共游,因有此赠。"诗句如下:

  家本紫云山,道风未沦落。沈怀丹丘志,冲赏归寂寞。揭来游闽荒,扪涉穷禹凿。夤缘泛潮海,偃蹇陟庐霍。……故人契嵩颍,高义炳丹臆。灭迹遗纷嚣,终言本峰壑。自矜林湍好,不羡朝市乐。偶与真意并,顿觉世情薄。尔能折芳桂,吾亦采兰若。拙妻好乘鸾,娇女爱飞鹤。提携访神仙,从此炼金药。

序、诗均以"故交""故人"表示二人为挚交,在嵩山度过一段隐逸生活。郭沫若注意到这首诗,在"李白的家世索隐"一节指出"诗题和诗序不相应","诗题是后人误加的,诗序即是诗的长题"之后,强调"于时李白的神仙迷信还非常浓厚,元丹丘是他亲密的道友,他竟想举家隐遁,和元丹丘同读道书,一道学仙",还提醒读者"值得注意的是诗的末尾四句"。

《颍阳别元丹丘之淮阳》以元丹丘"异姓为天伦""素以烟霞亲",表示"我有锦囊诀,可以持君身。当餐黄金药,去为紫阳宾"。《冬夜于随州紫阳先生餐霞楼送烟子元演隐仙城山序》一文,说的就是元丹丘和元演来访李白,三人"结神仙交,殊身同心",一同往随州从胡紫阳学道的情形:

> 吾与霞子元丹、烟子元演,气激道合,结神仙交,殊身同心,誓老云海,不可夺也。历行天下,周求名山,入神农之故乡,得胡公之精术。胡公身揭日月,心飞蓬莱,起餐霞之孤楼,炼吸景之精气,延我数子,高谈混元。金书玉诀,尽在此矣。白乃语及形胜,紫阳因大夸仙城。元侯闻之,乘兴将住。

这篇序郭沫若也注意到了,在"李白杜甫年表"开元二十七年李白名下记有"冬元参军南下,同往随州,与元丹丘同学道于胡紫阳"。

后来李白写有《汉东紫阳先生碑铭》,应注意两点:一是追述"天宝初,威仪元丹丘,道门龙凤,厚礼致屈,传箓于嵩山",二是表示"予与紫阳神交,饱飡素论,十得其九"。天宝初,元丹丘请胡紫阳到嵩山传授《道箓》,正式成为胡紫阳的弟子。这年深秋,李白奉诏进京,天宝三载出京后即寻求高如贵授《道箓》,显然是受了胡紫阳授元丹丘《道箓》的影响。

《闻丹丘子于城北营石门幽居中有高凤遗迹仆离群远怀亦有栖遁之志因叙旧以寄之》,为元丹丘隐居唐州湖阳县石门山而作,回顾了"畴昔在嵩阳,同衾卧羲皇","仆在雁门关,君为峨眉客"等往事。《寻高凤石门山中元丹丘》为李白到石门山访元丹丘而作,"丹丘遥相呼,顾我忽而哂。遂造穷谷间,始知静者闲。留欢达永夜,清晓方言还",传达出二人相聚的欢快之情。

从李白12首诗和3篇文大体知道，李白与元丹丘交游，前后20余年，早在开元十八年以前，天宝十载以后不详。但直至天宝十三载李白"尽出其文，命（魏）颢为集"时，仍然怀念元丹丘，所以才告知魏颢"白久居峨眉，与丹丘因持盈法师达"。元丹丘是导引李白"求仙访道、采药炼丹"的一位"故交"，郭沫若虽谓其为李白的"亲密的道友"，却没有从"迷信道教"的角度进行探究，在分析《下途归石门旧居》诗时竟把元丹丘遗忘掉，结果造成认识上的偏失和错谬。

再回过头来检讨郭沫若对《下途归石门旧居》诗第一段的分析，如果说李白结识玉真公主是经元丹丘引荐，用"叨承"也完全说得通。

此外，有朋友抄给魏锡曾《绩语堂碑录》（不分卷）所收"唐宏道观道士蔡玮"撰《玉真公主受道灵坛祥应记》中的"西京大昭成观□□□威仪臣元丹丘奉敕修□建"字句，注明文末署"有唐天宝之二载也"。这似乎可证李白、元丹丘同在长安，并且是"跨着天宝元年与二年的"。二人是"故交"，分别以翰林学士、大昭成观威仪的身份同时参加王侯府第的饮宴，"过了一个岁首"，完全符合郭沫若分析"云物共倾三月酒，岁时同饯五侯门"两句诗的实际。但文末所署"天宝之二载"令人怀疑，一是唐玄宗天宝三载正月才"改'年'为'载'"，岂能提前称天宝二"年"为"载"？二是《全唐文》卷927收有"天宝时宏道观道士蔡玮"撰《玉真公主朝谒应□□真源宫受□□□王屋山仙人台灵坛祥应记》，中多阙字，无"西京大昭成观□□□威仪臣元丹丘奉敕修□建"字句，末署"有唐天宝十二载也"。两篇"灵坛祥应记"是否同一篇文字，"天宝之二载"是否"天宝十二载"之讹，均待详考。因魏锡曾《绩语堂碑录》收在《魏稼孙全集》（光绪九年刊本），在古籍登记范围，未能借阅。提出这一线索，希望有兴趣的读者能做进一步查考。

郭沫若对《下途归石门旧居》诗第二段的"俯仰人间易凋朽，钟峰五云在轩牖。惜别愁窥玉女窗，归来笑把洪崖手"四句这样分析：

在那时以为俯仰在尘世间是容易凋朽的，寄居在金陵时，窗轩都面对着钟山，表示自己不愿意脱离自然。在那时也曾经到嵩山去访问过吴筠，分手时对嵩山的玉女窗曾依依惜别。现在又回到横望山来了，笑握着老朋友的手，有说不尽的感慨。"洪崖"，据说是三皇时代的伎人，成仙，隐居于四川青城山，号"青城真人"。在这里是借来比吴筠。

郭沫若既认为元丹丘是李白的"亲密的道友"，又注意到李白《题嵩山逸人元丹丘山居并序》，知道李白当年曾在嵩山与元丹丘惜别，为什么这"分手时对嵩山的玉女窗曾依依惜别"的不是元丹丘而一定是吴筠，还断言"毫无问题"呢？更何况元丹丘到过四川，上引李白《闻丹丘子于城北营石门幽居……以寄之》诗有"仆在雁门关，君为峨眉客"句，吴筠没有到过四川，如果说借"洪崖"来比元丹丘岂不更恰当！

找不出李白与吴筠交游的诗文，未仔细分析李白与元丹丘交游的诗文，便先已认定"这是赠别吴筠的诗，毫无疑问"，极大地局限了郭沫若的视野，使其判断必然出问题。

按照郭沫若分析《下途归石门旧居》前两段诗的"理由"，"将欲辞君挂帆去"的"君"更可能是元丹丘而不是吴筠。如果把元丹丘写进"李白的道教迷信及其觉醒"一节，相信更能反映郭沫若所要说的主题，还会减少认识上出现的种种偏失。

其实，这"君"又何必要专指某个个人。李白既已"觉醒"，这"君"既包含元丹丘、持盈法师、胡紫阳、高如贵、吴筠等个人，又代表整个道教群体，有实有虚、虚实结合，岂不更符合郭沫若对李白此时心境的分析！

（2015 年 7 月 16 日）

[本文原载《郭沫若学刊》2015 年第 4 期，编入《郭沫若研究年鉴（2015）》，中国社会科学出版社，2017]

"照着我写"与"替曹操翻案"的纠结

——看程派名剧《文姬归汉》想到郭沫若写《蔡文姬》

养疴在家,看程砚秋先生和程门弟子演出的《文姬归汉》录像,我联想到郭沫若的《蔡文姬》,便从更广的视角提供一些未曾见或注意不够的资料,供有兴趣的读者、观众参考。

一

从现代戏剧史角度看,把"蔡文姬戏剧化",在郭沫若之前的名家是程砚秋先生。1926年金仲荪先生写就《文姬归汉》,成为程派代表剧目之一。从郭沫若创作《蔡文姬》前6年的程砚秋先生1953年演出本看,有两点是明显的。

一是对曹操没有"翻案"的意思,但曹丞相两次出场也没有"宁我负人,毋人负我"的奸诈,有的却是浓重的人情味。第一次出场的念白:"老夫,曹操。自讨灭群雄,迁都许昌,自为首相,这且不言。今日故旧凋零,复痛桥公之墓。最可叹者,蔡中郎伯喈与我十分交好,又无子嗣。闻得他女文姬,流落南匈奴,为左贤王匹配。此女才学,颇有父风。老夫准备厚礼,赎她回国。使蔡中郎有后,以继香烟。想周近熟悉胡情,不免命他前往。"随后对周近重复道:"老夫今日想起一事,想蔡中郎与老夫交好,又无嗣子。闻得其女文姬,流落南匈奴,为左贤王妃。命你去往胡营,将她赎回国来。老夫准备黄金千两，彩缎百段，送与那单于。我想此事，定能办到，只是有劳大夫远行了。"下场时有两句"西皮摇板"："记当日拜桥公过世腹痛，喜此番赎文姬定庆成功。"第二次出场在终场，四龙套、曹操同上，四兵丁、周近引蔡文姬同上。曹操对周近说："大夫歇息去吧。"文姬叩见曹操："叩见伯父。"曹操答道："免礼，快快请起。一路劳乏，歇息去吧。"文姬拜谢："容侄女回家探视，再来叩府谢恩。"曹操："好，回府歇息去吧。"文姬念道："正是：我生不辰逢离乱，幸叫生入玉门关。"曹操："回府！"

　　二是认定《胡笳十八拍》是蔡文姬所作，把十二拍的"去住两难"、十三拍的"一步一远兮足难移"、十六拍的"旧怨平兮新怨长"等句借用来作为唱词或念白。特别是归汉途中，夜宿馆驿，驿外胡笳声引起蔡文姬思绪，念白"想我在胡中多年，感胡笳之声，用琴写之。曾制有胡笳第十三拍，今夜千愁万恨并在心头，我不免再制成胡笳第十四拍，也好稍抒幽愤。人生到此，怎不凄凉人也"过后，紧接着用"二黄慢板"唱出整段的第十四拍："身归国兮儿莫之随，心悬悬兮长如饥。四时万物兮有盛衰，唯我愁苦兮不暂移。山高地阔兮见汝无期，更深夜阑兮梦汝来斯。梦中执手兮一喜一悲，觉后痛吾心兮无休歇时。十有四拍兮涕泪交垂，河水东流兮心是思。"这一唱段，成为程派唱腔的名段之一，被程门弟子和"程迷"们久久传唱。

二

　　从郭沫若本人的经历看，"我写这个剧本是把我自己的经验融化了在里面"，坦白地说出自己隐藏、深埋了数十年的情感经历。

　　在《蔡文姬·序》开头，郭沫若写发蒙时"早就接触到'蔡文姬能辨琴'的故事，没有想到隔了六十多年，我却把蔡文姬戏剧化了"。发蒙过后，郭沫若曾经想把蔡文姬戏剧化，在写了《卓文君》《王昭君》之后有过这样的表述：

本来还想把蔡文姬来配上去，合成一个三部曲的。蔡文姬陷入匈奴左贤王，替胡人生了两个儿子了，曹操后来遣发使臣去以厚币金璧把她赎了回来。她一生前后要算是嫁过三嫁，中间的一嫁更是化外的蛮子。所以她在道德家，如象朱熹一样的人看来，除她的文才可取之外，品行是"卑不足道"的，顶"卑不足道"的要算是她"失身陷胡而不能死节"了。这是素来的人对于蔡文姬的定评。但是在我看来，我觉得是很有替蔡文姬辩护的余地。本来结婚的先决条件要看两造有没有爱情。有爱情的结合才能算是道德的结婚，不管对手者是黑奴，是蛮子，都是不成问题，一切外形的区别在爱情之前都是消灭罄尽的。没有爱情的结合，就算是敬了祖宗，拜了神明，喝了交杯酒，种种仪式都是周到至十二万分，然而依然只是肉体的买卖。不论两造就是王侯将相的少爷小姐，这种的结合依然是不道德的。我们认清了这一点，再来研究蔡文姬对于胡人的结婚，究竟是不是有爱存在。

蔡文姬的《胡笳十八拍》我觉得比她的《悲愤诗》要高超得多。有人说十八拍是后人伪造的，但我觉得那样悲壮哀切的文章，不是身经其境的人，怕不易做到罢。……假使曹操不去赎她，她定然是甘居于异域不愿回天汉的。不幸的是曹操去赎她，而胡人竟公然卖了她，这儿才发生了她和胡人的婚姻的悲剧来。胡人的卖她就是证明其不爱她，前日的外形的"宠"到此才全部揭穿，所以文姬才决然归汉，而且才把她两个胡儿都一道弃了。我们看她十八拍中那样思儿梦儿，伤心泣血的苦况，那她终至弃了她的儿子的苦衷，决不是单单一个思乡的念头便可以解释的。她父亲已经死了，前夫当然是没有存在（看她归汉后又另外嫁了人便可以知道），她归了汉朝又有什么乐趣呢？我想她正是愤于胡人的卖她，愤于胡人以虚伪的爱情骗了她，所以她才决心连儿子都不要了。她那时候自量是没有养儿子的力量，或者也是胡人不许她带起走，所以她后来才那样梦魂萦绕痛心号泣的了。儿子她既不能养，留在匈奴转是他们的幸福，这也足以反证她假如不受卖，不受欺，她也会终生乐著她异域的家庭而不自悲悔的呢。所以在我看来，我的蔡文姬完全是一个古代的"诺拉"。我想把她表写出来的已经

有三四年，然而终竟没有写成。于是乎所谓"三不从"的标本便缺少了一不从，我的三部曲的计划当然是没有成功的……①

这中间丝毫没有"替曹操翻案"的意思，倒是在替蔡文姬辩护，颇有"替蔡文姬翻案"的意味，埋下创作《蔡文姬》的伏笔。不过，此时的郭沫若虽然认为《胡笳十八拍》"那样悲壮哀切的文章，不是身经其境的人，怕不易做到罢"，却还没有"身经其境"的直接感受。

10多年过去了，1937年7月郭沫若"别妇抛雏"自日本归国，真真切切地有了"去住两情兮难具陈"的体验。在国难当头之际，除了短短的几首《归国杂吟》外，又能向谁倾诉呢？"今别子兮归故乡，旧怨平兮新怨长"的情感只能隐藏、深埋。有一件书法作品透露出郭沫若此时此刻的心境，就是1938年7月书写的绢本《胡笳十八拍》（26cm×109cm）（见图1）。

书罢《胡笳十八拍》之后，郭沫若写道：

> 胡笳十八拍余素嗜读，日前偶一翻阅，倍感亲切。曾为立群朗诵一遍，伊亦甚为感动。今日出此残绢，曰曷不为我书之。余欣然应之，书至途中，有警报至，邻居多往防空壕避难，余仍手不辍笔。立群颇为余担忧，促我下楼。但整饬衣履，步下楼时，警报已解除矣。因复上楼，继续书成此轴。立群其保之。
>
> 　　　　　一九三八年七月十日时寓珞珈山　沫若（印文：沫若长年　郭沫若）

这不也很有些郭沫若在《谈蔡文姬的〈胡笳十八拍〉》一文中解释唐代刘商《胡笳曲序》"后嫁董生以琴写胡笳声为十八拍"的意味吗？

自1937年7月以来，20多年的时间过去了，始终没有抒发内心的恰当时机，这段情感一直深深地隐埋着。

比较而言，京剧《文姬归汉》自文姬守宁在家开场，写文姬被匈奴掳去，为左贤王妃，生下一双儿女，十余年后曹丞相派周近携重金赎文姬，

---

① 郭沫若：《写在〈三个叛逆的女性〉后面》，上海光华书局，1926，第20—23页；《郭沫若全集·文学编》第6卷，第142—143页。

图1　郭沫若为于立群绢书《胡笳十八拍》（1938年7月10日）

资料来源：《郭沫若书法集》，四川辞书出版社，1999。

文姬辞别儿女归汉，途中祭奠王昭君，以曹丞相亲迎文姬归来终场，"归汉"仅占演出一半的场景。《蔡文姬》自"归汉"始，帷幕拉开，蔡文姬即置身于第十二拍"喜得生还呵逢圣君"与"去住两情呵具难陈"的矛盾心情中。回到长安郊外、父亲墓前，长年流离的悲苦，缅怀生父的深情，母子分离的断肠，第十四拍、十七拍中"梦中执手呵一喜一悲，觉后痛吾心呵无休歇时"，"去时怀土呵心无绪，来时别儿呵思漫漫"，"岂知重得呵入长安？叹息欲绝呵泪阑干"等诗句，使蔡文姬形象而真实地再现于第三幕。郭沫若的创作没有到此为止，又用了两幕来写文姬"归汉"以后。明明知道"蔡文姬归汉后究竟做了些什么工作，除掉《后汉书》的本传中说她凭记忆记录出了他父亲蔡邕的作品四百余篇之外，别无资料可考"，也承认剧本添进"曹操要她帮助修《续汉书》"是"出于虚构"，为什么还要写蔡文姬"归汉"以后呢？因为郭沫若所"体会到蔡文姬的一段生活感情"不仅仅是"胡与汉呵异域殊风！天与地呵子西母东"的"经历"，回国后的郭沫若与"归汉"后的蔡文姬仍有"类似的经历"和"相近的感情"。文姬"归汉"后再嫁董祀有了新的家庭，整理父亲遗作，从事文化工作，看到"社会逐步安定"，流离失所的人们"得到安居乐业"。郭沫若回国后很快也有了新的家庭，而且主盟文坛，成为继鲁迅之后新文化运动的一面旗帜，到50年代末看到"伟大的十年"的成就。尤其是1958年10月经周恩来、聂荣臻介绍重新入党，①12月27日《人民日报》正式公布。这一切，能说不比蔡文姬写第十二拍"东风应律呵暖气多，知是汉家天子呵布阳和"，"喜得生还呵逢圣君"的感受更深？所以，增写文姬再嫁董祀、"重睹芳华"两幕，既是郭沫若发自内心的感受，也是有相同经历的人们的共同感受。这或许从郭沫若与田汉等人当年的通信中可以分辨，但不论当时还是如今的世人是分不清"重睹芳华"诗中哪句为郭沫若所写，哪句由田汉等人加进去，恰好印证剧作是当时社会思潮下的产物，是获得解放的人们的共同心声，这也就不难理解郭沫若在《替曹操翻案》第一部分最后为什么会写"我们如果体贴一下那被解救了的十几万户人的心理，他们对于曹操是会衷心感谢的"一句了。《蔡文姬序》最后强调"这部《蔡文姬》应该说是一部集体创作"，正是郭沫若把自己和经历相同的人们的感受融化在一起的表白。

三

从学术研究角度看，20世纪50年代，在郭沫若之前提出公正评价曹操的历史论文至少有三篇：袁良义《曹操论》（《光明日报》1953年11月1日）、万绳楠《关于曹操在历史上的地位问题》（《新史学通讯》1956年第6期）、崔谦与陈之安《略评曹操》（《文史哲》1958年第9期）。

---

① 中国科学院党组致周恩来（1958年10月30日），卷存中国科学院。

1957年初毛泽东诗词发表,《浪淘沙·北戴河》中的"魏武挥鞭,东临碣石有遗篇"调动起文史两界评价曹操热。1958—1959年,戏剧界将已拍成电影的京剧经典《群英会》《借东风》改编成《赤壁之战》,翦伯赞借《赤壁之战》在《光明日报》发表《应该替曹操恢复名誉——从〈赤壁之战〉说到曹操》(2月19日),比郭沫若发表《替曹操翻案》要早一个多月。紧接着,《光明日报》一连发表北京师范学院古典文学教研组《不要把曹操涂成大白脸》(3月1日)、袁良骏《要客观地评价曹操》(3月5日)、刘亦冰《应该给曹操一个正确的评价》(3月5日)、王昆仑《历史上的曹操和舞台上的曹操》(3月10日,郭沫若在《替曹操翻案》一文中谈到此文)、吴晗《谈曹操》(3月19日)等5篇文章。《人民日报》3月23日发表郭沫若《替曹操翻案》,同时发表《关于如何评价曹操问题的讨论》。曹操研讨不断升温,至1960年初发表论文80篇左右,三联书店选取有代表性的名家论文20余篇汇集为《曹操论集》出版。这一切说明,20世纪50年代末评价曹操潮涌,"弄潮儿"郭沫若正当其时,表现出比文史两界学人更为积极的热情,成为"替曹操翻案"的具有时代性的代表。

四

从写作的具体进展看,郭沫若念念不忘的首先是蔡文姬和她的《胡笳十八拍》。

1958年11月某晚,在鸿宾楼晚饭,周恩来当面建议郭沫若"不妨写一个剧本替曹操翻案"。① 12月,郭沫若即采辑旧本《胡笳诗》进行校订,认为"真是好诗,百读不厌。非亲身经历者不能作此","坚信确为琰作",写成《蔡琰〈胡笳十八拍〉》一文。这与1938年7月书写绢本《胡笳十八拍》间隔了整整20年,不同的是此时不仅抒怀,而且在为"翻案"、创作做准备。

---

① 郭沫若致周恩来(1959年2月16日),卷存郭沫若纪念馆。

1959年1月7日，写成《谈蔡文姬的〈胡笳十八拍〉》一文（《光明日报》1月25日发表），形成"替曹操翻案"的完整思想。文章末段明确写道，"从蔡文姬的一生可以看出曹操的业绩。她是曹操把她拯救了的"，"可以作为一个典型"。进而，对曹操做出全面评价，"曹操虽然是攻打黄巾起家的，但他却受到了农民起义的影响，被迫不得不采取一些有利于生产的措施"，"他锄豪强，抑兼并，济贫弱，兴屯田，费了三十多年的苦心经营，把汉末崩溃了的社会基本上重新秩序化了"，"中国北边的大患匈奴，到他手里，几乎化为郡县。他还远远到辽东去把新起的乌桓平定了"，"他在文化上更在中国文学史中促成了建安文学的高潮"。最后这样做结："曹操对于民族的贡献是应该作适度的评价的，他应该是一位杰出的历史人物。然而自宋以来，所谓'正统'观念确定了之后，这位杰出的历史人物却蒙受了不白之冤。自《三国志演义》风行以后，差不多连三岁的小孩子都把曹操当成坏人，当成一个粉脸的奸臣，实在是历史上的一大歪曲。"①

2月3—9日，写出五幕史剧《蔡文姬》，送周恩来、陈毅、周扬，以及文艺界、戏剧界广泛征求意见。3月14日，写成《替曹操翻案》一文（《人民日报》3月23日发表），认为"在旧戏的粉脸中透出一点红色来，解决不了问题"。随后，《蔡文姬》进入排演阶段，郭沫若一面观看排演，一面与田汉、曹禺、焦菊隐等不断交换修改意见。5月1日五幕史剧《蔡文姬》定稿，写"序"正式发表。其间，连续发表再谈、三谈、四谈、五谈、六谈蔡文姬的《胡笳十八拍》，直至8月。5月21日《蔡文姬》首场公演，至11月5日演满百场。

五

分别审视之后再综合来看，序《蔡文姬》中的"蔡文姬就是我！——是照着我写的"，"除掉我自己的经历使我体会到蔡文姬的一段生活感情之

---

① 郭沫若发表在报刊的这些文章，后来"略有删改"，本文所引文字均以《蔡文姬》（文物出版社，1959年第3版）为据。

外，我没有丝毫意识，企图把蔡文姬的时代和现代联系起来"，"我写《蔡文姬》的主要目的就是要替曹操翻案"三段文字，是完全符合郭沫若实际的自白。

"蔡文姬就是我！——是照着我写的"，是创作《蔡文姬》的思想基础、内在基因。正因如此，在观看《蔡文姬》首场公演时，郭沫若才会流着泪对曹禺说："《蔡文姬》我是用心血写出来的，因为蔡文姬就是我。"①

公正评价曹操的文化思潮和迎接新中国成立十周年的社会热潮，营造了"替曹操翻案"和"重睹芳华"的浓厚氛围，是创作《蔡文姬》的外部因素或曰客观环境。尽管郭沫若表示"我没有丝毫意识，企图把蔡文姬的时代和现代联系起来"，但谁又能否认，在那搞"领袖崇拜"的年代，绝大多数人或多或少都怀有某种"喜得逢圣君"的心态呢！

周恩来的口头建议，最终促成郭沫若撰文"替曹操翻案"、创作《蔡文姬》"替曹操翻案"。

内在的思想基础、外在的客观氛围和周恩来的口头敦促，三者交融，成就了郭沫若的《蔡文姬》。没有内在的思想基础，蔡文姬曾是郭沫若认为的"三不从"的形象，或许是其他什么形象，绝不会是这五幕史剧中的形象。郭沫若"替曹操翻案"，没有像写其他史剧那样，围绕曹操的业绩——兴屯田、锄豪强、抑兼并、统一北方、平定乌桓、促成建安文学高潮等进行创作，而是转借《胡笳十八拍》写蔡文姬的经历，根子就在这深埋了数十年的思想基因！

后来，郭沫若强调"要'依据真实性、必然性'，总得有充分的史料和仔细的分析才行。仔细的分析不仅单指史料的分析，还要包括心理的分析。入情入理地去体会人物的心理和时代的心理，便能够接近或者得到真实性和必然性而有所依据"。② 把"人物的心理和时代的心理"看得比单纯的"史料的分析"更重要，通过"人物的心理"反映"时代的心理"，认识那一段历史、评价对那一时代有贡献的人物，正是郭沫若创作《蔡文姬》的"自己的经验"的总结。然而，"归汉"后的蔡文姬并没有郭沫若那么多经

---

① 曹禺的回忆，见《人民戏剧》1978 年第 7 期。
② 《我怎样写〈武则天〉?》，《郭沫若全集·文学编》第 8 卷，第 245 页。

历和感受，实不足以反映曹操的历史功绩，结果形成人们对剧作的不同认识。

六

一个时代有一个时代的学术，一个时代有一个时代的文艺创作。

1958年3月9日程砚秋先生去世，郭沫若作为程砚秋治丧委员会主任，13日在嘉兴寺殡仪馆主持公祭，并送程砚秋灵柩往八宝山公墓安葬。

如今的戏剧舞台，有京剧、话剧、粤剧三台写蔡文姬的经典剧目演唱不衰，是因为都抓住了"家国情重，儿女情长，心灵呐喊"的深刻内涵。同时，随着时代变迁，又都在赋予创新色彩和认知理念，使之常演常新。

《文姬归汉》的演出，出现不同版本。除了身段表演是保留"骑马归汉"还是改为"坐车归汉"之争外，对于剧本虚构"送儿女"，结局"大团圆"，表现"民族团结"，包括原创金仲荪先生后人、程砚秋先生后人与改编者之间，意见并不一致。纪念程砚秋先生110周年诞辰，演出改编本的唱腔和念白都增加了《胡笳十八拍》的诗句，或许是受郭沫若《蔡文姬》的启发。在文姬得知归汉消息处，新增一段唱腔，"蹈舞共讴歌"地唱出整段的第十二拍："东风应律兮暖气多，知是汉家天子兮布阳和。羌胡蹈舞兮共讴歌，两国交欢兮罢兵戈。忽遇汉使兮称近诏，遗千金兮赎妾身。喜得生还兮逢圣君，嗟别稚子兮会无因。十有二拍兮哀乐均，去住两情兮难具陈。"归汉途中，唱罢第十四拍之后增加念白——第十八拍的"苦我怨气兮浩于长空，六合虽广兮受之应不容"，"十八拍兮曲虽终，响有余兮思无穷"。

新的时代，创作需要赋予时代新意，这不仅无可厚非，而且必须如此。但研究郭沫若的原创思想，就不能用今天的观念去苛责半个多世纪前的郭沫若和与他经历相似的人和事，不能用今天的生活感受去体会郭沫若那个时代人们的感受，只能从郭沫若所处年代的实际出发进行考察、分析，也就是陈寅恪所说的"真了解"法："所谓真了解者，必神游冥想，与立说之古人，处于同一境界，而对于其持论所以不得不如是之苦心孤诣，表一种之同情，始能批评其学说之是非得失，而无隔阂肤廓之论。"①

"神游"郭沫若原创的年代，与之精神相通，"进入"所处"境界"，以"同情"心"冥想"他为什么不循着"魏武挥鞭，东临碣石有遗篇"的最高指示的思路"替曹操翻案"，为什么不管任务完成得如何，对周恩来表示"案是翻了，但翻得怎样，有待审定"，② 却一心要把蔡文姬作为被曹操拯救的一个"典型"来进行创作的"苦心孤诣"，方能求出不存"隔阂"又非"肤廓"而接近事实的认识："蔡文姬就是我！——是照着我写的。"

(2016年"清明"后两日)

[本文原载《郭沫若学刊》2017年第2期，编入《郭沫若研究年鉴（2017）》，中国社会科学出版社，2019]

[附记]

郭沫若的《蔡文姬》剧本，1959年文物出版社出版了3个版次，第3版是收录最完整的一版，包括序、蔡文姬（五幕历史喜剧）、《后汉书·董祀妻传》、蔡琰《胡笳十八拍》、六篇谈蔡文姬的《胡笳十八拍》以及附录林景熙的《蔡琰归汉图》、《替曹操翻案》、王戎笙文、明人《胡笳十八拍》画卷和郭沫若所写跋语。三个版次的主要差别，第一版收有一谈、再谈蔡文姬的《胡笳十八拍》，第二版增加了三谈、四谈、五谈蔡文姬的《胡笳十八拍》，第三版增加了六谈蔡文姬的《胡笳十八拍》，其余篇目完全相同。

在后来的郭沫若《蔡文姬》剧本中（包括《沫若剧作选》、《郭沫若全集·文学编》第8卷），均不见1959年文物版各个版次所收《后汉书·董祀妻传》即《后汉书·列女传》中的"董祀妻传"。

《后汉书》卷84《列女传》中"董祀妻传"，文字不长，转录如下：

　　陈留董祀妻者，同郡蔡邕之女也，名琰，字文姬。博学有才辩，

---

① 陈寅恪：《金明馆丛稿二编》，第247页。
② 郭沫若致周恩来（1959年2月16日）。

又妙于音律。适河东卫仲道。夫亡无子，归宁于家。兴平中，天下丧乱，文姬为胡骑所获，没于南匈奴左贤王，在胡中十二年，生二子。曹操素与邕善，痛其无嗣，乃遣使者以金璧赎之，而重嫁于祀。

　　祀为屯田校尉，犯法当死，文姬诣曹操请之。时公卿名士及远方使驿坐者满堂，操谓宾客曰："蔡伯喈女在外，今为诸君见之。"及文姬进，蓬首徒行，叩头请罪，音辞清辩，旨甚酸哀，众皆为改容。操曰："诚实相矜，然文状已去，奈何？"文姬曰："明公厩马万匹，虎士成林，何惜疾足一骑，而不济垂死之命乎！"操感其言，乃追原祀罪。时且寒，赐以头巾履袜。操因问曰："闻夫人家先多坟籍，犹能忆识之不？"文姬曰："昔亡父赐书四千许卷，流离涂炭，罔有存者。今所诵忆，裁四百余篇耳。"操曰："今当使十吏就夫人写之。"文姬曰："妾闻男女之别，礼不亲授。乞给纸笔，真草唯命。"于是缮书送之，文无遗误。

随后是"后感伤乱离，追怀悲愤，作诗二章，其辞曰"，即《悲愤诗》二首全文。

　　通过引文可以清楚看到，就剧情而言，说《蔡文姬》是在把《后汉书·董祀妻传》戏剧化，完全是事出有据的。如果没有郭沫若序中的那些文字，再强调一下《后汉书·董祀妻传》的历史真实，就不会引出对郭沫若创作意图的各种猜测了。

（2015 年 11 月 16 日）

对兰亭论辩的认识与思考

庚子年处暑后一日，钟作英发给我一则微信，是用《张暐妻许日光墓志》来"打脸郭沫若"的，举出40个与"神龙本"《兰亭序》"如出一辙"的单字，认为"是对《兰亭序》存世的强力佐证"。我看了一下墓志的时间，是开元二十三年十一月十日，比"神龙"晚近30年，不仅不能"打脸郭沫若"，反倒证明郭沫若所说这是唐前期流行的一种书体。不久，蔡震打电话说，20世纪60年代讨论《兰亭序》，有"拥护"郭沫若观点的作者后来改变观点了，想召开一次小型研讨会，我表示如果开会一定参加。随后，查找许夫人墓志、重读《兰亭论辩》、比对传世摹本，逐渐形成对兰亭论辩的认识和思考。重阳节的一个会上与蔡震见面，又议及此事。辛丑年春分前后白内障手术，闭目"冥思"，形成初稿，直至近日方成此稿。

一　从许夫人墓志说起

查找许夫人墓志，经两位研究隋唐史的朋友帮助，在《秦晋豫新出墓志搜佚》（国家图书馆出版社，2012）第2册第574页见到《唐张君妻许日光墓志》（编号450，见图1、图2）。这是一块正方形的墓志，610mm×610mm×145mm，共25行，满行27字，2007年冬在河南省洛阳市伊川县万安山出土。坊间所传，多为复制。

图1 许夫人墓志　　　　　图2 墓志局部

墓志主人是唐玄宗时张暐的夫人许日光，通称许夫人墓志。《旧唐书》卷106记载张暐身世，李隆基为潞州别驾时，张暐"潜识英姿，倾身事之，日奉游处"。李隆基在张暐家与乐人赵元礼之女私下生了一子，取名瑛，开元三年被立为皇太子。在李隆基与太平公主的政治较量中，张暐提醒李隆基"先为之备"。李隆基当皇帝（唐玄宗）后，对张暐一直委以重任，封邓国公，以其为开元年间第一任京兆尹（京城长官），"入侍宴私，出主都政，以为荣宠之极"。开元二十年，张暐年高退休，加特进，享受正二品待遇，活到天宝五载，年九十余。这样一位与皇家有着亲密关系的高官的夫人许日光，也是"名重当代"的"著姓"之后，开元二十三年九月十二日去世，十一月十日葬于万安山之原，墓志由朝散大夫行起居郎张楚撰写。或许因为许夫人喜好，墓志采用了与"神龙本"相仿的字体刻成，这至少说明以下三点。

其一，传世的《兰亭序》摹本，最早流传的是"神龙本"。目前一般认为，唐太宗在世时，《兰亭序》有虞世南、欧阳询、褚遂良三位书法家的摹本，有经宫廷拓书手摹写赐给重臣的摹本。赐给重臣的摹本中，有一本后来钤"神龙"二字的长方形半印，世称其为"神龙本"。"神龙"是中宗的年号之一，有人认为"神龙"半印是否中宗时所钤"值得怀疑"。如果许夫人墓志是摹仿的"神龙本"，或可证明"神龙"半印为中宗时所钤。如果不是摹仿的"神龙本",表明这种字体在开元前期已经十分流行,恰如郭沫若所说"《兰亭序》的书法,在唐初已经享受着十分崇高的称誉",武则天时"已经在民间传遍了","故在开元、天宝年间所流传"。

其二,许夫人墓志摹仿"神龙本"摹仿得再像、相似字再多,也证明不了东晋南朝是否有这种书体!如果这一墓志的时间是在一百六七十年前的梁、陈交替之际,不用别人说,郭沫若自己就会放弃他的全部观点,包括"依托于智永"说。

其三,想"打脸郭沫若"者把贞观二十三年与开元二十三年混为一谈,说"此(墓)志书写于盛唐开元二十三年,其年亦是唐太宗将《兰亭序》陪葬昭陵之年",墓志刻写人应该能够看到随葬的《兰亭序》,所以墓志有几十字"极为相似"。唐太宗下葬在贞观二十三年,公元649年,开元是唐玄宗的年号,开元二十三年为公元735年。两个"二十三年"相差86年。唐太宗下葬时,许夫人墓志的刻碑人还没出生,怎会看到随葬的《兰亭序》!不知贞观、神龙、开元三个年号的先后顺序,甚至分不清贞观、开元两个年号,倒是应该"打脸"自己!

二 1965年的"兰亭论辩"

1958—1965年,在南京、镇江等地陆续发掘出东晋明帝太宁元年至穆帝升平元年35年间的五种墓志,除《颜刘氏墓志》中"有些字有后来的楷书笔意",其余墓志"基本上还是隶书的体段"。据此,郭沫若提出:"这对于传世东晋字帖,特别是王羲之所书《兰亭序》,提出了一个很大的疑问。"1965年3月末写成《由王谢墓志的出土论到兰亭序的真伪》(以下简称《真伪》),5月13日写了"书后"、22日写了"再书后",发表在《文物》第6期。7月7日夜高二适写成《〈兰亭序〉的真伪驳议》(以下简称《驳议》),致函章士钊。章士钊7月16日写信将高二适的文章"推荐"给毛泽东。毛泽东18日复函章士钊,并写信给郭沫若。相关情况,另文说明。《驳议》铅印稿23日在《光明日报》发表,手写稿在《文物》第7期发表。

8月7日郭沫若写成《〈兰亭序〉与老庄思想》，发表在24日《光明日报》、《文物》第9期。12日写成《〈驳议〉的商讨》反驳高二适，发表在21日《光明日报》、《文物》第9期。郭沫若用"于硕"的笔名又发表了《〈兰亭序〉并非铁案》(《文物》第10期)、《东吴已有"暮"字》(《文物》第11期)，未见高二适回应。

截至1966年初，宗白华、龙潜、启功、徐森玉、赵万里、李长路、史树青分别在《光明日报》《文物》等发表同意郭沫若观点的文章，严北溟、唐风、商承祚分别在《学术月刊》《文汇报》《中山大学学报》等发表不同意郭沫若观点的文章。

想"打脸郭沫若"的人，喜欢拿高二适来说事，却又未认真读过高二适的文章，不知高文并非"素不乐随人俯仰作计"，而是有大段"殊想拍合"郭沫若的论述。下面将二人当时发表的文章进行一番比对（文章均引自文物出版社1973年编辑的《兰亭论辩》）。

郭沫若《真伪》一文七个部分，前三部分谈东晋王谢墓志、由墓志说到书法。第四部分全文抄录即"整抄"李文田跋文和比李文田早100多年的赵魏的论述，认为"赵只是从书法上立论，而疑是'唐人临本'，或'传摹失真'。李则根本否定了《兰亭序》这篇文章，真正是如他所说的'文尚难信，何有于字'了"。第五部分发挥李文田对《兰亭序》"三疑"的观点，比较《临河序》与《兰亭序》的文字，认为"《兰亭序》所增添的'夫人之相与'以下一大段，一百六十七字，实在是大有问题"，引王羲之的两首诗和《世说新语·言语》篇中王羲之与谢安的一段故事，证明"王羲之的性格，就是这样倔强自负，他决不至于象传世《兰亭序》中所说那样，为了'修短随化，终期于尽'，而'悲夫''痛哉'起来"。这显然是对李文田跋文中"刘孝标注引王右军此文称曰《临河序》，今无其题目，则唐以后所见之《兰亭》，非梁以前《兰亭》，可疑一也"，"今考《金谷序》文甚短，与《世说》注所引《临河序》篇幅相应，而《定武本》自'夫人之相与'以下多无数字。此必隋唐间人知晋人喜述老庄而妄增之，不知与《金谷序》不相合也，可疑二也"等观点的发挥和进一步论述（另外发表的《〈兰亭序〉与老庄思想》，从题目即可看出是在发挥李文田跋文第二疑的观点)。第六部分提出"依托于智永"说,是郭沫若的独特见解。第七部分探讨王羲之的笔迹,引述康生"没有脱离隶书笔意"的说法,表示"很欣赏上举李文田的推测"。同时,将这种笔意具体化:"使用方笔,逆入平出,下笔藏锋而落笔不收锋,形成所谓'蚕头'或'燕尾'。"以《王兴之夫妇墓志》字迹与《爨宝子》"极相类似",《谢鲲墓志》字迹与《爨龙颜》"相近",认为"李文田的预言可以说已经实现了一半"。统观《真伪》全文,郭沫若非常"相信"李文田跋文的观点,并极力证明李文田的观点,甚至用"很相信""李的预言能得到全面的实现"来作文章的结语。实际上,前三部分也与李文田跋文所说"《定武石刻》未必晋人书,以今所见晋碑,皆未能有此一种笔意,此乃南朝梁陈以后之迹也",是完全相通的。

高二适《驳议》一文,确如近年有文章指出的那样,"较为杂乱,算不上严谨的学术文章,既无条理,也没有严密的逻辑,更象是一篇会议发言稿,想到哪说到哪",而且有错字和标点不规范的情况,所以很少有读者通读,多是人云亦云。《驳议》针对郭沫若的基本观点,一开始就明确指出"郭先生的立论要旨","原文尤其是席清季顺德李文田题满人端方收得吾乡汪容甫先生旧藏'定武禊帖不损本'的跋语之势"(凡引高文,标点、文字,一律照原文),表示"今吾为驳议行文计。请先把清光绪十五年顺德人李文田跋端方的帖语所存的诸疑义,櫽括起来",然后"节节驳难李文田诸可疑之点"。全篇指出"李文田之误"有五,显然是要动摇郭沫若据以立论的基本依据,同时反复引述同乡汪中(容甫)为《定武兰亭》所作题跋,说"不见定武真本,终不可与论右军之书也",希望"郭康二先生一顾"。说其"杂乱","想到哪说到哪",最明显处是在指出"李文田之三误也"后,突然写道:"吾行文至此,不禁心情鼓荡,猛忆郭先生原文(七)'王羲之笔迹,应当是怎样'的小标题下。有云:'关于这个问题,康生同志,就文献中作了仔细探索。'以及康生先生列举了五个例证。结语'是王羲之的字迹,具体的说来,应当是没有脱离隶书的笔意。'等语。旨哉言乎!王右军《定武兰亭》佳本,即是没有脱离过隶书笔意的。……今《定武兰亭》,确示吾人以自隶草变而为楷,(此意未经人道过,为吾苦思而得之。)故帖字多带隶法也。……今欲证吾言,明帖意,特摸出如干字如次。"在举出"带隶法"的字之后,强调"凡欧摸宋拓佳本,皆未脱离此种隶式。《定武兰亭》,余所见以'元人吴柄藏本',最为不失笔意"。随后另起一行写道:"又余今为此驳议,在他一方面言之。亦殊想拍合郭先生继康生先生后,'找到了的一些补充证据。'……今特根据汪容甫自跋其'修禊序'语甄录少许。"在"甄录"汪容甫"第一跋曰"、"又曰"以及"赵(魏)云"之后写道:"汪容甫题跋到此,吾意必为郭康两先生所叹服。"在指出"李文田之三误也"之后,突然插入以上近七分之一篇幅的文字,用"鼓荡"的"心情"论"隶书笔意",表现出的并不完全如其本人所说"吾素不乐随人俯仰作计",而是有着明显的"殊想拍合"郭沫若之意。在这之后,才又继续议"李文田之误四矣""李文田之误五矣"。"五误"之后议"神龙本",却对"神龙本"一无所知,以为是"褚遂良摸者"。经与启功"谈《神龙本》兰亭一文"比照,才知道与郭沫若所说"原是一个东西"。在"郭先生拟《神龙》于智永,不识别有何种秘义"的情况下,立马强调"寻《神龙本》亦只逊于《定武》一筹。……吾见《神龙》除改字(改笔的率)外,既无一隶笔可寻。意者青琐瑶台,其不逮《定武》乃在自运之合耶",足见其对"定武本"的偏爱。

郭沫若反驳高二适,写了《〈驳议〉的商讨》,还是七个部分。第一、二、三部分,针对《驳议》中"李文田之误二"进行驳论,重申"注家引文能减不能增""《临河序》文并无蛇足""《兰亭序》大申石崇之志"。第四部分从《兰亭序帖》的时代性谈到对碑与帖"无偏袒",感到"意外"的是"世间重视帖学的人,却藐视碑刻,甚至视如寇仇。同样是祖国的文物,为什么要发生这样的差别呢?"显然是对章士钊给毛泽东信中所说"郭沫若同志主帖学革命"、高文所说李文田等"均服膺北碑,或于帖学褊见"的回应。第五部分"隶书笔意的伸述",是对高二适希望郭、康"叹服"汪中论述的回答:"汪中的《定武兰亭跋》,我们早就看过,但我们却相信赵魏与李文田,这就表明我们不同意汪中的矫辩","坦率地说一句,我并不'叹服'。就我所知,康生同志也是不会'叹服'的"。对于高二适的"拍合",郭沫若这样回应:"我在拙文中引用了康生同志的话:'王羲之的字迹,具体地说来,应当是没有脱离隶书笔意。这和传世《兰亭序》和羲之的某些字帖,是大有径庭的。'这是从历史观点来看羲之字帖的正确结论。高先生虽然把结论的后半切去了,但并未能改变康生同志对于《兰亭序帖》的实际看法。他的实际看法是:《兰亭序帖》没有隶书笔意。"第六部分,"附带"讨论《驳议》没有提到的"僧"字和"察"字,所论"僧"不是徐僧权,是针对章士钊《柳文指要·下·柳子厚之于兰亭》中"僧字,非原文所有,乃梁舍人徐僧权于其旁署名,谓之压缝,梁御府中法书率如此。果尔,此似可破齐梁间人见不到兰亭之说"的。第七部分"唐太宗如果在今天",针对《驳议》所说"总之《兰亭》而有真赝,绝不能逃唐文皇之睿赏矣"。

简要归纳郭、高的论辩,郭沫若"相信李文田","不同意汪中",高二适"驳难"李文田,"叹服"汪中;郭沫若论"神龙本",高二适论"定武本"。这一"笔墨官司",实际是光绪年间李文田、汪中论争在20世纪60年代的延续和扩展。但有一点很清楚,高二适"为《定武兰亭》护法"。想用高二适"打脸郭沫若"者竟无一人提及《定武兰亭》,无一人将许夫人墓志与《定武兰亭》比对,反倒用郭沫若认为是"智永所写"的"神龙本"来进行比对,表明他们根本没有读过高二适的文章,以为"神龙本"是最好的摹本,这恰恰不是高二适的观点。

附带订正两个说法。一是于硕《〈兰亭序〉并非铁案》中一则所谓"合理的猜测":欧阳询"不愿意自己欺骗自己","知道《兰亭序》是依托,但又不敢采录《临河序》,故只采录与《临河序》相近的《兰亭序》的前小半段,以事搪塞。这样可以不触犯秦王的逆鳞,也可以满足自己的良心"。欧阳询在高祖时为给事中,尽管《兰亭序》已"入秦府",但太宗尚是秦王,欧阳询为朝廷命官,奉诏参与编纂《艺文类聚》,部分采录《兰亭序》,谈不上什么"触犯秦王的逆鳞"。且不说秦王无权对朝官进行处罚,仅就实际情况而言,欧阳询因编纂《艺文类聚》得到高祖嘉奖,"赐帛二百段"。秦王做皇帝(太宗)后,以欧阳询为太子率更令、弘文馆学士,官品由正五品上升为从四品上,并封给爵位——渤海县男,表明欧阳询没有"触犯秦王的逆鳞"。编纂《艺文类聚》在高祖时,摹《兰亭序》在太宗时,说高祖时编纂《艺文类聚》只采录《兰亭序》前小半段是"以事搪塞"，"可以满足自己的良心"，贞观年间摹《兰亭序》全文是为了"不触犯秦王的逆鳞"，恰恰颠倒了时间先后，这样的"猜想"不存在丝毫的"合理"性！二是一篇论辩说"《兰亭序》文章最早见于唐太宗亲撰的《王羲之传》，势必要造出一份《兰亭帖》，以证明《兰亭序》不是杜撰"，同样是颠倒了时间先后。《晋书》是贞观二十年唐太宗下诏编纂，二十二年完成，由房玄龄、褚遂良、许敬宗"监领其事"。《王羲之传》在卷八十，卷末有唐太宗所写"制曰"，认为"钟、王以降"的书家，"尽善尽美，其惟王逸少"，"其余区区之类，何足论哉！"褚遂良作为监修，已编有《晋右军王羲之书目》，修撰官写好《王羲之传》必定报送褚遂良审阅，褚遂良修改润色后呈送唐太宗。在这一过程中，王羲之的重要奏议、文章俱入传，褚遂良列为"草书"第一的"永和九年（二十八行，兰亭序）"必然入传。是先有《兰亭序帖》，后将帖文照抄入《王羲之传》的。虞世南、欧阳询分别卒于贞观十二年、十五年，他二人的摹本均摹写在编纂《晋书》之前，同样证明先有《兰亭序帖》，并非迎合唐太宗撰《王羲之传》而"造出"的。

三　比较传世摹本辨真伪

　　1965年的兰亭论辩只持续了半年时间，却激发了部分学人对《兰亭序》的关注，甚至在紧接着的动乱年代仍然不忘考察《兰亭序》的真伪。世纪之交，在苏州举办过一次《兰亭序》国际学术研讨会，苏州大学出版社出版了《兰亭论集》，上编收文物出版社《兰亭论辩》未收文章29篇，下编收研讨会论文19篇，总计48篇。附录2篇——《中国现代〈兰亭序〉研究论文索引》《日本近现代"兰亭学"论著目录》。有文章说1972年高二适"又写下《关于兰亭序真伪的再驳议》"，并举出其中"精辟的话"——"夫逸少（王羲之）书名之在吾土，大有日月经天，江河行地之势，固无须谁毁与谁誉之"，1982年发表在《书法研究》，却未收入《兰亭论集》。

　　21世纪以来，不断有关于《兰亭序》的学术文章发表，未见有编辑唐宋以来关于《兰亭序》著录、题跋、鉴赏、考证等的目录索引或文献汇编，不能不说是《兰亭序》研究的一大憾事。

在上述《兰亭序》学术研讨中，虽不完全涉及真伪问题，但真伪仍是重要议题。近些年来，有强调"鉴定学理"者，认为先前的论辩"没有从鉴定的关键问题立论"。然而，这些论述大都忽略了1965年论辩给人们的一个重要启示：对于《兰亭序帖》传世摹本的认识，分歧很大，争论不休，充分表明谁都没有见过《兰亭序帖》原件，仅仅根据前人的鉴赏、题跋、评论以及本人对传世摹本的喜欢程度，发表个人见解，因而不可能得出确定性的结论。这一部分，围绕这个方面提出一些未曾注意或注意不够的问题，供进一步探讨参考。

首先，谈真伪问题，只"鉴赏"某一两个摹本而舍其他，难免掺杂个人色彩，甚至掩饰某些真相，导致以偏概全。

唐太宗在世时，见过《兰亭序帖》真迹并摹写者，只有虞世南、褚遂良、欧阳询和几名宫廷拓书人。褚遂良死后，再没有人见过《兰亭序帖》原件。因此，传世的唐初《兰亭序帖》摹本便成为探讨《兰亭序》的重要实物。墨迹本，有虞世南摹本、褚遂良摹本（一本为白麻纸本，一本为黄绢本）以及"神龙本"。拓本，仅有欧阳询摹本，即"定武本"，原石久佚。这些传世摹本字迹有差异，如何确认哪一个摹本摹写接近原貌，仅仅靠"鉴定"或"鉴赏"是不能解决问题的，还应当从摹写人及摹写情况入手进行考察。

虞世南、褚遂良、欧阳询是唐初著名书法家，看看史书对他们的记载。《旧唐书·虞世南传》记虞世南"与同郡沙门智永善王羲之书，世南师焉，妙得其体"。唐太宗称虞世南"有五绝：一曰德行，二曰忠直，三曰博学，四曰文辞，五曰书翰（法）"。贞观十二年（638）虞世南卒，唐太宗对魏徵说："虞世南死后，无人可以论书（法）。"虞世南得到唐太宗如此称赞，显然是因其书法最接近王羲之。据此，虞世南摹本应当是传世摹本中最接近真迹的摹本。

《旧唐书·褚遂良传》以褚遂良"博涉文史，尤工隶书，父友欧阳询甚重之"，魏徵以褚遂良"下笔遒劲，甚得王逸少体"推荐给唐太宗，"即日召令侍书"，显庆三年（658）卒。褚遂良是虞世南之后，最得王羲之书体的书法家。褚遂良摹本有二，可以解释为：太宗健在时摹写一本，大约与虞世南、欧阳询同时摹写；太宗下葬前最后摹写一本，既表明对太宗的忠心，又可提高其摹本的身价（此时虞世南、欧阳询均已不在世了）。据此，褚遂良摹本应是传世摹本中很接近真迹的摹本。

《旧唐书·欧阳询传》记载，欧阳询在高祖时累迁给事中，"初学王羲之书，后更渐变其体，笔力险劲，为一时之绝，人得其尺牍文字，咸以为楷范焉"，贞观十五年卒。虽学王羲之书，高祖时已"渐变其体"，自成一家为"欧体"。欧阳询摹本，即"定武本"，既是拓本，又因"变体"，不如虞世南摹本、褚遂良摹本接近真迹，是符合实际的，在情理之中。

虞世南摹本和褚遂良摹本列为"兰亭八柱"第一和第二，可谓名实相符。但论辩兰亭，却无人认为这两件摹本最接近真迹，反而去争执"定武本""神龙本"谁接近原貌。喜欢"定武本"就强调"定武"胜"神龙"一筹，喜欢"神龙本"就推崇"神龙"最接近真迹，能说没有掺杂个人偏爱？

在没有见过《兰亭序帖》原件的前提下，无视虞世南、褚遂良是唐初两位最得王羲之书体的书法家，无视虞、褚二人的摹本，甚或弃虞摹本、褚摹本而不论，这样的论辩能说不带有极大的缺陷？

其次，见不到《兰亭序帖》原件，试图用王羲之其他字帖来做参照，但世间并无王羲之真迹流传，就提出王羲之的笔迹问题，引发关于"隶书笔意"的争论。争论不出结果，又用传世的王羲之其他字帖摹本，诸如《丧乱帖》《孔侍中帖》《姨母帖》等来做参照物。尽管启功放弃了《兰亭的迷信应该破除》一文，但文中的这一观点是讨论《兰亭序帖》想回避也回避不了的，即"回来再看今传的《兰亭帖》，无论神龙本或定武本，一律纯然是唐代风姿，不用拿《二爨碑》来衡量比较，即用《丧乱帖》《姨母帖》《奉桔帖》等等唐摹简札墨迹来看，风格也不相同……《兰亭》既与《丧乱》《姨母》等帖不同，而《丧乱》《姨母》等帖既保存了一定分量的王羲之风格，那么写《兰亭》的必定不是写《丧乱》《姨母》等帖的人，也就是必定不出于王羲之之手，可以说是毫无疑问"。

几乎所有谈论《兰亭序帖》的文章都承认，传世摹本与"可靠的王羲之唐摹善本书法，在用笔、形态以及整体风格上存在着明显的差异"，同时承认这是"不可回避的事实"，但又都不愿意接受这一事实，把造成"明显的差异"的原因归结为两个方面：一是《兰亭序帖》的唐初摹本"皆属唐人辗转叠摹钩填，由于辗转钩摹者'间用我法'，笔法神韵与原迹逐渐失真而相去日远"；二是传世的王羲之其他字帖的"祖本与王羲之的书法作品存在差异"。

承认传世的王羲之字帖与王羲之真迹有"差异"，却只说虞世南、褚遂良、欧阳询摹本"间用我法"而不怀疑"神龙本"；认为王羲之其他字帖摹写祖本有问题，却不想想"神龙本"的祖本有无问题。其实，"神龙本"最有值得怀疑之处。

最后，"神龙本"的主要疑点，一是不确知来路，二是不确知摹写人，三是不确知摹写底本。

（1）所见唐代关于《兰亭序帖》的记载，没有一字提到"神龙本"。

论辩兰亭，人们只引《法书要录》卷三所收何延之《兰亭记》，却不见同卷所收武平一《徐氏法书记》，以致遗漏不少关于《兰亭序帖》的信息。武平一，武则天叔伯弟弟。《新唐书》本传记载，武则天当政时，武平一远离政坛。中宗景龙二年（708），与薛稷同为修文馆直学士，玄宗开元末（约741）卒。《徐氏法书记》记有太宗至玄宗初宫廷收藏王羲之书的情况，先摘录中宗至玄宗初的有关记述："至中宗神龙中，贵戚宠盛，宫禁不严，御府之珍，多入私室。先尽金璧，次及书法，嫔主之家，因此擅出。……徒闻二王之迹，强学宝重，乃呼薛稷、郑愔及平一评其善恶……时有太宗御笔于后题之，叹其雄逸。太平公主闻之，遽于内取数函及《乐毅》等小函以归。延秀之死，侧闻睿宗命薛稷择而进之，薛窃留佳者十数轴。薛之败也，为簿录官所盗。"薛稷是虞世南、欧阳询、褚遂良之后书法领域的一位重要人物。《旧唐书·薛稷传》记载，薛稷"尤工隶书。自贞观、永徽之际，虞世南、褚遂良时人宗其书迹，自后罕能继者。稷外祖魏徵家富图籍，多有虞、褚旧迹，稷锐精模仿，笔态遒丽，当时无及之者"。据此，薛稷可能见过虞世南、褚遂良的《兰亭序帖》摹本，并可能收藏太宗赐给魏徵的《兰亭序帖》摹本。中宗即位至玄宗登基的七年间，宫廷政变不断，所藏

"二王之迹"多入私家,出现"徒闻二王之迹,强学宝重,乃呼薛稷、郑愔及平一评其善恶"的情况。如果"神龙"年是治世,薛稷将家藏太宗赐给魏徵的摹本进献朝廷,那么"神龙本"便是非常"宝重"的至宝。可惜"神龙"年是乱世,薛稷不仅没有进献自家的收藏,反而将经其鉴定的佳品"窃留"十数轴,最终因参与太平公主的密谋被玄宗赐死,家中所藏为"簿录官所盗"。此时出现一件钤"神龙"印的摹本,恐怕谁都会打一个问号,可信吗?

(2)"神龙本"摹写人问题,一说摹写人是冯承素,一说摹写人为褚遂良。

冯承素,正史无传,唐代关于冯承素的记载,所见有四。最早见于褚遂良《拓本〈乐毅〉记》(收《法书要录》卷3):"贞观十三年四月九日,奉敕内出《乐毅论》,是王右军真迹,令将仕郎、直弘文馆冯承素模写,赐司空、赵国公长孙无忌,开府仪同三司、尚书左仆射、梁国公房玄龄,特进、尚书左仆射、申国公高士廉,吏部尚书、陈国公侯君集,特进、郑国公魏徵,侍中、护军,安德郡开国公杨师道等六人,于是在外乃有六本,并笔势精妙,备尽楷则。褚遂良记。"其次见于何延之《兰亭记》(收《法书要录》卷3),太宗得《兰亭序》后,"命供奉拓书人赵模、韩道政、冯承素、诸葛贞等四人,各拓数本,以赐皇太子、诸王近臣"。再后见于前面提到的武平一《徐氏法书记》:"太宗于右军之书,特留睿赏。贞观初,下诏购求,殆尽遗逸。万机之暇,备加执玩。《兰亭》《乐毅》,尤闻宝重。尝令拓书人汤普彻等拓《兰亭》,赐梁公房玄龄已下八人。普彻窃拓以出,故在外传之。及太宗晏驾,本入玄宫。至高宗,又敕冯承素、诸葛贞拓《乐毅论》及《杂帖》数本,赐长孙无忌等六人,在外方有。"最晚见于张彦远所写《拓本乐毅论记》(《全唐文》卷790):"彦远家有冯承素《兰亭》,元和十三年诏取书画,遂进入内。今有承素《乐毅论》在,并有太宗手批其后。张彦远记。"四则记载,说法不一。褚遂良、武平一说冯承素摹写《乐毅论》,武平一说"汤普彻等拓《兰亭》",何延之、张彦远说冯承素《兰亭》。究竟是冯承素等拓《兰亭》,还是汤普彻等拓《兰亭》?褚遂良记,是当时人记当时事,最为可信,但未涉及《兰亭》。何延之记,是武则天晚年江湖间的转述，辩才弟子玄素如何知道半个世纪前太宗宫廷拓书手有四人和四人名姓，最为可疑。武平一记，或为宫中所闻，或为亲见亲历，应该可信。何延之记，冯承素是四拓书人之一，拓本不止一本，如何确定"神龙本"是冯承素所摹。张彦远记，明确提到收藏"冯承素《兰亭》"实物，但没有说钤"神龙"印，不能确定是否"神龙本"。

至于说褚遂良摹，更缺乏根据，而且还有与褚遂良另外两个传世摹本（"白麻纸本""黄绢本"）比对的问题。

不能确定"神龙本"为褚遂良或贞观年间宫廷拓书人直接摹写，就等于说"神龙本"所摹未必是随葬昭陵的《兰亭序帖》，还谈什么接近不接近原貌或真迹！

（3）"神龙本"虽然有写本说与摹本、临本、仿本说的不同认识，本应该涉及底本问题，却未见言及，不能不说是一个漏洞。

说"神龙本"是写本，实际已否定其为王羲之真迹。说"神龙本"是临本或仿本，等于否定了所临、所仿的底本是随葬的《兰亭序帖》，均可不必细论。说其是摹本，仅以"双钩廓填"就断言是"贞观年间唐太宗命拓书手摹拓的"，未免失于疏忽。从上引武平一的记载知道，唐太宗在世时，赐给重臣的摹本之外，另有拓书人"窃拓以出，故在外传之"者。赐给重臣的摹本供奉重臣家中，不会流向社会。流向社会的只能是"窃拓以出"的私拓。"窃拓"，或是没有摹写好的次品、废品被私下藏起来，或是偷着摹写的，都是为了拿出宫私售高价。这些经拓书手的"窃拓"，同样是"双钩廓填"，但不如赐给重臣的摹本"接近原貌"或真迹，是完全可以肯定的。高宗、武则天至玄宗即位，朝局变动，太宗赐给重臣的摹本逐渐流向社会，与"窃拓以出"的摹本混杂，真假莫辨。出现一件《兰亭序帖》摹本，钤以"神龙"印，究竟是赐给重臣的摹本中的一本，还是"窃拓以出，故在外传之"的摹本中的一本？尽管"细部特征"表明为"双钩廓填"，却证明不了摹写底本就是随葬昭陵的《兰亭序帖》。

《兰亭序帖》有不少涂改处，虞摹本、褚摹本、"神龙本"在这些涂改处的"细部特征"是否完全一致？这本应是探研"神龙本"、考察其底本不该漏掉的一个方面，但迄今未见有这方面的研究或比较。

研究"神龙本",只考证其为"唐摹善本"远远不够,必须弄清来路,确定摹写底本是不是随葬昭陵的《兰亭序帖》。这一问题说不清,就算不上把"神龙本"的问题"讲清楚"了。

综而言之,不比较传世的《兰亭序帖》摹本,只谈其中的一两个摹本,算不上对《兰亭序帖》的全面研究,质疑《兰亭序帖》真伪就必然会一直存在下去。

唐太宗之后,未见有王羲之真迹传世。传世的《兰亭序帖》摹本均非王羲之真迹。"神龙本"是摹本,并非王羲之真迹。

《兰亭序》"神龙本"是王羲之写,为天下行书第一;由无名小辈写,也动摇不了其天下行书第一的地位,这是由其自身艺术水平决定的,而非靠傍"书圣"傍来的。

"神龙本"的底本问题不解决,缺乏对《兰亭序帖》传世摹本的综合研究,兰亭论辩将会一直持续下去。

[本文原载《郭沫若研究》第 17 辑,社会科学文献出版社,2022]

更正《郭沫若书信集》、《再生缘》校订本注释的几则失误

一 书信的注释

北京图书馆《文献》丛刊第1辑（1980年5月）初次发表"郭沫若致王戎笙"19函，黄淳浩编《郭沫若书信集》下册据《文献》丛刊文字编入。其中第一函年代判定有误，第二函注释不确，特做如下纠正。

第一函全文如下：

戎笙同志：

　　《再生缘》校看了七卷，先行寄回，请交前途。唱辞，我也加了标点，以求全书划一。因为是诗的形式，标点只好按节奏标出，与散文不同，我想可无妨碍。有不妥处，请编辑部酌改。我看得相当草率。

　　卷首所附资料，尚未收全。在《关于陈云贞〈寄外书〉的几项资料》之前，我还写过一篇长文（此文在家里有，请查出带来），未收入，不知何故。又在此写了一篇《读了〈绘声阁续稿〉与〈雕菰楼集〉》，将由《羊城晚报》发表，发表后也要收入。

　　上海出版的《鲁迅诗稿》，有我的序，也请检出带来。

> 吕集义来信，提到请您撰文，附上一阅。
>
> 敬礼！
>
> 　　　　　　　　　　　　　　　　　　　　　郭沫若
>
> 　　　　　　　　　　　　　　　　　　　　　一．一．
>
> 在办公室您座对面的抽屉内有陕西博物馆寄来的拓片，请检出带来。高履芳同志曾答应供应关于该拓片的详细资料，有下文否？

信末署"一．一．"，无年份，王戎笙先生将其判定为"1961年1月1日"。

如果时间判定为1961年1月1日，则郭沫若正在古巴访问。出访时间，自1960年12月30日离开北京，至1961年1月23日回到昆明。从函中"此文在家里有，请查出带来"，"吕集义来信，提到请您撰文，附上一阅"诸语判断，则应是郭沫若在国内的口气。短短的25天出访，岂有让把稿件"查出带来"古巴或"吕集义来信"古巴之理？所以，此函绝不可能写于1961年1月1日。

函中第二段文字提到《关于陈云贞〈寄外书〉的几项资料》一文，写于1961年10月7日，发表在10月22日《光明日报》。又说"在此写了一篇《读了〈绘声阁续稿〉与〈雕菰楼集〉》，将由《羊城晚报》发表"。《读了〈绘声阁续稿〉与〈雕菰楼集〉》一文，写成于1961年12月26日，发表在1962年1月2日《羊城晚报》，而此时郭沫若正在广东（1961年11月9日至1962年3月10日）。从时间上判定，此函写于这一期间方与上述情况吻合。故此函时间不应判为1961年1月1日，而应定为1962年1月1日。

郭沫若在访问古巴途中确曾带着《再生缘》一路读来，但那是最初阅读《再生缘》，即第一次阅读。至于此函一开头所说"《再生缘》校看了七卷"，是指中华书局准备出版的《再生缘》前十七卷校订本的校样。校订本准备将郭沫若发表的有关论文收录在书前，所以才有函中所说"卷首所附资料，尚未收全"，让"查出带来"，《羊城晚报》发表《读了〈绘声阁续稿〉与〈雕菰楼集〉》，"发表后也要收入"云云。

第二函全文如下：

戎笙同志：

　　这篇文章请您看看。看过之后，可带交张德钧同志过目，问他有没有什么资料可以补充。

　　　　　　　　　　　　　　　　　　　　　　　郭沫若

　　　　　　　　　　　　　　　　　　　　　　　五日晨

"这篇文章"，王戎笙先生注释为："指《〈再生缘〉前十七卷和它的作者陈端生》。"

该函为6月5日所写，《〈再生缘〉前十七卷和它的作者陈端生》早已于5月4日发表在《光明日报》，无须请王戎笙看过之后再问张德钧有无材料补充。而郭沫若6月4日又写有《再谈〈再生缘〉的作者陈端生》，将在《光明日报》8日发表。5日写信让王戎笙看，再转张德钧问有无材料补充，方为顺理成章。因此，注释应改"《〈再生缘〉前十七卷和它的作者陈端生》"为"《再谈〈再生缘〉的作者陈端生》"。

二　《再生缘》校订本的编者注

北京古籍出版社2002年11月出版的郭沫若校订本《再生缘》，"编者注"有几则需要勘误。

（1）第36页，《再谈〈再生缘〉的作者陈端生》编者注，"本篇最初发表于1961年6月29日"，"29日"应更正为"8日"。

（2）第55页，《陈云贞〈寄外书〉之谜》编者注，"本篇最初发表于1961年6月29日《光明日报》"之后，应补入"，无［附录］"。

（3）第78页，《关于范菼充军伊犁的经过》，应增补编者注"本篇最初发表时为《序〈再生缘〉前十七卷校订本》一文的附录二"。

（4）第106页，《读了〈绘声阁续稿〉与〈雕菰楼集〉》编者注，"本篇最初发表于 1962 年 1 月 2 日《光明日报》","《光明日报》"应更正为"《羊城晚报》"。

(2002 年 11 月)

[本文原载《郭沫若学刊》2004 年第 4 期]

附 编
研究历程

附编7篇，访谈1篇、书序1篇、综述1篇、发言2篇、书评1篇、小考1篇，反映我研究郭沫若的历程和成就。《"真了解法"治郭学》是我养疴期间《郭沫若研究年鉴》编辑部的一篇访谈录，可视为我研究郭沫若的自我总结。《郭沫若学术思想评传》1999年出版，录其"前言"、"一校后记"及其前身《郭沫若评传·后记》，反映我前半段的研究经历。综述、发言、书评，反映我分管中国郭沫若研究会工作的一些情况。《〈抱箭集〉小考》新近写成，附编于此。

"真了解法"治郭学

——谢保成先生谈郭沫若研究

一 治学之路

王静（中国社会科学院郭沫若纪念馆馆员）：首先感谢谢保成老师接受我们的访谈，您是著名的隋唐史、史学史专家，同时您还是郭沫若研究领域的专家，您撰写的《郭沫若学术思想评传》等专著、论文，深入探索了郭沫若的史学成就和学术思想，是研究郭沫若学术成就的重要成果。请给我们讲讲您如何开始郭沫若研究的？多年以来，对于郭沫若研究您有哪些心得体会？

谢保成（中国社会科学院历史研究所研究员）：我最早接触郭沫若，是在成都上高中二年级时。那是1959年下半年，话剧《蔡文姬》由成都市京剧团改编成京剧，进京汇报演出，受到郭老接见。回成都公演，我买了甲票观看。同时，买了文物出版社第三版的《蔡文姬》，在当时是最精美的"豪华本"。看成都市京剧团的演出，印象最深的不是蔡文姬的"胡笳十八拍"，而是剧终之前的"重睹芳华"。

我第一次近距离见到郭沫若，是在北大历史系读书时。郭老携夫人于立群来北大，我有幸在办公楼礼堂听郭老演讲，但没有留下什么深刻的印象，只是对当时流传的关于郭沫若与陈寅恪的那副对联——"壬水庚金龙虎斗，郭聋陈瞽马牛风"比较感兴趣，没有想到30多年后竟由我撰文来诠释那"龙虎斗"与"马牛风"。

我开始郭沫若研究，要从我的研究生导师尹达先生说起。尹达先生，姓刘名燿，20世纪30年代为历史语言研究所考古组研究生，以梁思永找到的"小屯文化、龙山文化和仰韶文化之具体的层位关系"做基石，突破安特生关于中国新石器时代的分期体系。1937年12月脱离历史语言研究所奔赴延安，成为马克思列宁学院历史研究室研究员。1945年，经周恩来往返延安—重庆，与郭沫若交换学术著作，建立起最初的友谊。1949年北平解放，尹达见到郭沫若。自1953年底起，尹达协助郭沫若筹建历史研究所，"在郭老的领导下，工作了近二十五年"，自认为"在治学的精神上，已成为郭老的私淑弟子了"。

1982年11月16日是郭沫若90周年诞辰，史学界拟召开纪念学术报告会。尹达先生久病住院，我根据先生在病房对我所讲近两个小时的内容整理成文稿，在纪念会上代为宣读，同时代表先生出席郭沫若故居揭幕仪式。不久，先生应邀为郭沫若作传，我被指定为主要执笔人。在这一过程中，我对郭沫若其人、郭沫若的学术渐渐产生了兴趣，并开始发表文章。

参加过郭沫若90周年、100周年、110周年、120周年诞辰纪念会者，我可能是唯一一人。

自1982年以来的30多年，我一直关注郭沫若研究，但就所见研究而言，有一种比较离奇的现象。20世纪以来，有成就的学者从政者不止郭沫若一人，对王国维、梁启超、胡适、傅斯年等，谈"学术"多于谈政治，而对郭沫若则谈政治偏多，谈"学术"偏少。在这偏少的研究中，又往往从政治角度和社会影响方面去诠释郭沫若的学术，很少谈其学术自身的价值和对学术自身的影响，这不能不说是郭沫若研究的某种缺憾。我本人研究郭沫若，从一开始就注意郭沫若的学术研究内容、与相关学者的学术比较及其对学术自身的影响，力求对郭沫若的学术研究有一个系统的了解和把握，并注意在"学术与政治"的纠缠中分辨哪些属于学术性研究或基本属于学术性研究，哪些是其一贯的学术思想，哪些受政治、社会影响较深，哪些基本属于带宣传性的文字或应景、奉命之作，以及各种情况在其著作中的不同表现。

近些年来，总有人喜欢谈陈寅恪，炒作其概括王国维的"独立之精神，自由之思想"，却又做不到王国维的"思想而不自由，毋宁死耳"，这姑且不说。我只想说一下陈寅恪研究历史人物的基本方法——"真了解法"："所谓真了解者，必神游冥想，与立说之古人，处于同一境界，而对于其持论所以不得不如是之苦心孤诣，表一种之同情，始能批评其学说之是非得失，而无隔阂肤廓之论。"这是我从事学术研究遵循的基本方法之一，表现在郭沫若研究中，就是"神游"郭沫若著作的写作年代，"进入"其所处"境界"，设身处地地寻其"不得不如是之苦心孤诣"，求出不存"隔阂"又非"肤廓"而近于事实的认识。郭沫若最后的30年，特别是20世纪六七十年代的社会，与我同龄的人都经历过。我们这些人对于那个年代的普遍社会心理，比起没有那几十年经历的人来说，了解更真切一些，相对容易理解郭沫若当时为什么要那样说、那样写，而不可能像今天这样说、这样写。

问我多年研究郭沫若有什么心得体会，可以用两句话概括上面所讲：第一，我是从郭沫若的学术著作出发研究郭沫若的，是用郭沫若的学术成就与同时代其他学者相关成就进行比较来判定郭沫若的学术地位的；第二，我是努力实践陈寅恪提倡的"真了解法"的，注意学术与时代、学术与政治的区别与联系。

王静：您是如何将历史学研究与郭沫若研究相结合的呢？

谢保成：我研究郭沫若，发表文章50余篇，出书4本（1本合著、1本合编，2本独著，以《郭沫若学术思想评传》为代表，有待修订，但还没有提到日程上）。我的郭沫若研究，大致可分三个阶段，与郭沫若周年诞辰纪念基本同步。

1982—1992年的10年为一个阶段，从郭沫若史学研究入手，了解其史学生涯和治史道路，进行比较系统的专题考察。纵的方面，把郭沫若的治史道路分作草创阶段、发展阶段、攀登阶段。横的方面，分别考察郭沫若的古史研究、古器物古文字研究、先秦诸子研究、历史人物研究、古籍整理的特色与成就、古典文学研究、史学研究与史剧创作的关系、学术特点与思维风格等。

1992年之后差不多20年为一个阶段,一方面从20世纪思想文化发展趋势审视郭沫若其人、其学术,逐渐形成如下基本认识:郭沫若的学术思想可以用他自己多次说过的七个字概括——"创造民族新文化"。这一学术思想体系,包含吞吐中西的文化观、科学的中国化思想、追求艺术与社会双重价值的美学思想,三者交织,融于一体。另一方面从郭沫若交往的文化圈发掘对郭沫若学术文化有重要影响的学人及其间的具体交往,侧重学术内容的交流或交锋。《郭沫若学术思想评传》一书1999年出版,分综述、学术、交往三大部分,基本可以反映我对郭沫若形成的上述认识。但郭沫若的美学思想、吸收异民族优秀文化创造中华民族新文化的思想、与历史语言研究所考古组的交往、与其他学术大师的交往和学术比较等,当时都还没有来得及深入研究,就连"科学的中国化"思想的要点,也是三校校过之后补写进去的,所以那本书还有待增订。

再一个阶段是最近这些年,不断完善和充实对郭沫若学术思想体系的认识,借助参加编纂《郭沫若年谱长编》获得的素材,弄清有关郭沫若的若干史实,从基本史实、思想认识两个方面不断积累,为增订《郭沫若学术思想评传》做准备。

至于我将史学研究与郭沫若研究相结合,最直接的原因就是我是学历史的,从事的是历史研究与史学研究,而郭沫若是史学家、考古学家,必然关注他的研究内容和研究成果。具体而言,一是由史学史学科特点所决定,一是由我研究郭沫若从其史学道路开始所决定。

20世纪80年代,为着积累当代史学资料,应《中国历史学年鉴》编辑部之约,编写《建国以来中国古代史问题讨论简介》《建国以来史学理论和史学方法问题讨论简介》,对新中国成立以来所讨论的中国古代史问题、史学理论和史学方法问题,逐一列目,在每一个讨论的问题之下,汇集各种有代表性的学术观点,简介其间的主要分歧。郭沫若在很多讨论中都有代表性的意见或观点,大到古史分期问题,小到司马迁的生卒年,都要一一列出,逐个进行比较。同时,我的郭沫若研究正在起步阶段,前面谈到,纵的方面把郭沫若的治史道路分作三个阶段,弄清其史学观点哪些是草创阶段形成,哪些是发展阶段发展,哪些又是改变了的;横的方面,弄清各阶段在各具体领域取得的不同的创获和成就。所有这一切，必须以郭沫若的历史著作为根据，引其不同时期对同一问题的不同认识，引其不同时期对不同问题的认识。就这样，研究历史与研究郭沫若自然而然地结合在一起了。

还有一种情况，是为了辨诬纠谬。郭沫若去世以后，出现过一些打着"学术"幌子，或因视野狭窄，或囿于某种偏见，背离他们推崇的陈寅恪所提倡的"真了解法"，罔顾事实，有意编造谎言。为了弄清事实真相，对谎言所涉学术内容需得进行全面考察，自然要把对有关历史问题的研究与郭沫若研究结合起来。写《郭沫若与陈寅恪："龙虎斗"与"马牛风"》，特别是写《"谜团"应该清楚了》（谈《李白出生于中亚碎叶》的资料并非从冯家昇那里得来），很大程度上属于这种情况。

二　郭沫若与中国现代学术

王静：您在《郭沫若学术思想评传》中认同郭沫若是一个"球形天才"，认为学界对于他的种种议论，是因为每个人对球形的视角各异而且视野较小、缺乏整体性造成的，您认为应该如何全面理解和评价郭沫若？

谢保成：说"球形天才"是一个比喻，形容其是有多方面才华的"天才"。对于"天才"已经不可用普通眼光进行审视，更何况具有多方面才华的"天才"，尤其不可用孤立的、单一的视角进行审视。

我对郭沫若的学术，采取的是学术史的方法进行考察。所谓"学术史"，既包括其所处整个时代的学术文化发展大势，又包含各个具体学科自身的发展史。既看其在整个时代学术文化发展中有哪些超越同时代学人之处，又看其在具体学科领域取得哪些超越同时代学人的成就，实际上就是在各项学术文化比较中来认识郭沫若的学术。

还要看到，"球形天才"也不是在其有创获的所有领域都达到了他那个时代的极致，也是有侧重的，也有相对的不足。"甲骨四堂"是研究甲骨文的顶级专家，但四人各有所长。郭沫若原拟作《卜辞断代表》，但当"得董氏来信言有《甲骨文断代研究》之作，便"不复论列"了，所以甲骨学界才有"彦堂区其时代，鼎堂发其辞例"的说法，表明二人的成就各有侧重。

再就是，对于学术大家学术成就的认知，应当撇开学术以外的其他因素。这一点，中研院评选郭沫若为第一届院士的做法可谓一个典范。

王静：郭沫若是历史学、古文字学大家，是将马克思主义运用于中国历史研究的领军者，您如何看待郭沫若对于中国历史学研究的贡献，以及他在现代学术史上的地位？

谢保成：这个问题，不用我多说，只用一件事实、引一位学人的话就足够了。

1948年国内两大阵营对决已经开始，在另一个阵营的院士评议会上，虽然有以郭沫若是曾经的"通缉犯""汉奸"，是"共匪"，评其为院士会影响"政府拨款"等论调，但郭沫若仍然在缺席的情况下，以三分之二的多数票当选为中研院第一届院士。对于郭沫若在考古学、历史学领域的学术成就，是相信以胡适、傅斯年、陈垣、陈寅恪等为评委的评议会的评选结果，还是听信不学无术者的"粗率"炒作和有意"抹黑"呢？

在那之后三年，海峡两岸形势剑拔弩张，海峡另一侧的一位"不甚赞同"唯物史观的董作宾（"甲骨四堂"之一），在一篇谈学术史的论文中对郭沫若在历史学、考古学领域的成就做出了迄今最为科学、公允的评述，也是我经常引用的那段文字："大家都知道的，唯物史观派是郭沫若的《中国古代社会研究》领导起来的……他把《诗》《书》《易》里面的纸上史料，把甲骨卜辞、周金文里面的地下材料，熔冶于一炉，制造出来一个唯物史观的中国古代文化体系……郭书所用的旧史料与新史料，材料都是极可信任。"这与我们今天的学术评价体系完全一致，既指出思想观念（以唯物史观为指导），又明确研究方法（继承王国维"二重证据法"，把纸上的史料与地下的材料"熔冶于一炉"），并强调所用新旧史料"都是极可信任的"，同时肯定其创新之处——"领导起来"了"唯物史观派"，"制造出来一个唯物史观的中国古代文化体系"，亦即我们通常所说创立了马克思主义的中国历史学体系。

评选院士和董作宾的评述，完全撇开了学术以外的因素，是同时代多数著名学人对郭沫若学术成就和学术地位做出的公正、客观的评价，而且不是本阵营学人做出的，却完全代表了时代对郭沫若学术地位的总体评价。

王静：有人认为郭沫若的学术著述"粗率"，观点"多变"，学界对于他的学术观点常有议论甚至"炒作"某些问题，您怎样看待类似的评价？它们是否影响郭沫若在学术史上的地位？

谢保成：郭沫若的某些学术著作确有这种情况存在，但要做具体分析，不能以偏概全，说郭沫若的全部学术著作都"粗率""多变"。郭沫若是一个与时俱进的"弄潮儿"，他的著作大都具有某种开拓性，用他在《中国古代社会研究》一书正文最后一句话来说，"草径已经开辟在这儿，我希望有更伟大的工程师，出来建筑铁路"。开辟"草径"的著作，免不了"粗率"。学人说其"粗率"，大都是用后来成熟的认识来看待当初尚不十分成熟的认识，总结教训完全必要，但不能以此来否定其开创之功。

郭沫若所处时代是一个剧变的时代，时代剧变带动学术剧变，学术思想更新、视野不断拓展、研究方法更新是必然趋势，对此而产生的"变"尤其要具体分析，不应简单地进行指责。梁启超也是一个"不惜以今日之我，与昨日之我挑战"的"多变"者，炒作郭沫若"多变"者应该认真读一读梁启超的这一论述："真做学问的人，晚年与早年不同；从前错的，现在改了；从前没有，现在有了。一个人要是今我不同昨我宣战，那只算不长进。"

改革开放以来的学术研究与改革开放以前的学术研究，在观念、视野、方法等诸多方面都发生了很大变化，难道这种"变"也要指责？

我不是为"粗率""多变"辩护，只是想说如何客观理解出现"粗率""多变"的原因，更要看"粗率""多变"的主客观原因。如果为了眼前利益（功名、金钱等）而"粗率""多变"，应当坚决反对，但这在郭沫若身上并不存在，倒是存在于先巴结郭沫若、后又抹黑郭沫若的一些人当中。

不少"炒作"带有某种功利性，不仅"粗率"，捕风捉影，胡编乱造，而且"多变"，今天一个腔，明天一个调，但时过境迁，无影无踪。凡此种种"炒作"，无伤已经长成的参天大树。

王静：您曾在文章中提到，郭沫若在思想认识和学术研究上形成了独特的世界文化观,即唤醒我们"固有的文化精神",吸吮"欧西的纯粹科学的甘乳"。这在20世纪学术史上是非常特殊的吗?

谢保成:这是近代以来中国社会始终面临的一个现实问题,曾经有过所谓中学、西学之争,体、用之争,有"全盘西化""照搬欧美"的论调,有"以儒治国"、排斥一切外来文化的主张。近代以来,凡在思想文化上有重大建树者,无一不是学贯中西、两相紧密结合的。主张"国粹"者还有可能产生学问大家,在学术史上占一席之地,如章太炎;主张"全盘西化""照搬欧美"者至多是国外思想的"二传手",不可能成为学问大家。

在新旧文化、外来文化与本土文化一次次剧烈碰撞的历史进程中,郭沫若形成影响其思想文化的基本观念,完整地表述是:唤醒我们固有的文化精神,瞩目异民族的优秀文化,以国情为基点考验其适应度,吸吮其纯粹科学的甘乳,促进民族新文化的创造,填写世界文化史上的白页。这既是郭沫若思想文化的核心,又是他自1919年至1978年的60年间所走的学术道路。郭沫若的这一基本观念,与同时代学贯中西的著名学者有三点不同:一是认为世界上各民族的文化大都有兴有替、有盛有衰,唯独中国文化"五千年中永远保持着了它的一贯的进化体系","看着便要达到老境了,立地便有一针青年化的血清注射",这"青年化的血清"便是"异民族的文化之优秀成分","我们因以创建与时俱进的优秀的文化,并吸收异民族的文化之优秀成分使之成为自己的血肉,或成为自己文化创建力的触媒";二是强调看外来文化是否适合中国的国情,要就中国的思想、中国的社会、中国的历史来检验其适应度;三是"促进民族新文化的创造","写满这半部世界文化史上的白页"。这第三点,在郭沫若身上尤为突出,为同时代的其他学术大家很少涉及。傅斯年1928年创建历史语言研究所是要光大"有光荣历史"的中国历史学和语言学,要"科学的东方学之正统在中国",并把这作为历史语言研究所的旨趣和口号,但没有提出与填写世界文化史白页相关的设想。郭沫若1929年明确提出"中国人是应该自己起来,写满这半部世界文化史上的白页",直至1954年发表《历史研究》发刊词,始终不忘"在世界史中关于中国方面的研究却差不多还是一片白页。这责任是落在我们的肩头上的,我们须得……把世界史上的白页写满"。郭沫若不仅提出这一观念,而且不断努力实践,先以《中国古代社会研究》填写了"以新兴科学的观点"来认识中国古代的这一世界文化史白页,后有推举屈原成为"世界文化名人"之举,使中国的优秀文化遗产走向世界。这是颇具预见性和前瞻性的思想观念。时下不是谈什么"文化互动",说在"后殖民主义理论"下中国学术界呈现出矛盾的文化心态——"文化保守主义"、"文化西方主义"与"文化融合主义",认为"构建消化吸收世界范围内的一切优秀文化成果和文化机制,是走出全球文化互动困境的正确选择",这不正是用 21 世纪的话语在重复郭沫若的思想文化观吗?

三 郭沫若研究

王静:三十多年来,郭沫若研究领域涌现出了不少专家学者,取得了相当的学术成果,但总体上并不是一个热门的学术圈子,您对郭沫若研究的整体现状有何看法?您认为郭沫若研究现在存在哪些问题?

谢保成:学术研究,不应该追求"热",应当保持常态化。郭沫若去世之后,有过"热"的情况,大致在 20 世纪 80—90 年代。去世不久"热"过一阵,披露出不少具有史实性的资料,但略带"矫枉过正"偏向,有较明显的时代痕迹和感情色彩,有些回忆并不完全可信。随后,以诋毁或贬低为目的的"炒作"也"热闹"过一小阵,但在无可辩驳的史实面前渐渐销声匿迹。与这两种"热"并存的常态化研究却一直延续至今,不仅研究队伍稳步壮大、研究阵地渐次扩大,有深远影响的成果陆续推出,而且在北京和四川形成有坚实依托的两大研究重镇。这最后一点,就现当代学术文化名人研究而言,也是屈指可数的。我所说"有深远影响"包括对研究郭沫若其人、研究郭沫若学术有深远影响,对研究"郭沫若研究"(为不绕口,姑谓之"郭沫若学"或"郭沫若研究史")有深远影响两个方面。《郭沫若年谱长编》、《郭沫若研究文献汇要》和正在编辑的《郭沫若全集·补编》对推动郭沫若研究长足发展、不断深化,必将产生不可估量的作用。而这样的成果,是"热"不出来的。

近几年来，我对郭沫若研究关注得很不够，只是偶尔翻看一些感兴趣的文章，让我说存在什么"问题"，一时还说不上来，只是感觉由于研究呈多元趋势，有些零散，缺乏深度。我觉得应该从两个基本方面深化郭沫若研究，一是进一步发掘郭沫若学术思想的时代意义，一是从学术史角度使郭沫若的学术研究系统化。

发掘郭沫若学术思想的时代意义，前面谈到贯穿他一生的基本观念——创造民族新文化，写满世界文化史的白页。在中华民族进一步同世界各个国家、各个民族深入交往、"异民族的文化"弥漫中华大地的今天，郭沫若的这一基本观念尤其需要深入发掘和继承发扬。我们不仅要构建有中国特色的民族新文化，而且要不断使我们的优秀文化走向世界，"把世界史上的白页写满"，这一点尤其需要继承、光大。郭沫若关于"科学的中国化"思想，包括反对"科学的恶用"、反对愚昧迷信、主张科学大众化的思想，同样具有强烈的时代意义，应当深入发掘、努力继承、不断光大。

至于如何从学术史角度使郭沫若的学术系统化，正好用来回答下面一个问题。

王静：在当前的郭沫若研究界，历史学、考古学领域的学者和作品相对于文学等领域是比较少的，您对此怎样看？您曾经提到，新世纪的郭沫若史学研究呈多元研究和跨学科研究的趋势，这种趋势对当前的学界有何影响？

谢保成：侯外庐曾以屈原研究为例，比喻说"文学战胜了史学""艺术战胜了哲学"，形象地说明了这种状况。就一般情况而言，喜欢史学的人数比喜欢文学的人数少，这是由两个学科的性质所决定的。但是，对此也不必太绝对化了。从事文学研究的人，要弄清郭沫若生平事迹及著作的基本状况，仍然离不开史事的考订；从事历史研究的人，要弄清郭沫若人生道路中的某些问题，同样要对相关的文学环境有深入的了解和把握。

新世纪以来郭沫若研究呈多元趋势，在开拓视野、发掘问题、走向更广泛的领域等方面，都起着积极的推进作用。刚才说到有零散之感，缺乏深度，意思是希望从学术史的角度全面推进郭沫若学术研究的系统化。郭沫若去世30多年来，郭沫若研究取得诸多成果，但对于这些研究成果的系统化工作还有欠缺。

首先，基础研究方面，已经取得的成果，尚需系统清理，转化成新的、带有一定总结性的成果，供中外学人共享。如关于郭沫若生平事迹的研究，著作出版年代、版本变化的研究，30多年来陆续订正了不少谬误，弄清了不少人云亦云的说法，但没有把这些成果系统起来，以致仍然有不少人沿用错误的材料。我的一位朋友主编了一部关于20世纪史学的大型资料书，2014年11月出版，"前言"说其订正了《中国古代社会研究》"1930年3月20日"初版的说法，强调"根据其最早版本确定为1930年1月20日"。我在发布会上告知该书初版书后面有"追论及补遗"3篇，署的是2月1日"补记"，不可能是1月20日初版的，并告知早在三年前（2010年）就有人发表过专门考证《中国古代社会研究》版本的文章。要求读者看有关郭沫若研究的每一篇文章并不现实，但如果我们能够将这些成果系统起来，转化成带有一定总结性的成果，影响是会逐渐扩大的。这应该是郭沫若研究的工作和责任。

其次，谈郭沫若的交往呈增多趋势，但多数谈的是社会交往、人际交往，涉及具体学术探讨者不多见。与郭沫若有交往的学人，近年出版了不少全集，包括书信、日记等。《顾颉刚读书笔记》中有多则与郭沫若学术相关的记录，1958年6月18日所记郭沫若关于孙子及《孙子兵法》的批语尤为难得。汇集这方面材料的工作应该不断加强，把郭沫若研究置于更加广阔的学术交往环境之中，更加准确地认知其学术渊源、研究思路以及成就取得的主客观因素。

最后，研究郭沫若的学术思想和学术成就，应当从学术史的角度深入，既包括宏观学术史，又包含各具体学科的学术史，特别是后者。甲骨学的研究比较充分一些，其他具体领域，如《周易》研究、《周礼》研究，郭沫若成就如何？诸子研究，有说郭沫若"抄袭"，有说"《十批》不是好文章"，清理得怎么样？历史人物研究，以屈原为例，郭沫若是如何从否定屈原存在声中论证了屈原的存在，发掘出屈赋精神，进而使屈原走向世界的？……如果把与郭沫若有关的各具体领域的学术史一一系统做起来，并转化成新的、带有一定总结性的成果，供中外学人共享，我们的郭沫若研究、人们对郭沫若学术的认知，将会出现怎样一种广阔的情景！

王静：请您对《郭沫若研究年鉴》提出一些建议和改进的措施。

谢保成：《郭沫若研究年鉴》（以下简称《年鉴》）创办以来，作为编委我完全失职，提不出什么建议和改进措施。但从《年鉴》最初为弥补纪念馆和研究会没有刊物的缺憾，发展成为"中国社会科学年鉴"系列，这在客观上已经证明《年鉴》取得的成就。现已出版的几卷，所有栏目都很有必要，应该保留。如果要说建议的话，还是如何从学术史角度推进郭沫若研究，可否考虑增加"专题研究"性质的栏目，带有综合性，不局限当年。前面谈到，我曾为《中国历史学年鉴》编写两次"专题研究"性的资料，一个18万字，一个15万字。这也是对已取得成果进行系统清理的一个渠道，使之转化成具有总结性的系统资料，供中外学人共享。当然，"专题"的选定、作者的约请等，都是要费一番心思的。

（2016年6月）

［本文原载《郭沫若研究年鉴（2015年卷）》，中国社会科学出版社，2017］

《郭沫若学术思想评传》前言、一校校后记

"一代人有一代人之学术。"本书传主郭沫若（鼎堂），正是最能体现这个特点的一位"时代之骄子"。当其最初震撼整个文坛的时候，恰逢呼喊"民主与科学"时代的开始。而其临终前夕召唤"科学的春天"之日，正好又是另一次思想解放即将到来之时。在这60个年头里，始终与中国学术文化的走势紧密相连，并成为各个不同时期学术潮流代表人物者，郭沫若是其中少有的佼佼者！不管他的著述多么"粗率"，也不管他的观点如何"多变"，舍其人或是抹去他的影响，则中国现代学术文化史必将出现明显的断档和空白！本书正是基于这样一个客观事实，力求通过传主的学术活动和学术成就来认识20世纪从一次思想解放走向另一次思想解放的一整个时代当中，中国学术文化所走过的曲折历程及其利弊得失。

郭沫若自步入文、史两界以来，始终是一个遭学界议论而受政界骄宠的特殊文人。学界之中，有称其为新文学、新史学开拓者的，也有视之为"流氓加才子"的，还有冷嘲热讽而欲葬送其名望的。然而，学界的议论终究改变不了政界对他的骄宠。起先，蒋介石希望他"无论怎样都要跟着我一道走"，指望"文字上的事体以后要多多仰仗"于他。数月之间，便使其由少将升为中将，由北伐军政治部秘书长变成副主任，甚至还被秘密委任为"总司令行营政治部主任"。后来，则是毛泽东称其为"文坛宗匠"，周恩来提议、中共中央决定以其为"革命文化界的领袖"。盖棺之际，又是由中共第二代领导核心人物邓小平亲口定论的。就在1939年其父病逝举行家祭的时候，也是中共核心领导毛泽东、周恩来等，与"国府主席、党军领袖"蒋介石等的挽联，并列灵堂左右。自两党成立以来，有此殊荣者仅此

一例。当年,苏雪林曾经发问道:"凡此种种,每令我百思不解。究竟郭氏真是他自誉的天才人物呢?还是文学界犹如政治界,原有许多幸运儿,郭氏便是这幸运者中间的一个呢?"早年郭沫若以中国的孔子与德国的歌德为"球形天才",后来周扬借用来形容郭沫若本人,这或许可以认为是一个有说服力的回答。政界对郭沫若的骄宠,显然是着眼于他是一个难得的奇才。学界的种种议论,则可以从认识球体的角度不同得到解释。因为每一个人的视角各异,而谁也不可能看到球体表面的每一个部位,再加上球体越大,每一个人的视野所及就越小,也就更缺乏整体性。若是对球体表面分部位直视,又会丢掉球体"三维空间"的基本形态。

这套"20世纪中国著名学者传记丛书",虽然名为"传记丛书",但要求写成"学术思想评传",包括传主的生平活动、主要著作、学术思想、学术交往及其学术地位等方面的内容。从郭沫若研究的实际情况出发,先前出版的郭沫若传记已经不少,大体呈现这样的情况:一是以其生平为主,将文学活动、学术研究等作为人生道路的组成部分穿插叙述;二是以其文学道路为主,兼及人生与学术进行传述。而有关郭沫若学术研究方面的著述,在仅见的几种当中,或写其"史学生涯",或谈其"国学研究",尚无一部比较完整的学术传记。四年前,应"国学大师丛书"之邀撰写了一本《郭沫若评传》,即是从"国学研究"角度着眼的。当时是带着两项遗憾交稿的:一是由于时间短促,有些问题未得深入研究;二是受字数局限,总体构架有明显缺陷。出版发行后不久,我即出国访问。回来时,已是1997年春节了。这期间,《郭沫若评传》在社会上产生了一定的影响。同仁们提出的自然是修改、增补意见,一些未识的朋友提出善意批评,也有来自对郭沫若持不同看法的读者的某些指责。在此同时,应林甘泉先生之约,与郭平英、黄淳浩共同编写《郭沫若与文化名人》一书,因而得见一些先前未见过的珍贵材料。紧接着又参与编著《20世纪中华学案》,负责梁启超、王国维、胡适、郭沫若与吕振羽、范文澜、翦伯赞、侯外庐等两卷的编选。实际上,这是在横向上进行的一次综合考察。正当上述两项编著任务进行之际,戴逸先生主编"20世纪中国著名学者传记丛书"约我重新撰写一本《郭沫若学术思想评传》。无疑,这又给了我一次机会,不仅可以弥补先前的遗憾,还可以将最近一年多的新的研究成果吸收进来,在更大程度上填补郭沫若研究中"学术传记"的空白点。

  本书的写作，从 1998 年 7 月正式开始。考虑上述郭沫若研究的实际，首先确定这本"学术思想评传"，必须以传主的"学术思想"为主，不失本丛书的宗旨。但在写法上，又要照顾到其为"传记"的一个方面。两相结合，将全书分为综合、学术、交往三大部分。综合部分，以记述和考察郭沫若的人生道路、个性特征及其学术风格等为主要内容。人生道路，又注意其思想的转换和心路的变化。学术部分，则以传统的学术内涵为基本考察对象，探索郭沫若在各个学术领域的研究心路、思想渊源，评述其思想成就、学术贡献及其间的相互关系。这一部分，是在先前那本《郭沫若评传》的基础上补充其不足、修订其疏漏而成。交往部分，则选取对郭沫若文学、古文字学、史学等方面有着重要影响或帮助的人物，追寻他们之间的学术友谊。同时，也注意他与"非朋友"之间的某些交往。

  新增材料方面，为了印证某些重要史实，我请郭平英帮助查看了一些郭沫若日记。钟作英在提供当代学人写给郭沫若的书信方面，给予很多帮助。在此，对郭平英、钟作英谨致最诚挚的谢意！

  这本传记未能勾画一个完整的巨大球形体，但是不忘随时提醒自己，也提醒读者，这是在评述一个"球形"人物，应当考虑各个方面反映在球体上的实际。

  欢迎从各个不同视角传递来的种种新信息！

（1998 年 9 月）

一校校后记

一

  在一校当中，得见一则关于《管子》的新材料，故在校后作此补笔。

  当年郭沫若集校《管子》，在广集版本方面有一项引以为憾的事，就是宋刻墨宝堂蔡潜道本至清代中叶失传。因此，他在《管子集校》一书中，再三表露出惋惜之情。

1956年3月，《管子集校》由科学出版社出版。7月初，郭沫若收到潘景郑来信和所寄陈奂校《管子》抄本及丁士涵《管子案》残稿二种。9月初复函云："日前始得勘校毕，谨将原书璧还"，"各书头曾略题数语"。并说："墨宝堂本颇闻有在苏联之说，如信然，后或可得一见。"现录郭沫若在"各书头曾略题数语"，以备关注《管子》版本者参考。

在陈奂校《管子》抄本书头所题：

> 余为《管子集校》，收罗版本颇多，独墨宝堂宋本未见，引以为憾。此本即钞自墨宝堂本，并经陈奂手校，校录以遗高邮王氏（按：指王念孙），有钤印可证。潘君景郑远道惠假，得细阅一过，弥补遗憾，良堪感荷。原书本缺自十三卷至十九卷，黄丕烈曾据陆贻典校宋本补入，俾成全帙。此钞本即据黄所校补本，而陈复曾以刘绩补注本对校。此可见前人之勤，与其用心之仔细。陈氏经校后，更以转赠王氏，曩时学者间友谊之敦厚，深可足令人感动。凡此均足师法，固不仅为学会素研究增添一份善本而已。① 潘君实善体前修之懿行者，谨让此数语璧还，用申谢意。一九五六年九月九日　郭沫若

在丁士涵《管子案》残稿书头所题：

> 《管子》残稿，蒙景郑君假阅，确实可贵。稿曾经陈奂手定，稿中朱书即陈氏笔迹。戴望亦曾过目，有案语数处。然《管子校正》中所采丁说，与此稿不尽相符。有为稿本中所无者，盖采自《管子注》，惜彼书已毁，不可复问耳。稿中颇有胜义为戴所遗漏者，亦有丁误而戴亦同误者，足征戴之功力远不及丁。丁书残毁，殊可惜也。然残愈于毁，宜倍加珍护。一九五六年九月九日　郭沫若识②

---

① "为学会素研究增添"，当作"会为学术研究增添"。
② 详见林申清《郭沫若遗札及其管子集校》，《中华读书报》1999年1月20日。

二

校书不易，每校一次都会发现一些错漏，大到标题、正文、引文，小到注脚。尤其数目字，稍一疏忽，便出差错。这里要特别提出感谢本书的责任编辑孙彦。

1992年10月在郭沫若的故乡参加四川省纪念郭沫若百年诞辰大会，与孙彦有过一面之识。今年1月12日她到社科院来送本书的一校样，如果不是事先联系好见面的地点，几乎不能相认，彼此都颇为感叹岁月如流！

回来看校样，从字里行间感到孙彦的认真和细心。原稿中的笔误被改正，清样中的错录、漏录被勾改、补入。一时弄不清的问题，她都在旁用铅笔画出，提醒我核准。对于有的引文，她似乎还查对过原著。总之，看完一校样后我的最大感觉是：孙彦对于本书的编辑很是尽心尽力，经过她的加工处理，可以说书中不会有什么差错了。为此，特别在此补写一笔，表示对她的感激之情，感谢她为本书付出的心血！

（1999年1月）

[《郭沫若学术思想评传》，北京图书馆出版社，1999]

附：

《郭沫若评传》后记

我步入郭沫若研究领域，要从我的导师尹达先生和郭沫若90周年诞辰说起。

30年代最初的几年间，尹达（原姓刘名燿）在中央研究院历史语言研究所考古组，多次参加河南、山东等地史前遗址的考古发掘。后来，他回顾说，自己的"学习考古"，"进入古代社会研究"，都是受郭沫若的影响，并自认为是郭沫若的"私淑弟子"。自 1954 年起，尹达一直协助郭沫若主持中国科学院哲学社会科学部和历史研究所的日常工作。1978 年郭沫若逝世后 3 个月，我考取尹达先生的研究生。1981 年获学位后，留在中国社会科学院历史研究所从事史学史研究。

1982 年 10 月，史学界拟定召开纪念郭沫若 90 周年诞辰学术报告会。当时，尹达先生正重病住院，经与副所长林甘泉等商议，指定由我负责协助起草文稿，并在报告会上代尹达先生宣读。之后，又出席了郭沫若故居的开馆仪式。不久，陈清泉、苏双碧等主编《中国史学家评传》，约请尹达先生为郭沫若作传，我再次被指定为主要执笔人。两万余字的评传稿通过后，尹达先生尚未见到正式发表便溘然长逝了。在这当中，我对郭沫若其人、郭沫若的学术道路渐渐产生了兴趣，随后陆续发表了一系列论文。为纪念郭沫若 100 周年诞辰，应叶桂生之约联合写了一本《郭沫若的史学生涯》。我执笔的部分，差不多囊括了 20 世纪 30 年代中期以后郭沫若的主要史学活动和成就。同时，承担了林甘泉、黄烈先生主编的《郭沫若与中国史学》一书中"史剧与史学关系的探索"一章的撰写任务。在 1992 年 11 月纪念郭沫若 100 周年诞辰的国际学术研讨会上，我又提交了一篇论文，从 20 年代学术文化发展趋势，重新认识《中国古代社会研究》。至此，原以为我的郭沫若研究将基本告一段落了。

今年 3 月，"国学大师丛书"总责编钱宏，嘱我写一本《郭沫若评传》，实事求是地展现其"国学大师"的真实形象。于是，逼迫着我在原有研究的基础之外，必须填补自己的"空白"。以王宇信、王世民、谢济、张永山、罗琨等几位先生发表的有关著述引路，我对郭沫若在甲骨卜辞和青铜器铭领域取得的成就和做出的贡献，有了初步的但又是系统的了解，便以一个初学者的心态贸然写成了第 2、第 3 两章。其中，有转录上述诸家引证处，有综合对照诸家观点、结论处，限于时间关系，不能一一当面请教，特此说明，以表感激之意。在填补"空白"之际，发现还有一个虽曾有人涉及但专题论述不多的领域——郭沫若的古典文学研究，这当然是属于"国学"范畴的内容，便又在自己原有的基础上另立一题做专章评述。

自郭沫若90周年诞辰至今整整12年，总算对郭沫若的学术研究有了一个通盘的考察，这次似乎可以说是我的郭沫若研究的一个总结了。其中，固然有自己的得意之笔，也必然存在错误和混沌，但这毕竟是我走过的研究之路。

郭沫若自步入文、史两界以来，一直是一个遭学界议论的特殊文人。有一位叫苏雪林的女士曾经表示："凡此种种，每令我百思不解。究竟郭氏真是他自誉的天才人物呢？还是文学界犹如政治界，原有许多幸运儿，郭氏便是这幸运者中间的一个呢？"早年郭沫若以中国的孔子与德国的歌德为"球形天才"，后来周扬借用来形容郭沫若本人，这或许可以认为是一个有说服力的回答。学界的种种议论，可以从认识球体的角度不同得到解释。在1919—1978年的这60个年头里，郭沫若始终与中国学术文化的走势紧密相连，并成为各个不同时期学术潮流的代表人物。不管他的著述多么"粗率"，也不管他的观点如何"多变"，舍其人或是抹去他的影响，则中国现代学术史必将出现明显的断档和空白。本书正是基于这样一个客观实际，力求通过传主的学术活动和成就，来认识20世纪国学研究所走过的曲折历程及其利弊得失。这本小书未能勾画一个完整的巨大球形体，基本上是紧紧围绕"国学"范畴，分部位审视这一"球形"人物，并考虑各个方面反映在球体上的实际。同时，欢迎来自各个不同视角的批评，以增加对于"球形"的立体感。

本书的写作，得到中国郭沫若研究会副会长林甘泉、黄烈先生的支持和鼓励。林甘泉先生在百忙中为这本小书作序，使之增色不少。学会常务理事周自强先生负责审稿，使本书免掉不少失误。王戎笙先生在五六十年代是郭沫若的学术秘书，笔者曾多次就有关问题进行请教。对以上几位先生，特致感谢之意！

本所先秦史研究室马季凡为本书编制了《郭沫若学术行年简表》，并在酷暑盛夏之中协助查对引文、抄录文稿，深表谢意！

适逢今年是郭沫若创建历史研究所40周年，谨以此书作为一项纪念！

最后，本书能够得以出版，还要感谢钱宏的相约和多次催促。

1994年7月16日

作者追记：深谢特约编辑毛军英为本书所做的加工处理。

1996 年 8 月 18 日

〔百花洲文艺出版社，1995 年 11 月第 1 版，1997 年 3 月第 2 次印刷，校正了书中个别错字〕

郭沫若史学研究三十年

郭沫若离世距今整整 30 年，现就所了解的郭沫若史学研究做一回顾。

一

郭沫若离世的最初一二年，以回忆、纪念性文章为多。1982 年郭沫若 90 周年诞辰之际，中国史学会召开纪念学术报告会，成为研究郭沫若史学的契机。刘大年《学习郭老》将郭沫若比作"一部百科全书"，称其为"社会主义的司马迁"。尹达《郭沫若所走道路及其杰出的学术贡献》《郭沫若与古代社会研究》认定郭沫若"集科学家、革命家于一身，学术研究与革命活动兼而为之"，"在我国马克思主义历史科学发展史上，建树了不可磨灭的巨大功绩"，同时表示自己"在治学的精神上，已成为郭老的私淑弟子"。黄烈《郭沫若在史学上的贡献》对郭沫若史学研究第一次做出系统评述，分五个方面：中国马克思主义史学创立及其所树立的优良学风、古史分期问题对史学发展的推进、甲骨金文研究在史学上的运用、古代思想史研究的贡献、古籍整理上的贡献。方诗铭、刘修明《"只有忠实于事实，才能忠实于真理"》从以马克思主义为指导、占有和研究大量第一手材料、有着明确革命目标三个方面论述郭沫若所代表的中国马克思主义史学的基本特点及现实意义。

与纪念、回忆、评述同时，在古代史分期、历史人物评价等问题上出现争鸣。古代史分期，继续 20 世纪 20 年代末到 70 年代末近半个世纪以来的论争。金景芳《中国古史分期商榷》从八个方面对郭沫若的殷周奴隶社会说和战国封建社会说提出商榷，杨公骥《评郭沫若同志的〈奴隶制时代〉》就郭沫若关于西周、春秋时期奴隶经济与政治地位的论述提出七点异议。邓廷爵《关于我国古史分期的标准问题》、赵俪生《有关井田制的辨析》等都对郭沫若战国封建说表示出不同意见。田居俭《立一派学说，促百家争鸣》论述如何看待郭沫若的分期主张和《奴隶制时代》一书，侯绍庄《怎样理解郭沫若同志的古史分期学说》针对金景芳等的观点进行反驳。历史人物评价，主要集中在对曹操、武则天、李白与杜甫评价方面，关于李、杜的评述仅限于文学评论。

关于《甲申三百年祭》的争论由姚雪垠《论〈圆圆曲〉》开始，其代表文章为《评〈甲申三百年祭〉》，从史料根据、学术观点、政治影响直至学风，对郭沫若及《甲申三百年祭》基本持全盘否定态度，引出诸多反驳意见，截至 1982 年底发表文章 30 余篇。王守稼、缪振鹏《〈甲申三百年祭〉及其在现代史学史上的地位》考述了《甲申三百年祭》写作、发表经过以及各方反映、产生影响。顾诚《如何正确评价〈甲申三百年祭〉》更多的是从明末历史事实入手，批驳姚雪垠对《甲申三百年祭》的种种"不实之词"。两篇论文，从不同侧面对争论中涉及的主要问题做了比较系统的总结，由姚雪垠"发难"的争论大体告终。

卜庆华著《郭沫若评传》，是郭沫若离世后推出的第一本传记。书中分时期评述了包括考古、古文字、古籍整理在内的郭沫若史学成就与贡献，对此后郭沫若传记、学术评传的撰写有着筚路蓝缕之功。

二

从中国郭沫若研究会成立到 1992 年 11 月郭沫若 100 周年诞辰，郭沫若史学研究取得重要成果，成为郭沫若史学研究的重要阶段。

（一）对郭沫若史学所涉及问题的研究，包括了郭沫若各个时期史学研究的主要问题

此间，中国郭沫若研究会与相关单位联合召开过两次重要的学术讨论

会。一次是 1985 年 10 月在重庆召开的"郭沫若在重庆"学术讨论会。这是一次郭沫若研究的盛会，提交了相当数量的史学论文，并就一些问题展开热烈讨论。对《十批判书》《青铜时代》的研究，对郭沫若先秦学术思想的考察，朝着逐步系统、深入的方向展开。提出如何正确对待史学研究中"影射"现象等问题。之前，山东省郭沫若研究会、乐山郭沫若研究学会、重庆地区抗战文艺研究会分别举行了以"抗战时期的郭沫若"为题的学术讨论会。四川省社会科学院编辑出版了《抗战时期的郭沫若》，史学研究方面的论文以对先秦诸子的研究为主。"郭沫若在重庆"学术讨论会的另一成果是，"通过对郭沫若史学研究道路的讨论，大家感到可以探讨中国当代历史科学发展的趋势，并初步拟定了'从郭沫若的史学研究谈当前史学的发展趋势'的课题，准备组织史学界进行一次专题讨论"。于是，便有了 1986 年 6 月在武汉召开的"郭沫若史学研究"讨论会，这是一次关于郭沫若史学的专门性学术讨论会。围绕主题提交论文 20 余篇，大部分编入《郭沫若史学研究》，作为"郭沫若研究系列"第一辑，由成都出版社出版。

郭沫若逝世 10 周年之际，中国郭沫若研究会召开了一次"郭沫若在日本"的学术讨论会。遗憾的是，以"郭沫若在日本"为主题的学术讨论会却没有郭沫若如何成为中国马克思主义历史学开拓者，如何将古文字、古器物研究引入历史研究，在历史学、古文字学等领域做出划时代学术贡献的研究论文。史学组讨论中，有学者把郭沫若史学研究现状归纳为：分门别类研究多，综合研究少；孤立研究多，比较研究少；研究其著作多，研究其人少；纠缠具体观点多，研究其实际贡献少。认为应当从"大师""学派"等方面开阔视野，深入研究，并提出建议：（1）组织史学研究力量撰写《史学家郭沫若评传》，争取在郭沫若 100 周年诞辰之际问世；（2）每两年召开一次小型的史学讨论会；（3）《郭沫若研究》每两年出一辑史学研究专号。

成都出版社出版的"郭沫若研究系列"第一辑中，王锦厚《郭沫若学术论辩》是一本专就郭沫若学术研究中有争议问题进行论辩的考证之作。其中的《〈甲申三百年祭〉的风波》《屈原研究的启示》《〈李白与杜甫〉的得失》《杜荃到底是不是郭沫若》，都涉及史学研究重要问题。

1992年郭沫若100周年诞辰，为纪念这位一代史学宗师，郭沫若著作编辑出版委员会、郭沫若故居组织13位历史学者撰写了15个专题，经林甘泉、黄烈负责编辑成《郭沫若与中国史学》一书，由中国社会科学出版社出版，为郭沫若史学研究的代表性论著。上篇七题，偏于综合研究，依次为：才华卓著的一代史学宗师、早期的史学思想及其向唯物史观的转变、传统思想文化的继承与超越、西方文化的影响、传统考据学的批判继承、治史的个性特色、史剧与史学关系的探索。下篇八题，属于专题研究，依次为：中国古代社会形态研究、历史人物研究、农民战争史研究、先秦诸子研究、甲骨文研究、殷周青铜器铭文研究、先秦时代其他出土文物研究、成绩斐然的古籍整理。15个专题囊括了郭沫若史学研究的方方面面，系统、全面地评述了郭沫若史学思想的发展历程和郭沫若在中国历史学诸多领域的杰出贡献，提供了认识和了解郭沫若史学研究的丰富、生动的学术资料，反映当时研究的最高水平。

纪念郭沫若100周年诞辰将郭沫若研究推向高潮，1992年在全国各种报纸杂志发表的郭沫若史学研究的论文50余篇。《郭沫若研究》第10辑为史学研究专辑，收入研究论文11篇，集中在新中国成立以后郭沫若的史学研究方面，包括古籍整理、文物考古，并附录了郭沫若主编《中国史稿》在两次座谈会上的讲话以及就审阅《中国史稿》（奴隶社会部分）初稿致尹达的长篇书信。

（二）系统考察郭沫若史学道路

叶桂生、刘茂林《中国社会史论战与马克思主义历史学的形成》，刘茂林《抗战时期郭沫若对中国史学的苦心经营》，是最先系统考察郭沫若史学道路的论文。1985—1992年谢保成连续发表三篇文章，勾勒出郭沫若三个时期所走史学道路的基本线索。在郭沫若100周年诞辰之际，叶桂生、谢保成合作完成《郭沫若的史学生涯》一书，社会科学文献出版社出版。全书30万字，以郭沫若一生的史学活动为基本线索，分启蒙（1892—1913）、转折（1914—1927）、成长（1928—1937）、发展（1937—1949）、攀登（1949—1966）、晚年（1966—1978）六章，"考察他一生的治史足迹，包括历史研究、古文字古器物、文物考古、古籍整理等方面的著述与活动，评说其成就与特征,并揭示时代和个性带给他的局限"。

郭沫若100周年诞辰之际,叶桂生、刘茂林等著《郭沫若新论》,由社会科学文献出版社出版,分传记篇、文学篇、史学篇三大部分。史学篇七章,分别为:治史的足迹、古史分期的一派、先秦诸子百家说、历史人物论、古文字学研究的奥秘、考古文物面面观、古籍整理新评。纳入成都出版社出版"郭沫若研究系列"的《郭沫若纵横论》,是一本综合性的论文集,史学方面有郭沫若翻译《社会组织与社会革命》的影响和作用、郭沫若与王国维、郭沫若的秦始皇研究、郭沫若史剧与史学关系研究等。

三

从郭沫若100周年诞辰到20世纪末,郭沫若史学研究出现新的趋势。

《郭沫若百年诞辰纪念文集》收入史学研究论文20余篇,社会科学文献出版社1994年出版,透露出郭沫若史学研究的某些新苗头。一是对郭沫若史学著作进行重新考察,包括《中国古代社会研究》《十批判书》《奴隶制时代》三部史学著作,50年代的三大史学工程,新发现的《商周古文字类纂》等;二是转向思想文化研究,考察其如何引领思想文化潮流及其儒学研究、孔子观等;三是进一步拓宽研究领域,如方志学、研究方法的特点与运用等;四是文化交往,如"甲骨四堂"比较研究、与胡适的关系等。

(1)思想文化研究。中国郭沫若研究会发起过三次学术讨论会,都以"文化"为主题,成为郭沫若史学研究的一个新视角,一次是"郭沫若与儒家文化"、一次是"郭沫若与东西方文化"、一次是"郭沫若与20世纪中国思想文化"。

1993年10月在曲阜召开"郭沫若与儒家文化"学术讨论会,论文结集为《郭沫若与儒家文化》,山东人民出版社1994年出版。文史两界专家集思广益,共同研讨郭沫若与儒家文化的关联,郭沫若与孔子,青少年时代郭沫若的尊孔,郭沫若的美学、人格学和风格学,比较郭沫若与鲁迅对于孔子的认识,评述郭沫若的《驳〈说儒〉》,等等。

1997年10月在成都举办"郭沫若与东西方文化"国际性学术讨论会,论文结集为《郭沫若与东西方文化》,当代中国出版社1998年出版。从历史研究角度考察这一问题,包括对郭沫若世界文化观的总体论述、郭沫若的先秦诸子研究及其世界文化观等,从哲学层面探讨郭沫若与现代生命哲学的关系,从政治角度探讨无产阶级革命文化给予其思想的影响等,都是带有跨学科性质的研究。

世纪之交的几年间,社会转型引发对各类学术文化新的思考,以"郭沫若研究与文化反思""郭沫若与20世纪中国思想文化""郭沫若与新世纪"为题召开了多次学术讨论会,2000年8月在吉林长白山召开"郭沫若与20世纪中国思想文化"学术讨论会。《郭沫若与20世纪中国文化》一书收录了上述多次学术讨论会的成果,福建人民出版社2002年出版。除纵论郭沫若与20世纪中国文化的论文外,文史两界学者论述涉及的史学问题,包括从20世纪三大思潮看郭沫若与中国思想文化、郭沫若史学研究特色、从社会历史演变审视"李杜并存"与"扬杜抑李"两种文化思潮、从"五四"评法看郭沫若的尊法反术、郭沫若与秦始皇、郭沫若与武训批判等,抓住此间一些热点话题,显现出郭沫若研究的某些新貌。

1994年6月在广西举办"郭沫若与当代文化"学术讨论会,没有史学研究专家到会,但涉及儒学、巴蜀文化等论题。

(2)文化交往研究。与世纪末总结20世纪学术文化密切相关,20世纪学术大师研究出现热潮。作为"20世纪学术大师交往系列"的郭沫若交往的文化圈一书,由林甘泉负责组织撰写,追述了郭沫若半个多世纪学术文化生涯中与19位文化精英的交往,书名《文坛史林风雨路——郭沫若交往的文化圈》,浙江人民出版社1999年出版。其中,10位为文学艺术领域的名家(鲁迅、茅盾、郁达夫、成仿吾、田汉、老舍、阳翰笙、夏衍、傅抱石、焦菊隐),9位为史学、考古学领域的名家(胡适、陈寅恪、容庚、翦伯赞、侯外庐、吴晗、尹达、刘大年、夏鼐)。通过大师间的友情、论争和恩怨,走进他们的内心世界,透露出他们各自不同的性格、气质和价值取向,反映他们所生活的那个时代的社会思潮和文化取向。

(3)针对学术谎言的驳斥。涉及《十批判书》、郭沫若与陈寅恪的交往、《李白与杜甫》等。

这一时段内，出现以谎言诋毁郭沫若、用"抄袭"贬低其学术的倾向。发其端者，皆为余英时。关于"郭沫若抄袭钱穆"，1954年8—9月在香港《人生》半月刊发表《郭沫若抄袭钱穆著作考——〈十批判书〉与〈先秦诸子系年〉互校记》，说郭沫若《十批判书》抄袭钱穆《先秦诸子系年》。1991年在纪念钱穆专集《犹记风吹水上鳞》中收入《郭沫若抄袭钱穆著作考——〈十批判书〉与〈先秦诸子系年〉互校记》，改副题为正题，"把过分轻佻刻薄的语句删除了。整体的内容，甚至风格，则一仍旧贯"。1992年在香港《明报月刊》10月号发表《郭沫若的古史研究》，提出郭沫若犯了"严重的抄袭罪"。1994年12月上海远东出版社出版其《钱穆和中国文化》一书，收录了《郭沫若抄袭钱穆著作考——〈十批判书〉与〈先秦诸子系年〉互校记》。于是，"郭沫若抄袭钱穆"的谎言便在内地流传开来。关于郭沫若使陈寅恪"直接受到政治压力"，1954年2月陈寅恪《论再生缘》自费油印完成，1958年余英时在《人生》杂志12月号发表《陈寅恪先生〈论再生缘〉书后》，1983年在香港《明报月刊》1、2月号发表《陈寅恪的学术精神和晚年心境》，谎称"郭沫若文未正式发表，不知究作何等语"，"陈先生《论再生缘》初稿完成之后必曾直接受到政治压力，要他'删改'原文。郭沫若的'辨难'，或与此有关，恐不尽关乎学术异同"。随后，在香港《明报月刊》相继发表《陈寅恪晚年诗文释证》《陈寅恪晚年心境新证》，在《中国时报》发表《陈寅恪的"欠砍头"诗文发微》，在台湾《联合报》发表《文史互证、显隐交融——谈怎样通解陈寅恪诗文中的"古典"与"今情"》等文。1995年陆键东著《陈寅恪的最后20年》出版，称上述"余英时近十万字的文章可以称得上是一轮排炮，在海外学术界引起相当反响"，强调这"十多万字的研究心得，剔出其浓烈的政治倾向，余英时对陈寅恪生平学术的理解大致不差"。由此，在内地引发"马克思主义史学代表"郭沫若与"资产阶级史学代表"陈寅恪之间"龙虎斗"的议论。再一方面，则是散布郭沫若"扬李抑杜"是"攀援权声"，"迎合毛泽东好恶"。1988年台湾商务印书馆出版金达凯《郭沫若总论》，说郭沫若写《李白与杜甫》是"迎合毛泽东好恶，违心之论"等。1998年作家出版社出版《反思郭沫若》，除因袭余英时"郭沫若抄袭钱穆"说外，又编造谎言说冯家昇"写过一篇研究李白身世的论文，后来，院长要看，派人取走之后，却署上自己的大名发表了"。内地一些报刊、出版社刊登、出版其文章或著作，使得不明真相的读者人云亦云地跟着再"炒作"。

面对上述不实之词，海内外学者纷纷撰文进行驳斥。关于《十批判书》与《先秦诸子系年》的考察，以方舟子《郭沫若抄袭了钱穆吗?》与翟清福、耿清珩《一桩学术公案的真相——评余英时〈《十批判书》与《先秦诸子系年》互校记〉》两文为代表。方舟子以美国法庭认定抄袭时使用的铁证作为标准，指出："统观余氏全文，可曾举出哪怕是一个这样的铁证? 没有，一个也没有! 反倒是《批判》对史料的摘引，往往更完整也更准确。"同时引用白寿彝1961年发表的《钱穆和考据学》一文中指责钱穆《先秦诸子系年》"剽窃"的文字，认为"钱穆在抄袭一事上，更加恶劣"，"读者应该是最有兴趣知道余氏是有何辩解的，然而余氏却不愿为恩师辩护"，只引述了"两位学者的私下议论""用来代表学术界的评价"。翟清福、耿清珩从郭沫若、钱穆的两本书征引材料入手，逐一进行核对，进行再互校，证明"余英时对《十批》和《系年》没有做过认真的研究，对两书引用的史料也未查阅过，有的问题自己没有弄懂，也不会断句，就不分青红皂白地摘引、甚至不惜篡改原文，以达到给郭沫若扣上'抄袭'、'缺乏学术道德'罪名的目的"。余英时认定，郭沫若抄袭钱穆最过硬的材料是所引明代王世贞《读书后》中有关秦始皇是否吕不韦私生子的考证。其实，郭、钱二人都没有见到《读书后》原书，都是转引自清人梁玉绳的《史记志疑》。钱穆转引《史记志疑》，把"读书后辨之曰"误改为"读书后辨说之曰"；郭沫若转引这段话，把"读书后"误作"读书后记"。余英时写"互校记"，连《史记志疑》都也没有查看，竟跟着郭沫若把"读书后"误作"读书后记"。按照方舟子所说美国法庭认定抄袭时使用的标准，郭沫若怎么错的，余英时跟着怎么错，才是真正犯下了"抄袭罪"呢!

围绕郭沫若与陈寅恪的交往，谢保成发表长篇论文《郭沫若与陈寅恪："龙虎斗"与"马牛风"》（又名《郭沫若与陈寅恪交往考》），为多家报刊转载，分为未谋面时存异同、初次交往有波折、"厚今薄古"生枝节、评赏弹词两相见、李白族属起辩争五个题目,系统考察了两位大师的基本情况以及他们在1949年以后谋面和未谋面的种种交往。文章以大量资料(包括郭沫若日记)弄清"壬水庚金龙虎斗,郭聋陈瞽马牛风"这副对联的原委,考察了郭沫若公开发表的9篇关于《再生缘》的文章以及陈寅恪读后的反应,驳斥了余英时所说"郭沫若文未正式发表,不知究作何等语"、使陈寅恪"直接受到政治压力"的谎言,澄清了《陈寅恪的最后20年》一书中诸多人云亦云的说法。最后指出:"陈寅恪是一位心地坦荡、性格耿直的学者,那种挖空心思要在陈寅恪的诗文中发掘什么反对共产党的'密码电报',实际上是对陈寅恪形象的歪曲和糟蹋。"强调"应该用实事求是的态度来还历史的本来面目,认认真真地阐释陈寅恪的学术思想。研究郭沫若者,应了解陈寅恪;知陈寅恪者,亦当了解郭沫若"。

方舟子、翟清福与耿清珩、谢保成所撰三篇文章,均收入《公正评价郭沫若》一书,中共中央党校出版社1999年出版。

针对《李白与杜甫》一书的不实之词,反驳文章更多。以刘纳《重读〈李白与杜甫〉》、张清《对郭沫若"扬李抑杜"的一点考察》、谢保成《从社会历史的发展演变审视"李杜并称"与"扬杜抑李"两种文化思潮——兼论郭沫若的李杜研究》等文为代表。刘纳、张清撰写的两篇文章,收入《公正评价郭沫若》一书。《从社会历史的发展演变审视"李杜并称"与"扬杜抑李"两种文化思潮——兼论郭沫若的李杜研究》,是迄今唯一一篇从社会历史演变的角度来审视"李杜并称"与"扬杜抑李"两种文化思潮的论文,追述了盛唐至晚唐从"白也诗无敌"到杜诗谓"诗史"的变化,分析了宋至清初"千家注杜,一家注李"的原因以及新文化运动以来的半个世纪离唐愈远、扬杜愈甚的现象,考察了郭沫若的一贯思想是喜欢李白、不甚喜欢杜甫,论述了《李白与杜甫》是郭沫若性情、理智交融的产物。最后认为:李白面对的是盛唐的繁荣,杜甫面对的是盛唐的灾难,自宋至清始终没有能够再现"大唐盛世"的那种辉煌,而是积贫积弱、社会矛盾加剧、专制集权加强、日趋闭关锁国,士人不得不转向现实,留意人生,视线自然集中在杜甫的"诗史"上。李白近道,杜甫近儒,在儒学、理学占思想文化统治地位的宋、元、明、清,扬杜抑李是历史的必然。李白的"摆去拘束"难以把握,杜甫的"属对律切"有章可循,统治思想日趋僵化,科举考试日益程式化,必然形成"千家注杜"的局面。李白诗以浪漫色彩为主调,杜甫诗以现实色彩为基调,在现实主义创作思潮占主流的社会中,"扬杜抑李"也是必然会发生的事情。20世纪最后20多年,思想开放,人们在注重实效的同时又多了几许浪漫成分,李、杜研究也就不再像前80年那种样子了。"扬杜抑李"倾向将会渐渐退出历史舞台,迎来的必然是"李杜并称"的局面。

至于说郭沫若的《李白出生于中亚碎叶》是抄袭冯家昇的成果,《反思郭沫若》一书中有多篇文章对所谓"谜团"进行解谜,终竟没有弄清"谜团"谜在何处。《科学时报》1999年5月19日社会科学版发表文思博《"谜团"应该清楚了》一文,经过"细考"证明:郭沫若所用资料,来头比冯家昇更有权威性,是郭沫若一向非常推崇的王国维,郭沫若受王国维的启发,却又没有直接照抄王国维,根本不存在"郭沫若此文中包含冯家昇研究成果",所谓院长"派人取走之后,却署上自己的大名发表了"更是子虚乌有的编造!

这一期间,适逢郭沫若《甲申三百年祭》发表50周年,中国明史学会、中国农民战争史研究会、中国郭沫若研究会、延安大学在米脂联合召开纪念《甲申三百年祭》发表50周年学术讨论会,《郭沫若研究》第12辑收入6篇文章,集中反映了会议研讨的内容。

20世纪末出版的郭沫若史学研究评传,是作为"20世纪中国著名学者传记丛书"之一的《郭沫若学术思想评传》,谢保成著,北京图书馆出版社1999年出版。这本评传是在其1995年出版的"国学大师丛书"《郭沫若评传》基础上增补而成,分综述、学术、交往三大部分。综述部分,以记述和考察郭沫若的人生道路、个性特点及其学术风格等为主。学术部分是全书的重点,以传统的学术内涵为基本考察对象,探索郭沫若在各个学术领域的研究心路、思想渊源,评述其思想成就、学术贡献及其相互间的关系。交往部分,选取对其文学、古文字学、史学有重要影响或帮助的人物,追寻其间的学术友谊,同时考述郭沫若与某些"非朋友"间的交往。

四

　　进入 21 世纪的郭沫若史学研究，随着时代进展显现出多元研究和跨学科研究的趋势。

　　2002 年郭沫若 110 周年诞辰前后，学术文化界举行了一系列纪念活动。其中一项重要活动是以"郭沫若与百年中国学术文化"为题的国际学术论坛，海内外学者提交论文数十篇，中国郭沫若研究会、四川省郭沫若研究会遴选 50 篇，编辑了《郭沫若与百年中国学术文化回望》，由四川人民出版社 2005 年出版。涉及郭沫若史学或学术研究的论题，有综合性的研究，如论郭沫若后三十年的学术争鸣、论郭沫若的学术与政治等；有思想文化方面的研究，如以郭沫若对孔子的评论为例进行的研究、郭沫若与先秦儒家文化精神的比较等；有新视角的研究，如从对整理国故和对"古史辨"评价考察郭沫若的史学思想、意识形态想象与郭沫若史学研究、郭沫若古史分期的研究方法等。跨学科研究，是以郭沫若青铜器研究为例撰写的《历史考古与美学阐释》一文，将郭沫若美学思想研究与郭沫若青铜器研究紧密结合，论述了考古学新方法的引进与融合、从青铜时代到先秦美学史、先秦美学史研究的特征以及历史研究中的美学意义等问题。此文是魏红珊据其《郭沫若美学思想研究》一书第五章改写而成。

　　在大力发扬艰苦奋斗作风，全面落实党的十六大精神的热潮中，学习《甲申三百年祭》被多次提起。2004 年是《甲申三百年祭》发表 60 周年，中国社会科学院历史研究所、郭沫若纪念馆、中国郭沫若研究会共同举办"纪念《甲申三百年祭》发表 60 周年"学术座谈会，文津讲坛举办"甲申年说《甲申三百年祭》"讲座。郭沫若纪念馆、中国郭沫若研究会、四川省郭沫若研究会合编了《〈甲申三百年祭〉风雨六十年》一书，人民出版社 2004 年出版，选收文章分作四组：（1）《甲申三百年祭》原文；（2）毛泽东和党的其他领导的有关书信、讲话；（3）1944 年发表的相关文章，包括《新华日报》编者按，中共中央宣传部与总政治部的学习通知，国民政府方面的社论、评论，等等；（4）60 年来在社会、政治、思想、学术等各个方面具有一定影响的文章，包括引发论争的文章，以发表时间先后编排。

近些年来，新生的研究力量不断出现，为郭沫若研究增添了新鲜血液，最值得庆贺。有的在系统了解郭沫若史学论著，有的就郭沫若某一部论著的不同版本进行逐一考订，有的在回顾郭沫若史学研究历程……本人结合自己的研究历程写成这篇回望，希望能为新的研究提供一些线索。但能力所及，挂一漏万，望加补正。

参考书目

中国郭沫若研究会主编《郭沫若研究》（专辑、第1—12辑）。
四川省郭沫若研究会主编《郭沫若学刊》（第1—85期）。
《抗战时期的郭沫若》，四川省社会科学院出版社，1985。
《郭沫若史学研究》，成都出版社，1990。
王锦厚：《郭沫若学术论辩》，成都出版社1989年第1版，四川文艺出版社1996年第2版。
林甘泉、黄烈主编《郭沫若与中国史学》，中国社会科学出版社，1992。
叶桂生、谢保成：《郭沫若的史学生涯》，社会科学文献出版社，1992。
《郭沫若纵横论》，成都出版社，1992。
《郭沫若百年诞辰纪念文集》，社会科学文献出版社，1994。
《郭沫若与儒家文化》，山东人民出版社，1994。
《郭沫若与东西方文化》，当代中国出版社，1998。
林甘泉主编《文坛史林风雨路——郭沫若交往的文化圈》，浙江人民出版社，1999。
谢保成：《郭沫若学术思想评传》，北京图书馆出版社，1999。
《公正评价郭沫若》，中共中央党校出版社，1999。
《郭沫若与20世纪中国文化》，福建人民出版社，2002。
《〈甲申三百年祭〉风雨六十年》，人民出版社，2004。
《郭沫若与百年中国学术文化回望》，四川人民出版社，2005。
金达凯：《郭沫若总论》，台湾商务印书馆，1988。
余英时：《郭沫若抄袭钱穆著作考——〈十批判书〉与〈先秦诸子系年〉互校记》，《钱穆和中国文化》，上海远东出版社，1994。

陆键东:《陈寅恪的最后20年》,三联书店,1995。

丁东:《反思郭沫若》,作家出版社,1998。

(2008年11月)

[原载《郭沫若学刊》2009年第1期]

在四川"郭沫若与新世纪"学术研讨会的发言

值此"郭沫若与新世纪"学术研讨会暨四川省郭沫若研究会年会之际，我受林林会长委托，代表中国郭沫若研究会，向会议表示热烈的祝贺，衷心祝愿会议圆满成功！

新世纪的第一年，在郭沫若故乡召开"郭沫若与新世纪"学术研讨会，是很有意义的一件事！

明年是郭沫若110周年诞辰，郭沫若纪念馆、中国郭沫若研究会，考虑借这一机会开展一些活动，以进一步推动郭沫若研究在新世纪的深入发展。

这里，先转达林林会长的意见，再介绍我们的一些初步设想。

去年夏季，林林会长在北京郭沫若纪念馆召开的中国郭沫若研究会常务理事会上，对如何深入开展郭沫若研究提出了很好的意见，强调：应当加强郭老在保卫世界和平、反对战争、反对霸权等方面所做贡献的研究。刘德有、林甘泉、黄烈、黄侯兴几位副会长都认为林林同志的这一意见非常重要。林甘泉同志在谈到拍摄郭沫若文献纪录片时，也强调郭老从留学到抗战，再到新中国成立，始终不渝地肩负着"和平使者"的使命，对保卫世界和平做出多方面的贡献。

此次离京之前，我和郭平英馆长去看望林林同志，林林同志又强调：对郭老保卫世界和平贡献的研究具有现实意义；郭老不仅在为保卫世界和平努力，同时也在为保卫人类文明努力，反对科学技术被利用来制造杀人武器。同时，林林同志要我们转达他对"郭沫若与新世纪"学术研讨会暨四川省郭沫若研究会年会的祝贺,特别要我们转达他对马识途同志的诚挚的致意!

本月初,郭沫若纪念馆会同中国郭沫若研究会的几位常务理事,就明年纪念郭沫若110周年诞辰文化学术活动,提出一些初步设想,正在向有关方面请示。其中,一项活动是召开"郭沫若与百年中国文化"国际学术研讨会,希望得到四川省郭沫若研究会的支持,争取由北京和四川共同发起,联合举办。林林同志认为,"百年中国文化",范围过于宽泛,建议集中在一些重要文化问题上。

参加此次会议,我先前拟报过一个题目。现在,根据上述情况,就所见资料,简略谈一谈郭沫若对保卫世界和平所做贡献以及郭沫若与20世纪文化发展的一些思考。

先说郭沫若在保卫世界和平方面的贡献。

对于这个问题,大都只是提到郭沫若在新中国成立之后,作为"和平使者"或充当"和平鸽"角色,为保卫世界和平、建立和发展同各国人民的友好关系,不遗余力地做出巨大的贡献。有的罗列了郭沫若参加保卫世界和平大会、出访亚非拉相关国家的活动,有的列举了一些相关事例,还有部分随行人员写出了回忆录等,尚缺综合考察和系统研究。在材料的收集方面,确实也存在一定困难。郭沫若的这些讲话、报告等,散见于报纸,没有系统编辑在一起,因而有些在文集、全集中也就随之缺载了。一些相关诗、文虽然收入文集或全集,但仅看标题未必知道说的是这方面的内容。至于相关人员的回忆录或回忆文章,也未做专门的收集和集中。

为了方便读者,下面将郭沫若出席与世界和平紧密相关的18次大型国际会议的情况加以列举,以供查找方便。

1949年4月20—25日,世界拥护和平大会(布拉格与巴黎)

——见《东北日报》1949年4月23日至5月3日

1950年11月16—22日,第二届世界保卫和平大会(华沙)

——见《人民日报》1950年11月18—25日

1951年2月21—26日,世界和平理事会第一届会议(柏林)

——见《人民日报》1951年2月23—25日

1951年11月1—7日，世界和平理事会第二届会议（维也纳）

——见《人民日报》1951年11月3—9日

1952年3月29日至4月2日，世界和平理事会执行局会议（奥斯陆）

——见《人民日报》1952年3月29日至4月6日

1952年7月1—6日，世界和平理事会特别会议（柏林）

——见《人民日报》1952年7月3—8日

1952年12月12—19日，世界人民和平大会（维也纳）

——见《人民日报》1952年12月13—22日

1953年5月5—6日，世界和平理事会常务委员会会议（斯德哥尔摩）

——见《人民日报》1953年5月7—10日

1953年6月15—20日，世界和平理事会会议（布达佩斯）

——见《人民日报》1953年6月17—22日

1954年5月24—28日，世界和平理事会柏林特别会议（柏林）

——见《人民日报》1954年5月26—31日

1954年6月19—23日，缓和局势国际会议（斯德哥尔摩）

——见《人民日报》1954年6月14—29日

1955年1月18—24日，世界和平理事会常务委员会扩大会议（维也纳）

——见《人民日报》1955年1月24日

1955年4月6—12日，亚洲国家会议（新德里）

——见《人民日报》1955年4月8—14日

1955年6月22日至7月1日，世界和平理事会会议（赫尔辛基）

——见《人民日报》1955年6月24日至7月3日

1957年6月10—17日，世界和平理事会全体会议（科伦坡）

——见《人民日报》1957年6月13—18日

1957年12月26日至1958年1月1日，亚非团结大会（开罗）

——见《人民日报》1957年12月27日至1958年1月3日

1958年7月16—22日，裁军和国际合作大会（斯德哥尔摩）

——见《人民日报》1958年7月17—24日

1959年5月8—13日，世界和平理事会特别会议（斯德哥尔摩）

——见《人民日报》1959年5月10—15日

这一列举，仅限于1949—1959年的10年间，尚不包括郭沫若发起和参加亚洲和太平洋区域和平会议以及与各国和平友好代表团、和平友好人士的诸多交往和谈话，但仅此已不难看出，郭沫若的的确确如他本人所说："我一直在为维护世界和平而努力，不曾间断。"① 这里，应当注意"努力"二字，但这"努力"则需要从郭沫若发表的文字（包括声明、讲话、报告、纪念文章、诗歌等）和相关人员的回忆中深入发掘。

1950年11月华沙第二届世界保卫和平大会，郭沫若提出和平解决朝鲜问题等五项纲领。回国后连续做过两次报告，一是在欢迎代表团回国大会上所做《保卫世界和平运动的新阶段》，二是在中央人民政府委员会第十次会议上所做《关于第二届世界保卫和平大会的经过、成就和我们今后的任务》。②

1951年2月柏林世界和平理事会第一届会议，郭沫若发表演说，特别要求理事会谴责联合国大会诬蔑中国为侵略者的提案。会议在通过和平宣言和其他各项决议的同时，还做出指责联合国大会诬蔑中国为侵略者的决议，这显然是郭沫若与中国代表团努力的结果。

1952年1月，美军在朝鲜和中国东北境内开始使用细菌武器。2月24日，郭沫若就侵朝美军进行细菌战争发表声明，号召全国人民动员起来制止美军这一新罪行。接着，郭沫若以世界和平理事会副主席身份致电世界和平理事会主席约里奥·居里，控诉美军撒布细菌的罪行。3月8日，约里奥·居里发表声明，痛斥美军使用细菌武器并号召世界舆论一致声讨。3月10日，郭沫若再电约里奥·居里，希望发动全世界人民对美国侵略者进行正义声讨，制止细菌战。3月13日，郭沫若复电世界和平理事会秘书长拉斐德，表示完全拥护约里奥·居里3月8日发表的声明。世界和平理事会决定召开执行局会议，3月28日郭沫若飞抵奥斯陆，并在29日执行局会议上详细报告了美军扩大细菌战的严重罪行。由于会议上对要不要干预朝鲜战争中细菌武器问题意见不一，争论十分激烈。郭沫若利用一切可能的机会，

---

① 《答〈文化1957〉问》，《沫若文集》第17卷，第330页。
② 两文分别发表在《人民日报》1950年12月25日、27日。

会上会下进行大量工作。在4月1日的记者招待会上,郭沫若宣读了正在中国进行调查的国际民主法律工作者协会调查团发来的电报,再次发表声明,向美帝国主义提出强烈抗议。经过郭沫若和代表团全体成员的多方努力,包括与约里奥·居里的接触、联系,4月2日世界和平理事会执行局会议通过决议:决定组织"调查在朝鲜和中国的细菌战事实国际科学委员会"。同日,郭沫若与约里奥·居里联名发表经世界和平理事会执行局会议通过的告世界男女书——《反对细菌战》,号召禁止细菌武器,主张把使用者作为战犯归案法办。①

据代表团成员钱三强回忆,当郭沫若听完通过组织调查科学委员会的决议时,"忍不住内心激动,他一动不动地坐在座位上,长时间用手绢捂住眼睛,不想让人看出他在流泪"。一到休息室,他就对钱三强等说:"总算没有辜负党和人民的委托啊!"② 不仅仅是钱三强如此回忆当时郭沫若的心境,就是郭沫若本人也同样表达过这一刻的心境,5天以后即写出《光荣与使命》的诗篇:

> 我今天接受了无上的光荣,也接受了庄严的使命,
> 我要向全世界传达出我们中国人民的坚毅的决心:
> 我们要更进一步为巩固世界和平而努力,决不逡巡,
> 在和平力量团结一致之下,全人类一定会战胜细菌!③

1952年12月维也纳世界人民和平大会期间,郭沫若同约里奥·居里的一段谈话,透露出他的一个重要思想:

> 和平运动应该打出反殖民主义的旗帜,以争取亚洲、非洲、拉丁美洲的广大人民……④

---

① 上述郭沫若发表的声明、谈话等,分见《人民日报》1952年2月25日、3月5日、3月11日、3月14日、4月3日、4月4日、4月6日。
② 钱三强:《忆我尊敬的长者——郭老》,《光明日报》1982年11月17日。
③ 《光荣与使命》(4月7日),《郭沫若全集·文学编》第3卷,第46页。
④ 《献身精神的榜样》,《郭沫若全集·文学编》第17卷,第112页。

对于郭沫若的这一建议，约里奥·居里表示完全赞同，从而使世界和平运动增添了一项重要内容。但这是穿插在1958年8月约里奥·居里逝世后，郭沫若为赞扬其为"世界和平运动的一面旗帜"的纪念文章中的。

1953年6月布达佩斯世界和平理事会会议，郭沫若在开幕式上提出：

> 希望世界各国人民更进一步促使各国政府采取协商精神代替武力解决，把这作为一个普遍性的运动而共同努力。①

"采取协商精神代替武力解决，把这作为一个普遍性的运动而共同努力"，这一思想贯穿在郭沫若为世界和平奔走的全部行动中。闭幕会通过宣言，呼吁"用协商方式解决一切国际争端"。这一主张，成为世界和平理事会"共同努力"的方向。

1958年7月斯德哥尔摩裁军和国际合作大会，郭沫若做题为《和平运动是预防和治疗战争瘟疫的运动》的发言，受到空前的欢迎。据赵朴初当时所写回忆：发言"译文印发一扫而空，有代表未曾得到者，言得不到译文，不愿离开斯德哥尔摩"。②

总之，郭沫若"不曾间断"地"为维护世界和平而努力"的内容十分丰富，给我们留下的遗产有待做系统发掘和整理。在进入21世纪的今天，面对国际霸权主义、国际恐怖主义，各国人民尤其需要进一步加强合作，维护国际和平，共同繁荣世界经济。在新世纪之初，认真总结郭沫若在维护世界和平方面所做的种种贡献，仍然有着非常重要的现实意义。现在不是总好讲什么"形象大使"吗，其实郭沫若才是新中国文人中第一形象大使！希望有人把郭沫若在维护世界和平方面的事迹、思想，包括相关诗、文进行认真、系统的搜集、整理，并充分参考当时随团人员的各种形式的回忆录、纪念文字等，就以"新中国文人第一形象大使——郭沫若"为题，写出专门的著作来，生动活泼、严谨真实，不仅让国内青年读者有准确的了解，而且让国际友人能够更多地知道中国，知道中国有个和平使者——郭沫若！

---

① 《朝鲜停战及和平解决远东问题》，《人民日报》1953年6月17日。
② 赵朴初：《裁军和国际合作大会上郭沫若团长发言》，《人民日报》1958年7月31日。

再说一下我个人关于"郭沫若与百年中国文化"的一些思考。

20世纪是中国社会不断发生巨变的100年，中国文化也随之而不断更新、不断创新、不断求新。

早在20世纪之初，传统社会日暮途穷，随之出现"史界革命""文界革命"等呼声，预示整个文化领域即将出现一场新陈代谢。10年左右的时间，旧体制被推翻。复辟与反复辟的较量，引发出一场"新文化运动"，推动着文化的更新：形式上以白话文替代文言文，内容上以科学与民主替代腐朽与专制。郭沫若异军突起，以新的表达形式、新的文化内涵，吹响时代号角，树起一面旗帜。

文化"更新"，面对的是众多外来的"新"思想、"新"学说，这些思想、学说都纷纷在中国大地寻找传布的土壤。然而，在这众多的"新"思想、"新"学说当中，哪些属于先进，哪些在国人看来可能是"新"，而在产生它的本土则已过时，整个文化界都在不断探寻中。到二三十年代，随着"中国向何处去"的社会问题的提出，如何吸收外来文化（包括吸收何种外来文化），如何创造自己的新文化，成为全社会瞩目的热点。郭沫若做出当时唯一正确的选择，他看到辩证唯物论的阐发与高扬"已经成为了中国思想界的主流"，认识到"辩证唯物论是人类的思维对于自然观察上所获得的最高的成就"，亦即"先进文化的代表"，因而"要使这种新思想真正地得到广泛地接受，使之'中国化'"。于是，他以最先进的思想观念——唯物史观为指导，吸收当时最有代表性的两大学派——古史辨派、古史新证派的最新研究成果，确立起一个全新的中国古代文化体系。郭沫若在这一方面的文化创新，领导着此后数十年的学术文化潮流。整整半个世纪过后，英国享有国际声誉的著名历史学家杰弗里·巴勒克拉夫受联合国教科文组织委托，考察世界范围内历史学发展趋势，撰写《当代史学主要趋势》(*Main Trends of Research in The Social and Human Sciences：History*)。书中非常清楚地指出，兰克学派虽然影响到"辛亥革命后和国民党统治时期的中国"，但"20世纪20年代以后，这种影响才逐渐地被马克思主义和历史唯物主义的影响所取代"。[①] 这是一

---

① 〔英〕杰弗里·巴勒克拉夫：《当代史学主要趋势》，第151—153页。

个已被历史发展证明了的趋势。郭沫若由于这一方面的创新,成为继鲁迅之后新文化运动的又一面旗帜,代表着中国新民主主义文化的方向、新中国成立之后的文化方向。

毋庸讳言,作为新民主主义文化和新中国文化的代表,郭沫若必然带上时代的烙印,尽管他也有作为普通人的一面,也有作为"纯"诗人、学者的一面,但都无法摆脱政治上的、社会上的、身份上的种种印记。无论人们做何评价,肯定也好,否定也罢,谈20世纪的中国文化,特别是20—70年代的中国文化,都不可能回避郭沫若其人、其事。不然,将会出现文化的空白或断档,而任何其他文化人物又都不可能填补这空白和断档。

进入21世纪来谈"郭沫若与百年中国文化",一方面需要进一步总结郭沫若与20世纪文化发展的利弊得失,更多的则应当是如何继承郭沫若留下的文化遗产,从中汲取推进21世纪文化出新的营养元素。

郭沫若作为世界文化名人,形成他以中国文化为基点的世界文化观,即瞩目"异民族的文化之优秀成分",以国情为基点,考验其适应度;引进外来先进文化并使之中国化,促进中华民族文化发展,创造中华民族新文化;然后再"走出去",面向世界,填写世界文化史上的白页。这在20世纪文化发展中,既是郭沫若自己所走过的学术文化路程,也是郭沫若长期坚持的一贯思想。在中华民族进一步同世界各个国家、各个民族深入交往的今天,在"异民族的文化"弥漫中华大地的时候,郭沫若在20世纪形成的这一世界文化观,仍然有着十分重要的现实意义,需要我们进一步发扬,在不断求新中创造出我们自己的新文化!

在郭沫若的文化遗产当中,过去有一项不为人们普遍注意的内容,就是他关于"科学的中国化"的思想。20世纪40年代,他非常明确地提出:

> 科学在今天是我们的思维方式,也是我们的生活方式,是我们人类精神所发展到的最高阶段。[①]

[①] 《〈大众科学丛书〉序》,《郭沫若集外序跋集》,第121—122页。

这是科学在最高层次上的综合,人文科学、社会科学与自然科学的全方位的综合。"科学的中国化",与反对迷信、实行科学大众化紧密相连,"不仅要使科学知识大众化,而且要使科学精神大众化"。真正做到这一点,愚昧、迷信自然就无存身之地了。在进入信息时代的21世纪,这对那种片面强调科学技术、信息技术而忽略、无视科学精神的种种倾向,不失为一种"颇具针对性"的批评。这方面的发掘和研究都还很欠缺,希望在大倡科教兴国的21世纪,能够多做些科学与文化问题的研究。

郭沫若的科学思想又与民主思想联系在一起,强调反对"科学的恶用"。1945年他这样提出:

> 科学的恶用,在这次大战中,落在法西斯手里,已经是到了登峰造极的地步。要救济人类,就须救济科学。救济科学的要径也就是国际民主。在这种国际民主精神的保障之下,科学的利用厚生之道必然会使人类更加幸福而安全的。①

这在今天仍然不失其重要的现实意义,也更有着世界范围内的深远意义。

最后,一个说新非新、说旧非旧的话题。20世纪80年代以来,海内外一些著名学者都提出科学与艺术的融通问题。钱学森认为:"文学艺术在整个现代科学技术体系中,虽有其特点和特殊的地位,但其内容、思维方式与科学技术是互相贯通、互相促进、融为一体的。"李政道则用形象的语言表述:"艺术与科学事实上是一个硬币的两面。它们源于人类活动最高尚的部分,都追求着深刻性、普遍性、永恒和富有意义。"1993年和1995年,海内外的部分科学家和艺术家两次在北京聚会研讨科学与艺术的关系,并借用法国福楼拜"科学与艺术在山脚分手,在山顶会合"的说法,认为21世纪是"科学与艺术在山顶会合"的"顶峰"。②

郭沫若的整个文化活动始终饱含着科学思维与艺术思维的交融。成功的实践之一,把青铜器研究纳入"美术的视野",建立起认识中国青铜器的

---

① 《"五四"课题的重提》,《郭沫若全集·文学编》第19卷,第544—545页。
② 转引自《奥林匹斯山上的聚会——科学与艺术的对话》,《科技日报》1995年10月16日。

科学体系。成功的实践之二，历史剧创作明确地把历史学与历史剧的关系看作"科学与艺术"的关系：

> 我是想把科学和艺术在一定程度上结合起来，想把历史的真实和艺术的真实在一定程度上结合起来。①

郭沫若作为在"科学与艺术"关系上的一位成功先行者，为20世纪文化发展增添了无数绚丽的光彩。随着21世纪科学文化的发展，科学与艺术将进一步融通，我们同样需要继承郭沫若毕生致力的科学思维与艺术思维的完美结合，在更多、更大的领域使之发扬，让21世纪的中华民族新文化在世界文化史上更加绚丽多姿。

（2001年9月21日）

［本文原题《创造中华民族新文化，填写世界文化史白页——在四川"郭沫若与新世纪"学术研讨会上的发言》，《郭沫若学刊》2001年第4期］

---

① 《〈武则天〉序》，《郭沫若全集·文学编》第8卷，第125页。

"郭沫若与中国知识分子在民族解放战争中的文化选择"国际学术讨论会总结发言

在抗日战争胜利暨世界反法西斯战争胜利60周年之际，郭沫若纪念馆、中国郭沫若研究会、青岛大学联合发起的"郭沫若与中国知识分子在民族解放战争中的文化选择"国际学术讨论会，8月15—17日在山东青岛大学召开。两天来，共有32位学者将他们的最新研究成果在会上进行交流，给人感受较深之处主要有三个方面。

第一，研究队伍不断扩展。

参加此次讨论会的人数并不多，仅50余人。其中，国外热心郭沫若研究的学者12位，超过与会人数1/5，比例之高，是历次郭沫若学术会议从来没有过的。不仅有来自我们近邻日本、韩国的学者，还有来自欧美的学者。日本学者还向与会学者介绍了"日本郭沫若研究会"成立经过及其召开座谈会、出版《郭沫若研究会报》的情况。这一切，足以显示郭沫若在国外的久远影响和郭沫若研究队伍在国外不断扩展的实际。就国内学者情况来看，新面孔大致占国内与会学者1/3，其中还有不少人是第一次进入郭沫若研究领域的。借用郭沫若的一句话，叫作"不断有青年化的血清注入"。

第二，研究层面正在深入。

中国郭沫若研究会自筹备会至此次讨论会，大大小小召开过约20次学术会议，每次会议都有一个主题。与此次会议议题最接近的是1985年抗日战争胜利40周年之际，中国郭沫若研究会与中国文联、四川省郭沫若研究会等联合发起召开的题为"郭沫若在重庆"的学术讨论会,有来自全国19个省、自治区、市的130余位代表与会,其中包括当年在重庆的一些老同志,提交文章50余篇(包括纪念、回忆文章),四川省社会科学院出版了《抗战时期的郭沫若》专集。那次会议主要是回顾郭沫若在重庆时期的战斗业绩,分别考察郭沫若在各个不同文化领域的成就与评价。此次讨论会则在此前的基础上,进行了深入一步的探讨。如果说前次会议主要是弄清楚郭沫若"做了什么",那么此次会议则主要是探讨郭沫若"为什么这样做",同时继续弄清一些尚未弄清楚或人云亦云的历史事实。

讨论较为热烈的问题,有关具体史实的,主要集中在郭沫若秘密回国前后的一些情况上,包括郭沫若回国前后心态的微妙变化,从迟疑到毅然别妇抛雏,再到出任三厅厅长的犹豫与疑惑,以及与"日本人民战线"谍报网的关系、对"市川事件"中平田勋的认识等。

讨论郭沫若在民族解放战争中的文化选择,就其是否发生身份(或角色)的转换问题,展开不同意见的交锋。一种看法认为抗日战争使郭沫若经历了人生场景的转换,从而开始他后半生所走亦文亦政的道路。另一种看法不同意身份转换的说法,认为抗日战争期间的郭沫若并不存在什么角色转换的问题。还有一种看法认为郭沫若在这一时期的政治文化选择并不能代表中国大多数知识分子的人生处境和文化选择,而只是他个人特殊经历和中国当时复杂的局势相结合,使他走上一条特殊的人生道路;武汉大学教授群体在抗战中的文化选择,对中国知识分子而言,更具有普遍性和典型性。还有文章认为,抗日战争成就了郭沫若的五彩人生。

此外,涉及郭沫若的"天才情结",认为包括"泛神意识"、"模仿意识"与"受难意识",而郭沫若的所谓"抄袭",正是出于其"天才情结",举例说:真正有创造性的天才建筑师,尽管建筑高楼大厦的砖瓦、钢材等是别人生产的,但建筑师拿来就用,并不刻意标明砖瓦、钢材是谁人的专利,建筑师关心的只是他设计建造的大厦最后是不是完美的杰作。对此,出现不同意见的争论。

在主题的讨论中,有几篇论文从郭沫若的文化心路进行考察,或上溯至五四时期郭沫若的民族主义思想,或从其对儒家文化的阐释解读其对民族精神的构建,或考察其抗战期间对以儒家文化为中心的传统文化的再选择,等等。

讨论中提出的问题尚有关于郭沫若文化抗战的历史评价、从抗战文化研究看郭沫若研究的新思路、中国戏剧现代性进程(涉及民间、民族、国家关系)问题、"民族形式论争"结束时间、"暴露与讽刺"论争中的郭沫若和茅盾、《甲申三百年祭》风雨六十年、郭沫若文坛地位的确立等。

来自四川乐山郭沫若故乡、重庆郭沫若旧居的同志介绍了他们弘扬沫若文化的种种文化建设情况。

此外,还有关于抗战中受到郭沫若关照的日本反战宣传人士长谷川照子(绿川女士)事迹及其故居寻访情况的报告、郭沫若译作《查拉图斯屈拉》的再研究以及中韩抗战文学比较、郭沫若浪漫诗学、郭沫若诗歌等问题的发言。

第三,对今后研究的启示。

首先是新资料的进一步发掘。此次讨论会上提交的关于郭沫若与"日本人民战线"谍报网关系以及"市川事件"的论文,主要根据日本内务省警保局"外事警察"档案资料写成,澄清以往金祖同《郭沫若回国秘记》一书中的某些史实,引起与会者的关注,也给郭沫若研究提出如何进一步发掘新资料的问题。不少学者在发言中都提到研究资料的进一步开发问题,如郭沫若译著、佚文、日记以及《郭沫若全集》的再编辑等。出版译著的问题,在纪念郭沫若110周年诞辰之际已经正式提出,并经整理列出郭沫若译著编目,写出专篇文章加以介绍。① 佚文除四川人民出版社1983年已经编辑出版者外,一直在继续搜集、积累。至于日记、书信等属于档案性的文字,由于国家档案政策等方面的原因,目前尚不可能完全"解密",但也在注意搜集、积累,中国科学院有关郭沫若的档案材料,大体已经复制。解放后的主要报纸杂志的资料正在陆续复制,有些报纸杂志已有光盘,使用比较方便。中国第二历史档案馆中,有多少涉及郭沫若的档案材料,情况不明。大量与郭沫若有过种种交往的人士的回忆录、日记已在陆续出版,

---

① 详见《郭沫若与百年中国学术文化回望》,四川人民出版社,2005,第125页。

数量、内容，我们尚未做到心中有数，而且回忆录、日记中记述不一致处，往往需要我们做进一步鉴别，进行考异。郭沫若故乡、旧居、故居尚存一定数量的文物，也有一个文物资料的开发、利用问题，不应忽视。目前，《郭沫若全集》文学编、历史编的光盘制作正在校对过程中，不久将会与读者见面。至于重新编辑《郭沫若全集》的问题，应当在译著集、佚文集等出齐之后再做通盘考虑较为适宜。

其次是研究视野的进一步拓展。此前我们研究郭沫若诗词的成果不计其数，却很少见到对郭沫若所作歌曲的考察，在这次会议的发言中我们听到了这样的声音。这既是研究视野的一种拓展，也是对已有资料的发掘与利用。此外，抗战及随后的两年间郭沫若编辑出版了4本杂文集：《羽书集》（1941年11月）、《蒲剑集》（1942年4月）、《今昔集》（1943年10月，1947年7月合为《今昔蒲剑》）、《沸羹集》（1947年12月）。但迄今为止，关于这方面的系统研究几乎还是空白。与这次会议议题密切相关，只要稍稍翻阅《羽书集》的篇目，即可见郭沫若回国最初5个月的时间（1937年12月之前）是如何全身心地投入"为全世界的文化而战，为人类的福祉而战"的民族解放战争之中的。当年9月11日的讲演《抗战与觉悟》即已非常明确地指出："抗战是我们中国唯一的出路，只要我们抗战到底，只要我们继续作长期的全面抗战，最后的胜利一定是属于我们。"15日《全面抗战的再认识》强调有识之士要积极行动起来，"不必一定要等待政府去措办"。10月30日即已发表《持久抗战的必要条件》的文章。12月，又发表《武装民众之必要》。应该说，郭沫若的杂文集在整个郭沫若研究中还是一个比较薄弱的环节。总之，已有资料有待进一步发掘，研究视野有待进一步拓展。

再次是研究方法的进一步改进。此次会议发言中，不少学者都涉及研究方法问题，甚至还就研究方法有所争论。郭沫若是一位"百科全书"式的学术大师，社会经历极其复杂，研究郭沫若的方法自然也不可能单一化。归纳起来，大家提出的研究方法问题，应该做到这样几个"结合"。一是新的研究思路与传统研究方法结合。郭沫若曾经批评说，"要建设新文化，不先以国民情调为基点，只图介绍些外人言论，发表些小己底玄思，终竟是凿柄［枘］不相容的"，而应该"熟练地善于使用这种方法，而使它中国化"。二是理论与史料结合。由于每位学者的研究领域不尽相同，研究风格更是各有所长，或偏重于史料的考证，或偏重于理论的探讨，或偏重于框架的构建，等等，但不应互相排斥，甚至对立。史料是研究的基础，而史料本身也有需要鉴别的问题，所以应当采取史论结合的做法。三是文史结合。郭沫若在人文社会科学诸多方面取得的巨大成就，需要我们进行综合的研究，仅从文学或史学等单一的角度进行考察，可能会出现"瞎子摸象"那样的结果。发言中不少人谈到郭沫若的"战国情结"，抗战期间郭沫若的史学研究、屈原研究、历史剧创作，主要以战国史实为对象，是其历史研究成果转化为易于广大民众接受的文艺形式的集中体现。研究此间郭沫若的学术文化成就，尤其应当注意他的文史结合的特点。四是与读者结合，亦即如何面向社会的问题。现在我们的研究，主要还是在文化人的圈子内。虽然有过一些与社会的接触，但还不够经常。郭沫若故乡、旧居、故居的同志在这方面有许多好的做法和经验，应当与我们的研究工作结合起来，推动郭沫若研究广泛地走向社会。

（2005 年 8 月 17 日）

[本文作为会议综述，载《郭沫若学刊》2005 年第 3 期，后编入《文化与抗战——郭沫若与中国知识分子在民族解放战争中的文化选择》，巴蜀书社，2006]

雅俗共赏郭沫若书法

——《中国书法家全集·郭沫若卷》评介

近十多年来，书法艺术日益受到青睐，各种碑帖、书法作品集在书店的书架上占据着耀眼的位置。我所见不多，关于郭沫若书法作品的系列出版物，主要有郭平英主编《二十世纪书法经典·郭沫若卷》（河北教育出版社、广东教育出版社，1996）和《郭沫若书法集》（四川辞书出版社，1999）两种，印制精美，信息量大，极富欣赏价值和长久保存价值。如果要说这些出版物的不足，则是因循惯例，仅在作品旁简单标注题名、尺寸、年代等，高雅有余，普及不足，对于大多数读者来说，不能够从中了解书法家其人及其作品的价值。赵笑洁、东野长河著《中国书法家全集·郭沫若卷》（河北教育出版社，2002），恰恰弥补了上述的不足。

《中国书法家全集·郭沫若卷》融郭沫若书法作品、传记、印章、论艺言论以及作品赏析于一书，既能够欣赏到郭沫若的书法作品，又能够了解郭沫若的人生（包括艺术）道路、书法理论，还可以帮助读者欣赏郭沫若的书法作品，实为一本雅俗共赏的好书。

全书五章：第一章，生平概述；第二章，书法艺术历程；第三章，兰亭论辩；第四章，"郭体"解析；第五章，论艺摘录。附录包括常用印章、年表、主要传世作品、主要参考书目、释文等五个部分。全书收录郭沫若书法作品90余件，附录中的"释文"部分，将这些作品的文字逐一录出，以便读者对照阅读、欣赏。

"生平概述"简要叙述郭沫若的人生道路和学术生涯;"兰亭论辩"介绍论辩的由来和意义;"书法艺术历程""'郭体'解析"两章,是书中文字叙述的重点,此前这样的系统论述并不多见。

郭沫若并非专门的书法家,但他的书法艺术成就又是有目共睹的。"书法艺术历程"一章,探索郭沫若70余年书法艺术风格的形成和发展。少年时代:心仪"苏(东坡)体",又受民国书法主流——碑帖结合的影响。东渡日本:探奥甲骨,研究早期造型符号,而且用毛笔撰写,虽非书法作品,字里行间的金石气已油然而生。对于晋(二王)、唐(孙过庭《书谱》)以及明中后期一些书法的追溯,明显看出他消化与吸收传统法帖的种种痕迹。为抗战而书,使郭沫若的书法作品幅式走向大众化。字型结体、笔法起运、章法行气等,都有了新的面目。格调刚柔并举,或含蓄温和,或疾厉昂扬,成为郭沫若书法走向成熟的前奏。书写新中华,"郭体"形成。60年代,是郭沫若书法成熟、风格更趋强烈、创作更为旺盛的时期。他的书法风貌精气饱满,形式与内容又有新的开拓。风格的独创性,由早期的碑学功底,到融汇碑帖的广泛吸收,再到晚年的风貌独立,最终走向成熟,显出激情洋溢、涤满乾坤的浪漫风采,形成风靡神州的"郭体"书法,成为20世纪学者型书法家的一个典范。

结合郭沫若书法作品进行解析,是这本书不同于一般书法集的一个特点。"'郭体'解析"一章,从"当于目而有据"的点画出发,综合作品的特征,了解其思想境界、人格品性,了解其心理,了解其时代精神,从而对"郭体"做出品评:浪漫风格——豪放明快、不拘绳墨;笔法特征——巧于变化、深厚凝重;结体——风神洒落、平中寓奇;章法——匠心独具、运用玄妙;草书——舞墨见豪情。归纳郭沫若书法"巧于变化、深厚凝重的笔法特征"为:逆入平出,回锋转向;内撅外拓结合;藏露互用,方圆并施。归纳郭沫若书法"风神洒落、平中寓奇的结体"为奇正相生、疏密得当、虚实变化、开合伸缩、俯仰有姿、避让妥帖等六点。这对于读者理解、认识郭沫若书法风格,颇有帮助。

需要改进的地方,一是文字表达既要科学严谨又要通俗易懂,二是文字叙述与书法作品的穿插要配合得当。此外,书法作品编号与其他插图编号应当区分开,有所脱漏的书法作品"释文"应当补入。

(2002 年 11 月)

[本文原载《中国社会科学院院报》2002 年 12 月 24 日]

《抱箭集》小考

一位38年前结识的"老朋友"闲话中问起郭沫若《抱箭集》不见于《沫若文集》《郭沫若全集》是怎么回事？我当时回答她说，编辑《沫若文集》时分编在不同卷了，具体情况卷前有说明。第二天，因鲁实先《史记会注考证驳议》《殷历谱纠谲》事，与锦厚先生通电话，顺便提到《抱箭集》，他嘱我把有关情况写出来，让更多的郭沫若研究者了解，于是便用了两天时间做如下查考。

《抱箭集》是1948年9月由上海海燕书店出版的一本郭沫若小说散文集，没有前言后语，不知编辑意图（见图1）。目次5页，正文354页，勘误表1页。1948年9月初版、1949年7月2版、1950年3月3版，共印6000册。全书分作六辑。

图1　《抱箭集》封面、版权页

第一辑：残春及其他，收文 4 篇，今津纪游、残春、牧羊哀话、月蚀。

第二辑：山中杂记，收文 9 篇，菩提树下、三诗人之死、芭蕉花、铁盔、鸡雏、人力以上、卖书、曼陀罗华、红瓜。

第三辑：路畔的蔷薇，收文 6 篇，路畔的蔷薇、夕暮、水墨画、山茶花、墓、白发。

第四辑：水平线下，收文 6 篇，序引、百合与番茄、亭子间中、后悔、湖心亭、矛盾的调和。

第五辑：归去来，收文 7 篇，鸡之归去来、浪花十日、东平的眉目、痛、太山朴、达夫的来访、断线风筝。

第六辑：芍药及其他，收文 11 篇，芍药及其他（芍药·水石·石池·母爱）、银杏、蚯蚓、小麻猫、雨、小皮箧、十月十七日、丁东草（三章：丁东·白鹭·石榴）、飞雪崖（附：补记）、影子、下乡去（一、卡车追逐；二、林园访友；三、白果树下；四、塞翁之马；五、离合欢悲；六、夜来风雨；七、新的果实）。

1951 年 11 月改由上海新文艺出版社出版，用的是海燕书店 1948 年 9 月的纸型，但撤去第五辑"归去来"，目次 5 页，正文 286 页，没有勘误表。1951 年 11 月、1952 年 6 月、1953 年 5 月、1954 年 4 月、1954 年 8 月、1955 年 8 月，出版过 2 个版次，印刷过 6 次，连同海燕书店的 3 版 3 次印刷，总共印刷 9 次 20020 册。

看完海燕书店版六辑目录，知道这是一本旧文新编的集子，只不过 6 辑 43 篇旧文散在多处，须得逐一追寻。

第一辑，残春及其他，4 篇，作于 1919 年 2、3 月至 1923 年 8 月，收《星空》（1923 年泰东图书局初版）第三辑、《山中杂记》（1930 年上海光华书局初版）。

编辑《沫若文集》时，分编在第 5 卷和第 7 卷，均未保留集名：以牧羊哀话、残春、月蚀 3 篇编入第 5 卷，以今津纪游 1 篇"根据 1954 年《抱箭集》新版版本"编在第 7 卷《学生时代·创造十年续篇》之后。《郭沫若全集》同样分编在两处，仅在《文学编》第 9 卷恢复了《残春及其他》集名，编入牧羊哀话、残春、月蚀 3 篇，以今津纪游 1 篇编在《文学编》第

12卷《学生时代·创造十年续篇》之后。

第二辑，山中杂记，9篇，作于1924年6—10月，收《橄榄》（1926年上海创造社出版部初版）、《山中杂记》。

编辑《沫若文集》时，分编在第5卷和第7卷，仅在第7卷保留集名：以三诗人之死、人力以上、曼陀罗华、红瓜4篇编入第5卷，以"属于自传性的散文"菩提树下、芭蕉花、铁盔、鸡雏、卖书5篇"根据1954年《抱箭集》新版版本编入"第7卷《山中杂记》集名下。《郭沫若全集》同样分编在两处，仅在《文学编》第10卷保留集名：以三诗人之死、人力以上、曼陀罗华、红瓜4篇编入《文学编》第9卷，以菩提树下、芭蕉花、铁盔、鸡雏、卖书5篇编入《文学编》第10卷《山中杂记》集名下。

第三辑，路畔的蔷薇，6篇，作于1924年8—10月，收《橄榄》《山中杂记》。

编辑《沫若文集》时，"根据1954年《抱箭集》新版版本编入"第7卷《路畔的蔷薇》集名下。《郭沫若全集》根据《沫若文集》第7卷编入《文学编》第10卷《路畔的蔷薇》集名下。

第四辑，水平线下，收文6篇，作于1925年4月至1926年2月，收《水平线下》（1928年5月上海创造社出版部初版）第一部、《沫若小说戏曲集》第八辑（1929年上海新兴书局初版，1930年上海光华书局初版改名《后悔》）。按：这两个版本均收文8篇，多《抱箭集》2篇——到宜兴去、尚儒村。

编辑《沫若文集》时，分编在第5卷和第7卷，仅在第7卷保留集名：以亭子间中、后悔、湖心亭、矛盾的调和（改题"矛盾的统一"）4篇编入第5卷，以序引（改题"原版序引"）、百合与番茄2篇编入第7卷《水平线下》集名下，百合与番茄1篇"系根据1954年《抱箭集》新版版本编入"。《郭沫若全集》同样分编在两处，却在两处出现集名：以亭子间中、后悔、湖心亭、矛盾的统一4篇编入《文学编》第9卷《水平线下》集名下，"顺序略有调整"，根据《沫若文集》第7卷，"并根据初版本和其他版本做了校勘"，以原版序引、百合与番茄2篇编入《文学编》第12卷《水平线下》集名下。按：《沫若文集》第7卷、《郭沫若全集·文学编》第12

卷《水平线下》集名下，均编入《抱箭集》所少的到宜兴去、尚儒村2篇，《沫若文集》第7卷"是根据《水平线下》初版本编入的"。

第五辑，归去来，收文7篇，作于1933年9月至1937年6月，收《归去来》（1946年上海北新书局）。按：这个版本收文13篇，多《抱箭集》6篇：由日本回来了、回到上海、到浦东去来、前线归来、希望不要下雨、在轰炸中来去。

编辑《沫若文集》时，第8卷保留集名，编入14篇：以鸡之归去来、浪花十日、东平的眉目、痈、太山朴、达夫的来访、断线风筝7篇"根据《抱箭集》1948年的版本编入"，以由日本回来了、回到上海、到浦东去来、前线归来、希望不要下雨、在轰炸中来去6篇"根据《归去来》1946年的版本编入"，并以甘愿做炮灰1篇"亦写于1937年"，"故并编于本卷"。《郭沫若全集》分编在两处，仅在《文学编》第13卷保留集名：以鸡之归去来、痈、太山朴（改题"大山朴"）3篇编入《文学编》第10卷《其他》名下。以浪花十日、东平的眉目、达夫的来访、断线风筝4篇，由日本回来了、回到上海、到浦东去来、前线归来、希望不要下雨、在轰炸中来去6篇，共10篇编入《文学编》第13卷《归去来》集名下。

第六辑，芍药及其他，收文11篇，作于1941年7月至1945年6月，收《波》（1945年群益出版社初版）。

编辑《沫若文集》时，"根据1954年新文艺出版社《抱箭集》新版版本"编入第9卷《芍药及其他》集名下，"并经过作者校阅"，"《十月十七日》一篇，改名《竹阴读画》"。《郭沫若全集》据《沫若文集》第9卷编入《文学编》第10卷《芍药及其他》集名下。

通过以上考索，至少知道三点。

其一，《抱箭集》6辑中，《水平线下》《归去来》都是选辑：《水平线下》初版8篇，《抱箭集》未选到宜兴去、尚儒村2篇；《归去来》初版13篇，《抱箭集》未选由日本回来了、回到上海、到浦东去来、前线归来、希望不要下雨、在轰炸中来去6篇。

其二，编辑《沫若文集》第7卷、第8卷、第9卷时，卷前说明交代得非常清楚，或"根据《抱箭集》1948年的版本"，或"根据1954年《抱箭集》新版版本"编入相关篇章。但由于《抱箭集》只是一个旧集子编成的新集子,而且有的是选编,所以编辑《沫若文集》时,根据旧集子集名,用新编《抱箭集》文字,正文自然不见《抱箭集》集名。《郭沫若全集》总体上是依据《沫若文集》相关卷的相关篇章进行编辑的,因而连卷前说明也不见《抱箭集》的字样了。

其三,《抱箭集》6辑中,《沫若文集》《郭沫若全集》分编在两处的集子有《残春及其他》《山中杂记》《水平线下》《归去来》4辑,但《沫若文集》没有集名重出,《郭沫若全集》却有集名《水平线下》重出。《郭沫若全集·文学编》第9卷只知《沫若文集》第5卷没有保留此集名而想着"恢复"《水平线下》集名,却没想到《沫若文集》第7卷保留着此集名而《郭沫若全集·文学编》第12卷也会保留《水平线下》集名,致使《郭沫若全集·文学编》第9卷、第12卷《水平线下》集名重出。如果说卷内目录重出不易被发现,两卷内封都印着《水平线下》的集名就难免有失察之嫌了,足见编辑他人全集,统筹兼顾、前后照应之不易。倘若新编《郭沫若全集》,此类问题应妥善解决。

(2020年7月12日)

[本文原载《郭沫若学刊》2020年第3期]

后 记

2014年6月中国郭沫若研究会换届之际，同仁们希望我把30多年来研究郭沫若的心得体会系统总结出来，我当时表示一定给大家一个交代。不到一年，我就病倒，手术之后，养疴期间，在进行《郭沫若全集·补编》所承担任务的同时，一面考虑如何系统总结自己的郭沫若研究，一面请历史所图书馆负责人、副研究馆员潘素龙帮助搜集我使用电脑之前发表的研究郭沫若的文章。其间，抱病承接国家社科基金重大委托项目"中华传统文化百部经典"解读《贞观政要》的任务。直至2018年底，两项任务完成，潘素龙也按年编出我研究郭沫若的论著目录，并对其中部分文字复印和转录，形成电子文档。

在20世纪学术文化史中，"政治、学术兼而为之"者不乏其人。但就所见研究状况而言，有一较为奇特的现象，即对其他"政治、学术兼而为之"的学人基本不谈其政治倾向而只强调其学术成就，对郭沫若则很少谈其学术成就，甚至避而不谈其学术的价值和影响，专从政治或其他方面去进行凭空臆测，编造一些不实之论，造谣诬陷，造成这样的局面：用学术成就掩盖其他"政治、学术兼而为之"的学人的政治倾向，用政治掩盖郭沫若的学术，形成研究倾向的偏颇。曾有一"国学大师丛书"将所列"国学大师"名单送我征求意见，名单中没有郭沫若。我当即反问：根据你们所拟"经史子集会通和合、造诣精深者，则可称为大师，即'国学大师'"的定性，既列梁启超、胡适为"国学大师"，郭沫若有经部的《周易》研究、史部的甲骨文金文研究、子部的先秦诸子研究、集部的屈原和楚辞研究，难道不是"经史子集会通和合"？你们说"以中学（包括经史子集）为依傍，以西学为镜鉴，旨在会通和合建构新的学术思想体系"，郭沫若要"跳出'国学'的范围"来"认清国学的真相"，建构新的学术思想体系，不正与你们的这一条规相吻合吗！用经史子集与"西学"结合算"国学大师"，用经史子集与唯物史观结合就不算"国学大师"，不正是想用政治否定学术的最典型的表现吗！我一开始就注意从郭沫若所研究的学术内容入手，注意与相关学术研究的比较、所产生的学术影响，力求对郭沫若的学术研究有一个系统性的了解和把握，并力求在"政治与学术"的纠缠中分辨哪些属于学术性研究或基本属于学术性研究，哪些是其一贯的学术思想，哪些受政治、社会影响较深，哪些基本属于带宣传性的文字或奉命之作，以及各种情况在其论著中的不同表现。即便对有争议的《李白与杜甫》，同样是以郭沫若引李杜诗为据进行分析，不脱离李杜诗和李杜经历凭空臆测。现存李白诗千余首，郭沫若为什么会从不起眼的《答高山人兼呈权顾二侯》中选出"谗惑英主心，恩疏佞臣计"两句，认为除"宦官头子高力士"之外，"杨玉环不用说也参加了进谗者的行列"？郭沫若为什么要把《下途归石门旧居》说成是"李白最好的诗之一"，认为"'如今了然识所在'，是这首诗的核心句子"？只有读了这些诗，弄明白郭沫若当时的处境，才可能比较贴切地体会（而不是臆测）郭沫若的写作意境。

郭沫若最后的30年，特别是20世纪六七十年代的社会，我亲身经历过来，对于那个年代的普遍社会心理，了解更真切一些，相对容易理解郭沫若当时为什么会那样说、那样写。把我的认识和理解提供出来，或许有助于时下人们认识那个年代和那个年代的郭沫若。

由于有上述准备和认识，便以"郭沫若学术述论"为题，系统总结我的郭沫若研究，全面认识郭沫若是如何为"创造民族新文化""填补世界文化史上的白页"而进行学术研究的。

本书编写，主要是对我以往研究论著进行编选和增补，选出1985年以来发表的研究郭沫若的文字，逐篇审读，部分篇题做了调整、部分篇章进行了合并、修改、增补，新加［补注］［追记］。一是以发现的新材料印证已成的观点，二是将所写相关随笔添加在相应处，三是就所论内容指出郭沫若研究存在的某些带倾向性的问题。2014年7月从贵阳回来着手，一面进行文字订补，一面考虑编排结构，至2016年12月编成一个题为"郭沫若与20世纪学术文化"的本子，选文22篇、2附篇，随后因解读《贞观政要》而搁置。经2019年一年的再编选，最终确定书名，形成这个本子，选文34篇、3附篇。总论一篇，概述郭沫若与20世纪学术文化。分论四编，分述郭沫若的思想体系、学术研究、学界交往，并进行辨诬纠谬，分见各编卷首概述。附编，反映我研究郭沫若的历程和成果。如果说20年前的《郭沫若学术思想评传》是我研究郭沫若前半段的代表，这本书则汇集了我30多年研究郭沫若的心得，是我在郭沫若研究方面的一本新的代表。

由于潘素龙的全力协助，本书编写进展非常顺利，第二编学术研究中有她的一篇文章作为我研究《十批判书》的补充，因此要特别感谢她的无私帮助！

2020年1月10日

后记之后

一

2020年7月初因与朋友闲话谈到《抱箭集》未收入《沫若文集》《郭沫若全集》事,《郭沫若学刊》主编嘱我写出供郭沫若研究者参考,遂成《〈抱箭集〉小考》一文,发表在《郭沫若学刊》2020年第3期。8月下旬因许夫人墓志涉及兰亭论辩,适逢《郭沫若研究》约稿,便又写了《对兰亭论辩的认识与思考》一文。本书收文,实为36篇、3附篇。

2021年3月25日

二

看二校样时,根据有关方建议,对篇目略作调整,收入本人文36篇、3附篇,他人文1附篇。

2022年6月6日

图书在版编目(CIP)数据

郭沫若学术述论 / 谢保成著. -- 北京：社会科学文献出版社，2022.7
(中国社会科学院老年学者文库)
ISBN 978-7-5228-0180-3

Ⅰ.①郭… Ⅱ.①谢… Ⅲ.①郭沫若（1892-1978）-人物研究-文集 Ⅳ.①K825.6-53

中国版本图书馆 CIP 数据核字（2022）第092792号

中国社会科学院老年学者文库
郭沫若学术述论

著　　者 / 谢保成

出 版 人 / 王利民
责任编辑 / 邵璐璐
文稿编辑 / 汪延平
责任印制 / 王京美

出　　版 / 社会科学文献出版社·历史学分社(010)59367256
　　　　　地址：北京市北三环中路甲29号院华龙大厦　邮编：100029
　　　　　网址：www.ssap.com.cn
发　　行 / 社会科学文献出版社(010)59367028
印　　装 / 三河市龙林印务有限公司
规　　格 / 开本：787mm×1092mm　1/16
　　　　　印张：35　字数：533千字
版　　次 / 2022年7月第1版　2022年7月第1次印刷
书　　号 / ISBN 978-7-5228-0180-3
定　　价 / 168.00元

读者服务电话：4008918866

版权所有 翻印必究